Rester catholique en France

KADOC STUDIES ON RELIGION, CULTURE & SOCIETY 24

Henk Byls

RESTER CATHOLIQUE EN FRANCE

Une histoire de l'encadrement religieux destiné aux migrants belgo-flamands du Lillois, de Paris et des campagnes françaises (1850-1960)

Leuven University Press

Ce livre fait parti de la série d'ouvrages évalués par des pairs
KADOC Studies on Religion, Culture & Society

Couverture: le père Frans Van den Brande dans le département de l'Yonne.
[AVJ, 15524, Frans Van den Brande : Album]

ISBN 978 94 6270 186 1
e-ISBN 978 94 6166 290 3
D/2019/1869/28
https://doi.org/10.11116/9789461662903
NUR: 694

GPRC
Guaranteed
Peer Reviewed
Content
www.gprc.be

TABLE DES MATIÈRES

PRÉFACE

> Les arbres doivent se résigner, ils ont besoin de leurs racines ; les hommes pas. Nous respirons la lumière, nous convoitons le ciel, et quand nous nous enfonçons dans la terre, c'est pour pourrir. La sève du sol natal ne remonte pas par nos pieds vers la tête, nos pieds ne servent qu'à marcher.
>
> Amin Maalouf, *Origines*, 7.

Le lieu où je suis né se situe précisément à 20 km de la frontière française. Étant donné cette proximité, la France a toujours été très présente dans ma vie. L'Escaut en vient, les panneaux indiquent la direction de Lille et, à l'ouest, à quelques kilomètres à peine, le réseau routier s'embranche très concrètement pour rejoindre la France. Adolescent, le passionné de vélo que j'étais connaissait ces chemins comme sa poche.

Il y a eu les entraînements. Au début, ils se sont concentrés sur les collines des Ardennes flamandes, dans les environs immédiats. Mais les routes étroites et sinueuses d'entre le Vieux Quaremont et le mur de Grammont sont vite devenues ennuyeuses. Très tôt, mon plaisir du vélo s'est déplacé vers les paysages ondoyants et champêtres du Pays des Collines ou les plaines humides ponctuées de peupliers des rives de l'Escaut. Ensuite, mes excursions ont flirté avec la frontière. D'abord timidement, car la France était étrangère et semblait dangereuse. Puis, j'ai brièvement quitté la Belgique à hauteur de Néchin : via Toufflers, je suis revenu, soulagé, en Belgique par Templeuve. La timidité s'est envolée et je me suis aventuré de plus en plus loin, accumulant une liste de plus en plus longue de passages curieux de la frontière.

Willems était la porte d'accès vers le magnifique paysage de Bouvines et de Bourghelles ; passé La Glanerie, on avait vue sur les terrils de Douai ; Bléharies était synonyme de traversée de l'Escaut vers la Scarpe. À mes quatorze ans, tout ce coin de France – et tout ce qui le séparait de la porte de la maison parentale – appartenait désormais à ma carte mentale.

À quinze ans, j'ai commencé à participer à des courses, très souvent dans cette même région, villages frontaliers compris. Pour me changer avant le départ, j'entrais chez les gens. L'atmosphère y était toujours cordiale et accueillante. Il m'arrivait de pénétrer dans les maisons devant lesquelles j'étais passé pendant les entraînements. Cela m'a permis d'avoir une idée de la façon dont on y vivait.

À cet âge-là, je n'imaginais pas que j'explorerais à nouveau la région plus tard, sous l'angle « historico-scientifique » cette fois. Mais une sortie à vélo jusqu'à Bouvines me rappelait immanquablement la fameuse bataille du même nom. On peut y voir la preuve que mon intérêt n'était pas exclusivement sportif, mais aussi intellectuel.

Il est difficile de décrire combien les affinités géographiques de ma jeunesse se sont rappelées à moi, de façon presque proustienne, ces dernières années. Ces souvenirs ont indéniablement contribué à ce que, à aucun moment, ce doctorat ne soit ressenti comme une épreuve ou comme un voyage long et solitaire. Les noms des villages cités dans les documents m'étaient souvent très familiers ; les gens, leurs maisons, leurs silences, tout me faisait toujours penser à quelque chose. C'est pour tout cela que je voudrais remercier cette région, ce qui peut évidemment paraître une peu abstrait. Une région est bien entendu appréhendée de manière subjective. Ce qui est objectif, en revanche, c'est que j'ai eu la possibilité de l'explorer à mon aise – comme un chien de rue, aurait dit mon père – chose qui n'a été possible que grâce à quelques personnes. Je dois avant tout cette liberté à mes parents. Ma maison n'a jamais ressemblé à un « huis clos ». Il y a passait beaucoup de monde, nous étions tournés vers l'extérieur, bref, c'était une maison pleine de confiance dans le monde. Mes parents ont fait en sorte que je puisse, ainsi que l'écrit Maalouf, respirer « la lumière » et utiliser mes pieds pour marcher. Depuis des années, j'ai trouvé le même foyer, vaste et propice à l'exploration, chez mon âme sœur, André. Nous sommes le plus souvent d'accord, surtout sur ce point : il n'y a pas de vie sans vie spirituelle ; mais aussi : que deviendrions-nous sans vélo ?

Dans l'épanouissement de ce doctorat, le KADOC a en fait représenté une région en soi, une région qui se rapproche le plus, si l'on cherche une comparaison, d'un paysage français vallonné, jalonné de bourgs et d'abbayes. Dans la vieille ville de Louvain, le KADOC est un havre de paix, pareil aux interminables champs de blé que je longeais à vélo dans le nord de la France. J'y ai trouvé le goût de l'étude dans un cellule de moine, la discussion dans un jardin intérieur. J'ai également réfléchi en arpentant les couloirs du cloître. Cette région tout entière est gouvernée par Jan De Maeyer, mon promoteur. Il a été un accompagnateur rassurant, enthousiasmant et consciencieux ; tout cela en même temps. Nous nous comprenions facilement et cette entente a fait du travail un plaisir. C'est pareil pour Peter Heyrman. Ses conseils de lecture et ses remarques ont souvent été accompagnés d'un rire franc et chaleureux. Les discussions que nous avons eues ensemble ont en outre joué un rôle essentiel dans le développement de la forme et du contenu de ce travail.

Je dois également beaucoup à mes collègues chercheurs. Ils sont très nombreux, car la section recherche du KADOC ressemble parfois à une étape sur une route de pèlerinage : un lieu avec beaucoup de passage et généralement du plaisir. Je remercie tout d'abord mes compagnons de bureau et de cellule, Hanne, Hugo, Nienke, Jo et Hendrik, avec qui j'ai pu parler des sujets les plus divers. Merci aussi à mes nombreux « compagnons de couloir » : pour commencer An, puis Pieter, Joris, Joost, Karim, Kristien, Maarten, Karel, Staf, Bart, Krista, Bram, Jan, Sebastien et les autres. Mais le KADOC ne se limite pas à la section recherche, loin s'en faut. C'est un mélange de gens et de talents, qui a énormément compté pour moi.

Enfin, je voudrais remercier sincèrement une série de gens extérieurs au KADOC. En premier lieu Anne-Laure et Michel. Du fond des Ardennes, Anne-Laure a traduit mon doctorat, Michel l'a relu. Ils ont fait bien davantage que traduire. Ils ont été mon « tiers lecteur », celui qui m'a désenclavé de ma langue maternelle. Anne Morelli, Didier Terrier et Idesbald Goddeeris ont également droit à toute ma reconnaissance pour leur aide au début de ce projet FWO. Ils m'ont mis sur la voie et, surtout, m'ont convaincu de ne pas vouloir « en faire trop ». Toute ma reconnaissance aussi pour les membres du jury Anne Morelli, Judith Rainhorn, Leo Lucassen, Tom Verschaffel et Idesbald Goddeeris qui ont permis une soutenance de thèse si enrichissante pour moi.

Mon tout dernier mot de remerciement ira au FWO. Jour après jour, le Fonds de la recherche scientifique flamand a été une cadre de travail exceptionnel. Je ne peux qu'espérer qu'après moi, bien d'autres pourront apprécier le luxe de pouvoir pendant quatre ans se consacrer à une recherche sans être dérangé, dans les meilleurs conditions qui soient.

Bruxelles, 2018

INTRODUCTION

La présente publication traite d'un cas particulier du phénomène universel nommé migration. Vers 1850, un nombre croissant de Belges quittèrent leur pays, poussés par des perspectives peu réjouissantes ou convaincus de pouvoir trouver ailleurs de meilleures conditions de vie. Les saisonniers partaient temporairement, les migrants permanents pour ne jamais revenir. Contrairement aux Allemands ou aux Irlandais, ils choisirent rarement des contrées lointaines. La grande majorité opta pour la France, voisine la plus proche de la plupart des Belges.

Ils ne s'enfoncèrent d'ailleurs pas très loin dans le pays. La plupart s'arrêtèrent dans le département du Nord, plus précisément dans l'agglomération occupée à se développer autour de Lille suite à l'industrialisation de l'industrie textile. Un migrant gantois ne parcourait dans ce cas pas plus de 60 ou 70 kilomètres, un Courtraisien 20 ou 30 à peine.

Une minorité poursuivit son voyage. Dans la plupart des cas, Paris fut leur destination, du moins au XIXe siècle. La force d'attraction de la France sur la Belgique continua à jouer au siècle suivant, mais cette fois, elle concerna moins le Lillois. Le développement des moyens de transport y rendait la migration permanente de plus en plus exceptionnelle. Entre la Belgique et le Lillois, on pouvait désormais faire la navette en vélo, en train et, plus tard, en bus. Au XXe siècle, la France accueillit surtout des agriculteurs flamands. Attirés par l'espace agricole disponible, beaucoup choisirent, pendant l'entre-deux-guerres, de s'installer dans les départements ruraux du nord. Il faudrait attendre jusqu'après la Seconde Guerre mondiale pour voir disparaître progressivement cette force d'attraction.

La migration permanente des Belges en France fut donc un phénomène long et étalé dans le temps. Grosso modo, elle concerne la période comprise entre les années 1850 et la Seconde Guerre mondiale. L'historien démographe français Jacques Dupâquier a évalué le nombre de Belges et de Français d'origine belge arrivés en France avant 1891 à un demi-million[1]. La concentration de Belges dans le département du Nord était la plus parlante. En 1886, près d'un habitant sur cinq y était de cette nationalité. Mais pendant longtemps, les Belges formeraient aussi, et de loin, le principal groupe d'étrangers de Paris ou des régions agricoles.

Même si le trajet de la plupart de ces migrants était de courte distance, ils effectuaient un déplacement permanent et franchissaient pour cela une frontière nationale. En ce sens, ils appartiennent *stricto sensu* à la catégorie des migrants internationaux. Nous les considérons donc comme tels, d'autant qu'en se rendant en France, ils changeaient aussi, du moins du point de vue formel, de communauté[2].

Traces de Flamands, traces de Belges ?

Il n'est pas facile de déterminer avec précision de quelle région les migrants belges établis en France provenaient. Les recensements de population français signalaient les Belges, pas les Flamands. Une recherche tenant plus précisément compte du lieu d'origine montre que la grande majorité des migrants étaient issue de la partie flamande du pays[3]. Le bassin industriel entourant

1 Dupâquier, « La contribution des Belges à la formation de la population française », 341. La Belgique comptait à l'époque 6,1 millions d'habitants environ.

2 Dans sa signification la plus générale, la migration est définie comme un mouvement libre et relativement « permanent » de personnes, de ménages ou de groupes sur une distance « significative ». Les termes d'émigration et d'immigration ajoutent une direction au phénomène. Le laps de temps après lequel un mouvement devient relativement permanent est sujet à discussion, de même que la distance « significative » à parcourir. Chaque nouvelle définition soulève de nouvelles questions. Par exemple, celle de savoir si une distance significative est déterminée par un « changement de communauté ». Les critères permettant de parler de communauté ne font pas davantage l'unanimité. Comme les migrants belges de France traversaient une frontière internationale, nous ne problématiserons pas leur migration. Voir Peterson, « Migration : social aspects », 286-287. Sur la problématique de la définition du concept de migration, voir Anderson et Blinder, « Who Counts as a Migrant ? » ; Ambrosius et Hubbard, *A Social and Economic History of Twentieth-Century Europe*, 29-42.

3 Par exemple Petillon, *La population de Roubaix*. La région d'origine est déterminée grâce aux actes de mariage. D'autres chercheurs font usage d'une analyse de patronymes. Voir Poulain et autres, « Flemish Immigration in Wallonia and in France » et Poulain et Foulon, « L'immigration flamande en Wallonie ».

Lille, en particulier, recrutait de la main-d'œuvre venue de Flandre-Orientale et de Flandre-Occidentale. Le contexte linguistique de la région d'origine, mais aussi la proximité géographique, forment ensemble la particularité de la migration belge en France[4].

Face à cet afflux important de Belges et plus particulièrement de Flamands, certains chercheurs se sont demandé si les Belges de France s'étaient rassemblés autour d'une spécificité ou d'une identité précise. Il était légitime de penser que cette présence massive avait laissé des traces claires, surtout dans le Lillois. Certaines rues étaient à l'époque exclusivement peuplées de Flamands, au point d'être surnommées « Petite-Belgique »[5]. Un beau jour de 1873, un promeneur anonyme flânant dans la rue des Longues Haies à Roubaix se crut, en entendant tout ce jargon flamand, arrivé dans une réserve de sauvages ou d'indiens[6]. On aurait pu dire pareil de plusieurs rues ou faubourgs de Lille. Et pourtant, une recherche linguistique sur le Lillois a montré que, malgré la présence massive de Belges et un emploi largement répandu de la langue maternelle, la langue d'origine des migrants n'y fut pas persistante[7]. Les migrants flamands se fondirent assez rapidement dans la société française, le plus souvent dès la deuxième génération, parfois même dès la première. Cela peut s'expliquer, comme l'affirme le linguiste anglais Tim Pooley, « par le côté éphémère de la valorisation des aspects distinctifs des racines flamandes »[8].

Les études récentes sur la vie associative belge dans l'arrondissement de Lille le confirment. Il y eut naturellement des organisations belges spontanées, mais leur nombre est étonnamment peu élevé. Pour une ville dotée d'une vie associative exceptionnellement riche comme Roubaix, par exemple, Saartje Vanden Borre a montré sur base d'un échantillon qu'après 1880, 2% seulement des associations étaient exclusivement constituées de migrants belges[9]. À l'inverse, elle a montré dans sa recherche que pendant la période 1880-1914, il y avait très peu d'associations s'adressant exclusivement aux

4 Étant donné la difficulté d'établir la répartition linguistique précise de l'immigration belge en France, nous adoptons du point de vue terminologique la façon de voir des recensements français. En termes généraux, nous qualifierons par conséquent la migration de « belge » tout en sachant qu'elle était en majorité originaire des provinces flamandes. Lorsque le contingent de migrants peut être clairement délimité en fonction de la langue, nous parlons de « Flamands », ou de « migrants flamands ».

5 Ardouin-Dumazet, *Voyage en France, 18ème série, La Flandre*, 24.

6 Cité dans Vanden Borre, Kusters et Declercq, « Une comparaison avec l'émigration vers le Nord de la France », 209.

7 Pooley, « The Linguistic Assimilation of Flemish Immigrants in Lille », 225.

8 *Ibid.*, 229.

9 Vanden Borre, « Union et Fraternité », 396.

Français[10]. Cela confirme l'hypothèse selon laquelle, dans le domaine associatif populaire, les Belges y étaient principalement actifs dans des organisations mixtes, mais françaises[11].

Les études sur la rencontre linguistique entre les variantes dialectales flamandes, le français et le picard ont mené à des conclusions comparables[12]. Elien Declercq et Lieven D'Hulst ont étudié l'immigration belge dans la région frontalière en répertoriant les chansons sur feuilles volantes (1870-1914). Ils n'ont pas trouvé de chansons flamandes, mais un nombre d'autant plus élevé de formes mixtes. La migration belge se caractérise surtout, selon ces chercheurs, par une forme d'hybridation, donnant lieu à l'expression d'un univers culturel ne faisant référence exclusivement ni à la culture d'origine, ni à celle d'adoption[13].

En dépit de leur établissement massif, les migrants belges du Lillois semblent donc être assez vite devenus invisibles. Il ne semble guère avoir été question d'une empreinte collective belge ou flamande. Quant aux associations poursuivant des objectifs allant dans ce sens, elles n'eurent selon Vanden Borre qu'un maigre succès[14]. Les auto-organisations ethniques, c'est-à-dire les associations qui se rassemblaient explicitement autour de la culture d'origine et en partant de la base étaient plutôt l'exception que la règle[15].

Les œuvres d'encadrement religieux

Les résultats d'enquête que nous présenterons concernant d'autres régions d'établissement vont dans le même sens ; ni les Belges ni les Flamands ne se sont rassemblés de façon persistante sur base de leur origine commune

10 À propos de Roubaix, le commissaire général de police rapportait dès 1886 qu'il était difficile de « fonder une société de chant dans laquelle aucun étranger ne jouait de rôle ». Cité dans Vanden Borre, Kusters et Declercq, « Une comparaison avec l'émigration vers le Nord de la France », 211.

11 Vanden Borre, *Vreemden op vertrouwd terrein*. Le mélange de la vie associative de la région frontalière apparaît particulièrement dans les chapitres 6, 7 et 8.

12 Landrecies, « Une configuration inédite » ; Pooley, *Language, Dialect and Identity in Lille* ; Declercq et D'Hulst, « The Fate of a Migrant Language in Northern France » ; Declercq et D'Hulst, « Tactiques de l'entre-deux » ; Declercq, *« Si no' sang est d' la Belgique, no' cœur est surmint français »*.

13 Declercq et D'Hulst, « Tactiques de l'entre-deux », 99.

14 Par exemple la Société philanthropique des Belges. Fondée en 1889, elle conciliait des objectifs à première vue contradictoires. D'un côté, elle voulait favoriser l'acquisition de la nationalité française, mais, l'autre, elle poursuivait des buts résolument patriotiques. La Société ne connut qu'une brève existence et fut dissoute en 1893. Vanden Borre, *Vreemden op vertrouwd terrein*, 253-260.

15 Nous utilisons le terme d'ethnicité dans le sens que Morawska considère comme dominant dans la recherche migratoire ouest-européenne, à savoir comme une référence à la différence par rapport à la société dominante. Morawska, *A Sociology of Immigration*, 227.

en France. C'est ce qui explique qu'ils soient rapidement devenus invisibles et transparents dans la société française. Paradoxalement, beaucoup d'efforts ont été faits pour entretenir le lien entre migrants et pays d'origine. Mais quand les Belges se regroupaient sur cette base, c'était le plus souvent à l'initiative d'institutions belges. Autrement dit, ce n'étaient pas des organisations *de* migrants, mais bien des organisations *pour* migrants. À première vue, les migrants belges, en particulier les Flamands, n'étaient pas mal lotis en France à cet égard. Pendant pratiquement tous les épisodes de l'immigration, et dans un périmètre entourant presque chaque région de destination, ils ont pu compter sur des initiatives de soutien. Dans tous les cas pratiquement, celles-ci émanaient de l'Église catholique. Ce sont précisément ces initiatives destinées aux migrants belges et guidées par une conviction ou une préoccupation religieuses qui forment le sujet de cette recherche. La question de savoir dans quelle mesure ces organisations ont tenté, pendant leurs différentes phases d'activité, de ralentir ou d'accélérer le processus d'intégration est fondamentale. En d'autres mots, nous nous demanderons si elles se comportaient comme des associations ethniques mettant l'accent sur ce qui séparait les Belges des Français ou si elles agissaient au contraire comme des organisations d'accompagnement, soutenant l'intégration dans la société d'accueil. Pour répondre à ces questions, nous disséquerons le fonctionnement de ces organisations au fil du temps, cela, dans différents lieux, à différentes périodes et pour les différents groupes cibles auxquelles elles s'adressaient.

Œuvres d'encadrement ou organisations de migrants ?

À l'origine des initiatives d'encadrement, on trouve surtout quelques diocèses qui, à partir de 1850, furent confrontés dans une mesure croissante à l'émigration de leurs fidèles. Désormais, les paroissiens quittaient en plus grand nombre leur village ou leur lieu de résidence. Non seulement ils étaient plus nombreux à partir, mais ils allaient plus loin. Et, bien souvent, ils ne revenaient pas. Pour l'Église, qui avait dans les années 1850-1860 une forte emprise sur les campagnes flamandes, c'était là une évolution inquiétante[16]. Les migrants partaient pour un nouvel environnement de vie. Dans le cas de la France, ils ne connaissaient pas la langue, ce qui faisait craindre qu'ils s'éloignent plus rapidement encore de l'Église. Celle-ci tenta donc de les retenir en les « suivant » temporairement ou de façon permanente et en reconstituant sur place le cadre religieux du pays d'origine, au moins dans la mesure du possible. Ces initiatives permanentes étaient généralement connues sous le nom d'Œuvres des Flamands. En 1857, une organisation de ce type fut fondée à Roubaix sous l'impulsion des frères mineurs belges. D'autres œuvres d'encadrement suivirent. L'Œuvre des Flamands de Paris vit le jour en 1862 à

16 Art, « Social Control in Belgium », 117-118.

l'initiative du diocèse de Gand. Les rédemptoristes belges (1864) et plus tard les frères mineurs (1868) – à nouveau eux – gérèrent une œuvre d'encadrement à Lille-Wazemmes. Les rédemptoristes belges avaient déjà été actifs en France auparavant et possédaient des maisons à Douai (1851), Dunkerque (1854) et Boulogne-sur-Mer (1855). Ces initiatives étaient elles aussi placées sous le signe de l'immigration belge. Au XXe siècle, des organisations analogues furent mises sur pied pour d'autres groupes cibles, dont les agriculteurs flamands furent le principal. Contrairement aux paroisses, ces œuvres recrutaient la plupart du temps non pas sur base du territoire ou du lieu de vie, mais sur base de la dénomination et de la provenance. C'est même dans cette exclusivité qu'elles trouvaient leur raison d'être. Pour désigner les organisations de cette nature, nous utiliserons indifféremment les termes d'œuvres ou d'initiatives d'encadrement.

Depuis 1850 environ jusqu'à tard dans le XXe siècle, certaines instances de l'Église catholique jugèrent de telles initiatives d'encadrement nécessaires en France. Une partie importante de notre enquête va donc se cristalliser sur la question de savoir pourquoi pendant toute cette période, l'Église catholique belge voulut surveiller *ses* migrants. La façon dont ces œuvres se définissent nous fournit déjà des indications. Bien plus que comme un encadrement neutre, c'était comme œuvres de *protection* et de réconfort que leurs initiateurs les concevaient. Contre quoi les migrants devaient être protégés, cela reste à déterminer. Mais l'idée sous-jacente et la connotation même de cette mission de protection sont révélatrices en elles-mêmes : du point de vue de ces initiatives, le migrant se trouvait dans un position faible et vulnérable. Face à cet isolement par rapport au cadre de vie organique, les œuvres d'encadrement tentèrent d'offrir au migrant une position de repli, ressemblant à sa région d'origine. Dans bien des cas, l'encadrement procuré n'était pas purement religieux, mais aussi social.

Quelle est plus généralement la nature de ces associations religieuses pour migrants ? La recherche migratoire connaît bien ce type d'œuvres d'encadrement. Elles appartiennent *stricto sensu* au vaste champ des associations migratoires, dont le spécialiste Jose Moya a constaté qu'elles étaient difficiles à définir de manière univoque[17]. En tant qu'associations, ce sont des groupes secondaires ou des structures intermédiaires, appartenant à la société civile. À l'intérieur de celle-ci, les associations migratoires se distinguent par le fait d'avoir comme principal liant le mouvement de migration. Cette description est large et étroite à la fois. Large parce qu'elle réunit des associations de natures diverses[18]. Étroite, parce qu'elle semble imposer aux associations migra-

17 Moya, « Immigrants and Associations », 834.

18 Moya distingue entre autres les « secret societies » (dont les organisations criminelles), « roscas » (ROtating Saving and Credit ASsociations), « Mutual Aid Societies », « Religious Associations », « Hometown Associations » et « Political Associations ».

toires une « durée de conservation limitée ». À cet égard, Marlou Schrover a remarqué à juste titre que les associations de descendants de migrants, c'est-à-dire de la deuxième génération, n'étaient plus à proprement parler des associations migratoires, mais bien des associations qui créaient une « niche ethnique » et cultivaient leur particularité par rapport à la société hôte[19].

Cette approche formaliste des associations migratoires soulève des questions pertinentes, mais, comme Schrover du reste, nous envisagerons aussi les associations ethniques comme enracinées dans un passé migratoire et non indépendamment de celui-ci[20]. Nous jugeons cela nécessaire, surtout en ce qui concerne les organisations *pour* migrants. Les œuvres d'encadrement en France ont ceci de typique qu'elles étaient dirigées et gérées par des *non-migrants*. Dans la plupart des cas, ce personnel était envoyé temporairement sur place. Il se créait donc un champ de tension entre deux cadres de référence. D'une part, celui du migrant, qui vivait dans un cadre de référence partagé ; de l'autre, celui de l'œuvre d'encadrement, qui avait son centre de gravité dans le pays d'origine. Les ambitions des œuvres d'encadrement belges ne se limitaient donc pas aux seuls migrants, mais elles s'adressaient aussi à leurs descendants. Autrement dit, les migrants n'étaient pas leur unique centre d'intérêt[21]. Pour les œuvres d'encadrement, le pas à franchir pour se

19 Penninx et Schrover, *Bastion of bindmiddel ?*, 310.

20 Penninx et Schrover donnent l'exemple de l'Église wallonne. Aux XVIe et XVIIe siècles, celle-ci était active en tant qu'organisation d'aide pour les réfugiés des Pays-Bas méridionaux. Plus tard, elle assista les Huguenots en fuite. Considérer l'Église wallonne comme une organisation migratoire pendant toute cette période revient à lui assigner un but qu'elle n'avait pas tout à fait, l'exclure signifie par contre ignorer une partie cruciale de la vie associative. Penninx et Schrover, *Bastion of bindmiddel ?*, 282 ; voir également Lucassen et Penninx, *Nieuwkomers, nakomelingen, Nederlanders*, 31-35.

21 Cette différence peut être éclairée à l'aide du cycle organisation-désorganisation-réorganisation développé à propos des groupes de migrants par les sociologues de la première école de Chicago, William Thomas et Florian Znaniecki, dans *The Polish Peasant in Europe and America*. Par phase d'organisation, ils désignent l'ensemble de valeurs et des convictions qui a un jour procuré sa cohésion au groupe dans le pays d'origine. Cette structure collective, affirment-ils, est inévitablement « attaquée » dans la nouvelle région de destination. Thomas et Znaniecki décrivent cela comme la phase de désorganisation, pendant laquelle les anciennes règles sociales et convictions perdent en importance. Enfin, la phase de réorganisation est celle du métissage. Les valeurs et les convictions du pays d'origine sont alors adaptées au contexte du pays d'accueil et négociées avec celui-ci. A priori, nous pouvons supposer que les œuvres d'encadrement enracinées dans le pays de provenance des migrants incarnent surtout les règles sociales et les convictions correspondant à la « phase d'organisation ». Rea et Tripier, *Sociologie de l'immigration*, 8-10.

comporter comme une association ethnique était particulièrement petit[22]. Inévitablement, elles devaient aussi pouvoir gérer le stade où les migrants ou leurs descendants manifestaient plus d'intérêt pour la société d'accueil que pour leur pays d'origine, dont elles étaient les représentantes. Les attitudes et les opinions observées face à ce défi constituent l'un des thèmes de cette publication.

Altérité et proximité

Lorsque notre recherche a débuté la dyade religion et migration était en train d'échapper plus qu'elle ne l'avait jamais fait auparavant au domaine fermé de la sphère académique. En France, une occasion particulière s'était présentée à cet égard dans la campagne présidentielle de 2007, qui portait entre autres sur l'« identité nationale ». Plus tard, la population serait encore été consultée sur ce point au moyen de forums de contact organisés à l'échelle régionale[23]. Les consultations prendraient partout la même tournure, à savoir une cristallisation de la question identitaire en un débat sur la religion pratiquée par les Français « issus de l'immigration ». Étant donné sa trop grande distance par rapport avec la culture européenne, celle-ci était accusée de faire obstacle à l'intégration, voire de menacer l'identité française. Depuis, ce débat s'est installé partout en Europe au cœur même du débat politique avec un ton beaucoup plus ferme.

Bien que le contenu concret du débat identitaire n'ait joué aucun rôle dans cette étude, certains de ses aspects nous ont aidé à affiner le question-

22 Les œuvres d'encadrement religieuses ne sont apparues que récemment dans la littérature, et surtout aux États-Unis. Nous ne disposons pas de définitions plus claires, car ces associations migratoires sont toujours décrites à partir de leur contexte spécifique. Helen Rose Ebaugh et Janet Saltzman Chafetz définissent par exemple les œuvres d'encadrement comme des « immigrant congregations ». Outre le fait qu'elles sont surtout définies de façon formelle – elles doivent disposer d'une liste de membres, d'un Conseil et d'une organe exécutif – Ebaugh et Saltzman Chafetz voient surtout ces « congrégations » comme des organisations *de* migrants. L'une des conditions est en effet que les leaders spirituels soient choisis au sein de l'association. Dans le contexte migratoire belge, le terme de « congrégation » risque en outre de créer la confusion vu le fait que les instituts religieux étaient très actifs dans les œuvres d'encadrement. De là, notre choix pour la notion d'œuvres d'encadrement religieuses. Ebaugh et Saltzman Chafetz, « Structural Adaptations in Immigrant Congregations », 137.

23 Concernant le débat à ce sujet, voir Beaud et Noiriel, « Le retour du refoulé ». Pour une analyse plus approfondie, voir Noiriel, *À quoi sert l'identité nationale* ; Detienne, *Où est le mystère de l'identité nationale ?* Un débat analogue, prenant parfois une autre forme, a lieu dans les autres États membres de l'Union européenne. Voir par exemple le débat Sarrazin en Allemagne. Pour une analyse récente sous l'angle du populisme qui s'est greffé sur le phénomène européen, voir Lucassen et Lucassen, *Winnaars en verliezers*. Sur l'aporie actuelle concernant la place de la religion dans une société sécularisée voir de Bellaigue, « A Return to Faith », 8 ; Aspden, « There's no getting away from God », 13 (sur l'exposition dans le British Museum *Living With Gods : Peoples, Places and Worlds Beyond*).

nement. L'hypothèse de la distance culturelle, dans laquelle l'Autre est clairement identifiable avec un Autre non européen, y était fondamentale[24]. Notre matériel de source a plutôt mis en évidence d'« autres Autres » – ou, comme nous désignerons dorénavant ce processus – une autre forme d'altérité. Dans cette altérité, ce n'est pas la distance (culturelle) qui joue un rôle décisif, mais bien la proximité (culturelle). Cette forme d'altérité s'est explicitement mise en place à certaines périodes au sein même des œuvres d'encadrement belges. En ce sens, les missions belges devenaient plutôt des missions flamandes. Dans ces dernières, les migrants flamands furent de plus en plus clairement caractérisés comme fondamentalement différents de la population d'accueil française. Cette altérité n'était pas un phénomène en soi. Elle était fonctionnelle et résultait d'un processus de réflexion basé sur une dynamique contrastive. La voie de cette dynamique était toujours plus ou moins la même : la représentation de groupe qui en résultait était la conséquence d'une confrontation avec un Autre construit[25]. Autrement dit, c'était par contraste avec la Française ou le Français, avec « elle ou lui », qu'une particularité flamande apparaissait[26].

Cette idée peut sembler banale aujourd'hui, mais ses implications sont loin de l'être. Du point de vue philosophique, il s'agit de ce que l'Autre fait concrètement avec nous et notre sentiment de groupe. Cette question alimente un débat intéressant dont les positions sont illustrées avec clarté dans le dialogue que le philosophe louvaniste Rudi Visker engage avec les prises de position de son collègue canadien Will Kymlicka. L'affirmation de l'étrangeté de l'Autre, affirme ce dernier, confronte avec l'étrangeté que l'on a en soi. Cela aurait un effet anthropologique, à savoir que celui qui connaît l'étranger en lui a (socialement) moins de difficultés avec l'Autre étranger. Visker observe toutefois que la différence apparaît surtout en fonction de la particularité, car c'est précisément l'étrangeté de l'Autre qui renforce cette particularité et me fait me sentir différent[27].

Les anthropologues pointent en gros la même dynamique en ce qui concerne la formation de groupe ou d'ethnicité. La confrontation avec l'étrangeté de l'autre groupe est avant tout une confrontation avec ce qui fait du groupe un groupe. Par conséquent, l'ethnicité se manifeste précisément dans

24 Bonjour, Rea et Jacobs, *The Others in Europe*, 9.

25 Philogène, « Social Representations of Alterity in the United States », 31.

26 Voir aussi le « concept de mêmeté » de Paul Ricœur, qui affirme que le « "X" est un "idem" de Y par opposition à Z ». Cité dans Noiriel, *À quoi sert l'identité nationale*, 14 ; à comparer avec le processus d'autostéréotypisation au moyen de l'hétérotypisation, développé par le psychologue Allport.

27 Visker, *Vreemd gaan en Vreemd blijven*, 13-29.

la rencontre de la différence, et non dans des conditions d'isolement[28]. Mieux encore, c'est précisément là que le groupe naît et qu'il peut être l'objet de recherche scientifique. L'anthropologue norvégien Frederik Barth l'a affirmé de façon plus radicale encore. Il a montré que les contenus culturels ou religieux n'avaient en fait pas grande importance dans la naissance de groupes ethniques en tant que catégories sociales. Deux groupes liés par des ressemblances culturelles objectives peuvent se distinguer par une affirmation de groupe particulièrement forte. Entre eux, il existe une frontière fonctionnelle nette. Parallèlement, certains traits culturels peuvent être invoqués par un groupe comme emblème de différence alors que d'autres différences, observables de façon bien plus radicale ou objective, ne fonctionnent pas en tant que telles. Si les différences culturelles objectives ne sont pas nécessairement utilisées comme emblèmes de différence, l'inverse est vrai également : les ressemblances peuvent être minimisées ou tues. En d'autres termes, l'ethnicité et l'identité de groupe sont des constructions sociales. Les œuvres d'encadrement belges, ou plutôt flamandes, se sont durant certaines phases engagées avec ardeur dans ce processus. Elles ont été des productrices extrêmement actives d'altérité, en particulier dans un contexte de proximité.

La place assignée à la religion dans cette construction d'altérité (et donc d'identité) constitue un axe de recherche important dans cette publication. Des migrants majoritairement catholiques se rendaient dans un pays qui l'était tout autant. Pourtant, les œuvres catholiques qui les encadrèrent dans divers contextes insistaient surtout sur ce qui les distinguait de la population d'accueil. Et à partir de là, on tentait en Belgique de mettre au point ou de créer une sorte de religion des migrants.

Autres époques, autres cieux

Dans la littérature, la religion des migrants est conçue comme celle que les migrants professaient dans leur pays de provenance, puis emmenaient avec eux. Dans ce sens, elle peut être considérée comme un marqueur identitaire qui, dans une société et une période données, est susceptible de créer un champ de tension sociale. Nancy Foner et Richard Alba, spécialistes de la migration,

28 Poutignat et Streiff-Fenart, *Théories de l'ethnicité*, 133-135. J.-L. Amselle le formule comme suit : « (...) ce n'est pas l'identité qui créé la différence mais bien l'inverse : c'est parce que j'ai posé une altérité que je peux affirmer mon être individuel et collectif et ceci s'applique aussi bien à l'ethnie qu'à la nation ou à la classe sociale. Ainsi la problématique se trouve-t-elle totalement inversée : il ne s'agit plus d'analyser la façon dont un corps social "en soi" acquiert progressivement une conscience de lui-même, mais de voir comment un agglomérat d'individus ou un ensemble sériel peut s'intégrer successivement dans un groupe vertical (ethnie, nation) ou horizontal (classe). Amselle, « L'ethnicité comme volonté et comme représentation », 485.

se sont par exemple demandé dans quelle mesure la religion des migrants et les organisations liées pouvaient être vues comme un passerelle (*bridge*) ou un obstacle (*barrier*) à l'inclusion ou à l'intégration dans la société d'accueil[29]. C'est cette même question qui sous-tendra notre recherche sur les activités des œuvres d'encadrement en France. Dans cette optique, celle-ci s'inscrit donc dans le champ de recherche contemporain plus large des échanges entre religion et migration et, plus spécifiquement, du rôle fédérateur de la religion au sein des groupes de migrants.

Dans leur *status quaestionis* de la recherche à ce sujet, Foner et Alba ont constaté une conception fondamentalement différente de la religion des migrants aux États-Unis et en Europe occidentale. Alors qu'aux États-Unis, la religion est considérée comme une source importante de capital humain et, du point de vue organisationnel, comme un « all-encompassing system of belief, as well as a community where immigrants gather and form networks of mutual support with co-ethnics », l'Europe se caractérise surtout par son rapport problématique à la religion, une position surtout expliquée aujourd'hui par le fait que la religion des migrants y est essentiellement l'islam[30]. L'islam, la démocratie et la modernité y sont considérés comme inconciliables. De ce fait, la religion est aujourd'hui conçue en Europe comme la principale barrière à l'intégration[31].

Un constat analogue a été fait par l'historienne de la migration Nancy Green[32]. Alors que les anciens groupes de migrants étaient en Europe principalement étudiés dans un cadre socioéconomique, ce cadre explicatif a changé pour les groupes de migrants musulmans. Avant 1950, la religion ne suscitait en effet pratiquement aucun intérêt en tant que critère de recherche dans

29 Foner et Alba, « Immigrant Religion in the US and Western Europe ». Penninx et Schrover développent une approche analogue. Pour une analyse du concept d'intégration, voir Alba et Nee, « Rethinking Assimilation Theory for a New Era of Immigration ». L'intégration est l'une des réponses possibles à l'acculturation, processus selon lequel les individus, les familles, les groupes ou les sociétés réagissent au contact interculturel (« contact »). L'adaptation sociale, culturelle et identitaire au nouvel environnement (« assimilation »), associée à la conservation de certains aspects de l'ancien environnement (« préservation ») est comprise comme l'intégration. Le contact seul mène à l'assimilation, la conservation seule à la ségrégation. Si aucun des deux n'est présent, on parle de marginalisation.

30 Foner et Alba, « Immigrant Religion in the US and Western Europe », 362 et 370. À la suite de Charles Hirschman, ils ont décrit le rôle central de la religion au sein des groupes de migrants comme « the search for refuge, respectability, and resources ». Hirschman, « The Role of Religion in the Origins and Adaptation of Immigrant Groups in the United States », 1228 ; voir aussi Ebaugh et Saltzman Chafetz, « Structural Adaptations in Immigrant Congregations » et, surtout, les classiques du domaine de la migration : Herberg, *Protestant, Catholic, Jew* ; Handlin, *The Uprooted* ; Higham, *Strangers in the Land.*

31 Scheffer, *Het land van aankomst*, 121. Scheffer observe trois grandes différences entre les flux migratoires actuels et anciens : la religion (islam), l'État providence et les loyautés concurrentes des migrants transnationaux.

32 Green, « Religion et ethnicité » ; Oriol, « Islam and Catholicism in French immigration ».

le cas des groupes de migrants. Tous appartenaient plus ou moins au même espace catholique, si bien que la religion n'était guère considérée comme un marqueur culturel apte à engendrer un champ de tension. Dans le cas des nouveaux groupes de migrants musulmans, en revanche, les variables culturelles dominent le cadre d'analyse et sont très souvent réduites à la dimension religieuse. Ce changement de paradigme silencieux repose sur le principe selon lequel migrants, ethnicité et religion seraient interchangeables d'un point de vue sémantique. C'est ce qui a incité Green à appeler à une remise en question de la relation entre migrations et religion « à d'autres époques et sous d'autres cieux »[33]. Elle-même y a donné l'amorce en affirmant que, vu sous l'angle de la dyade migration-religion, les anciens courants migratoires catholiques évoluaient en Europe dans un cadre qui était tout sauf homogène d'un point de vue religieux. L'auteur a ainsi souligné concernant la France, principal pays d'immigration européen, l'irritation suscitée dans la société d'accueil par « des pratiques (religieuses) perçues à l'époque comme trop différentes, trop nationalistes (les Polonais) ou ostentatoires (les Italiens) »[34].

L'appel de Green à réexaminer la relation entre migration et religion « à d'autres époques et sous d'autres cieux » a fourni à notre enquête un cadre théorique fertile. Mais plutôt que de mettre l'accent sur la société d'accueil, nous le mettons sur le rôle des œuvres d'encadrement à cet égard. Leur longue existence se prête en outre très bien à l'examen d'autres aspects dans un contexte migratoire. Apparues dans les années 1850-1860 pour ne péricliter – pour certains groupes cibles du moins – que dans le courant des années 1960, les œuvres d'encadrement couvrent aussi bien les prémisses des états nations que leur apogée. Leur longue période d'activité en fait en outre des témoins exceptionnels de la migration belge en France. Les œuvres d'encadrement catholiques se sont intéressées à un large éventail de groupes cibles, comprenant à la fois les migrants temporaires et les migrants permanents. Elles constituent donc un excellent guide pour décrire dans le temps, l'espace et selon les groupes cibles le rôle déterminant que la religion joue dans la mobilité humaine. La religion interférait (et interfère) d'ailleurs de deux façons dans ce domaine. D'un côté, elle le fait en tant qu'institution. Comme nous le montrerons, cet aspect peut faire l'objet d'une reconstruction historique. De l'autre, elle agit en temps que système de sens[35]. Elle procure en d'autres mots aux migrants et aux groupes de migrants une interprétation symbolique de

33 Green, « Religion et ethnicité », 143. Le point de départ de Green est également une lecture comparative de l'historiographie européenne (en l'occurrence française) et américaine. Selon elle, une relation métonymique s'est établie en Europe entre migrants en islam. Les migrants sont des musulmans, tandis qu'aux États-Unis, les migrants sont des groupes ethniques.

34 *Ibid.*, 142 ; un travail analogue mais moins centré sur la religion nous a été livré par Lucassen, *The Immigrant Treath.*

35 Alba, Raboteau et DeWind, *Immigration and Religion in America*, 3.

l'expérience de la migration, un soutien moral ainsi qu'une forme de fierté et d'estime de soi. La façon dont ce système est, dans le cas des migrants belges, vécu et nourri par des expériences et des pratiques religieuses concrètes émanant de la base, c'est là un sujet nettement plus difficile à saisir.

Des époques divergentes

L'entre-deux-guerres est un bon exemple d'époque à laquelle la France fut confrontée à de nombreuses œuvres d'encadrement religieux. Celles-ci étaient une réponse à la migration contrôlée que les autorités françaises avaient instaurée après la Première Guerre mondiale[36]. Les missions polonaises sont illustratives à cet égard. En vertu d'un accord bilatéral, la France recrutait de manière contrôlée de la main-d'œuvre polonaise, laquelle amenait dans son sillage des initiatives religieuses qui renforçaient les liens avec le pays d'origine. C'est à cette même période que les missions italiennes, hongroises et arméniennes prirent leur forme la plus structurée également[37].

Cette implication mentale et physique des migrants dans la situation socioéconomique, politique et culturelle de leur ancien pays est un phénomène aujourd'hui décrit comme le transnationalisme[38]. Même si cette notion a renouvelé de façon très intéressante le débat entre historiens et sociologues de la migration, et si nous nous en servirons de temps à autre, ce concept n'occupe pas une place centrale dans nos recherches[39]. Il y a plusieurs bonnes

36 Goldin, Cameron et Balarajan, *Exceptional People*, 69.

37 Le sentiment communautaire parmi les Arméniens a par exemple été renforcé par la construction d'une diaspora autour du souvenir du génocide de 1915. Le principal « ciment » dans ce cadre a été l'Église apostolique arménienne. Voir Hovanessian, *Les Arméniens et leurs territoires* et *Le lien communautaire* ; Huard, « Les Églises arméniennes et les réfugiés en Rhône-Alpes ».

38 Une littérature scientifique plus qu'abondante s'est développée à ce sujet au cours des dernières décennies. Les moyens de transport et de communication modernes auraient considérablement renforcé ce phénomène, de sorte que pour les migrants, le champ de tension entre loyautés concurrentes ne serait plus comparable à ce qu'il était dans le passé. De ce fait, l'intégration et l'ascension sociale dans la société d'accueil se sont complexifiés. Pour une analyse du rôle de la notion de transnationalisme dans la recherche migratoire, voir par exemple Levitt et Jaworsky, « Transnational Migration Studies » ; Morawska, *A Sociology of Immigration*, 152-183. Pour une réflexion critique sur le concept, voir Waldinger et Fitzgerald, « Transnationalism in Question ».

39 Les historiens ont entre autres montré que ces réseaux n'étaient pas du tout neufs. Au XIXe siècle aussi, les migrants étaient impliqués physiquement ou mentalement dans la situation de leur pays d'origine. L'impact supérieur du transnationalisme actuel sur le processus d'acculturation est également sujet à discussion. Les problèmes auxquels les nouveaux groupes font face présentent de nombreuses ressemblances avec les processus que les anciens groupes de migrants traversaient. Lucassen, Feldman et Oltmer, « Immigrant Integration in Western Europe » ; par « anciens groupes », on désigne généralement la migration qui « partageait » un « héritage européen commun » avec le groupe dominant de l'époque. Perlmann et Waldinger, « Second Generation Decline ? », 894 ; Lucassen, « Migrantenorganisaties vroeger en nu », 10 ; voir aussi Foner, *From Ellis Island tot JFK*.

raisons à cela. La principale est que toute comme la migration allemande, la migration belge débuta à une époque où les cadres de référence avaient une coloration bien moins nationale. De ce fait, les œuvres d'encadrement catholiques ne peuvent pas être inclues dans une perspective nationale bipolaire. Au début, dans les années 1850-1860, les notions d'« ici » et de « là » n'étaient pas encore suffisamment définies. Les loyautés ne l'étaient pas davantage. En ce sens, nous nous rallions à une remarque formulée par Waldinger et Fitzgerald à propos du transnationalisme[40]. La mise au jour des transconnexions qui se développent dans les états nations par le biais des migrants continue à partir du principe d'un nationalisme méthodologique selon lequel les migrants évoluent dans un cadre de référence bipolaire. Les contours et l'activité des États nationaux y sont conçus comme un *a priori* dont les immigrants représentent un cas d'exception. Or, c'est plutôt l'inverse qu'il faudrait postuler. Dans une perspective à long terme, la mobilité humaine ou migration doit être décrite non pas en termes de contingence ou d'exception, mais bien comme une donnée essentielle. Autrement dit, ce sont les *container societies* des États nations qui prennent une place particulière dans notre histoire, moins la mobilité humaine[41]. C'est d'ailleurs précisément ce processus de nationalisation qui entre en conflit avec les institutions se comportant de manière nationale ou supranationale. Au XIXe siècle, la principale institution supranationale est sans aucun doute l'Église. Au sein de celle-ci, les œuvres d'encadrement passent également outre des frontières nationales. La question est de savoir comment elles se comportaient à cette époque de transition.

Nationalisation : l'aube du migrant (1850-1880)

Les œuvres d'encadrement peuvent ainsi révéler des cadres de référence plus complexes. L'un d'eux, qui correspond plus ou moins avec la période 1850-1880, renvoie non pas au contexte national, mais bien à la genèse de celui-ci. Par « nationalisation », nous désignons plus précisément le processus politique selon lesquels les frontières politiques (État) se juxtaposent de plus en plus sur celles de l'entité ethnique ou nationale (nation)[42]. Cette évolution eut pour effet annexe de rendre le migrant de plus en plus visible. D'une part, il se

40 « It is just such a perspective, emphasizing the regularity of international migration and its inevitable collision with the mechanisms by which nation-states attempt to keep themselves apart from the world » qui devrait être privilégiée. Waldinger et Fitzgerald, « Transnationalism in Question », 1193.

41 L'image de *container society* est empruntée à Anthony Giddens, qui affirme que le réseau social se déploie dans le container de la société nationale. Tout ce qui dépasse les frontières nationales est « analytiquement retaillé ». Wimmer et Glick Schiller, « Methodological Nationalism, the Social Sciences, and the Study of Migration », 579.

42 Le nationalisme est donc l'idéologie selon laquelle entité politique et nationale, État et peuple, doivent être congruents. Gellner, *Nations and Nationalism*, 1.

trouvait dans les frontières politiques d'un pays d'accueil, en l'occurrence la France, caractérisé par un ordre de droit qui renvoyait à des principes universels. De l'autre, il devenait un étranger, parce qu'il n'appartenait pas à l'imaginaire de la détermination pré-politique particulière du contexte national[43]. Cela se complexifie encore lorsque l'appartenance religieuse du migrant intervient dans ce champ de tension évolutif.

Dans les années 1850, par exemple, lorsque les premières œuvres d'encadrement furent envoyées en France, on ne parlait encore guère de migrants. L'historien français Gérard Noiriel a constaté que jusque vers les années 1870, des mots comme « immigration » et « immigrants » étaient absents de la littérature juridique et sociologique française[44]. Lors de son voyage en France de 1860, qui le mena notamment à travers le nord du pays, Armand Audiganne ne remarqua ni Belges ni Flamands, des entités qui, selon notre perspective contemporaine, étaient pourtant présentes[45]. En disant cela, nous affirmons non pas que les migrants n'étaient pas considérés comme des étrangers dans la société de tous les jours, mais bien que l'identification et la cohésion socioculturelles étaient avant tout déterminées par des relations interpersonnelles de proximité. Ou, en exagérant à peine : quiconque n'appartenait pas à la communauté villageoise était un étranger.

En ce qui concerne la France, il est généralement admis que la guerre franco-prussienne de 1870 représente un tournant décisif dans ce domaine. Le pays, qui a reconquis sa place sur la scène politique européenne pendant le Second Empire, se voit peu après humilié par Bismarck. Pour les républicains, la faute est à imputer à Napoléon III et à sa conception dynastique du pouvoir, qui n'intégrait pas suffisamment les couches populaires dans la nation[46]. C'est précisément là que la Troisième République voit sa mission politique. Une idéologie nationaliste, en fonction de laquelle la congruence entre État et nation implique que l'ordre politique s'impose jusque dans les moindres rouages, va donc se développer[47]. Le processus est mis en œuvre à grande échelle à partir de 1880, lorsque la France tente d'intégrer les différentes couches sociales dans la nation à travers l'enseignement, les rituels publics et des médias de masse en pleine montée en puissance[48]. Ce qui importe, c'est que c'est ici, précisément, que la problématique de l'identité nationale ap-

43 De Wachter, « Wie is mijn volk ? », 71.

44 Noiriel, *Le creuset français*, 78.

45 *Ibid.*, 73 ; Audiganne, *Les populations ouvrières et les industries de la France*.

46 Noiriel, *Immigration, antisémitisme et racisme en France*, 84. Voir également Noiriel, *A quoi sert « l'identité nationale » ?*, 18-30.

47 Van de Putte, « Nationalisme en naties », 16.

48 Dans le processus de formation de la nation, Noiriel souligne surtout le rôle des médias de masse. Ce sont eux qui ont fait en sorte qu'une opinion publique se substitue (ou s'ajoute) aux relations humaines directes. Désormais, une communication à distance devient possible. Dans ce domaine, Noiriel suit surtout le travail du sociologue Gabriël Tarde. Noiriel, *Introduction à la socio-histoire*, 22-24.

paraît. On crée un « chez nous » qui circonscrit la nation ou, pour reprendre l'image du container, un espace dont les portes se ferment. Dans ce huis clos, le migrant devient forcément l'intrus. Il devient l'étranger qui, dans la perspective du pays d'accueil, vient s'installer dans un « chez nous » à partir de son « chez lui »[49].

Quelles répercussions cette dynamique eut pour les œuvres d'encadrement belges, c'est ce que nous verrons en particulier dans la première partie. On se doute immédiatement qu'en raison de leur fonctionnement transfrontalier, elles se heurtèrent aux autorités françaises. En France, la superposition entre État et nation trouve en effet une traduction exclusivement politique. Dans ce cadre, la nation est formée d'un rassemblement de citoyens, fédérés par les droits et des devoirs qui leur sont accordés ou imposés en vertu de la citoyenneté. Il existe entre État et individu une relation directe[50]. Dans les faits, les associations religieuses représentaient un obstacle à ce genre de relation et poursuivaient des objectifs difficilement conciliables avec la communauté telle que la République la conçoit. Les « guerres culturelles » qui opposaient Église et État prirent rapidement une dimension européenne, avec d'importantes incidences transfrontalières[51]. Dans ce contexte, la France était sur le continent européen l'unique « pays d'immigration ». En raison de leur double détermination, les migrants et les œuvres d'encadrement allaient inévitablement devenir un acteur du terrain conflictuel où Église et État s'affrontaient.

Sous-nationalisation (1893-1940)

« Toute nation en cache une autre, à la manière des poupées russes », résume le philosophe louvaniste Frans De Wachter[52]. « Si une politique d'État ne peut être neutre d'un point de vue national, elle va automatiquement s'exercer au bénéfice du groupe linguistique dominant. » C'est précisément ce à quoi on assista en Belgique. Même si cette dernière n'était du point de vue culturel ni plus ni moins homogène que la France, le processus de nationalisation s'y déroula tout autrement.

Après la prise d'indépendance de 1830, une élite s'engagea dans une série d'activités destinées à renforcer la nation. Léopold Ier, premier roi des Belges, y prévoyait une place pour le développement de la langue « basse-allemande » soutenu en cela par un mouvement flamand naissant[53]. L'élite et l'administration restèrent toutefois francophones, ce qui mena à un problème linguistique. Problème qui acquit tout son poids politique lors de l'introduc-

49 Sur l'interprétation constructiviste du nationalisme, voir Beyen et Van Ginderachter, « General Introduction : Writing Mass into a Mass Phenomenon », 5.

50 Blanc-Chaléard, « Old and New Migrants in France », 50.

51 À ce sujet, voir par exemple le recueil de Clark et Kaiser, *Culture Wars*.

52 De Wachter, « Wie is mijn volk ? », 81.

53 Van Goethem, *De monarchie en het einde van België*, 20.

tion du suffrage universel pluriel pour les hommes (1893)[54]. Une sous-nation flamande, qui allait à terme contester la nation belge, se forma ainsi à l'intérieur du pays[55].

Quelle influence ce processus spécifique de nationalisation allait-il avoir sur le *modus operandi* des œuvres d'encadrement ? En tant qu'organisations dirigées par du personnel venant du pays d'origine, elles étaient probablement animées – au minimum – par une double loyauté, en vertu de laquelle les aumôniers s'identifiaient à la fois à la sous-nation flamande et à la nation belge. Nous allons nous interroger sur le « dosage » de ces loyautés, ainsi que sur l'action spécifique chez les migrants des prises de position dans ce domaine.

Un autre angle de vue : l'espace

Jean Stengers, l'un des premiers historiens à avoir étudié systématiquement l'émigration belge, a livré quelques remarques critiques concernant l'émigration vers la France. Le passage de la frontière franco-belge, affirme-t-il, ne doit pas être surestimé. Il s'agissait avant tout d'une « émigration par contiguïté », dans laquelle, bien souvent, la nouvelle zone d'établissement appartenait déjà au « territoire » de l'émigré avant son départ. Le passage n'avait pas d'impact psychologique réel sur le migrant et différait à peine du phénomène de migration interne, ou mobilité humaine à l'intérieur des frontières nationales[56]. Stengers affine cette pensée en faisant explicitement référence à la migration flamande en Wallonie[57]. « S'il y a dépaysement pour le Flamand qui va vivre dans le Nord », écrit-il, « il n'est pas plus grand que s'il allait s'établir à Liège et à Charleroi »[58].

L'hypothèse de Stengers a inspiré notre recherche de deux façons. Premièrement, elle nous a contraint à envisager l'émigration permanente dans

54 *Ibid.*, 39. Il existe sur le mouvement flamand une abondante littérature. Autres études récentes : Velaers, *Albert 1* ; Witte et Van Velthoven, *Strijden om taal* ; Witte (dir.), *Natie en democratie* ; Deprez et Vos, *Nationalisme in België* ; Wils, *Van de Belgische naar de Vlaamse natie*.

55 Beyen et Van Ginderachter, « General Introduction », 7-8. Voir concernant l'attitude belge vis-à-vis des migrants Caestecker, *Alien Policy in Belgium*.

56 Pour une analyse du passage de la frontière, voir Green, « Trans-frontières ».

57 Pour une synthèse sur l'immigration interne en Belgique, voir Eggerickx, « Les migrations internes en Wallonie et en Belgique ».

58 Stengers, *Émigration et immigration en Belgique*, 27. Voir aussi la conceptualisation de la notion de migration dans le projet « Globalising Migration History » de Jan et Leo Lucassen. Ils incluent dans leur analyse également les cas de figures des migration internes et temporaires. Lucassen et Lucassen, *Globalising Migration History*. Pour des exemples concrètes voir Moch, *The Pariahs of Yesterday* ; Quairiaux, « Les Flamands dans la culture populaire wallonne » ; Byls, « L'œuvre des Flamands à Montignies-sur-Sambre ».

une perspective spatiale, où la distance et la frontière jouent des rôles variables. Deuxièmement, le concept d'émigration par contiguïté nous a incité à d'autres réflexions. Comme nous l'avons dit, la proximité et la familiarité avec la France n'empêchèrent pas les œuvres d'encadrement d'insister lourdement, à certains périodes, sur les différences. Avec son émigration par contiguïté, Stengers se référait en outre surtout au département du Nord. Il n'est donc pas impossible qu'en élaborant cette notion, il ait principalement eu à l'esprit une destination emblématique comme Roubaix. L'émigration belge en France eut toutefois bien d'autres points de chute, dispersés grosso modo entre Dunkerque et le Gers, le Calvados et Vesoul.

La diversité spatiale de la migration permanente belge valait aussi pour les œuvres d'encadrement, qui étaient bien davantage caractérisées par leur variété que par leur unité. Ce serait donc une erreur de traiter les nombreuses œuvres des Flamands comme un ensemble monolithique dans le temps et l'espace. L'unique approche permettant d'éviter ce piège consiste à les étudier sur leur terrain d'action. Par sa situation proche de la Belgique, Roubaix se distinguait des autres destinations situées plus loin en France. De même, l'espace de la migration agricole n'avait rien à voir avec un contexte urbain comme Paris. Les œuvres d'encadrement opéraient donc dans une diversité d'espaces concrets. Pour décrire efficacement cette diversité propre à la fois à la migration et aux œuvres d'encadrement ainsi que l'impact du facteur religion dans cette interaction, nous avons isolé trois zones d'établissement : (1) la région de Lille, que l'on désignera comme le « Lillois », (2) la ville de Paris et (3) les régions agricoles situées au nord de la Loire[59]. Chaque zone a reçu sa place dans la structure de ce livre, qui est par conséquent divisée en trois parties.

Migrer chez le voisin : le Lillois et l'enjeu de proximité

Nous avons défini comme première zone de destination le Lillois. Elle comprend avant tout la zone industrielle qui flanque la frontière franco-belge. Néanmoins, nous devrons souvent distinguer à l'intérieur de cette zone des entités géographiques bien plus précises, par exemple Roubaix ou Wazemmes, un quartier de Lille. Mais en dehors de cette variabilité interne, c'est dans la proximité avec la frontière nationale que réside la particularité de cet espace.

Comme on le savait, une frontière nationale ne se résume pas aux entités politiques qu'elle délimite. Les frontières sont aussi des constructions sociales à caractère dynamique. Des anthropologues sociaux comme Wilson et Donnan ont introduit le concept de *frontier* pour désigner des « territorial zones of varying width which stretch across and away from borders, within

59 La migration vers le bassin minier du Nord-Pas-de-Calais n'a pas été retenu en tant que cas.

which people negotiate a variety of behaviours and meanings associated with their membership of nations and states »[60]. La dimension de l'espace frontalier est fonction du comportement humain et des structures signifiantes. L'espace géographique auquel l'intitulé de « Lillois » renvoie était donc variable. Vu sous cet angle, on peut concevoir qu'à certaines périodes, l'une des particularités fondamentales de l'espace lillois ait précisément résidé dans son caractère transfrontalier et, par conséquent, se soit également étendue à la Belgique. Cela valait surtout pour les périodes pendant lesquelles la frontière était certes physiquement établie, mais, pour diverses raisons, ne jouait qu'un rôle marginal pour la population et les acteurs institutionnels. Comme Saartje Vanden Borre l'a montré, les Belges y étaient tout au plus « des étrangers en terrain familier ». Les frontières nationales (ou les espaces qu'elles délimitaient) étaient en effet en concurrence avec des *frontiers* de toutes sortes qui pouvaient être de nature économique, culturelle, sociale, religieuse ou locale[61].

Pour éviter toute équivoque, précisons que la Flandre française, région rurale située entre Gravelines, Saint-Omer et Hazebrouck, n'appartenait pas au Lillois. Alors qu'historiquement et culturellement, le mouvement flamand, tant en France qu'en Belgique, s'y est toujours intéressé de près, elle était pratiquement inexistante en termes de destination de migration. De temps à autre, nous en parlerons néanmoins en marge de notre analyse. Lorsque ce sera le cas, ce sera toujours indépendamment du contexte de l'aspiration au rétablissement territorial d'un ancien espace culturel flamand[62].

Le pari perdu d'une capital mécréante : Paris et sa région

Dans une deuxième partie, nous prendrons à travers Paris la grande ville comme terrain d'action principal. Paris constituait un contexte urbain autre qu'une *shock-city* plutôt monofonctionnelle comme Roubaix. Les œuvres d'encadrement y étaient différentes elles aussi. Paris était non seulement plus française que le Lillois, elle était aussi nettement plus cosmopolite. De plus, l'œuvre d'encadrement belge/flamande qui s'y installa à partir de 1862 évoluait dans un espace sociopolitique très changeant. Sociologiquement, une ville est souvent décrite comme un lieu propice à la « mise en scène des "différences" »[63]. C'est particulièrement vrai dans le cas de Paris. Les divers groupes de migrants y participaient largement au côté bigarré de la population et marquaient l'espace urbain en y introduisant des différences symboliques plus

60 Wilson et Donnan, « Nation, State and Identity at International Borders », 10. Voir aussi Bouwens, *Over de streep*, 28.

61 *Ibid.*, 11.

62 Au sujet de la Flandre française, voir Nuyttens, « Frans-Vlaanderen ».

63 Réa et Tripier, *Sociologie de l'immigration*, 76.

ou moins grandes. Nous verrons si les Belges de Paris se distinguaient d'une manière ou de l'autre. L'œuvre d'encadrement belge/flamande tenta en tout cas d'y « créer une différence », tant spatiale que mentale.

Flamands des villes, Flamands des champs : la reconversion vers le monde rural et les saisonniers

La dernière partie a été définie par opposition avec la ville. Nous aurions pu lui donner le titre, commode et approprié, de « campagne ». Cependant, nous avons préféré nommer cette zone en fonction de son activité principale, contrairement aux deux premières parties. La migration permanente s'y déroula dans une *Kontaktarena* typique, surtout si on la compare à l'espace urbain[64]. Nous trouvons une description particulièrement pertinente de ce dernier chez l'économiste Edward Glaezer. Celui-ci décrit les villes comme « the absence of physical space between people and companies. They are proximity, density, closeness. They enable us to work and play together, and their success depends on the demand for physical connection. »[65] L'agriculture est facile à définir par antithèse. En tant qu'activité, elle est non seulement moins dépendante des connexions humaines physiques, elle reste essentiellement caractérisée par un investissement en temps et un isolement importants.

Cette division spatiale tripartie n'est évidemment que l'un des nombreux angles pouvant servir à aborder la migration belge dans son interaction avec les œuvres d'encadrement. Selon nous, il s'agit certainement de la plus opportune et de la plus large. L'un de ses inconvénients pourrait être le risque que des pratiques extrêmement locales, éventuellement visibles si l'on adopte un angle de vue microscopique, échappent à l'examen. Toutefois, l'approche selon le regroupement spatial présente aussi un gros avantage : si la longévité des œuvres d'encadrement rend une comparaison dans le temps assez difficile, elle nous offre au moins un point de comparaison spatial.

À propos de la méthode

« Les hommes du passé cumulent la double altérité de l'étranger et de l'être passé. » C'est ainsi que Paul Ricœur résume la complexité de la recherche historique[66]. Non seulement le passé nous est étranger, mais l'être-dans-le-monde des acteurs qui l'on fait est un sujet réfractaire, difficile à cerner *a posteriori*. Ailleurs, dans ce qui constitue sans doute les plus belles pages qui

64 Le terme est de Jürgen Osterhammel. Osterhammel, *Die Verwandlung der Welt*, 157.
65 Glaeser, *Triumph of the City*, 6.
66 Ricœur, *La mémoire, l'histoire, l'oubli*, 437. Une critique semblable est développée par Taleb, *The Black Swan*, 171-174 (par ex.).

aient jamais été écrites sur la problématique de l'objectivité et de l'historiographie, Ricœur dit que l'histoire doit, précisément pour cette raison, développer l'aptitude à « se dépayser, à se transporter comme par hypothèse dans un autre présent »[67]. En effet, écrit-il, « il y a un futur de ce présent-là », défini par les attentes, l'ignorance, la crainte et les peurs des humains de l'époque et pas nécessairement par les faits dont nous savons qu'ils se sont produits par la suite. « Il y a aussi un passé de ce présent-là », poursuit Ricœur dans la même logique, et il ne doit pas être assimilé à ce que nous savons des protagonistes de l'époque. Il est constitué de leurs souvenirs, de leurs convictions, de leurs désillusions, de leurs rêveries et de leur satisfaction ou insatisfaction à ce sujet.

Au-delà de son apparente simplicité, cette perspective herméneutique est la clé même d'une meilleure compréhension de la façon dont les choses se sont passées. Dans les pages et les chapitres qui suivent, nous avons tenté de travailler dans l'esprit proposé par Ricœur. Il devait nous éviter d'éluder trop facilement, par dédain ou sous prétexte d'étrangeté, certaines initiatives, opinions ou actions rencontrées. Ce n'est aucunement l'intention. Il est essentiel de nous souvenir que tout ce que nous rencontrerons a eu lieu en confrontation avec une réalité précise. Les acteurs se sont laissés guider dans leurs actes par des convictions et des visions d'avenir précises, mais aussi par des expériences du passé. Ils représentent en d'autres mots un certaine manière d'être-dans-le-monde, qui explique qu'ils ont agi vis-à-vis de la migration – un problème si actuel et familier pour nous aujourd'hui – comme ils ont agi. C'est précisément le comportement des divers protagonistes des œuvres d'encadrement belges que nous voulons reconstruire dans cette recherche.

Toutefois, cette publication se veut plus qu'une simple reconstruction narrative des œuvres d'encadrement belges réservées aux migrants de France. Tout d'abord, nous avons – lorsque cela était possible – fait usage dans cette reconstitution de la réalité migratoire de méthodes quantitatives (descriptives). Pour les parties consacrées à Paris et aux régions agricoles, cela nous a permis d'avoir un aperçu de la présence belge dans la ville, un matériel chiffré qui n'était pas présent dans d'autres travaux. Ensuite, nous nous sommes en ce qui concerne différents chapitres et sections analytiques (chapitre 3, 5 et 9) moins « dépaysés ». Ces chapitres reconstruisent un passé sur base d'un étonnement analytique face à ce qui distingue ou non la période actuelle de la période étudiée. Notre intention n'était pas de dresser la liste de ces différences et ressemblances. Nous voulions montrer que dans certains contextes, on voit apparaître certaines manières de parler qui réduisent l'efficacité des précédentes. Ce sont ces changements dans les divers « arsenaux argumentatifs » que nous avons essayé de révéler dans leur rapport rhétorique entre

67 Ricœur, *Histoire et vérité*, 35.

locuteur et public[68]. Les œuvres d'encadrement s'adressaient en effet toujours à un public varié et diversifié, comprenant les migrants, mais aussi ceux qui ne partaient pas. Les migrants influencent en effet à la fois les groupes de population du lieu de destination et ceux de la région de provenance.

La migration belge dans l'historiographie

Dans une optique où toute migration nationale aurait droit à une certaine attention historiographique, on s'est souvent plaint du sort de la migration belge en France : dans l'intérêt historique global prêté à la migration en France, les Belges feraient figure de parent pauvre[69]. Cette remarque n'est qu'en partie justifiée.

Dans le cadre de l'histoire de l'immigration en France qui s'est développée pleinement suite à la publication par Gérard Noiriel du *Creuset français* (1988), les Belges n'ont effectivement guère attiré l'attention en tant que groupe distinct, cela contrairement à d'autres nationalités. Après 1988, la plupart des groupes d'immigrants ont eu leur spécialiste. Un tour d'horizon non exhaustif de l'historiographie de la migration permet de s'en rendre compte. L'émigration polonaise a été étudiée par Janine Ponty. Pierre Milza et Marie Blanc-Chaléard sont devenus les spécialistes de l'émigration italienne. Les Portugais ont eu Marie-Christine Volovitch-Tavarez. Émile Témime et Jacqueline Costa-Lascaux se sont penchés conjointement sur les Algériens[70]. L'immigration en France a également été étudiée à partir de localités spécifiques. Émile Témime a étudié Marseille comme ville de transit, Marie Blanc-Chaléard le Paris des Italiens et Philippe Rygiel une destination d'immigration moins évidente, le Cher[71]. Dans cette série, qui pourrait être complétée sans peine, les Belges n'ont effectivement jamais reçu de place particulière. On peut donc avoir l'impression d'un oubli.

68 L'« arsenal argumentatif » désigne littéralement les arguments avec lesquels on définit sa position à une époque donnée. « On ne peut avoir n'importe quelle idée, croyance, opinion, entretenir n'importe quel "programme de vérité" à n'importe quelle époque et en toute liberté méditative et créative. À chaque époque, l'offre est limitée à un faisceau restreint de paradigmes « quasi logiques », de moyens de preuve et de présupposés topiques. » Angenot, « La notion d'arsenal argumentatif », 40. Pour le caractère intersubjectif de la rhétorique, nous nous sommes surtout inspiré des travaux du philosophe bruxellois Chaïm Perelman, par ex. Perelman et Olbrecht-Titeca, *Traité de l'argumentation.*

69 L'auteur français aux racines flamandes Jean-Pierre Popelier a par exemple donné à son travail sur la migration belge en France le titre éloquent de « l'immigration oubliée ».

70 Milza (dir.), *Les Italiens en France* ; Blanc-Chaléard (dir.), *Les Italiens en France* ; *Id.*, *Les Italiens dans l'Est parisien* ; Témime et Costa-Lascaux, *Les algériens en France* ; Témime, *France, terre d'immigration.*

71 Témime, *Marseille transit* ; Rygiel, *Destins immigrés : Cher.*

Mais à mieux y regarder, ce manque d'attention pour la migration belge est un faux problème, surtout si on élargit l'historiographie française dans le temps et dans l'espace. Dans la littérature française, la migration belge apparaissait déjà bien avant la publication du *Creuset français*. Le géographe lillois Lentacker a fourni un travail pionnier à ce sujet. Avec *La frontière franco-belge*, il a écrit un ouvrage de base, dont chaque considération sur la migration belge reste précieuse. Lentacker ne s'est en effet pas limité à la migration dans la zone frontalière, mais a proposé une analyse impressionnante de toutes les autres formes de mobilité des Belges en France, où seule la question de l'immigration belge agricole n'a pas été développée en détail. Pierre Pierrard s'est intéressé de près à la présence belge dans le Lillois du Second Empire[72]. Quant à l'immigration belge à Roubaix, elle a largement retenu l'attention de chercheurs américains, parmi lesquels Leslie Page Moch, Judy A. Reardon et Carl Strikwerda[73]. Sans doute ont-ils été les premiers à comprendre pleinement le caractère exceptionnel du phénomène. Enfin, l'ouvrage le plus complet a été écrit par l'historienne française Chantal Petillon. Bien que poursuivant un objectif plus large et démographique, il a fourni des visions intéressantes sur la partie belge de la population roubaisienne[74].

Si l'émigration belge a été oubliée quelque part, c'est surtout dans l'historiographie belge elle-même. Hormis les ouvrages de Luc Schepens, Jean Stengers et Vincent Aelbrecht, les monographies et articles qui ont abordé ce thème avant la fin des années 1980 ont rarement dépassé le niveau de l'anecdotique[75]. À partir des années 1990, un revirement s'est produit, dû au travail de l'historienne bruxelloise Anne Morelli. Il s'en est suivi une autonomisation de la recherche historique sur les migrations, dans le cadre de laquelle la Belgique a été envisagée comme pays d'immigration et d'émigration[76]. Le champ associatif des migrants belges en France n'a été étudié que très récemment. Nous avons déjà cité les chercheurs courtraisiens Vanden Borre, Declercq et D'Hulst, qui se sont concentrés tout particulièrement sur les zones fronta-

72 Pierrard, *La vie ouvrière à Lille*.

73 Reardon, *Belgian Workers in Roubaix* ; Strikwerda, « Regionalism and Internationalism » et « France and Belgian Immigration » ; Couton, « Ethnic Institutions Reconsidered » ; Fohlen, *L'industrie textile* ; Daumas, *Les territoires de la laine* ; Landes, « French Entrepreneurship » ; *Id.*, « Religion and Entreprise ».

74 Petillon, *La population de Roubaix*.

75 Voir surtout Schepens, *Van vlaskutser tot Franschman*. Bien que cet essai parle principalement du travail saisonnier, il est instructif quant aux facteurs d'impulsion de la migration. Aelbrecht, *Les travailleurs belges à Tourcoing* ; *Id.*, « L'immigration ouvrière belge à Tourcoing ».

76 L'intérêt pour la Belgique en tant que pays d'immigration s'est également développé, toujours sous l'impulsion d'Anne Morelli principalement. Voir par exemple Morelli, *La participation des émigrés italiens à la Résistance belge* ; *Id.* (dir.), *L'émigration politique en Europe* ; *Id.* (dir.), *Les émigrants belges*.

lières. L'œuvre de Tom Verschaffel et Walter Kusters s'inscrit dans la même catégorie[77].

L'une des explications du peu d'attention accordé jusqu'ici à la migration permanente belge par l'historiographie nationale est sans aucun doute le souvenir collectif de cette émigration. Ce ne sont pas les nombreux Belges partis s'installer dans le nord de la France après 1850 qui sont considérés comme l'archétype de l'émigré flamand, mais bien les saisonniers. Dans la mémoire collective, la migration est, en d'autres termes, devenue un déplacement annuel plutôt qu'un départ définitif[78]. L'historiographie française, en particulier, a systématiquement traité du travail saisonnier, notamment dans l'œuvre d'Abel Châtelain[79].

Nous avons déjà fait allusion à l'intérêt récent de la recherche migratoire européenne pour la religion. Toutefois, ces chercheurs s'intéressent surtout aux flux migratoires contemporains. Pour les migrants de l'entre-deux-guerres, la recherche est encore en bonne partie à faire. Ralph Schor et Yvan Gastaut, de l'université de Nice, ont défriché le terrain avec deux recueils sur la migration et la religion en France[80]. On y trouve notamment des contributions intéressantes sur les missions hongroises, italiennes et arméniennes.

Sources

L'ampleur de la zone géographique et de la période envisagées a nécessité la consultation d'une large gamme de sources. En ce qui concerne le contexte, la migration belge en France a été étudiée de manière inégale dans la recherche historique. Les Belges dans le Lillois ont bénéficié d'une large attention, ceux de Paris et des zones agricoles pratiquement d'aucune.

Pour nous faire une meilleure idée de ces deux dernières réalités, nous avons donc dû nous y mettre nous-même. Pour Paris, nous avons reconstitué la composition de la population sur base des recensements de 1881, 1886, 1891 et 1896, conservés à la Bibliothèque administrative de la Ville de Paris. Concernant la période antérieure à l'incendie de l'hôtel de ville (1871), lors duquel de précieuses données ont été détruites, nous nous sommes tournés vers

77 Verschaffel et Vanden Borre, « A Few Painters, a Few Heroes and Many Factory Workers » ; Vanden Borre et Verschaffel, « Between or Without Nations ?» ; Kusters, *The Presence-Absence Ambiguity of the Belgian Migrant Child in Northern France.*

78 Schepens, *Van vlaskutser tot Franschman* ; Bruggeman, *Asten, bieten en ... mensen*; Woestenborghs, *Vlaamse arbeiders in den vreemde* ; *Id.*, « Vlaamse seizoenarbeiders in Noord-Frankrijk » ; Musschoot, *Van Franschmans en Walenmannen.* Les saisonniers ont également été immortalisés dans la littérature. Voir par ex. Streuvels, *De oogst* ; Claus, *Suiker.*

79 Châtelain, *Les migrants temporaires en France* ; Hubscher, *L'immigration dans les campagnes françaises* ; Kaanen-Vandenbulcke, *Boulevard des Belges.*

80 Gastaut et Schor, *Migration et religion en France.*

les registres paroissiaux. On en trouve des duplicatas aux Archives de Paris. Les registres de mariage et de décès ont été consultés en ce qui concerne la paroisse Sainte-Marguerite, circonscription où la plupart des sources signalent la présence belge la plus substantielle. Pour mieux cerner cette implantation et les éventuelles pratiques de voisinage dans le quartier en question, nous avons confronté ces données à celles du cadastre. Le fait que le cas de Paris ait été limité au XIXe siècle tient entièrement à l'histoire de l'œuvre d'encadrement même. Vers le changement de siècle, l'Œuvre des Flamands se réorienta vers les saisonniers, perdant ainsi son importance en tant que œuvre urbaine. Cela ne signifie évidemment pas que Paris avait perdu sa force d'attraction sur nos compatriotes, mais nous avons été obligé de l'exclure de notre cadre analytique. Il reste à cet égard d'intéressantes pistes à explorer, en particulier concernant la période de transition qui va de la Première Guerre mondiale à la période de paix de l'entre-deux-guerres. C'est également le cas de la banlieue parisienne. Beaucoup de sources indiquent que des banlieues septentrionales comme Aubervilliers et Saint-Denis accueillirent également un nombre significatif de migrants belges. La nature exacte de cette migration doit encore être définie.

Le volet quantitatif relatif aux paysans flamands de France repose surtout sur les documents originaux des recensements agricoles de 1922, conservés aux Archives nationales de Paris. Concrètement, nous avons tenu compte des principaux départements agricoles septentrionaux (Nord, Pas-de-Calais, Somme, Aisne, Ardennes, Meuse, Marne, Oise, Seine-Inférieure, Eure, Calvados, Orne, Eure-et-Loir, Seine-et-Marne, Seine-et-Oise, Aube, Haute-Marne, Yonne, Loiret, Loir-et-Cher, Sarthe et Mayenne). En ce qui concerne 1927, nous avons utilisé l'*Enquête sur les étrangers*, publiée en 1929. Pour mieux cerner l'implantation locale des agriculteurs flamands, nous avons consulté les archives départementales de l'Eure (Évreux), Seine-Maritime (Rouen), Aisne (Laon) et Seine-et-Marne (Dammarie-les-Lys). En ce qui concerne la migration permanente dans l'agriculture, ces archives ont fourni relativement peu d'information. Mais pour d'autres données plus contextuelles, elles ont été d'autant plus utiles. À Rouen, nous avons par exemple trouvé les rapports de police d'une série de membres du syndicat agricole La Flandre, ce qui nous a permis de mieux comprendre l'histoire de cette organisation. Même chose pour le périodique bilingue *La Normandie*, édité par le prêtre belge Dallemagne pour les paysans de la région de Rouen. Laon a à son tour fourni des informations complémentaires sur les œuvres destinées aux « frontwerkers » (travailleurs affectés dans les régions dévastées après la Première Guerre mondiale), Dammarie-les-Lys sur les saisonniers et Évreux sur la répartition des paysans belges dans le département.

Bien que pour la situation démographique et socioéconomique du département du Nord, nous ayons largement puisé dans des études antérieures et souvent excellentes, nous avons également cherché du matériel susceptible de fournir des données complémentaires (archives communales de Wattrelos, Marcq-en-Barœul, Mouscron, Roubaix, Lille, Tourcoing). Pour plusieurs aspects de notre recherche, nous avons trouvé un soutien et des éclaircissements dans les archives départementales.

Le thème précis de l'enquête, les œuvres d'encadrement religieuses, a été principalement étudié sur base des archives des œuvres elles-mêmes. Hélas, elles étaient souvent mal classées et incomplètes. Les archives de l'Œuvre des Flamands à Paris, déposées aux archives de l'évêché de Gand, en sont un bon exemple. Elles contiennent une riche correspondance entre l'aumônier principal Liévin Beyaert et ses évêques successifs, mais la rareté des rapports d'activité et des documents sur le fonctionnement interne laisse penser qu'elles sont incomplètes. Pour une organisation qui s'est implantée de façon si affirmée dans l'espace et dans une grande ville comme Paris, ces lacunes sont frustrantes. Concernant les aspects capitaux, comme la construction de l'église destinée aux Flamands de Paris, nous avons heureusement pu trouver des sources alternatives. Le chanoine Ludo Collin, responsable des archives diocésaines de Gand, a mis à notre disposition une copie de la correspondance de la baronne de Monin-Rendeux sur la construction de l'édifice. Les archives des jésuites flamands nous ont fourni des données particulièrement importantes sur la même période. Nous avons trouvé des informations sur la vie paroissiale parisienne et les autres initiatives analogues à l'Œuvre des Flamands auprès du toujours serviable et enthousiaste père Ploix des Archives historiques de l'archevêché de Paris.

Les œuvres d'encadrement du Lillois ont été pour le XIXe siècle principalement étudiées grâce aux archives des instituts religieux concernés. Les documents sur les maisons rédemptoristes de Douai, de Dunkerque et de Lille ainsi que les dossiers personnels consultés font partie des archives de l'ordre déposées au KADOC, institution où la présente publication a vu le jour. Les initiatives placées sur la direction des frères mineurs, à Roubaix principalement, n'étaient initialement que peu documentées. Sans l'aide de feu le père Baetens et de Jo Luyten, une reconstruction de l'œuvre d'encadrement dans la principale ville d'immigration belge en France aurait été impossible. Quand nous les avons consultées, les archives des frères mineurs se trouvaient encore à Saint-Trond. Entre-temps, elles ont trouvé refuge au KADOC.

Un fonds d'archives hérite de la souplesse et de la disponibilité de son archiviste. S'il y a une certitude que nous avons acquise à travers cette enquête, c'est bien celle-là. Au fil de nos nombreuses visites dans les différents services, personne n'a mieux compris la nature et l'objectif de notre recherche que Frédéric Vienne, archiviste du diocèse de Lille. C'est là que nous avons consulté les archives de la Mission belge, deuxième période de l'Œuvre des Flamands à Lille-Wazemmes, et les archives paroissiales. Mais son profond intérêt pour la recherche a également permis de découvrir bien davantage : une série de brouillons oubliés sur un Cercle de famille de Roubaix, des registres paroissiaux, sa collection d'inventaire des autres archives et sa connaissance étendue de toute une série d'autres instituts de conservation.

La reconstruction du passé des œuvres d'encadrement destinées aux agriculteurs belges de France s'est apparentée à un puzzle. Toutes les pièces n'ont pas été assemblées, loin de là, mais une image s'est quand même dégagée de tout ce matériel de source éparpillé. Nombre d'archives ont fourni des données utiles. Celles du Boerenbond ont livré les informations nécessaires sur l'organisation de l'Union agricole belge (UAB) et permis en combinaison avec les archives des diocèses de Gand, Bruges et Malines de mieux se représenter le fonctionnement de l'Œuvre des Frontwerkers. Les archives des jésuites flamands conservées au KADOC, qui comprennent les documents personnels du père Meeûs et du père Van den Brande, ont donné à notre recherche le supplément de vie nécessaire. *De Stem uit het Vaderland*, un périodique originellement destinée aux saisonniers, a été une source d'archives exceptionnelle pour les œuvres d'encadrement ciblant les migrants agricoles. Nous avons trouvé les deux numéros, extrêmement intéressants, de l'après-guerre dans les archives de Stanislas van Outryve d'Ydewalle. Ils nous ont offert une bonne image de cette période de transition, pendant laquelle la migration permanente a supplanté le travail saisonnier au sein du périodique *De Stem*. Nous avons trouvé les exemplaires postérieurs de cette même revue à la Bibliothèque royale de Belgique (1926-1938), à la Bibliothèque nationale de France, François Mitterrand (1939-1944, 1949-1968) et dans les archives des jésuites flamands (1968-1988). D'autres périodiques sont venus compléter cette information, comme *Le Belge de Paris et des départements* (Bibliothèque nationale de France) et *De Boer* (Infodok/Boerenbond).

Enfin, nous avons autant que possible enrichi notre recherche par des entretiens et des interviews. Ils ont permis de mettre les choses en place et de faire du passé un pays moins exotique. Nos conversations avec Irène Wannyn, Liesbeth Maertens et Jean Decoster ont été particulièrement utiles pour comprendre la nature et l'essence d'une organisation comme la Mission belge de Lille-Wazemmes. Maria De Wilde et les documents de la famille Dedapper ont rendu le thème des paysans flamands en France nettement plus concret. Mes meilleurs souvenirs sont ceux de mes contacts avec feu Adrien Fleurbaey qui, sur base de sa propre histoire familiale, m'a guidé dans la spécificité de l'agriculture française. Je l'ai en fait rencontré de manière toute fortuite. Plus tard, je suis tombé sur des documents dans lesquelles il était question de son père, Léon. Sans le vouloir, il a donc introduit une note de poésie dans cette recherche.

Aide à la lecture

Comme nous l'avons dit plus haut, ce livre s'articule en trois parties. Chacune correspond à une destination française pertinente pour l'immigration belge : le Lillois, la ville de Paris et les régions agricoles du nord de la France. L'histoire des œuvres d'encadrement y occupe à chaque fois une place centrale. Chaque partie est en quelque sorte autonome, non seulement par son contenu, mais aussi par ses subdivisions formelles. La structure des chapitres est partiellement identique dans les trois cas. À chaque fois, nous commençons par présenter le contexte, mais les accents sont placés différemment en fonction de l'espace. Pour le Lillois, nous nous sommes centré sur la genèse de l'espace frontalier, mais avons également jugé nécessaire d'expliquer la parenté idéologique entre l'Église du nord de la France et de Belgique (chapitre 1er). Dans la partie consacrée à la ville de Paris, l'accent est principalement mis sur la transformation urbaine elle-même et la place de la population belge dans celle-ci (chapitre 4). En ce qui concerne les régions agricoles, nous insistons de manière contextuelle sur le lien entre l'immigration agricole et les problèmes démographiques qui ont touché la France, en particulier au lendemain de la Première Guerre mondiale (chapitre 6). Le deuxième volet de chaque partie traite de l'histoire des œuvres d'encadrement. Dans la partie « agricole », nous avons estimé utile d'inclure un chapitre supplémentaire. Il traite à travers les œuvres d'encadrement du déplacement progressif de l'intérêt porté au travail saisonnier vers les paysans qui s'établissaient en France (chapitre 7). Enfin, nous avons dans chaque partie accordé de l'attention aux aspects de l'image, de l'identification et du discours. Pour Paris, ces thèmes sont directement liés à l'histoire de l'œuvre d'encadrement même (chapitre 5). Dans les autres parties, ils sont en raison de leur importance et de leur poids traités séparément : pour le Lillois dans le chapitre 3, pour les régions agricoles dans le chapitre 9.

À l'origine, nous avions aussi écrit un chapitre 10 sur les œuvres d'encadrement dans le contexte de la migration intérieure des Flamands en Wallonie. Pour préserver l'équilibre de ce livre – qui a la France pour terrain d'investigation –, nous ne l'avons finalement pas retenu. Le fait d'avoir pu le publier ailleurs sous une forme revue et condensée a facilité cette décision[81]. Les réflexions comparatives que nous formulons dans la conclusion au sujet de la France et de la Wallonie sont en grande partie inspirées de ce travail antérieur.

81 Byls, « L'Œuvre des Flamands à Montignies-sur-Sambre ».

I.
MIGRER CHEZ LE VOISIN
LE LILLOIS ET L'ENJEU DE PROXIMITÉ

2. Vue du nord de la France, depuis Mouscron.
[Verhoyen, *Les frontaliers dans l'industrie textile du Nord de la France*, 16]

L'urbanisation empêche aujourd'hui pratiquement de le voir, mais en réalité, Mouscron se situe sur une hauteur, qui marque la transition entre la plaine de la Lys et celle de l'Escaut. Par contraste avec les zones du sud et du sud-ouest, situées plus bas, ces 50 mètres d'altitude suffisent à offrir certains panoramas. La photo de la page précédente, qui est tirée d'une étude sur le travail frontalier belge, offre par exemple une vue de la plaine qui s'étend au sud-ouest de la ville. On y aperçoit, certes, un paysan au centre, mais ce sont surtout les cheminées fumantes de l'arrière-plan qui attirent l'attention. Non loin de là, les usines des centres textiles de Roubaix et de Tourcoing tournent en effet à plein régime.

Si l'étude et probablement aussi la photo datent de peu après la Seconde Guerre mondiale, ce visage industriel était déjà celui de la région dans les décennies précédentes. Roubaix, Tourcoing et la banlieue Lilloise – sur le cliché au-delà de l'horizon – étaient les centres textiles emblématiques du nord de la France, et par extension de la France tout entière. Ce n'était pas leur unique particularité. Géographiquement, elles étaient situées aux confins du pays, à un jet de pierre de la frontière belge mais à des heures de train de Paris. Sur la photo, la frontière se trouve plus ou moins à mi-chemin entre la fermette de l'avant-plan et l'alignement de cheminées à l'horizon. Horizon qui contraste d'ailleurs fortement avec le tableau de l'avant-plan. L'industrie est visiblement concentrée du côté français de la frontière.

Cet espace spécifique, que nous avons appelé le Lillois, est au centre de cette partie de l'étude. Nous ne nous occuperons pas du paysan, mais plutôt de la population qui s'est établie autour de ces cheminées dans le courant du XIXe siècle. Elle venait pour une bonne partie de Belgique et a continué à y vivre. Elle a entraîné dans son sillage des initiatives d'encadrement religieux. Dans le premier chapitre, nous décrirons la spécificité du Lillois comme zone frontalière, cela sous trois angles de vue. Premièrement, nous parlerons brièvement de la genèse de la frontière franco-belge. Ensuite, nous envisagerons dans ce cadre la réalité migratoire belge. Enfin, nous esquisserons les nouveaux contours du Lillois en tant qu'espace religieux. Si, au XIXe siècle, le centre du pouvoir religieux se trouve encore à Cambrai, cette position lui est progressivement disputée par le cœur du pouvoir industriel du nord de la France. Un deuxième chapitre traite de l'histoire des instituts religieux belges dans le diocèse de Cambrai. En 1880, les lois anti-congréganistes mettent fin à cet engagement. Dans les années 1930, on assiste à un renouveau de l'œuvre d'encadrement belge à Lille. Il s'inscrit dans le prolongement de l'initiative des frères mineurs à Wazemmes. Dans le troisième et dernier chapitre de cette partie, nous nous arrêterons plus longuement sur la disparition des instituts religieux en France et à la suppression de leurs activités frontalières par les autorités françaises. Les émigrants belges ont représenté un argument important dans ce débat.

PERSPECTIVES SPATIALES

FRONTIÈRE, MIGRATION, RELIGION (1850-1960)

Le Lillois comme espace frontalier

« La frontière franco-belge n'est qu'histoire (...). » Cette frontière est une « réalisation essentiellement politique »[1]. Voilà plus ou moins l'idée maîtresse de *La frontière franco-belge*, œuvre du géographe lillois Firmin Lentacker. Il n'existe pas de frontière physique entre la Belgique et la France : les deux espaces ne sont séparés que par une frontière d'État au cours capricieux. Qui veut en comprendre la genèse devra nécessairement s'atteler à l'étude historique des innombrables traités qui ont présidé à l'établissement de la frontière entre la France et ce qui est aujourd'hui la Belgique.

Quatre décennies après sa parution, cette étude continue à surprendre non seulement par son exhaustivité, mais aussi par deux particularités tout aussi remarquables. D'abord, on constate que l'étude de Lentacker sur la genèse et la nature de la frontière franco-belge a débouché sur l'exposé le plus complet et le plus érudit écrit à ce jour sur la migration belge en France. Ensuite, le fait que la contribution la plus fondamentale à l'histoire migratoire belge ait été fournie par un géographe et non par un historien interpelle. Le mérite de Lentacker consiste indéniablement à avoir étudié la migration belge à partir de l'interaction qui lie sous diverses formes l'homme et la frontière[2]. Lentacker affirme que la frontière franco-belge a, en tant que réalité, été « per-

1 Nordman, « Géographie ou histoire d'une frontière », 435.

2 Au sujet de l'établissement de la frontière belge, voir surtout, outre Lentacker, Nordman et Revel, « La formation de l'espace français ».

formative » – ou, pour utiliser les mots de l'auteur, « créatrice »[3] ; loin d'avoir été (et d'être), une ligne ou une frontière neutre, elle a décidé du cours des chaussées et des canaux, a conféré à certaines villes plus d'importance qu'à d'autres et a été à même de déterminer la direction des flux commerciaux et humains. En ce sens, le travail de Lentacker anticipe largement sur une discipline récente comme les *border studies*[4].

Physiquement, c'est le développement du réseau de voirie qui traduit le mieux le développement de la frontière. Le centralisme politique de Louis XIV (1643-1715) a changé le cours des routes frontalières. Pour Lille, elle a par exemple donné lieu à une modification des flux commerciaux. Alors qu'à la fin du XVIIIe siècle, le commerce au départ et à destination de la ville passait encore à 40% par le réseau routier des Pays-Bas autrichiens, il se fait au siècle suivant principalement par des routes françaises. Lille est désormais tournée vers Paris, Valenciennes ou Dunkerque[5].

Le revirement infrastructurel imposé par l'absolutisme royal, qui aboutit au déplacement ou à la suppression de routes commerciales ancestrales, n'entraîne pas forcément l'adhésion de la population concernée, en premier lieu des frontaliers. Nous en avons un bon exemple dans la polémique qui éclate autour de l'ancienne route reliant Lille à Dunkerque. Elle passait à l'origine par le Pont rouge, qui enjambait la Lys à hauteur de Warneton (Waasten) (Illustration 3①) avant de rejoindre la ville portuaire française *via* Ypres. En 1764, le Pont rouge doit cependant faire place à un nouveau pont, situé à Armentières, quelques kilomètres plus loin vers l'ouest (Illustration 3②). Le principal avantage de celui-ci est qu'il traverse la Lys en territoire français. Mécontents, les habitants de Warneton et d'Ypres s'adressent alors au tribunal de Bruxelles. Pour toutes les localités situées sur l'ancienne route, le nouveau tracé représente en effet une fameuse saignée financière. Le tribunal approuve les protestations des deux villes et envoie à l'administration le courrier suivant, très parlant : « Ce procédé de peuples soumis à deux puissances entre lesquelles il subsiste l'intelligence la plus étroite (...). Loin de détruire des communications établies d'ancienneté, ces peuples devraient au contraire

3 Lentacker, *La frontière franco-belge*, 9.

4 Les *border studies* sont devenues un discipline quasi-autonome des sciences sociales dans les années 1990. La conception des frontières y englobe désormais, à côté des lignes de démarcation territoriales et légales, leurs pendants sociaux et culturels. Voir par exemple Bouwens, *Over de streep* ; Knippenberg et Markusse, « 19th and 20th Century Borders » ; Anderson et O'Dowd, « Borders, Border Regions and Territoriality ».

5 Lentacker, *La frontière franco-belge*, 43-58. Lentacker renvoie notamment à Jean-Baptiste Colbert : « À peine installée, l'administration française se vit définir un objectif très net. Colbert précisait (...) de porter les marchands des pays conquis à prendre la route de France pour l'envoi de toutes leur marchandises (...) par ce moyen vous portez les esprits à se détacher des Flamands et des Hollandais et à se lier en même temps avec les Français par union et correspondance de commerce. »

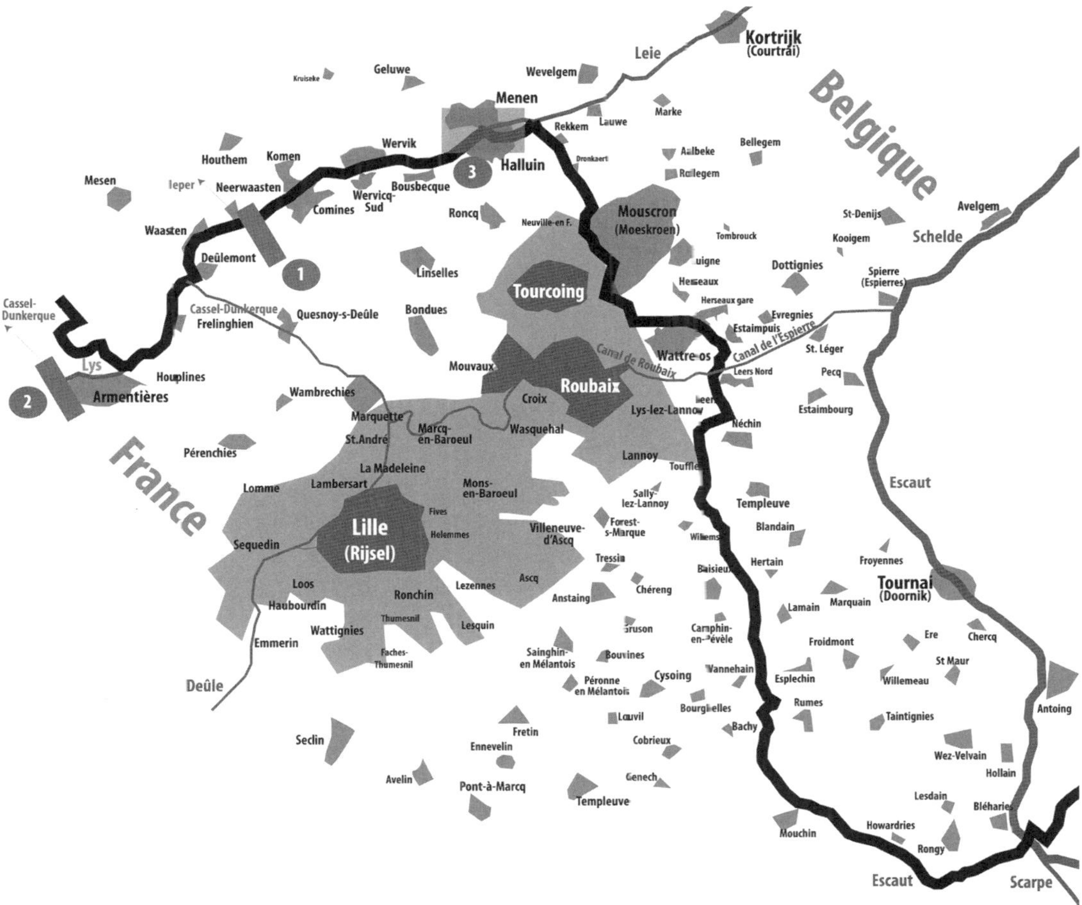

① L'ancienne route reliant Lille à Dunkerque passait à l'origine par le Pont rouge, qui enjambait la Lys à hauteur de Warneton (Waasten).
② En 1764, le Pont rouge doit faire place à un nouveau pont, situé à Armentières, quelques kilomètres plus loin vers l'ouest.
③ La frontière belge entre Menin et Halluin.

3. La frontière franco-belge dans les environs de Lille.

chercher à les faciliter. »[6] Des considérations de nature protectionniste et stratégique l'emporteront toutefois et l'ancien tracé, pourtant plus efficace, devra céder le pas à une nouvelle liaison Lille-Dunkerque, aménagée à distance sûre de la frontière nationale[7].

Lentacker donne d'autres exemples du genre dans son étude. Tous ont en commun le fait de présenter avant tout la frontière comme le résultat de l'œuvre humaine. Aussi naturelles qu'elles puissent paraître, les frontières sont des constructions, bien davantage conçues comme des lignes de divergence que comme des lignes de rencontre. La frontière franco-belge n'échappe pas à cette règle[8]. Lorsque Lentacker s'interroge en tant que géographe sur son essence et son histoire, il ne peut donc éviter de se tourner vers l'histoire de l'œuvre humaine en question. Il n'appréhende pas pour autant la frontière sous l'angle idéologique, ce qui aurait pour effet d'accentuer la différence entre frontières naturelles et artificielles. Ces dernières seraient dans ce cas intégrées à une conception « théologico-essentialiste » dans le cadre de laquelle une frontière a, au moment où elle est étudiée, trouvé ou non son ancrage naturel et légitime. Les « barrières naturelles » délimiteraient donc en vertu de la loi naturelle une zone géographique qui, de mémoire d'homme, par la force des montagnes et des rivières, a attendu une confirmation politique. Les « frontières artificielles », par contre, sont des barrières qui entravent la clôture politique légitime d'un ordre social pré-politique. Lentacker, en revanche, montre que toute frontière est une convention et constitue le fruit (provisoire) d'accords, de stratégies, de négociations et de diverses formes de démarcations et de rectifications[9].

Dans cette perspective, la frontière franco-belge n'a rien de particulier. Elle résulte de conventions et aurait pu avoir un tout autre tracé. Son tracé actuel est *grosso modo* défini par les dispositions négociées lors du traité d'Utrecht (1713), qui mettait fin à une longue période d'hostilité entre la France et les Provinces-Unies. Le traité stipulait notamment que les Provinces-Unies devaient céder les Pays-Bas méridionaux. En revanche, elles étaient autorisées, en vertu du (troisième) traité des Barrières, à placer des garnisons frontalières dans des villes comme Furnes, Ypres, Warneton, Tournai et Namur[10]. Il est à noter qu'après la paix d'Utrecht, les Pays-Bas ne constituèrent pas une région

6 Lentacker, *La frontière franco-belge*, 47.

7 *Ibid.*, 47. Le nouveau trajet Lille-Dunkerque allait jusqu'à éviter la localité française de Steenvoorde, jugée trop proche de la frontière, préférant gravir Cassel, juchée sur un mont, en direction de Dunkerque.

8 Nordman, « Géographie ou histoire d'une frontière », 438.

9 *Ibid.*, 436. Parmi les autres études dans la même ligne, citons Sahlins, *Frontières et identités nationales*. Sahlins montre que malgré les Pyrénées et le fait qu'elle était été qualifiée par les théoriciens du XXe siècle de « fossilisée », « froide » ou « morte », la frontière franco-espagnole est également le résultat d'une construction ; pour une étude récente sur la contingence des États, voir Davies, *Vanished Kingdoms*.

10 De Schryver, « De Zuidelijke Nederlanden als Frans en geallieerd protectoraat ».

compacte. Çà et là, la France conserva une série de curieuses enclaves, dont Philippeville, Mariembourg et Barbençon, dans le Hainaut. Nous reviendrons sur cette dernière dans le troisième chapitre.

La phase suivante de l'établissement de la frontière franco-belge correspond à l'introduction d'une division administrative départementale dans les Pays-Bas méridionaux pendant la période française (1790). Abstraction faite des tribulations des traités de Paris (1814 et 1815), elle a plus ou moins mené au tracé actuel[11]. Les frontières méridionales des départements de Jemappes (actuelle province de Hainaut), Sambre-et-Meuse (Namur) et Forêts (Luxembourg) délimitaient respectivement les départements du Nord, de l'Aisne, des Ardennes, de la Meuse et de la Meurthe.

En 1820, le tracé frontalier franco-belge est une dernière fois modifié. À cette date, la France et le royaume uni des Pays-Bas décident, par le traité de Courtrai, que la frontière entre les deux États doit être décrite avec précision. De 1820 à 1825, ce projet est mis en application, avec pour conséquence une série de rectifications minimes.

Le traité de Courtrai est intéressant dans le sens où il autorise une lecture autre que purement politique. Il va en effet au-delà de la déclaration d'intention concernant la vérification des bornes déplacées. Il constitue aussi un catalogue des pratiques de gestion d'une frontière conventionnelle et – à certains endroits de son tracé – extrêmement perméable. Un passage remarquable du texte évoque par exemple le problème de la minceur de la frontière ou du manque de place qui lui est réservé, car en effet, une frontière a également besoin d'espace. Le traité stipule ainsi que les habitations doivent être construites à dix mètres au moins à l'intérieur du pays. Là où la France et le royaume uni des Pays-Bas ne sont séparés que par une route communale, cette distance doit être de cinq mètres au minimum. C'est sur la base de ces règles que l'urbanisation frontalière prend forme après 1820.

Dans les noyaux urbains antérieurs, il n'y avait pas de place pour la frontière, qui était souvent ultra-mince. Il n'était par exemple pas rare qu'elle se résume pratiquement à un mur mitoyen, arrière ou latéral. Les cours belges touchaient donc les françaises, ce qui facilitait la contrebande. D'ailleurs, l'illustration 4 provient d'un dossier de fraude dans lequel des maisons attenantes, situées de part et d'autre de la frontière, étaient utilisées pour un passage discret de textiles. Les territoires belges et français représentés sur le schéma sont respectivement Menin (les Baraques) et Halluin (Illustration 3③ et 4).

11 Après les défaites de Napoléon, la frontière entre la France et les Provinces-Unies fut fixée par les traités de Paris de 1814 et 1815. En vertu du traité de 1814, par exemple la France conservait l'arrière-pays de Dour, Merbes-le-Château ainsi que la totalité de la « botte du Hainaut » (Beaumont, Chimay), y compris les plateaux mosans namurois de Couvin, Beauraing et Gedinne. Après la défaite définitive de Napoléon, ces régions furent cédées aux Provinces-Unies. Pour une description détaillée des traités qui ont mené à la frontière actuelle, voir Lentacker, *La frontière franco-belge*, 13-24.

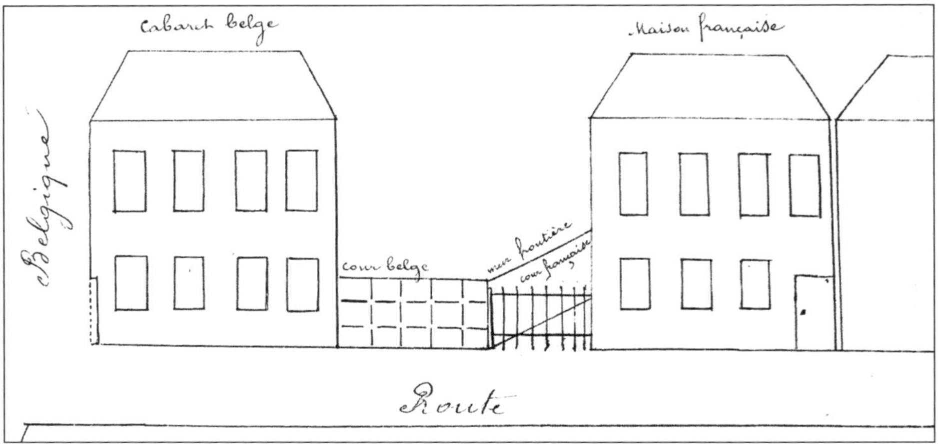

4. La frontière belge dans les environs de Lille : la frontière entre Menin et Halluin (1880).
[ADN, M9241(1) : *Frontière : empiètements sur le territoire français de sujets belges, Fraude de tissus, Halluin, 1886*]

Dans la perspective du département français du Nord, ces noyaux compacts se développent surtout dans la région entourant Lille. Les anciens villages s'y rejoignent pour former ce que nous nommons aujourd'hui des agglomérations. La principale explication du phénomène réside dans l'essor industriel qui transforme la zone en une région attractive à partir de 1850. L'industrie attire la population, si bien que le Lillois devient un « terroir d'immigration », dans lequel pratiquement toutes les localités proches de Lille voient leur nombre d'habitants augmenter.

Dans les pages qui suivent, nous nous concentrons sur cet espace, d'abord comme espace de migration, puis comme espace religieux. Nous couvrons à chaque fois une large fourchette chronologique, allant de 1850 à 1960. Dans les deux cas, deux points sont importants. D'abord, nous nous intéressons à la tension (dynamique) qui règne entre l'ancien espace compact – tant physique et historique – et l'espace politico-juridique qui s'y superpose graduellement au XIXe siècle. Visuellement, la frontière nationale actuelle s'impose de plus en plus dans le paysage. Non seulement son tracé coupe d'anciens espaces, mais son effet peut désormais être atténué ou renforcé politiquement, à la manière d'une lampe à incandescence dont le filament peut être activé selon les besoins. L'impact est considérable de part et d'autre de la frontière. Dans la perspective de la migration, les anciens systèmes de mobilité disparaissent au profit de nouveaux ; dans celle de la religion, un espace catholique compact est progressivement « nationalisé ». Le deuxième point important concerne la perspective de l'espace elle-même. Nous nous concentrons sur le Lillois alors qu'administrativement, cet espace n'existe pas. Comme expliqué dans l'introduction, nous l'abordons principalement à travers la réalité migratoire belge elle-même. À l'intérieur du département du Nord (qui est également une création artificielle), c'est là, et non dans la Flandre française en général, qu'elle se concentre précisément. Cette donnée spatiale n'empêche pas que nous devions utiliser dans notre commentaire des échelles inférieures ou supérieures. Pour le Lillois en tant qu'espace migratoire, cet angle de vue plus large sera surtout le département du Nord ; pour Roubaix, notre angle de vue sera plus précis. Pour le Lillois comme espace religieux, nous ne pouvons contourner les circonscriptions diocésaines.

Le Lillois comme espace de migration permanente (1800-1900)

Paradoxalement, c'est à l'aide des chiffres de population que l'évolution de l'espace lillois se lit le plus facilement. Entre 1800 et 1900, les principales localités y sont en effet confrontées à une hausse démographique phénoménale. Le graphique 1 représente l'évolution du nombre des habitants de Roubaix, Tourcoing et de Lille « ville ». Lille y est présentée plus ou moins dans les frontières de son territoire actuel, comprenant donc les quartiers d'Esquermes, de Wazemmes, de Fives et des Moulins rattachés administrativement en 1858[12]. Nous constatons pour les trois villes une hausse spectaculaire de la population jusqu'en 1900. Roubaix et Lille sont celles qui connaissent la plus forte augmentation.

Pour certaines villes proches de Lille, Roubaix et Tourcoing, nous observons une évolution analogue, bien que nettement moins prononcée en chiffres absolus. Dans d'autres localités, par contre, la population n'augmente presque pas. Le graphique 2 présente l'évolution des chiffres de population des communes avoisinant Roubaix (à l'exception de Tourcoing). Seule Wattrelos connaît un rythme de croissance proche de celui de Roubaix. Des communes comme Wasquehal et Mouvaux ne dépassent que tard dans le XXe siècle le cap des 10 000 habitants. La fusion de pôles industriels urbains, caractérisés par des chiffres de population et une densité élevés, avec des communes industrielles plus petites constitue une caractéristique essentielle du Lillois[13].

Le Lillois ne s'est donc pas tant développé en une zone urbaine compacte qu'en un ensemble « agglomératif » dans lequel de petites localités alternent avec de plus grandes en termes de chiffres de population. En ce sens, la meilleure description de la région est peut-être bien celle de « district industriel » dans la signification que lui a donné Alfred Marshall. Les fabriques y sont regroupées autour de l'industrie textile, embauchent des ouvriers du même

12 Mais sans Hellemmes et Lomme, communes qui ne furent « associées » à Lille respectivement qu'en 1977 et 2000.

13 Voir aussi Blanchard, *La Flandre*, 436-437. Il distingue dans le « groupe de Lille » trois zones urbanisées : « Lille et ses faubourgs, Roubaix-Tourcoing et leur banlieue, enfin la ligne de la Lys ».

GRAPHIQUE 1
ÉVOLUTION DE LA POPULATION ROUBAIX, LILLE ET TOURCOING (1800-1962)

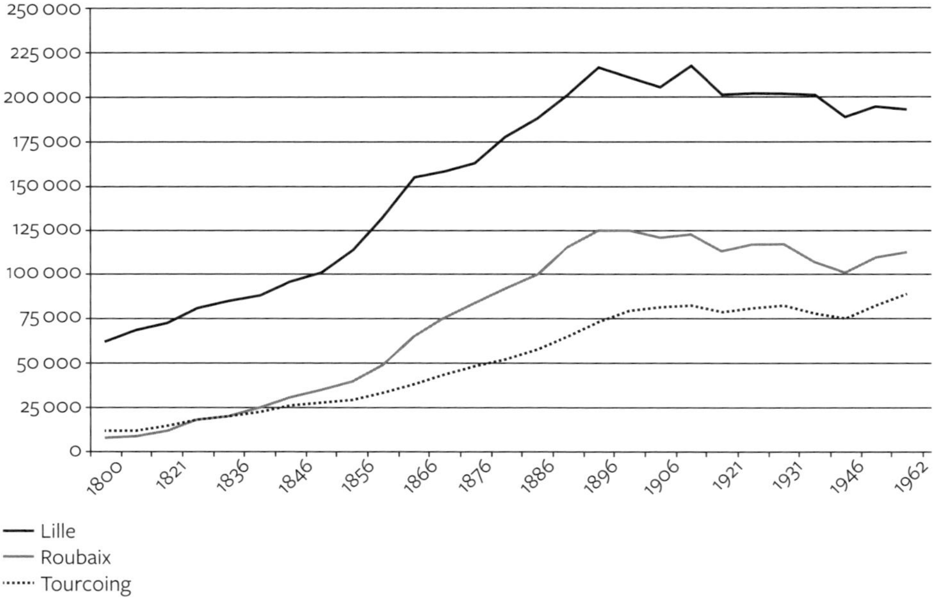

Sur base de la banque de données de Cassini, École des Hautes Études en Sciences sociales (EHESS), <http ://cassini.ehess.fr/cassini/fr/>.

type et les entreprises procèdent entre elles à un échange rapide d'information commerciale et technique[14]. Cette concentration géographique entraîne à son tour avec elle des « économies externes » imprévues, comme le développement d'une infrastructure de mobilité tel le chemin de fer (Fives et Hellemmes se transforment au sein du Lillois en centres ferroviaires) ou celui des activités de construction privées et publiques[15]. Dans cette optique, certaines communes situées du côté belge vont également être progressivement intégrées au Lillois.

Dans une région si proche de la frontière – et même transfrontalière –, l'interprétation conceptuelle de la migration depuis la Belgique est une affaire assez compliquée. D'une part, on constate que le migrant belge, si courte soit la distance qu'il parcourt, correspond à une définition standard de la migration internationale : les Belges qui partaient en France changeaient de lieu de vie pour une durée substantielle et traversaient pour cela une frontière inter-

14 Marshall, *The Principles of Economics*, 271. Marschall énumère les avantages suivants à propos des « districts industriels densément peuplés » : « thickly peopled industrial districts » : aptitudes héréditaires (hereditary skills), apparition d'industries subsidiaires (subsidiary trades), développement et emploi de machines spécialisées, réserve de main-d'œuvre locale pour un travail spécialisé.

15 Fujita, Krugman et Venables, *The Spatial Economy*, 18.

GRAPHIQUE 2
ÉVOLUTION DE LA POPULATION DE CROIX, WASQUEHAL, MOUVAUX, WATTRELOS ET HEM (1800-1962)

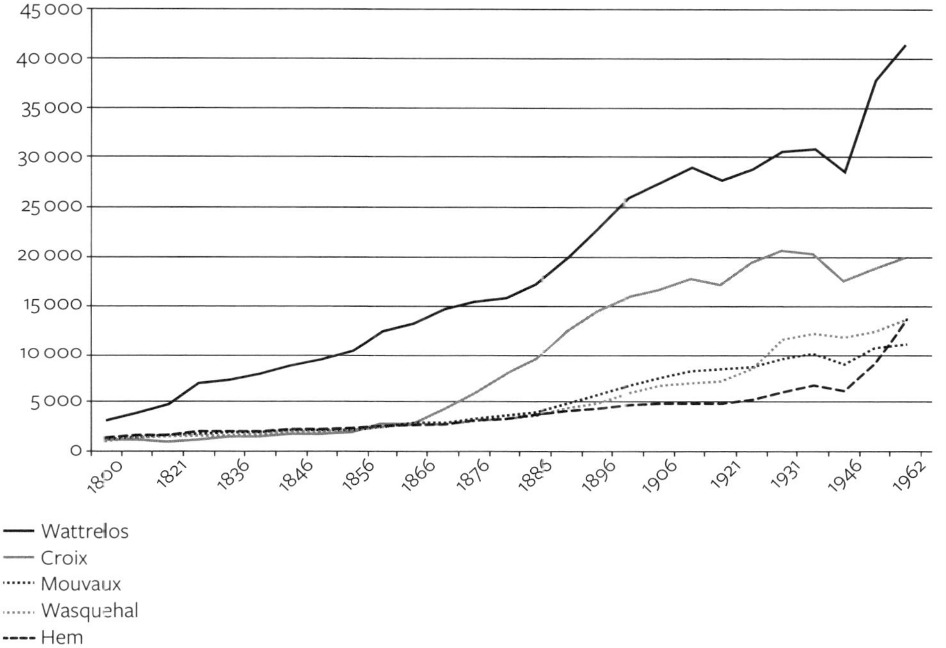

Blanchard, *La Flandre*, 437.

nationale[16]. D'autre part, la proximité de la région de destination fait que la position *a priori* nécessaire pour étudier la migration belge en France comme une migration internationale doit être relativisée. Le fait que la migration belge en France se caractérise aussi par une barrière linguistique interne constitue un problème supplémentaire ; la même césure se produisait d'ailleurs aussi en France lorsque l'on émigrait depuis la Flandre française en direction du Lillois.

Cette problématique n'a été signalée que récemment dans la recherche consacrée à l'histoire de la migration. Cela a principalement été le fait de chercheurs français, Claire Lemercier et, surtout, Paul-André Rosental, qui ont situé plus précisément dans l'espace la migration belge dans le Lillois[17]. Faute d'être considérée comme un phénomène autonome, mais bien toujours en parallèle avec d'autres mouvements migratoires internationaux, la migration

16 Petersen et Petersen, *Dictionary of Demography*, 577.

17 Rosental, « Scomposizione spaziale di una migrazione internationale ». Les références données ci-après sont celles de la version française de l'article en question (« Décomposition spatiale d'une migration internationale »).

belge a été étudiée sous un mauvais angle. On part en effet du principe de l'hypothèse d'une frontière fixe avec une signification fixe, ce qui est par nature un anachronisme. Rosental souligne au contraire que pendant le XIXe siècle, la mobilité de l'espace frontalier lillois connaît une évolution importante, à la fois sur le plan de la migration interne et sur celui de la migration externe.

Le changement affectant le système de migration externe apparaît clairement lorsque l'on analyse la provenance des migrants belges dans l'espace lillois. Dans sa recherche, Rosental répartit les Belges en trois groupes. Un premier comprend les habitants des communes frontalières, le deuxième est formé par les habitants des communes plus lointaines, situées dans les provinces belges du Hainaut et de Flandre-Occidentale, le troisième, enfin, regroupe ceux qui proviennent de localités extérieures à cette ceinture. Sur la base des actes de mariage, leur interaction est évaluée dans 76 communes françaises, toutes situées dans le rectangle entourant Lille, qui forme pour une part la frontière avec la Belgique[18]. Rosental a étudié dans cet espace la transition entre deux périodes. Au cours de la première, de 1820 à 1830, presque tous les frontaliers belges semblent s'installer dans les communes françaises voisines, tandis que les deuxième et troisième groupes s'installent un peu plus loin dans le pays, mais de manière peu significative. La proximité, indépendamment de la frontière, est donc dans cette période le principal régulateur de mobilité.

Au-delà de la segmentation spatiale, Rosental révèle aussi un système migratoire linguistique. À la même période, on émigre surtout depuis les communes flamandes vers des communes de Flandre française. Les communes francophones de Belgique sont à leur tour principalement liées à des destinations françaises francophones. La motivation linguistique a presque entièrement disparu pour la décennie 1870-1880. Les migrants belges appartiennent de plus en plus souvent aux deuxième et troisième groupes et, indépendamment du fait qu'ils soient originaires de Belgique francophone ou néerlandophone, ils se concentrent en majeure partie dans le bassin industriel de Lille, Roubaix et Tourcoing[19].

Rosental en déduit qu'entre la première et la deuxième période d'observation, les deux principaux facteurs de régulation des circuits de mobilité, la proximité et la langue, ont fortement perdu de leur importance. Les anciens

18 Cela concerne une ceinture spatiale limitée au nord par les communes de Winnezeele, Oudezeele et Steenvoorde et au sud par des communes comme Merville, La Gorgue et Aubers. Cet échantillon est essentiellement limité à l'ouest par Cassel et à l'est par Tourcoing et Roubaix.

19 Rosental, « Décomposition spatiale d'une migration internationale », 20. Halluin pourrait avoir constitué une exception. Hastings semble suggérer que cette localité industrielle, un peu isolée de la zone de Lille, continue à fonctionner comme un espace linguistique assez homogène. « Dans le bilinguisme quasi général de la vallée de la Lys, si le français l'emporte à Comines-France, Bousbecque, Roncq, Wervicq-Sud et Halluin se distinguent par une nette domination du flamand. » Hastings, *Halluin la rouge*, 37.

groupes de migrants sont de plus de plus éclipsés par les nouveaux venus, qui viennent de plus loin. En d'autres termes : si les migrants belges de France circulaient encore, vers 1820-1830, en fonction d'un système de mobilité déterminé par la langue et la proximité (et dans lequel la frontière ne jouait pas de rôle central), ce groupe perd progressivement sa visibilité dans les décennies suivantes. Un nouveau groupe, bien plus nombreux, le remplace. Il va fonctionner comme réserve de main-d'œuvre pour un district industriel qui s'est développé grâce à de nouveaux modes de production, à une accumulation de capital et à une spécialisation industrielle.

Rosental constate, ainsi que Lemercier, une même complexité pour la migration interne dans le Lillois. Les deux chercheurs ont recensé pour les mêmes 76 communes françaises les réseaux matrimoniaux spatiaux pour la décennie 1860[20]. Bien que seule la mobilité entre communes françaises soit prise en compte, les résultats sont éclairants pour la migration belge également. Au cours de la décennie prise en compte, l'industrie tourne à plein régime dans le triangle Lille-Roubaix-Tourcoing, entraînant évidemment une forte augmentation de la population. Celle-ci est surtout alimentée par la campagne, mais pas par n'importe laquelle, loin s'en faut. Premièrement, l'espace reste, même vers 1860, structuré linguistiquement. Ce sont surtout les communes de Flandre française qui s'échangent leur population. Lorsque les Flamands de France partent tout de même pour une commune francophone du Lillois, ils vont directement à Lille « ville » ou à Marcq-en-Barœul. On remarque également que les « bourgs » de Flandre française, des noyaux plus importants comme Hazebrouck, ne se distinguent pas des petits villages flamands français de l'agglomérat. Deuxièmement, la mobilité à l'intérieur de l'agglomérat formé par les communes francophones du Lillois frappe également. La population y circule surtout dans des sous-régions[21]. Lille même n'y est pour ainsi dire pas attractive. Ce sont bien plus Tourcoing et, surtout, Roubaix qui attirent. Mais les deux villes fonctionnent en cela de manière quasi autonome. Tourcoing attire surtout la population française de Bondues, Mouvaux, Wasquehal, Marquette et Croix. Roubaix se comporte en fait, vu sous l'angle français, comme une enclave, ayant peu d'interaction avec ses voisines directes. La ville attire surtout des Français de Mons-en-Barœul, Wambrechies et des communes situées au nord et à l'ouest de Lille (notamment Loos, Haubourdin et Lomme)[22].

Bien qu'exclusivement fondée sur les réseaux matrimoniaux, cette analyse nous donne de nombreuses informations sur les réseaux préférentiels qui existaient entre les communes du Lillois. Il est très plausible que ceux-ci reflètent, pour une part, les différents canaux de recrutement de l'industrie

20 Cela s'est fait sur base d'une comparaison entre le lieu de naissance et le lieu de résidence après mariage.

21 Lemercier et Rosental, « Pays ruraux et découpage de l'espace », 717.

22 *Ibid.*, 716.

établie dans ces endroits. Fait plus étonnant, les localités dont la population croît le plus – Roubaix, mais aussi Lille et Tourcoing – n'interagissent que modérément avec l'hinterland rural français. Cela souligne l'importance de l'immigration belge pour ces localités. À partir de 1850, sa part est impressionnante. Dans les lignes qui suivent, nous examinons le flux en provenance de Belgique, d'abord à l'échelle du département, ensuite dans une série de localités qui ont reçu la priorité dans notre étude sur l'action religieuse entreprise depuis la Belgique.

Les Belges dans le département du Nord

Si nous regardons l'évolution du nombre des Belges dans le département du Nord, nous constatons une forte augmentation à partir de 1851. Lors du premier recensement de population français qui indique la nationalité des nouveaux venus (1851), on compte 77 674 Belges. En 1886, sommet de la migration belge dans le département, ce nombre est passé à 297 991 (Tableau 1). Par rapport à la population totale du département, cela représente 18%. Après 1891, le nombre de Belges diminue sensiblement. En 1911, année du dernier recensement avant la Première Guerre mondiale, leur présence est redescendue à 169 083 ; dès 1931, ils sont repassés sous le cap des 100 000. À partir de là, ce chiffre diminue progressivement jusqu'en 1962.

Avant de regarder plus en détail les causes de cette diminution, une courte récapitulation des principaux facteurs d'impulsion et d'attraction (*push- and pull-factors*) à l'origine de cette mobilité s'impose.

Facteurs d'impulsion

Les sources concernant les causes économiques à la base de l'émigration belge vers la France sont nombreuses[23]. Notre but n'est évidemment pas de répéter tout ce qui a été dit. Nous voulons en revanche rappeler brièvement pourquoi, dans la seconde moitié du XIXe siècle, certaines régions de Belgique ont si facilement fonctionné comme réservoir de main-d'œuvre pour l'industrie en développement du nord de la France. L'essor du Lillois en tant que district industriel est ensuite brièvement abordé dans la sous-partie « Facteurs d'attraction ».

23 À ce sujet, voir notamment Schepens, *Van Vlaskutser tot Franschman* ; Gubin, « L'industrie linière à domicile dans les Flandres » ; Jacquemyns, *Histoire de la crise économique des Flandres* ; Ducpétiaux, *Mémoire sur le paupérisme dans les Flandres*. Sur les conséquences de la crise agricole, voir notamment Vanhaute, « So Worthy an Example to Ireland » ; Dejongh, *Tussen immobiliteit en revolutie* ; Thoen, « A 'commercial survival economy' in Evolution ».

TABLEAU 1
NOMBRE DE BELGES ENREGISTRÉS DANS LE DÉPARTEMENT DU NORD (1851-1962)

Année	Population totale	Nombre total d'étrangers	Nombre de Belges	Population française naturalisée	Proportion de Belges dans la population étrangère
1851	1 158 285	80 876	77 674	595	96,0%
1861	1 303 380	130 118	126 440	726	97,2%
1866	1 392 041	184 548	177 967	745	96,4%
1872	1 447 764	234 504	229 354	788	98,0%
1876	1 519 585	249 719	244 143	1 334	97,8%
1881	1 603 259	277 711	270 351	6 126	97,3%
1886	1 670 184	305 524	297 991	13 486	97,5%
1891	1 736 341	295 987	289 528	21 582	97,8%
1896	1 809 993	259 916	254 044	25 262	97,7%
1901	1 866 999	230 821	202 838	35 818	87,9%
1906	1 895 861	183 153	177 138	36 363	96,7%
1911	1 961 780	177 100	169 083	39 980	95,5%
1921	1 787 918	155 972	145 290	34 574	93,2%
1926	1 969 159	219 153	137 124	37 251	62,6%
1931	2 029 449	212 495	99 432	39 269	46,8%
1936	2 022 167	159 155	74 628	44 169	46,9%
1946	1 917 452	122 726	52 320	63 962	42,6%
1954	2 098 545	100 503	34 419	70 415	34,2%
1962	2 274 169	118 637	23 697	73 449	20,0%

D'après Lentacker, *La frontière franco-belge*, 238.

Quoique la population des futures régions belges se soit toujours facilement tournée vers la France, la cause de la migration massive de Belges est habituellement recherchée dans les crises économiques des années 1840, lesquelles affectèrent tout particulièrement les provinces de Flandre-Occidentale et de Flandre-Orientale. Comme l'historien des migrations Frank Caestecker le remarque avec raison, ces régions étaient jusque peu auparavant assez prospères[24]. La combinaison de l'industrie à domicile et du travail agricole permettait à de nombreuses familles de subvenir à leurs besoins. Les deux provinces

24 Caestecker, « Travailleurs immigrés flamands en Wallonie », 44. Un système proto-industriel analogue a été décrit en détail pour le Cambrésis par Didier Terrier, *Les deux âges de la proto-industrie*.

de Flandre n'étaient d'ailleurs pas uniques en leur genre. La même combinaison existait dans des régions françaises comme la Picardie, le Cambrésis et le Beauvaisis[25]. Cette symbiose entre proto-industrie et travail agricole faisait d'ailleurs la fierté des dirigeants de ces régions. Cela explique que dans un monde en pleine mutation, on ressentait finalement très peu la nécessité de changer. Jacquemyns, le principal historien de la crise économique des années 1840, évoque l'état d'esprit de l'époque de manière frappante grâce à une citation tirée de *Werkdadige landbouwkonst der Vlamingen,* un ouvrage de 1823 : « Là où la femme nourrit la vache, Pendant que l'homme travaille la terre ; Là où la femme fait tourner le rouet, Pendant que l'homme sème les champs ; (...) Là où ce rapport existe, on ne voit ; Jamais que paix et bonheur. »[26]

À partir des années 1830, ce tableau idyllique est balayé en un rien de temps par la révolution industrielle. Les innovations technologiques dans l'industrie du coton menacent de manière croissante l'industrie linière traditionnelle[27]. La première activité textile touchée est la filature rurale[28]. L'accord commercial franco-belge de 1836 prive les produits belges de leurs débouchés français. La France ouvre certes ses frontières aux produits textiles de Belgique, mais aussi à ceux des autres pays. La production anglaise, meilleur marché – car depuis 1834, le filage y est entièrement mécanisé – cause un recul spectaculaire des importations belges. Alors qu'en 1830, l'Angleterre exportait à peine 3 343 kg de fil vers la France (contre 833 896 pour la Belgique), elle dépasse la Belgique dès 1834 (836 934 kg pour 719 182)[29]. Les chiffres de 1838 parlent d'eux-mêmes. L'Angleterre exporte alors 5 303 038 kg de fil contre 409 169 kg pour la Belgique. Les exportations de lin suivent la même évolution. Alors que la Belgique en exportait encore 4 200 000 kg vers la France en 1836, ce chiffre diminue de moitié en 1843 et n'atteint en 1847 plus que 1 400 000 kg à peine[30].

Comme on le sait, le déclin de l'industrie linière flamande fut aggravé par une crise agricole. En juillet 1845, il apparaît que les pommes de terre, qui constituent la nourriture de base de la population rurale, étaient affectées par une épidémie à grande échelle. À la veille de l'hiver 1845-1846, une grande partie de la population des deux Flandres se retrouve donc sans travail et sans nourriture. Pour une région qui a déjà « trop d'hommes pour son étendue et ses ressources »[31], c'est un drame. Mais les années les plus désastreuses, 1846 et 1847, sont encore à venir. À cette période, non seulement le nombre

25 Van Aelbroeck, cité dans Jacquemyns, *Histoire de la crise économique des Flandres*, 26.
26 *Ibid.*, 32.
27 Schepens, *Van vlaskutser tot Franschman*, 21.
28 Oris, « De economische en sociale context », 41.
29 Ducpétiaux, *Mémoire sur le paupérisme dans les Flandres*, 71.
30 Jacquemyns, *Histoire de la crise économique des Flandres*, 156. Le niveau le plus bas fut atteint pendant l'année révolutionnaire de 1848. Cette année-là, moins de 800 000 kg furent exportés.
31 Blanchard, *La Flandre*, 507.

GRAPHIQUE 3
ÉVOLUTION DU NOMBRE DE NECESSITEUX DANS LA PROVINCE DE FLANDRE-ORIENTALE (1836-1848)

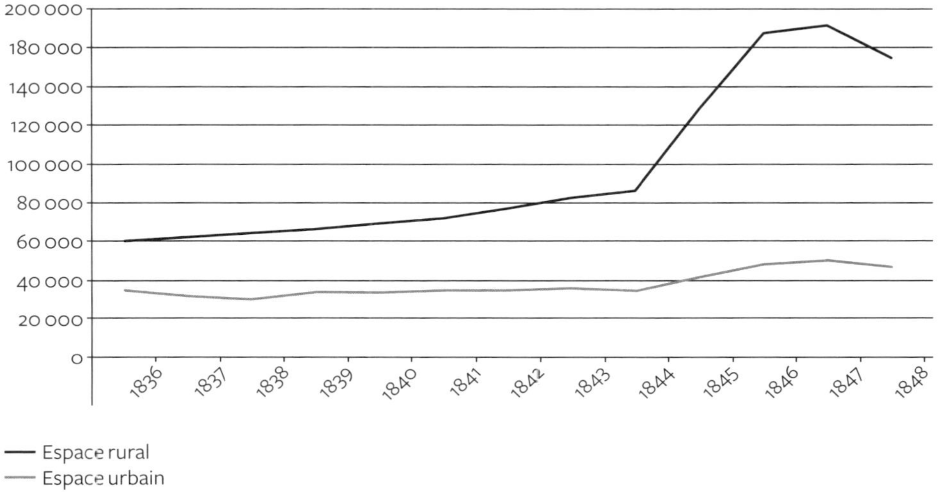

de nécessiteux augmente spectaculairement, mais cette population est touchée par le typhus. Entre 1846 et 1848, c'est cette épidémie qui cause les plus grands ravages dans certains arrondissements de Flandre-Occidentale et de Flandre-Orientale[32].

L'inimaginable impact de ces années de crise sur la population rurale de Flandre-Occidentale et de Flandre-Orientale se traduit surtout par l'augmentation du nombre de nécessiteux, notée par Édouard Ducpétiaux[33]. Pour la province de Flandre-Orientale nous présentons les chiffres dans un graphique (Graphique 3). Sont considérés comme nécessiteux « tous ceux qui n'ont pas un revenu suffisant pour vivre et qui, par conséquent, ou sont voués à une mort lente, ou, ce qui est plutôt le cas dans les sociétés civilisées, sont réduits à vivre d'une contribution, bénévole ou obligatoire, prélevée sur le revenu d'autrui »[34]. L'historien gantois Vanhaute a montré que dans la période 1846-1850, la Flandre n'avait perdu que 9% de sa population[35]. Mais Lentacker a constaté que dans ces années, de plus en plus de nécessiteux belges étaient

32 Jacquemyns, *Histoire de la crise économique des Flandres*, 342-351. Pour une étude des années de famine dans une région précise, voir Devogelaere, *De slechte jaren 1840-1850 in het arrondissement Roeselare-Tielt*.

33 Ducpétiaux, *Mémoire sur le paupérisme dans les Flandres*, 19.

34 Jacquemyns, *Histoire de la crise économique des Flandres*, 298.

35 Vanhaute, Paping et Ó Gráda, « The European Subsistence Crisis », 28 ; Vanhaute, « So Worthy an Example to Ireland », 136. Frank Caestecker fait la même réflexion au sujet de la migration de Flandre vers la Wallonie, qui démarra aussi véritablement après 1850. Caestecker, « Travailleurs immigrés flamands en Wallonie », 47.

allés chercher le salut en France. Pour une grande partie, il s'agissait encore d'une émigration « de la faim » – concrètement, les mendiants passent la frontière pour rejoindre les centres industriels – et non « de travail »[36].

Néanmoins, le standard de vie faible et le manque d'opportunités économiques donnent à la tranche la plus pauvre de la population des envies de départ. Le mouvement s'accélère surtout dans les années 1850. Si l'arrêté ministériel français du 8 septembre 1851 avait réduit les possibilités d'immigration en obligeant les étrangers à être en possession d'un passeport, d'un livret d'ouvrier et d'un certificat prouvant qu'ils pouvaient subvenir eux-mêmes à leurs besoins, la convention franco-belge de 1852 annulait une bonne part de ces dispositions. Pour un séjour en règle, les Belges ne doivent désormais plus présenter qu'un livret d'ouvrier valable et subvenir à leurs besoins[37]. Le Lillois semble n'avoir recruté massivement en Belgique qu'après l'instauration de ce climat plus libéral.

Facteurs d'attraction

Tandis que la Flandre subissait la crise, le nord de la France était en train de devenir l'une des régions les plus industrialisées du pays. Entre 1815 et 1845, l'industrie textile se transforme fondamentalement, surtout dans la région de Lille. Cette mutation s'explique par l'introduction de nouveaux modes de production, une accumulation de capital et la spécialisation industrielle. La première étape du processus correspond à l'introduction de la machine à vapeur, qui a pour effet de changer petit à petit la taille des filatures[38]. Dès 1843, Roubaix découvre ce que la population surnomme très vite « l'usine monstre », une filature construite par Louis Bossut sur l'exemple de celles de Manchester[39]. La mécanisation du processus de tissage constitue l'étape suivante. Vers 1830, le métier à tisser inventé par Jacquard fait son apparition à Roubaix. Le jacquard permet de combiner les motifs à l'envi. Ce savoir-faire procure à la ville le quasi-monopole de ce nouveau produit[40]. Enfin, lorsque le peignage et le processus de teinture sont également mécanisés, toutes les étapes impor-

36 Lentacker, *La frontière franco-belge*, 198-202. C'est principalement au printemps 1847 que les autorités françaises furent confrontées aux problèmes des mendiants belges. Ils furent dans la mesure du possible reconduits à la frontière. Du 3 mars au 11 juin, par exemple, la Compagnie du chemin de fer du Nord émit des billets retour gratuits pour les mendiants arrêtés. La situation entraîna également des tensions entre autorités belges et françaises. La France voyait dans l'arrivée de mendiants le résultat d'un ramassage organisé des nécessiteux dans les communes belges.

37 L'exécution de cette directive variait d'un commissaire à l'autre. Dans certains districts, on continua à demander un passeport en règle ou un certificat de l'employeur (Lentacker, *La frontière franco-belge*, 203).

38 Fohlen, *L'industrie textile au temps du Second Empire*, 226.

39 Hilaire (dir.), *Histoire de Roubaix*, 142.

40 Fohlen, *L'industrie textile au temps du Second Empire*, 227.

tantes de la production textile sont soustraites à l'industrie à domicile. Comme combustible pour ses usines, le Lillois utilise le charbon du Borinage[41]. De plus, il dispose avec Londres d'un important marché lainier tout proche[42]. Si l'on ajoute à cela l'importante réserve de main-d'œuvre disponible de l'autre côté de la frontière, le rapide essor industriel du Lillois se comprend aisément.

Le Lillois dispose en outre d'un atout complémentaire. Le secteur textile y est surtout axé sur la transformation de la laine. La guerre de Sécession américaine (1861-1865) a donné, par ricochet, une énorme impulsion à l'industrie lilloise. Entre le 30 septembre 1862 et le 30 mars 1866, par exemple, le nombre d'ouvriers embauchés dans les filatures de la ville est passé de 10 255 à 14 500. Le manque de main-d'œuvre est tel que les employeurs – en plus de l'excédent d'ouvriers qu'ils récupérèrent toujours dans les filatures de coton en difficulté – font venir des hommes directement de Belgique et d'Irlande[43].

Vers 1850, les contours du Lillois en tant que district industriel étaient donc tracés. L'historien français Daumas a souligné, outre l'importance économique d'un tel espace aggloméré, celle d'une série de facteurs culturels[44]. Ceux-ci sont selon lui déterminants dans le développement de la région. Le plus important d'entre eux consiste en la pratique, largement répandue dans le patronat du nord de la France, de l'homogamie. Les patrons étendent consciencieusement leur empire par le biais d'une politique matrimoniale qui cherche la correspondance tant en termes de pouvoir qu'en termes de conceptions idéologiques. D'une part, cette polarisation du capital permet de disperser les investissements à risque. De l'autre, elle est utilisée à des fins d'autofinancement, si bien que les industriels conservent leur indépendance vis-à-vis des investisseurs et des banques[45]. L'historien américain David Landes a lui aussi souligné le lien étroit au sein du patronat français du Nord entre famille et entreprise d'une part, élargissement familial selon des règles strictes, de l'autre. Non seulement les familles s'unissent dans la région, donc localement, mais, grâce au mariage, les intérêts économiques sont aussi sécurisés. À Roubaix, par exemple, on dit : « Pour se marier, il faut une cheminée qui fume. »[46] Chantal Petillon a identifié ces réseaux avec grande précision pour cette ville[47].

Landes est même allé plus loin en abordant le succès du patronat roubaisien, précisément, sous l'angle religieux, non pas en tant que ressort wébérien

41 L'un des principaux accélérateurs de l'urbanisation au XIXe siècle a été la diminution des coûts de transport. Prager et Thisse, *Économie géographique du développement*, 11-15.

42 Jenkins, « Wool textiles », 776.

43 Fohlen, *L'industrie textile au temps du Second Empire*, 321.

44 Daumas (*Les territoires de la laine*, 18) décrivait le Lillois comme un « territoire manufacturier », une dénomination qui comparée à celle de district industriel, met nettement plus l'accent sur les composantes historico-culturelles.

45 Hilaire (dir.), *Histoire de Roubaix*, 128.

46 Cité dans Landes, « Religion and Enterprise », 56.

47 Petillon, *La population de Roubaix*, 186-205.

(au sens développé dans l'*Éthique protestante et l'esprit du capitalisme*), mais en tant que symptôme[48]. À Roubaix et Tourcoing, l'entreprenariat aurait été fortement stimulé par une position de minorité et d'infériorité. En cause, le mépris implicite que le patronat aurait perçu historiquement de la part du grand voisin lillois. Bien que très plausible, cette explication, établie sur la base de rares témoignages forcément partiaux, reste délicate à prouver, ce que Landes reconnaît lui-même[49]. Son raisonnement exprime néanmoins très bien les sensibilités et les tensions latentes régnant au sein du district que nous avons plutôt présenté ici comme une unité à part entière.

Le développement du Lillois en tant que district industriel explique, il est vrai, la force attractive qu'il exerça sur les migrants belges. Pourquoi l'essor industriel se produisit de ce côté de la frontière et pas de l'autre ? Il est difficile de le savoir. La question est d'un autre ordre et relève de ce que l'historien britannique Gregory Clark a décrit comme l'énigme de la révolution industrielle[50]. D'un point de vue économique, les historiens soulignent plutôt la complexité de la question en lien avec la révolution industrielle[51]. Elle est pourtant particulièrement intéressante en ce qui concerne le Lillois. Du côté belge aussi, la population était pour une bonne part spécialisée dans l'industrie textile. Historiquement parlant, elle appartenait d'ailleurs à la même « aire territoriale »[52]. La zone est néanmoins coupée par une frontière nationale. Dans quelle mesure celle-ci contribue à expliquer un développement divergent des deux régions ? Il faudrait une recherche spécifique pour le savoir, en particu-

48 Landes, « Religion and Enterprise », 68-69.

49 Landes (« Religion and Enterprise », 68) renvoyait à ce sujet à sa correspondance avec Gaston Motte, descendant de l'une des principales familles d'entrepreneurs de Roubaix. En réponse à l'enquête de Landes sur l'impact de la religion sur l'entreprenariat dans des villes comme Roubaix et Tourcoing, Motte répondit : « It was never my intention to try and prove that the Catholic religion is the animating principle at the source of industrial development in Roubaix-Tourcoing. ... The determining principle, I think, is to be found in the spirit of enterprise of the old Roubaisien and in the ardent desire to free himself from an « inferiority complex » in regard to the advantages let's say, rather, privileges – enjoyed by the Big City (Lille), to whose prosperity he knew he contributed. » Le conflit entre Roubaix, Tourcoing mais aussi Wattrelos d'une part, Lille de l'autre remontait aux dernières décennies du XVIe siècle, grande période de prospérité pour l'industrie du drap lilloise. On y travaillait surtout avec du fil de Roubaix et de Tourcoing. Lorsque ces villes se mirent à tisser elles-mêmes, Lille invoqua son privilège de 1469. Roubaix dut se limiter à fabriquer des draps de moindre qualité. Quand au début du XVIIe siècle, ce produit ne trouva plus que difficilement de débouchés, la ville amorça sa période de déclin. Van der Wee, « The Western European Woollen Industries », 442-443.

50 Clark, *A Farewell to Alms*, 208.

51 Clark (*A Farewell to Alms*, 193) constate fort justement que la révolution « industrielle » avait été en soi peu industrielle. C'est avant tout une transition dans le monde agricole qui permet l'interruption du monde mathusien (« The iron link between population and living standards, through which any increase in population caused immediate decline in wages »).

52 Daumas, *Les territoires de la laine*, 18.

lier sur le plan institutionnel et culturel[53]. La migration prouve en tout cas que le Lillois, où la révolution industrielle se produit beaucoup plus rapidement que dans le reste de la France, pouvait faire appel à une réserve d'ouvriers disponibles. Le grand nombre de fermiers non propriétaires dans les deux provinces de Flandre, mais aussi dans le Hainaut occidental, combiné avec la pression démographique propre à ces régions, y crée une disponibilité à abandonner à la fois l'agriculture et l'industrie à domicile[54]. Le Lillois fera usage de ces « étrangers » pour pourvoir en effectifs ses fabriques en pleine expansion.

La diminution de la population belge dans le département du Nord

Comment expliquer la tendance à la baisse de la migration belge après 1890 ? Le démographe français Jacques Dupâquier l'impute avant tout à l'effet des lois sur la nationalité de 1889, dont il a étudié l'impact à l'échelle française. La tendance constatée à ce niveau est comparable à ce qui s'est plus spécifiquement déroulé dans le département du Nord.

Les lois de nationalité éliminent progressivement les Belges de la catégorie des « étrangers »[55]. Pour 1891, Dupâquier évalue leur nombre dans la population française totale à 500 000, dont 35 000 naturalisés et francisés. Cette dernière catégorie résulte principalement des articles 3 et 4 de la législation sur la nationalité de 1889[56].

Que disent ces articles ? L'article 3 définit la nationalité française par naissance : tout enfant d'un étranger qui a lui-même vu le jour en France est porteur de la nationalité française. L'article 4 a lui aussi un impact direct sur la deuxième génération. Il propose à la catégorie des domiciliés de longue date l'incorporation dans la nation française. Les enfants nés en France de parents étrangers et domiciliés en France reçoivent automatiquement la nationalité

53 Un élément de recherche serait à trouver dans les développements institutionnels divergents observés de part et d'autre de la frontière. Il s'agit de « théories de croissance exogènes » dans lesquelles les principales variables explicatives sont les institutions. Voir à ce sujet Clark, *A Farewell to Alms*, 210-223.

54 Au sujet de la propriété terrienne en Flandre et en Belgique, voir Vanhaute, « Chacun est propriétaire ou espère le devenir » ; Duchêne et Seghers, « Les revenus de la propriété immobilière belge ».

55 Dupâquier, « La contribution des Belges ». En plus de ses propres calculs, Dupâquier a principalement utilisé ceux de Depoid (« Les naturalisations en France ») pour ce qui est des naturalisations.

56 Dupâquier, « La contribution des Belges », 341.

française sauf s'ils y renoncent explicitement le lendemain de leur majorité[57]. Selon Dupâquier, ces deux dispositions expliquent en grande partie la diminution du contingent statistique de Belges entre 1891 et 1911, car, d'après lui, étant donné l'excédent de naissances de 3 976 en moyenne chez les Belges, il aurait au contraire dû augmenter. Cela ne fut pas le cas, pas plus que les nouvelles vagues migratoires, modestes, de 1891-1896 et en 1906-1911 n'auraient d'impact sur le contingent de Belges en France.

Vu que, en raison de la proximité de la frontière, la perspective du retour n'était jamais bien éloignée, il est légitime de se demander si l'article 4 ne donna pas lieu à une migration en sens inverse. La nouvelle législation sur la nationalité de 1889 plaçait en effet la deuxième génération devant un choix explicite : renoncer à la nationalité française ou devenir Français en vertu du droit du sol. Les historiens insistent souvent sur les motifs utilitaires des décisions migratoires. Les migrants négocient avec la frontière en tant qu'agents rationnels et, lorsque la situation est plus avantageuse de l'autre côté, ils la traversent. Aux environs de 1890, on observe en effet un contingent considérable de « ré-émigrants ». À ce sujet, Petillon renvoie notamment aux chiffres de retour belges rassemblés pour la période 1884-1900 par André et Pereira-Roque. Sur cette période, ils comptent en Belgique 103 718 immigrants nés dans ce pays ; 71 694 immigrants (69%) venaient de France[58]. D'où ils revenaient précisément, on ne le sait en revanche pas clairement. Ce contingent est souvent associé à la différence de durée du service militaire, qui était de cinq ans en France pour seulement deux en Belgique. Mais l'impact de cette différence sur la « ré-émigration » belge reste flou.

La diminution de la population immigrée belge en France découle également du nombre croissant de naturalisations. Entre 1891 et 1911, 68 000 Belges deviennent officiellement français, 28 750 par naturalisation et 8 400 par « réintégration ». Ce dernier phénomène joue surtout dans les unions mixtes. Les Françaises qui avaient pris la nationalité belge après un mariage avec un Belge ont la possibilité de faire marche arrière. À partir de 1880, c'est de plus en plus souvent le cas. Les Belges se naturalisent parce que leur épouse a repris la nationalité française. Nous y reviendrons brièvement à propos de Paris. La baisse démographique s'explique toutefois en premier lieu par les formes

57 Les articles 3 et 4 de la loi du 26 juin 1889 disent : « Tout Français jouira des droits civils. Sont Français : (...) 3° Tout individu né en France d'un étranger qui lui-même y est né ; 4° Tout individu né en France d'un étranger et qui, à l'époque de sa majorité, est domicilié en France, à moins que, dans l'année qui suit sa majorité, telle qu'elle est réglée par la loi française, il n'ait pas décliné la qualité de Français et prouvé qu'il a conservé la nationalité de ses parents par une attestation en due forme de son gouvernement, laquelle demeurera annexée à la déclaration, et qu'il n'ait en outre produit, s'il y a lieu, un certificat constatant qu'il a répondu à l'appel sous les drapeaux, conformément la loi militaire de son pays, sauf les exceptions prévues aux traités » (Ponty, *L'immigration dans les textes*, 72).

58 Petillon, *La population de Roubaix*, 71, et André et Pereira-Roque, *La démographie de la Belgique*, 173-175.

GRAPHIQUE 4
PROPORTION DE BELGES DANS LA POPULATION DU DÉPARTEMENT DU NORD

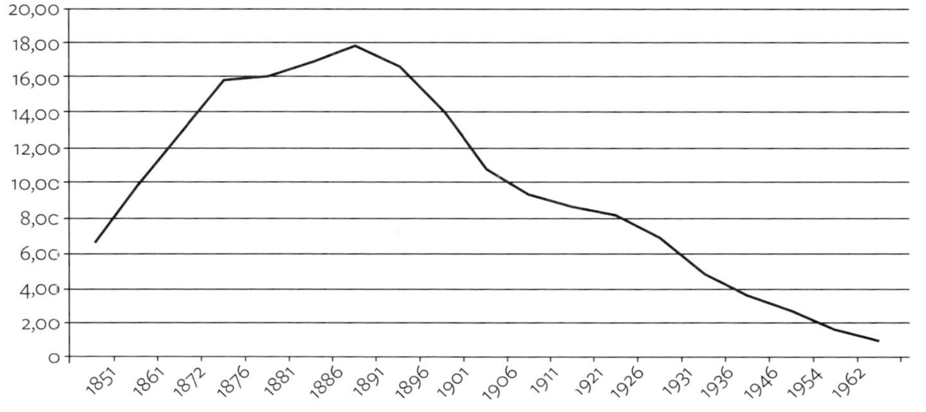

citées plus haut de francisation, qui, selon Dupâquier, concernent pour la période donnée (1891-1911) 250 000 personnes[59].

Le graphique 4 donne une image claire du pourcentage décroissant des Belges dans la population du département du Nord. Indépendamment de la francisation et de la naturalisation, elle était principalement due à une diminution des coûts de transport. À la fin du XIXe siècle, la pratique du travail frontalier supplanta clairement chez les Belges la migration permanente. Cela se vérifie surtout par la hausse de population constatée simultanément du côté belge de la frontière. Des communes comme Mouscron, Herseaux et Menin, situées respectivement face aux villes françaises de Tourcoing, Wattrelos et Halluin, connurent précisément à cette époque une nette croissance démographique (Tableau 2). Les « navetteurs » belges – ou « frontaliers », comme on les appelait – négociaient donc clairement avec la frontière. Les salaires plus élevés accordés en France, combinés au coût plus bas de la vie en Belgique, étaient synonymes de pouvoir d'achat supérieur dans ce pays. L'amélioration des possibilités de transport permettant d'atteindre les communes situées loin de la frontière favorisa également les navettes. Grâce à une plus grande ramification du réseau de chemin de fer et à une diminution du

59 Dupâquier, « La contribution des Belges », 342. La diminution de la population belge lors du recensement populaire de 1911 par rapport à celui de 1891 (178 734) additionné à l'excédent de naissances (80 000) et l'excédent migratoire (60 000), moins les départs légaux explicites affectant le contingent belge (68 000). Georges Mauco (*Les étrangers en France*, 39) fait la même remarque : « Dès 1876, ils [les Belges] sont 374 500. Mais ils diminuèrent par la suite, notamment après la loi de 1889 sur les naturalisations qui les toucha plus que d'autres, en raison de l'ancienneté de leur séjour en France. »

TABLEAU 2
CHIFFRES DE POPULATION DES COMMUNES FRONTALIÈRES BELGES (1880-1910)

	1880	**1890**	**1900**	**1910**
Mouscron	11 042	13 764	18 909	22 515
Herseaux	2 307	2 493	3 434	4 803
Menin	11 749	13 710	18 611	18 636

D'après Vrielinck, *De territoriale indeling van België*, passim.

coût des abonnements[60], au vélo et, plus tard, aux navettes organisées, les usines du Lillois étaient de plus en plus facilement accessibles. En 1906, Blanchard notait au sujet de cette forme de travail : « L'exode le plus important est celui qui entraîne chaque jour vers la France les ouvriers de Roulers, Thourout, Harlebeke, Avelghem, et de toutes les communes desservies par les lignes se dirigeant vers Herseaux, Mouscron, Menin et Wercicq [sic] : d'autres à pied, à vélo, font chaque jour les 10 ou 12 kilomètres qui les séparent d'Halluin, de Tourcoing, de Roubaix. »[61] Nous pouvons nous faire une idée du volume de ce phénomène en regardant les recensements français de 1906 et 1926 ainsi que les recensements belges de 1896 et 1910. En 1906 par exemple, on comptait selon les chiffres français du département du Nord 22 120 frontaliers. Plus de 70% (15 850) travaillaient dans l'industrie textile. La croissance du travail frontalier fut interrompue par la Première Guerre mondiale (12 660 en 1921), mais en 1926, elle concernait à nouveau 36 853 personnes (dont 28 037 dans le secteur textile)[62]. Comparées aux recensements belges, les données françaises semblent sous-estimer le travail frontalier. Le recensement industriel de 1896 signalait 25 284 travailleurs frontaliers belges en France. La plupart venaient de Flandre-Occidentale (14 700), dont 2 950 habitants de Mouscron et 2 500 de Menin[63]. En 1910, la catégorie des frontaliers comptait 40 300 individus, dont 21 750 de Flandre-Occidentale ; parmi eux, la proportion de frontaliers

60 Voir à ce sujet Mahaim, *Les abonnements d'ouvriers* ; Nicolaï, *La dépopulation des campagnes*.

61 Blanchard, *La Flandre*, 511. Pour une analyse spécifique concernant les travailleurs frontaliers, voir Masil, *In dienst van kerk en grens*.

62 Rainhorn, *Histoire et mémoire des immigrations dans le Nord-Pas-de-Calais*, 151 et 161 ; voir aussi, pour le début des années 1900, Charriaut, *La Belgique moderne*, 364-365 ; Vandenbroeke, « Migraties tussen Vlaanderen en Noord-Frankrijk », 162 ; Verhoyen, *Les frontaliers dans l'industrie du Nord de la France*, 19. Sur les effets sur le marché du travail de la région frontalière, voir Dresse, « Les frontaliers dans l'entre-deux-guerres ».

63 Theys, *Een analyse van de Westvlaamse grensarbeid in Frankrijk*, 35.

GRAPHIQUE 5
PROPORTION DE BELGES DANS LE DÉPARTEMENT DU NORD PAR RAPPORT AU NOMBRE TOTAL DE BELGES EN FRANCE

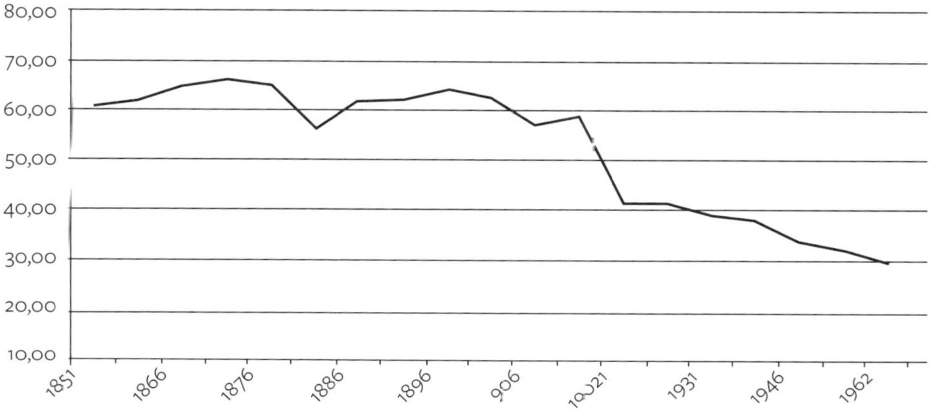

faisant la navette depuis les communes frontalières avait considérablement augmenté[64].

Mais ce n'est pas tout. D'une manière générale, le département du Nord perdit de sa force d'attraction à partir du tournant du siècle. Le travail qualifié était mieux rémunéré ailleurs et les ouvriers expérimentés quittaient le Nord pour des emplois mieux payés, le plus souvent en région parisienne. Le graphique 5 illustre cette attraction décroissante du département du Nord. La proportion de migrants belges en France qui choisissent (en tant que porteurs de la nationalité belge) le Nord pour destination ne cesse de diminuer tout au long du XXe siècle. La rupture que le graphique montre entre 1911 et 1921 est intéressante. Le département du Nord perd à cette période 17% de sa force d'attraction. La Première Guerre mondiale n'y est certainement pas pour rien. Mais la principale raison, c'est que les Belges qui émigrent en France à cette période choisissent surtout d'autres destinations.

Les Belges à Lille : zoom sur Roubaix et Lille

La description des facteurs d'impulsion et d'attraction comme celle de l'impact des lois de nationalité nous a tout naturellement amené dans le Lillois, noyau de la population immigrée belge dans le département du Nord. Cela revient à dire que l'autre bassin industriel important du nord de la France, le « pays noir » ou région minière du Nord-Pas-de-Calais, revêt, en tant que zone d'établissement, une moindre importance. D'abord, la région située

64 Mouscron (5 829), Menin (3 903), Wervik (2 296), Comines (1 357), Ploegsteert (1 341), Herseaux (1 013), Rekkem (687), Dottignies (389) (Theys, *Een analyse van de Westvlaamse grensarbeid in Frankrijk*, 36).

entre Valenciennes, Douai, Lens et Liévin connut une expansion industrielle plus tardive, vers 1880. Ensuite, la présence de charbon entraîna surtout le développement d'industries plus lourdes, comme la métallurgie. En termes de recrutement, le pays noir du nord de la France était en concurrence avec des régions industrielles belges analogues, comme le Borinage, le Centre et le bassin liégeois[65].

Des 254 044 Belges recensés en 1896 dans le département du Nord, 185 130 (73%) vivaient dans l'arrondissement de Lille. La ville emblématique de la migration belge fut sans aucun doute Roubaix. La composition de sa population a été minutieusement étudiée par Chantal Petillon[66]. D'une part, l'historienne illustre le rôle exceptionnel de la ville comme pôle d'attraction dans le Lillois. Roubaix s'inscrivit en fait d'emblée dans un système migratoire international principalement régulé par la force aspirante des usines alors en développement rapide. En témoigne le fait que dans la première moitié du XIXe siècle, la ville attire surtout en période de prospérité et beaucoup moins en période de crise démographique et économique[67]. Entre 1815 et 1851, la population y augmenta en moyenne de 8,5%, passant de 8 500 à 34 698 habitants. 62% de cette augmentation se produit entre 1815 et 1826[68]. La hausse de population limitée observée entre 1846 et 1851 est également indicative. Elle ne dépasse pas 2,5% par an, ce qui montre une fois encore que les années de famine consécutives aux mauvaises récoltes (1847-1848) furent un facteur de mobilité bien plus complexe que ce que l'on croit généralement.

Après 1851, enfin, Roubaix connaît une véritable explosion démographique. Sur les 34 698 habitants de la ville, les Français (et les naturalisés) ne représentent plus que 62% des effectifs ; 38% sont des étrangers, parmi lesquels un nombre insignifiant de non-Belges[69]. En 1866, la population de Roubaix s'élève désormais à 64 706 habitants et les étrangers constituent déjà 47,7% de la population. Les Belges représentent 47,1% de la population totale[70]. Dans le recensement populaire de 1886, cette proportion est passée à

65 Sur l'interaction entre le Borinage et Liévin, voir Hirano, « Le retour des immigrés belges » ; Dumont, « Une immigration fondatrice » ; Dornel, *La France hostile*, 17-30.

66 Petillon, *La population de Roubaix*. Voir aussi sur Roubaix : Reardon, *Belgian Workers in Roubaix*.

67 Au XVIIIe siècle, on pratiquait encore clairement une forme de recrutement local. Petillon (*La population de Roubaix*, 85) indique qu'en 1771, 25 des 66 chefs de famille étaient fournis par 5 des 7 paroisses environnantes de Roubaix. Sur les 17 immigrés venus des Pays-Bas autrichiens, 13 étaient nés dans des paroisses situées à moins de 20 kilomètres de Roubaix.

68 Petillon, *La population de Roubaix*, 70.

69 À titre de comparaison dans la ville sœur de Tourcoing, le groupe des Belges représentait la même année 24,2% de la population totale, ce qui revenait à un contingent de 6 646 personnes (Aelbrecht, « L'immigration ouvrière belge à Tourcoing », 352).

70 Petillon, *La population de Roubaix*, 88.

54% (sur un total de 100 299 habitants). À partir de 1890, la population plafonne tandis que la proportion de migrants diminue.

L'analyse démographique de Chantal Petillon corrobore aussi la thèse de Rosental selon laquelle jusque vers 1860, les liens préférentiels de Roubaix se trouvaient principalement à l'est, en Belgique. En 1860, la ville textile recrutait principalement des Belges des environs (75% venaient d'un périmètre de moins de 20 km). Parmi eux, une grosse partie était constituée d'immigrés du Tournaisis[71]. Entre Tourcoing et le Tournaisis, par contre, il ne semble pas y avoir eu de lien préférentiel. Il existait déjà alors un lien fort entre Gand et Roubaix. La migration belge à Roubaix changea radicalement à partir de 1860. Le cercle de recrutement s'élargit et réduisit progressivement le poids de la migration de proximité[72], contrairement à Tourcoing, une ville qui continua à attirer majoritairement des migrants venant des communes voisines (surtout du côté belge de la frontière). À partir de 1860, un système migratoire éminemment économique se mit donc en place. Le fait est encore souligné par l'origine très diversifiée des migrants, qui, pour Petillon, indique que Roubaix était désormais « une ville dynamique économiquement parlant, qui attirait, sur sa seule réputation, sans avoir besoin de véritables opérations de recrutement »[73]. Autrement dit, Roubaix n'avait plus tellement besoin de réseaux d'information humains mais fonctionnait plutôt comme une marque commerciale, dont la notoriété pénétrait de plus en plus la Flandre.

Sur base des actes de mariage, Petillon a pu répartir les Belges de Roubaix par domaine linguistique. Pendant tout le XIXe siècle, les mariés étaient évidemment pour une bonne part originaires des provinces de Flandre-Occidentale et de Flandre-Orientale ainsi que du Hainaut. On note pour la longue période comprise entre 1800 et 1859 la forte importance de cette dernière province. Sur les mariés belges, 44,7% en étaient originaires. Les deux provinces de Flandre fournissaient respectivement 30% et 20,9% des mariés étrangers. Dans le cas de Roubaix aussi, il existait donc initialement un système de mobilité linguistique. Entre 1860 et 1889, cet équilibre concernant la langue de la région de provenance disparaît. Les deux Flandres prennent alors clairement le dessus, avec 34,5% et 36,4%. Le Hainaut reste toutefois important, avec un marié sur cinq (19,4%). La migration belge à Roubaix ne peut donc être résumée à une simple migration flamande. Pendant toute la période observée (1800-1889), c'est la zone située à l'est de la ville qui fonctionne comme base de recrutement. *Grosso modo*, cet espace a la forme d'un triangle limité par les axes Gand-Roubaix, Tournai-Gand et Tournai-Roubaix. Dans la première moitié du XIXe siècle, ce sont surtout les Hennuyers qui partent pour Roubaix.

71 *Ibid.*, 115.
72 *Ibid.*, 118.
73 *Ibid.*, 120.

Pendant la seconde moitié du XIXe siècle, l'immense majorité des nouveaux venus sont originaires de Flandre-Occidentale et de Flandre-Orientale[74].

Après 1890, Roubaix connut la même évolution que le département du Nord. Le nombre de Belges diminua en raison des lois de nationalité et des naturalisations. Petillon a également pointé pour cette période la baisse de fertilité et le ralentissement de la croissance économique. Outre la francisation, le phénomène du travail frontalier est celui qui exerce le principal impact sur la population belge de Roubaix. Comme Tourcoing et Wattrelos, Roubaix était en effet très facilement accessible depuis la Belgique. Reardon évalue la proportion de frontaliers dans la population à un sur sept pour Roubaix en 1901[75].

La zone de recrutement belge dans laquelle Roubaix pouvait puiser était d'ailleurs également limitée. À l'est de Gand, sa force d'attraction diminuait considérablement et elle entrait en concurrence avec un système migratoire interne, dans le cadre duquel les migrants optaient surtout pour les bassins industriels de Charleroi et La Louvière. Nous nous sommes penché sur le cas du village est-flandrien de Zele. Une fois la Flandre et la Wallonie bien reliées par le chemin de fer, la migration mena, entre 1854 et 1900, principalement au-delà de 50 km[76]. Certains Zélois partirent bien pour la France, mais leur nombre n'est pas comparable avec ceux de destinations proches de Charleroi, dont Gilly est la plus remarquable (702 sur 14 317 déclarations de départ). Les destinations françaises les plus fréquentes au départ de Zele entre 1844 et 1900 étaient Roubaix, mais aussi Lille (Esquermes et Wazemmes inclus) et Marcq-en-Barœul, qui accueillirent respectivement 30 (dont quatre double comptages), 44 et 11 Zélois[77]. Pour ce qui est de Marcq, seule une famille est toutefois concernée ; à Lille et à Roubaix, il s'agit surtout de migrants individuels. Les trajectoires de migration sont principalement déterminées par les réseaux d'information. Les premiers migrants se connaissaient soit comme parents, soit parce qu'ils vivaient dans la même rue ou le même quartier. La recherche migratoire récente insiste sur le rôle des réseaux[78].

Qu'en était-il de l'immigration belge dans la ville de Lille ? Pour une série de communes contiguës, comme Wazemmes, Les Moulins et Fives, nous avons connaissance d'un afflux considérable de Belges. L'analyse précise de cette migration reste cependant une affaire délicate. D'abord, ces communes furent rattachées administrativement à Lille en 1858. Cela vaut pour Esquermes, Fives, Les Moulins et Wazemmes, qui à partir de là, firent partie

74 Petillon, *La population de Roubaix*, 163.

75 Reardon, *Belgian Workers in Roubaix*, 104.

76 Pour une description détaillée de la mobilité au départ de Zele, voir Byls, « Une chaîne migratoire flamande ».

77 D'après Archives communales Zele : Registres de départ et d'arrivée.

78 « They continue to channel the movement of people long after the economic justification for migration diminished. » Goldin, Cameron et Balarajan, *Exceptional People*, 105-106 ; voir aussi Portes et DeWind, « A Cross-Atlantic Dialogue ».

TABLEAU 3
PROPORTION DE LA POPULATION TOTALE À LILLE EN 1876

	Français	**Belges**	**autres**	**total**	**% Belges**
Lille (ensemble)	115 744	45 303	1 728	162 775	27,8
Wazemmes	26 909	17 287	551	44 747	38,6
Les Moulins	8 863	8 085	194	17 142	47,2
Fives	7 127	4 538	91	11 756	38,6
Esquermes	6 038	3 472	142	9 652	36,0

D'après Descamps, *Lille, un coup d'œil sur son agrandissement, ses institutions, ses industries*, 49.

de Lille « ville ». Et dans ce cas, il est difficile d'en apprendre plus par le biais des recensements, car la plupart des informations à ce sujet ont été perdues pendant la Première Guerre mondiale. Nous pouvons néanmoins nous faire une idée indirecte des Belges présents dans les communes annexées. Nous le faisons ici brièvement. Il en ressort que dans certaines localités, la proportion de Belges était à peine plus faible qu'à Roubaix.

En 1858, la principale commune annexée à Lille est sans aucun doute Wazemmes, au sud de la ville. Ce qui était en 1816 une petite entité d'environ 5 000 habitants en compte en 1857 plus de 18 254. La plus grosse hausse s'est produite au cours de la décennie précédente, durant laquelle la population a progressivement doublé. Les autres communes annexées étaient, à l'exception des Moulins avec 7 418 habitants, nettement moins importantes. En 1857, Esquermes et Fives comptaient respectivement 3 731 et 5 076 habitants[79]. Vingt ans plus tard à peine, en 1876, la population a une nouvelle fois doublé dans toutes ces localités. La part des Belges dans cette hausse est prépondérante, ainsi que le montrent les chiffres du tableau 3, surtout à Wazemmes et aux Moulins, où les autres nationalités sont à peine représentées[80]. Nous ignorons si la part de la population belge diminua ensuite de la même façon que dans les environs de Roubaix. En tout cas, les communes nommées ci-dessus représentaient, comparativement à Roubaix, des destinations plus difficiles pour la première génération de navetteurs qui voyageaient principalement avec les transports en commun. La question de savoir si cela donna lieu à davantage d'établissements définitifs reste encore à élucider.

79 À partir de <http ://cassini.ehess.fr/cassini/fr/html/>.
80 En ce qui concerne les autres nationalités, ce sont principalement des Anglais, des Irlandais et des Écossais (dans une seule catégorie) et des Néerlandais qui sont comptés. Wazemmes comptait 208 individus dans la première catégorie et 134 Néerlandais. Voir Descamps, *Lille*, 49.

Le Lillois en tant qu'espace religieux

Ce qui valait pour le Lillois comme espace frontalier et migratoire valait aussi sur le plan religieux : le Lillois était un espace complexe. En premier lieu sur le plan historique. C'est en effet dans la période considérée ici (1800-1960) que se produisit la transition entre l'ancien archevêché de Cambrai et l'érection de l'évêché de Lille en 1913[81]. Comme nous le verrons, cette évolution résultait en grande partie de la position éminente que le Lillois conquit petit à petit dans un archevêché hétérogène, raison pour laquelle la ville épiscopale se retrouva, administrativement, en périphérie.

La deuxième raison est de nature plus générale et politico-religieuse. Jusqu'à la Première Guerre mondiale, l'espace national est fortement remis en question sous l'angle religieux. Tant en Belgique qu'en France, cela entraîne de fortes tensions entre Église et État. Pour la France, la lutte que le catholicisme mena contre la sécularisation de l'espace public est pointée, entre autres, par la sociologue Hervieu-Léger. Elle se déroula pour l'Église dans la perspective de la recherche d'une forme de société idéale, ou *utopia*[82]. À la base de celle-ci, il y avait une conception théologique plus que défensive vis-à-vis de la modernité séculière. L'objectif était de rétablir la prétendue symbiose prémoderne entre foi et monde, chose qui était dans un XIXe siècle d'inspiration libérale jugée impossible. Quant à la faisabilité de ce programme, la hiérarchie ecclésiastique était motivée par une foi ardente en certaines pratiques pastorales. Les missions intérieures remettaient les communautés locales en contact avec le sacré. Les pèlerinages et la création d'innombrables nouveaux lieux de dévotion stimulaient la foi populaire. Tout cela était considéré comme une *reconquista* de l'espace public[83].

Comme ailleurs en France, cette *reconquista* puisa dans le département du Nord une motivation exceptionnelle dans l'expérience de la Révolution française. Cet événement était encore très présent dans la mémoire collective et constituait pour beaucoup de catholiques l'origine de tous les maux[84]. La Révolution française et ses conséquences étaient ressenties par l'Église comme un bannissement illégitime de la religion hors de l'espace public.

81 Vienne, *Histoire du diocèse de Lille*.

82 Hervieu-Léger, « Space and Religion », 100. La religion n'a pas seulement cherché à obtenir ce rapport idéal avec l'espace par le biais de la politique et de l'éducation. Le contrôle symbolique de l'espace était tout aussi important. Hervieu-Léger renvoie sur ce point à la recherche d'Alain Corbin (*Les cloches de la terre*), dans laquelle « Église, État mais aussi population locale se disputaient le son du paysage, dans ce que l'on a appelé la "lutte des cloches" ».

83 Hervieu-Léger, « Space and Religion », 101. À ce sujet, voir aussi Blaschke (dir.), *Konfessionen im Konflikt* ; McLeod, *Secularisation in Western Europe* ; Hellemans, *Strijd om de moderniteit*.

84 Pour une analyse de l'impact théologique de la Révolution française, voir Marx, *Le péché de la France*.

Pendant tout le XIXe siècle, elle tenta donc de rétablir la dimension collective de cette dernière. La lutte était pilotée par une diaspora imaginaire, dans laquelle la pieuse France, après avoir été longtemps bannie, exigeait qu'on lui rende sa place légitime.

Pour bien cerner ce point, il est important de faire une distinction entre sécularisation et laïcisation. La première désigne une perte de terrain relative et progressive de l'influence sociale de la religion[85]. La sécularisation signifie donc que la religion interfère de moins en moins dans les processus de décision et d'encadrement des gens et des groupes. Dans cette perspective, le XIXe siècle fut à bien des moments tout sauf sécularisé. Selon les mots d'Osterhammel, la religion resta au XIXe siècle « une puissance existentielle de premier rang (...), un point de cristallisation pour la formation des identités collectives, un principe de structuration de la hiérarchisation sociale (....) »[86].

La laïcisation, par contre, est surtout l'œuvre d'une politique active et vise à limiter ou à réduire de manière volontariste l'importance sociale de la religion dans l'espace public. En France, ce processus eut lieu en deux phases. Du début du XIXe siècle jusqu'à environ 1879, la sphère d'influence sociale de la religion fut surtout circonscrite par le concordat (1801). D'une part, l'État reprit définitivement une série d'affaires séculières. De l'autre, il reconnaissait la religion dans la mesure où elle répondait à un besoin humain essentiel et restait dans la société l'une des principales institutions de régulation. L'État était formellement prêt à créer pour ce besoin une zone franche, à condition qu'il y ait également la place pour la pluralité religieuse et la liberté de conscience individuelle[87]. Une instance religieuse comme l'Église catholique – dont il sera le plus souvent question ici – vit peut-être dans cet ordre étatique « les fruits sucrés de la liberté », mais restait en même temps convaincue qu'il n'y avait pas de salut en dehors de l'Église[88].

Une deuxième phase dans la politique de laïcisation fut mise en œuvre entre 1879 et le début de la Première Guerre mondiale. Les principaux défenseurs du principe de la laïcité refusèrent désormais de reconnaître l'activité morale et sociale de la religion. Bien au contraire, la religion, et en particulier l'Église catholique, étaient perçues comme une menace permanente pour les principes de la société moderne. L'État estimait de son devoir de lutter activement contre une telle menace et souhaitait réduire le rôle institutionnel de la religion dans la vie publique[89]. L'encyclique *Au milieu des sollicitudes* (*Inter*

85 Baubérot et Mathieu, *Religions, modernité et culture*, 46. Voir aussi Mayeur, *La question laïque* ; Pelletier, *Les catholiques en France*.

86 Osterhammel, *Die Verwandlung der Welt*, 1239: « eine Daseinsmacht ersten Rangen, (...), ein Kristallisationspunkt für die Formung kollektiver Identitäten, ein Strukturprinzip gesellschaftlicher Hierarchiserung (...) ».

87 Baubérot et Mathieu, *Religions, modernité et culture*, 143-144.

88 Lamberts, *Conservateurs et catholiques face à l'État*, 156-162.

89 Rémond, *Religion et Société en Europe*, 190.

sollicitudines (1892)) du pape Léon XIII, qui appelait les catholiques français à se rallier à la République, ne changea rien à cette évolution[90]. Mieux que cela, elle attisa les oppositions internes entre catholiques légitimistes et démocrates. Mais l'appel de Léon XIII apparut surtout comme un vain espoir pendant l'affaire Dreyfus. Nombre de catholiques, encouragés par les assomptionnistes, s'engagèrent dans l'antidreyfusisme, qui reposait surtout sur un sentiment antirépublicain et antisémite virulent[91]. Cette assimilation facile entre catholicisme et rejet de l'État mena finalement à une nouvelle laïcisation de la société. Les congrégations furent bannies de l'enseignement et, en 1905, la séparation de l'Église et de l'État fut inscrite dans la Constitution. La Troisième République d'avant-guerre serait ainsi caractérisée par une forte polarisation entre Église et État, qui ne diminuerait systématiquement qu'après la Première Guerre mondiale[92].

Dans le département du Nord, tant la *reconquista* de l'espace public par l'Église que les phases successives du processus de laïcisation prirent une tournure particulière. En tant que zone frontalière, le diocèse joua, surtout entre 1850 et 1860, double-jeu vis-à-vis de la donnée nationale. Sa priorité était le rétablissement de la dimension collective de l'Église et il ne se sentait guère lié, dans ce cadre, aux frontières. Le plus important, quant à notre sujet d'étude, c'est que l'Église du nord de la France trouva dans l'Église belge une sœur et une alliée dans son combat. L'archevêché de Cambrai collabora, dans le troisième quart du XIXe siècle en particulier, avec des acteurs ecclésiastiques belges. Cela se fit, comme nous allons le voir, dans l'harmonie religieuse et idéologique. En d'autres termes, on vit se former un espace franco-belge. Il était le fruit d'une double dynamique. D'un point de vue spatial, il était dû à une donnée historico-spatiale, à savoir la survie des liens ecclésiastiques traditionnels entre Cambrai et les Pays-Bas méridionaux. Mentalement, l'unisson s'établit entre ces régions, surtout en ce qui concerne l'aspect pastoral de la profession de foi catholique. Tout comme la Belgique, le nord de la France est plus tenté par une pratique du cœur que par une pratique de la raison. Cela signifie par exemple que la dévotion ne peut naître que d'un profond recueillement.

90 Lamberts, *Conservateurs et catholiques face à l'État*, 336. Léon XIII avait déjà publié le 1er novembre 1885 l'encyclique *Immortale dei*, dans laquelle il précisait la relation entre Église et État : leur séparation était opportune, mais ils devaient rester en relation pour éviter les conflits. Voir également Grévy, *Le cléricalisme ?*, 134 ; Hilaire, *Histoire de la papauté*, 423-425.

91 Hilaire, *Histoire de la papauté*, 428. Sur les assomptionnistes, voir Harris, *Lourdes*, 223-257.

92 La condamnation de l'Action française par Pie XI, fin 1926, mit les catholiques devant un choix clair. Soit ils restaient dans le sein de l'Église, soit ils suivaient la voie autoritaire, antiparlementariste de l'Action française ou de ses groupes dissidents.

Avec l'Église belge, l'archevêché de Cambrai avait à ses côtés un partenaire convaincu, disposant, en vertu de la constitution libérale de son pays, d'un cadre dans lequel elle pouvait se déployer pleinement. Cela allait permettre la résurrection de nombreux instituts religieux. Au bout d'un temps, ceux-ci cherchèrent à s'étendre en dehors la Belgique. Cambrai s'offrait à eux comme une destination étrangère facile[93]. En 1851, par exemple, les rédemptoristes belges s'installèrent à Douai et, en 1857, les frères mineurs belges firent de même à Roubaix[94]. Les migrants belges jouèrent un rôle fondamental à cet égard. Pour l'Église, ils prouvaient l'absurdité des frontières politico-nationales, qui séparait depuis toujours des populations unies par une même foi. Si nous voyons aujourd'hui avant tout le migrant comme la représentation d'une figure moderne de mobilité, il était surtout pour l'Église de cette époque un acteur transnational, qui remettait les frontières nationales en question. Comme nous le verrons plus loin, l'intégration se faisait à ses yeux en premier lieu à travers la communauté de foi. Les non-catholiques constituaient en fait un plus gros problème que les nouveaux venus étrangers.

Dans ce qui suit, nous nous penchons brièvement sur la genèse spatiale de l'archidiocèse de Cambrai et du futur évêché de Lille. D'abord, nous soulignons à propos du premier le virage menant d'une administration gallicane à une administration ultramontaine. Une fois ce changement de mentalité accompli, il se créa avec la Belgique un espace complémentaire qui donna lieu à l'arrivée d'instituts religieux de part et d'autre de la frontière. En gros, nous parlons ici de la période 1850-1880. Ensuite, la politique de laïcisation française se durcit et s'engagea sur la voie de l'anticléricalisme. Les autorités françaises frappèrent un premier coup en 1880, en interdisant aux instituts religieux étrangers l'accès à leur territoire. Dans la période qui suivit, une série d'autres mesures anticléricales furent adoptées, avec cependant moins d'impact sur les œuvres d'encadrement belges. Les tensions entre Église et État s'atténuèrent pendant et après la Première Guerre mondiale. L'union de toutes les forces contre l'agresseur allemand, sous la forme de l'Union sacrée, engendra une atmosphère de réconciliation, dans le cadre de laquelle l'Église démontra sa loyauté envers la nation française[95]. Cette période d'apaisement correspond à l'émergence du nouvel évêché de Lille, dont nous introduisons brièvement la genèse dans ce chapitre.

93 Pour une description imagée de ce type de dévotions, sur fond de réveil religieux, voir les exemples données dans Viaene, « L'épanouissement d'une Église 'libre' ».

94 En ce qui concerne la France, Claude Langlois (*Le Catholicisme au féminin*) a montré que dans la première moitié du XIXe siècle, les congrégations féminines, en particulier, connurent une expansion incroyable. Les instituts religieux masculins continuaient à susciter la méfiance et l'inimitié des autorités françaises.

95 Berstein et Winock, *La République recommencée*, 23-24.

Cambrai

Le diocèse de Cambrai a toujours été un diocèse important. Jusqu'en 1559, il englobait un territoire exceptionnellement vaste, qui suivait plus ou moins la rive droite de l'Escaut, de sa source jusqu'à son embouchure. Il comprenait des villes comme Anvers, Bruxelles, Mons et Malines, ce qui traçait une frontière plutôt sud-ouest/nord-est qu'est-ouest[96]. Cela changea en 1559 avec la fondation de l'archidiocèse de Malines, à l'occasion de laquelle Cambrai perdit son territoire septentrional. En guise de consolation, bien relative il est vrai, la ville épiscopale acquit le titre de métropole ou archevêché. Cela n'empêcha pas que désormais, son histoire territoriale soit caractérisée par une contraction progressive. Il y en eut une première lors de la Révolution française. Non seulement la cathédrale fut détruite, mais les frontières de l'évêché furent alignées sur celles du département du Nord[97]. Cambrai subirait une seconde perte en 1913, lorsqu'elle serait, par la création d'un évêché à Lille, amputée de sa zone septentrionale qui était aussi la plus prospère. C'est de ces deux dernières circonscriptions – Cambrai comprenant Lille et la Flandre française et, Lille sans Cambrai –, qu'il sera question ici. D'abord nous regarderons le diocèse de Cambrai, ensuite nous passerons à celui de Lille.

Suite à la Constitution civile du clergé, l'évêché de Cambrai – qui succède à l'évêché « du département du Nord » – hérite de la curieuse forme allongée du département. Tout à fait à l'est, il y avait l'Avesnois, une région agricole vallonnée où se pratique surtout l'élevage bovin. Plus au nord-ouest, la Flandre française s'étend jusqu'à la côte. Coincés entre les deux, on trouve des pôles de croissance industriels comme Valenciennes et Lille. Cambrai elle-même est en tant que centre religieux située plutôt en périphérie de son propre territoire. Cela rend le contact avec les autres régions assez difficile[98].

Au niveau linguistique, le diocèse de Cambrai se distingue aussi par son aspect hétéroclite. Dans la région d'Avesnes-sur-Helpe, de Douai et de Lille, on parle français. En Flandre française, la situation est nettement plus complexe. Dans les villages des arrondissements de Hazebrouck et Dunkerque, la majorité de la population parle flamand. Dans les rares noyaux urbains de la région (essentiellement Dunkerque), le français a pris le dessus[99]. La population des arrondissements d'Hazebrouck et de Dunkerque restera toutefois majoritairement flamandophone jusqu'à la fin du XIXe siècle.

96 Dabrowska, « Cambrai » ; Mériaux, « L'espace du diocèse dans la province de Reims » ; Dierickx, *L'érection des nouveaux diocèses aux Pays-Bas*.

97 Mahieu, *Mgr Louis Belmas*, I, 166-168.

98 Pierrard, *Les diocèses de Cambrai et Lille*, 207.

99 Baycroft, *Culture, Identity and Nationalism*, 203-206. Les indications de celui-ci sont basées sur Coquebert de Montbret, « Limite de la langue française » ; de Coussemaeker, « Délimitation du flamand et du français dans le Nord de la France » ; Dewachter, « Le Flamand et le français dans le Nord de la France » ; *Id.*, « Le recul du flamand dans le Nord de la France » ; Le Roy Ladurie, *Histoire de France des régions*, 55.

Louis Belmas (1757-1841) : janséniste gallican dans un « diocèse festif »

L'évêché de Cambrai est sorti de la Révolution française en piteux état. Non seulement la cathédrale a été rasée, mais la structure ecclésiastique est complètement démembrée. La reconstruction et la stabilisation des structures ecclésiastique vont intervenir pendant le règne particulièrement long du premier évêque, Mgr Louis Belmas (1802-1841).

Mgr Belmas, un méridional natif de l'Aude, est un ancien évêque constitutionnel et un partisan de Napoléon. En ce qui concerne la position de l'Église française vis-à-vis de Rome, il défend une conception clairement gallicane. Par sa conception de la foi et sa vision pastorale, il peut être décrit comme un partisan du jansénisme, introduit en France par Saint-Cyran et Antoine Arnault. Cela ne va pas de soi dans une région connue pour être franchement réfractaire.

Que signifiait ce parti pris janséniste ? En premier lieu, les jansénistes préconisaient pour chaque chrétien une foi très stricte. Le recueillement et la conversion intérieure étaient au cœur du processus. Seulement ensuite, le croyant se trouvait en situation pour assister à l'eucharistie et recevoir le pardon de ses péchés. C'était nécessairement un processus long et difficile. Les jansénistes s'opposaient en cela diamétralement à des instituts religieux plus indulgents. Parmi ces derniers, il y avait les jésuites, auxquels s'ajoutèrent plus tard les rédemptoristes. Ils défendaient le principe d'une morale de la compréhension pragmatique, visant en premier lieu à élargir, et non approfondir, l'action de la foi parmi le peuple[100].

Au début, Mgr Belmas rencontre donc, en raison de ses conceptions, des difficultés dans son diocèse. Le pape de l'époque, Pie VII, s'émeut également de sa nomination au point de refuser de rendre à Cambrai son titre archiépiscopal lors des négociations pour l'établissement d'un nouveau Concordat[101]. Mais malgré toute cette opposition, Mgr Belmas laissera à sa mort, en 1841, un évêché en bonne santé. Pendant son règne, il se montre avant tout pragmatique. Grâce à une politique de nomination équilibrée, il réintègre dans le diocèse les prêtres réfractaires et il tolère sans l'encourager la foi populaire, malgré l'aversion qu'elle lui inspire. Il fonde également un séminaire qui commence à porter ses fruits sous la forme d'un corps de prêtres mieux formés.

Tout cela n'empêche pas un janséniste comme Mgr Belmas de se sentir mal à l'aise avec les attitudes de foi parfois étranges de ses ouailles. Il réprouve particulièrement les tendances associées au passé de domination espagnole – le « goût espagnol » –, comme beaucoup d'évêques de sa tendance. L'historien Pierre Pierrard explique que Mgr Belmas essaya de supprimer l'habitude de la « communion fréquente » et, surtout, de freiner « l'usage des expositions

100 Boutry, *Prêtres et paroisses au pays du curé d'Ars*, 405-422.
101 Pierrard, *Les diocèses de Cambrai et Lille*, 215.

du Saint-Sacrement, dont on abuse volontiers dans ces anciennes provinces espagnoles »[102]. Mais si ses intentions pastorales strictes échouent, c'est justement pour cette raison. C'est dans cette foi populaire que réside la spécificité du diocèse. Cambrai montre en tant que ville catholique une forte prédilection pour une « piété chaude », extériorisée par des processions et des vénérations, qui faisaient merveille dans un contexte de réveil religieux. Le fait que cette foi se mêle la plupart du temps à des tendances profanes n'est en aucun cas un problème aux yeux des croyants. L'historien français Yves-Marie Hilaire, auteur d'une thèse fondamentale sur le diocèse d'Arras au XIXe siècle, assez proche de celui de Cambrai, a dressé un état des lieux détaillé de la foi populaire dans le nord de la France[103]. Il y souligne notamment l'importance du cycle agraire, toujours associé à une tendance aux festivités collectives[104]. La récolte était suivie d'une fête à connotation religieuse et les fêtes patronales coïncidaient avec les fêtes de village (ducasses), qui réunissaient pendant l'été les habitants de plusieurs communes. Yves-Marie Hilaire utilise pour décrire les chrétiens d'Arras, une expression empruntée à Mircea Eliade et à Roger Callois, celle de « chrétiens festifs »[105]. En réalité, la Révolution française n'avait guère changé ces usages. Les diocèses du nord de la France restaient un terrain où « la vieille tradition ultramontaine des anciennes terres espagnoles avait été conservée sous l'Ancien Régime »[106].

La Flandre catholique appartient également à ces « anciennes terres espagnoles ». Un auteur comme Georges Rodenbach (1855-1898) décrit par exemple le catholicisme flamand d'une période un peu postérieure en usant exactement des mêmes lieux communs. Dans *Bruges-la-morte*, il décrit Barbe, la servante, comme « une âme pieuse, de cette foi des Flandres où subsiste un peu du catholicisme espagnol, cette foi où les scrupules et la terreur l'emportent sur la confiance et qui a plus la peur de l'Enfer que la nostalgie du Ciel »[107].

102 Osterhammel, *Die Verwandlung der Welt*, 1239.

103 Les deux évêchés se ressemblent d'ailleurs fortement par leur évolution. Mgr Belmas avait un pendant gallican en la personne de Mgr de la Tour d'Auvergne. De plus, l'évêché Arras est comparable par sa diversité à celui de Cambrai. Avec le Boulonnais, l'évêché devait tenir compte d'une région catholique récalcitrante qui hébergea dans la foulée de la Révolution française nombre de prêtres réfractaires. La suppression du diocèse de Saint-Omer pendant la Révolution française n'avait pas pu empêcher le maintien des tendances particulariste du Westhoek français. Le catholicisme populaire y était identique à celui de l'évêché de Cambrai.

104 Hilaire, *Une Chrétienté au XIXème siècle*, 68.

105 *Ibid.*, 81.

106 *Ibid.*, 135. L'université catholique de Douai était une suite de la réforme tridentine et constituait avant tout un centre de formation pour la *reconquista*.

107 Rodenbach, *Bruges-la-Morte*, 149-150. De plus, Barbe, qui souffre de troubles névrotiques, est présentée en « étrangère avec son hérédité de l'Espagne » (*Ibid.*, 57). Elle porte en elle « le reste du vieux sang de la conquête, catholique et violente, avec un esprit de domination, d'inquisition, une certain volupté à faire souffrir » (*Ibid.*, 84). Sur ce point, voir Dhuygelaere, « 'La petite patrie' », 154-155.

Mgr Belmas prêchait donc l'opposé. On comprend sans peine pourquoi il ne connut pas grand succès auprès des instituts de propagation de la foi. Les structures et groupements extra-ecclésiastiques ne pouvaient en effet pas apporter grand-chose à la quête intérieure de la grâce.

Pierre Giraud (1791-1850) et René-François Régnier (1794-1881) : la formation d'un diocèse ultramontain

Après le décès de Mgr Belmas en 1841, la hiérarchie ecclésiastique et la tendance religieuse convergent à nouveau pleinement dans le diocèse de Cambrai. Le nouvel évêque, Mgr Pierre Giraud, ne se contente pas de récupérer, en tant que proche de Pie IX (1792-1878), le titre archiépiscopal pour la ville. Ultramontain lui-même, il ouvre la porte aux ordres et aux congrégations. Mais les résultats de l'impulsion qu'il donne à la politique pendant son court épiscopat – il meurt en 1850 –, apparaissent surtout sous le règne de son successeur René-François Régnier. Cet ancien évêque d'Angoulême se révèle être un administrateur fort, qui réussit à rendre à nouveau le catholicisme omniprésent dans son diocèse. Entre 1851 et 1859 surtout, c'est-à-dire pendant une période qui correspond plus ou moins à la période de gouvernement favorable à l'Église du Second Empire, l'archevêché de Cambrai devient une « terre des œuvres ». L'évolution de l'enseignement catholique y fut particulièrement spectaculaire.

Une autre méthode pastorale a de nouveau libre cours dans le nord de la France après la mort de Mgr Belmas, à savoir les missions populaires paroissiales. Les maîtres de ces activités sont les congrégations, comme les rédemptoristes et les jésuites, qui se consacrent aux prédications populaires en Belgique depuis les années 1830. Dans la première moitié du XIXe siècle, ces prêches sont de véritables événements. Ils visent avant tout à renforcer la foi des paroissiens par le biais de visites intensives et de courte durée[108]. D'un point de vue pastoral, elles sont en fait conçues par les évêques comme des missions de restauration et d'approfondissement de la foi. Dans le diocèse de Gand, par exemple, Mgr Louis-Joseph Delebecque (1796-1864) concevait les missions comme un événement symbolique, pendant lequel la volonté de « faire rompre le peuple avec un passé trouble pour entrer dans une nouvelle ère »[109] était clairement affichée. On peut affirmer que jusqu'en 1860, les missions eurent sur la population l'effet escompté, en tout cas en Belgique. Ensuite, leur impact diminua lentement mais sûrement[110].

108 Art, *Kerkelijke structuur*, 227. Pour une description détaillée, voir Viaene, « L'épanouissement d'une Église 'libre' », 35-36.

109 Art, *Kerkelijke structuur*, 206.

110 *Ibid.*, 226-236.

Il est certain que les missions populaires connurent également un franc succès dans l'archidiocèse de Cambrai. Ce que Mgr Belmas avait su réprimer pendant plusieurs années fut rétabli en deux décennies à peine. Ce qui est remarquable, c'est que l'évêché de Cambrai reçoit pour cela l'aide de la Belgique. Pendant l'épiscopat de Mgr Giraud, cette aide est encore occasionnelle. Les premières missions sont organisées dans le nord de la France à partir du couvent rédemptoriste de Tournai dès 1842. Une invitation structurelle est ensuite lancée par Mgr Régnier, qui, en 1851, prie les rédemptoristes belges de s'installer définitivement dans le nord de la France. Celui-ci est en effet impressionné par l'impact sur le peuple des missions, dans lesquelles il voit un moyen général de le réconcilier avec la foi. En mai 1851, pendant sa première tournée en Flandre française, il a en effet été enthousiasmé par la piété de la population. Pour cette raison, il est aussi un fervent défenseur de la pastorale en langue vernaculaire, ce qui ne faisait que renforcer son ouverture par rapport aux initiatives pastorales en flamand[111]. Cela explique notamment qu'en 1857, les frères mineurs soient autorisés par l'évêque à étendre leurs activités à la ville de Roubaix.

Dans le chapitre suivant, nous reviendrons longuement sur l'introduction des instituts religieux belges. Il suffit de retenir ici que Mgr Giraud et surtout Mgr Régnier estompèrent fortement la frontière entre leur diocèse et les évêchés belges. La plupart des paroisses accueillirent à cette période une mission populaire, souvent menée par une congrégation belge. Ces missions aidèrent l'Église du nord de la France à reconquérir sa place dans l'espace public.

Cependant, cette visibilité retrouvée – dans certains cas assez spectaculaire – rend aussi l'Église vulnérable. Au niveau national, le vent tourne une première fois dès 1861. L'État exige alors de retrouver ses prérogatives et limite le périmètre de l'action ecclésiastique. À l'époque, cela se fait encore dans l'esprit du Concordat, c'est-à-dire que les autorités souhaitent lutter contre un catholicisme arrogant, qui règne à nouveau en maître sur la liberté de conscience individuelle. L'une des manières d'y parvenir, consiste à opposer des limites de toutes sortes au fonctionnement transfrontalier de l'évêché de Cambrai.

À partir de 1880, le ciel de l'Église française s'assombrit complètement. Les autorités se mettent à appliquer une ligne républicaine radicale et élaborent un programme pour réduire drastiquement le rôle institutionnel de l'Église dans le tissu social – cet « esprit clérical » que Léon Gambetta (1838-1882) critiquait avec tant de véhémence[112]. Cette fois, l'Église est plus fortement combattue. Le combat se fonde sur une forme poussée de laïcisation. L'ancienne conviction selon laquelle la religion joue un rôle important dans

111 « Ma course dans la Flandre m'a brisé. Il me semble que toute cette population s'était donné le mot pour me faire mourir de joie et de consolation » (cité dans Pierrard, *Les diocèses de Cambrai et Lille*, 236).

112 Sorrel, *La République contre les congrégations*, 39.

la société a aux yeux des Républicains pratiquement disparu. L'Église catholique est plutôt considérée comme une menace pour la société moderne.

Ce qui avait commencé en 1880 comme une politique du régime républicain destinée à séparer Église et école reçoit en 1905 une suite logique avec la séparation des Églises et de l'État. En 1880, les congrégations non autorisées sont mises hors la loi, une mesure qui vise en particulier les jésuites. Il s'en suit un premier renvoi d'instituts religieux. Par peur des réactions populaires, les instituts religieux féminins, pour la plupart actifs dans l'enseignement des jeunes filles, sont d'abord épargnés. Mais ce n'est qu'un sursis. Les lois sur les associations du 1er juillet 1901, dont les articles 13 à 21 sont entièrement consacrés aux congrégations, ne les épargnent pas. Au début, le gouvernement Waldeck-Rousseau conçoit avant tout cette loi comme un moyen de clarifier le statut des instituts religieux. En échange de l'autorisation reçue, les congrégations doivent notamment présenter des statuts et un état de propriété. Dans le cas contraire, elles restent non autorisées et se placent dans l'illégalité. Pour les membres des associations non autorisées, il est par exemple interdit de fonder ou de gérer des instituts d'enseignement ainsi que d'enseigner. La victoire électorale de la gauche en 1902 transforme les lois sur les associations en un instrument puissant contre les instituts religieux. Le nouveau chef du gouvernement, l'ex-séminariste Émile Combes (1835-1921), ne tarde pas à y recourir. Les conséquences sont considérables. Les écoles non autorisées sont fermées. De nombreux instituts religieux quittent alors le pays, en partie en direction de la Belgique[113]. En 1905, enfin, Églises et État sont séparés, un acte qui met fin au règlement concordataire de 1801[114].

Quel est l'impact de cette politique de laïcisation dans le département du Nord, et donc dans l'archidiocèse de Cambrai ? D'une part, les lois sur les congrégations de 1880 ont un effet bien marqué. Les instituts religieux étrangers actifs en France doivent quitter le territoire. Les initiatives d'encadrement destinées aux migrants belges de Lille et de Roubaix, dirigées par des frères mineurs belges, sont dans le lot. Dans le troisième chapitre de cette partie, nous reviendrons largement sur ce départ forcé. D'autre part, ces lois n'affectent guère la floraison des congrégations en France. L'archevêché de Cambrai reste en matière de réguliers particulièrement bien doté. Si l'on excepte le département de la Seine (y compris Paris), le Nord est en 1889 celui qui compte le plus grand nombre de religieuses (5 127 pour 7 520 pour la Seine)[115]. Un même

113 Leplae, « La Belgique envahie », 245 ; Wynants, « De la restauration à la rénovation », 100-102. Pour un large aperçu, voir Cabanel et Durand (dir.), *Le grand exil des congrégations religieuses françaises* ; pour la Belgique, voir Moeys, *L'invasion noire*.

114 Il existe à ce sujet une abondante littérature. Voir par exemple Lalouette, *La séparation des Églises et de l'État* ; Mayeur, *La Séparation des Églises et de l'État* ; Grévy, *Le cléricalisme ?* ; Moulinet, « La législation relative aux congrégations religieuses en France ».

115 Sorrel, *La République contre les congrégations*, 229.

constat peut d'ailleurs être fait pour les avoirs des instituts religieux[116]. Mais ce dont les autorités se méfient surtout, c'est de l'impact croissant des instituts religieux sur l'enseignement, pour la base comme pour les élites. En un court laps de temps, le terrain social a en quelque sorte été envahi par l'Église. Alors que l'on ne comptait encore que 286 écoles congrégationnelles dans le département du Nord en 1886-1887, ce nombre était passé à 513 lors de l'année scolaire 1900-1901[117]. En 1896, ce réseau représente 30% des élèves des écoles maternelles et primaires[118]. Pour l'Église, cela constitue en même temps une base solide.

À partir de 1902, les autorités entament le démantèlement de ce pouvoir. En août, 101 écoles sont fermées dans le département et en mars 1903, c'est le tour de 38 écoles de garçons[119]. Pour certaines communes et villes qui sont non seulement très dépendantes de l'enseignement congrégationnel, mais sympathisantes de la cause, ces fermetures posent un réel problème. À Tourcoing, par exemple, l'enseignement catholique féminin compte en 1903 2 966 élèves alors que l'enseignement public n'offre que 1 030 places[120]. Dans l'archidiocèse de Cambrai, les fermetures d'écoles s'accompagnent du reste souvent de protestations populaires. Cela va des meetings à l'escorte des religieuses vers leur lieu d'exil. Parfois, celui-ci n'est pas éloigné. Marchand donne l'exemple des sœurs d'Houplines. Leur nouveau lieu de séjour était Ploegsteert, en Belgique, dix kilomètres plus loin. 600 villageois les y accompagnèrent et furent épinglés par les douaniers lors de leur retour en Belgique pour trafic de tabac.

Cette commotion trouve un prolongement dans les « inventaires », une disposition de la loi sur la séparation entre Églises et État, qui prévoit aussi un inventaire descriptif des lieux de culte et de leurs possessions. À partir de 1906, les catholiques laissent libre cours à leurs protestations[121]. À Boeschèpe, en Flandre française, un paroissien est touché à mort par une balle : 200 manifestants venus de Belgique ont bloqué l'église, il y a eu un mouvement de panique et quelqu'un a sorti une arme[122]. Le soutien des Belges est surtout récurrent dans les protestations des communes frontalières avec la Flandre, comme Halluin et Comines. Dans les communes du Hainaut français, l'établis-

116 Sorrel, *La République contre les congrégations*, 233. L'accusation contre le « milliard des congrégations » avait déjà été lancée par Paul Bert en 1883. Elle prit tout son sens lorsque, dans le cadre de la préparation des lois sur les associations, l'État voulut estimer la fortune des congrégations (Sévillia, *Quand les catholiques étaient hors la loi*, 102).

117 Marchand, « La loi sur les associations et l'enseignement congréganiste », 20.

118 *Ibid.*

119 *Ibid.*, 22.

120 *Ibid.*, 25.

121 Environ trois quarts des communes de la région Nord-Pas-de-Calais s'opposèrent à l'inventaire des biens religieux. Duriez, « La religion de la région du Nord », 13.

122 Delmaire, « Les inventaires dans le Nord ». Voir aussi Cabanel, « La révolte des inventaires ».

sement des inventaires se passe sans problèmes significatifs[123]. Jérôme Grévy décrit cette protestation contre les inventaires comme l'un des derniers grands événements religieux causés par la politique de laïcisation. D'un point de vue psychologique, il considère cet épisode agité comme une grande catharsis qui ouvre la voie à une relation apaisée entre les catholiques français et le gouvernement de la République[124].

La fin du grand diocèse de Cambrai : la fondation de l'évêché de Lille

Comme le suggère le nom des localités que nous venons de citer, marquées par de fortes tensions entre Église et État, le cœur de la vie catholique dans le département du Nord se trouve non plus, aux environs de 1900, dans les environs de Cambrai, mais dans les communes entourant Lille et dans le Westhoek rural.

Quelles sont les répercussions de ce glissement de pouvoir pour l'archevêché de Cambrai ? Après le décès du cardinal Régnier, en 1881, Cambrai a perdu beaucoup de son dynamisme. L'archidiocèse se caractérise surtout par une succession épiscopale rapide. En dix ans, trois archevêques s'y succèdent, avec à chaque fois les inévitables dangers des intermèdes entre les successions[125]. Cette rotation a surtout pour effet de déplacer le pouvoir vers l'administration, qui assure la continuité à travers une équipe de prêtres traditionalistes qui ont servi sous le cardinal Régnier[126]. Les anciennes conceptions se heurtent aux nouvelles. En 1892, enfin, une période plus sereine s'amorce, du moins en termes de durée de règne. Mgr Marie-Alphonse Sonnois (1828-1913) restera archevêque jusqu'à sa mort en 1913, mais sa santé fragile l'empêche de prendre beaucoup d'initiatives. Il faut attendre 1906 et la nomination de Mgr François Delamaire (1848-1913) – un Parisien promu évêque de Périgueux – comme coadjuteur pour que l'archidiocèse connaisse une personne plus dynamique à sa tête. Pour Cambrai, c'est hélas trop tard. Comparé à ce qu'elle était pendant la période du cardinal Régnier, la situation de l'Église a, en 1906, fortement changé. En 1891, l'encyclique papale *Rerum novarum* est parue, l'année suivante, la population de Roubaix a élu un socialiste comme maire et, au sein de l'Église, les catholiques du Lillois sont de plus en plus partagés sur la question sociale. Résultat, Cambrai ne va pas tarder à subir une nouvelle amputation.

123 Delmaire, « Les inventaires dans le Nord », 53.
124 Grévy, *Le cléricalisme ?*, 205.
125 Mgr Alfred Duquesnay (1881-1884), ancien évêque de Limoges, mourut en 1884. Mgr François Édouard Hasley (1884-1888), originaire de la Manche et archevêque d'Avignon, décéda tout aussi rapidement et Mgr Odon Thibaudier (1889-1892), un chartreux lyonnais, ne laissa pas de traces significatives non plus. Voir à ce sujet Castermans, « La création du diocèse de Lille », 119.
126 Pierrard, *Les diocèses de Cambrai et Lille*, 257-259.

L'idée de faire de Lille un évêché indépendant a été émise en 1821[127], lorsque Louis XVIII a proposé de créer 30 nouveaux sièges épiscopaux[128], dont un à Lille. Le choix de la ville où la Chambre des comptes était établie à l'époque des ducs de Bourgogne est, en partie, une vengeance tardive pour le soutien que Mgr Belmas a continué à prêter à Napoléon après le retour de celui-ci. Le rôle historique de Cambrai n'est toutefois pas encore terminé.

Mais au XIXe siècle, la rivalité entre Cambrai et Lille s'affirme surtout sur le plan sociologique. Le Lillois est devenu la plaque tournante industrielle du nord de la France, un développement dû pour une bonne part aux entreprises de sa bourgeoisie catholique. D'un point de vue démographique, le point de gravité de l'archidiocèse se trouve également, de toute évidence, dans le Lillois. Sur les 1 895 861 habitants que compte l'archevêché en 1907, 1 087 285 vivent dans les arrondissements de Lille (821 205), Hazebrouck (110 959) et Dunkerque (156 141). Trois quarts des vocations sacerdotales viennent aussi des arrondissements cités[129]. Lille ambitionne donc un rayonnement ecclésiastique digne d'elle. Un pas important est posé en ce sens en 1877, avec l'ouverture d'une prestigieuse université catholique. Dans ses premières années, le personnel reflète bien la tendance catholique cultivée par les notables de l'endroit : plutôt conservatrice, intransigeante et opposée aux évolutions intra-ecclésiastiques visant à réconcilier modernité et démocratie. Dans le domaine social, le patronat catholique du nord de la France s'en tient à un strict paternalisme socio-catholique. À la fin du XIXe siècle – surtout après la parution de l'encyclique *Rerum novarum* –, les tensions avec des courants plus démocrates vont évidemment croissant. Ces derniers trouvent dans un district industriel comme le Lillois un véritable vivier[130]. En 1898, une section du Sillon, un mouvement qui tente de concilier catholicisme et idéaux républicains, est créée à Lille[131]. On y cultive des idées comme la subsidiarité, la séparation entre sphères spirituelle et profane, le libre choix politique pour les chrétiens et la collaboration entre croyants et non-croyants de même idéologie. Aux yeux des catholiques intransigeants, ce sont là des pistes de réflexion dangereuses. On se mobilise donc massivement contre le Sillon. Mgr Delamaire, qui redoute une rupture d'équilibre dans son archidiocèse, prend parti pour la fraction conservatrice. Finalement, le mouvement est condamné en 1910 par

127 Sur les projets antérieurs, voir Castermans, « La création du diocèse de Lille », 113-115.

128 Pendant les Cent-Jours (la période comprise entre le 1er mars 1815, date du retour de Napoléon Ier, et le 22 juin, deuxième abdication de celui-ci suite à la bataille de Waterloo), Louis XVIII, de passage à Cambrai, avait déjà refusé de loger chez Mgr Belmas (Mahieu, *Mgr Louis Belmas*, II, 93-94). Sur le projet de création d'un évêché à Lille à cette date, voir *Ibid.*, 211-212.

129 Castermans, « La création du diocèse de Lille », 116.

130 Pierrard, *Les diocèses de Cambrai et Lille*, 289.

131 La figure centrale du Sillon était Marc Sangnier (1873-1950). Voir à ce propos, Barthélémy-Madaule, *Marc Sangnier*.

Pie X (1835-1914), ce qui n'empêche pas d'importantes figures de poursuivre leur travail sous le couvert d'autres structures. Les sillonistes sont notamment à l'origine de la création de la Confédération des Travailleurs chrétiens (CFTC) et inspirent fortement les courants démocrates-chrétiens français. Ils fonderont après-guerre l'Institut populaire de Roubaix, qui regroupe une mutualité, des jardins populaires et des écoles[132].

Dans le Lillois, la lutte contre la démocratie chrétienne se cristallisera surtout sur la personne de l'abbé Jules Lemire (1853-1928). Fortement influencé par Léon XIII et convaincu que le clergé a un rôle important à jouer en régime démocrate, cet homme est élu en 1893 député pour l'arrondissement d'Hazebrouck. En cette qualité, il se familiarise peu à peu avec les principes républicains et devient le symbole du ralliement à la République. Étant donné la popularité et le soutien dont il bénéfice auprès du bas clergé, l'abbé Lemire devient aussi un sujet d'inquiétude pour l'administration archiépiscopale de Cambrai[133]. Pendant la période troublée de 1902-1906, il plaide pour une paix scolaire. Au sujet de la séparation entre Églises et État, il s'écarte également de la ligne officielle. Une image d'« aumônier du Bloc » (autrement dit aumônier de gauche) se forge ainsi progressivement. Bien que Lemire évite la confrontation avec sa hiérarchie, il incarne bien la division interne de l'archidiocèse. Lorsque Mgr Delamaire le rappelle à l'ordre, le camp intransigeant le trouve bien trop mou. Pour les lemiristes, par contre, l'archevêque coadjuteur devient un adversaire. Par nature, Rome est plus ou moins acquise aux arguments du camp intransigeant. La bonne volonté envers Mgr Delamaire disparaît et les arguments en faveur de la scission de l'archevêché gagnent du terrain.

En 1913, l'inévitable finit par se produire. Un vicariat général est fondé à Lille, avec juridiction sur les arrondissements de Lille, Hazebrouck et Dunkerque. Il est dirigé par Mgr Alexis-Armand Charost (1860-1930), un sympathisant de l'Action française[134]. Fin 1913, il devient un évêché à part entière et le grand diocèse de Cambrai disparaît définitivement. L'une des premières décisions de Mgr Charost en tant qu'évêque de Lille consiste à suspendre Lemire *a sacris*. Mgr Delamaire, devenu archevêque en février 1913, jamais écouté sur la question de la division, ne survit pas aux menaces de disparition du grand archidiocèse de Cambrai et décède en juillet de la même année.

Pendant la Première Guerre mondiale, la plupart des tensions s'apaisent. Mgr Charost lui-même semble changé par le conflit. En 1919, il autorise l'abbé Debussche, curé de Saint-François d'Assise à Roubaix, une paroisse po-

132 Pierrard, *Les diocèses de Cambrai et Lille*, 289.

133 Castermans, « La création du diocèse de Lille », 127-128 ; Vandenbussche, « L'abbé Jules Lemire », 33. Voir aussi Mayeur, *Un prêtre démocrate, l'abbé Lemire*. Sur le lien entre l'abbé Lemire et le régionalisme, voir Nuyttens, « Priester-Volksvertegenwoordiger Lemire en het regionalisme », 10-32 ; *Id.*, « Bij het 150ste geboortejaar van priester-volksvertegenwoordiger Jules Lemire ».

134 Pierrard, *Les diocèses de Cambrai et Lille*, 294-295.

pulaire – et un ancien fief des frères mineurs belges – à susciter des syndicats libres. Les anciens sillonistes sont impliqués et des sections syndicales voient également le jour à Halluin et à Lille. En 1920, Mgr Charost est transféré à Rennes et remplacé par Mgr Hector Raphaël Quillet. En 1925, celui-ci tente encore, sous la pression du patronat local, de réprimer l'évolution syndicale chrétienne par ses « Directives sociales », consignées par son ami, Mgr Jean Arthur Chollet, archevêque de Cambrai, mais le mouvement est irrépressible[135]. Lorsqu'en 1928, le curé-doyen de Tourcoing, l'abbé Achille Liénart (1884-1973), devient évêque de Lille, dont il est originaire, le syndicalisme chrétien reçoit toutes ses chances. De manière modérée mais habile, Mgr Liénart se range – contre le patronat – aux côtés des ouvriers et de la démocratie chrétienne. Cela lui vaudra dans la mémoire collective le surnom de « cardinal des ouvriers »[136]. L'épiscopat du cardinal Liénart durera jusqu'en 1968 et aujourd'hui encore, la vie catholique du diocèse de Lille semble assimilée à sa personne. L'historienne française Catherine Masson, sa biographe, décrit son épiscopat avec pour maîtres mots : présence et conquête. Liénart voulait avant tout rechristianiser ses contemporains. Il a encouragé dans ce but le développement de toutes les institutions catholiques, de l'action catholique à l'enseignement confessionnel en passant par les syndicats[137]. Ce n'est pas non plus un hasard si, dans le large éventail des organisations catholiques, se glissent aussi des œuvres pour migrants. Le cardinal Liénart soutient des missions de nombreux pays. Une mission est par exemple créée pour les 1 574 Hongrois de Roubaix, chargée également de l'accompagnement de ceux du bassin du Pas-de-Calais[138]. Une mission polonaise et une mission italienne se développent aussi dans le Lillois[139]. Mais le statut des migrants belges a ceci de particulier que Liénart lui-même est le responsable de la mission flamande – ou « Œuvres belges » comme on l'appelait alors – qui reçoit dans les années 1930 un second souffle.

Pour conclure

Nous avons montré dans ce chapitre que le Lillois attira surtout des migrants belges permanents dans la seconde moitié du XIXe siècle. Nous avons aussi souligné plus d'une fois la complexité de l'espace dans lequel cela se déroula. Les anciens systèmes de mobilité étaient par nature transfrontaliers. Ils étaient de plus en bonne partie déterminés par la langue véhiculaire. Plus tard, à partir de 1850, cette structure de mobilité se modifia. Roubaix, surtout,

135 Talmy, *Le syndicalisme chrétien en France*.
136 Sur l'entrée en fonction de Mgr Liénart à Lille, voir Masson, *Le Cardinal Liénart*, 125-134.
137 *Ibid.*, 592-593.
138 Janicaud, « Les missions religieuses au sein de l'immigration hongroise en France », 133.
139 Ponty, « La mission catholique polonaise en France », 80.

recruta de plus en plus dans les provinces flamandes. Jusqu'à l'ère de la navette, les ouvriers provenaient de localités de plus en plus lointaines. Même si nous avons laissé les frontaliers ou navetteurs en bonne partie de côté, ils ont en tout cas permis d'illustrer les limites de la disponibilité à une migration internationale.

Ce qui vaut pour le Lillois en tant qu'espace migratoire vaut aussi pour le Lillois comme espace religieux. Une fois le tournant idéologique de l'ultramontanisme pris par la tête de l'archidiocèse, un espace religieux homogène se développa sur de nombreux plans. Nous nous sommes limité ici à quelques exemples, la plupart liés au XIXe siècle et antérieurs à 1880. Ensuite, les autorités nationales mirent un frein à cette interaction. Cela n'empêcha pas les échanges entre les acteurs religieux belges et lillois de se poursuivre, soit que la Belgique offrit asile aux instituts religieux français forcés à l'exil entre 1901 et 1905, soit que les religieux belges servirent de source d'inspiration aux réformes intra-ecclésiastiques françaises. Nous n'avons que très brièvement décrit ces interactions. Elles ne font pas partie du sujet de cette étude et exigeraient en fait une recherche pour elles-mêmes.

L'ENCADREMENT RELIGIEUX DESTINÉ AUX MIGRANTS BELGES DANS LE LILLOIS

L'implantation structurelle des instituts religieux belges dans le diocèse de Cambrai est contemporaine de l'augmentation du flux migratoire belge vers la France. Dans les pages qui viennent, nous nous intéresserons à la façon dont ces deux réalités interagissent. À partir de 1851, les rédemptoristes belges s'établissent de façon permanente dans le département du Nord. Ils sont suivis un peu plus tard, en 1857, par les frères mineurs belges. En 1880, les lois anti-congréganistes mettent comme nous l'avons dit un terme aux activités officielles des instituts religieux belges en France, sauf en ce qui concerne Lille. Cette année-la, une nette rupture se produit donc dans l'encadrement religieux des migrants : la frontière française se ferme aux institutions religieuses de nature transfrontalière ; l'encadrement religieux devient *nolens volens* une mission principalement assignée aux prêtres séculiers et aux laïcs. Du point de vue de la recherche, cette période postérieure à 1880 s'est avérée la plus difficile à reconstruire. Il faut attendre les années 1930 pour que l'encadrement religieux se structure à nouveau, lorsque les « Œuvres belges » voient le jour à Lille-Wazemmes à l'initiative de Mgr Liénart.

Toujours dans ce chapitre, nous nous concentrons sur les œuvres migratoires en partant des localités qui en ont bénéficié dans la période 1850-1960. Cela concerne en gros trois zones. La première se compose de lieux situés en périphérie du Lillois. Concrètement, il s'agit de Douai et de Dunkerque, qui hébergèrent entre 1851 et 1860 des rédemptoristes belges. Les deux autres zones, Roubaix et Lille, sont au cœur de la migration belge. Au point de vue du contenu, nous suivons un axe double. Le premier est par nature descriptif.

L'accent y est mis sur l'histoire organisationnelle de l'encadrement religieux, plus particulièrement sur l'historique de leur établissement. Le deuxième est par nature analytique et concerne surtout la période 1851-1880. Savoir dans quelle mesure l'établissement structurel des instituts religieux en France s'explique effectivement par la réalité migratoire est une question centrale. Autrement dit : les instituts religieux se sont-ils installés à cause des migrants ou ceux-ci forment-ils surtout une légitimation pour des objectifs d'une tout autre nature ? Et si la deuxième possibilité se confirme, quel rôle les migrants belges ont-ils réellement joué ?

Douai, Dunkerque : rédemptoristes

En 1851, année du premier recensement populaire qui demande explicitement la nationalité, on dénombre dans le département du Nord 77 674 Belges. La même année, les rédemptoristes belges s'établissent de façon permanente à Douai, ancienne ville universitaire catholique du nord de la France à l'époque pré-révolutionnaire. Il est évidemment très tentant de relier les deux faits, d'autant qu'au cours de la décennie qui suit, le nombre de Belges dans le département du Nord augmente encore de 50 000. Destombes, biographe officiel de l'évêque de l'époque, René-François Régnier, interprète clairement l'arrivée des rédemptoristes dans ce sens. Presque immédiatement après sa nomination en 1850, Mgr Régnier émit en effet le souhait « de subvenir plus largement aux besoins spirituels de la population belge qui vivait dans l'arrondissement de Lille »[1]. L'installation successive des rédemptoristes à Dunkerque (1854), à Boulogne-sur-Mer (1855) et surtout à Lille (1859) semble donc pouvoir être interprétée dans une même perspective.

L'origine de l'arrivée des rédemptoristes en France est toutefois plus ancienne. Comme nous l'avons signalé, les premières missions datent de 1842 et ont été organisées depuis le couvent de Tournai. En 1840, nous apprend un rapport, le principe des missions dans le nord de la France était encore peu connu. Mais « les missions données par les pères de Tournai dans les paroisses belges sur la lisière française » ont changé la donne[2]. C'est à l'initiative d'une série de laïcs français de la région frontalière qu'un contact est pris avec les rédemptoristes tournaisiens. En juin 1842, une première mission est organisée depuis la Belgique dans le petit village de Nomain, aux alentours d'Orchies, tout près de la frontière. L'introduction de réguliers belges y suscite selon le rapporteur une certaine agitation. Le bourgmestre, en particulier, s'oppose à cette visite en mobilisant tous les moyens légaux dont il dispose. D'abord, il

1 Destombes, *Vie de Son Éminence le Cardinal Régnier*, 288 ; pour une interprétation similaire des activités des instituts religieux belges en sol français, voir également Pierrard, *La vie ouvrière à Lille*.

soumet les religieux à un contrôle de passeport. Ensuite, il les accuse auprès sa hiérarchie de perturber l'ordre public.

Le rapport de la mission de Nomain est typique. L'opposition des instances officielles y est largement commentée. Le bourgmestre, représentant local de l'État français, fait office de bouc émissaire. « Le diable jouait son rôle », mais à la fin, ce sont les rédemptoristes qui l'ont emporté[3]. Le passage des religieux, lit-on, est un grand succès : entre 1 200 et 1 500 personnes sont touchées et, surtout, les opposants sont marginalisés. En ce sens, la mission de Nomain n'est pas dépourvue d'une certaine aura héroïque et elle tient en fait lieu pour l'implantation des rédemptoristes de mythe fondateur précoce. La réussite de la mission en dépit d'une certaine hostilité les renforce dans leur conviction, car là où il y a de la résistance, il y a du travail. En 1842, le désir de s'établir de façon permanente dans le nord de la France apparaît chez eux.

Sur le plan pratique, cependant, les temps ne sont pas encore mûrs pour une installation permanente. Certes, les fonds ont été réunis par l'intermédiaire d'un bailleur privé et un lieu d'établissement est même pressenti à Haubourdin près de Lille. Mais Pierre Giraud, le nouvel évêque de Cambrai, freine encore des quatre fers. Bien qu'ultramontain, il est notamment confronté à une résistance en haut lieu. Le régime du « roi-bourgeois », Louis-Philippe (1830-1848), par exemple, est loin d'être favorable aux congrégations. La monarchie de Juillet trouve sa légitimité dans un système parlementaire représentatif fondé sur l'idée de souveraineté populaire et non plus sur le droit divin comme à la période de Charles X[4]. La religion est à nouveau reléguée à la place qu'elle avait reçue en vertu du concordat. Dans le domaine de la politique des congrégations, Mgr Giraud adopte donc un « profil bas » et suggère de détourner l'argent déjà rassemblé vers les œuvres congréganistes existantes[5].

Avec la mort de Mgr Giraud en 1850, la réserve envers l'idée d'un établissement permanent des rédemptoristes belges disparaît. Quand en janvier 1851, un intermédiaire français soumet l'ancienne idée au nouveau prélat, René-François Régnier, celui-ci l'accueille avec beaucoup d'enthousiasme. Victor Deschamps (1810-1883), provincial des rédemptoristes belges et futur archevêque de Malines-Bruxelles, entame alors avec l'évêque des négociations concrètes. Comme lieux d'établissement possibles, on parle d'abord de Valenciennes et de Lille. Finalement, on opte à la demande de l'évêque pour Douai, arrondissement dans lequel la population ne compte vers 1850 que

2 ACSSR, 1909 : Douai. Cette supposition est discutable. Sur les insistances des évêques, les jésuites ont renoué avec la tradition des missions qui sera un moyen particulièrement exploité à la période de la Restauration. Art, *Kerkelijke structuur*, 199. Voir également Sevrin, *Les missions religieuses en France*.

3 ACSSR, 1909 : Douai.

4 Démier, *La France du XIXe siècle*, 121.

5 ACSSR, 1909: Douai.

0.8% de Belges[6]. Non seulement ce diocèse héberge jusque-là peu d'instituts religieux, mais l'ancienne ville universitaire a l'avantage de se trouver à proximité de Cambrai[7]. Bizarrement, les archives conservées à ce sujet ne parlent guère de cet établissement. On n'y trouve par exemple aucune discussion ou négociation concernant la description des tâches. Le premier supérieur de la maison rédemptoriste de Douai, Édouard Huchant (1815-1888), est plus clair : « On choisit la ville de Douai qui comptait 24 000 âmes, réparties en trois paroisses et manquant de secours spirituels. Aucun ordre religieux apostolique n'y existait. »[8] Huchant fait aussi allusion au fait que les prêtres de paroisse français sont très demandeurs de réguliers belges. « Chaque année, les curés devaient appeler des religieux de divers ordres établis en Belgique, surtout à Tournai et à Mons, pour les prédications extraordinaires. »[9] Peut-être était-ce préférable, dans ces circonstances, de s'y installer carrément.

Les insistances de Mgr Régnier quant à la venue des rédemptoristes belges trouvent leur origine dans la première tournée effectuée – en janvier 1851 également – dans son diocèse. Celle-ci était entre autres placée sous le signe d'une recherche active de contact avec les évêchés de Bruges et de Gand. Tant l'évêque de Gand, Mgr Delebecque, que son homologue de Bruges, Mgr Malou, assistent par exemple à la consécration du doyen de Roubaix comme évêque de Saint-Denis[10]. Toujours en 1851, Régnier assiste à Bruges à la procession du Saint-Sang, qu'il apprécie grandement. Tout indique qu'il espère déployer son épiscopat dans les limites du territoire correspondant à l'ancien diocèse de Cambrai, qui incluait à son apogée des paroisses des anciens Pays-Bas méridionaux. C'est également cette idée sous-jacente qui enthousiasme les rédemptoristes. Mgr Régnier propose de pourvoir chaque paroisse de son diocèse d'une mission annuelle, comme cela se fait déjà dans les diocèses belges, il agrandit leur terrain d'action de 1 200 000 âmes, ce qui pour les rédemptoristes, offre la perspective de pouvoir recruter un grand nombre de novices[11]. Ce dernier point est mentionné explicitement dans les lettres de Mgr Régnier à

6 Vandenbroeke, « Migraties tussen Vlaanderen en Noord-Frankrijk », 166.

7 ACSSR, 1909 : Douai.

8 Lejeune, *Le père Huchant*, 74. Huchant venait d'une famille remarquable de Montignies-sur-Sambre, près de Charleroi. Lui-même se fit rédemptoriste et ses trois frères devinrent frères mineurs. Deux d'entre eux, Joseph (père Clémentien) et Louis (père Ignace) séjournèrent un moment dans le couvent des frères mineurs à Roubaix.

9 *Ibid.*, 73.

10 Destombes, *Vie de Son Éminence le Cardinal Régnier*, 286.

11 ACSSR, 1909 : Douai.

Deschamps[12]. En revanche, la réalité migratoire belge est dans l'arsenal argumentatif de cette fondation complètement absente.

Mgr Régnier ajuste donc dans une large mesure le fonctionnement de son diocèse à celui des diocèses de Bruges et de Gand. Nous avons expliqué précédemment que dans la jeune Belgique, les missions populaires constituaient un élément fixe de la pastorale : dans un premier temps organisées « par en bas » sur base de demandes adressées par les curés aux institutions religieuses, elles furent plus tard plus ou moins généralisées. C'est à l'évêque de Gand, Mgr Delebecque, que l'on doit cette institutionnalisation[13]. Mgr Régnier est également enthousiasmé par la liberté dont l'Église jouit dans le contexte belge. Comme nous le verrons plus tard, il accordera la plus grande attention au maintien des prérogatives ecclésiastiques par rapport au pouvoir civil.

Un autre élément de cette politique réside dans la grande confiance accordée par Mgr Régnier aux instituts religieux. Contrairement à ses prédécesseurs, il leur donne volontiers carte blanche. Les activités des rédemptoristes dans le diocèse de Cambrai font en outre rapidement figure d'exemple. Une lettre pastorale de 1852 les couvre de louanges : « (...) ceux que nous avons la consolation de voir attachés au service ordinaire de notre diocèse, pieux enfants de Saint-Ignace et de saint Liguori »[14]. L'expansion des rédemptoristes s'en trouve donc facilitée. De nouvelles succursales, réparties dans le vaste diocèse, voient le jour. Après Douai, c'est le cas à Dunkerque (1854), à Boulogne-sur-Mer (1855) puis à Lille (1859).

La fondation de Dunkerque suit le même schéma qu'à Douai. Les rédemptoristes sont loués par le bas-clergé. Ensuite, l'archevêque s'arrange pour les faire venir. Pour la congrégation, Dunkerque sert d'ailleurs immédiatement de base à un déploiement vers l'ouest. À peine arrivé dans la ville portuaire dans le cadre de sa prospection, le père Jean-Hubert Kockerols (1823-1894) annonce qu'il a dû aller vers Boulogne-sur-Mer « pour convertir les paysans français des environs (...) qui, à ce qu'il semble, n'ont jusqu'ici pas beaucoup entendu parler de Dieu ou des commandements »[15]. Dès ce moment, il est déjà certain

12 « Mon Révérend Père, vous recevrez prochainement la visite d'un de mes bons diocésains, qui aura l'honneur de vous entretenir du désir qu'il a de fonder une maison de votre ordre dans la ville de Douai. Son projet a mon approbation, et je serais heureux de le voir réussir. Je compte (...) sur votre concours pour son exécution. Le diocèse de Cambrai vous rendra, je n'en doute point, plus de sujets que vous ne lui en prêterez. » ACSSR, 1909 : Lettre de Régnier à Deschamps, 2 févr. 1851. Également cité dans Destombes, *Vie de Son Éminence le Cardinal Régnier*, 289.

13 Art, *Kerkelijke structuur,* 200-202. Art signale ainsi que vers 1856, la plupart des paroisses du diocèse de Gand reçurent une mission populaire. À partir de cette date, on plaida pour un renouveau. Dès 1866, sous l'épiscopat de Bracq, la mission de paroisse fut entièrement institutionnalisée et devint une obligation septennale. Viaene, « L'épanouissement d'une Église 'libre' ».

14 Destombes, *Vie de Son Éminence le Cardinal Régnier*, 290.

15 ACSSR, 1534 : Lettre de Jean Kockerols à ses parents, 2 fév. 1855.

que les rédemptoristes « fondront aussi une maison à Boulogne », « aux environs de Pâques ». « De cette façon, nous nous intégrons petit à petit dans cette contrée qui a tout de même besoin de conversion », écrit Kockerols à ses parents[16].

Deux éléments frappent dans la fondation de Dunkerque. Premièrement, l'arrivée initiale des rédemptoristes ne s'explique que par le public cible français. On en trouve une fois encore confirmation dans la correspondance de Kockerols qui, Flamand lui-même, ne destine pas directement ses missions à ses compatriotes. En 1855, il écrit à nouveau ses parents : « Notre travail ici est parfois un peu dur, car il arrive que nous devions aller sonner aux portes chez ces rats de Français pour les prier de venir assister au sermon. »[17] Deuxièmement, la congrégation cherche non seulement à s'étendre en direction de Boulogne, mais elle ambitionne très vite l'agrandissement de son infrastructure dans la ville de Dunkerque également[18]. Cette démarche prouve en soi les bons contacts que la congrégation entretient avec la vie religieuse dans la ville de Lille. Lorsqu'en 1857, l'expansion à Dunkerque – notamment à travers l'acquisition de terrains – se passe plus difficilement que prévu, Kockerols suggère de déplacer le couvent des rédemptoristes vers Lille. Mgr Régnier accepte à condition que Dunkerque soit conservé. Finalement, un financement sera trouvé en 1858 pour la fondation d'une plus grande base à Dunkerque[19].

Si les rédemptoristes ne suivent pas les traces de la migration, qu'elle est donc leur activité principale en France ? Pendant la période 1851-1860, ils servent principalement des objectifs religieux français. Les missions populaires qu'ils prêchent dans ce cadre dans le nord de la France ne sont d'ailleurs pas vaines. En 1858, Jean Kockerols rapporte à son frère qu'il a converti dans un village 3 000 hommes, « bourgmestre et tous ». « Il n'y avait dans ce village que 2 000 communiants et nous avons distribué pendant la mission 4 500 hosties. C'est un miracle en France, car ces choses n'y sont pas aussi faciles qu'en Belgique. »[20] Dans le même courrier, il mentionne en passant le programme futur des pères, qui ont l'intention de lancer à partir de Dunkerque et de Douai « une première mission à Valenciennes ». À partir de Douai, des missions sont aussi organisées vers des destinations plus emblématiques de la migration belge comme Tourcoing. Huchant, lui-même francophone, n'y fait pas la

16 Formulé comme suit en flamand par Kockerols : « Zoo nestelen wij ons stillekens verder en verder in dat landeken dat wel bekeering van doen heeft ». ACSSR, 1534 : Lettre de Jean Kockerols à ses parents, 2 fév. 1855.

17 *Ibid.*

18 Le succès remporté à Dunkerque s'explique sans doute en grande partie par les qualités de Kockerols. Il passait en effet pour un prédicateur populaire éloquent. ACSSR, 1912, Dunkerque : *La Voix du Rédempteur*, 266 ; *Ibid.*, 1534 : *Échos*, janv. 1947, n° 1, 2.

19 ACSSR, 1912 : *La Voix du Rédempteur*, 267 ; *Ibid.*, 1916 : J. Kockerols, Allocution au peuple à l'occasion de l'acquisition d'un terrain pour y bâtir une Église et un Couvent.

20 ACSSR, 1534 : Lettre de Jean Kockerols à ses parents, 5 mars 1858.

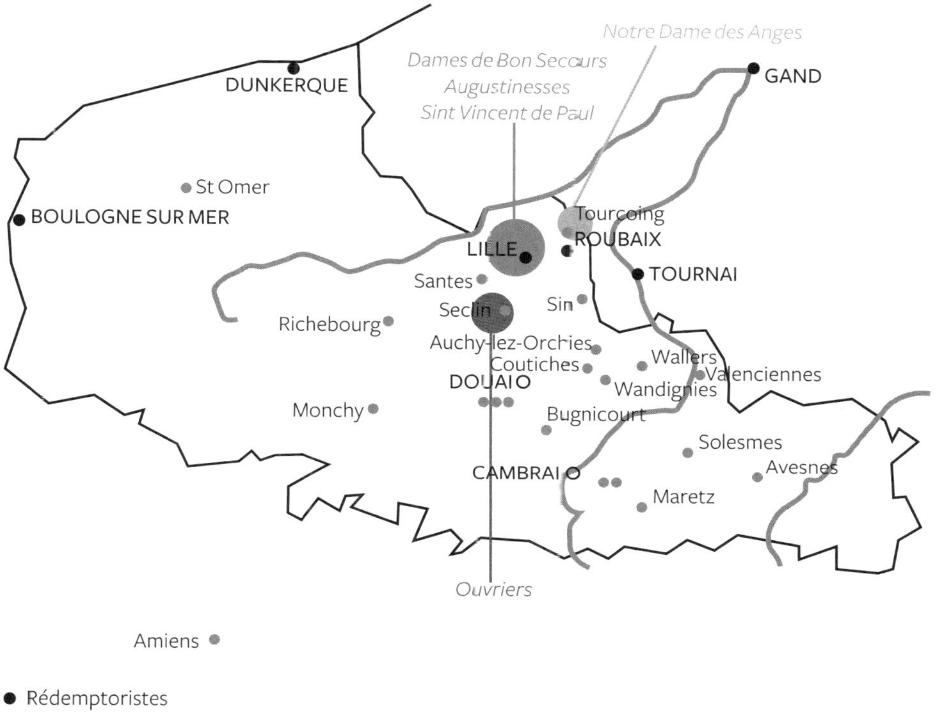

5. Destinations des missions à partir de la maison rédemptoriste de Douai, 1855-1857.

moindre allusion dans son rapport. Sur la mission d'octobre 1854 à Tourcoing, il écrit : « Cette ville a 25 000 âmes. Nous avons prêché aux deux paroisses à la fois pendant quinze jours. Il y eut 17 000 confessions et 20 000 communions. » Ensuite, il compare la dévote ville de Tourcoing avec la mission infructueuse de Châteauroux, beaucoup plus loin à l'intérieur de la France, qu'ils avaient mise en œuvre depuis Douai. « Tourcoing et Châteauroux sont les deux extrêmes. »[21]

Au-delà des missions populaires, les rédemptoristes sont évidemment actifs dans les environs de leur base. Ils sont connus comme des prédicateurs exceptionnels, qui n'hésitent pas jouer sur les émotions. « À Dunkerque, où plus de la moitié des gens ne font plus leurs Pâques, nous avons prêché 12 jours durant à nous 4, quatre fois par jour dans trois paroisses et chaque jour les églises étaient tellement remplies qu'ils étaient collés les uns aux autres, aussi bien pendant mon dernier sermon que pendant les lectures. Nous les avons plusieurs fois fait pleurer tout haut, tous sans distinction, ce qui n'est pas dans leurs habitudes. »[22] Le récit de Kockerols paraît aujourd'hui excessif, mais selon toute vraisemblance, il est crédible. Pour raviver la foi

21 Lejeune, *Le père Huchant*, 93.
22 ACSSR, 1534 : Lettre de Jean Kockerols à son frère, 19 nov. 1854.

chez les croyants – ce qui était le but réel des missions – on jouait sur tous les tableaux, notamment en poussant les gens dans leurs derniers retranchements[23].

Mais c'est la diffusion géographique de leurs missions et retraites qui illustre le mieux le fait que les rédemptoristes soignaient avant toute chose les intérêts du diocèse de Cambrai. La figure 5 donne une liste des destinations visitées entre 1855 et 1857 à partir de leur base de Douai. On remarque qu'ils choisissaient surtout des localités dont le nombre d'habitants était plutôt réduit. Lorsque les rédemptoristes allaient dans des villes comme Lille, Cambrai ou Tourcoing, leur visite était généralement liée à la prestation d'un service – le plus souvent une retraite – auprès d'une institution religieuse sœur.

Les migrants belges, par contre, n'apparaissent pas comme groupe cible spécifique dans les activités des rédemptoristes. Lorsqu'une localité à forte concentration belge était visitée, ils ne ressortaient d'ailleurs pas du lot ou, en tout cas, on n'y faisait pas allusion. Les rédemptoristes évoluaient bien davantage dans un espace ecclésiastique transfrontalier à l'intérieur duquel les migrants n'étaient pas encore vraiment visibles. La pastorale était conçue comme un instrument de conquête ecclésiastique. Elle se caractérisait surtout par la fracture séparant réfractaires et réceptifs, tandis que les divisons selon la nationalité ou la provenance n'apparaissaient pas encore clairement. En d'autres mots, ce qui comptait avant tout pour les rédemptoristes de Dunkerque et de Douai, c'était l'identité religieuse – plus précisément catholique – et non l'identité nationale. Dans le monde conçu comme tel, il n'existait pas de migrants, uniquement des croyants et des non-croyants.

Roubaix : les frères mineurs

Comme nous l'avons dit plus haut, la ville emblématique de la migration belge en France est Roubaix. À partir du 22 octobre 1857, les frères mineurs s'y établissent de manière permanente, d'abord dans une résidence provisoire de la rue du Collège, puis dans un couvent du quartier Basse Masure, alors encore situé en lisière de la ville, mais qui connaît une expansion rapide. Comme dans le cas des rédemptoristes, l'installation des frères mineurs a lieu dans une harmonie parfaite entre les acteurs ecclésiastiques. Les prélats impliqués – Mgr Régnier pour l'archidiocèse de Cambrai et Mgr Delebecque pour le diocèse de Gand – et les frères mineurs sont sur la même longueur d'ondes. La frontière nationale ne semble pas être un obstacle, ou si peu.

23 Art, *Kerkelijke structuur*, 207-217 ; Viaene, « L'épanouissement d'une Église 'libre' ». Pour une analyse du contenu des prédications populaires, voir Broeckaert, *Predikatie en arbeidersprobleem*.

Une série de raisons justifient que nous parlions plus en détail des frères mineurs. D'abord, leur installation et les activités liées à cette initiative sont mieux documentées que ce n'est le cas pour les rédemptoristes. Ensuite, les frères mineurs s'établissent dans le noyau par excellence de la migration belge. Enfin, leur arrivée est, davantage que celle des rédemptoristes, légitimée par la réalité migratoire elle-même. Nous serions tentés de décrire cette initiative comme la première œuvre destinée aux Belges en France. Comme nous allons le voir, ce n'est qu'à moitié vrai.

Du côté belge, il y a longtemps que la migration constitue en tant que problème social un souci pour l'évêque de Gand, Mgr Delebecque. Dans les années 1840, il est frappé par la mobilité croissante de la population de son diocèse. À partir de 1850, il constate que ses ouailles sont détournées par l'industrie du Lillois. Or justement, il a un lien particulier avec cette région. Il y est né en 1798 dans une famille de paysans, à Warneton-Sud, sur la rive française de la Lys[24]. En 1853, il sonde les frères mineurs quant à leur intérêt pour une éventuelle fondation à Tourcoing[25]. Les frères mineurs refusent. Pour diverses raisons, la situation est plus propice à un tel établissement à partir de 1856. Le lieu envisagé est non plus Tourcoing, mais Roubaix, non loin de là. En 1857, les pères s'y rendent chaque dimanche du Carême, histoire de reconnaître le terrain. Le succès de cette « mission pascale » achève de convaincre les religieux. La même année, tout est mis en œuvre pour préparer leur installation définitive, cela, avec le soutien de l'évêque de Cambrai. En 1860, Théodore Leuridan, archiviste de la ville, décrit l'arrivée des frères mineurs en ces termes : « Mgr Régnier, voyant la population de Roubaix et des paroisses voisines s'accroître prodigieusement par l'émigration des Belges, principalement des deux Flandres jugea, (...) que le moyen le plus efficace de venir au secours de ces milliers d'ouvriers jetés hors de leur pays sur une plage étrangère, serait d'appeler à Roubaix les pères Récollets de la Belgique, qui, parlant également le français et le flamand, rendraient d'immenses services aux Français et aux Flamands, aux pauvres et aux riches. »[26]

Après coup, les frères mineurs interpréteront leur déménagement vers Roubaix de la même manière. Une chronique imprimée de 1880 décrit explicitement ces années pionnières à la lumière de la réalité migratoire de la ville. Selon ce récit, les frères mineurs sont appelés à l'aide après une concertation structurelle à ce sujet entre les évêques Delebecque et Régnier[27]. Comme

24 Simon, « Louis Joseph Delebecque » ; Aelbrecht, *Les travailleurs belges à Tourcoing*, 281.
25 Van Berlo, *L'Ordre des Frères-Mineurs*, 142.
26 Leuridan, *Histoire des établissements religieux et charitables de Roubaix*, 166-167.
27 ADL : *Notice sur l'établissement et la mission des religieux récollets belges à Roubaix*.

l'évêque de Gand, le métropolite est en effet soucieux de procurer aux immigrés flamands de Roubaix et des environs un soutien spirituel[28].

Le fait que Leuridan décrive un public cible composé à la fois de Belges et de Français n'est pas sans importance. Il indique que Mgr Régnier n'entendait pas réserver exclusivement les frères mineurs à la population migrante. Les religieux vont plutôt être implantés dans le tissu urbain de Roubaix à la manière d'une paroisse, pour pallier le manque d'accompagnement religieux d'une ville en croissance rapide. À Roubaix plus que partout ailleurs, l'archevêque est confronté à une pénurie d'infrastructure paroissiale. Celle-ci ne s'est pas développée au même rythme que la population. Les habitants – 39 180 habitants en 1856, 49 274 habitants en 1861 et 64 706 habitants en 1865[29] – ne disposent guère que de deux paroisses : Saint-Martin et Notre-Dame. La décision d'en créer une troisième, Sainte-Élisabeth, en 1863, n'a pas suffi à résoudre le problème, loin de là. L'assistance des frères mineurs est donc plus que bienvenue.

En dépit de ces remarques liminaires, l'histoire de la fondation reste étroitement liée à la réalité migratoire. Régnier y joue un rôle de premier plan. Dans les lignes qui suivent, nous tentons d'abord de ramener le récit de fondation à ses justes proportions, puis nous examinons la place des migrants belges dans l'œuvre d'encadrement des frères mineurs à Roubaix[30].

L'arrivée des frères mineurs : le principe du Samaritain ou une dynamique d'en bas

La narration de l'arrivée des frères mineurs à Roubaix n'a en soi rien de particulier. Les évêques des diocèses concernés – Cambrai et Gand – s'inquiètent de la situation sociale à Roubaix et décident de prendre des mesures. Comme la hausse démographique est principalement due à l'émigration belge, ils se tournent vers les frères mineurs de ce pays. Ceux-ci explorent sur place les possibilités pratiques et reviennent convaincus de la nécessité d'une implantation permanente. Voilà un récit qui semble bien classique.

Mais ce qui est présenté comme une action concertée, pilotée d'en-haut, suit en réalité un dessin bien plus aléatoire. L'initiative elle-même émane non

28 Les objectifs des frères mineurs étaient décrits comme tels : « Travailler au salut des âmes, réconcilier les pêcheurs avec Dieu, affermer les justes dans les sentiers de la vertu, consoler l'infortune, moraliser la classe ouvrière : tel est le but qu'ils [les frères mineurs] s'efforcent d'atteindre par la prière, la prédication et la confession. » ADL : *Notice sur l'établissement et la mission des religieux récollets belges à Roubaix*, 14.

29 Petillon, *La population de Roubaix*, 81.

30 Dans ce qui suit, l'historique des débuts tel que donné par la *Notice sur l'établissement* est complété par des données tirées de la chronique manuscrite consacrée à l'histoire du couvent de Roubaix, *Archives du couvent de Roubaix (1857-1880)*, et de la correspondance relative à la fondation conservée dans les archives des frères mineurs. AVM, 3933, 3941 et 9938.

pas des sphères supérieures de la hiérarchie de l'Église, mais d'un individu. Elle illustre ainsi le caractère contingent d'une telle fondation. Un autre observateur ou promeneur – ou si vous préférez un autre Samaritain – aurait tout aussi bien pu mener les frères mineurs ailleurs. Comme nous le verrons, c'est le cas dans la plupart des initiatives mises sur pied pour les migrants belges, même bien au-delà des frontières du Lillois.

Dans le cas des frères mineurs, ce Samaritain ne sera pas Mgr Régnier, mais un simple curé de paroisse du nord de la France : Pierre-François Salembier. Salembier a été nommé à Cysoing, un bourg rural jouxtant le champ de bataille de Bouvines[31]. Toutefois, sa santé précaire l'oblige à quitter à plusieurs reprises sa paroisse pour de longues périodes de repos. Il les passe dans la ferme familiale, la « Grande Vigne », située à la frontière de Roubaix avec Tourcoing. De là, il est difficile de ne pas voir la ville en expansion. Roubaix se développe surtout au nord et au sud de l'ancien bourg (Saint-Martin). Le quartier ouvrier en train de se développer au nord – autour des rues Flandre et de Basse Masure (ci-après appelé « Basse Masure ») – se trouve à un jet de pierre de la ferme.

Pour ce qui est l'évaluation sociale de la situation, Salembier est un enfant de son temps. Son intérêt pour le quartier est avant tout religieux, et non social. Plus exactement, les deux aspects étant à ses yeux les deux faces d'une même médaille (le social est religieux, et vice versa), il évalue la situation déplorable du prolétariat roubaisien comme la suite d'un affaiblissement de la foi[32]. C'est précisément ce à quoi assiste Salembier dans son quartier. Il ne peut que constater que l'infrastructure ecclésiastique en place n'est pas à même de compenser l'accroissement de population, une évolution inquiétante dont il fait part à son archevêque dans une lettre du 23 octobre 1856. Salembier suggère en même temps une solution[33]. Il faut bâtir une église près de la route qui mène de Roubaix à Tourcoing, éventuellement avec l'argent de sa part d'héritage familial. Selon lui, il est souhaitable que la construction de ce nouveau sanctuaire s'inscrive dans une politique d'expansion paroissiale pour la ville de Roubaix. Elle pourrait ainsi devenir autosuffisante et être confiée à terme aux soins de la commune[34].

31 Voir Duby, *Le dimanche de Bouvines*.

32 Voir au sujet de la pensée catholique contemporaine à ce sujet, Deferme, *Uit de ketens van de vrijheid*, 67-72. Pour un document de l'époque sur le sujet : Frégier, *Des classes dangereuses*, 264-286 ; voir aussi les Congrès de Malines de 1863-1864, par exemple la résolution de la deuxième session « Œuvres charitables – Économie chrétienne » dans : *Assemblée générale des catholiques en Belgique. Deuxième session*, 470-482 ; De Maeyer, « De Belgische Volksbond en zijn antecedenten », 18-32.

33 AVM, 9938 : Lettre de Salembier à Régnier, 23 oct. 1856 : « Très éloigné des églises de Roubaix, et témoin qu'une population de plus de 3 000 ouvriers, mes voisins, ne vont plus ou presque pas à l'église, tandis que tout les y pousseront s'ils avaient un sanctuaire plus rapproché de leurs demeures. »

34 *Ibid.*

Dans sa lettre, Salembier ne fait aucune allusion à l'origine étrangère des ouvriers. Il ne fait pas non plus remarquer que ses nouveaux voisins sont en grande partie non francophones. Ce n'est pas un problème à ses yeux. Cela n'a d'ailleurs rien de très étonnant au vu de ses antécédents familiaux. La famille Salembier est depuis longtemps familiarisée à un espace mental qui déborde la frontière franco-belge. Salembier lui-même est né à Roubaix en 1798 mais il a, sur le conseil d'un oncle prêtre, étudié au petit séminaire de Roulers[35]. Un autre de ses oncles s'est fait connaître en tant que prêtre réfractaire et a opéré dans les années 1790 à partir de villages qui appartiendraient plus tard à la Belgique[36]. La main-d'œuvre immigrée de ces contrées n'a donc rien d'exotique pour Salembier, pas plus que sa langue et son accent.

Mgr Régnier voit dans l'offre de Salembier une opportunité de remédier aux lacunes flagrantes de l'Église. Il oriente cependant le projet dans le sens de la moindre résistance. La construction d'une église reste, même sous le Second Empire, une matière dans laquelle les lois et les sensibilités doivent être prises en compte. Les pistes d'une église paroissiale ou d'une succursale, par exemple, sont peu réalistes. Le diocèse n'a en effet pas de compétences dans ce domaine[37]. Une autre possibilité consiste à fonder une « chapelle ». Cela nécessite toutefois de collecter des fonds pour la rémunération du prêtre, soit chez les particuliers, soit auprès de l'administration communale. Or, l'arche-

35 Le petit séminaire avait été fondé en 1806, pendant la période post-concordataire, dans le diocèse de Gand de l'époque. Pillen et Pollet, *175 jaar Klein Seminarie te Roeselare*, 17-40. Voir sur ce sujet également Strobbe, *200 jaar dichters, denkers en durvers*.

36 Ces deux oncles prêtres étaient Jean-Baptiste et Pierre-Joseph Corne. L'aîné, Jean-Baptiste, fut un fervent réfractaire. Il continua, à partir de Herseaux, à célébrer l'eucharistie à Roubaix et dans les environs. En 1799, il fut arrêté dans la maison de sa sœur à Roubaix – qui était également la maison familiale – en raison de ces activités. Selon la tradition familiale, il revint peu de temps après et s'établit à Dottignies où il resta prêtre jusqu'à sa mort, en 1805. Pierre-Joseph, son frère cadet, fut prêtre au même endroit plus tard. Il y mourut en 1837. C'est sur ses conseils que Salembier fit ses études secondaires au petit séminaire de Roulers. Salembier se forma ensuite à la prêtrise à Cambrai, où il fut ordonné le 16 juin 1821. Après avoir servi les paroisses de Saint-André et de Herlies, il fut appelé en 1826 au séminaire de Cambrai pour y enseigner la théologie. Il fit un passage en tant qu'aumônier chez les carmélites, avant de devenir, en 1842, prêtre à Cysoing. Voir Salembier, « L'abbé Salembier ». Dans une lettre à Delebecque, Salembier signale d'ailleurs que l'évêque de Gand et son oncle sont de vieilles connaissances. « Celui qui a l'honneur de vous écrire est l'abbé Salembier, que Votre Grandeur a connu autrefois, le neveu de Mr Corne, décédé, Curé de Dottignies, diocèse de Bruges. » ABG, XXI i95 : Lettre Salembier à Delebecque, 19 déc. 1856.

37 Les articles organiques (8 avril 1802) établissent une nouvelle distinction entre les paroisses. D'une part, il doit y avoir au moins une paroisse par justice de paix (cure). Elle peut être complétée par un certain nombre de succursales (fixée pour chaque diocèse). La différence entre les deux se résume essentiellement au statut de celui qui assure le service. Une cure est desservie par un curé nommé par les autorités, une succursale l'est par un « desservant », nommé par l'évêque et pouvant être muté. Les deux catégories sont rémunérées par l'État. Vienne, « Les effets de la loi de Séparation », 55.

vêché a déjà introduit une demande auprès de cette dernière[38]. La proposition de Salembier risque donc d'interférer avec le dossier en cours. Mgr Régnier suggère donc le scénario de l'institut religieux. Même si d'un point de vue légal, toute nouvelle implantation d'une congrégation religieuse exige une autorisation, la décision est dans les années 1850 du Second Empire laissée dans les faits aux autorités diocésaines. Cela permet d'agir vite, en contournant tous les obstacles bureaucratiques et politiques[39].

À partir de là, les choses vont en effet évoluer rapidement. En décembre 1856, Salembier contacte Mgr Delebecque, à qui il présente d'autres arguments. Tout ce qui indique un lien avec le diocèse de Gand est mis en exergue dans la lettre. On y fait référence au nombre élevé de Flamands dans le voisinage et, surtout, à la possibilité de faire un jour de la future infrastructure le noyau d'une paroisse flamande[40]. Parallèlement, Mgr Régnier demande aux frères mineurs belges de venir faire des prédications de carême à Roubaix en 1857. Les frères mineurs acceptent. Leur mission, conçue comme une tournée de reconnaissance en vue d'un établissement permanent, s'avère très fructueuse, touchant au minimum 5 000 personnes[41]. En septembre 1857, le définitoire de la province donne son feu vert à une nouvelle fondation. Bernardin de Montefranco, ministre-général de l'ordre, ratifie non seulement cette décision, mais autorise que les frères mineurs soient réunis dans la province belge et envoyés par celle-ci[42]. Mgr Régnier ne formule pas d'objections et, en octobre 1857, il donne aux frères mineurs juridiction sur son archevêché.

En attendant que leur infrastructure soit construite, on met à la disposition des frères mineurs la chapelle des carmélites[43]. Ils s'installent provisoirement dans la rue du Collège le 22 octobre 1857[44]. Parallèlement, on entame

38 AVM, 9938 : Lettre de Régnier à Salembier, 4 nov. 1856.

39 *Ibid.*

40 ABG, XXI i95 : Lettre de Salembier à Delebecque, 19 déc. 1856. Salembier évalue dans cette lettre la population à 50 000 (« en y comprenant la population nomade ou flottante »), donc au minimum 15 000 Belges, « la plupart flamands ». À propos des alentours de la ferme dans laquelle il séjourne, il écrit : « Le quartier que j'habite est éloigné des églises et le plus peuplé d'ouvriers flamands, chez qui, pour le plus grand nombre, le sentiment religieux semble être tout-à-fait éteint. Touché de l'état de dépravation et d'abrutissement où croupissent mes voisins, j'ai offert à Mgr de Cambrai, il y a deux mois, de construire aux frais de ma famille, une église, prouvant contenir douze cents personnes, qui aurait pu devenir la paroisse des flamands du quartier. »

41 AVM, 9938 ; Van Berlo, *L'Ordre des Frères-Mineurs*, 143.

42 Van Berlo, *L'Ordre des Frères-Mineurs*, 144.

43 *Ibid.*

44 Cela concernait trois pères (Alexis Dehaybe, Mathieu Cannaert et Victor Douterluingne) et un frère (Pie Aerts). Deux mois plus tard, on envoya pour des motifs qui ne sont pas précisés une nouvelle délégation. Les circonstances sont décrites comme « des difficultés, indépendantes de la volonté des supérieurs ». La nouvelle délégation se composait des pères Ignace Huchant, Camille Bernaert et Fernand Moenen et des frères Pie Aerts et Joseph Stockeman. *Ibid.*

la construction de leur sanctuaire. Pierre-François Salembier est désigné en tant que syndic apostolique. Son projet initial a désormais pris une tout autre envergure. Pour héberger les récollets, la chapelle doit être accompagnée d'un couvent. Mais cela freine à peine la poursuite du projet. La famille Dujardin, originaire de Mouscron, met à disposition un terrain qu'elle possède dans le quartier Basse Masure[45]. Le 21 novembre, la première pierre est posée et au printemps suivant les travaux de fondation de l'église sont entamés[46].

Comment le budget nécessaire est-il réuni ? Premièrement, les frères mineurs empruntent la voie traditionnelle des collectes. Un premier appel à la population, à partir du 19 mai 1858, échoue[47]. Les travaux continuent néanmoins. La collecte de mars 1859 remporte plus de succès[48]. Pratiquement tous les industriels catholiques importants de Roubaix y participent. La famille Toulemonde-Destombes se montre avec son don de 1 500 francs la plus généreuse. Les différentes branches de la famille Motte figurent également sur la liste[49]. Les frères mineurs pourront compter sur leur soutien pendant toute la durée de leur séjour à Roubaix.

Ensuite, il y a les dons de Salembier lui-même (20 000 francs) et de l'archevêché de Cambrai (5 000 francs). En avril 1859, les frères mineurs adressent en outre une demande de subsides à l'administration communale. Dans la supplique, ils font valoir que Roubaix a, plus que les autres villes, besoin d'un « clergé auxiliaire »[50]. Selon eux, la ville se bat non seulement contre une disproportion entre les paroisses et le nombre d'habitants, mais se distingue aussi par sa composition démographique. Roubaix présente en effet une population flamande nombreuse, dispersée dans toute la ville. Ces Flamands sont implantés de façon peu stable et ne peuvent jamais être atteints par une structure paroissiale traditionnelle. Ils ne bénéficient donc d'aucun enseignement moral et religieux[51]. Comme remède à une population mobile, les frères mineurs proposent un ordre également mobile. Leur pastorale itinérante peut contribuer de ma-

45 « Louis Dujardin, fabricant à Mouscron ; Pierre Dujardin, son frère, cultivateur au même lieu, et Mullier-Dujardin, leur beau-frère, cultivateur à Reckem, (...) offrirent spontanément de céder, pour le couvent et l'église, tout le terrain nécessaire, pris dans un champ possédé en commun, situé dans le quartier dit la Basse-Masure. MM. Dujardin sont devenus propriétaires de cette terre du chef de leur mère, fille de M. Louis Delebecque, riche cultivateur de Roubaix (...). » Van Berlo, *L'Ordre des Frères-Mineurs*, 169.

46 Le récit de la façon dont les frères mineurs ont été « approchés » correspond en grande partie à ce que nous savons des autres nouvelles fondations de l'ordre. La province ne faisait par exemple jamais le premier pas ; il lui fallait d'abord une demande ou une requête. L'invitation pouvait émaner de sources très diverses : un ecclésiastique local, un évêque ou même un notable. Laureys, *De mindere broeders*, 72-74.

47 AVM, 9938.

48 La souscription se fit au nom de Saint-Joseph et rapporta 31 000 francs. AVM, 3933, 3941 et 9938.

49 *Ibid.*, 3933 : *Annales conventus Robacensis*, 6-7.

50 *Ibid.*, 3933 et 9938 : Supplique au Conseil communal.

51 *Ibid.*

nière essentielle à la prospérité de la ville. Mais pour cela, ils ont tout de même besoin d'une base, composée d'une église et d'un couvent. Leur construction pourrait être achevée moyennant une intervention de la commune[52].

L'administration réserve aux arguments des frères mineurs un accueil favorable. On y plaide pour répondre à leur demande, il est vrai sans aller au-delà et pour des raisons pragmatiques. Parmi celles-ci, il y a le fait qu'ils ont su pendant leur bref séjour gagner la sympathie de la population. Un effet positif sur les travailleurs flamands de la ville est donc escompté[53]. Tôt ou tard, fait remarquer l'administration communale, le quartier devra tout de même avoir une église. La proposition des franciscains apporte une solution immédiate. Toutefois, certaines voix s'élèvent également dans l'opposition. Celle-ci argue que la ville n'a rien demandé aux frères mineurs. De plus, leur hospitalité leur été accordée parce qu'ils avaient affirmé à leur arrivée qu'ils ne coûteraient rien à la ville[54]. Au bout du compte, une confortable majorité de neuf voix contre cinq décide d'accorder aux frères mineurs un subside de 20 000 francs pour les deux premières années. Les autorités locales croient en effet en l'action bénéfique de la religion pour faire régner le calme dans leur commune. « Prêcher aux populations la résignation et le calme » : voilà ce que l'on attend des religieux et, vu la popularité dont les frères mineurs jouissent déjà dans la population flamande, l'administration communale estime qu'ils sont les personnes adéquates[55].

Le 23 juin 1860, l'église est consacrée et, l'année suivante, les frères mineurs disposent d'un couvent achevé. Leur base est prête. Leur travail peut débuter.

Les frères mineurs à Roubaix : une œuvre au service des migrants ?

Bien plus explicitement que les rédemptoristes, les frères mineurs légitiment leur présence à Roubaix par la réalité migratoire belge en France. Ils se présentent à l'administration locale comme un « clergé auxiliaire » qui va contribuer à la prospérité de la ville en procurant une pastorale itinérante à une population de migrants fluctuante, essentiellement constituée de Flamands. Vu sous cet angle, ils correspondent parfaitement à la définition d'une œuvre migratoire pastorale. Contrairement à ce qui se passe dans les paroisses, les

52 *Ibid.*

53 AMR : Délibérations du Conseil municipal, 27 mai 1859. On y lit textuellement : « (...) ils se sont acquis de nombreuses sympathies et (...) on est en droit d'espérer qu'ils exerceront une heureuse influence sur la moralisation de nos ouvriers, surtout des Flamands, avec lesquels ils sont plus particulièrement en rapport. »

54 *Ibid.*

55 Pierrard, *La vie ouvrière à Lille*, 376. Pierrard cite le préfet qui demande en 1854 le déplacement du curé de Wazemmes. Celui-ci avait tenu, devant un public principalement belge, un prêche dans lequel il liait leur triste sort à la guerre de Crimée, au choléra et aux spéculateurs céréaliers, qui avaient condamné le peuple à la famine. La réaction du préfet illustre les attentes que l'on nourrissait à l'époque à l'égard de la pastorale ouvrière.

croyants y sont avant tout rassemblés sur base de leur provenance et non sur base de leur lieu de résidence. C'est ainsi que l'archevêque décrit également leur apport lors du discours qu'il prononce à l'occasion de la pose de la première pierre de l'église. Selon Mgr Régnier, la population flamande de la ville est « une population éparpillée »[56]. Cette réalité exige une action particulière, non une paroisse. « Une paroisse, même dirigée par un clergé flamand, ne pourrait pas la desservir convenablement parce qu'une paroisse est essentiellement circonscrite par un territoire. Il fallait donc à ces Flamands nomades des religieux pauvres comme eux.[57] »

D'autre part, nous avons également montré que, de la part des acteurs ecclésiastiques français, l'appel lancé aux frères mineurs était avant tout motivé par le constat de la structure paroissiale inappropriée de Roubaix. Les réguliers belges étaient un moyen facile d'y remédier. Par conséquent, nous devons nous concentrer sur la relation entre œuvre paroissiale ou de quartier d'une part, pastorale itinérante de l'autre. C'est elle qui détermine à quel point les frères mineurs peuvent être considérée comme une œuvre migratoire.

Vers 1861, les frères mineurs sont actifs à Roubaix sur les deux terrains. D'un côté, ils sont ancrés structurellement dans le quartier Basse Masure, où leur couvent devient petit à petit le cœur de la présence flamande, si bien que leur travail prend dans un contexte français un caractère pour ainsi dire ethnique. Mais par ailleurs, leur travail de terrain ne se limite pas à leur propre chapelle. Ils recherchent activement les migrants belges dans d'autres parties de la ville également. Parmi celles-ci, le noyau sud de la migration belge à Roubaix, qui a pour centre l'emblématique rue des Longues haies, dans la paroisse Sainte-Élisabeth (1863), est le mieux desservi. Les frères mineurs développent également une pastorale itinérante en dehors de Roubaix. Celle-ci occupe même une grosse partie de leur temps[58]. Il reste à savoir si ces activités visaient réellement les migrants belges ou doivent plutôt être interprétées, comme pour les rédemptoristes, à la lumière de la politique pastorale du diocèse de Cambrai.

Ci-après, nous tentons de répondre à cette question sur base des rapports d'activités. Nous examinons d'abord les activités au sein de la ville de Roubaix, ensuite en dehors de la ville. L'action des frères mineurs dans le couvent et alentour est la plus difficile à reconstituer. Les sources n'y accordent en effet que peu d'importance. Les activités des frères dans les autres quartiers et en dehors de Roubaix peuvent être cernées de façon assez précise grâce aux registres des activités (1858-1880).

56 AVM, 3933 : *Annales conventus Robacensis*, 9.

57 *Ibid.*

58 AVM, 3937 : Registre d'activités (*Liber Praedicationes, Missiones, Confessiones*). Le registre d'activités des frères mineurs donne année par année un bref aperçu des diverses destinations et du contexte dans lequel elles sont visitées. Hormis pour quelques années, il ne contient pas de données sur les activités « intérieures ».

TABLEAU 4
NOMBRE DE COMMUNIONS À LA CHAPELLE DES CARMÉLITES À ROUBAIX

Année	Nombre	Évolution
1858	27 500	
1859	37 000	+34.5%
1860	45 000	+21.5%
1861	44 000	-2.3%

AVM, 3933 : *Annales conventus Robacensis*, 11 ; 3937 : *Liber Praedicationes, Missiones, Confessiones*, 1 ; 9938 : *Initium conventus Robacenis*, 11.

Le travail de quartier : les frères mineurs en tant que paroisse

Le rôle des frères mineurs dans le quartier Basse Masure ne peut être abordé que de manière indirecte. L'administration communale motive le subside accordé en se référant à leur influence positive sur le voisinage. Pour la période 1858-1861 (Tableau 4), nous disposons de chiffres concernant les communions distribuées. Ils augmentent jusqu'en 1860, pour ensuite diminuer légèrement après 1861. Après cette date, les archives ne donnent plus de chiffres[59].

La question de l'impact à long terme est donc difficile à résoudre. Un des événements auquel les frères mineurs font volontiers référence eux-mêmes et qui permet de mesurer leur utilité réside dans leur assistance à la population lors de l'épidémie de choléra de 1866. À cette occasion, ils seront loués tant par l'administration communale que par des autorités supérieures françaises comme le ministère de l'Agriculture, du Commerce et des Travaux publics[60]. Un certain scepticisme doit pourtant être de mise. L'engagement des frères mineurs pendant l'épidémie s'inscrit dans l'esprit du temps. Le rapport entre religion et médecine est à l'époque tendu[61]. Lorsque la médecine est impuissante, l'Église apparaît résolument à l'avant-plan[62]. Néanmoins, tant pour les frères mineurs que pour la population roubaisienne, l'épidémie fut certainement un événement qui marqua la mémoire collective. Des décennies plus tard, en 1933, ce remarquable mélange entre maladie et religion est évoqué par l'écrivain Maxence van der Meersch (1907-1951) dans *Quand les sirènes se taisent*. Elise,

59 AVM, 3933, 3937 et 9938.

60 ADL : *Notice sur l'établissement et la mission des religieux récollets belges à Roubaix*, 20-21 ; Van Berlo, *L'Ordre des Frères-Mineurs*, 246-247 ; AVM, 3933 : *Annales conventus Robacensis*, 22-23.

61 Baubérot et Séverine, *Religion, modernité et culture*, 137.

62 Le cardinal belge Sterckx écrivit par exemple : « Le choléra est l'instrument terrible de la justice divine ». Cité dans Van Goethem, « De 19de eeuw, overgang van oud naar nieuw », 110.

une vielle femme, médite sur son passé dans la cour des Malcontents. « Elle y était née, voilà soixante-dix ans. (...) Toute sa vie s'y rattachait. Ses souvenirs les plus lointains y étaient liés. Là, un jour, elle avait reçu un volet sur la tête. Là on avait une fois, lors d'une épidémie, fait une immense procession lugubre dont elle se souvenait encore – hommes, femmes, enfants, tout le monde se promenant en cercle autour de la cour, en chantant des cantiques, un bâton trempé dans le goudron et tout enflammé, tout fumant, au poing. »[63] Qui sait si cette procession macabre n'était pas conduite par les frères mineurs ?

L'action sociale mise sur pied par les frères mineurs dans les années 1860 est une meilleure indication de leur ancrage dans le quartier. En décembre 1864, un Cercle de la Sainte-Famille est fondé à Roubaix spécifiquement pour les Flamands[64]. Une caisse d'entraide est greffée sur ce projet. Au début, le Cercle compte environ 250 membres. Ils se réunissent à dates régulières dans une petite salle connue dans le quartier comme « le local »[65]. Tout indique qu'il s'agit d'une association soudée, car elle continuera à exister après 1880, date à laquelle les frères mineurs devront quitter Roubaix. Il en va de même pour la conférence de Saint-Vincent de Paul, fondée en 1868, qui est connue à Roubaix comme Saint-Joseph des Flamands[66].

Comme l'indique leur financement, les frères mineurs ont un excellent contact avec les employeurs catholiques de la ville. Cette bonne entente les conduit jusque dans les usines. En 1874, les industriels tournaisiens Henri (1830-1917) et Jules Desclée (1833-1911) font appel à eux pour dispenser une instruction religieuse hebdomadaire à leurs ouvriers chaque vendredi[67]. Les bons contacts entre les frères mineurs et la famille Scrépel est une autre il-

63 Van der Meersch, *Quand les sirènes se taisent*, 102.

64 ADL, Archives de la paroisse Saint-François : *Simple monographie du Cercle de la Sainte-Famille*, 9. Cette monographie commente (brièvement) les débuts de cette œuvre sous l'intitulé explicite de : « Fondation du Cercle des Flamands sous le nom de *Cercle de la Sainte Famille* avec une société de secours mutuels ».

65 *Ibid.*, 59. Pour cette année-là, nous disposons aussi d'une présentation des activités qui avaient lieu dans le « local » : « Les amusements y sont aussi variés qu'intéressants. Il y en a pour tous les goûts et on sait y joindre l'utile à l'agréable. On y trouve une société de boule, de cartes, de billards, d'arbalétriers. Les amateurs de chants peuvent s'inscrire dans la chorale qui prête son concours à toutes les solennités de l'église et aux concerts organisés par le Cercle. » *Ibid.*, 36.

66 La conférence fut présidée jusqu'en 1868 par Frans Mulher, directeur de l'usine de gaz de Roubaix-Tourcoing. Julien Debau, comptable des usines Prouvost Jeune et C°, prit le relais jusqu'en 1888 ; Louis Verschingel, directeur des usines Wibaux-Motte, dirigea la conférence jusqu'en 1907. ADL, Archives de la paroisse Saint-François : *Simple monographie du Cercle de la Sainte-Famille*, 48. Sur les sociétés de Saint-Vincent de Paul, associations caritatives essentiellement dirigées par des bourgeois aisés, voir Brejon de Lavergnée, *La Société Saint-Vincent-de-Paul* ; pour la Belgique, voir De Maeyer et Wynants (dir.), *De vincentianen in België*. Pour le fonctionnement urbain des vincentiens, voir De Maeyer, Heyrman et Quaghebeur, « Een glorierijk verleden ».

67 AVM, 3933 : *Annales conventus Robacensis*, 38.

lustration de ce lien avec le patronat. Elle n'est sans doute pas le plus grand employeur de la ville, mais elle dispose d'un excellent réseau[68]. Louis Scrépel-Chrétien est très proche de l'action des frères mineurs à Roubaix. Lorsque ceux-ci instaurent un tiers-ordre de Saint-François, à partir de 1871, il est l'un des premiers membres. Jozef Lodewijk Goetghebeur (père Raphaël, 1837-1881) et Ignace Joseph Boigelot (père Symphorien, 1834-1904) sont ses directeurs spirituels[69]. Il est également très engagé dans les Cercles catholiques ouvriers et la conférence de Saint-Vincent de Paul liée à la paroisse Sainte-Élisabeth. Ces activités permettent de reconstituer une partie du réseau d'industriels catholiques du nord de la France. Scrépel est actif dans la commission « œuvre sociale et charitable » par l'intermédiaire de figures comme Léon Harmel (1829-1915) et Philibert Vrau (1829-1905)[70]. De plus, la société de Saint-Vincent entretient des liens étroits avec d'autres organisations caritatives, parmi lesquelles la Société de Saint-François-Régis, qui œuvre pour l'encouragement au mariage et la légalisation des enfants naturels[71]. Les frères mineurs semblent avoir occupé dans ce réseau associatif une place de premier ordre. Lorsqu'à la fin décembre 1881, le père Raphaël meurt, il reçoit une place de premier plan dans le communiqué de la société Saint-Vincent de Paul : « Mort du père Raphaël, ancien supérieur des Récollets de Roubaix, expulsé de la ville lors des décrets du 27 mars, décédé à Louvain, le 1er décembre. »[72]

Les frères mineurs dans les autres quartiers de Roubaix

Quelle est la place des autres quartiers de Roubaix dans les activités des frères mineurs ? Cette question ne peut être envisagée indépendamment du contexte paroissial au moment de l'établissement des frères mineurs. Comme nous l'avons dit plus haut, Roubaix ne disposait en 1857 que de deux paroisses : Saint-Martin et Notre-Dame. Saint-Martin était la plus ancienne et correspondait plus ou moins au bourg original. En fait, c'était aussi la partie bourgeoise de la ville. Notre-Dame avait été créée en 1846 en tant que « cure » pour ré-

68 Une petite-fille de Louis Jean Scrépel, Berthe Scrépel, épousa par exemple Alfred Motte et fut donc la belle-fille d'Eugène Motte, bourgmestre de Roubaix de 1902 à 1912.

69 de Lambert, *L'Histoire religieuse de Roubaix*, 19.

70 Léon Harmel fut également membre du tiers-ordre de Saint-François à partir de 1861.

71 La Société de Saint-François Régis fut créée à Paris en 1826 par Jules Gossin, qui deviendrait également président général des vincentiens en 1844. Elle remporta un grand succès dans les villes belges également. Après une première fondation en 1838 à Bruxelles, ce fut le tour de villes comme Anvers, Bruges, Gand, Liège, Louvain, Mons et Tournai. Lory et Soete, « Implantation et affirmation », 71.

72 Cité dans de Lambert, *L'Histoire religieuse de Roubaix*, 37.

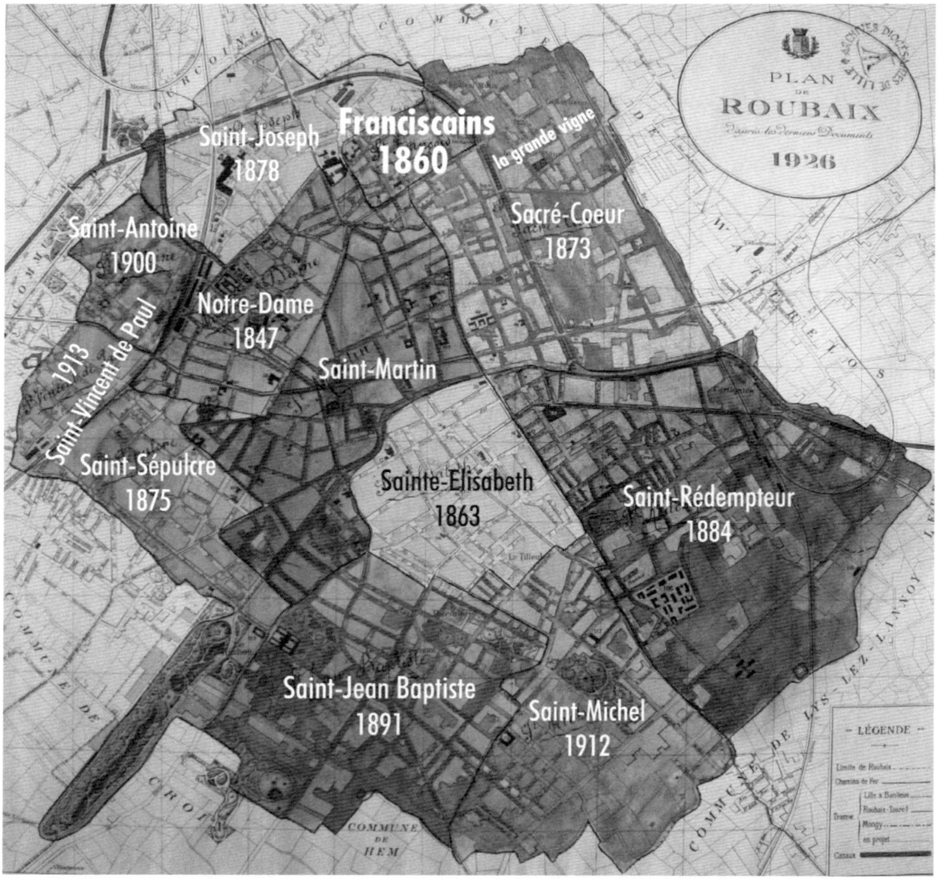

6. La répartition paroissiale de Roubaix vers 1926.
[ADL, Roubaix]

pondre à l'expansion démographique et industrielle[73]. Dans les décennies qui suivent, la carte paroissiale de Roubaix est redessinée en profondeur (Illustration 6). En 1863, Sainte-Élisabeth est fondée en tant que succursale. L'église dessert le quartier ouvrier situé au sud de la paroisse Saint-Martin. Ensuite, les années 1870 se caractérisent par un grand zèle dans la construction de

73 La demande relative à la nouvelle paroisse Notre-Dame s'appuyait sur des arguments d'ordre hygiénique et social. Mgr Giraud, archevêque de Cambrai, écrit dans le dossier de demande que « la seule église que possède la ville de Roubaix peut à peine contenir 3 000 personnes et qu'elle est incontestablement insuffisante aux besoins d'une population qui compte près de 25 000 âmes et qu'outre les inconvénients qui résultent de l'exiguïté d'un local aussi restreint pour la santé des nombreux fidèles qui s'y pressent à grand peine (…), il est de toute impossibilité de faire entendre la parole de Dieu à cette foule entassée, au milieu de fréquents évanouissements que détermine la viciation de l'air, (et) qu'ainsi la classe ouvrière, qui est si nombreuse à Roubaix, est privée de l'instruction religieuse. » Vienne, « Les effets de la loi de Séparation », 56.

nouvelles églises. En 1873, Roubaix est doté de son Sacré-Cœur et en 1875 et 1878 les paroisses Saint-Sépulcre et Saint-Joseph sont respectivement créées.

Comment les frères mineurs s'intègrent-ils à ce tissu paroissial ? Il existe clairement des liens solides avec la paroisse Notre-Dame et, à partir de 1864, avec celle de Sainte-Élisabeth. Un schéma qui va se maintenir pendant plusieurs années se met même en place entre ces deux paroisses, en particulier pendant le Carême : les instructions se tiennent à Notre-Dame les mardis soirs et à Sainte-Élisabeth les jeudis soirs. Dans cette dernière paroisse, l'instruction religieuse s'adresse exclusivement aux flamandophones. Les nombreuses visites à ces paroisses font ressortir le peu de liens qui existent en revanche entre Saint-Martin et les frères mineurs. Hormis quelques invitations à tenir un sermon ou à célébrer un jubilé (1879), cette église n'est que rarement desservie par la congrégation. Cela tient sans doute à son statut d'église principale. Son public se compose non pas d'ouvriers, mais de bourgeois et de notables[74].

Enfin, le registre d'activités montre que les frères mineurs ont du mal à prendre pied dans les paroisses fondées après 1870. Saint-Joseph (1878) n'est pas citée une seule fois entre 1878 et 1880 et le Sacré-Cœur (1873) ne reçoit que trois visites pendant la même période. L'amélioration du service religieux ailleurs dans la ville semble avoir progressivement marginalisé les frères mineurs. Alors qu'en 1860, la fondation franciscaine avait été accueillie comme un renfort bienvenu, elle entre dans les années 1870 progressivement en concurrence avec le clergé séculier de ces nouvelles paroisses.

La vie catholique à Roubaix ne se limite bien entendu pas aux paroisses. À partir de 1859, les frères mineurs se chargent de l'accompagnement pastoral des patients flamands de l'hôpital civil. Pour le reste, ils sont surtout en contact avec les autres congrégations et institutions d'enseignement catholique établies en ville. Les sœurs du Bon Secours, les clarisses et le collège font plusieurs fois appel à eux pour la confession et des retraites. Ce sont là des tâches exigeantes. Les retraites durent le plus souvent de sept à neuf jours. Tout cela indique que les frères mineurs ne s'intéressent pas uniquement aux Belges de Roubaix, mais s'impliquent également dans la vie catholique locale. Si nous ne tenons pas compte des rares activités liées à la paroisse Saint-Martin, nous pouvons conclure qu'environ deux tiers des activités sont centrées sur la population ouvrière, un tiers sur les services rendus aux autres congrégations et institutions catholiques.

74 Le fait que ce genre de ligne de démarcation entre église et public joue un rôle ressort notamment de la discussion relative à la réouverture de la chapelle des frères mineurs après 1880. Alors que les personnes concernées font référence à l'insuffisance de l'infrastructure ecclésiastique destinée aux ouvriers, ils ne citent outre la chapelle des frères mineurs que l'église Notre-Dame. Saint-Martin, qui était pourtant située à une distance comparable de la chapelle, n'est pas nommée. Apparemment, cette église n'était pas destinée à la population ouvrière de Roubaix. ADN, 2V70 : Lettre du secrétaire-général du préfet du département du Nord au ministère de la Justice et des Cultes, 14 oct. 1881.

GRAPHIQUE 6
PROPORTION DES ACTIVITÉS DANS LES AUTRES PARTIES DE LA VILLE ET EN DEHORS DE ROUBAIX

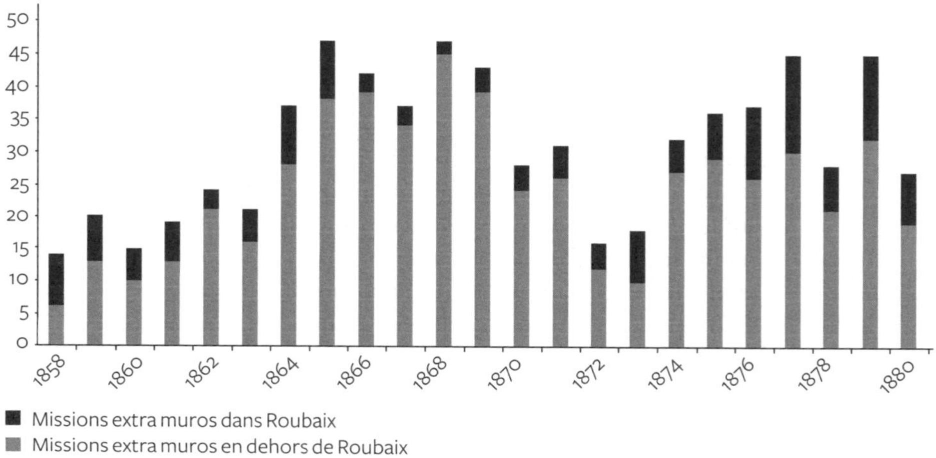

Les frères mineurs en dehors de Roubaix

Ce qui frappe le plus dans le registre des activités, c'est toutefois la variété des destinations extérieures. Bien plus qu'un lieu d'ancrage urbain, le couvent des frères mineurs doit être considéré comme un camp de base d'une portée bien plus large que l'arrière-pays du centre textile. Le graphique 6 illustre cette proportion. Si nous prenons en considération toute la période de présence franciscaine, nous constatons que 80% environ des activités extérieures au couvent mènent à une destination extérieure à Roubaix également.

Cela ne doit pas être un problème en soi. Dans le premier chapitre, nous avons montré que pendant la période d'activité des frères mineurs à Roubaix, la présence belge prend des proportions considérables dans tout le district industriel du Lillois. On peut donc se demander si l'ardeur des activités de frères mineurs en dehors de Roubaix ne doit pas plutôt être interprétée comme un engagement dans l'ensemble de ce territoire.

Certaines destinations des frères mineurs plaident effectivement dans ce sens, d'autres pas du tout. Regardons d'abord les communes de l'agglomération lilloise concernées par l'essor industriel. Elles bénéficient certainement de l'attention nécessaire de la part des frères mineurs. Mouvaux, Tourcoing, Wazemmes et Wattrelos sont régulièrement visitées, souvent selon les mêmes schémas. En juin et en octobre, les frères mineurs se rendent respectivement à Mouvaux et à Wattrelos pour une adoration du Saint-Sacrement étalée sur quatre jours. Parmi les autres destinations de la région lilloise, il y a Mons-

TABLEAU 5
LOUVIL ET DESTINATIONS DANS LES ENVIRONS PROCHES DE ROUBAIX

Destination	Nombre d'habitants	Nombre de visites	Nombre de jours
Louvil	682	19	83
Cobrieux	461	3	10
Genech	1160	2	21
Bachy	957	4	30
Bourghelles	1200	2	24
Gruson	400	6	36

en-Barœul (8 visites), Moulins (7), Marcq-en-Barœul (5), Wasquehal (4), Croix (2), Fives (2) et Esquermes (1). Les chiffres cités méritent cependant quelques commentaires. Les visites des frères mineurs prennent diverses formes et varient du déplacement d'une journée destiné à la tenue d'un sermon au séjour de neuf jours dans le cadre d'une neuvaine. Si nous nous basons sur l'investissement en temps, les communes industrielles du Lillois sont nettement moins gâtées. Les missions de longue durée (neufs jour ou plus) y sont rares. Entre 1857 et 1880, les frères mineurs n'organisent qu'une seule mission à Wattrelos, Mons-en-Barœul et Marcq-en-Barœul, aucune dans les autres communes. Fives fait exception. Les deux mentions de ce centre de l'industrie ferroviaire dans le registre d'activités concernent des missions de longue durée de neuf (1862) et onze (1869) jours.

Si les frères mineurs ne se concentrent pas sur les communes industrielles du Lillois, sur quoi se concentrent-ils donc ? Quelques tendances se détachent clairement dans leur large éventail de destinations.

Premièrement, les destinations rurales, où l'on peut difficilement parler de forte présence migratoire belge, reviennent souvent. Dans certains de ces villages, la venue des frères mineurs devient même un rituel. Les plus fréquentés sont Herlies (1 038 habitants, visités sans interruption de 1861 à 1873) et Louvil (680 habitants, visités sans interruption de 1859 à 1879, toujours en juin). Wattrelos est avec 77 jours la destination la plus populaire des frères mineurs dans la zone industrielle lilloise, mais elle ne bénéficie néanmoins pas de la même attention que le petit village de Louvil dans les environs de Cysoing. Si nous tenons également compte des villages voisins (Gruson et Bachy par exemple), il est clair que toute la région entourant l'ancienne paroisse de Salembier, initiateur de la venue des frères mineurs, est très fréquentée par ceux-ci (Tableau 5).

Deuxièmement, le choix de certaines destinations est très clairement motivé par des loyautés personnelles. Il peut s'agir de services prêtés ou rendus à des particuliers ou à des instituts religieux amis. Nous avons déjà relié

GRAPHIQUE 7
DESTINATIONS DANS LE WESTHOEK FRANÇAIS 1863-1870

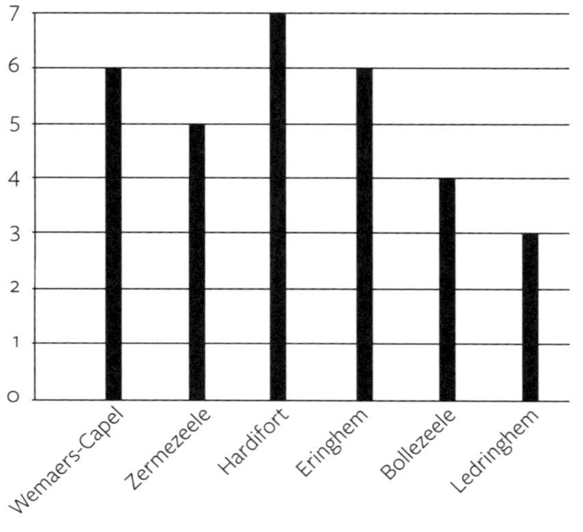

la forte fréquentation du village de Cysoing à la personne de Salembier. Dans d'autres cas, le lien est encore plus direct. La mission de sept jours effectuée en 1862 à Vieux-Reng, par exemple, s'explique par le fait que Salembier y a assisté dans le courant de 1861 un curé malade. Après le décès de celui-ci, il reprend provisoirement la charge de la paroisse[75]. Le succès de Herlies doit être interprété de la même manière. Bien que nous devions pour cela remonter jusqu'avant 1826, Salembier y a officié au début de sa carrière sacerdotale. Et si les frères mineurs prêchent des retraites au pensionnat des ursulines à Saint-Saulve près de Valenciennes, c'est parce que la supérieure de l'endroit n'est autre qu'une sœur de Salembier.

Troisièmement, nous constatons que les frères mineurs se rendent très souvent dans le Westhoek français depuis Roubaix. La région est avant tout peuplée de paysans et non de migrants belges. Dans la région entourant Cassel, les frères mineurs sont impliqués entre 1863 et 1870 dans la renaissance de la tradition de la neuvaine. Des villages comme Hardifort, Zermezeele et Wemaers-Cappel (Graphique 7) sont entre 1862 et 1870 visités presque annuellement. On y récite des neuvaines adressées respectivement à saint Antoine de Padoue, à sainte Barbara et à saint Blaise. Ces traditions baignent dans un contexte rural pouvant difficilement contraster davantage avec celui dans lequel vivent les ouvriers d'usine à la même époque. Les neuvaines étaient en outre récitées en flamand. Dans l'église paroissiale de Hardifort, par exemple, saint Antoine était invoqué pour la protection du bétail contre

75 Salembier, « L'abbé Salembier », 246.

les maladies. Le même saint était également prié pour favoriser la fécondité des porcs. La neuvaine y débutait le 17 janvier. Le contexte était comparable à Wemaers-Cappel. Là, saint Blaise était prié contre les œdèmes, la mélancolie et les affections pulmonaires. Les fermiers l'invoquaient également pour la protection du bétail[76].

En s'engageant activement dans le Westhoek français, les frères mineurs poursuivaient les mêmes objectifs que l'archevêque Régnier. Les liens entre Église et traditions rurales étaient particulièrement forts et Mgr Régnier voulait coûte que coûte les consolider plus encore. L'emploi de la langue vernaculaire était un moyen important d'y parvenir. Dans son étude sur le régionalisme dans le Westhoek français, Timothy Baycroft souligne que l'attitude de Mgr Régnier vis-à-vis de l'emploi du flamand n'avait pas encore de motivation identitaire[77]. En d'autres mots, le français n'était pas encore identifié à l'impiété, pas plus que le flamand n'était associé par essence au catholicisme populaire[78]. Ce ne deviendrait le cas que lorsque l'enseignement religieux se transformerait après 1880 en un sujet de discorde linguistique pour la région[79]. Selon l'archevêque, qui serait créé cardinal à la fin 1873, la pastorale en langue populaire était simplement la manière la plus efficace de conserver la profonde religiosité de la région. En ce sens, son attitude doit plutôt être liée au souci qu'avait l'Église de maintenir un mode de vie préindustriel et agraire.

76 Une description est donnée pour Wemaers-Cappel par l'abbé Flahault : « Depuis plusieurs années, on distribue pendant la neuvaine des images représentant Saint-Blaise, deux cierges à la main, guérissant l'enfant de la veuve. (...). C'est sous son invocation et par le contact de ses reliques que se fait à la même époque de l'année et chaque jour, à l'issue de la grand-messe, la bénédiction de l'eau, du pain, des gâteaux et des semences. Le soir, au salut, le chant des cantiques du Recueil à l'usage de l'église de Wemaers-Cappel permet aux paroissiens d'entendre glorifier les vertus de leur patron sur la terre et son triomphe dans le Ciel. Le dimanche de la neuvaine, à l'issue des Vêpres, la bénédiction solennelle des enfants attire aux pieds du Protecteur attitré du jeune âge la portion la plus intéressante du troupeau pastoral de Bleu Cappel. » Flahault, *Notes et documents relatifs au culte de Saint-Blaise*, 34.

77 Baycroft, *Culture, Identity and Nationalism*, 122-124.

78 La situation était un peu différente dans les milieux ultramontains de Flandre. La promotion de la langue populaire y était considérée depuis les années 1860 comme une arme stratégique contre les influences perverses et révolutionnaires dont la langue française en particulier, était soupçonnée. Cette conscience catholique flamande était par exemple présente chez une figure comme Guido Gezelle et des ultramontains comme Jules Lammens. Voir De Maeyer, « Guido Gezelle », 315.

79 Le revirement est bien illustré par l'attitude de Mgr Alfred Duquesnay, successeur de Régnier. En 1882, il déclara à un groupe de fidèles de Zermezeele que le flamand était la langue de Dieu. Non seulement la religion devait être enseignée dans cette langue, mais il fallait veiller à ce que dans leur vie de tous les jours, les enfants n'utilisent pas d'autre langue que le flamand. Pour une série d'autres exemples relatifs à l'enseignement du catéchisme, voir Baycroft, *Culture, Identity and Nationalism*, 125-131, et les nombreux dossiers conservés à ce sujet dans les archives départementales de Lille.

Elle avait en effet conscience que l'émancipation et la société moderne étaient sources de déracinement et d'instabilité.

Enfin, on constate au vu de la grande mobilité de frères mineurs depuis Roubaix – et c'est un quatrième point – que la frontière nationale ne réduisait guère leur rayon d'action. Roubaix servait de base pour des destinations belges également. Les visites aux paroisses du sud de la Flandre-Occidentale et du Hainaut faisaient partie intégrante de l'activité des frères mineurs. Avec environ 20% de leurs destinations situées en Belgique, leur champ d'action était transnational et non purement français. Mouscron et Menin, qui faisaient respectivement face à Tourcoing et à Halluin, étaient les plus visitées. Menin était même plus populaire que son pendant français[80]. Parmi d'autres localités belges, Luigne et Aalbeke étaient les plus visitées. Mais quant à leur champ d'action belge, on peut affirmer qu'il englobait toute la région située à l'est de Roubaix-Wattrelos[81].

En résumé, les activités des frères mineurs à Roubaix sont donc loin d'être limitées à la ville elle-même. Ils s'approprient un périmètre de travail bien plus large, allant largement au-delà des destinations liées à la présence de migrants. La plupart des localités visitées ont un caractère rural. L'enthousiasme avec lequel ils s'impliquent dans la tradition catholique particulariste d'une série de petits villages du Westhoek français est révélatrice. La population n'y est pas nombreuse, mais le vécu catholique de ces gens est intense. Le fait de pouvoir se rallier à une expérience religieuse reconnaissable, en langue vernaculaire, intervient certainement dans le choix de cette région. Mais cela ne peut pas être la seule explication possible. En témoignent les visites intenses et récurrentes à des destinations rurales (francophones) des environs immédiats de Roubaix, à la région de Saint-Amand-les-Eaux et aux communes situées dans un large périmètre autour de Valenciennes. Les destinations extérieures à Roubaix reflètent donc plutôt une politique de consolidation religieuse « tout court » plutôt qu'un intérêt exclusif pour les émigrés belges ou flamands. Les frères mineurs réfléchissaient dans un contexte spatial catholique non fragmenté, faisant abstraction du cadre national. Nous en voulons pour preuve ce large champ d'action déployé autour de Roubaix, comprenant aussi des destinations belges. Les frontières ecclésiastiques ne se superposent pas forcément aux frontières nationales.

Pouvons-nous dès lors encore cataloguer les frères mineurs à Roubaix comme une initiative d'encadrement pour les migrants belges ? En ce qui concerne leurs activités à l'intérieur de la ville, certainement. Elles étaient

80 Halluin ne fut visitée que six fois entre 1858 et 1880. Les deux dernières fois (1879 et 1880), ces visites concernaient des retraites destinées au tiers-ordre.

81 Les localités de Herseaux, Dottignies, Évregnies, Estaimpuis, Spiere, Saint-Léger furent toutes visitées au moins une fois, tout comme d'autres villages du Tournaisis. Nous faisons le même constat pour le nord de Mouscron et la région de Menin. Des destinations comme Rekkem, Geluwe et Wervik furent visitées à plusieurs reprises.

centrées sur les couches populaires et le couvent était implanté dans un quartier où vivaient de nombreux immigrés. En ce qui concerne leurs activités « extérieures », c'est beaucoup plus difficile. Le caractère rural des destinations peut en effet être interprété de manière double. Soit les frères mineurs ne comprenaient pas suffisamment les mutations sociales déclenchées par le développement industriel et dont ils étaient les témoins privilégiés à Roubaix. Soit, au contraire, la croissance démographique rapide de la ville les avait précisément convaincus qu'il fallait combattre, ou du moins accompagner l'exode rural. En tant que politique de prévention, la pastorale urbaine était donc indissociable d'une pastorale rurale[82], cette dernière ayant pour but d'éviter que les paysans restés à la campagne ne choisissent, eux-aussi, d'aller travailler en ville.

Mais ce n'est pas tout. La particularité même des frères mineurs belges – et par extension des rédemptoristes – les rendait particulièrement adaptables au contexte français, même indépendamment de la présence de migrants belges. Ils parlaient couramment français et flamand et maîtrisaient en outre le dialecte de leur région d'origine, qui était souvent proche de la langue maternelle des migrants belges. Cette polyvalence leur permettait de s'intégrer sans problème dans la politique pastorale du nord de la France. La plupart étaient à même de prêcher en territoire français sans y apparaître comme « exotiques ». C'est là une différence fondamentale entre les œuvres belges d'encadrement et les futures missions – surtout celles de l'entre-deux-guerres – destinées aux migrants du nord de la France. Les prêtres engagés dans les missions polonaises ou hongroises n'étaient pas aussi polyvalents et restaient fondamentalement liés au groupe dont ils assuraient l'accompagnement religieux et moral[83].

Roubaix après le passage des frères mineurs

La dernière activité des frères mineurs belges à Roubaix est consignée le 29 juillet 1880. Elle concerne une retraite au-delà de la frontière, à Ypres. Rien n'est signalé en août, septembre et octobre, des mois en général très chargés. Il ne fait pas de doute que les lois anti-congréganistes, adoptées la même année le 29 mars, y est pour quelque chose. Elle stipule que les congrégations non autorisées doivent régulariser leur situation dans les six mois, sous peine de dissolution. Les frères mineurs belges n'ayant pas déposé de statuts, ils sont renvoyés le 6 novembre 1880 dans leur pays de provenance, non sans une certaine théâtralité. Nous reviendrons dans le chapitre 3 sur les circonstances

82 De là aussi, l'attention de l'Église pour l'assistance aux pauvres de la campagne, qui avait surtout pour but de prévenir l'exode rural. Voir Van Dijk et Suenens, « La Belgique charitable ».

83 Voir Ponty, « Une intégration difficile », 55.

de cet épisode. Pour l'instant, nous nous contenterons de retenir qu'il met fin à leur établissement à Roubaix. Des pétitions et des suppliques circuleront les années qui suivent dans le quartier pour réclamer leur retour, mais le feu s'éteindra petit à petit. Les liens avec Roubaix semblent surtout coupés lors de la réaffectation de l'église[84]. Saint-François devient une paroisse et les frères mineurs y perdent leur « pied-à-terre ».

Comme nous le verrons plus loin, la mission des frères mineurs à Lille ne subira pas le même sort. Lorsqu'à partir de 1883, un climat plus tolérant se réinstallera vis-à-vis des instituts religieux, les frères mineurs y retourneront. Néanmoins, c'est Roubaix et non Lille qui aura été l'établissement le plus important et le plus prestigieux. Les frères mineurs devront dorénavant se contenter d'y passer.

Il serait pourtant faux d'affirmer qu'avec le départ des pères, c'est toute l'âme catholique du quartier Basse Masure qui disparaît. L'échiquier des frères mineurs comportait aussi parmi ses pions importants des laïcs français, le plus souvent des notables de la ville. Après leur éviction, celles-ci reprendront la plupart de leurs initiatives. Le Cercle de la Sainte-Famille continuera à exister ainsi que les différentes œuvres qui y étaient liées. L'industriel Henri Wattinne-Toulemonde apparaît comme une figure clé de la continuation. Trois jours à peine après l'expulsion des frères mineurs, il reprend la direction du Cercle en main et jusqu'à sa mort en 1889, il en restera l'inspirateur. En ce qui concerne son groupe cible, l'association se maintient d'ailleurs en tant qu'initiative flamande. L'encadrement devient plutôt français, mais dans l'esprit de patronage, cela ne créera jamais de problèmes fondamentaux. Des excursions sont organisées – y compris en Belgique – et le dimanche, le local est plein à craquer pour des parties de boules. Apparemment, Wattinne y participe volontiers : « Le dimanche, il se trouvait au milieu de ses Flamands, dont il ne comprenait pas un mot de la langue, mais dont il comprenait si bien le cœur. »[85]

Non seulement le Cercle subsiste après la mort de Wattinne, mais il s'élargit à d'autres initiatives. En 1892, un patronage pour les jeunes (Saint-Henri) voit le jour. Il comptera vers 1912 150 membres environ. Ces associations sont soutenues par d'importantes familles catholiques, les Toulemonde-Destombes et les Motte-Duthoit[86]. L'impact du cercle doit toutefois être relativisé. Les chiffres d'adhésion illustrent surtout la modestie de l'initiative, en particulier en ce qui concerne la mutualité mise sur pied conjointement. Fondée à l'époque des frères, elle ne sera jamais un grand succès. En 1865, 130 personnes s'affilient à cette caisse d'assurance mais, dans les années qui suivent,

84 Van Berlo, *L'Ordre des Frères-Mineurs*, 293.

85 ADL, Archives de la paroisse Saint-François : *Simple monographie du Cercle de la Sainte-Famille*, 24-25.

86 *Ibid.*, 57. Le rapport entre frères mineurs et patronat local nécessite des recherches supplémentaires. Il est certain que le patronat de Roubaix – et par extension celui de la région de Lille – était de tendance résolument catholique.

ce chiffre sera en diminution constante. En 1869, il y reste 106 adhérents, en 1880, 80 à peine.

La nature de ces œuvres en dit long sur le réseau et l'idéologie sociale dans laquelle les frères mineurs évoluaient. Ils correspondaient entièrement à l'esprit corporatiste qu'Albert de Mun et René de La Tour du Pin avaient formulé en guise de réponse à la question sociale après l'épisode de la Commune. En 1871, cette idéologie trouve une application pratique dans l'Œuvre des cercles catholiques des ouvriers. Le patronat catholique lillois y est favorable. Il soutient pleinement les comités qui se groupent autour d'une chapelle, proposent des loisirs sains et, en marge de ceux-ci, quelques initiatives matérielles, comme une caisse d'épargne et une caisse de maladie[87]. Ces cercles corporatifs doivent être catholiques, montrer du respect pour la hiérarchie sociale et réunir les travailleurs sur base de leur profession. Concrètement cela donne des organisations mixtes, au sein desquelles l'élite sociale s'occupe de la classe ouvrière. Malgré des débuts prometteurs, l'Œuvre des cercles ne « décollera » jamais vraiment. À l'échelle française, ses activités atteindront leur sommet en 1880 avec 40 000 affiliés. Ensuite, ce chiffre diminuera. Néanmoins, le paternalisme/corporatisme restera le modèle d'inspiration par excellence du patronat catholique lillois. Camille Feron-Vrau donne en 1884 l'impulsion à la création de l'Association catholique des patrons du Nord[88]. Ces patrons n'approuvent qu'avec réticence le principe de syndicats mixtes qui assurent une sorte de médiation entre employeurs et travailleurs. Même après que *Rerum Novarum* a ouvert en 1891 la porte à la création de syndicats indépendants, le patronat lillois s'accroche à ce modèle. Jusque dans les années 1920, il s'opposera obstinément à un mouvement syndical chrétien dirigé par les ouvriers eux-mêmes[89]. Dans le Lillois, celui-ci ne se développera pleinement qu'après la Première Guerre mondiale, d'abord dans le giron de la démocratie chrétienne, ensuite dans le cadre de l'héritage idéologique de Jozef Cardijn (Jeunesse ouvrière chrétienne ou JOC)[90]. L'apport de la migration belge au développement de ce mouvement exigerait une étude en soi et ne sera pas abordé ici. Mais le fait est que cet apport existe. Nous en avons une preuve dans le roman de Maxence Van der Meersch, *Pêcheurs d'hommes*, dans lesquels un jociste lance un syndicat pour s'opposer à la CGT (et au patronat). Au début, il ne parvient guère à rassembler que cinq hommes : « C'étaient des hommes de trente-cinq à quarante ans, deux Belges, trois Français. Des pères

87 Talmy, *Le syndicalisme chrétien en France*, 17.

88 Pour l'interaction avec le patronat belge, voir Heyrman, « Belgian Catholic entrepreneurs' organisations ».

89 Talmy, *Le syndicalisme chrétien en France*, 50-55.

90 Voir, au sujet de l'âpre lutte qui se jouait parmi les catholiques entre le « modernisme social » et le corporatisme, Talmy, *Le syndicalisme chrétien en France*, 79-155 ; Lamberts, *Conservateurs et catholiques face à l'État*, 308-314.

de famille tranquilles, (...), que la bagarre épouvantait (...). Mais je me souvenais des paroles de l'abbé Cardijn : "On prend ce qu'on a." »[91]

Le recrutement modeste des Cercles témoigne aussi de la discorde qui s'installe lentement entre la population laborieuse et le patronat. D'autres acteurs vont en profiter. Entre 1866 et 1880, la population de Roubaix a en effet substantiellement changé. Si les frères mineurs avaient eu affaire à une première forte hausse démographique – entre 1851 et 1866 (de 34 698 à 64 706 habitants), la population a en 1881 à nouveau grimpé jusqu'à 90 572 personnes[92]. La population qui rejoint Roubaix à cette époque arrive dans une tout autre ville que les premiers immigrés. Comme partout en France, l'opinion politique est grosso modo divisée en deux tendances. D'un côté, il y a les « monarchistes », qui se situent dans le camp conservateur et comptent dans leurs rangs la guilde des entrepreneurs catholiques ; de l'autre, il y a les partisans, ardents ou modérés, de la République[93]. Les années 1870 se caractérisaient déjà par une réconciliation graduelle entre corps électoral et République. La percée définitive se produit avec les élections législatives de février 1876. La modification des circonscriptions électorales fait de Roubaix une circonscription à part entière dans l'arrondissement de Lille. Le candidat républicain et ancien bourgmestre de Roubaix, Jules Deregnaucourt (1821-1876), bat son adversaire conservateur, Constantin Desclat (1812-1878) également ex-bourgmestre. Si on considère l'ensemble de Lille, Desclat ne s'incline que de justesse, mais ce sont les voix des Roubaisiens qui ont été déterminantes : elles ont joué en faveur du candidat républicain[94]. Pour la tendance catholique conservatrice, c'est le début d'un émiettement du pouvoir. À la fin des années 1870, la propagande socialiste se renforce progressivement à partir de Gand. En juillet 1879, des militants de cette ville organisent des réunions dans le quartier frontalier de Mont-à-Leux à Mouscron. De là, ils transportent du matériel de propagande vers Roubaix, mais aussi vers Armentières[95]. Toutefois, comme l'observe l'historien gantois Hendrik Defoort, leur rôle de meneurs n'apparaît au grand jour qu'en mars 1880, quand une grande vague de grèves éclate dans l'industrie du Lillois[96]. Ce sont les socialistes gantois qui organisent les grèves spontanées qui éclatent çà et là dans la région. Un appel à la solidarité est lancé et les réunions se multiplient. Edward Anseele (1856-1938) joue un rôle majeur, mais l'agitation propulse d'autres leaders socialistes sur le devant de la scène, comme Gustave Delory (1857-1925) et Henri Carette (1846-1911). Au début 1881,

91 Van der Meersch, *Pêcheurs d'hommes*, 215.

92 Petillon, *La population de Roubaix*, 91.

93 Hilaire (dir.), *Histoire de Roubaix*, 189.

94 La circonscription de Roubaix rassemblait Roubaix-Est, Roubaix-Ouest, Wattrelos, Croix et Wasquehal. Si Descat échoue de justesse, c'est surtout grâce au grand nombre de voix rassemblées par le candidat conservateur à Wattrelos. *Ibid.*, 192.

95 Defoort, *Werklieden bemint uw profijt*, 187.

96 *Ibid.*, 188.

ce dernier fonde avec Edward Anseele et Louis Bertrand (1856-1943) le Parti ouvrier dans le Nord. Le mouvement est soutenu par l'avocat parisien Jules Guesde (1845-1922). Les premières élections auxquelles il participe ne sont pas un succès. Néanmoins, le pouvoir des socialistes s'accroît petit à petit au cours des années 1870. Le couronnement arrive en 1892 avec l'élection à la mairie de Carette[97]. Quand Jules Guesde est également élu, aux législatives de 1893, Roubaix acquiert l'aura de « ville sainte du socialisme ».

Cela n'empêchera pas la fraction catholique de contrer une fois encore l'essor adverse. En fondant l'Union sociale et patriotique (USEP), fin 1890, l'industriel Eugène Motte (1860-1932) offre aux électeurs une alternative[98]. Le mouvement se présente comme favorable à l'entreprise et anti-collectiviste, mais l'amélioration des conditions de travail et de vie des ouvriers est également inscrite à son programme. Si Eugène Motte bat Jules Guesde lors de sa première confrontation, aux législatives de 1898, c'est avant tout la conquête de Roubaix qui suscite les convoitises. Les élections communales de 1900 donnent encore l'avantage aux socialistes, mais l'USEP bénéficie désormais d'une fraction solide au conseil communal. L'opposition de Motte et de ses partisans mène le 21 décembre 1901 à la démission du parti en place. Lors des élections suivantes, Motte conquiert la mairie de Roubaix pour dix ans. Sous son « règne », la ville va atteindre à bien des points de vue son apogée. Urbanistiquement parlant, Roubaix est embellie, notamment à travers la création du Parc Barbieux, de la construction de l'actuel hôtel de ville et l'aménagement d'imposantes avenues arborées ainsi que d'équipements publics comme l'éclairage des rues. Dans le domaine social, de nombreuses œuvres sont lancées, entre autres en ce qui concerne les soins de santé. En 1911, la prestigieuse Exposition internationale du textile est organisée dans la ville.

Le succès de Motte prouve qu'à Roubaix, tous les ouvriers ne se rallient pas au socialisme, bien loin de là. Les catholiques y restent populaires et le leadership traditionnel du patronat y est reconnu[99]. Cela fera, en particulier pendant l'entre-deux-guerres, le terreau de la démocratie chrétienne, qui se développera notamment grâce à Eugène Duthoit (1869-1944), beau-frère d'Eugène Motte et professeur à l'Université catholique de Lille[100].

97 Hilaire (dir.), *Histoire de Roubaix*, 194-195.

98 *Ibid.*, 198-202.

99 Sur l'évolution du patronat du nord de la France, voir Daumas, *Les territoires de la laine*, 238-258 ; Lambert-Dansette et Roy, « Origines et évolution d'une bourgeoisie ».

100 Duthoit, *Vie économique et catholicisme* ; *Id.*, *Rénovation française* ; Id., « Pourquoi les affaires relèvent de la morale » dans : *Id.*, « Vie des affaires et vie chrétienne », 61-68. Pour le développement du catholicisme social dans la région du Nord, voir entre autres : *Cent ans de catholicisme social dans la région du Nord* » ; Hilaire, « L'adaptation de la stratégie pastorale dans la France du Nord » ; *Id.*, « Les abbés Six et Vanneufville et la revue la Démocratie chrétienne » ; Michel, « Les mouvements populaires dans la France du Nord ».

Lille : rédemptoristes, frères mineurs et continuation

Qu'en est-il de l'encadrement religieux des migrants belges à Lille-ville ? À propos des villages des environs proches qui ont été rattachés administrativement à la ville en 1858, nous avons déjà clairement montré dans le premier chapitre que la population y augmente considérablement. C'est précisément dans ces endroits que l'activité religieuse est organisée depuis la Belgique et Wazemmes va au fil du temps devenir le centre d'un établissement plus structuré, d'abord de rédemptoristes, ensuite de frères mineurs. Un encadrement religieux destiné aux Belges y subsiste également de 1880 jusqu'aux années 1920. Après la Première Guerre mondiale, des problèmes d'organisation se produisent toutefois. En 1933, cet encadrement reçoit un nouveau souffle avec la création, dans le giron du diocèse de Lille, des Œuvres belges. Celles-ci connaîtront une existence florissante jusqu'en 1960 environ.

Sa longévité fait de l'encadrement religieux à Wazemmes l'une des initiatives les plus constantes destinées aux Belges du Lillois. À l'exception de quelques années moins fastes, cette constante se manifeste aussi bien dans le temps que dans l'espace. L'initiative d'encadrement se concentre sous ses diverses formes sur un quartier densément peuplé et peu de changements interviennent au fil du temps dans son infrastructure ou dans son implantation. Et bien qu'aujourd'hui, la mission belge ait disparu du tissu urbain de Wazemmes, le quartier respire encore à certains endroits l'atmosphère qui y régnait aux XIXe et XXe siècles.

Dans ce qui suit, nous nous concentrons sur les différents épisodes de l'œuvre lilloise. Nous abordons d'abord les rédemptoristes, ensuite les frères mineurs. Tout comme à Roubaix, nous verrons que leur établissement répond en premier lieu à une demande venant d'en bas. Ensuite, nous envisageons la période confuse qui suit l'expulsion en 1880. Les frères mineurs sont certes expulsés, mais en pratique, ils vont rester les meneurs du projet. On sait qu'après 1883, quand les autorités françaises redeviennent plus tolérantes vis-à-vis des réguliers étrangers, ils se réinstallent dans le quartier[101]. Hélas, cette période n'est pratiquement pas documentée. En 1901, les nouvelles lois sur les associations rendent la situation intenable. Les frères mineurs sont alors, à l'exception de Firmin Roulé, rappelés en Belgique. Après cela, l'œuvre d'encadrement entame une période de déclin sous la direction de franciscains français, avant d'être réinstallée dans les années 1930 sous l'impulsion de l'évêque de Lille, Liénard, et sous la pression du quartier.

101 Van Berlo, *L'Ordre des Frères-Mineurs*, 293.

Les rédemptoristes

Pas plus qu'à Douai ou à Dunkerque, les rédemptoristes ne viennent à Lille spécifiquement pour les migrants belges. Au contraire, leur présence s'explique avant tout par les missions intra-diocésaines qui leur sont confiées. En 1857, les rédemptoristes sont invités à desservir la chapelle de secours de Notre-Dame de la Treille[102]. Mais en 1859, celle-ci doit être démolie pour faire place à une nouvelle église monumentale et ils sont contraints de chercher un autre lieu dans la ville. Ils achètent alors à une veuve française un « corps d'immeubles » dans la rue de Paris, à hauteur de la cour Bourloires, dans un quartier plutôt populaire. Quatre rédemptoristes sont présents lors de la transaction ; deux d'entre eux vivaient déjà à Lille, très probablement dans le cadre du service à la chapelle de Notre-Dame de la Treille[103]. Dans les premières années de leur séjour, il n'est guère question de réalité migratoire. Conclure, comme l'a fait Pierre Pierrard, que dès 1857, « l'activité des Rédemptoristes (...) eut surtout comme objet la prédication en Flamand », est donc selon nous prématuré[104].

Il faudra attendre 1859 pour assister à une adaptation des rédemptoristes à la réalité migratoire belge. À partir de là, ils se concentrent de plus en plus sur les ouvriers d'usine. Parallèlement, l'intérêt pour une pastorale ouvrière grandit. En témoigne notamment l'Association du culte perpétuel de Saint-Joseph, une société pieuse dont les membres se chargent quotidiennement de l'adoration de saint Joseph[105]. Cette activité n'aura toutefois pas le temps d'atteindre la maturité, car en avril 1861, les rédemptoristes vont devoir quitter la France. Nous reviendrons en détail sur les circonstances de ce départ dans le chapitre 3. Il suffit de mentionner ici le fait que la résidence de Douai fut fermée et que les rédemptoristes de nationalité belge durent quitter les maisons de Lille, Dunkerque et Boulogne-sur-Mer, trois résidences qui passèrent donc *de facto* sous la direction des Français.

L'éviction est certes un coup dur, mais elle ne signe pas la fin des activités des rédemptoristes belges à Lille. Dès août 1861, la résidence lilloise leur demande de revenir dans le but d'accompagner les « ouvriers belges qui

102 ACSSR, 1923 : L'archevêque de Cambrai recommande instamment à la piété des fidèles l'œuvre des RR. PP. Rédemptoristes, 3 nov. 1859. Voir aussi *Ibid.*, 1922 : Lettre de la commission, 12 juin 1859 et *Notre-Dame de la Treille, Lille cité de la vierge*, 24. Au sujet du renouveau du culte de Notre-Dame de la Treille au XIXe siècle, voir Vienne, « Renaissance du culte et projet d'une "église monumentale" ».

103 ACSSR, 1922 : Vente par Vve Rouzé à Mr. Noël et consorts, 7 nov. 1859. Stéphanie Duthoit était la veuve de Lucien Valéry Dominique Joseph Rouzé. Les rédemptoristes présents étaient Philippe Noël (Douai), Édouard Darras (Lille), Félix Kips (Lille) et Henri Gantois (Mons).

104 Pierrard, *La vie ouvrière à Lille*, 369. Sur le rôle des rédemptoristes à Lille, voir surtout *Ibid.*, 378-380.

105 ACSSR, 1922 : Association du Culte Perpétuel de Saint-Joseph.

n'entendent pas la langue française »[106]. On s'attend à ce que les autorités ferment les yeux. Tout indique qu'une série de rédemptoristes belges reprennent effectivement leur travail à Lille. Cela se fait toutefois dans la discrétion et avec la prudence nécessaire, ainsi que le montre la réserve dont ils font preuve lorsqu'on leur propose de réfléchir à la possibilité de diriger à Wazemmes une Œuvre des Flamands à part entière.

Quelle est la teneur de ce projet ? En juin 1864, une riche veuve lilloise, Octavie Decoster, sollicite ouvertement leur venue (Illustration 7). Le quartier populaire industriel du sud de la ville s'est transformé en un rien de temps en un quartier surpeuplé. Pour plus de 20 000 âmes, Wazemmes ne compte en outre qu'une seule église paroissiale, Saint-Pierre Saint-Paul. C'est pour cette raison qu'en 1863, Octavie Decoster a fait bâtir une chapelle dans la rue Mazagran. Dans un premier temps, le curé de la paroisse l'a desservie, mais rapidement, le temps et le soutien lui ont fait défaut.

Comme Wazemmes est principalement peuplé de Flamands – en 1864, ils sont selon Octavie Decoster dans les 10 000 – la veuve songe à s'adresser aux rédemptoristes. Elle compte mettre sa chapelle à leur disposition en échange d'une pastorale centrée sur les ouvriers flamands. Tant chez les rédemptoristes qu'au niveau du diocèse, ce genre de spécialisation reste un sujet délicat. Cela n'émeut guère Octavie Decoster, qui cherche activement des solutions. Toutes témoignent d'une volonté indéfectible de mettre sur pied un encadrement pastoral exclusif pour les Flamands en dépit des réticences de l'évêque et des rédemptoristes. L'un de ces projets prévoit qu'en attendant des circonstances plus favorables, les rédemptoristes belges envoient un père supplémentaire à la rue de Paris. De là, il pourrait desservir quotidiennement la chapelle flamande. Sa préférence va au père Ferdinand Minne (1825-1884), originaire de Menin et lié à la maison de Dunkerque. Au début, il faudra opérer dans la semi-clandestinité. En pratique, Decoster envisage ceci : « En attendant que nos instances près du gouvernement pour établir ici 2 pères réussissent, permettriez-vous que l'un d'eux logeât rue de Paris, c'est-à-dire à 30 minutes de distance, qu'il vînt de grand matin célébrer le Saint Sacrifice, et entendre les confessions ? Son déjeuner lui serait par nos soins porté à la sacristie ou il le prendrait dans une maison de confiance. Il resterait une partie de sa matinée, à son choix, à visiter nos pauvres Belges si heureux de le recevoir (...). Il rentrerait à la communauté pour les principaux exercices et le dîner et reviendrait à la chapelle vers le soir (...) pour les confessions. »[107]

106 ACSSR, 1922 : Association du Culte Perpétuel de Saint-Joseph : Darras au provincial, 5 août 1861. « Vous avez bien voulu m'apporter les besoins exceptionnels du culte catholique dans votre diocèse, et vous m'avez exprimé l'intention d'appeler trois rédemptoristes étrangers pour le devoir religieux des ouvriers belges qui n'entendent pas la langue française. Je suis tout disposé à entrer dans les instructions de votre grandeur et je me suis concerté sur ce point avec mon collègue monsieur le Ministre de l'intérieur. »

107 ACSSR, 1921 : Lettre d'Octavie Decoster au supérieur provincial, juin 1864.

7. Octavie Decoster, fondatrice de l'Œuvre des Flamands de Wazemmes-Lille.
[Collection privée Jean Decoster]

Apparemment, ce projet agréa au provincial. Un rédemptoriste supplémentaire fut envoyé à la rue de Paris, chargé de se mettre au service des Flamands de Wazemmes selon les modalités en question. Pour la première fois en treize ans de présence rédemptoriste, les migrants belges sont au centre de l'attention. En ce qui concerne les rédemptoristes, il n'est donc question d'un réel encadrement religieux pour migrants qu'à partir de Lille-Wazemmes. Entre 1864 et 1867, Wazemmes n'est-il est vrai qu'occasionnellement desservi. Les rédemptoristes restent prudents et évitent d'attirer l'attention. Le responsable désigné pour la pastorale des Flamands est Félix Kips et Octavie Decoster est manifestement très heureuse de l'engagement de cet homme. Lorsqu'en 1867, le père Kips est rappelé de Lille, elle proteste de façon amicale. Elle prie le provincial de « laisser le R.P. Kips à Lille, et surtout à l'œuvre de Wazemmes. (...) Il dirige notre population belge. Il la prend comme il veut, il attire grand nombre de jeunes gens et de jeunes filles par les leçons de chant de cantiques et les retient ensuite au salut au lieu de leur laisser une liberté funeste. »[108] Le 8 mars, Decoster insiste : « Donnez-nous un autre père Kips pour le zèle, le dévouement et toutes les vertus. S'il connaissait la musique et pouvait toucher l'harmonium, ce serait aussi un grand avantage pour maintenir les cours de chant. »[109]

Dans son zèle à tenter de convaincre les rédemptoristes, Octavie Decoster formule une série de points révélateurs quant à sa façon de voir les choses. Les ouvriers flamands de Wazemmes étaient selon elle abandonnés religieusement et moralement. Seul un encadrement dans leur langue pouvait y remédier. Et à Lille, c'était un problème. Pas mal de prêtres français de la Flandre française savaient parler le flamand, mais cela ne suffisait pas. Decoster, qui avait elle-même des liens familiaux avec Teteghem, en Flandre française[110], précisait que comparée à celui des rédemptoristes de Dunkerque, le flamand des prêtres français n'était « pas aussi bien compris que celui des pères »[111]. Pour les Flamands de Belgique, une pastorale franco-flamande n'était donc pas appropriée. Les rédemptoristes de Dunkerque étaient d'ailleurs confrontés à un problème analogue. Pour prêcher dans l'hinterland, ils devaient engager du personnel adéquat, car seul le dialecte de la région de Poperinghe mettait les fidèles flamands de France à leur aise. Les variantes parlées dans

108 ACSSR, 1921 : Lettre d'Octavie Decoster au supérieur provincial, 4 mars 1867.
109 *Ibid.* : Lettre d'Octavie Decoster au supérieur provincial, 8 mars 1867.
110 Interview Jean Decoster, Bondues, 16 avril 2008.
111 ACSSR, 1921 : Lettre d'Octavie Decoster au supérieur provincial, juin 1864.

des régions plus éloignées de Belgique étaient difficiles à comprendre pour eux ou compliquaient les relations avec le public cible[112].

Les frères mineurs

En 1868, l'œuvre d'encadrement belge à Wazemmes est transmise aux frères mineurs belges. Les raisons de ce changement ne sont pas très claires. Tout indique que ce sont les rédemptoristes eux-mêmes qui se sont retirés[113]. Les craintes initiales d'Octavie Decoster, selon lesquelles, avec leur départ, la dynamique de la mission disparaîtrait également, vont s'avérer infondées. Tout comme à Roubaix, les frères mineurs vont s'adonner consciencieusement à leur mission. Et contrairement aux rédemptoristes, qui n'y séjournaient que le week-end et dirigeaient en pratique les œuvres flamandes depuis leur résidence belge, les frères mineurs vont faire de la rue Mazagran une œuvre migratoire à part entière. Hubert De Preitere (1817-1892) en devient le 23 octobre 1868 le premier supérieur[114]. Au début, il reçoit l'aide d'un père et d'un frère[115]. Il reprend la « Société chorale des Flamands » (12 février 1869), fondée par le père Kips, qui réunit 400 personnes. Le 26 novembre 1873, l'association est intégrée dans les Œuvres des cercles français et rebaptisée Cercle catholique d'ouvriers flamands[116]. Il regroupe des ouvriers belges dans le but de maintenir « leur foi, leurs mœurs et leur patriotisme ». L'œuvre des frères mineurs s'inscrit ainsi dans l'esprit du néo-corporatisme français, déjà mentionné, d'Albert de Mun et de René de La Tour du Pin[117]. Sa principale ambition consiste dans la rechristianisation de la population ouvrière. Cela doit idéalement se faire dans une société où les tensions entre divers groupes de travailleurs et patrons sont apaisées par le biais d'une structure de guilde mise en œuvre par les divers états et aptes à les rapprocher entre eux. Les vertus du Christ dans l'Évangile sont mises en exergue, données en exemple aux ouvriers pour leur attitude quotidienne. Les statuts du Cercle catholique ouvrier flamand ou « Katholijke Werkmans-Kring » sont donc imprégnés de cette « éthique de l'imitation ». Les travailleurs sont appelés à « apprendre à vénérer le travail et le lieu où il s'accomplit et à se respecter eux-mêmes en suivant l'exemple de

112 « Cependant pour les travaux flamands il y avait une difficulté spéciale. Les Flamands de France ne parlent et ne comprennent que le patois des environs de Bruges et Poperinghe ; aussi n'y eut-il que peu de Pères (comme le père Inghels et plus tard le P. Dubaele et surtout le P. Minne) qui fussent à même de prêcher fructueusement dans cette ancienne partie de West-Flandre. » ACSSR, 1912 : *Le Rédempteur*, 265

113 Van Berlo, *L'Ordre des Frères-Mineurs*, 263.

114 Depreitere avait aussi servi chez les frères mineurs à Roubaix.

115 Van Berlo, *L'Ordre des Frères-Mineurs*, 264.

116 ADN, 2V36 : Rapport de police à la préfecture, 14 sept. 1905.

117 *Ibid.*

Jésus l'ouvrier et de leurs saints patrons »[118]. Ils doivent aussi apprendre « à se procurer du plaisir de manière digne » et « à se parfaire dans leur métier par des occupations utiles et des exercices pratiques, afin de devenir un jour des patrons compétents et dignes de considération »[119]. Bref, il y avait au sein du Cercle ouvrier une perspective très claire de promotion sociale, dans laquelle le savoir-faire était couplé à la respectabilité morale.

En 1874, un patronage Saint-Antoine de Padoue est fondé dans le but d'offrir à la jeunesse de Wazemmes un cadre adéquat pour l'occupation de ses loisirs[120]. Une conférence de Saint-Vincent de Paul voit aussi le jour, ainsi que de nombreuses œuvres pieuses. Nous sommes moins bien informés sur le lancement d'une Œuvre des femmes et d'un patronage pour filles. Les deux activités ne sont clairement attestées qu'à partir de 1879, lorsqu'elles sont reprises par les augustines des sœurs de la Sainte-Enfance. Leur direction restera semble-t-il un souci jusqu'en 1884. Après un « intérim » des sœurs servantes du Sacré-Cœur (1881-1884), elles sont finalement confiées cette année-là aux sœurs de la Treille[121]. L'importance accordée à l'encadrement des femmes ressort surtout de l'installation d'une infrastructure séparée dans la rue des Rogations (future rue Paul Lafargue) (Illustration 8). La facilité avec laquelle les religieuses entrent en contact avec les immigrés belges du quartier en raison de leurs propres origines flamandes est signalée dès 1871. Déjà à l'époque, les effectifs sont jugés insuffisants.

Contrairement à l'œuvre de Roubaix, le fonctionnement de Lille n'est interrompu que pendant un court moment après l'expulsion de 1880. Van Berlo signale qu'après 1883, les pères belges ont repris leurs activités à Wazemmes. Mais en haut lieu, des doutes se sont inévitablement insinués. Les frères mineurs belges vont voir le volet français de leurs activités passer lentement mais sûrement à l'arrière-plan. Le 26 février 1892, Roubaix et Wazemmes sont transférés à la province franciscaine française de Saint-Louis[122]. Pour Roubaix, le règlement est définitif. Le transfert de la rue Mazagran se heurte en revanche à une résistance. De nombreuses voix s'élèvent en effet pour que la mission reste entre des mains belges. On adopte ensuite un règlement transitoire de trois ans prévoyant la poursuite des activités sous la houlette des frères mineurs flamands. En 1895, ce règlement est prolongé, mais lorsqu'en 1901, les nouvelles lois anti-congréganistes attisent à nouveau les tensions entre Église

118 ADN, 2V36 : Règlement du Cercle catholique ouvrier de Saint-François d'Assise, fondé à Wazemmes, 7.

119 *Ibid.*

120 Van Berlo, *L'Ordre des Frères-Mineurs*, 265.

121 ADL, 4B2 : Œuvres belges.

122 Van Berlo, *L'Ordre des Frères-Mineurs*, 304.

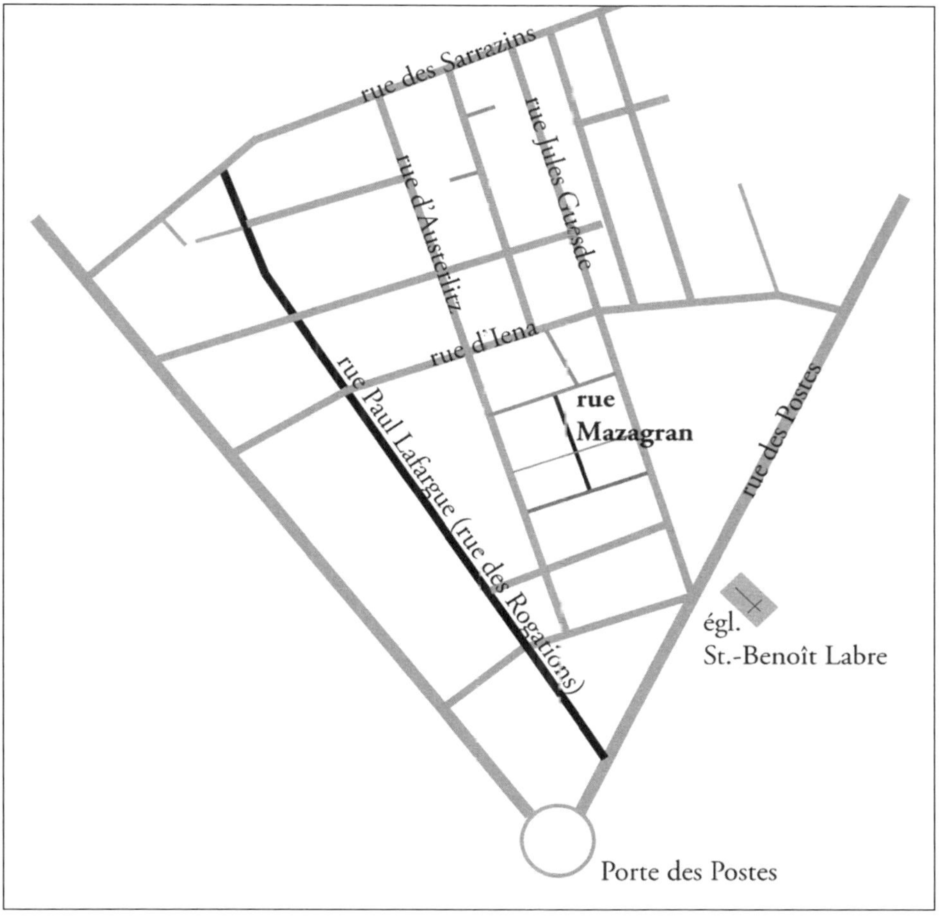

8. La rue Mazagran à Wazemmes.

et État, la coupe est pleine pour les frères mineurs[123]. La situation est irrécupérable. Hormis l'Anversois Firmin Roulé, qui dirige depuis trente ans l'Œuvre des Flamands, les frères mineurs sont définitivement rappelés de Lille. Pour poursuivre son apostolat, Roulé vivra désormais en prêtre séculier[124].

Le « règne » de Firmin Roulé, connu comme le « père Firmin », est difficile à évaluer. Il y a un fossé assez net entre ce que les rares sources de l'époque nous apprennent et ce que les chroniqueurs en ont raconté. Il est certain que

123 *Ibid.*, 337. En ce qui concerne le transfert de la mission flamande, les sources se contredisent. Dans l'enquête entreprise par l'évêché de Lille en vue de la reprise des Œuvres flamandes, le transfert est situé en 1892. J'ai suivi les dates données par Van Berlo. Non seulement elles sont plus précises, mais en tant qu'archiviste des frères mineurs, il a pu avoir accès à des archives qui ont été en bonne partie détruites pendant la Première Guerre mondiale.

124 *Ibid.*

Roulé officia à Wazemmes pendant près de cinquante ans. Même s'il ne faisait pas partie de l'équipe pionnière, il doit s'y être joint très rapidement[125]. Selon toute vraisemblance, il devint directeur vers 1870. Mais c'est surtout après l'expulsion, survenue en 1901, qu'il fut reconnu pour ses services. Dans l'aura d'héroïsme qui fut ensuite créée autour de sa personne, la vérité reste difficile à distinguer de la fable[126]. Ce qui est certain, c'est que son rôle a été magnifié. Nous avons déjà vu que le développement de l'infrastructure et les premières initiatives apostoliques ne portaient pas uniquement son empreinte. C'est avant tout l'obstination avec laquelle il s'accrocha au quartier qui semble avoir forgé sa réputation. D'autres affirmations concernant sa personne sont également relativisées dans les sources. Selon Joseph Wannyn – l'aumônier flamand responsable des Œuvres belges dans les années 1930 – Roulé aurait été particulièrement bien vu des autorités locales. Un rapport de police apporte néanmoins un bémol à ces propos. Lorsqu'après avoir été accusé par un voisin de propagande anti-française, vers 1905, Roulé commence à être surveillé par les autorités locales, le correspondant local le confond ce père flamand avec Adolphe Gloire, un franciscain français. Les œuvres flamandes étaient semble-t-il moins dépendantes du père Firmin que ce que l'on pense généralement. Toujours suivant le rapport, la chapelle était exclusivement utilisée par les Belges du voisinage. Les services y étaient offerts en flamand et les bâtiments situés en face de la chapelle hébergeaient un patronage où l'on se réunissait les dimanche et jours de fête, des « Belges pour la plupart ». « Comme dans tous les patronages, il y a des jeux et les soirs on joue la comédie ou donne concert. » Gloire prêchait donc également en flamand et jouait dans la mission un rôle essentiel, y compris en ce qui concerne le patrimoine. Comme on le verra plus tard, il fit l'acquisition de la « Maison blanche », qui permit au patronage et au Cercle de disposer d'un plus vaste complexe.

Les descriptions conservées de Roulé s'approchent quant à elles fort probablement de la réalité. Cela se voit surtout à la place des œuvres flamandes dans le tissu paroissial. Celles-ci faisaient en fait de l'ombre au fonctionnement classique, centré sur la petite église de Benoît-Labre dans la rue des Postes (Illustration 8). Sans doute le père Firmin y joua-t-il un rôle clé, y compris après le transfert des œuvres flamandes aux frères mineurs français[127].

125 On ne retrouve pas trace de Firmin Roulé dans les archives des frères mineurs. On ignore de quel évêché il ressortait exactement.

126 Les sources relatives à cette période sont particulièrement anecdotiques et renvoient surtout les unes aux autres. Voir par exemple Verthé, *Vlaanderen in de wereld*, 63 et surtout 100-105, qui se fonde surtout pour l'histoire de l'Œuvre du Lillois sur l'exposé donné par Joseph Wannyn lors des journées culturelles franco-flamandes. Voir *De Scheldeburcht*, 10-11.

127 ADL, 4B2, Œuvres belges : Fondation Decoster, *Pourquoi l'administration diocésaines de Lille a-t-elle repris les Œuvres flamandes de Lille*, 1.

Une telle quantité d'acteurs religieux dans un quartier dense comme Wazemmes n'allait pas sans provoquer des tensions intra-ecclésiastiques. Le poids des initiatives flamandes y était très important. La rue Mazagran, qui constituait un itinéraire possible entre la rue des Postes et la Grand-Place de Wazemmes, était en quelque sorte balisée d'initiatives destinées aux Flamands. Depuis 1892, le patrimoine de ces associations était réuni dans la Fondation Decoster. On trouvait d'un côté de la rue, au n° 19, la chapelle et le couvent ; en face sur une distance de 70 mètres, le patronage pour garçons, le Cercle flamand, une chapelle et d'autres locaux (Illustration 9)[128]. Plus loin dans la parallèle, qui s'appelait alors rue des Rogations et serait plus tard rebaptisée rue Paul Lafargue, on trouvait en outre le patronage pour filles, au n° 46.

Les tensions vont y apparaître progressivement, surtout après le tournant du siècle. D'abord entre les franciscains et la paroisse, la dernière souhaitant une meilleure répartition des fidèles. Ensuite, au sein même de la communauté des frères mineurs. La reprise des Œuvres flamandes par les franciscains français a inévitablement modifié l'équilibre des forces en faveur de ces derniers. La nature même de l'apostolat change également. Alors que les Flamands du quartier se réclament entièrement de l'initiative, celle-ci se voit partiellement francisée. Du coup, il se dit que « les flamands se plaindraient que leur œuvre proprement dite déclinât »[129]. Face à cette triple tension, le diocèse de Lille se voit finalement contraint d'intervenir. En 1916, il fait une première tentative, désireux d'« atteindre un double résultat : régénérer l'œuvre flamande, rétablir l'unité paroissiale »[130]. Mais très vite, il se heurte à des obstacles. Une note d'août 1916 signale que le diocèse préfère rester en retrait dans le quartier tant que le père Firmin y dirige les Œuvres flamandes[131]. Même si l'ancien frère mineur souffre de graves problèmes de santé, il exerce toujours une grande autorité. Les intentions de l'évêque, à savoir de mieux faire correspondre les œuvres aux besoins de la paroisse, ne manqueraient pas, en raison de sa personne, de susciter le mécontentement. « Il jouit d'une influence immense à laquelle on ne pourrait toucher, sans de très graves inconvénients », estime-t-on[132]. Il n'est pas non plus sans quelques défauts : « Il n'est pas intelligent du tout, et surtout, il n'est pas discret. S'il a quelque ennui, tout le monde le saura, et l'effet produit sera désastreux. (...) Aussi longtemps qu'il sera là, il faut, je crois, tout supporter. Autrement le quartier tout entier s'ameutera et la situation sera à peu près impossible pour le curé de St-Benoît (...). » L'influence

128 *Ibid.* : Actes de reprise des Œuvres flamandes par le diocèse de Lille.

129 *Ibid.* : Note du 17 août 1916.

130 *Ibid.* : Fondation Decoster, *Pourquoi l'administration diocésaines de Lille a-t-elle repris les Œuvres flamandes de Lille*, 1.

131 *Ibid.* : Note du 17 août 1916.

132 *Ibid.*

du père flamand dans le quartier est incontestablement très forte, mais pas pour autant unanimement appréciée.

Œuvres belges

La position de force de Roulé n'empêchera pas le déclin des Œuvres flamandes pendant la Première Guerre mondiale. Comme nous l'avons dit, le diocèse de Lille souhaite intervenir dès 1916. C'est dans ce sens qu'il établit une note sur la situation des initiatives liées à la Fondation Decoster. La priorité consiste alors à supprimer les tensions entre la paroisse St-Benoît Labre et les autres œuvres religieuses. Tant les initiatives des frères franciscains que l'Œuvre flamande, qui y est incorporée, sont visées. Les conclusions tirées à l'époque sont cyniques : en attendant la mort du père, mieux vaut ne toucher à rien[133].

Cette évaluation apparaît après coup un peu trop optimiste. Firmin Roulé décéda effectivement en 1917, mais cela ne fournit pas au diocèse de Lille les solutions espérées. Au-delà des tensions paroissiales, les années précédentes avaient engendré d'autres frustrations. Les administrateurs de la Fondation Decoster, qui veillaient à la bonne exécution de l'héritage d'Octavie Decoster, avaient plus d'une fois fait connaître leur mécontentement à propos des Œuvres flamandes. Cela avait commencé dès 1892. À l'époque, c'étaient des frères mineurs belges qu'il était question. Mais lors qu'au début des années 1930, le diocèse de Lille négocia la reprise des Œuvres flamandes, ce sont les franciscains français qui apparurent comme les fautifs.

La fondation Decoster

Après la mort d'Octavie Decoster en 1888, toutes les œuvres qu'elle a financées ont été regroupées au sein d'une fondation qui a reçu son nom. Le délégataire est alors Maurice Scalbert. La fondation possède l'infrastructure suivante : la chapelle et une résidence pour le personnel qui s'occupe des Flamands du quartier (rue Mazagran, 19), les bâtiments du patronage pour filles (rue des Rogations), ceux du patronage pour garçons et la salle consacrée aux loisirs (rue Mazagran, 16). Comme le dit Scalbert, ces œuvres n'ont certes pas été fondées par Octavie Decoster en personne, mais « Melle Decoster a fourni pendant sa vie et fondé après elle le traitement des prêtres qui dirigent ces Œuvres et les Œuvres de femmes et de filles »[134]. En ce qui concerne la fondation des œuvres féminines, la situation est limpide : elles sont entièrement redevables à Decoster. Toutes ont en outre été créées dans un esprit spécifique. Il s'agit d'œuvres destinées aux migrants, existant « uniquement pour le service des

133 ADL, 4B2, Œuvres belges : Fondation Decoster, *Pourquoi l'administration diocésaines de Lille a-t-elle repris les Œuvres flamandes de Lille*, 1.

134 *Ibid.* : Note sur l'origine et le but, 1.

Flamands ». Le testament précise que si elles recevaient une autre destination, l'infrastructure devrait être vendue et les bénéfices versés à l'Œuvre de la propagation de la foi.

C'est justement la situation que crée *de facto* le retrait de frères mineurs en mai 1892. Selon les héritiers, la résidence est alors transmise aux frères franciscains sans que soient prises « les mesures nécessaires pour que le service des Œuvres flamandes fût complètement sauvegardé »[135]. De plus, les héritiers jugent la transaction illégale. Les frères mineurs belges se sont en effet comportés comme les propriétaires[136]. Un compromis est toutefois trouvé entre les trois parties (franciscains français, frères mineurs et Fondation Decoster). Les premiers sont autorisés à cohabiter dans les bâtiments de la Fondation avec les seconds à condition que le général franciscain français s'engage « à fournir à toute époque le personnel nécessaire pour le service des Flamands, et à surveiller par lui-même l'exécution de cette promesse »[137]. Les Œuvres flamandes sont ainsi provisoirement sauvées, mais du point de vue belge, elles dépendent désormais presque entièrement de la personne du père Firmin. Lorsqu'après 1901, celui-ci gère les œuvres en tant que prêtre séculier, le lien entre Wazemmes et les frères mineurs est donc rompu.

Rien n'indique que les franciscains français aient eu l'intention de démanteler les Œuvres flamandes. Étant donné les dispositions testamentaires de Decoster, ils n'y avaient d'ailleurs pas grand intérêt. Mais il est probable qu'à partir de 1901, ils y évoluèrent dans une tout autre réalité sociale. Le père Firmin prenant de l'âge, l'enthousiasme pour le Cercle ouvrier flamand – qui était déjà en soi une idée démodée – s'estompa inévitablement. L'intérêt manifesté depuis la Belgique diminua aussi. Après le décès de Roulé en 1917, un Lokerenois du nom de Basiel De Bock (1888-1966) fut encore délégué, mais les avis sont partagés à propos de ses mérites. Du côté belge, De Bock est dépeint comme un Flamand convaincu, qui poursuivit son apostolat jusqu'en 1926 en dépit des oppositions[138]. Les franciscains français le décrivent en revanche comme un opportuniste qui négligea « au vu et au su de tout le monde », – les Œuvres flamandes « pour s'occuper des Belges de toute la région du Nord »[139]. Toujours selon eux, les Œuvres flamandes avaient à l'époque surtout été reprises en main par Adolphe Gloire, le franciscain français qui, dès 1905, avait été confondu par le rapporteur de la police avec le père Firmin. Il est difficile

135 *Ibid.*, 2.
136 *Ibid.*
137 *Ibid.*
138 *De Scheldeburcht*, 11. Chez Verthé, cela devient « Basiel De Bock (...), se démène avec ardeur pour faire redémarrer « L'Œuvre ». Il persévère jusqu'en 1926. Ensuite il abandonne, déçu que son action se heurte à une telle opposition de la part de ses confrères français. » Verthé, *Vlaanderen in de wereld*, 103.
139 ADL, 4B2, Œuvres belges : Supérieur provincial des Provinciae Franciae à Liénart, 23 oct. 1933.

de trancher. Ce qui est sûr, c'est que les jugements émis sur De Bock révèlent de fortes tensions internes. La méfiance qui s'était installée à l'époque entre les franciscains français et la Fondation Decoster se voit aussi à la négligence dont font l'objet les Œuvres flamandes. Tant que la responsabilité de celles-ci ne revenait pas (à nouveau) à une hiérarchie entièrement flamande, jugeait la Fondation, l'esprit de cet héritage était violé.

La population d'origine flamande de Wazemmes semblait être du même avis. C'est ce qui apparaît une première fois en 1920, lorsque les sœurs de Notre-Dame de la Treille annoncent qu'après plus de trente ans de service (depuis 1884), elles renoncent à s'occuper du patronage flamand pour filles. Les franciscains français ayant été priés de chercher une alternative valable, le bruit court que les sœurs ont dû quitter le patronage à la demande même de leur supérieur. Cette atmosphère ne favorise certainement pas l'introduction des franciscaines, qui reprennent finalement le patronage l'année suivante. En réalité, la demande émanait des sœurs de Notre-Dame de la Treille elles-mêmes, qui avaient fait savoir au supérieur qu'elles étaient au bout de leurs forces et souhaitaient être remplacées[140]. Le patronage en question était en outre en plein déclin. « Elles fondent à vue d'œil, tandis que les Œuvres d'hommes remontent. »[141] Comme causes extérieures, le supérieur citait « l'influence des usines, l'attraction des cinémas, l'absence d'éducation chrétienne dans les familles et l'esprit mondain des mères ». Mais apparemment, la cause était surtout à chercher chez les sœurs elles-mêmes, puisque le même supérieur devait admettre qu'un fait avait accéléré le délitement du patronage pour filles : « La supérieure [du patronage] dont le zèle sincère, je crois, est trop inquiet et parfois violent, s'est aliéné l'esprit de tout un groupe de jeunes filles, qui en se retirant en ont entraîné d'autres à leur suite. »[142]

D'où venait donc la méfiance de la Fondation à l'égard des franciscains français. Nous trouvons une piste de réponse dans la position particulière qu'ils occupent à Wazemmes pendant l'entre-deux-guerres. Celle-ci dépend étroitement des Œuvres flamandes. Ce sont elles qui légitiment leur présence dans le quartier. Mieux encore, les franciscains leur doivent entièrement leur cadre infrastructurel et organisationnel. D'autre part, les Œuvres flamandes ont conquis grâce à leur « portefeuille » une position importante pour les franciscains dans la paroisse. Le centre religieux de la commune de Wazemmes, ce sont eux, et non la paroisse. En 1921, ils se sentent si incontournables qu'ils proposent au diocèse de reprendre les activités paroissiales peu dynamiques de St-Benoît Labre. Cet accroissement d'échelle permettrait en effet de supprimer les problèmes entre paroisse et Œuvres flamandes. Le diocèse de Lille refuse

140 ADL, 4B2, Œuvres belges : Supérieur provincial des Provinciae Franciae à Liénart, 23 oct. 1933 : Sœurs de la Treille, note du supérieur au diocèse de Lille, 1920.

141 *Ibid.*

142 *Ibid.*

toutefois l'offre. Pour des raisons à la fois logistiques et politiques, St-Benoît Labre doit rester une paroisse indépendante. Une trop grosse influence « congrégationnelle » sur le quartier serait en effet perçue négativement. Le provincial ne cache pas sa déception. « Au fond », écrit-il, « la position de l'évêque a pour effet de maintenir la rivalité entre la paroisse et les Œuvres flamandes », une rivalité qui selon lui ne fait que croître, étant donné que « la clientèle flamande, tout en restant flamande de tempérament, parle de plus en plus le français »[143].

Tout cela montre que pendant l'entre-deux-guerres, le passé flamand de Wazemmes peut encore mobiliser. Le contenu des Œuvres flamandes, leur subsistance et leur place dans le quartier reste une affaire sensible. Et bien que le flamand soit de moins en moins parlé, le pays d'origine reste un élément identitaire. Celui-ci est vécu au sein du Cercle, mais aussi dans le simple fait que les Œuvres flamandes appartiennent désormais au patrimoine du quartier. Y toucher revient en pratique à déformer le caractère et le visage de ce dernier. Les tensions que les Œuvres flamandes y ont causées menacent toutefois leur propre existence. L'échec des frères mineurs français à convaincre non seulement la Fondation, mais aussi le diocèse de Lille, réduit considérablement le choix de solutions possibles. Finalement, il ne reste que l'option de la reprise par le diocèse. Ce scénario mûrit à partir de 1930 dans l'esprit de Liénart. Son intention est d'incorporer les Œuvres flamandes dans la paroisse St-Benoît Labre avec, à leur tête, un prêtre sachant parler flamand. En raison des relations tendues qui lient la Fondation – entre-temps représentée par Pierre Decoster, le petit-neveu d'Octavie – et les franciscains français, la mise en pratique prendra plus de temps que prévu.

La reprise par le diocèse de Lille

Le principal problème qui se pose lors de la reprise des Œuvres flamandes par le diocèse de Lille concerne l'organisation et le règlement du partage des biens. De point de vue de l'infrastructure, les biens sont en grande partie dans les mains de la Fondation Decoster. Les franciscains ont néanmoins dû entretenir pendant plusieurs années les bâtiments et les diverses œuvres. Ni le partage, ni une séparation d'avec les franciscains ne vont être facile à régler, surtout pas avec Pierre Decoster, le nouveau gérant de la légation, un homme au caractère bien trempé. Il ne s'entend pas avec les franciscains et, quand on lui présente le bilan de ce qu'ils ont réalisé dans le quartier, il réplique sans ambages qu'ils n'ont « rien fichu de bon ». Les franciscaines ne trouvent pas davantage grâce à ses yeux. Il les accuse d'être incompétentes et peu présentes dans le quartier : « Ces dames étaient mieux à leur place dans leur nouveau

143 ADL, 4B2, Œuvres belges : Lettre du supérieur provincial à Liénart, 1921.

château de St.-Maurice qu'au quartier flamand. »[144] On comprend que dans un tel contexte, Decoster aurait préféré vendre l'infrastructure et donner les bénéfices à la Propagation de la foi, comme l'avait souhaité sa grand-tante.

C'est Achille Liénart qui débloque finalement la situation. Au début des années 1930, il élabore pour les Œuvres flamandes un nouveau scénario, dans lequel les franciscains n'ont plus de place. Les Flamands doivent être intégrés dans le fonctionnement paroissial et le meilleur moyen d'y arriver est de canaliser également les Œuvres flamandes. Liénart conçoit d'ailleurs la séparation avec les franciscains en termes très stricts. Les frères mineurs peuvent rester dans le quartier, mais ils doivent couper tout lien spatial et pratique avec sa partie flamande. Pierre Decoster accepte de vendre la chapelle et la résidence aux franciscains. En échange, ceux-ci doivent céder au diocèse la Maison blanche, située de l'autre côté de la rue Mazagran. Toute confusion sera ainsi évitée entre les frères mineurs et les Œuvres belges, ainsi que se nommera la nouvelle initiative[145]. L'intérêt du diocèse pour la Maison blanche est compréhensible. Acquis par Adolphe Gloire, elle héberge les organisations importantes, comme le patronage pour garçons et la chapelle flamande[146].

Le transfert des Œuvres flamandes au diocèse de Lille est finalement conclu le 17 juillet 1934[147]. Un nouveau départ est ainsi pris, dans le souci « d'éviter à l'avenir toute désunion entre ces Œuvres et la paroisse »[148]. C'est pourquoi les relations entre Œuvres belges et paroisse sont à désormais établies de façon statutaire. La direction des Œuvres est confiée au curé de la paroisse St.-Benoît Labre. Un prêtre supplémentaire, « autant que possible d'origine belge » est adjoint à l'équipe de la paroisse pour le service des Flamands[149]. Chaque dimanche, il célébrera dans l'église paroissiale une messe avec sermon en flamand. Les activités sociales restent regroupées dans les bâtiments de la rue Mazagran. De plus, le diocèse de Lille décide que le Cercle devra désormais s'ouvrir aux jeunes Belges flamands de toute la ville. Wazemmes devient ainsi une œuvre d'encadrement destinée aux Belges de tout le Lillois. Les patronages sont eux aussi remodelés en profondeur. Ils

144 ADL, 4B2, Œuvres belges : Lettre du supérieur provincial à Liénart, 23 oct. 1933.

145 « (...) il vaut mieux pour éviter toute confusion qu'ils (les franciscains de Wazemmes) ne gardent pas de maison de l'autre côté de la rue, ni de contact avec les locaux des œuvres. Par ailleurs, il sera d'autant plus nécessaire de garder aux patronages une chapelle que celle des pères ne devra plus servir aux œuvres. »

146 Outre le fait, déjà mentionné, que le père Adolphe avait été confondu avec le père Firmin, sa qualité de propriétaire de la Maison blanche prouve selon toute vraisemblance son implication dans les Œuvres flamandes. ADL, 4B2, Œuvres belges : Lettre de Liénart au supérieur provincial, 26 oct. 1933.

147 *Ibid.* : Pierre Decoster à l'évêque Liénart, 17 juin 1934. Cela signifie qu'une partie du patrimoine de la Fondation Decoster fut vendue. Le bénéfice fut versé à l'œuvre de la Propagation de la foi.

148 *Ibid.* : Statut des Œuvres flamandes de Lille, 1934.

149 *Ibid.*, 3.

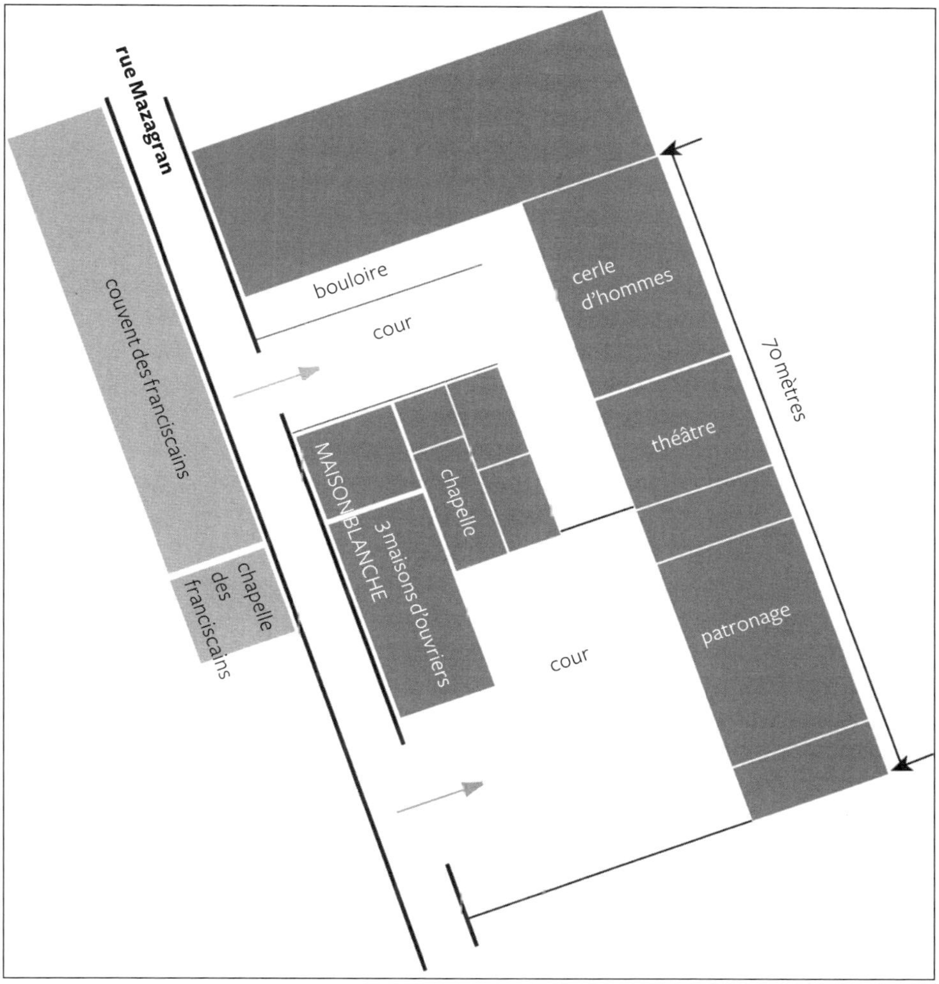

9. Détail de la rue Mazagran : Œuvres flamandes.
[ADL, 4B2, Œuvres belges : Dessin réalisé sur base du plan des locaux d'œuvres rue Mazagran]

perdent leur caractère exclusif et doivent s'ouvrir aux filles et aux garçons tant belges que français. Comme argument, les statuts invoquent le fait que « ces enfants étant habituellement mélangés dans les écoles, il n'y a nullement lieu de les séparer au patronage »[150]. La chapelle continuera à être utilisée à certaines occasions, notamment pour les retraites pascales et certaines réunions. La Maison blanche sera à terme intégrée à l'infrastructure. Au moment du transfert, elle est toutefois en partie partagée en trois logements ouvriers. Mais une fois les baux de location résiliés, le prêtre flamand s'y installera.

150 *Ibid.*, 4, art. 7.

Quelles sont les dispositions prises pour les Flamandes du quartier ? Les franciscaines doivent en tout cas quitter le bâtiment de la rue Paul Lafargue dès que l'on aura la certitude qu'elles seront remplacées par « une congrégation comptant dans ses rangs des religieuses flamandes »[151]. À l'exemple du Cercle des hommes, les femmes doivent elles aussi disposer de leur propre local. Le positionnement statutaire clair des Œuvres flamandes présente un double avantage. D'une part, l'ordre de préséance entre la paroisse et la rue Mazagran est strictement établi, de l'autre, l'évêque définit par sa description précise des compétences du prêtre flamand une zone de sécurité par rapport au curé de la paroisse. Celui-ci ne risque ainsi pas de récupérer l'aumônier flamand, moins encore lui mettre des bâtons dans les roues[152]. Chacun a ses tâches. De plus, l'ouverture de la sphère d'activité à tout le Lillois signifie que les Œuvres belges deviendront à terme inter-paroissiales et, donc, en pratique, autonomes.

Un prêtre belge à la tête des Œuvres belges

Liénart ne devra pas chercher longtemps un prêtre d'origine belge. Il le trouve dans son propre séminaire en la personne de Joseph Wannyn (1900-1970), qui dirigera les Œuvres belges jusqu'en 1960. Wannyn s'avérera être un bon choix. Prêtre à la vocation tardive, il va se profiler principalement comme un prêtre social, qui sait concilier autorité et fibre populaire. Il saura rassembler autour de sa personne les Flamands catholiques non seulement de Wazemmes, mais de tout le Lillois.

C'est après une formation d'enseignant à l'école normale de Torhout que Wannyn se sent appelé à la prêtrise. En tant que vocation tardive, il est censé suivre le séminaire à Malines, mais, plus familiarisé avec la région frontalière, il opte finalement pour celui de Lille[153]. Le 9 juillet 1933, il y est ordonné prêtre. Quelques semaines plus tard à peine, on lui propose le poste d'aumônier des Belges à Lille. Non seulement il est parfait bilingue, mais il maîtrise aussi le dialecte de beaucoup des immigrés. Wannyn accepte l'offre. Le 2 août 1933, il devient aumônier de l'Œuvre des Flamands, qui, à partir du 15 juillet 1934, est officiellement établie dans la rue Mazagran.

151 ADL, 4B2, Œuvres belges : Lettre de Liénart au supérieur provincial, 26 oct. 1933, 5, art. 10.

152 « (...) ses attributions personnelles comportent tout ce qui intéresse la direction et le bon fonctionnement du Cercle flamand, des hommes et des réunions flamandes des femmes. Il veillera à l'assiduité à la messe du dimanche. Il tiendra les réunions de la Sainte Famille et les autres réunions habituelles de l'Œuvre. Il organisera la retraite pascale flamande. Il visite, dans la mesure du possible, les familles flamandes. Il fera tout ce qui dépend de lui pour rendre à l'Œuvre sa pleine prospérité, sur le terrain strictement religieux et charitable où elle est placée, à l'exclusion de toute activité politique. » *Ibid.*, 6, art. 12.

153 Wannyn, un natif d'Avelgem, passa après l'école normale trois ans chez les barnabites de Mouscron. Pour une biographie plus détaillée, voir Byls, « Joseph Wannyn ».

L'une des premières tâches de Wannyn consiste à réorganiser les Œuvres flamandes. Au niveau du quartier, l'un des objectifs principaux est de procurer aux immigrants flamands des « distractions honnêtes »[154]. L'ancien cercle est rebaptisé Foyer belge. Le dimanche, le lundi et les jours de fête, il fait office de café, un établissement dans lequel sont célébrées « la bonne tenue » et « la bonne entente ». Les femmes et les hommes y sont les bienvenus. Ce que l'on souhaite avant tout, c'est créer une atmosphère dans laquelle « les familles flamandes sont heureuses de [se] rencontrer pour parler de leur pays, de leurs coutumes, de leurs difficultés en leur langue maternelle »[155].

Cette fin de phrase indique la disparition progressive de la langue maternelle. Dans les années 1930, Wazemmes n'a plus grand-chose à voir avec le quartier belge homogène qu'il était autrefois[156]. L'une des premières initiatives prises par Wannyn sera donc l'organisation de cours de flamand. Cela peut paraître bizarre, mais il n'en est rien. À l'heure qu'il est, les immigrants belges de la première heure sont soit âgés, soit décédés. Leurs enfants et petits-enfants sont francisés. On peut se faire une idée de cette dynamique grâce à l'enquête réalisée au sein du Foyer belge en 1950 par Liesbeth Maertens dans le cadre d'un mémoire de fin d'étude à la Sociale Hogeschool de Courtrai[157]. Même si son panel était interrogé après la Seconde Guerre mondiale, il fournissait des informations intéressantes sur la période qui l'avait précédée. Le principal intérêt de Maertens était identitaire. Elle souhaitait mesurer l'homogénéité du groupe de population flamand dans un environnement étranger. Sa principale question consistait donc à savoir à quel point les familles ouvrières flamandes du Lillois étaient encore flamandes. Elle s'est donc uniquement intéressée aux familles homogènes dont les deux partenaires avaient des racines flamandes. Liesbeth Maertens en a interrogé une cinquantaine, originaires de Lille-ville (en particulier de Wazemmes), de localités de la banlieue lilloise comme Marquette, Marcq-en-Barœul (probablement Port-de-Marcq) et Saint-André et

154 ADL, 4B2, Œuvres belges : Résumé des statuts de l'Œuvre flamande.

155 *Ibid.*

156 T. Pooley signalait déjà le fossé linguistique entre le groupe des immigrés flamands et les groupes ultérieurs. La différenciation sociale entre les vagues se faisait entre autres sur des bases socio-linguistiques, le premier groupe se moquant du mauvais français du deuxième. Le deuxième groupe se distinguait selon le même critère du troisième, et ainsi de suite. Après la Première Guerre mondiale, il est encore fait mention de nouveaux immigrés belges qui ne connaissaient pas le français, mais cela n'a plus rien de comparable avec l'immigration belge du XIXe siècle. Voir par exemple la remarque des franciscains français en 1920 : « Nous avons dans le quartier nombre d'enfants venus nouvellement de Belgique, qui ne savent pas un mot de français et ne vont pas au catéchisme, on n'y comprennent rien et ne font pas leur première communion ». ADL, 4B2, Œuvres belges : Les Sœurs de la Treille, 1920, 2.

157 Mes remerciements à L. Maertens qui a mis les données à ma disposition et m'a également donné toutes les explications nécessaires. Les conversations que j'ai eues avec elle et avec Melle Wannyn (l'ancienne assistante de Joseph Wannyn) sur l'Œuvre lilloise ont été particulièrement instructives quant au fonctionnement quotidien du Foyer belge.

GRAPHIQUE 8
USAGE DE LA LANGUE AU SEIN DE LA FAMILLE

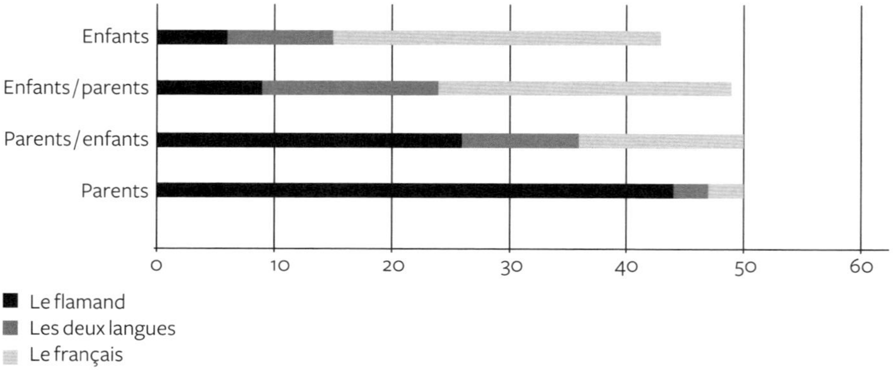

d'une série de communes appartenant plutôt à la périphérie du Lillois (Linselles et Bousbecque). Toutes avaient au moins un enfant et étaient liées au Foyer belge.

Le graphique 8 compile les données linguistiques de l'enquête de Liesbeth Maertens. En 1950, la langue dominante des parents est encore le flamand, ce qui n'a rien de très étonnant entre époux flamands. La langue employée avec les enfants est plus significative. Si dans la moitié des familles, les parents s'adressent encore aux enfants en flamand, la plupart des enfants répondent en français ou dans un mélange des deux. Quand les enfants parlent entre eux, l'emploi de la langue maternelle disparaît presque entièrement.

Autre fait intéressant concernant la problématique de la langue : le constat que pratiquement tous les enfants issus de mariages flamands homogènes épousent un ou une francophone. Au moment de l'enquête, sur les 201 enfants des cinquante familles flamandes homogènes, 77 sont déjà mariés. Dans 63 cas (82%), le fils ou la fille a épousé une personne de nationalité française. Seuls 11 ont épousé un Flamand ou une Flamande ; dans trois autres cas, il s'agissait soit d'un Belge francophone, soit d'une personne d'une autre nationalité que française.

Cette francisation rapide ne signifie pas que la mission ne soit pas un succès. Wannyn a développé dans ses premières années d'activité nombre d'initiatives fructueuses. Par exemple, il a réuni les hommes et les femmes dans différentes guildes. Pour les hommes, il y avait toujours le Cercle, pour les femmes, on a créé une Confrérie de la Sainte-Famille. Vers 1939, elles comptaient respectivement 350 et 200 membres[158]. À côté de cela, le pilier social de la rue Mazagran a gardé toute son importance. Wannyn y a regroupé tous les services concernés au sein d'un Secrétariat social dont la portée géographique est large et englobera à terme tout le Lillois. La totalité de l'encadrement reli-

158 ADL, 4B2, Œuvres belges : Rapport sur l'activité des Œuvres flamandes belges.

gieux a donc été concentré à Wazemmes. C'est là que l'aumônier vit et c'est de là qu'il effectue toutes ses visites à Marcq-en-Barœul, Loos, Lomme, Ronchin, Thumesnil, Flers er La Madeleine, puis à partir de 1936 dans les centres belges entourant Roubaix (Wattrelos, Leers, Tourcoing mais aussi Halluin, Linselles, Roncq et Armentières). À Roubaix, un Secrétariat social séparé est d'ailleurs aussi créé, en 1936[159]. À terme, pratiquement chaque localité du Lillois comptant un nombre significatif de Belges aura son « délégué de l'Œuvre belge ».

Dans des villes comme Roubaix ou Tourcoing, les œuvres d'encadrement religieuses connaissent également un renouvellement dans les années 1930. À Tourcoing par exemple, quatre des douze paroisses sont pourvues d'un prêtre flamand. Il y existe également un Cercle flamand et on y prêche chaque dimanche en flamand[160]. Les activités sociales deviennent la prérogative de la structure de Wazemmes, si bien que Wannyn y travaille davantage comme assistant social que comme prêtre[161]. Entre 1936 et 1940, son Secrétariat reçoit quelque 8 500 visiteurs. Pendant la même période, 2 700 chômeurs environ sont dirigés vers un emploi. Pour les besoins des familles pauvres, on fonde une conférence de Saint-Vincent de Paul, qui compte 125 familles comme bénéficiaires réguliers. Le Secrétariat les aide aussi à trouver un logement et entretient des contacts avec l'administration française et le consulat de Belgique.

Le rôle social des œuvres est encore renforcé pendant la Seconde Guerre mondiale. Dès septembre 1939, Wannyn fonde le Comité d'entente pour la période de la guerre. Celui-ci repose sur un réseau de délégués présent dans presque toutes les communes du Lillois. Dans les premiers mois de la guerre, on distribue surtout des repas, des vêtements et des couvertures aux réfugiés belges. Après la capitulation française et belge, les réfugiés sont assistés dans leur démarche de retour.

Wannyn poursuit ses activités sous l'Occupation. En juin 1940, il fonde dans la rue Mazagran une section belge de la Croix-Rouge. Quelque 16 000 personnes y seront accueillies entre le 1er juillet et le 1er octobre. Ce chiffre étourdissant (une moyenne journalière de 170) illustre bien le chaos propre aux premiers mois d'Occupation. Hommes sans nouvelles de leur famille, blessés, familles en quête d'assistance matérielle, réfugiés dépendants des contacts de Wannyn en France et ses compétences en français... tout ce monde converge

159 *Ibid.* : Les Œuvres belges, 1933-1954, 1.

160 ADL : *La semaine religieuse*, Lille, 1932, 823.

161 Le réseau de l'Œuvre belge était en fait impressionnant. On trouvait des délégués dans les communes et villes suivantes : Hellemmes, Wattignies, Ascq, Ronchin, Thumesnil, Loos, Lambersart (3), Saint-André, Wambrechies, Mons-en-Barœul, Roubaix (2), Wattrelos, Croix, Wasquehal, Mouvaux, Tourcoing, Neuville, Roncq, Linselles (2), Toufflers, Bousbecque, Halluin (4), Quesnoy-sur-Deûle, Armentières, Nieppe, Pérenchies, Frélinhien, Cyscing, Annappes, Templeuve, Seclin, Lesquin, Annœullin, Estaires, La Gorgue. ADL, 4B2, Œuvres belges : Délégués des Œuvres belges dans le Nord et le Pas de Calais, non daté (probablement après la Seconde Guerre mondiale puisqu'à cette époque, Wannyn devint également responsable des départements du Nord et du Pas-de-Calais).

vers le local. À partir de janvier 1941, Wannyn organise également le Secours d'hiver à Lille, une initiative élargie en mars 1941 à Roubaix, Linselles, Roncq, Bousbecque, Marcq et Lomme. On y fait le nécessaire pour que les familles belges puissent bénéficier comme les autres des services locaux français[162]. Le Secours d'hiver belge de Wazemmes sera particulièrement présent dans la rue pendant la guerre. Environ 7 000 familles seront aidées et le restaurant populaire « Léopold III » distribuera quotidiennement plus de 600 repas[163].

Les activités très visibles de Wannyn sous l'Occupation amèneront certains à l'accuser de collaboration après la guerre. Mais son dossier de défense témoigne surtout d'une attitude pragmatique. En fait, il tire des Allemands tout ce qu'il peut pour la sauvegarde des activités sociales de la mission. Protégé par son habit de prêtre, Wannyn louvoie habilement entre les frontières du possible. On en trouve un bel exemple dans l'aide qu'il prête à l'*Oberfeldkommandant* de Lille dans le cadre de son hobby. Responsable de l'octroi des autorisations aux œuvres sociales, ce dernier a une grande admiration pour la littérature flamande, en particulier pour Felix Timmermans, qu'il traduit en allemand à ses heures perdues. À chaque difficulté, il fait appel à l'expertise de Wannyn en tant que *native speaker*[164]. Celui-ci l'utilise à son tour dans le cadre de ses œuvres sociales. Sa situation devient un peu plus délicate lorsque les flamingants collaborationnistes critiquent l'action du consulat belge à Lille. Selon eux, les Flamands y sont reçus en français. Comme exemple de la façon de faire à adopter, ils citent l'initiative de Wannyn[165]. Après 1945, les faits en question seront passés au crible, toutefois sans grandes conséquences. Wannyn se défendra en énumérant toutes les activités organisées dans une perspective humanitaire et sociale. « Jamais, dans mes réunions, mes sermons, mes conversations, je n'ai parlé de politique, de la propagande pour un mouvement séparatiste », affirme-t-il. Au contraire. Tout au long de la guerre, il n'a fait qu'encourager un bi-patriotisme « et chez les Français, et chez les Belges »[166]. Il énumère aussi les problèmes qu'il a eus dès 1940 avec la Gestapo. D'abord, il a été accusé d'avoir fabriqué des faux certificats de rapatriement ; en 1941 et 1942, il a été à nouveau interrogé pour trafic postal entre la Belgique et la France et vice versa et ; en 1943, le commissaire de police Delion lui a conseillé de mettre certaines activités en veilleuse parce que les Allemands étaient sur le point de l'arrêter. Wannyn a

162 Maertens, *Uitgeweken Vlaamse arbeidersgezinnen*, 113.

163 *Ibid.*

164 « Celui-ci (le docteur Jacobs) m'a surtout parlé de littérature (il parlait très bien le flamand et l'écrivait assez bien). Avant de partir, il m'a dit que je pouvais continuer mon activité, mais, que je serais contrôlé et surveillé par les services allemands. Il m'a dit qu'il m'appellerait chaque fois qu'il aurait besoin de moi pour faire une petite traduction de l'allemand en flamand, ou pour lui donner une explication concernant la littérature flamande (il traduisait les Œuvres de Félix Timmermans). » ADL, 4B2, Œuvres belges : Documents de guerre, 1.

165 *Ibid.*, 2.

166 *Ibid.*

d'ailleurs fourni des services divers à la résistance. Il a notamment hébergé des résistants, recruté des ouvriers pour les Anglais et mis à la disposition de la résistance les caves du Foyer belge pour y entreposer des vivres.

Après la Seconde Guerre mondiale, la mission n'est pas démantelée comme on l'avait craint. Les associations liées à la guerre, comme la Croix-Rouge, y prennent en revanche une importance croissante. D'autres initiatives sont également poursuivies, non sans un certain succès. L'une d'elle est le *Sanitair Tehuis Fastenaekels*, un prolongement de l'Œuvre des enfants débiles, qui dirigeait en temps de guerre un dispensaire pour consultations médicales et un restaurant pour enfants, servant des repas sains[167]. Fastenaekels est un industriel belge de Wattrelos, qui a à partir de 1945 mis à la disposition du Foyer belge une villa de Coxyde. Chaque été en juillet et en août, des enfants du Lillois, âgés de 6 à 14 ans, s'y rendent pour un « séjour sain » à la côte belge.

Le 1er février 1946, l'organisation du Foyer belge est réformée. Les Œuvres créées pendant la guerre et dont la subsistance est jugée utile sont regroupées au sein des Œuvres belges. Celles-ci reposent désormais sur quatre piliers : (1) la Croix-Rouge belge, qui comprend le dispensaire, le placement pour les enfants débiles, la colonie de vacances et un mouvement de jeunesse ; (2) les œuvres de bienfaisance, qui se concentrent surtout sur les malades, les personnes âgées et les indigents ; (3) le Secrétariat social, qui intervient surtout dans les affaires administratives ; et (4), le Cercle des amis flamands, axé sur la détente[168].

Liesbeth Maertens a décrit en détail les activités de celui-ci. Le Cercle des amis, l'un des points forts de l'organisation dans l'avant-guerre, est ouvert le dimanche et le lundi. Il réunit en 1950 500 femmes et 470 hommes, « souvent des personnes d'un certaine âge, qui viennent au cercle pour boire un verre, faire une partie de cartes ou de billard, ou s'adonner à des travaux manuels »[169]. Chaque lundi, il y a distribution de soupe. Le moment fort annuel du Cercle, c'est toutefois le banquet. Son déroulement fait encore écho aux tensions entre acteurs religieux de Wazemmes qui ont marqué les années 1920. « Cette grande fête est entamée par la grand-messe, alternativement célébrée dans l'église paroissiale ou dans celle des pères, car dans ces occasions, la chapelle de l'Œuvre des Flamands n'est pas assez grande pour accueillir tout le monde. Après la messe, on entre en cortège, avec les bannières, dans la salle joliment décorée (...). »[170] La section de la Croix-Rouge compte pour l'année de travail 1945-1946 un peu plus d'une centaine de membres. Ceux-ci aident à la distribution de repas aux vieux et c'est aussi parmi eux que l'on

167 ADL, 4B2, Œuvres belges : Discours prononcé le 23 mai 1943 par monsieur Delhaize, 7. Le dispensaire fut créé avec l'aide d'un certain docteur Piton. « Il (Wannyn) créa des cours d'infirmiers, d'infirmières et de secouristes. Il fonda un dispensaire et s'organisa pour toute éventualité. Son poste de secours est un des mieux installés. »

168 Maertens, *Uitgeweken Vlaamse arbeidersgezinnen*, 114-115.

169 *Ibid.*, 116.

170 *Ibid.*

recrute des moniteurs pour la colonie de Coxyde. « Ces jeunes sont d'origine belge et certains connaissent encore un peu de flamand, bien qu'en général, ils soient entièrement francisés. »[171]

Le principal changement de l'après-guerre est sans aucun doute l'élargissement du champ d'action. Si dans les années 1930, l'accent était encore mis sur le Lillois, c'est tout le département du Nord qui tombe après la guerre sous la responsabilité de Wannyn. Traduit en chiffres, cela représente une charge énorme. Environ 55 000 Belges résident dans le nord de la France et 50 000 frontaliers sont également placés sous sa responsabilité. En 1950, des fermiers flamands qui s'établissent dans les départements septentrionaux viennent encore s'ajouter à la masse. En 1947, les Œuvres belges ont bien transmis le Secrétariat (« Entr'aide sociale belge ») au consulat de Lille, mais cela n'empêche pas que pour un seul prêtre, les autres œuvres soient difficiles à assumer. À partir de 1948, Wannyn reçoit le soutien du Ward Corsmit, qui s'occupera surtout des Belges de Roubaix, Tourcoing, Wattrelos, Linselles et Halluin.

Mais cela ne suffit pas, loin s'en faut. Après 1950, Wannyn est également responsable de tous les non-agriculteurs belges des départements limitrophes, comme le Pas-de-Calais, l'Aisne, les Ardennes, la Somme et la Meurthe-et-Moselle. Une tâche très ingrate, apparaît-il très vite, car outre le Lillois, l'Œuvre des Flamands est également active, comme nous le verrons en détail dans la troisième partie, à Paris. Ses sections sont chapeautées et financées par le diocèse de Gand et le Boerenbond. Grâce à cette réorganisation des compétences, l'œuvre parisienne voit sa responsabilité réduite aux agriculteurs d'origine flamande qui se sont établis (en particulier pendant l'entre-deux-guerres) dans le bassin parisien au sens large. Entre 1945 et 1955, Wannyn plaide donc énergiquement pour une réorganisation, tant au niveau des tâches qu'au niveau du personnel. En vain. Le Foyer belge, estiment souvent les responsables belges, relève du diocèse de Lille. Il s'agit donc d'une œuvre essentiellement française et c'est aussi de ce pays que doivent venir les solutions.

Comme souvent, la célébration d'un succès va de pair avec l'amorce du déclin. En 1953, les Œuvres belges fêtent par un grand banquet leurs vingt ans d'existence. L'affluence de ce jour-là ne suffit pourtant pas à faire oublier le fait que la migration belge est en chute libre dans le Lillois. La plupart des migrants permanents sont francisés. La pratique religieuse n'est plus non plus une évidence pour les membres. Le graphique 9 reprend les réponses à la question portant sur la fréquentation de la messe dominicale par les parents et les enfants. Le pourcentage élevé de ceux qui répondent « jamais » (plus de 20% dans toutes les catégories) frappe davantage que la majorité qui s'acquitte de ses obligations dominicales. Wannyn quittera Wazemmes en 1960. L'organisation subsistera, mais en tant que centre de service catholique plutôt que comme œuvre migratoire.

171 Maertens, *Uitgeweken Vlaamse arbeidersgezinnen*, 119.

GRAPHIQUE 9
ASSISTANCE À LA MESSE DOMINICALE

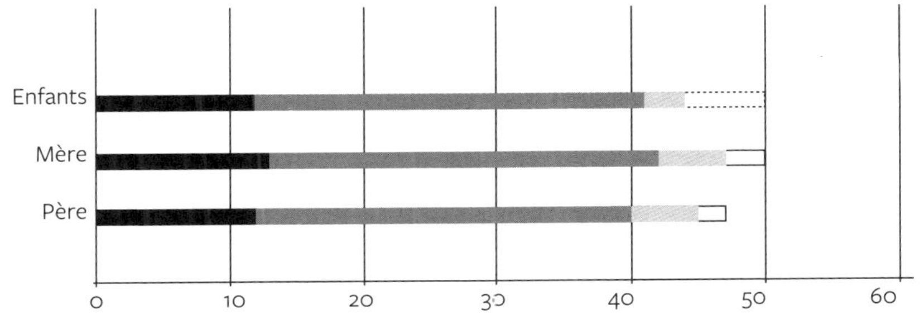

■ Jamais
■ Une fois par semaine
■ De temps en temps
□ Annuellement
⬚ Invraisemblablement

Initiatives périphériques

S'agissait-il des seules initiatives d'encadrement religieux pour les Belges en France ? Non. La liste que nous avons dressée ici est loin d'être exhaustive. Les migrants belges bénéficiaient de l'attention des acteurs et instances religieux ailleurs dans le département du Nord. Mais ces initiatives n'ont jamais eu la même ampleur que celle des frères mineurs à Roubaix ou à Wazemmes ou que les Œuvres belges de Wazemmes. Par exemple, les réseaux de laïcs et de prêtres français s'intéressaient aussi aux Belges du Lillois. Une série de ces initiatives étaient principalement centrées sur l'assistance sociale. Les conférences flamandes de Saint-Vincent de Paul étaient l'une des plus visibles. À l'origine, elles étaient l'œuvre du prêtre flamand de France Arthur Dehaese[172]. De 1887 à 1890, il avait servi à Lille-Fives, où il avait été frappé par la détresse morale des immigrés flamands. Il mit sur pied un apostolat ouvrier « en cascade », dans lequel des ouvriers flamands pieux tentaient d'en accompagner d'autres sur le plan spirituel[173]. Dehaese donna à son initiative les bases structurelles nécessaires et l'élargit à l'extérieur de Fives. Les conférences flamandes se répan-

172 Arthur Dehaese était originaire de Bailleul (°1852) et était curé non rétribué à Mons-en-Barœul près de Lille, où il était peu connu et où il exécutait peu de tâches pastorales. « Il se consacre entièrement aux "Œuvres flamandes" dont il est le directeur. » ADN, 1V61.

173 *Société de Saint-Vincent de Paul, Assemblée générale des conférences des diocèses de Cambrai et d'Arras*, dimanche 29 oct. 1893, 43-44. « C'est toujours la charité du pauvre envers de plus pauvres que lui, et quelque fois envers d'aussi pauvres que lui qui forme la base de l'apostolat dans les familles flamandes. Cet apostolat s'exerce à l'égard de tous les membres visités, parents comme enfants, et par une sorte de mystérieuse réciprocité, il s'exerce aussi sur les sentiments des visiteurs, que l'on voit s'affermir dans la foi et la pratique au fur et à mesure qu'ils affermissent leurs pauvres. »

dirent dans tout le Lillois et s'émancipèrent pour devenir une organisation autonome, avec une administration financière communautaire, un missionnaire diocésain et son propre siège à la maison Saint-Charles de Cambrai. En 1893, Louis Bekemans reprit les tâches de Dehaese. Bekemans était un prêtre belge, qui, en 1887, avait dû quitter sa paroisse française de Pérenchies à cause de sa nationalité[174]. À l'époque, il y avait des conférences flamandes à Armentières et à Loos (Saint-Joseph des Flamands), à La Madeleine-lez-Lille (Notre-Dame des Victoires), à Roubaix (Saint-Henri et Saint-Roch), à Croix (Saint-Antoine de Padoue) et à Tourcoing (Saint-François).

De plus, une partie importante du Lillois continuait évidemment à parler le flamand. Même après 1880, tant les messes en flamand que les missions populaires continuèrent à attirer du monde et à se pratiquer couramment[175]. Les prêtres n'avaient aucune peine à franchir la frontière pour se rendre en Belgique et le diocèse de Cambrai continuait à constituer avec la Flandre française un réservoir de prêtres flamandophones. Il en allait de même pour les instituts religieux. Des missions étaient régulièrement organisées vers le nord de la France depuis les couvents de Mouscron, Courtrai ou Tournai. Il y avait par exemple celles que la maison des passionnistes de Courtrai mettait sur pied. Certaines communes du Lillois étaient concernées[176]. Vers le tournant du siècle, de nombreuses missions de cet ordre s'adressèrent aussi aux communes frontalières belges, où de nombreux frontaliers belges s'étaient établis. Les hameaux mouscronnois de Mont-à-Leux et de Risquons-tout furent fréquemment visités[177].

174 ADN, 1V61 : Abbé Bekemans.

175 Pour Roubaix, voir par exemple les annonces dans le *Journal de Roubaix*, 5 sept. 1891 ; 17 oct. 1891.

176 Par exemple un tridium à Roncq, où les passionistes revinrent souvent, en juillet 1888 : « Le père Bernardin a prêché à Roncq à l'occasion de l'Adoration perpétuelle du St. Sacrement avec le père Léon, qui s'est chargé des sermons en français. Les Flamands de Roncq ont fait preuve de beaucoup de bonne volonté. » APK, V.L.2. : Prédications 1878-1921.

177 Concernant une mission à Mont-à-Leux en 1907 : « Qui ne connaît le Mont à Leux ? Le fondateur de la paroisse s'est un jour exclamé : "Ne dites pas le Mont à Leux mais bien le Mont à diables !" (...) » Cette mission fut renouvelée en 1908. On lit à ce sujet : « Les (...) pères Etienne et Hilaire étaient les missionnaires désirés par le pasteur et par le peuple du Mont à Leux. Dès le premier instant un courant (de) sympathie s'établit entre la population et les missionnaires. Un grand bien en est résulté. Les missionnaires se sont littéralement exténués pour le bien du peuple et le peuple a admirablement correspondu au zèle et aux fatigues des missionnaires. Dès 5 h du matin, heure à laquelle avait lieu la première instruction il y avait toujours un beau petit auditoire de personnes qui devaient ensuite se rendre à l'usine. À 7 ½ h avait lieu la deuxième instruction, belle assistance surtout le jour où nous nous rendions au cimetière. À dix heures à la réunion des enfants c'était beau à voir comment ces pauvres enfants recueillaient avec avidité les bons conseils et les sages avis qui leurs étaient donnés. Le soir à 7 ½ h nous avions la réunion des Flamands. Tous les soirs donc à 7 ½ h sermon flamand. Cette réunion a tellement bien réussi et tellement enthousiasmé le curé pourtant d'un tempérament froid qu'il a immédiatement (...) demandé pour que l'année prochaine nous allions prêcher pendant huit jours pour les Flamands seuls (...). » APK, V.L.2. : Prédications 1878-1921.

Pour conclure

De nombreuses initiatives belges étaient présentes dans le Lillois. Certaines apparurent en même temps que le flux migratoire belge. Dans ce chapitre, nous avons montré que ces initiatives ne peuvent pas toutes être associées à la réalité migratoire. La politique pastorale du diocèse de Cambrai, à laquelle des acteurs religieux belges collaborèrent volontiers, est tout aussi importante pour expliquer leur présence. La venue des rédemptoristes à Douai n'avait par exemple rien à voir avec l'immigration belge, mais était liée au manque d'instituts religieux apostoliques (masculins) dans la région[178]. Il en va de même des maisons rédemptoristes de Dunkerque, Boulogne-sur-Mer et Lille. Les frères mineurs entamèrent aussi leur mission de Roubaix dans le désir de rassembler aussi bien des Français que des Belges. Pendant la période 1850-1880, le renforcement de l'apostolat populaire dans le diocèse de Cambrai constitua donc un ressort aussi important que l'encadrement des migrants.

Pendant l'épiscopat de Régnier, nous pouvons donc parler d'un espace franco-belge dans lequel les pratiques pastorales et les fonctions idéologiques sont en harmonie. Ce n'est pas sans importance pour la réalité migratoire belge. Les rédemptoristes – et dans une moindre mesure les frères mineurs – étaient avant tout à la recherche de croyants et de gens à convertir, pas de migrants. Dans leur image du monde, principalement structurée sur des bases religieuses, ceux-ci n'avaient pas encore de place. Cependant, les instituts religieux vont être progressivement contraints par les autorités nationales à penser eux aussi en termes de nation. Comme nous le verrons dans le chapitre suivant, c'est précisément dans ce champ de tensions que l'Église commença à s'intéresser au migrant.

Si nous considérons les activités des instituts religieux propres à la période 1850-1880 et au Lillois sous l'angle de la réalité migratoire, c'est l'œuvre de la rue Mazagran qui s'adresse le plus exclusivement au public cible des Belges. En ce sens, elle est dans le Lillois l'une des rares initiatives ecclésiastiques qui puisse être considérée comme une association pour migrants. C'est indéniablement le cas après 1888. Lors de la création de la Fondation Decoster, il n'existe plus le moindre doute sur la nature et les objectifs de l'initiative. Tout ce qui est financé par elle l'est « uniquement pour le service des Flamands ». Le revival de l'œuvre d'encadrement belge dans les années 1930 est plus difficile à classer. À l'époque, les navettes professionnelles ont depuis longtemps pris le pas sur la migration permanente. Les Œuvres belges sont à la fois liées au quartier et à la région. À Wazemmes, la mission belge rassemble surtout un public plus âgé. L'organisation n'a plus d'impact sur la deuxième génération. Dans le Lillois, elle se centre surtout sur ses services

178 Lejeune, *Le père Huchant*, 74.

d'assistance sociale. Son succès est renforcé par la proximité de la frontière. Les Œuvres belges y ont, plus qu'ailleurs en France, une activité permanente. Pendant la Seconde Guerre mondiale, elles ont fort à faire avec l'accueil des réfugiés. Ensuite, les ouvriers frontaliers s'adressent eux aussi à l'organisation de Wannyn. Le bureau d'aide sociale gère certains de leurs dossiers et la mission reste un bon canal d'information concernant les possibilités d'emploi dans la région.

Malgré un degré d'organisation élevé, les œuvres d'encadrement que nous avons étudiées doivent toujours leur existence à des circonstances aléatoires. Elles sont lancées par des figures individuelles, dont l'action est, par la suite, canalisée par la hiérarchie ecclésiastique. Aussi bien ce caractère contingent que l'approche adoptée relativisent par conséquent l'idée selon laquelle l'Église aurait par ses actions « réagi » à une nouvelle réalité sociale. Le Lillois est à mon sens caractéristique de son attitude. Nulle part ailleurs, la réalité migratoire belge n'apparaît de manière aussi flagrante. Pourtant, loin d'être concertée, la réaction est tributaire d'une série de « passeurs ». De plus, l'action ecclésiastique ne se résume clairement pas à la réalité migratoire. Au cours de la période 1850-1880, le migrant joue cependant un rôle croissant. S'il n'a pas été la cause de la présence d'instituts religieux belges dans le nord de la France, il va devenir un argument très utile dans la légitimation *a posteriori* des activités qui y ont été développées.

LES ŒUVRES D'ENCADREMENT BELGES DANS LE PROCESSUS DE NATURALISATION

LE MIGRANT BELGE EN TANT QU'ARGUMENT

Dans les deux chapitres précédents, l'accent était mis sur la relativité de la frontière nationale. Les œuvres d'encadrement religieuses du XIXe siècle, en particulier, étaient le théâtre d'une concurrence entre espace religieux et politique. Les instituts religieux étaient par essence des acteurs transfrontaliers. Nous avons d'ailleurs conclu le chapitre précédent en remarquant que les œuvres qu'ils initiaient opéraient dans un espace sans frontière, dans lequel il était difficile de parler de migrants ou de réalité migratoire. Autrement dit, l'Église distinguait clairement les catholiques potentiels, mais beaucoup moins les migrants. Au cours de la période 1850-1880, toutefois, nous voyons se développer progressivement, chez ces congrégations, des références à la migration belge. C'est quand leur fonctionnement transfrontalier est remis en question par d'autres instances que cela apparaît de la manière la plus explicite. Dans ces cas, l'Église prend de plus en plus souvent les Belges de France comme argument décisif pour légitimer ses activités dans ces endroits. Or, cette dynamique est loin d'être innocente, car elle porte en elle le germe de futurs problèmes. En catégorisant de plus en plus clairement les Belges de France comme des migrants, les acteurs ecclésiastiques s'adaptent inconsciemment à une logique étatique déterminée par les frontières nationales, qu'ils contestaient pourtant dans la perspective d'une Église supranationale. On peut à la fois voir cela de façon positive ou négative. D'un côté, l'Église se montre assez pragmatique et souple lorsqu'elle « régularise » à l'aide d'un argumentaire national une pratique transfrontalière spontanée. De l'autre, ce pragmatisme n'est pas sans cacher une importante faiblesse. En mettant en avant le migrant, l'Église accepte, volontairement ou non, que la spécificité nationale prévale désormais sur toutes les autres. Autrement dit, elle mine sa propre position transfrontalière. Dans une logique nationale, celle-ci devient anormale et doit s'adapter à l'espace national.

C'est cette dynamique que nous observons dans les lignes qui suivent. Deux champs de tensions dans lesquels la prise en considération du migrant a joué un rôle crucial dans l'argumentaire de l'Église vont être au centre de nos préoccupations. Le premier conflit concerne l'expulsion des rédemptoristes belges en 1861, le second celle des frères mineurs de Roubaix en 1880. Dans chaque cas, nous examinons le discours relatif au migrant belge.

Le migrant belge dans le débat relatif à l'expulsion des rédemptoristes belges

Le 31 mars 1861, l'ordre est donné dans le département du Nord d'expulser tous les rédemptoristes belges[1]. Les maisons de Dunkerque, Boulogne-sur-Mer et Lille assistent donc au départ de leurs confrères belges, mais c'est celle de Douai qui est la plus durement touchée. Après moins de dix ans de présence, elle est en effet mis sous scellés et fermée.

Quelques semaines plus tard, Mgr Régnier, archevêque, se laisse aller à polémiquer sur le sujet avec le journal pro-gouvernemental *Le Constitutionnel* en prenant la défense des rédemptoristes belges. L'un de ses arguments consiste à dire qu'à l'origine, ils ont été invités dans le diocèse pour encadrer le flux de 100 000 Belges, un groupe aux besoins spécifiques. Nous avons vu dans les chapitres précédents que ce n'était pas l'unique raison. Pourtant, la stratégie de défense de l'évêque est principalement basée sur les émigrés. Inconsciemment, Mgr Régnier est ainsi entraîné dans un débat balisé par une logique nationale. Ce qu'il espérait prouver au départ avec son argumentaire – « dans mon diocèse, il n'y a pas de différence entre les Belges et les Français » – ne fonctionne désormais plus. La stratégie défensive de l'évêque peut facilement se retourner contre lui. S'il n'y a pas de différences, pourquoi faut-il donc des religieux spécifiques ? Le débat qui s'en suit en juin 1861 au Sénat va prendre la même tournure. Les défenseurs des rédemptoristes vont y être rappelés à l'ordre avec des arguments nationaux.

Ci-après, nous nous demandons d'abord pourquoi les rédemptoristes, précisément, étaient dans le collimateur des autorités. Ensuite, nous analysons le rôle argumentatif joué par les migrants belges dans cet affrontement entre Église et État.

1 Les capucins belges de Hazebrouck, quatre au total, durent également quitter le pays. Comme ils n'étaient liés ni aux migrants belges ni au Lillois, nous ne les avons pas pris en considération.

La question italienne

La première décennie du Second Empire (1851-1860) représente pour l'Église française une période prospère. Entre le régime de Napoléon III et l'Église, il existe une forme de compréhension mutuelle. Pour asseoir son pouvoir, Louis Napoléon a cherché et trouvé le soutien de l'Église[2]. Mieux encore, la France catholique – ultramontaine ou gallicane – a pleinement souscrit au changement de régime, à tel point même que Pierre-Louis Parisis (1795-1866), évêque d'Arras, publie dans une lettre pastorale (décembre 1851) l'éloge suivant à propos de Napoléon III : « Le prince étonnant qui a osé prendre la charge surnaturelle de sauver la France. »[3]

Cette bonne entente entre Église et régime a notamment pour effet une nouvelle floraison de la vie catholique en France. Partout, de nouveaux instituts religieux voient le jour, le statut financier du clergé s'améliore et l'on construit un nombre spectaculaire d'églises[4]. La consécration en 1860 de l'impressionnante statue de Notre-Dame de France, fondue avec les canons pris aux Russes à Sébastopol et élevée au Puy-en-Velay, est une belle illustration de cette entente[5]. Vers 1860, un refroidissement se produit toutefois suite aux événements internationaux, qui ont à l'échelle locale de graves retombées. Il sera notamment ressenti dans le diocèse ultramontain de Cambrai.

À l'origine de ce froid entre l'Église et Napoléon III, il y a l'attitude de ce dernier vis-à-vis la question italienne. Fort de la nouvelle position diplomatique qu'il a conquise pour la France à l'issue de la guerre de Crimée (1855), l'empereur s'est engagé en faveur du *Risorgimento*, mouvement de « résurrection » du peuple italien. Quand cette prise de position se met à jouer en défaveur des États pontificaux, Napoléon hésite et perd la direction des opérations. La question italienne devient alors une question romaine, évolution qui lui sera durement reprochée par les élites de la France catholique. En réaction, le régime se crispe et cherche un exutoire aux ressentiments qu'il a vis-à-vis de l'Église. Cette dynamique de percolation – de l'international au très local – vaut la peine d'être approfondie, ne fût-ce que parce qu'en 1861, les rédemptoristes en subiront eux aussi les conséquences.

Cinq ans auparavant à peine, Napoléon III a atteint avec la guerre de Crimée l'apogée de sa gloire nationale. Le rôle déterminant de la France dans le conflit a mis fin à l'accord conservateur mis sur pied entre les grandes puissances antinapoléoniennes lors du congrès de Vienne[6]. Son démantèlement

2 Cholvy et Hilaire, *Histoire religieuse de la France*, 269-270.

3 Cité dans Milza, *Napoléon III*, 313. Selon lui, le régime de Louis Napoléon, homme areligieux, est faible dans ses débuts et cherche le rapprochement avec la fraction catholique pour renforcer sa position dans le pays. Cela explique son attitude bienveillante vis-à-vis de l'Église, et notamment l'adoption des lois Falloux.

4 Yon, *Le Second Empire*, 154.

5 *Ibid.*, 152.

est négocié non plus à Vienne, mais à Paris (1856)[7]. Le bouleversement de cet ordre tire la France de son isolement. L'une des conséquences importantes pour l'Europe, c'est que désormais, le principe de souveraineté populaire peut se développer[8]. Non seulement, Napoléon III veut réhabiliter son oncle, mais son attitude sur le plan international lui est aussi dictée par une foi précoce dans ce principe. En 1830-1831, son frère et lui étaient parmi les insurgés qui ont combattu les troupes pontificales en Romagne. Ce nationalisme populaire et romantique lui avait déjà inspiré des actes, souvent inconsidérés, dans un passé plus lointain[9]. Une fois arrivé au pouvoir (avec les compétences dont il s'est lui-même doté), il se considère avant tout comme un souverain libérateur[10].

La sympathie que Napoléon III éprouve plus tard pour le *Risorgimento* n'a rien d'étonnant. Le rôle de l'homme politique piémontais Camillo Benso di Cavour est capital dans cet épisode. Pendant le congrès de Paris, il a éveillé l'attention de l'empereur pour la question italienne. L'attentat de l'anarchiste italien Felice Orsini contre sa personne renforce paradoxalement cet intérêt. Cela mène Napoléon et Cavour à se rencontrer, en juillet 1858, à Plombières (Vosges). Là, une alliance est scellée entre l'empereur et le royaume de Piémont-Sardaigne contre les Autrichiens[11]. Une guerre contre ceux-ci devrait rapporter à la France le comté de Nice et la Savoie. L'Italie serait transformée en une confédération composée de la Haute-Italie piémontaise, d'un nouveau royaume de Toscane encore à former, des États pontificaux et du royaume des Deux-Siciles. Cette confédération serait dirigée par le pape.

En avril 1859, le Piémont-Sardaigne pousse effectivement l'Autriche à une déclaration de guerre. La France vole au secours des Italiens et défait les Autrichiens à Magenta (4 juin) et à Solférino (24 juin). Par contre, elle perd toute

6 Yon, *Le Second Empire*, 84.

7 Au sujet des conséquences internationales de la guerre de Crimée, voir Figes, *De Krimoorlog*, 491-492 ; Deneckere, *Leopold I*, 500-550.

8 Sur la lutte entre la conception supranationale de l'Europe défendue par Metternich et l'idée de souveraineté populaire, voir Lamberts, *Conservateurs et catholiques face à l'État*.

9 Par exemple, le coup d'État qu'il avait tramé depuis Londres. Le plan prévoyait qu'il débarque, le 6 août 1840, à Boulogne-sur-Mer avec une soixantaine de compagnons, mais le coup d'État fut un fiasco complet. Lors du procès, qui se déroula du 28 septembre au 6 octobre, il expliqua les motifs de son acte comme suit : « Je présente devant vous, un principe, une cause, une défaite. Le principe, c'est la souveraineté du peuple ; la cause, celle de l'Empire ; la défaite, Waterloo. Le principe, vous l'avez reconnu ; la cause, vous l'avez servie ; la défaite, vous voulez la venger. » Cité dans Yon, *Le Second Empire*, 15 et 80-81.

10 Pour le discours de Napoléon III devant l'assemblée législative le 3 mai 1854 : « L'Europe, sait que la France n'a aucune idée d'agrandissement. Le temps des conquêtes est passé sans retour, car ce n'est pas en reculant les limites de son territoire qu'une nation peut désormais être honorée et puissante, c'est en se mettant à la tête des idées généreuses, en faisant prévaloir partout l'Empire du droit et de la justice. » Cité dans Milza, *Napoléon III*, 369.

11 Traité qui fut signé le 26 janv. 1859. Yon, *Le Second Empire*, 85.

prise sur les événements dans la péninsule italienne. Les forces centrifuges du mouvement d'indépendance deviennent immaîtrisables. À l'automne 1859, Parme, Modène et la Romagne se fédèrent pour former l'Émilie, qui se rallie comme la Toscane au Piémont-Sardaigne. La Romagne faisant partie des États pontificaux, cela signifie la fin du pouvoir temporel du pape, ou quasiment. En 1860, Garibaldi fédère avec les *Mille* – un millier de partisans – le sud de l'Italie, dont la population s'est prononcée lors d'une consultation populaire pour le ralliement au Nord. Le pays est ainsi unifié, mais sans son cœur historique et sentimental : Rome. Provisoirement, le Parlement se réunit à Turin. Le 23 mars 1861, Victor-Emmanuel y est officiellement proclamé roi d'Italie et, le 27 mars 1861, le parlement désigne Rome comme capitale du royaume. La question italienne se change alors en question romaine. Pour un moment, la ville éternelle et la région qui l'entoure, le Latium, restent néanmoins aux mains du pape[12]. Et c'est le même Napoléon III qui s'en porte garant.

En France, le processus d'unification italienne a choqué l'opinion catholique. Le rôle de Napoléon III dans cette histoire est particulièrement incompréhensible à ses yeux. Il a été, au bas mot, le complice de Cavour. C'est aussi l'avis du pape Pie IX, qui le tient personnellement responsable du dénouement de la situation[13]. Il lui reproche en particulier une publication intitulée *Le pape et le congrès*, dans laquelle l'empereur critique la territorialité des États pontificaux[14]. Pie IX est désormais convaincu que s'accrocher à son pouvoir spirituel ne suffit plus. Il met sur pied un corps d'armée principalement constitué de volontaires belges, autrichiens et français et dirigée par le Belge Xavier de Mérode. Beaucoup de volontaires français sont d'ascendance aristocratique et originaire de l'est du pays[15].

12 Lamberts, *Conservateurs et catholiques face à l'État*, 87.

13 Milza, *Napoléon III*, 439-440.

14 Yon, *Le Second Empire*, 86. *Le pape et le congrès*, du Vicomte de La Guéronnière, est un document remarquable qui s'efforce de ménager la chèvre et le chou. D'une part, l'auteur défend la position selon laquelle le pape doit inévitablement disposer d'un pouvoir temporel dans l'exercice de son pouvoir (afin de transcender la nationalité). De l'autre, cette exigence est « incompatible avec un État de quelque étendue. (...) C'est ce régime à part et qui se rapproche plutôt de l'autorité de la famille que de l'administration d'un peuple » (12-13). Ensuite, il se penche sur le problème de la Romagne, plus précisément sur la question de savoir si le pape fait bien de réclamer cette région. « Nous ne croyons pas, que la séparation des Romagnes soit un amoindrissement pour le pouvoir temporel du Pape. Son territoire est diminué, cela est vrai ; mais son autorité politique, en se dégageant d'une résistance qui la paralyse, ne s'affaiblit pas, elle grandit moralement. » *Le pape et le congrès*, 23. Pour une réaction ecclésiastique française au document, voir Hilaire, *Une chrétienté au XIX*[ème] *siècle ?*, 318-321.

15 Milza, *Napoléon III*, 439 ; Lamberts, *Conservateurs et catholiques face à l'État*, 174-175 ; Guénel, *La dernière guerre du pape*.

Les rédemptoristes dans le collimateur

La question italienne a confronté Napoléon III à une forte opposition interne. En se rangeant du côté de Rome, une partie de l'Église française l'a clairement désavoué[16]. L'empereur redoute à présent une Église trop forte, qui se développerait à l'intérieur du pays pour devenir une sorte de cinquième colonne.

Dans le cadre de cette montée en puissance de l'Église, ce sont surtout les instituts religieux qui fâchent. Ils ont investi en peu de temps une grosse partie du terrain de l'enseignement, une tendance particulièrement marquée dans le département du Nord[17]. Leur suffisance déplaît de plus en plus aux instances officielles, d'autant que personne ne mesure encore exactement l'ampleur du réseau de ces congrégations et de ces ordres. En 1859, une commission est créée par Gustave Rouland, ministre de l'Instruction publique et des Cultes, afin d'évaluer la situation. Le *status quaestionis* qu'il établit des ordres religieux masculins actifs en France confirme leur essor rapide[18]. L'une des explications majeures, dit le rapport, réside dans l'imprécision du cadre légal existant. En donnant aux congrégations religieuses la possibilité de s'établir sans autorisation, les gouvernements successifs ont depuis le concordat de 1801 créé *de facto* un droit coutumier[19].

Une note établie ultérieurement vise en particulier les méthodes et l'influence des instituts religieux. Ceux-ci sont accusés de miner à la fois le pouvoir des autorités, des familles et du clergé séculier.

Réduire l'influence des congrégations n'est pas chose facile. D'une part, les autorités reconnaissent les effets positifs de leur engagement dans de nombreux domaines sociaux. Pour elles, la religion reste un pilier moral de la société. Mais d'autre part, elles n'apprécient pas les interventions autonomes d'une Église favorable à Rome. C'est cette frange qu'il faut d'urgence discipliner. Une action visant la totalité du champ congréganiste doit donc être évitée. Les autorités veulent organiser un contrôle plus strict à l'aide des instruments

16 Louis Veuillot avait, dans *L'Univers*, vertement critiqué la politique impériale. Dupanloup, évêque d'Orléans, un homme influent et jusque-là libéral, s'est lui aussi ouvertement rangé avec d'autres prélats, dont Régnier, dans le camp de Pie IX. Cholvy et Hilaire, *Histoire religieuse de la France*, 269-270.

17 Les lois Falloux (1850 et 1851) avaient entièrement rouvert la voie à l'enseignement confessionnel. Maurin, *La politique ecclésiastique du Second Empire*, 435.

18 *Ibid.*, 440. Voir aussi, dans cet ouvrage, la circulaire remarquable de Rouland aux évêques français (17 fév. 1860), dans laquelle il traite en détail de la séparation entre Église et État et demande aux évêques de considérer que Napoléon III a toujours eu comme principe « d'accorder à l'élément religieux autant de confiance et de liberté que pouvait le faire un gouvernement puissant et national ». *Ibid.*, 3.

19 La loi du 24 mai 1825 apportait un correctif à cette situation en associant un établissement à une autorisation de l'État, mais en pratique, la décision était laissée à l'évêque compétent. L'État conservait toutefois le droit de supprimer administrativement certaines congrégations si nécessaire. *Ibid.*, 447.

dont elles disposent[20]. Pour y parvenir, il faut que l'affrontement concerne un dossier impliquant peu de dégâts collatéraux.

Dans le département du Nord, on a tôt fait de trouver un sujet qui répond à ces critères. Le département compte non seulement un nombre considérable de congrégations, mais leur composition est également particulière. Certaines maisons sont constituées en partie de réguliers français, en partie de réguliers étrangers (en l'occurrence belges). Ce contexte transnational inquiète les autorités centrales, d'autant qu'elles ne peuvent guère compter en matière de contrôle sur les administrations locales. Le département possède en la personne de Paul Vallon un préfet qui fait montre d'une grande bienveillance vis-à-vis de l'Église. De plus, toute la région passe pour favorable à cette dernière, ce qui se reflète dans les administrations communales de tendance catholique.

Un prétexte à affronter l'Église est finalement trouvé en 1861. Le diocèse de Cambrai est alors impliqué dans une série d'affaires douteuses, dans lesquelles les congrégations ont incontestablement joué un rôle. La plus connue est l'affaire Bluth-Mallet, du nom donné au combat mené pendant plusieurs années par la famille juive Bluth pour soustraire ses enfants (Anna, Adolphe, Minchon, Isidore, Louise, Sophie Thérèse, Élisabeth et Louis) au prosélytisme excessif des catholiques. L'affaire fait grand bruit et se termine en mars 1861 par un procès[21].

Le point de vue de l'archevêque Régnier tout au long de l'affaire est remarquable. Selon lui, les autorités civiles n'ont pas à se mêler des affaires de foi. En ce sens, il touche à nouveau au cœur de l'ancienne lutte qui oppose pouvoirs temporel et spirituel, le premier étant considéré comme subordonné au second. En même temps, il fait aussi savoir que l'intégration – si nous pouvons déjà utiliser ce mot – doit passer en premier lieu par le chemin de la foi. En d'autres mots, la meilleure façon pour les juifs de prouver leur intégration, c'est de devenir catholiques.

20 *Ibid.*, 449.

21 Delmaire, « L'intégration par la liberté des consciences et l'égalité des cultes ». Delmaire offre un bel aperçu de l'affaire. En 1847, la fille aînée, Anna, tombe sous le charme de Théodore Ratisbonne, fondateur des sœurs de Sion, qui se sont donné comme but de convertir les jeunes juives pauvres. Anna persuade son père et sa sœur, Minchon, puis plus tard, Adolphe, de se convertir. Sa mère résiste longtemps mais finit par céder. Entre-temps, Anna a fait connaissance avec le chanoine Mallet, à Cambrai. La famille se regroupe dans cette ville et les plus jeunes enfants sont confiés aux soins de congrégations religieuses des environs. Lorsque l'on découvre qu'Anna et Mallet entretiennent une liaison, l'histoire prend une autre tournure. Le père, la mère et Adolphe retournent à Paris et à la foi juive. À partir de 1855, ils tentent de réunir à nouveau la famille, mais les enfants sont cachés dans des maisons de congrégations (y compris en Belgique). Les filles cadettes, Sophie Thérèse et Élisabeth, posent particulièrement problème. La première n'a pas encore été retrouvée au moment du procès, la seconde le sera en 1860 à Lille dans un asile public. Le procès révélera notamment qu'Anna et Mallet, soutenus par le vicaire général du diocèse, avaient envoyé Élisabeth d'un couvent à l'autre pour la cacher.

Le ministère public, dirigé par un procureur général compétent du nom de Camescasse, fait également de l'affaire une question de principe. Camescasse s'aligne sur la position du Concordat, qui repose notamment sur l'idée de liberté de conscience. Ici, la conversion a été forcée. Autrement dit, un droit inaliénable de tout citoyen français a été violé.

Comme des faits similaires se sont déjà produits en France, l'affaire prend une portée symbolique. Des cas plus anciens font rétroactivement parler d'eux. L'une de ces affaires a même été instruite par Camescasse lui-même. Fin 1859, une mère avait en effet signalé la disparition de sa fille, Antoinette, âgée de 19 ans (mais mineure)[22]. Hormis le fait que celle-ci avait probablement rejoint un couvent, elle n'avait aucun indice. Camescasse avait immédiatement soupçonné le confesseur de la jeune fille, un rédemptoriste de Douai. Plus tôt dans l'année, les rédemptoristes avaient en effet facilité la fuite d'un jeune homme de 16 ans, Anatole-Léon Wable, de Dunkerque. Finalement, tous deux avaient été retrouvés. Ils avaient déclaré être partis de leur plein gré et l'affaire avait été classée.

En 1861, ces faits refont surface dans la foulée de l'affaire Bluth-Mallet. Très vite, il apparaît que les autorités souhaitent rappeler les congrégations à l'ordre par le biais de sanctions contre les réguliers étrangers. C'est un rédemptoriste en mission à Saultin (près de Valenciennes) qui sert de prétexte. Il a ouvertement critiqué en chaire la politique italienne de Napoléon III[23]. Après la sentence de l'affaire Bluth-Mallet, Rouland passe à l'action et profite du contexte pour attaquer les rédemptoristes belges du département du Nord. Leur maison de Douai est suspendue et tous les religieux de nationalité belge qui séjournent dans les résidences de Lille, Dunkerque et Boulogne-sur-Mer sont contraints de quitter la France[24]. L'ordre est donné le 31 mars et est suivis, le 3 avril, des arrêtés préfectoraux.

22 Maurin, *La politique ecclésiastique du Second Empire*, 442.

23 Les capucins d'Hazebrouck sont accusés au même moment. Un capucin a, dans un sermon prononcé à Saint-Omer, critiqué les autorités à propos de l'affaire Léotade, un autre épisode retentissant. En 1850, le frère Léotade, des Écoles chrétiennes, avait été condamné pour viol et meurtre sur la personne de Cécile Combettes, apprentie chez un relieur. Les faits remontaient à 1847. Léotade avait toujours soutenu son innocence. Plus tard, il s'était avéré que les faits avaient été commis par un autre frère. La communauté d'Hazebroeck va être soupçonnée de tromperie pour obtenir des dons et un frère sera soupçonné de faits de mœurs. Voir à ce sujet *Ibid.*, 534.

24 Destombes, *Vie de son éminence le Cardinal Régnier*, 477. Les rédemptoristes donnent une tout autre interprétation des faits. Selon eux, toute ce remue-ménage avait été provoqué par la loge pour mettre fin aux bienfaits du diocèse de Cambrai. Les événements avaient été motivés par un fait de 1852, à savoir que pendant une mission de prédication, les rédemptoristes avaient entraîné la conversion d'une servante travaillant pour un magistrat de la ville. « Après le sermon sur les occasions de péché, elle rompit brusquement avec son patron, quitta son service et chercha une place où elle pourrait gagner son pain sans perdre sa vertu. Enflammé de colère, le magistrat jura de se venger. » Lejeune, *Le père Huchant*, 116-119.

L'expulsion dans le débat public

L'arrêté est exécuté sans trop de problèmes. L'affaire fait néanmoins grand bruit dans la mesure où Mgr Régnier se laisse entraîner à une polémique dans le journal *Le Constitutionnel*[25]. Une pétition des entrepreneurs et chefs d'atelier lillois regrettant le départ des rédemptoristes belges amène le Sénat à se saisir de l'affaire. Elle va y susciter de vifs débats[26].

Que lit-on dans *Le Constitutionnel* à propos de l'expulsion des réguliers ? Le journal défend la décision en pointant l'illégalité dans laquelle les congrégations visées se trouvaient. Leur venue n'avait en effet jamais été validée par les autorités françaises. Mais le journal la considère surtout comme dangereuse. « Leurs établissements se sont glissés en France d'une manière en quelque sorte clandestine », mais, surtout, il y a l'influence spirituelle néfaste « qu'ils ont prise sur des esprits faibles »[27]. En ce qui concerne le diocèse de Cambrai, il est en outre fait allusion à une fracture entre clergé séculier et régulier. Le pouvoir de ce dernier croît au détriment de celui des simples curés de paroisse. Mais ce sur quoi *Le Constitutionnel* insiste le plus, c'est l'altérité des réguliers belges. « Composées d'étrangers, fortement imbus d'idées étrangères », lit-on, ils n'étaient pas enclins à respecter « nos lois et nos sentiments ». Le journal ajoute que la France reçoit surtout l'excédent des maisons belges surpeuplées, qui ne représente pas toujours « la portion la plus saine et la plus éclairée » – et la menace est concrète. La conclusion radicale, se résume comme suit : la Belgique ferait mieux de garder chez elle ses réguliers.

Une première réaction de Mgr Régnier, préparée pendant sa visite pastorale à Roubaix, paraît dans *Le Constitutionnel* du 29 avril 1861. Les immigrés belges y occupent une place centrale. Les rédemptoristes, prétend-il, ne sont pas arrivés clandestinement en France. Ils ont été appelés par lui-même et par le diocèse. Vu la poignée de religieux concernés, cela ne représentait d'ailleurs pas plus une invasion. Mgr Régnier, note-t-on, souligne surtout les similitudes entre Belgique et France. « Les mœurs, les idées, les lois de la Belgique ne sont ni aussi étrangers, ni aussi différents de nôtres », écrit-il. De plus, la particularité de son diocèse réside précisément dans cette interaction spécifique avec la Belgique. « Sur une ligne de plus de soixante

25 *Le Constitutionnel*, de tendance pro-impérialiste, avait défendu l'expulsion. La première réaction de Régnier date du 29 avril 1861, la deuxième du 4 mai 1861.

26 « L'ordre du jour appelle la délibération sur une pétition de soixante manufacturiers et chefs d'atelier de Lille, qui prient le Sénat de vouloir bien appeler l'intérêt du Gouvernement sur leurs ouvriers, presque tous d'origine flamande, qui se trouvent privés de secours religieux par suite de l'expulsion des rédemptoristes belges. » *Discussion de la pétition relative aux associations religieuses du département du Nord*, séance du 13 juin 1861, 3. Voir également Pierrard, *La vie ouvrière*, 379.

27 *Le Constitutionnel*, 22 avril 1861.

lieues, mes diocésains sont en rapports quotidiens et, grâce à Dieu, plein d'une bienveillance réciproque, avec la population belge. »[28]

Malgré la forte interaction franco-belge et des ressemblances entre les deux pays, Mgr Régnier juge la venue de rédemptoristes belges nécessaire. Il justifie entièrement leur présence par la réalité migratoire. En effet, « il y a certainement plus de 100 000 ouvriers belges dans le département du Nord. On présume que le prochain recensement pourrait bien constater un chiffre approchant de 150 000. C'était donc un religieux étranger pour à peu près 10 000 de ces nationaux, auxquels le clergé diocésain ne peut donner, (...) que des soins très insuffisants. »[29] Mgr Régnier ramène ainsi la présence des réguliers belges à la seule migration belge. Le migrant belge se voit du même coup décrit comme un groupe avec des besoins particuliers.

Le 4 mai, Mgr Régnier réagit une deuxième fois, cette fois depuis Paris. Dans cette réaction, les Belges sont entièrement catalogués comme des migrants. C'est la particularité de ce groupe qui avait poussé le diocèse à intervenir. Pour renforcer son plaidoyer, l'archevêque cite une lettre reçue de six prêtres lillois. Depuis que les rédemptoristes de Lille sont partis, ils sont désemparés. « Quand les besoins de l'industrie française eurent annexé parmi nous une nombreuse population belge-flamande, nous fûmes effrayés de la position où nous nous trouvions. D'un côté, se montrait pour nous l'obligation de donner des secours spirituels à cette population, et, de l'autre, nous étions arrêtés par une double impuissance : manque de temps, entièrement absorbé qu'est le nôtre par la population native, déjà trop grande, et ignorance de la part même des prêtres de la Flandre française, du dialecte de ces étrangers. » La présence d'un groupe de population si étranger, lit-on en guise de conclusion, entraînait « une impérieuse nécessité d'invoquer le concours d'auxiliaires étrangers ».

Le prolongement que cette polémique reçoit au Sénat le 13 juin 1861 élargit encore la palette des arguments. Deux parties s'opposent. La défense des réguliers belges expulsés et la position de Mgr Régnier sont représentées par le cardinal Césaire Mathieu (1796-1875), évêque de Besançon. Adolphe Billault (1805-1863), ministre sans portefeuille et orateur extrêmement doué, lui donne la réplique. Le fait que la pétition soit finalement rejetée par le Sénat est assez secondaire. Ce qui nous importe davantage, ce sont les arguments invoqués par les deux parties et la façon dont les migrants belges sont présentés dans ce cadre.

La défense des rédemptoristes belges ressemblait fort à une mission impossible. Le pouvoir impérial s'était à nouveau arrogé le droit d'autoriser les congrégations. Aucun argument ne pouvait y être opposé puisqu'elles avaient adapté la loi en conséquence. En tant qu'étrangers, les rédemptoristes

28 *Le Constitutionnel*, 29 avril 1861.
29 *Ibid.*

n'émouvaient que très peu l'opinion publique française. De plus, ces religieux travaillaient dans une contrée industrielle pour un public cible étranger. Le point le plus délicat fut sans doute la remarque de Billaut selon laquelle la présence des rédemptoristes trahissait peut-être la piètre qualité du clergé français. Étaient-ils à même d'assumer des tâches pour lesquelles les Français étaient incompétents ? Le département du Nord comptait pourtant suffisamment de prêtres pour satisfaire aux besoins des habitants, Belges inclus[30]. En d'autres mots, défendre le clergé belge revenait à remettre la compétence du clergé français en question.

Mgr Mathieu ne put donc rien faire d'autre que de souligner dans son discours la particularité du clergé belge. Le seul élément qui permettait de le différencier de manière objective des Français était son intégration facile dans le contexte migratoire qui distinguait Cambrai des autres diocèses. Mgr Mathieu expliqua donc que le diocèse, qui représentait avec son 1,2 million d'habitants, le plus important après Paris, avait été récemment confronté à un afflux de Belges évalué à 100 000. Attirés par l'industrie de la région, ceux-ci formaient un groupe à part. Ils parlaient surtout un flamand qui n'était pas le même que celui de la Flandre française[31]. C'est ce qui avait poussé Mgr Régnier à inviter des réguliers qui maîtrisaient le dialecte des nouveaux venus – un argument que l'intéressé avait lui-même défendu dans sa carte blanche du *Constitutionnel*.

Pour défendre ses collègues, Mgr Mathieu fit référence au grand respect du cadre légal dont Mgr Régnier avait toujours fait preuve dans cette affaire. En autorisant des réguliers étrangers à travailler dans son diocèse, il avait pressenti plus que nul autre qu'il agissait dans un contexte en pleine mutation. Mgr Mathieu cita une lettre de 1860 à ce sujet. Mgr Régnier y demandait au ministre des Cultes des assurances concernant la situation des réguliers belges sur son territoire. Non seulement leur condition d'étrangers les rendait vulnérables, mais l'infrastructure qu'ils avaient acquise afin de remplir leur mission n'avait pas de cadre légal. En 1860, l'administration avait encore rassuré Mgr Régnier sur ce point[32].

Dans le cas des rédemptoristes, cette tolérance avait quoi qu'il en soit disparu en 1861[33]. Ils constituaient l'exemple idéal pour illustrer les limites que les congrégations devaient désormais respecter. Ils étaient en tant qu'étran-

30 *Discussion de la pétition relative aux associations religieuses du Département du Nord*, 17.

31 « Ces Belges parlent un flamand qui n'est pas le nôtre ; car les Flamands du département du Nord ne peuvent pas entendre les Belges et les Belges n'entendent pas nos Flamands. Dans cette position, l'archevêque de Cambrai, qui se voyait arriver un tel surcroît diocésain, n'entendent point le dialecte flamand du Nord, a appelé pour l'aider des ouvriers spirituels qui connaissaient ce dialecte. » *Ibid.*, 7.

32 Réponse du ministre des Cultes, 25 avril 1860, cité dans *Ibid.*, 12.

33 Comme on le sait, les capucins de Hazebrouck furent eux aussi visés personnellement. L'affaire était d'un autre ordre. Un frère avait été accusé de faits de mœurs et le syndic était soupçonné de fraude.

gers une proie facile. Dans le contexte intérieur français, il était en effet aisé d'affirmer qu'ils ne partageaient ni les mêmes sentiments, ni les mêmes intérêts nationaux. Si Mgr Régnier voulait venir en aide aux migrants, il devait le faire dans les limites du droit public et, autant que possible, avec du personnel français[34].

Par ce « autant que possible », les autorités admettaient que des congrégations étrangères puissent continuer à être actives sur le territoire français. Mais les frontières nationales dans lesquelles ces lois étaient d'application servaient désormais de cadre de référence. Ceux qui agissaient en dehors d'elles le faisaient donc à leurs risques et périls. Un passage du débat sénatorial traduit particulièrement bien cette vision. À un moment donné, Mgr Mathieu tente de démontrer l'absurdité d'approcher une personne exclusivement sous l'angle de la nationalité en rappelant que le supérieur de la résidence rédemptoriste, le père Ernotte, est à la fois belge et attaché au diocèse de Cambrai. En 1860, celui-ci constituait en effet une circonscription dépassant les frontières nationales. Avec Barbançon, Reulies, Erpion, Boussu-les-Walcourt et Vergnies, le diocèse disposait encore de paroisses en Belgique, une situation à laquelle il ne serait mis fin qu'en 1889[35]. Comment cette double appartenance devait-elle être comprise dans un cadre national unidimensionnel ? Les autorités françaises n'avaient-elles pas directement atteint, avec l'expulsion du père, un sujet de Mgr Régnier ? La réponse peut difficilement être plus claire : « Quant au père supérieur (...), de deux choses l'une : où il est Français, il sera traité en Français ; s'il ne l'est pas, il ne pourra pas être censé tel. »[36] Dorénavant, c'est la qualité nationale qui prévaut. L'État refuse d'envisager les cas hybrides. Du même coup, il fait savoir que les entités territoriales épiscopales qui ne correspondent pas au cadre national ne peuvent plus être considérées comme normales. Si l'Église veut respecter entièrement la loi, elle devra se discipliner sur ce point, autrement dit se conformer à l'espace national.

La loi, toutefois, était plus facile à énoncer qu'à appliquer. Fin 1861, les rédemptoristes belges sont à nouveau actifs à Lille. Comme nous l'avons dit

34 « Il y a (...) une certaine mesure à garder, quand il s'agit de l'admission de religieux étrangers qui n'ont, aux yeux de l'État, ni nos sentiments ni nos intérêts nationaux. Il résulte donc de tout ce qui précède, que dans une pareille question les intérêts doivent se concilier avec les prescriptions de notre droit public, et qu'ils doivent, autant que possible, se mouvoir dans les limites des ressources et du personnel de la France. » Cité par Mgr Mathieu, *Discussion de la pétition relative aux associations religieuses du Département du Nord*, 25.

35 Jusqu'au concordat, l'enclave de Barbançon dépendait du diocèse de Liège. Ensuite, elle passa à celui de Cambrai. En 1889, il fut mis fin à cette situation exceptionnelle et les cinq communes furent rattachées au diocèse de Tournai. En décembre 1884, le ministre belge de la Justice, Devolder, fit les premiers pas dans ce sens. Le diocèse de Cambrai fut informé que la gestion de cinq fabriques d'église de l'enclave était désormais illégale dans la mesure où il s'agissait d'institutions publiques. L'enclave représentait donc une violation de la souveraineté nationale. Vinois, *La petite histoire de Vergnies*, 47-52.

36 *Discussion de la pétition relative aux associations religieuses du Département du Nord*, 19.

dans le chapitre précédent, ils agissent de manière quasi clandestine. Le préfet donne l'autorisation orale, mais met en garde contre l'excès de publicité. Quant au fond de l'affaire – la violation du principe de liberté de conscience individuelle par les congrégations – on s'en préoccupe moins. Le 27 décembre 1861, Rouland diffuse une circulaire dans laquelle il accuse à nouveau les congrégations religieuses d'admettre des enfants mineurs dans leurs communautés sans tenir compte de l'avis des parents[37]. C'est avant tout à l'obstination de Mgr Parisis, évêque d'Arras, qui continue à contester les arguments des autorités, que les congrégations doivent le climat très précaire régnant à leur encontre. La polémique se poursuit jusqu'au début 1862, date à laquelle Rouland publie le dossier des rédemptoristes de Douai dans le *Courrier du Pas de Calais*[38]. Il y est question d'une certaine Antoinette Lepêtre, qui a rejoint les clarisses d'Arras comme postulante sans l'autorisation de ses parents. Ici encore, les rédemptoristes belges seraient intervenus pour l'aider.

La fin des frères mineurs de Roubaix (1880)

La raison pour laquelle les frères mineurs belges parviennent à détourner d'eux l'attention des autorités françaises en 1861 n'est pas claire. Peut-être eurent-ils l'avantage de n'avoir pas encore été convaincus de faits similaires à ceux que nous venons d'évoquer à propos des rédemptoristes[39] ? Le régime impérial avait mis les points sur les « i » : les congrégations, et par extension toute l'Église, devaient désormais agir dans le cadre national de la loi française. Cela offrait néanmoins un contexte de travail stable dont les frères mineurs allaient profiter pendant deux décennies. Ensuite, comme nous l'avons dit, les lois anti-congréganistes de 1880 mettront fin à leurs activités et ils seront eux aussi expulsés.

Dans les protestations qui s'en suivent il est, comme dans le cas des rédemptoristes, régulièrement fait allusion à la réalité migratoire. À Roubaix non plus, cette défense n'est pas dépourvue d'une certaine sophistique. Comme l'épisode de l'expulsion du 6 novembre 1880 le montre, il existe un autre argument au moins aussi important que les migrants belges. Le couvent des frères mineurs se retrouve alors au centre de la protestation catholique roubaisienne contre les lois anti-congréganistes. Le scénario de l'expulsion des pères est précisément le même qu'ailleurs en France. Le fait que la communauté catholique de Roubaix ait choisi le couvent des frères mineurs comme scène de ses protestations montre une fois encore que les religieux en question y incarnent

37 Hilaire, *Une Chrétienté au XIXème siècle*, 324.

38 *Ibid.*, 325.

39 Les frères mineurs craignirent pendant quelques mois pour leur sort. L'archevêque les rassura toutefois, mais sans donner de raisons. AVM, 3933 : *Annales conventus Robacensis*, 16.

bien davantage qu'une simple initiative d'encadrement. Quels que soient leur pays et leur région, les catholiques considèrent la communauté comme leur initiative et leur affaire et non comme un institut religieux étranger déplacé de l'autre côté de la frontière. Autrement dit : les frères mineurs ne sont pas tant des victimes belges des lois anti-congréganistes que des victimes françaises.

Dans les lignes qui suivent, nous regardons de plus près le déroulement de l'expulsion. Mais avant cela, nous rappelons ses prémisses et son contexte. On sait qu'après la chute du Second Empire et de la Commune parisienne, l'aspiration à l'ordre et la stabilité est élevée. Une partie de la population trouve ces valeurs dans l'Église, qui accroît à nouveau son pouvoir grâce à ce soutien populaire. De ce fait, celle-ci ne se soucie guère de faire preuve de retenue pendant les premières années de la Troisième République. Les malheurs récents subis par le pays sont interprétés de manière eschatologique. La France a joué les apprentis-sorciers et s'est lancée dans des expériences politico-sociales qui ont compromis la paix de l'ordre social-chrétien. Si la France veut survivre, elle doit retourner à ses racines chrétiennes.

Jusque vers 1877, cette ligne militante va pouvoir s'exprimer sans opposition significative. En dépit du chef du gouvernement Adolphe Thiers, l'attention politique se porte surtout, pendant les premières années de la Troisième République, sur la restauration et non sur le rétablissement des anciens principes républicains. Le nouveau système est avant tout conçu comme un ordre moral[40]. La vogue des pèlerinages, orchestrée par les assomptionnistes, y est étroitement lié[41]. Mais finalement, cette politique échoue, notamment en raison des exigences croissantes du prétendant au trône, Henri V, qui refuse à la fois les acquis de la Révolution et le drapeau tricolore. Le 24 mai 1873, Adolphe Thiers démissionne et le nouveau gouvernement, dirigé par Mac Mahon et de Broglie, oriente la République dans une direction plus conservatrice encore. Huit semaines après la chute de Thiers, l'Assemblée nationale donne son approbation à la construction de la basilique de Montmartre[42]. Une fois terminé, le Sacré-Cœur dominera Paris comme une mise en garde permanente contre

40 La chute de l'Empire et les troubles de la Commune ont même créé des perspectives pour les légitimistes, qui revendiquent le rétablissement de la monarchie des Bourbons – une « France châtelaine » – en la personne du comte de Chambord. Pour le mouvement complexe du légitimisme, voir Kale, *Legitimism and the Reconstruction of French Society*.

41 Harris, *Lourdes*, 260.

42 Jonas, « Monument as ex-voto », 488.

toute tentative moderniste[43]. Toujours sous l'impulsion des assomptionnistes, Lourdes se développe également pour devenir l'un des fleurons de la contre-culture catholique[44].

Contre-offensive républicaine

L'Église française continua également à se positionner sur la scène internationale. Dans ce domaine, l'Italie et la position du pape monopolisent presque toute son attention. À l'intérieur du pays, les catholiques attendent que la France soit fidèle à son passé de « première » puissance chrétienne. À l'extérieur, cette spécificité exige qu'elle défende, fût-ce au prix d'une intervention, les intérêts du pape contre les aspirations du jeune État libéral italien. Cette attitude de l'Église française allait faciliter le passage d'une république conservatrice à une république radicalement républicaine.

Sur le plan international, la France conservatrice souhaite le rétablissement de la position de l'Église, en particulier à travers des personnalités comme Mac Mahon et de Broglie. En réalité, l'Italie est principalement placée sous le signe des valeurs républicaines, dont le principe de laïcité est l'un des piliers. Cette conception de la république gagne également des partisans en France. À la différence de ce qu'elle était en 1860, l'atmosphère est beaucoup plus hostile à l'Église. Les républicains voient dorénavant celle-ci comme un frein au progrès, confortés dans cette conviction par la publication des encycliques papales *Quanta Cura* et plus encore *Syllabus Errorum*, « recueil de quatre-vingt erreurs de notre temps ». Le principal opposant du cléricalisme est sans aucun doute Léon Gambetta. Dès 1869, alors qu'il vient d'être désigné comme chef de l'opposition, il formule dans son célèbre *Programme de Belleville* des exigences anticléricales claires, comme la suppression du budget destiné aux services et une stricte séparation entre Église et État. Dans les années 1870, Gambetta devient le porte-parole incontesté des républicains radicaux. Au début assez marginalisée, cette tendance remporte à partir de 1875 un succès croissant au Parlement. L'opposition est donc toujours dirigée

43 Sur la signification du Sacré-Cœur, voir Benoist et Mayeur, *Le Sacré-Cœur de Montmartre*, 269-301 et Jonas, « Monument as ex-voto », 485-489. Les motifs de la fondation du Sacré-Cœur font débat. D'un côté, il matérialisait les sentiments de honte et de rejet de la bourgeoisie à l'égard de la Commune. Mais la basilique était déjà un cheval de bataille pour les catholiques conservateurs avant cela. Elle confirmait le culte du Sacré-Cœur, populaire chez les contre-révolutionnaires catholiques de Vendée. Les derniers événements – la Commune, la défaite contre la Prusse et la période « sensuelle » du Second Empire – n'avaient fait que les conforter dans cette conviction. La fondation de la basilique symbolisait le retour de la France à l'ordre stable de Dieu et du roi.

44 Harris, *Lourdes*, 258-259. L'Église est largement soutenue sur d'autres terrains encore : on peut mentionner dans la foulée la loi Laboulaye sur la libre organisation de l'enseignement supérieur, adoptée en 1875, qui ouvre la voie à la fondation d'universités catholiques.

contre l'Église qui, vers 1877-1878, connaît dans les divers champs de la société un sommet de réveil religieux[45].

C'est d'ailleurs l'obstination ultramontaine qui déclenche la première crise institutionnelle de la Troisième République. Le conflit concerne à nouveau l'Italie. En 1877, l'adoption de lois anticléricales au parlement italien pousse le pape à appeler les pays catholiques à la résistance. L'évêque de Nevers adresse en réaction une lettre au président Mac Mahon en lui demandant de soutenir le pape. Le 4 mai 1877, Gambetta prononce alors un discours qu'il conclut par une formule restée fameuse : le cléricalisme, voilà l'ennemi[46]. Les débats qui ont eu lieu la veille, lors desquels le républicain Leblond, après avoir défendu la religion comme affaire de conscience, décrit les ultramontains comme des « hommes de guerre », présentent davantage d'intérêt. La presse catholique a été particulièrement prise à partie. *L'émancipateur de Cambrai*, organe diocésain, était du lot. Le journal prône en effet une intervention en Italie pour y mettre de l'ordre[47].

À partir de là, il est clair que dès que le pouvoir sera passé de l'amalgame des légitimistes, bonapartistes et orléanistes, aux fractions républicaines, les composantes ultramontaines de l'Église seront la cible d'attaques. Cela se produit en janvier 1879, lorsque le dernier bastion de la droite, le Sénat, tombe aux mains des républicains. Mac Mahon est remplacé à la présidence de l'Assemblée par Jules Grévy[48]. Néanmoins, le premier gouvernement républicain est formé par William Henry Waddington et non par Léon Gambetta. Même pour les républicains, les points de vue de ce dernier sont trop extrêmes. Son absence ne va pas empêcher la politique républicaine de prendre une orientation principalement anticléricale : dans la période 1879-1880, les décrets sont revus, l'application lacunaire des lois existantes est dénoncée et des mesures explicitement anticléricales sont adoptées[49].

45 La France comptait en 1877 216 000 religieux, très présents dans la rue par le biais des pèlerinages, des processions et autres missions. La fortune immobilière des congrégations, en particulier, avait à nouveau grandi. Sur le territoire français, on comptait au total 14 000 couvents, écoles, hôpitaux et hospices. La loi Failloux (1850) donna une énorme impulsion au développement de l'enseignement catholique et, comme nous l'avons dit précédemment, l'Église fut à partir de 1875 autorisée à organiser l'enseignement supérieur. Sévillia, *Quand les catholiques étaient hors la loi*, 36-40. Voir, pour l'apport exceptionnel des femmes à la multiplication des congrégations religieuses et à l'augmentation de leurs effectifs, Langlois, *Le Catholicisme au féminin*. Il faut encore ajouter à cela l'appareil militant laïc, qui, à travers les Comités catholiques et les journaux d'opinion catholiques, comme *L'Univers* de Louis Veuillot, faisait souvent preuve d'un activisme plus virulent encore que celui de l'épiscopat français.

46 Gambetta, *Discours et plaidoyers de Gambetta*, VI, 296-298.

47 *Ibid.*, 296.

48 Démier, *La France du XIX*[e] *siècle*, 322.

49 Les tensions entre Église et État étaient à cette période un phénomène européen. Voir Clark et Kaiser, *Culture Wars*.

Le principal architecte des mesures restrictives est Jules Ferry, ministre de l'Instruction publique du cabinet Waddington. Le 15 mars 1879, il dépose un projet de loi prévoyant entre autres la réduction des libertés accordées en 1875 concernant l'enseignement. L'article 7 vise explicitement les congrégations enseignantes. Les membres des congrégations non autorisées seront exclus de toute fonction d'enseignement ou de direction, à la fois dans le réseau public et dans le réseau privé. Les premières cibles de cette disposition sont les jésuites. Considérés comme les meneurs du contre-mouvement catholique, ils sont accusés de répandre via leur enseignement l'idéologie antirépublicaine dans une grande partie de l'élite, au sein de laquelle leurs services sont appréciés. Finalement, l'article 7 ne sera pas voté au Sénat, car le projet ne fait pas l'unanimité, pas même sur les bancs républicains. Jules Simon, notamment, s'y oppose au nom de la liberté d'enseignement[50]. En mars 1880, deux décrets annexes sont néanmoins adoptés. Le premier atteint directement les jésuites, qui ont trois mois pour dissoudre leur société. Pour le 31 août, leurs collèges doivent être fermés. Le second prévoit la régularisation des congrégations religieuses non autorisées. Celles-ci doivent, sous peine de dissolution, déposer dans les trois mois une demande d'autorisation comprenant notamment leurs statuts et les noms de leurs membres. Comparées au projet de loi, les mesures adoptées n'ont en réalité qu'une portée limitée. L'ennemi – la société de Jésus – est clairement identifié. Les autres congrégations, parmi lesquelles le large groupe qui s'occupe d'enseignement, reçoivent des directives claires leur permettant de se mettre en ordre. Tant les républicains modérés que les catholiques modérés souhaitent une pacification de la situation. Freycinet, nouveau chef du gouvernement après la démission de Waddington, espère que le gouvernement mettra fin à la surenchère et que les catholiques modérés considéreront le sacrifice des jésuites comme un prix raisonnable à payer pour le maintien des autres congrégations[51]. Comme on le sait, les choses vont tourner autrement. La tendance ultramontaine intransigeante va prendre le dessus et opter pour la confrontation. Les congrégations non autorisées se déclarent solidaires des jésuites et se soustraient à l'obligation d'autorisation. Des pétitions sont rédigées et les évêques montent le public contre l'introduction des lois. Ce qui se voulait au départ un compromis ne laisse à présent plus beaucoup le choix : les lois seront exécutées avec l'assistance de la police. C'est tout ce qu'il faut pour théâtraliser les expulsions.

50 Grévy, « La mise en scène des expulsions des congrégations non autorisées », 157.
51 Lecanuet, *L'Église de France sous la Troisième République* ; Leroy, *Le mythe jésuite*.

L'expulsion des frères mineurs belges

La suppression des congrégations se déroule dans toute la France selon le même scénario. Côté forces de l'ordre, le régime républicain ne lésine pas sur les moyens[52]. La résistance des religieux se concentre surtout sur l'aspect juridique de l'action publique : prétextant la violation de propriété privée, ils s'opposent de manière théâtrale à l'entrée des représentants de la loi. Les couvents sont également occupés par des civils et mêmes des notables, parés de leurs médailles et autres distinctions reçues pour services à la patrie. La résistance à l'expulsion prend ainsi le caractère d'une lutte légitime pour la liberté. La limite du recours à la violence physique n'est cependant pas franchie. Au moment où les couvents sont évacués, les instituts religieux ont déjà prévu le déroulement de la période post-expulsion[53]. Tout d'abord, la résistance doit recevoir autant de publicité que possible. L'Église s'adresse donc davantage au peuple spectateur qu'aux autorités républicaines. Elle espère qu'un large public, interpellé et ému par le spectacle, lui fournira à l'avenir de fidèles partisans. L'expulsion rend l'idée de persécution religieuse particulièrement concrète et tangible. Ainsi théâtralisée, elle devient éminemment accessible à un public déjà conquis. Paris, Angers, Avignon, Marseille ou Grenoble, à chaque fois, la pièce est représentée de la même façon. Les rapports de police préfectoraux sont là pour en témoigner. L'Église semble avoir réussi à créer une atmosphère dramatique. Partout, l'expulsion mène aux mêmes scènes : une masse surchauffée qui acclame les réguliers chassés, des représentants de la loi qui sont assaillis et conspués.

Roubaix ne fait pas exception. Le 6 novembre 1880, une importante force de police se rend en début d'après-midi au carrefour de la rue St-Joseph et de la rue de Flandre, sur lesquelles donne la chapelle des frères mineurs belges. Ces derniers sont sommés de partir. Les gendarmes de Roubaix sont épaulés par ceux de Lannoy et de Cysoing. Les sympathisants des pères se sont rassemblés la veille au soir dans la chapelle et y ont veillé toute la nuit. Des curieux se sont également attroupés sur le parvis et dans les rues voisines. Lorsque le commissaire en chef frappe à la porte, l'assistance hurle des slogans comme : « Vivent les Pères ! Vive la liberté ! À bas les décrets ! »[54] Là-dessus, l'ordre est donné de forcer le portail barricadé et d'évacuer la chapelle. Les cris fusent à nouveau : « Vivent les Pères ! Vive la liberté ! », et, surtout, « À bas les crocheteurs ! ». Le même scénario se répète au couvent. Les pères refusent d'ouvrir, si bien que la porte est enfoncée. À ce moment, l'événement prend aussi une signification plus explicitement religieuse. « Au premier coup de marteau, s'ouvre une fenêtre du premier étage et l'on voit apparaître le Père supérieur de la maison,

52 Grévy, « La mise en scène des expulsions des congrégations non autorisées », 159-162.
53 *Ibid.*, 166.
54 ADL, Archives de la paroisse Saint-François : *Expulsion de 1880*, 19-20.

qui prononce, avec calme et dignité, l'excommunication de l'Église contre le Commissaire central, pâle et silencieux, et contre les crocheteurs qui le regardent ahuris. »[55] Enfin, le bâtiment est vidé sans violence, les habitants et les hôtes emmenés un à un. Le commissaire se heurte au passage à plusieurs personnalités catholiques de la ville, dont le doyen, l'industriel Derville-Wibaux, Paul Scrépel-Masurel, conseiller et échevin de la ville, et son frère Louis Scrépel-Chrétien, juge au tribunal de commerce[56]. Ce sont les fils de l'entrepreneur textile Louis Scrépel qui, en 1862, employait déjà 450 ouvriers environ, et sont, d'après les sources, étroitement impliqués dans les activités des frères mineurs[57]. La présence de notables lors de l'évacuation des couvents est attestée ailleurs en France également. Mais en dépit de tout le soutien qui leur est apporté, les frères mineurs sont délogés et raccompagnés par la police jusqu'à la frontière belge, à Mouscron. Là, ils sont hébergés par le curé de Mont-à-Leux, un hameau frontalier. Les bâtiments sont quant à eux confiés aux soins de Romain Nyssen, un franciscain d'origine française[58]. C'est ainsi que prend officiellement fin le séjour des frères mineurs à Roubaix.

Que se passe-t-il du côté de leurs confrères de Lille ? Dans cette ville, les choses se font dans le plus grand calme. Cette « expulsion silencieuse » se déroule également le 6 novembre 1880. Mais lorsque la police s'annonce, elle tombe sur des bâtiments vides. Les frères mineurs ont docilement quitté leur résidence, le matin même. Là aussi, le soin des lieux est laissé à un confrère français. On y pose les scellés, mais, contrairement au couvent de Roubaix, la rue Mazagran ne tardera pas à fonctionner à nouveau, comme nous l'avons vu.

L'implantation dans le quartier de Basse Masure a du reste permis un certaine attachement vis-à-vis des pères. Chaque semaine, leur église est fréquentée par 4 000 personnes environ. Tant les riverains que les dirigeants locaux vont ici aussi plaider pour leur retour, puis, lorsque cette demande s'avère irréaliste, pour la réouverture de l'église et le rétablissement des activités liées à celle-ci. L'argument central renvoie à nouveau aux migrants belges. Ils se trouvent en France sur « une plage étrangère ». L'archevêque a autrefois pris des mesures pour ces étrangers, touché par le sort des « milliers d'ouvriers jetés hors de leur pays »[59]. Ce que l'on espère surtout, c'est rétablir les services en flamand dans le quartier, s'il le faut avec l'aide d'un prêtre séculier. Une pétition est rédigée dans ce sens en 1880[60]. Elle est soutenue par tous les niveaux de pouvoir impliqués, parmi lesquelles la fabrique d'église de la paroisse Notre-Dame et l'administration communale. La première se déclare d'accord

55 *Ibid.*, 21.
56 de Lambert, *L'histoire religieuse de Roubaix*, 15.
57 Leuridan, *Histoire de la Fabrique de Roubaix*, 271.
58 Van Berlo, *L'Ordre des Frères-Mineurs*, 291.
59 ADL : *Notice sur l'établissement et la mission des religieux récollets*, 6.
60 ADN, 2V40.

pour assumer les charges de la chapelle, la seconde appuie les pétitionnaires dans leur demande. Le 14 octobre 1881, la préfecture apporte également son appui et fait parvenir au ministère des Cultes un avis positif concernant la demande de réouverture. Cet avis contient une description du rôle positif joué par les frères mineurs dans le quartier. En même temps, la préfecture transmet une plainte des commerçants locaux. Les signataires (162) sont avant tout des cabaretiers (49), des épiciers (27) et d'autres petits commerçants. Depuis la fermeture, ceux-ci sont en effet confrontés à une baisse de leur chiffre d'affaires[61]. Fait remarquable, le dossier contient aussi une requête de catholiques néerlandais. Ils se voient eux aussi privés de leur chapelle, car ils vivaient en communauté « avec des Pères belges flamands chargés de la direction spirituelle de la population flamande catholique »[62]. Ils signalent qu'en raison du départ des frères mineurs, ils ont dû renoncer à leurs obligations religieuses, un privilège dont les Néerlandais (et Anglais) protestants peuvent continuer à jouir. « Au nom de la liberté des cultes, les catholiques ne doivent point être privés des mêmes droits. » En outre, la langue est à nouveau utilisée comme argument central. En effet, ils ne comprennent pas le dialecte que « parlent quelques prêtres du clergé de Roubaix natifs de la Flandre française ». La pétition a été vue pour légalisation par un industriel important de la ville : Auguste Lepoutre. Le 3 mars 1881, celui-ci reprendra l'église et le couvent pour une période de dix ans[63], « au nom et dans l'intérêt religieux de la population néerlandaise catholique de Roubaix »[64]. « L'église sera desservie par des prêtres, en majorité de nationalité néerlandaise ou belge, du clergé séculier, et dépendant au spirituel des autorités diocésaines et paroissiales, parlant les langues néerlandaise et flamande. »[65] Au-delà des commerçants, des pétitions complémentaires ont également mobilisé les habitants du quartier. Des signatures ont été rassemblées dans les rues Turgot, de Basse Masure, de St-Joseph, Daubenton, de Flandre, Delattre, Saint-Laurent et dans la cité Vandamme.

Le gouvernement, représenté par l'administration générale des Cultes, ne suivra pourtant pas l'argumentation du préfet. « Il ne saurait mettre en balance

61 ADN, 2V40 : Lettre du secrétaire-général du préfet du Département du Nord au ministère de la Justice et des Cultes, 14 oct. 1881.

62 *Ibid.* : 13 déc. 1880.

63 Le 4 mars 1881, Auguste Lepoutre déclare avoir repris l'église et les bâtiments du couvent. « Je soussigné, locataire de l'Église et de l'ancien couvent des Pères Récollets, en vertu d'un acte passé devant M. Duthoit, notaire à Roubaix, le trois Mars 1881, enregistré, (...). Déclare, autoriser le Conseil de fabrique de l'Église Notre Dame de Roubaix à prendre possession de l'Église et du mobilier qui la garnit, (...) pour l'exercice du culte catholique romain, pour le temps et aux prix, charges et conditions, dans leur entier et sans aucune exception, qui m'ont été imposés dans le bail. » ADN, 2V70 : Déclaration Auguste Lepoutre, 4 mars 1881.

64 ADN, 2V40 : Acte notarié, 3 mars 1881.

65 *Ibid.*

l'intérêt particulier avec les nécessités d'ordre public qui l'ont fait agir. »[66] La réouverture d'une chapelle fermée en 1880 créerait en effet un précédent pour de nombreux dossiers analogues. La réponse renferme néanmoins une série de contre-arguments. Est-il si difficile pour les fidèles flamands et néerlandophones d'aller à la messe dans l'église paroissiale voisine de Notre-Dame ? Selon l'administration, cette solution est envisageable. L'église en question n'est pas éloignée de plus de 1 000 pas du quartier. « Je ne doute pas que M. l'Archevêque de Cambrai ne s'empresse de prendre les mesures nécessaires pour attacher, au besoin, à l'église Notre-Dame un prêtre pouvant recevoir les confessions des sujets néerlandais. » Le quartier continue néanmoins à œuvrer pour la réouverture de la chapelle. Le retour des frères mineurs passe de plus en plus à l'arrière-plan. Lors du Conseil communal du 17 juillet 1882, une nouvelle pétition des habitants du quartier Basse Masure est à l'ordre du jour. À nouveau, elle reçoit le soutien du Conseil communal sous la réserve (exprimée par Charles Bonne) « que l'église sera desservie par deux prêtres séculier et que cela ne donnerait pas prétexte à la reconstitution de la congrégation des Récollets »[67]. On estime qu'il n'y a guère de danger que cela soit le cas. Alors que la première requête était encore placée sous le signe des intérêts religieux, la nouvelle est surtout soutenue par des commerçants qui se plaignent d'une perte de revenus considérable. Une chapelle en service serait donc surtout profitable au quartier d'un point de vue commercial. Le 18 novembre 1882, une nouvelle requête est adressée à la préfecture concernant la réouverture de la chapelle[68]. Comme aucun nouveau fait n'a été ajouté au dossier, le préfet répond négativement[69]. Son argument principal est que « le culte public ne peut être autorisé que dans un local appartenant aux Communes, aux fabriques ou à l'État, et ce, dans le but d'éviter les inconvénients que pourrait occasionner une jouissance précaire »[70]. Une communication régulière s'instaure entre l'administration communale, qui renouvelle à chaque fois sa demande de réouverture et la préfecture, qui répond à chaque fois la même chose[71]. Le zèle de l'administration s'explique par le fait que la réouverture de l'église n'impliquerait pas de frais supplémentaires pour elle. Elle dépend en effet de la fabrique d'église de Notre-Dame et l'entretien de l'infrastructure est assuré, tant que le bail de dix ans court, par les soins d'Auguste Lepoutre. Mais c'est précisément ce détail qui est invoqué par le préfet pour souligner que l'on a affaire à une église privée et que les services ne peuvent être organisés

66 *Ibid.* : Lettre du ministère de la Justice et des Cultes à la Préfecture, 30 janv. 1882.

67 *Ibid.* : Extrait du registre des délibérations du Conseil municipal, séance de 17 juillet 1882.

68 *Ibid.* : Roubaix à la Préfecture, 18 nov. 1882.

69 *Ibid.* : Lettre du préfet au maire de Roubaix, 12 fév. 1883.

70 *Ibid.*

71 *Ibid.* : Extrait des délibérations du Conseil municipal, 18 mars 1884 ; lettre du préfet au maire de Roubaix, 19 mai 1884 ; extrait des délibérations du Conseil municipal, 13 mai 1885 ; lettre du préfet au maire de Roubaix, 7 mai 1885.

que dans des propriétés de la commune ou de l'État. Cela suppose une reprise du complexe de la rue de Flandre, ce qui impliquerait inévitablement un appauvrissement de la fabrique d'église. Le blocage est donc complet. Il faudra d'ailleurs attendre jusqu'au 8 décembre 1896 pour que l'église soit de nouveau en service. À partir de 1892, le couvent est repris par les franciscains français. La mission flamande disparaît alors pour de bon.

Pour conclure

Les activités des instituts religieux en France ont été limitées à deux reprises, la première fois en 1861, la seconde en 1880. En 1861, les rédemptoristes sont rappelés à l'ordre et contraints de quitter le pays. Les autorités civiles font savoir à l'Église du nord de la France ce qui est tolérable et ce qui ne l'est pas. Le prétexte invoqué pour ces expulsions est la défense du principe de liberté de conscience. Le motif véritable, à savoir que l'État est de plus en plus irrité par le regain de confiance de l'Église, explique le moment de l'intervention. Même si les rédemptoristes belges doivent quitter la France, 1861 ne marque pas un revirement dans le rôle social de l'Église. Fondamentalement, on n'y a pas encore touché.

Ce sera par contre le cas en 1880. L'Église se verra alors disciplinée dans le cadre national de la Troisième République. L'historien français Gérard Noiriel a décrit cette collusion entre nationalisme avec la république républicaine de façon très claire. La défaite française dans la guerre franco-allemande, lors de laquelle Napoléon III fit figure de bouc émissaire, joue un rôle déterminant. Sa politique libérale naïve était dépourvue d'humanité et ne se souciait pas de l'intégration des classes populaires dans la nation. À partir de 1880, l'objectif politique numéro un devient d'ailleurs l'ancrage des classes populaires dans la population française, en particulier à travers l'enseignement. La séparation de l'Église et de l'école, but recherché par Jules Ferry à travers ses lois anti-congréganistes, atteint au passage un institut religieux belge comme les frères mineurs.

Cette nationalisation de l'espace en 1880 signifiait-elle que le débat public était jusque-là dépourvu d'argumentaire nationaliste ? Pas tout à fait. Nous avons montré que la logique nationale était déjà présente en 1861. Dorénavant, l'Église ne pouvait plus s'y soustraire. Mais en pratique, on n'avait pas encore pris de mesures dans ce sens. Cela se fera en 1880 et de façon plus explicite encore en 1901-1905. À partir de là, l'Église semble progressivement chercher comment elle peut tirer avantage de sa nouvelle position – dans laquelle elle est entièrement séparée de l'État.

En exploitant systématiquement les migrants comme argument principal, l'Église contribue d'ailleurs involontairement à « nationaliser » le débat relatif aux initiatives d'encadrement. Pendant la période 1850-1880, le diocèse de Cambrai ne considère en réalité pas les migrants belges comme des étrangers croyants ou, de façon plus neutre, comme une catégorie spécifique de nouveaux venus. Au contraire, l'affaire Bluch-Mallet montre que pour elle, l'intégration passe avant tout par la conversion et la foi. Pourtant, le diocèse et les autres acteurs religieux ne cessent d'insister sur l'« altérité » des migrants belges quand il s'agit de défendre la présence d'instituts religieux belges sur le territoire français. Dans ce cas, les Belges, malgré les ressemblances souvent soulignées, apparaissent comme une espèce à part, avec d'autres besoins, qu'il faut approcher selon d'autres formules. Sans le vouloir, ils fournissent ainsi des arguments contredisant la cause transfrontalière que l'Église espérait bien plaider.

II.
LE PARI PERDU D'UNE CAPITAL MÉCRÉANTE
PARIS ET SA RÉGION

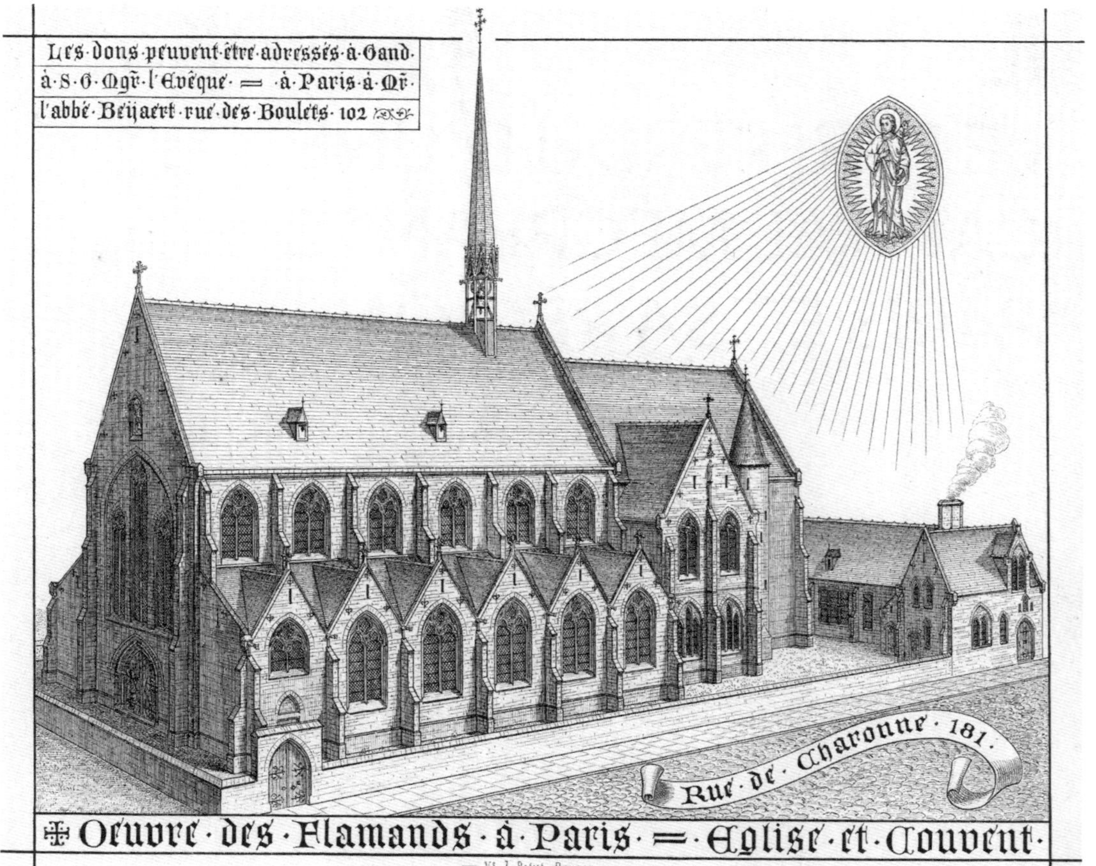

10. L'Œuvre des Flamands, 181, rue de Charonne, Paris.
[KADOC-KU Leuven, KPA266]

En 1908, la sociologue Käthe Schirmacher écrivait dans son étude sur la spécialisation professionnelle à Paris : « La colonie belge est fondue presqu'entièrement dans la population. (...) Le Wallon est tout de suite acclimaté à Paris, le Flamand pour peu qu'il reste, s'acclimate ou retrouve à Paris une petite patrie flamande. »[1] Par cette dernière expression, Schirmacher fait allusion à ce qu'elle appelle la mission belge. « Composée d'une fort belle église, d'une maison d'habitation, d'un cercle et d'un vaste jardin avec jeu de boule et tir à l'arc », la mission, conclut-elle, offre une apparence très prospère.

Quant à l'aspect extérieur, Schirmacher avait certainement raison. La mission belge, qui était en réalité une Œuvre des Flamands fondée par le diocèse de Gand, jouissait à Paris d'une infrastructure impressionnante. À partir de 1872, on avait entamé dans la rue de Charonne, un quartier populaire d'artisans proche du Père Lachaise, la construction d'une chapelle flambant neuve avec couvent. Fait peu surprenant pour l'époque, l'édifice était construit dans un « néo-style », en l'occurrence le néogothique. Aux yeux de la plupart des riverains, son apparence n'était pourtant pas banale. Contrairement à la pierre claire habituellement utilisée à Paris, c'est une brique foncée qui avait été choisie ici. Le style était strict, avec de nombreuses chapelles latérales et des toits en pente raide. De plus, l'édifice n'était pas précisément de taille modeste. Le moins que l'on puisse dire à propos de ce projet, c'est que l'on avait vu grand ; une fois achevé, le lieu était censé accueillir une foule nombreuse.

Officiellement, le bâtiment entra en service en 1879. En 1908, l'Œuvre des Flamands y était donc installée depuis près de trente ans. Une dernière série d'investissements avaient été consentis à la fin des années 1890[2]. Le couvent avait été agrandi d'une salle de loisirs et un autel avait été commandé pour l'église. Une telle infrastructure réservée à un groupe de population spécifique, on n'avait jusque-là vu ça à Paris que pour les Allemands. Et depuis que l'œuvre en question avait entamé son déclin après une longue période de gloire, en 1902, l'établissement des Flamands n'en avait gagné que plus de rayonnement. Schirmacher avait donc a priori raison : « La mission a[vait] fort bel air. »

Mais sur le fond, la sociologue se trompait. Ce trentième anniversaire de sa présence rue de Charonne ne procurait pas grand plaisir à l'Œuvre des Flamands. L'association avait toutes les peines à recruter parmi les migrants établis de Paris. C'était pourtant l'objectif initial lors de sa fondation en 1862. À la fin du XIXe siècle, l'Œuvre se recentra donc sur les saisonniers. Les activités pastorales urbaines, à l'inverse, furent mises en veilleuse.

Dans cette partie, nous nous intéressons à l'histoire de l'encadrement religieux des Belges et des Flamands à Paris. Cette histoire se résume en fait

1 Schirmacher, *La spécialisation du travail par nationalité à Paris*, 45.
2 ASL, Henri Geirnaert.

en grande partie à celle de la construction d'un édifice qui fera, volontairement ou non – nous allons en juger – de l'ombre aux activités migratoires proprement dites. Quant à l'impact de l'Œuvre, nous pouvons être brefs. L'organisation et ses aumôniers n'eurent pratiquement aucune prise dans la métropole. Les immigrés belges y vivaient dispersés et passaient rapidement d'un quartier à l'autre. Bref, si les bâtiments de l'Œuvre avaient au tournant du siècle fort belle allure, les activités destinées aux migrants permanents étaient en revanche moribondes.

Cette partie de l'étude est divisée en deux chapitres. Dans le premier nous nous concentrons sur la spécificité de Paris au XIXe siècle. En tant que champ d'action, la capitale française n'avait en effet rien à voir avec le Lillois. C'était une métropole qui, au moment où l'Œuvre y arriva, subissait d'importantes mutations urbanistiques. Une bonne partie de celles-ci eurent lieu sous la préfecture d'Haussmann. L'épisode est bien connu et nous n'y reviendrons que succinctement. L'évolution démographique caractérisant la ville est plus intéressante à nos yeux. Paris était un pôle d'attraction pour de nombreux immigrés, tant français qu'étrangers. Nous esquissons le portrait de cette population très diverse pour ensuite nous focaliser sur les Belges. Dans le chapitre suivant nous étudions comment l'encadrement religieux des Œuvre des Flamands y fut organisé. Contrairement à la mission lilloise, celle des aumôniers à Paris était exclusivement centrée sur les nouveaux arrivants belges et, plus spécifiquement, flamands. Il s'agissait d'une œuvre migratoire à part entière et, en ce sens, elle était l'une des premières en son genre. L'Église se sentait nettement moins confiante à Paris que dans le Lillois. Non seulement elle avait affaire à une métropole, mais le tissu catholique y était d'une autre nature, plus indépendante et non conformiste.

PARIS, CAPITALE DU XIXe SIÈCLE

Des plans et des hommes : transformations urbanistiques

Autant Paris allait briller à la fin du XIXe siècle, autant elle avait mauvaise réputation dans sa première moitié[1]. Contrairement à de nombreuses grandes villes européennes, Paris était restée une ville médiévale, inadaptée à la croissance démographique qu'elle subissait à l'intérieur de ses murs[2]. Les récits de cette période insistent surtout sur son côté invivable. L'un des plus connus est celui de Frances Trollope (1779-1863), qui visita Paris en 1835[3]. Selon elle, la capitale française était affreusement poussiéreuse et il y régnait un bruit infernal. Mais ce qui la choquait le plus, c'étaient les conditions d'hygiène. Les égouts étaient presque inexistants et des ordures de la pire espèce atterrissaient à l'improviste dans la rue.

1 L'histoire de Paris aux XIXe et XXe siècles reste un sujet fascinant, qui a été traité par de nombreux auteurs. Parmi les titres intéressants, citons Jordan, *Transforming Paris* ; Pinon, *Paris, biographie d'une capitale* ; Van Zanten, *Building Paris* ; Gaillard, *Paris, la ville* et Marchand, *Paris, histoire d'une ville*. Sur la transformation de la ville après 1870 voir surtout Evenson, *Paris : A Century of Change*. Sur l'impact de la population sur la transformation de Paris, les ouvrages de Louis Chevalier restent incontournables, en particulier *La formation de la population parisienne*.

2 Londres, par exemple, avait connu les mêmes problèmes, mais n'était pas emmurée et s'était développée plutôt comme une agglomération urbaine que comme une ville. « London can (...) be seen as a built-up area, itself a kaleidoscope of neighbourhoods, set amidst a large (...) urban region. » Voir Schwarz, « London 1700-1840 », 647-650.

3 Frances Trollope est une femme de lettre anglaise, auteur en 1835 de *Paris and the Parisians in 1835*, le récit de sa visite dans la capitale française.

L'un des principaux problèmes, vers 1835, était la répartition inégale de l'activité et de la population. La partie la plus animée de la ville se trouvait sur la rive droite de la Seine. Le quartier le plus industrieux y était incontestablement celui des Marchés, dont les Halles faisaient partie. Toutes sortes d'ouvriers et de commerçants y étaient regroupés. De nombreuses professions vivaient de la proximité d'autres et les quartiers se caractérisaient par une activité fébrile, utilisant la rue comme atelier. Les tanneurs, par exemple, étaient tributaires des bouchers et travaillaient les peaux des animaux abattus immédiatement sur place[4]. Non seulement cela entraînait un criant manque d'espace, mais les ouvriers étaient logés dans des conditions déplorables[5]. Lorsque le choléra s'abattit sur la capitale en 1832, ces quartiers furent tout naturellement les plus durement touchés[6].

La première couche de population à quitter le navire fut la bourgeoisie aisée. Ses membres quittèrent le centre-ville et partirent chercher de l'espace dans les nouveaux quartiers résidentiels de l'ouest et du nord-ouest. Les Parisiens moins nantis essaimèrent en direction de l'est. Paris menaçait ainsi de devenir une ville « inversée », dans laquelle la population pauvre se concentrait dans le centre tandis que les plus riches vivaient en périphérie. C'est cette évolution sociale qui incita les autorités à un débat sur l'avenir de Paris. Allait-on laisser aller les choses, quitte à voir le noyau urbain, qui comprenait les fonctions administratives et politiques de la nation, se paupériser progressivement ? Ou fallait-il intervenir au niveau structurel, afin d'assainir le centre et d'ouvrir la ville vers les quartiers et communes plus extérieurs[7] ?

Ce débat connut des débuts modestes en 1833 avec la nomination de Claude Philibert Rambuteau (1781-1869) à la préfecture. La percée véritable ne se produisit toutefois qu'à partir de 1852, sous Georges Eugène Haussmann (1809-1891), qui fut doté du pouvoir et des compétences lui permettant de transformer Paris de façon systématique. Il dut néanmoins tenir compte de modifications moins coordonnées, ainsi que le montre très bien, par exemple, l'histoire des enceintes de la ville. Ces trois composantes donnèrent lieu pour 1860 à un plan neuf et plus étendu. Les interventions urbanistiques ne furent

4 Vu l'encombrement, il fallait en 1851 un quart d'heure pour se rendre de l'angle de la rue Saint-Denis à la rue de Rivoli, une distance d'à peine 400 mètres. Wagenaar, *Stedebouw en burgerlijke vrijheid*, 25.

5 Gaillard, *Paris, la ville*, 9. L'historien parisien Louis Chevalier a calculé qu'à la période de la monarchie de Juillet, un habitant du quartier des Marchés disposait en moyenne de huit mètres carrés. Dans le quartier plus septentrional des Arcis, l'espace vital était limité à cinq mètres carrés à peine. Chevalier, *Classes laborieuses et classes dangereuses*, 225-227.

6 Rien qu'en avril, 12 733 Parisiens y succombèrent. L'atmosphère d'agitation qui régnait à Paris depuis la révolution de Juillet ne fit que se renforcer. Le 5 juin 1832, les funérailles du général Lamarque, une victime de l'épidémie, déclenchèrent une nouvelle révolte, notamment dans les quartiers des Lombards et des Arcis. C'est cet événement qui sert de toile de fond aux *Misérables* de Victor Hugo.

7 Marchand, *Paris, histoire d'une ville*, 48-49 et 51-60.

cependant pas sans conséquences pour la population. L'assainissement du centre déclencha un processus d'expulsion des couches les plus pauvres vers l'extérieur. Avant de nous intéresser à cette nouvelle périphérie, nous envisageons brièvement les importantes transformations effectuées sous Rambuteau et Haussmann.

Sous la préfecture de Rambuteau, un premier pas important fut franchi dans la modernisation de Paris. L'aménagement d'une nouvelle liaison entre les Halles et le Marais (1838-1843) amorça l'assainissement du premier de ces quartiers[8]. La réalisation de Rambuteau n'était certes pas révolutionnaire, mais elle donna au débat sur l'avenir de la capitale une direction décisive. Pour la première fois, la tradition ancestrale consistant à laisser le tissu urbain croître de façon organique était remise en question. On chercha désormais le moyen de faire place à des axes de circulation neufs et larges, bordés d'immeubles imposants, en démolissant les anciennes zones d'habitation.

Les corrections apportées à l'enceinte extérieure le furent de manière moins planifiée. Paris était une ville emmurée et, entre 1784 et 1787, on avait déjà remplacé les anciens ouvrages de Charles V (1338-1380) et de Louis XIII (1566-1635) par le mur des Fermiers généraux (mur d'octroi). Celui-ci reliait grosso modo la place du Trône (Nation) à celle de l'Étoile sur l'axe est-ouest et les Batignolles à Montrouge sur l'axe nord-sud. Dans les années 1840, on y ajouta sous la pression des circonstances politiques internationales une nouvelle enceinte. Suite aux tensions survenues entre France et Angleterre au sujet du Levant, Adolphe Thiers (1797-1877), le chef du gouvernement, avait en effet décidé de se préparer à l'éventualité d'une attaque anglaise. On éleva donc un nouveau mur de fortification (1840-1844), dont le tracé fut déterminé par la portée de l'artillerie[9]. Il céderait plus tard la place au périphérique[10]. On notera ici que l'enceinte de Thiers avait inclus dans les murs de la ville une série de villages, comme Belleville, Bercy, La Villette et Charonne.

Le plan de Paris fut aussi déterminé par la laborieuse introduction des chemins de fer. Un premier projet de loi prévoyant l'aménagement d'un réseau ferroviaire dans une perspective nationale fut rejeté en 1838. Lorsque la loi Guizot régla finalement ce problème, en 1842, les divers terminus furent implantés sans grande vision urbanistique sur les terrains disponibles. Les gares, dont la gare de Rouen (Saint-Lazare, 1841-1843), la gare du Nord (1846)

8 Wagenaar, *Stedebouw en burgerlijke vrijheid*, 26.

9 L'objectif de la Quadruple Alliance était de pacifier la situation dans le Levant. Elle était composée de la Grande-Bretagne, de la Prusse, de la Russie et de l'Autriche (à l'exclusion de la France, donc). L'alliance se portait garante de la défense de l'Empire ottoman contre l'Égypte. La France, qui était l'alliée de l'Égypte, adopta sous la gouvernance de Thiers une attitude agressive envers la Grande-Bretagne, qui mena finalement à son retrait du pouvoir. Louis-Philippe ne souhaitant pas mettre en jeu les bonnes relations avec la Grande-Bretagne, Guizot eut à nouveau les coudées franches.

10 Marchand, *Paris, histoire d'une ville*, 50. Vu depuis le centre-ville, le boulevard périphérique fut aménagé juste au-delà de l'enceinte de Thiers.

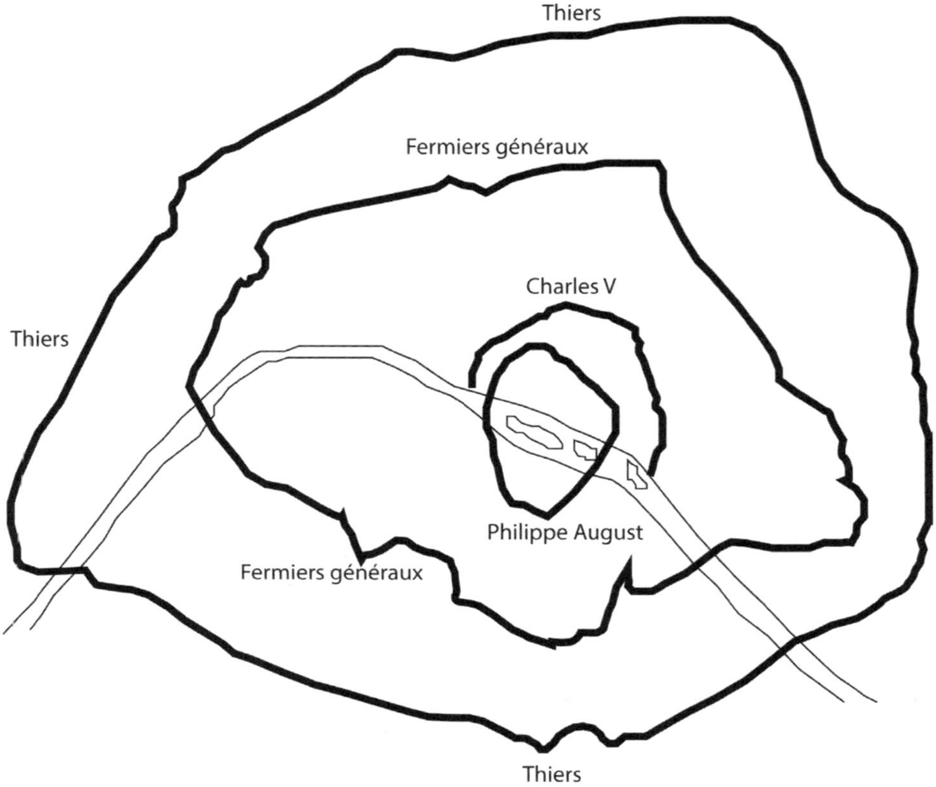

11. Les différents élargissements de Paris (1784-1860).

et la gare de Strasbourg (de l'Est, 1849-1852) devinrent par nature de nouveaux pôles d'attraction dans la ville. Non seulement Haussmann s'en servirait plus tard pour tracer les grands boulevards, mais il revaloriserait également les zones désertiques des alentours et les intégrerait à Paris[11].

Le succès des chemins de fer eut quoiqu'il en soit un effet positif sur l'urbanisation. La fonction primordiale de la Seine en tant que voie d'approvisionnement perdit en importance. L'aménagement des gares entraîna pour Paris celui d'un nombre équivalent de nouvelles artères vitales, qui facilitaient non seulement l'approvisionnement, mais aussi la circulation humaine au départ

11 La gare de Lyon, autre terminus de la rive droite, est plus récente. Une gare provisoire y fut ouverte en août 1849. Le premier bâtiment date de 1855. La construction de la gare d'Orléans (Austerlitz, 1840-1843) remonte à la même période que celle de la gare Saint-Lazare. La gare de Rennes (Montparnasse 1848-1852) se trouvait à l'origine dans l'avenue du Maine (1840) et tenait lieu de terminus à la ligne Versailles-Paris. La gare d'Orsay, septième terminus parisien, n'a été inaugurée qu'en 1900. Fierro, *Histoire et dictionnaire de Paris*, 528 et 900-901.

et à destination de la capitale. En un rien de temps, il se forma autour des gares terminus des quartiers vivants, peuplés principalement de migrants originaires des régions vers lesquelles les voies étaient tournées.

C'est sous le Second Empire, pendant la préfecture de Georges-Eugène Haussmann, que Paris subit sa transformation la plus fondamentale. Napoléon III était fermement résolu à en faire une métropole et une capitale digne, symbolisant toute la grandeur de la nation française. La ville devenait ainsi le domaine de l'État[12]. Son administration fut soustraite aux responsables locaux et son avenir désormais envisagé comme un tout. La capitale fut également dotée d'un maire nommé. C'est lui, et non le Conseil municipal, qui servirait d'interlocuteur au régime. « La capitale prend pour ainsi dire le pas sur la Ville », écrit l'historienne Jeanne Gaillard dans sa thèse sur le Paris hausmannien[13]. Ce sera plus vrai encore une fois que Napoléon III aura étendu son pouvoir, en 1851. À partir de là, les travaux seront décidés par décret. Paris allait donc être redessiné de manière autoritariste[14].

Les grands travaux débutèrent en 1852, mais s'accélèrent surtout après la nomination d'Haussmann[15]. Cette politique se centra surtout sur l'aménagement d'un nouveau canevas urbain ; les anciens quartiers furent percés au bénéfice de rues, d'avenues et de boulevards neufs. Ceux-ci étaient indispensables à la création d'une ville d'État, d'une capitale célébrant la nation. Les interventions qui créent grâce à un jeu de perspectives et de trompe-l'œil des axes de vue dans les nombreux lieux symboliques de Paris sont célèbres. Le boulevard Henri IV en constitue un bon exemple : d'un côté, il s'ouvre sur la colonne de Juillet, de l'autre, il donne droit sur la coupole du Panthéon. Pour créer l'illusion d'une régularité géométrique, Haussmann fit enjamber la Seine, via l'Île-Saint-Louis, par le pont de Sully, unique pont du fleuve qui ne soit pas parallèle aux autres[16].

Les interventions de ce type sont légion et il n'entre pas dans nos intentions de décrire en détail toutes les réalisations d'Haussmann. Un aperçu sommaire suffira[17]. La principale réside dans ce que l'on nomme la « croisée ». Avec le boulevard Sébastopol (inauguré en 1858), un large axe de circulation part

12 Voir pour un raisonnement analogue dans d'autres pays Wagenaar, *Stedebouw en burgerlijke vrijheid*, 194-208.

13 Gaillard, *Paris, la ville*, 23.

14 Sur la tension entre transformations urbaines et administration locale, voir Glaeser, *Triumph of the City*, 97-101.

15 Les premiers travaux concernèrent la rive gauche, où Louis-Napoléon fit aménager la rue des Écoles. Mais Haussmann avait sa propre politique et, pour lui, cet axe ne convenait pas. La rue des Écoles ne fut donc pas prolongée ; à la place, on aménagea le boulevard Saint-Germain, qui reliait le pont de la Concorde au pont de Sully (Île-Saint-Louis).

16 Jordan, « Haussmann and Haussmannisation », 89-90.

17 Pour un commentaire détaillé, voir *Id.*, *Transforming Paris*. L'auteur y traite en détail de l'assainissement de l'Île-de-la-Cité, de l'aménagement des squares, du dossier de l'opéra Garnier, etc.

en direction du sud et se prolonge au-delà de la Seine dans le boulevard Saint-Michel[18]. Dans le sens est-ouest, on a conservé l'ancien axe reliant la place de la Concorde à la place de la Bastille via la rue de Rivoli et la rue Saint-Antoine. Le boulevard Sébastopol est une réalisation gigantesque. Non seulement il ouvre Paris sur les deux gares septentrionales, celle du Nord et celle de l'Est, mais il remplace les deux anciens axes nord-sud (rues Saint-Denis et Saint-Martin), qui étaient en permanence saturés. Ensuite, Haussmann aère Paris au moyen d'un deuxième réseau de rues, aménagé en périphérie de la vieille ville. Celui-ci comprend la rue de Rennes et les boulevards de Port-Royal, Saint-Marcel et Voltaire[19]. D'autres interventions ont une finalité avant tout hygiénique. Paris est pourvu d'un ingénieux réseau d'égouts et d'un réseau d'eau courante alimenté par deux réservoirs (Montsouris et Ménilmontant), qui pourvoit Paris en eau propre. Quatre grands parcs/bois (Montsouris, les Buttes-Chaumont, le bois de Boulogne et le bois de Vincennes) sont aménagés afin de fournir la ville en espaces verts dans la plupart de ses quartiers. Le système d'approvisionnement est également revu. Les halles centrales sont remplacées par une construction monumentale en fonte de Baltard et les abattoirs sont déplacés du centre vers le nord-est, à la Villette.

Changements démographiques

Les interventions d'Haussmann sont loin de faire l'unanimité dans l'historiographie[20]. Dans les ouvrages populaires, en particulier, on estime généralement que la plupart de celles-ci étaient destinées à permettre un meilleur contrôle social et policier de la ville. Les couches inférieures de la population, trop enclines à la révolte, étaient dans cette optique les premières visées. Les références directes à des motivations de cette nature sont pourtant rares dans les mémoires d'Haussmann[21]. Il est donc préférable de considérer les grands travaux sous un angle plus large, dans lequel ils sont légitimés par

18 Marchand, *Paris, histoire d'une ville*, 77.

19 Avec le réseau périphérique, Haussmann essaya notamment de créer une double liaison nord-sud avec les terminus ferroviaires. Le projet de la rue de Rennes, qui aurait dû fournir une connexion entre les gares Montparnasse et du Nord, fut un fiasco parce que l'on réalisa trop tard qu'un trajet en ligne droite traverserait l'Institut de France et la colonnade de Perrault, à l'extrême est du Louvre. Cet itinéraire fut rejeté. *Ibid.*, 78.

20 Parmi les Français, les jugements sont très partagés. Les jugements négatifs sont souvent déterminés par les critiques de témoins privilégiés sur les travaux en cours, comme on en trouve par exemple dans *Pot-Bouille* et *La Curée*, d'Émile Zola. Dans *The Invention of Paris*, Éric Hazan se montre par exemple très négatif.

21 Après l'inauguration du boulevard Sébastopol, Haussmann écrit par exemple : « C'était l'éventrement du vieux Paris, du quartier des émeutes, des barricadiers par une large voie centrale perçant de part et d'autre ce dédale impraticable. La rue Transnonain disparut de la carte de Paris. » Cité dans Fierro, *Histoire et dictionnaire de Paris*, 527.

toute une série de motifs et d'objectifs. Les motivations importantes sont donc convergentes et visent l'hygiène, la santé, la grandeur, mais aussi un idéal bourgeois. Les bourgeois devaient s'installer au centre et, pour cela, il fallait effectivement commencer par en faire partir les masses populaires. Chose qui, avec la hausse des prix, se fit en fait tout naturellement.

Cette expulsion spatiale de la plupart des couches défavorisées touche donc surtout les Parisiens de souche, qui se voient repoussés vers la périphérie, voire plus loin. Cela ne s'explique pas seulement par la revalorisation du centre. L'attention d'Haussmann pour les communes situées entre le mur des Fermiers généraux et l'enceinte de Thiers intervient également. Tout d'abord, l'annexion de Ménilmontant, Belleville, Vaugirard, Grenelle, La Villette, Montrouge, les Batignolles, Charonne et Bercy à Paris en 1860 fait passer la population de la ville de 1 174 000 à 1 696 000. La ville est également redessinée d'un point de vue administratif. Alors qu'elle comptait jusque-là douze arrondissements, elle regroupe à partir de 1860 vingt zones administratives divisées chacune en quatre quartiers[22]. Un contrôle policier et un régime d'imposition identiques sont appliqués dans toute la ville[23]. Étant donné l'amélioration des équipements publics, cela joue une fois encore en la défaveur des couches les plus pauvres, qui sont parfois chassées vers la banlieue. Pour certains ex-Parisiens, cette dernière prend ainsi littéralement le sens de « lieu du ban »[24]. Mais dans un premier temps, ce sont surtout les arrondissements extérieurs qui augmentent en population. À Belleville (20e arrondissement) et dans le Petit Montrouge (14e arrondissement), la densité de Parisiens nés à Paris est élevée et la hausse démographique résulte pour une part du processus d'expulsion spatiale.

Toutefois, la hausse démographique parisienne est surtout le fait des nouveaux arrivants[25]. Le tableau 6 illustre l'évolution de la population pendant la longue période comprise entre 1801 et 1962. On constate que Paris atteint vers

22 Tous les arrondissements reçurent un nouveau numéro et furent là où c'était possible délimités par les nouveaux boulevards haussmanniens. Les communes récemment annexées furent elles aussi soumises à une réorganisation territoriale. Nous laissons ici de côté une autre particularité des recensements parisiens. Le Paris situé à l'intérieur de l'enceinte de Thiers apparaît dès le recensement de 1831. Les comptages de 1831, 1836, 1841, 1846, 1851 et 1856 considèrent la population de la zone comprise dans le mur d'octroi et celle de la petite banlieue comme des entités distinctes. Ceux de 1801, 1811 et 1817 considèrent en revanche Paris comme une seule zone à l'intérieur du mur d'octroi. Il faut attendre 1860 pour que les comptages aient lieu dans une zone homogène, à savoir le Paris des vingt arrondissements. Chevalier, *La formation de la population parisienne*, 38.

23 Combeau, *Histoire de Paris*, 62.

24 Marchand, *Paris, histoire d'une ville*, 101.

25 La plupart des départements français fournirent de la population à Paris. On trouve une bonne synthèse à ce propos chez Faure, « Paris "gouffre de l'espèce humaine"? ». Pour les régions spécifiques, comme l'Auvergne ou la Bretagne, voir Raison-Jourde, *La colonie auvergnate de Paris* ; Calvé, *Histoire des Bretons à Paris* ; Moch, « Networks among Bretons ? » ; Cohen, *Paris dans l'imaginaire national.*

TABLEAU 6
ÉVOLUTION DE LA POPULATION PARISIENNE 1801-1962

Année	À l'intérieur du Fermiers généraux	Hausse %	Petite banlieue incluse*	Hausse %	Petite banlieue
1801	546 856				
1811	622 636	13,86			
1817	713 966	14,67			
1831	785 866	10,07	861 436		75 570
1836	899 313	14,44	1 002 633	16,39	103 320
1841	936 261	4,11	1 059 825	5,70	124 564
1846	1 053 897	12,56	1 226 980	15,77	173 083
1851	1 053 262	-0,06	1 277 064	4,08	223 802
1856	1 174 346	11,50	1 538 613	20,48	364 257
1861			1 696 141	10,24	
1866			1 825 274	7,61	
1872			1 851 792	1,45	
1876			1 988 806	7,40	
1881			2 269 023	14,09	
1886			2 344 550	3,33	
1891			2 447 957	4,41	
1896			2 536 834	3,63	
1901			2 714 068	6,99	
1906			2 763 393	1,82	
1911			2 888 110	4,51	
1921			2 906 472	0,64	
1926			2 871 429	-1,21	
1931			2 891 020	0,68	
1936			2 829 746	-2,12	
1946			2 725 374	-3,69	
1954			2 850 189	4,58	
1962			2 790 091	-2,11	

* À l'intérieur de l'enceinte de Thiers, mais à l'extérieur du mur d'octroi.

Chevalier, *La formation de la population parisienne*, 39-40.

1911 son chiffre de population maximal (2 888 110). La plus forte augmentation après 1861 est enregistrée entre 1876 et 1881. Pendant ces cinq années, la population augmente de 14%. Mais la composition même de cette population est plus parlante que l'évolution en chiffres. Louis Chevalier a étudié cette évolution sur base des recensements de 1833 et 1891. Ses conclusions sont qu'entre les deux, la population de Paris était devenue « méconnaissable »[26]. En 1833, les nouveaux arrivants venaient principalement des départements situés au nord de la Loire. En 1891, la proportion d'habitants issus des départements méridionaux avait fortement augmenté. Globalement, deux tiers de la population étaient en 1886 nés en dehors de la capitale. Les départements français fournissaient 56,3% de la population totale et 8% des Parisiens étaient nés à l'étranger[27].

Que disent les données sur la structure professionnelle de la population parisienne ? Malgré les difficultés d'interprétation, Chevalier s'est livré à une tentative pour la période 1886-1896 et pour 1872. En 1886, 44,46% de la population active travaille dans l'industrie, 29,17% dans le commerce. Et la proportion d'emplois dans l'industrie est encore sous-évaluée, car une série de rubriques (parmi lesquelles des secteurs vagues comme les vêtements) ont été « versées » dans la rubrique principale « commerce »[28]. Paris était donc avant tout un centre d'industrie artisanale, particulièrement à la fin du XIXe siècle. En 1896, par exemple, la proportion d'emplois « industriels » avait encore augmenté, pour atteindre 52,62%.

Partant des données de 1872, Chevalier a esquissé une répartition des emplois industriels à Paris. L'illustration 12 montre clairement que la population ouvrière était concentrée dans les arrondissements de l'est et du nord-est. Les arrondissements industriels s'agrandirent au tournant du siècle en direction de la banlieue. Dans cette zone difficile à circonscrire, la population augmenta plus ou moins de la même façon qu'à Paris[29]. Nous donnons ici l'exemple de Saint-Denis, principal centre industriel du département de la Seine après Paris. Entre 1851 et 1881, sa population tripla, passant de 13 688 à 43 895. En 1896, on y compte déjà 54 115 habitants, dont seuls 13 689 étaient nés à Saint-Denis même[30]. Les autres venaient principalement des autres localités du département, y compris de Paris. Cinq mille huit cents habitants

26 Chevalier, *La formation de la population parisienne*, 164.

27 Marchand, *Paris, histoire d'une ville*, 134.

28 Chevalier, *La formation de la population parisienne*, 78.

29 Jusqu'à la Première Guerre mondiale, il est justifié de considérer surtout le département de la Seine, à l'exclusion de Paris, comme le cœur de la banlieue. Mais progressivement, les habitants dépendants de Paris partent également pour des zones plus éloignées. D'abord dans les départements de la « petite couronne » (les trois départements entourant Paris), plus tard dans ceux de la « grande couronne » (avant 1968, les départements de Seine-et-Marne et de Seine-et-Oise). En 1968, le département de la Seine est supprimé. Les communes qu'il comprenait sont intégrées dans les départements des Hauts-de-Seine (Nanterre), du Val-de-Marne (Créteil) et de la Seine-Saint-Denis (Bobigny).

30 *Saint-Denis. Notice historique et renseignements administratifs*, 114.

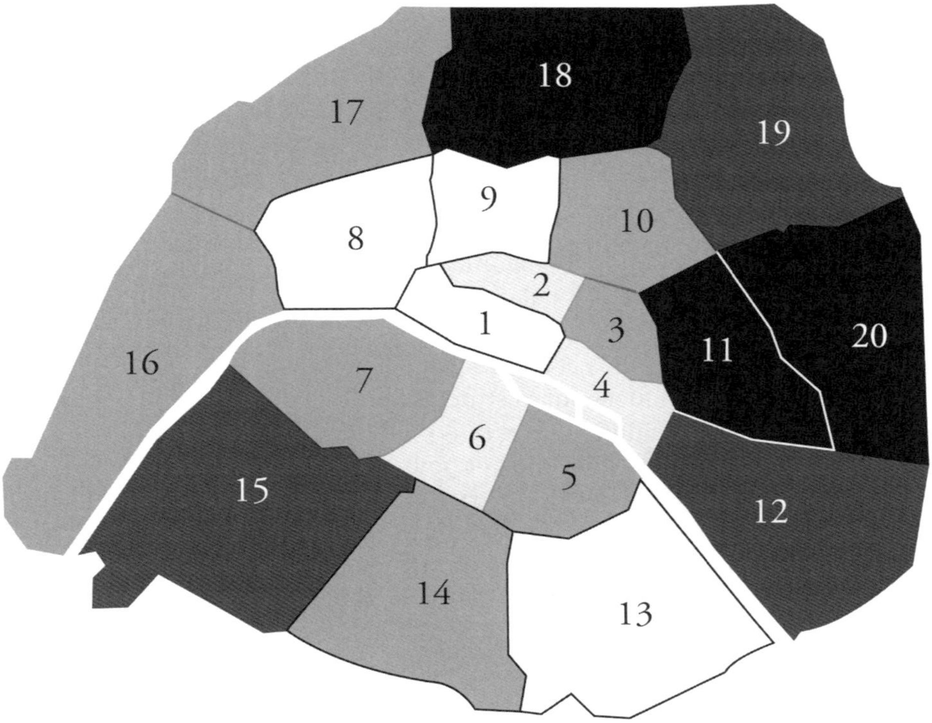

Nombre d'ouvriers pour 100 habitants

60-50	1. Louvre	6. Luxembourg	11. Popincourt	16. Passy
50-40	2. Bourse	7. Palais-Bourbon	12. Reuilly	17. Batignolles
40-30	3. Temple	8. Champs-Elysées	13. Gobelins	18. Buttes Montmartre
30-25	4. Hôtel de Ville	9. Opéra	14. Observatoire	19. Buttes Chaumont
25-12	5. Panthéon	10. St-Laurent	15. Vaugirard	20. Ménilmontant

12. Répartition de la population ouvrière selon les arrondissements (1872).
[Sur base de Chevalier, *La formation de la population parisienne*, 83]

étaient nés à l'étranger. Il y avait parmi eux 1 126 Belges. En termes relatifs, les emplois industriels y étaient plus ou moins aussi nombreux qu'à Paris[31].

Ci-après, nous examinons la migration belge dans l'espace parisien que nous venons de décrire. Nous ne tenons toutefois pratiquement pas compte des interactions avec l'hinterland. L'émigration vers la banlieue exigerait en effet une étude socioéconomique en soi. Quand nous parlons d'immigration belge à Paris, nous nous limitons donc strictement à la ville telle qu'elle a pris

31 Chevalier, *La formation de la population parisienne*, 79. C'est pourtant après 1880 que l'activité industrielle connaît son plein développement dans la plaine entourant St-Denis. La ville comptait en 1902 80 usines, dont une grande partie avaient été fondées dans les années 1870-1880. Voir *Saint-Denis. Notice historique et renseignements administratifs*, 249-297. Voir aussi Brunet, *Saint-Denis, la ville rouge*, 15-31.

forme administrativement et géographiquement après 1860. Au-delà de cette limite spatiale, nous nous en tenons également à une fourchette chronologique. Grosso modo, celle-ci va de 1850 jusqu'à après la Première Guerre mondiale. Ce choix découle du thème principal de cette recherche, qui consiste à mesurer la disponibilité des Belges parisiens, et plus spécifiquement des Flamands parisiens, à se doter d'une organisation ethnico-religieuse. Nous verrons plus loin qu'au tournant du siècle, et en réalité même déjà auparavant, cette disponibilité avait en bonne partie disparu chez les Flamands de Paris. Ce sera le sujet du chapitre suivant.

Les Belges à Paris

Que savons-nous des Belges à Paris ? Ils apparaissent pour la première fois en tant que groupe national lors du recensement de 1833. Officiellement, la capitale compte alors 9 850 Belges. En ce qui concerne le reste de la période de la monarchie de Juillet, nous nageons dans le brouillard. Ce n'est qu'avec le recensement de 1851 que nous disposons d'un nouvel état de la question. Comparée à 1833, la population belge a alors légèrement diminué, jusqu'à 9 711 personnes. Mais la baisse enregistrée entre 1833 et 1851 ne correspond très probablement pas à la réalité. L'historien Grandjonc, qui a étudié la population étrangère pendant la monarchie de Juillet, estime le nombre d'étrangers à cette période beaucoup plus élevé[32]. Entre 1833 et 1851, Paris subit en effet d'importantes fluctuations de population qui n'apparaissent pas dans les comptages. La principale a lieu pendant l'année révolutionnaire de 1848. Cette année-là, 186 405 ouvriers sur 342 430 perdent leur travail *intra-muros* entre mars et juin. Selon Grandjonc, cela cause à coup sûr une migration inverse qui fausse les chiffres de 1851. Nous savons également que la présence d'ouvriers belges à Paris date d'avant 1851. En 1842, des Belges étaient déjà engagés comme ouvriers temporaires pour la construction de l'enceinte de Thiers[33]. Quant à la Légion belge qui affronte en mars 1848 les troupes belges à Risquons-Tout, elle était composée d'ouvriers qui résidaient dans le futur 20e arrondissement de Paris[34]. Pour un afflux substantiel, il faudra toutefois attendre la période 1850-1860.

32 Grandjonc, « Les étrangers à Paris », 62-63.

33 *Ibid.*, 71. Ils repartaient chez eux pour l'hiver « en annonçant leur intention de revenir au printemps prochain ».

34 Le 29 mars, des révolutionnaires français et belges tentèrent d'assaillir le quartier frontalier mouscronnois de Risquons-Tout dans l'intention d'exporter en Belgique la révolution de Février. Les révolutionnaires belges étaient principalement des habitants de Paris et étaient en fait composés de deux groupes. Le premier s'était formé autour de l'officier de cavalerie Jules Fosse et se réunissait dans la rue St-Germain l'Auxerrois, non loin du Louvre. L'autre se réunissait chez Frédéric Blervacq, un négociant en vin de Ménilmontant, quartier populaire du nord-est de Paris. Dumont, *Le miracle belge de 1848*, 85-122. Sur la Belgique comme havre de paix en 1848, voir Deneckere, *Leopold I* 405-417.

GRAPHIQUE 10
NOMBRE DE BELGES À PARIS

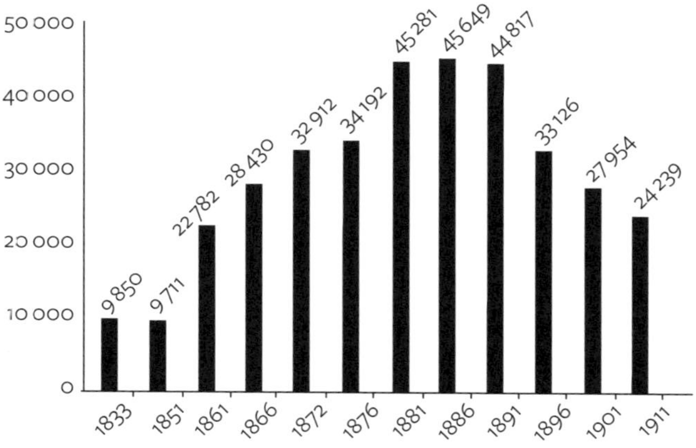

BAVP, Résultats statistiques du recensement de 1911 pour la ville de Paris.

GRAPHIQUE 11
ÉVOLUTION DE LA POPULATION BELGE À PARIS ET DANS LE DÉPARTEMENT DE LA SEINE SANS PARIS (1861-1911)

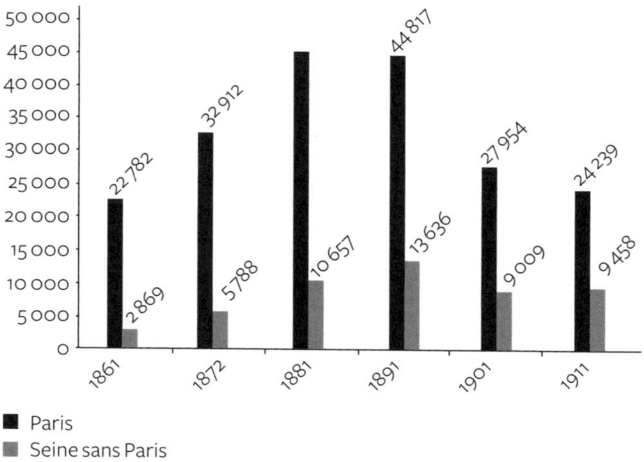

BAVP, Résultats statistiques de recensement de 1911 pour la ville de Paris.

Le graphique 10 illustre les différentes phases de la migration belge à Paris jusqu'à la Première Guerre mondiale. Il en ressort clairement que la population belge a connu entre 1851 et 1886 une hausse progressive. Cette dernière année, 45 649 Belges sont dénombrés. Nous constatons pendant cette période deux phases marquantes. Entre 1851 et 1861, le groupe des Belges double pratiquement. Et entre 1876-1881, Paris exerce à nouveau une grande force d'at-

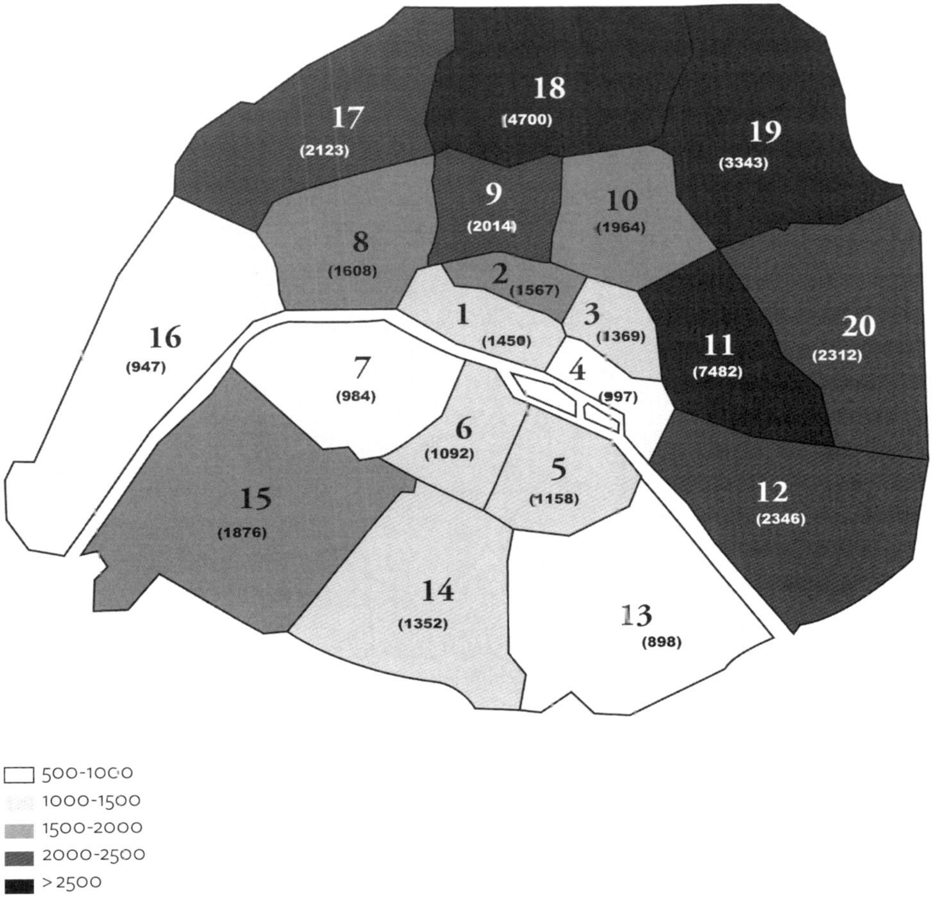

13. Répartition de la population belge en 1881 par arrondissements.

traction (32,5%). À partir de 1881, la population belge augmente progressivement jusqu'à son plafond de 1886. Cet attrait diminue fortement après 1891. Les mêmes phases exactement peuvent être distinguées en ce qui concerne la population belge de la banlieue (département de la Seine, sans Paris (Graphique 11).

La baisse de la population belge après 1891 s'explique par les mêmes raisons que dans le Lillois. Les lois sur la nationalité de 1889 francisent les immigrés à un rythme accéléré. La naturalisation et la réintégration jouent aussi un rôle croissant. Les femmes belges qui ont épousé un Français sont d'office francisées et leurs enfants sont automatiquement français. Mais indépendamment de ces facteurs, la population belge à Paris se caractérise surtout par un schéma d'établissement instable. Des quartiers qui attiraient de nombreux Belges en 1881 ont déjà nettement moins de succès dix ans plus tard. Quant

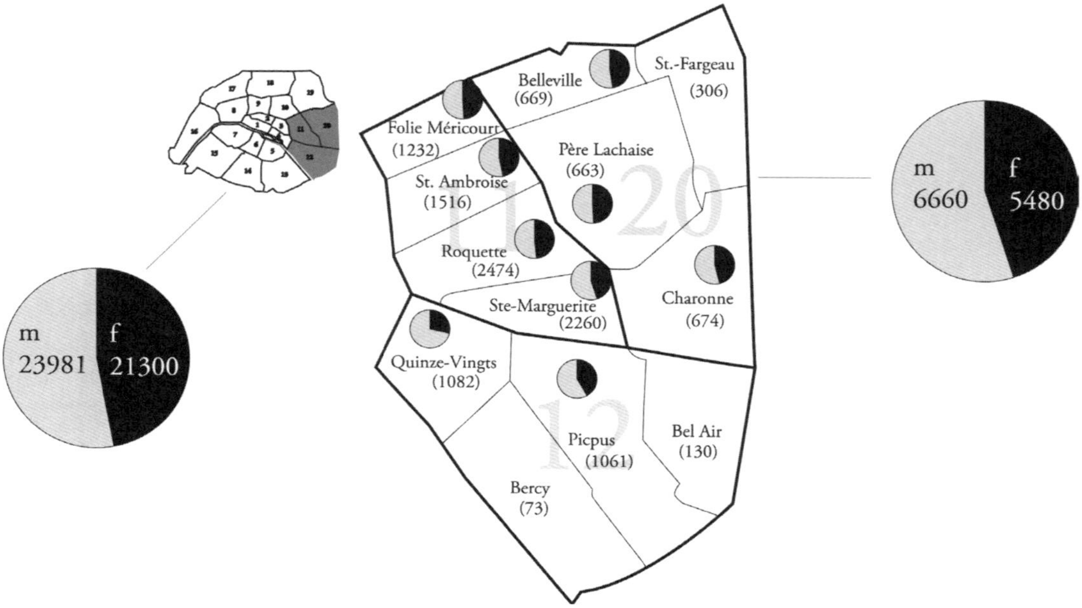

14. Nombre de Belges par quartiers, 11e, 12e et 20e arrondissements, en 1881.
[BAVP, Résultats statistiques du recensement de 1881 pour la ville de Paris]

à déterminer la proportion de la population qui a été francisée et celle qui a déménagé, cela nous est hélas impossible.

Où les Belges vivaient-ils à Paris ? La figure 13 donne leur répartition par arrondissements pour 1881. On constate qu'ils étaient en fait dispersés dans toute la ville. Leur contingent est inférieur à 1 000 dans quatre arrondissements seulement. La plus forte présence est toutefois liée aux quartiers ouvriers de la figure 12. En 1881, la plupart des Belges vivaient dans les arrondissements du nord et de l'est, répartis en une sorte de croissant sur la rive droite de la Seine. Un arrondissement frappe en particulier : à Popincourt, mieux connu comme le 11e arrondissement, on comptait en 1881 plus de 7 482 Belges, soit 16,5% de tous les Belges de Paris (3,6% de la population totale du 11e arrondissement). Venaient ensuite, par ordre décroissant, le 18e arrondissement (4 700, ou 10,3% des Belges), le 19e arrondissement (3 343, ou 7,4%), le 12e arrondissement (2 346, ou 5,2%), le 20e arrondissement (2 312, ou 5,1%), le 17e arrondissement (2 123 Belges, ou 4,7%) et le 9e arrondissement (2 014 Belges, ou 4,5%).

La présence des Belges peut être analysée plus finement, cette fois à l'échelle des quartiers. Dans la figure 14, nous avons isolé dans ce but les 11e, 12e et 20e arrondissements. Il apparaît clairement que ce sont les deux quartiers les plus méridionaux du 11e arrondissement, Sainte-Marguerite et la Roquette, qui comptent le plus de Belges. Le 11e forme en outre un ensemble avec

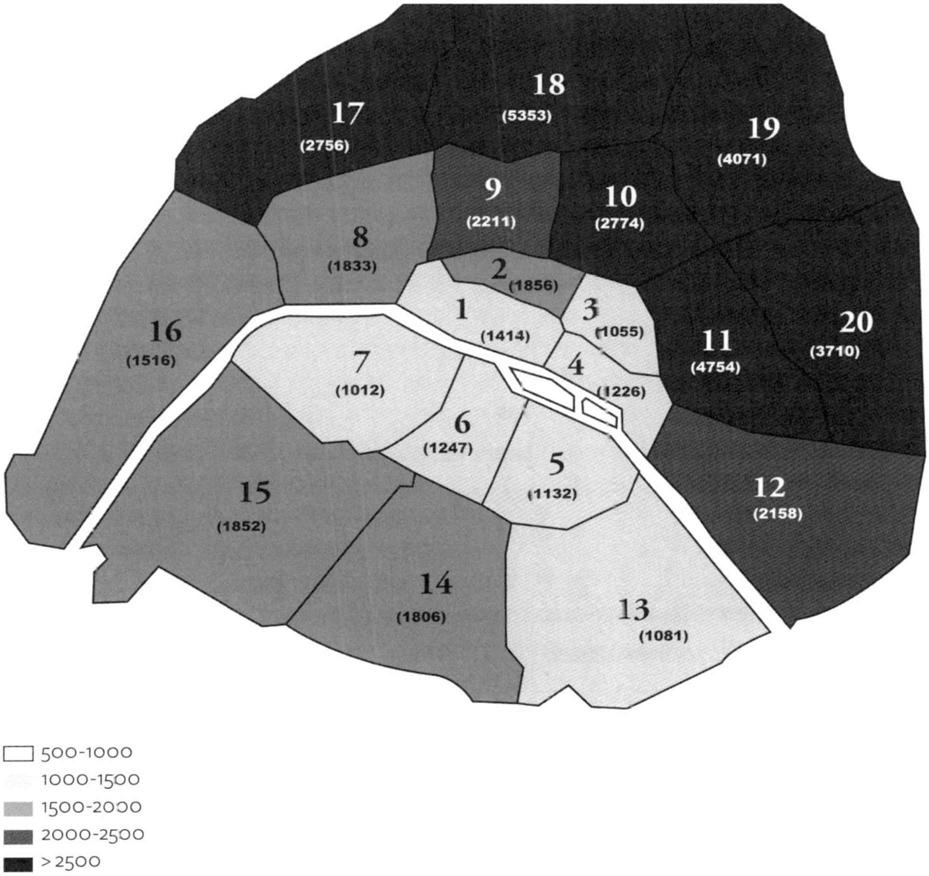

15. Répartition de la population belge en 1891 par arrondissements.

les quartiers attenants des arrondissements limitrophes. Dans le 12e arrondissement, les quartiers des Quinze-Vingts et de Picpus attirent de nombreux Belges. Plus à l'est, dans le 20e, on observe une forte concentration à Charonne, au Père Lachaise et à Belleville.

La même figure 14 montre qu'en 1881, l'immigration belge est principalement constituée d'hommes. Pour l'ensemble de Paris, il y a 112 hommes belges pour 100 femmes. Pour les arrondissements cités, ce ratio atteint 122 hommes pour 100 femmes. La forte proportion masculine dans des quartiers comme les Quinze-Vingts, Picpus et Charonne est remarquable. Comme nous le verrons, il s'agit des prolongements plus pauvres de zones industrielles artisanales qui se concentrent surtout dans le quartier de Sainte-Marguerite.

Qu'en est-il des arrondissements de la ceinture nord de Paris ? Vers 1881, la concentration y est également beaucoup plus claire à l'échelle des quartiers qu'à celle des arrondissements. Trois quartiers y comptent plus d'un millier

GRAPHIQUE 12
QUARTIERS « PERDANTS » ET « GAGNANTS » 1881-1891

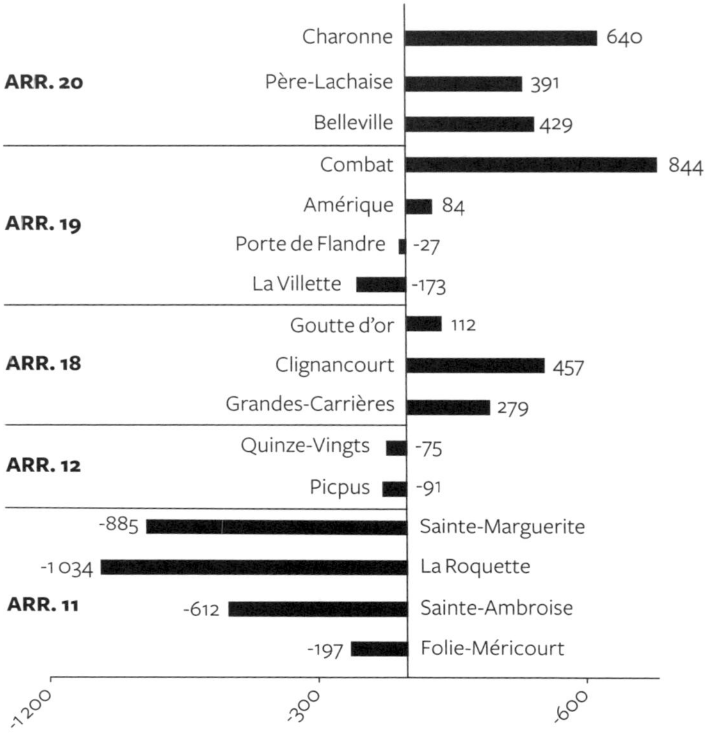

■ Développement de la population par quartier 1881-1891.
Sur base de BAVP, Résultats statistiques du recensement pour la ville de Paris (1881 et 1891).

de Belges : Clignancourt (2 098 Belges) et la Goutte d'Or (1 022 Belges) dans le 18e arrondissement, La Villette (1 762 Belges) dans le 19e.

Dix ans plus tard à peine, lors du recensement de 1891, la migration belge à Paris présente un tout autre visage. Le nombre absolu de Belges n'a guère varié depuis 1881 (de 45 281 à 44 817), mais leur répartition a fondamentalement changé. La figure 15 donne la répartition par arrondissements pour 1891. On voit immédiatement que ceux qui attiraient le plus de Belges en 1881 ont fait place à des quartiers situés plus en périphérie. La diminution est spectaculaire dans le 11e arrondissement (-2 728 personnes). La population belge a en revanche augmenté de plus de 60% dans le 20e arrondissement voisin.

Le déplacement des Belges vers la périphérie est encore plus visible au niveau des quartiers. Le graphique 12 montre les quartiers « gagnants » et « perdants » sur base d'une comparaison des chiffres de 1881 et de 1891. Dans le 11e arrondissement, ce sont La Roquette et Sainte-Marguerite qui perdent le

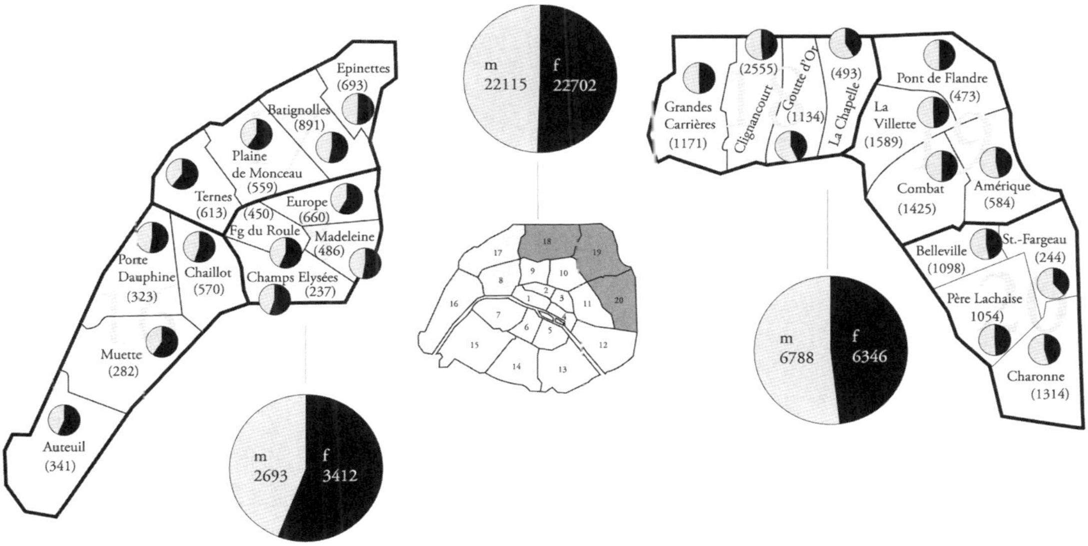

16. Nombre de Belges par quartier dans le 8e, 16e, 17e, 18e, 19e et 20e arrondissements en 1891. [BAVP, Résultats statistiques du recensement de 1891 pour la ville de Paris]

plus de Belges. Dans les arrondissements septentrionaux, Clignancourt (18e) et Combat (19e) en gagnent. Cette augmentation s'inscrit dans la tendance générale qui caractérise la hausse démographique de Paris à l'époque. Elle concerne surtout les arrondissements de la couronne extérieure. En 1866, les arrondissements les plus peuplés étaient encore le 11e (149 000), le 18e (130 000), le 10e (116 000) et le 9e (106 000). En 1891, deux arrondissements ont dépassé le cap des 200 000 habitants : le 11e (208 251) et le 18e (206 453). Le 20e, qui n'appartient en 1866 pas à la liste des dix arrondissements les plus populeux de Paris, compte dès 1891 137 723 habitants. Cela vaut aussi pour le 19e (123 349).

Une autre évolution fondamentale se produit entre 1881 et 1891 au sein de l'immigration belge. Bien que la population belge soit quasi constante à l'intérieur de Paris, elle change clairement de sexe. Pour l'ensemble de Paris, il n'y avait plus, en 1891, que 97 hommes pour 100 femmes. Si nous isolons les arrondissements (et les quartiers) plus résidentiels situés plus à l'ouest des quartiers ouvriers, ces proportions sont encore plus parlantes. La figure 16 donne la répartition de l'immigration belge par quartier pour les groupes des 8e, 16e et 17e arrondissements (résidentiels) et des 18e, 19e et 20e arrondissements. Si les arrondissements de l'ouest ne comptaient que 79 hommes pour 100 femmes, il restait à l'est un excédent d'hommes (106 pour 100 femmes).

Dans une perspective migratoire, la plupart des quartiers ouvriers du centre de Paris sont donc clairement des quartiers d'hommes. Cela frappe particulièrement pour la Chapelle et la Goutte d'Or, où le contingent belge se

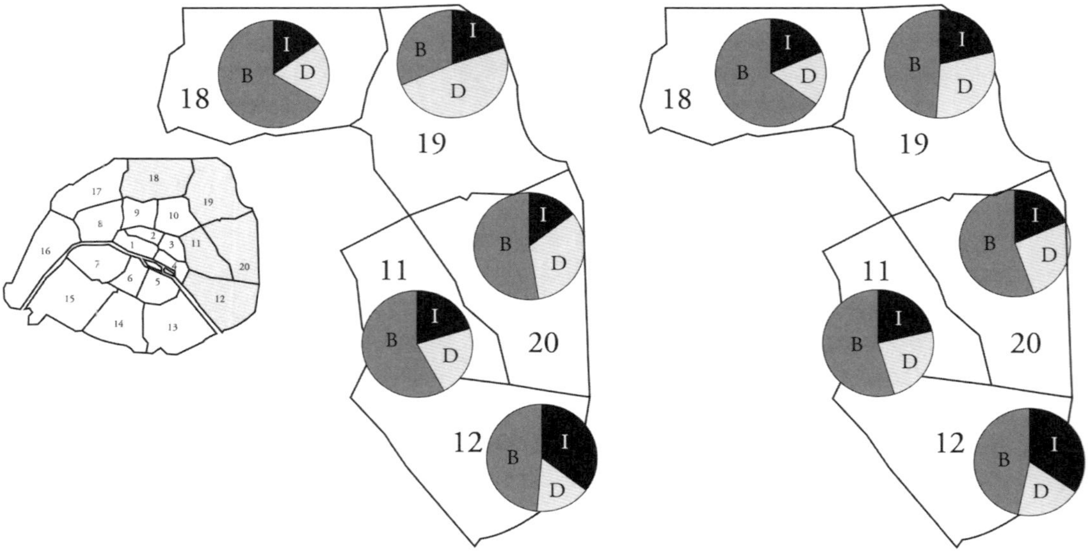

17. Belges, Allemands et Italiens des 11e, 12e, 18e et 20e arrondissements.
[BAVP, Résultats statistiques du recensement pour la ville de Paris (1881-1891)]

compose à 60% d'hommes. On peut en déduire qu'une partie substantielle des Belges part pour Paris individuellement plutôt qu'en famille. Dans un quartier riche comme la Madeleine, par contre, les femmes constituent 61% du groupe des Belges. Le 17e arrondissement est encore plus intéressant à cet égard, car il est caractérisé par une frontière nette. Les riches quartiers comme les Ternes, la Plaine de Monceau, l'Europe et le Faubourg-du-Roule sont proches des Batignolles, où vivent de nombreux ouvriers. Les Batignolles et les Épinettes étaient clairement plus masculins que les autres quartiers de l'ouest de la ville.

Bien que la différence entre les quartiers soit remarquable, nous devons constater que le groupe des Belges dans le contexte migratoire parisien se caractérise par un ratio hommes/femmes assez équilibré. L'immigration italienne, de plus en plus présente à partir de 1870 dans le 11e arrondissement, est particulièrement masculine. En 1881, Blanc-Chaléard notait les chiffres respectifs de 245, 238 et 376 Italiens pour 100 Italiennes dans les quartiers de Sainte-Marguerite, Charonne et Picpus[35].

De 1881 et 1891, l'immigration belge à Paris varie donc bien plus en ce qui concerne son flux qu'en ce qui concerne son stock. À l'intérieur de cette population, certains disparaissent par francisation ou suite à un déménagement. Le groupe des « partants » est compensé par celui des « arrivants », dont une partie substantielle de femmes. L'historienne bruxelloise Valérie Piette a mon-

35 Blanc-Chaléard, *Les Italiens à Paris*, 88.

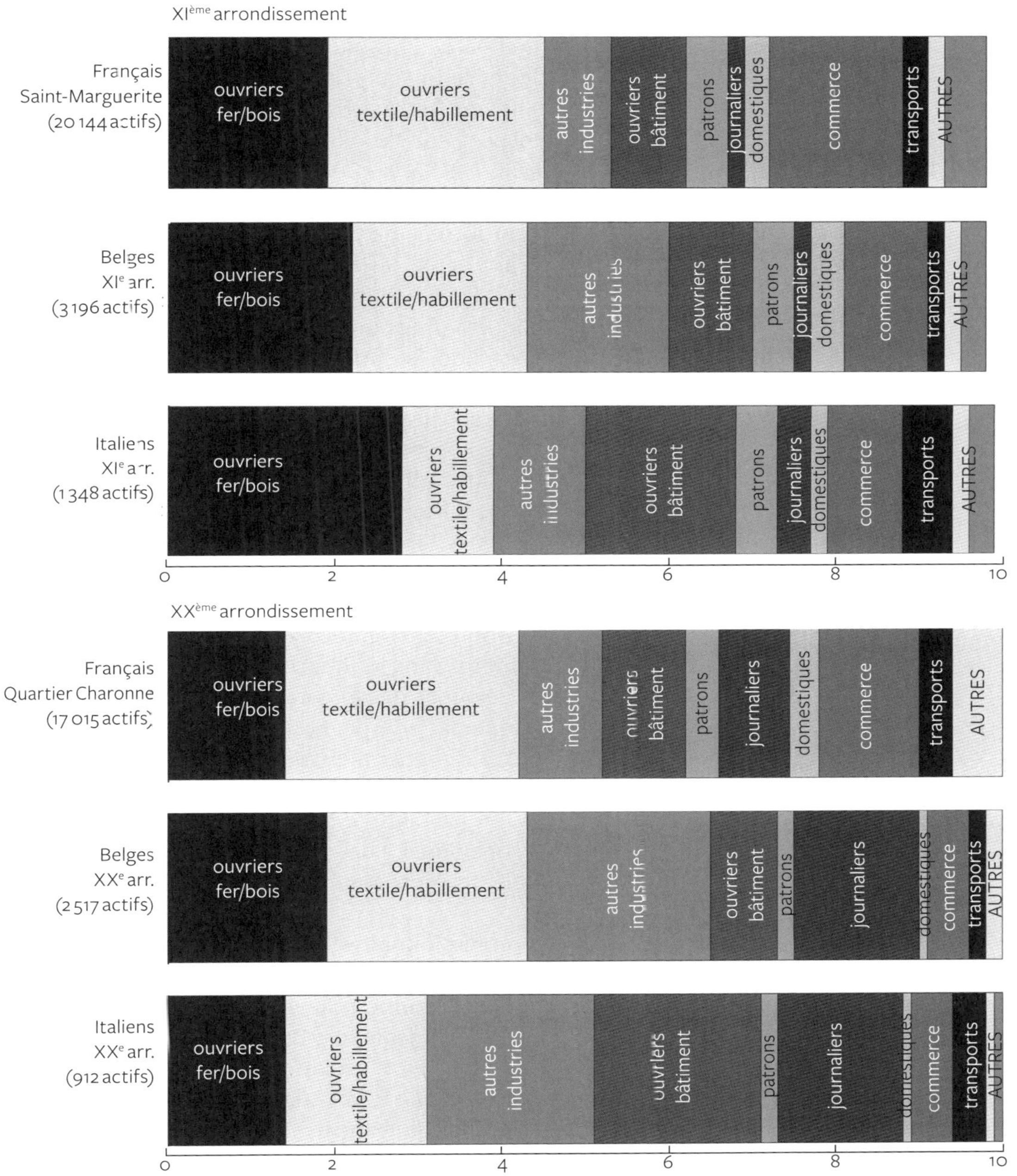

18. Métiers des Français, des Belges et des Italiens dans les 11e et 20e arrondissements, 1891.
[Blanc-Chaléard, *Les Italiens à Paris*, 88]

tré que les femmes belges étaient surtout prisées en tant que servantes[36]. Elle a également démontré la force d'attraction de Paris sur cette immigration. La capitale française conférait du prestige et changeait « la payse » en « dame »[37].

Si nous nous tournons à nouveau vers les quartiers ouvriers, la période 1881-1891 est décisive par un autre aspect encore. Contrairement au cas du Lillois, l'immigration belge ne représente à Paris que l'une des nombreuses nationalités présentes. Jusqu'au tournant du siècle, la population des migrants non français est essentiellement formée de trois nationalités : les Allemands, les Belges et les Italiens. Parmi eux, les habitants de l'Allemagne morcelée d'avant 1871 constituent de loin le plus grand groupe. Après le conflit franco-allemand, les Belges deviennent les plus nombreux. En 1881, ils sont, comme nous l'avons signalé, plus de 45 000. Les Allemands sont à l'époque 31 071, les Italiens un peu plus de 21 000. Ce chiffre ne suffit pourtant pas à donner aux Belges une visibilité dans le spectre de la population parisienne. Les 7 482 Belges du 11e arrondissement représentaient comme nous l'avons dit 3,6% à peine de la population totale de l'arrondissement. Comparé à Roubaix, où plus d'un habitant sur deux étaient de nationalité belge au moment du pic migratoire, nous sommes confrontés à Paris à une tout autre réalité.

La figure 17 donne la répartition des arrondissements par nationalités pour 1881 et 1891. En 1881, les Belges constituaient de loin le groupe le plus nombreux dans les 11e, 12e, 18e et 20e arrondissements. L'exception était le 19e, où les Allemands étaient surtout nombreux dans les quartiers de la Villette et du Combat. En 1891, les proportions n'avaient pas encore changé à l'échelle parisienne. Les Belges y restaient le principal groupe. Et dans les arrondissements orientaux, ils étaient encore plus dominants qu'auparavant. Mais en chiffres absolus, leur supériorité numérique par rapport aux autres nationalités était en diminution. Les Italiens, en particulier, étaient de plus en plus nombreux dans les arrondissements considérés. Lors du comptage de 1911, à la veille de la Première Guerre mondiale, ils représenteraient partout la nationalité étrangère la mieux représentée.

Quelles étaient les occupations professionnelles des Belges dans les arrondissements orientaux de Paris ? Pratiquement tous étaient ouvriers, mais l'appellation revêt divers sens. La figure 18 donne pour les 11e et 20e arrondissements les secteurs dans lesquels les Français, les Belges et les Italiens étaient actifs selon le recensement de 1891. La population active étrangère n'est comptée que par arrondissement alors que la population française l'est par quartiers. Dans le graphique, la population française du quartier le plus représentatif de l'arrondissement est également prise en compte. Si nous considérons séparément le noyau de l'immigration belge, le 11e arrondissement, la structure professionnelle de la population belge présente des res-

36 Piette, « Les servantes belges à Paris », 86.
37 *Ibid.*, 88.

semblances avec celle de la population française de Sainte-Marguerite. Les Belges étaient comme tous les Français principalement actifs dans le textile. Les deux groupes présentent également une proportion similaire de patrons et d'ouvriers dans les secteurs du travail du bois et du fer. Les journaliers étaient dans le 11e arrondissement pratiquement absents. La population italienne, en revanche, était proportionnellement plus représentée dans des métiers plus lourds. Les secteurs qui se distinguent dans leur cas sont la construction, mais aussi le transport. Celui-ci était surtout lié à la fabrication de meubles, un secteur caractérisé par une stricte hiérarchisation sociale. Sur l'échelon le plus bas, on trouvait souvent un Italien du Piémont, qui portait des meubles fixés sur son dos[38].

Néanmoins, la répartition professionnelle du 11e arrondissement est plus pertinente si on la compare à celle du 20e arrondissement, plus central. La nationalité y était bien moins significative en tant que critère de stratification. Autrement dit, dans le 20e arrondissement, même les Français s'en sortaient moins bien. En témoignent le grand nombre de journaliers. Davantage que dans le 11e arrondissement, le schéma professionnel des Belges s'y rapproche de celui des Italiens. Pour décrire la position sociale de la population parisienne (migrants compris), le quartier d'implantation était sans doute un meilleur indicateur que la nationalité[39]. Le démographe français Bertillon l'admettait donc déjà inconsciemment en 1895 en observant à propos des Belges : « (...) les Belges n'habitent guère que la périphérie de Paris, et notamment les quartiers les plus pauvres. Par là on peut déjà prévoir que la plupart d'entre eux sont des ouvriers. »[40] En résumé : plus les Belges habitaient près du centre-ville, plus leur position socioprofessionnelle était élevée.

Les Belges/Flamands dans le faubourg Saint-Antoine

Dans les commentaires qui précèdent, le 11e arrondissement s'est déjà distingué en tant que zone de concentration de l'immigration belge. Le « onzième », également connu sous le nom de Popincourt, était en réalité un agglomérat de quartiers anciennement situés en dehors des murs, ou « faubourgs »[41]. Le plus connu était sans conteste le faubourg Saint-Antoine, dont les frontières ont peu changé depuis lors.

Le faubourg débutait à la place de la Bastille, où s'élevait au Moyen Âge la porte Saint-Antoine[42]. De là partait aussi l'axe principal, la rue du Faubourg

38 Blanc Chaléard, *Les Italiens à Paris*, 59.

39 Pour un débat contemporain similaire, voir Maurin, *Le Ghetto français*.

40 Bertillon, *Origine des habitants de Paris*, 17.

41 Et c'est bien ce à quoi le terme renvoie. « Les faubourgs sont ainsi nommés, parce qu'ils tiennent à la ville, au lieu que les bourgs en sont toujours séparés », écrivait Perrot dans son *Dictionnaire de voierie* de 1782. Voir Fierro, *Histoire et dictionnaire de Paris*, 868.

42 Hazan, *The Invention of Paris*, 122.

Saint-Antoine qui, des deux côtés, se ramifiait en tous sens par le biais de « ses impasses, ses ruelles et ses passages » (Illustration 19)[43]. Plus loin, la rue reliait le quartier au château de Vincennes. Toujours depuis le faubourg, les rues de Charonne, de Charenton et de Montreuil menaient à d'anciens villages qui approvisionnaient généreusement Paris en vin, en légumes et en fruits. C'est précisément cette vaste zone, dont le sud ferait après 1860 partiellement partie du 12e arrondissement, qui forma à partir de 1850 le premier noyau d'établissement de l'immigration belge à Paris.

L'essor du faubourg Saint-Antoine remonte surtout au XVIIe siècle, sous le règne de Louis XIV. Exempté de taxes, ce quartier était à l'époque devenu la zone artisanale par excellence de Paris. La fabrication de meubles s'y était particulièrement développée, mais la verrerie, la ferronnerie artisanale et le secteur de l'habillement y étaient également prospères. En 1702, le faubourg avait été incorporé à la capitale[44]. Il avait néanmoins continué à fonctionner comme un quartier séparé. En 1864, Sigmond Engländer décrivait encore la particularité du faubourg comme suit : « Two steps from the Place de la Bastille in the faubourg Saint-Antoine, people still say, "I am going to Paris". This suburb has its own customs, even its own language (...). »[45]

Les artisans étrangers avaient fourni une contribution essentielle à l'essor de l'artisanat dans le quartier sous l'Ancien Régime[46]. Parmi eux, il y avait eu de nombreux Flamands et Allemands. C'était encore vrai lorsqu'au XIXe siècle, la demande croissante en produits artisanaux émanant de la bourgeoisie et des fonctionnaires parisiens stimula l'économie du quartier. La fabrication de meubles en est un exemple. Le secteur s'adressait aux différents segments du marché, du haut de gamme aux meubles fabriqués en série en passant par le « faux-luxe ». Il reposait sur de petites entreprises où l'on travaillait de façon très imbriquée, non seulement entre ouvriers, mais aussi avec les fournisseurs, comme les scieries et les commerces de bois. Le quartier comptait aussi une quantité de petits ateliers spécialisés dans la porcelaine, le papier peint ou l'aménagement intérieur, la construction métallique, les accessoires vestimentaires, la cordonnerie, etc.[47]. Mais il y en avait aussi de plus grands, occupés à se mécaniser systématiquement. La maison Robillard et Vanloo (rue Sedaine) fut l'une des premières à utiliser la propulsion vapeur dans ses ateliers[48]. Elle occupait 140 ouvriers. La manufacture Krieger, fondée en 1835 dans la rue du Faubourg Saint-Antoine, procurait quant à elle du tra-

43 Chevalier, *La formation de la population parisienne*, 192.

44 Lors de la création de vingt quartiers de police sous le règne de Louis XIV, en 1702, quatorze faubourgs furent rattachés à Paris.

45 Sigmund Engländer cité dans Benjamin, *The Arcades Project*, 521.

46 Hazan, *The Invention of Paris*, 123.

47 Plinval de Guillebon, *Faïence et porcelaine de Paris* ; Garenc, *L'industrie du meuble en France*.

48 Chadych et Leborgne, *C'était hier*, 187.

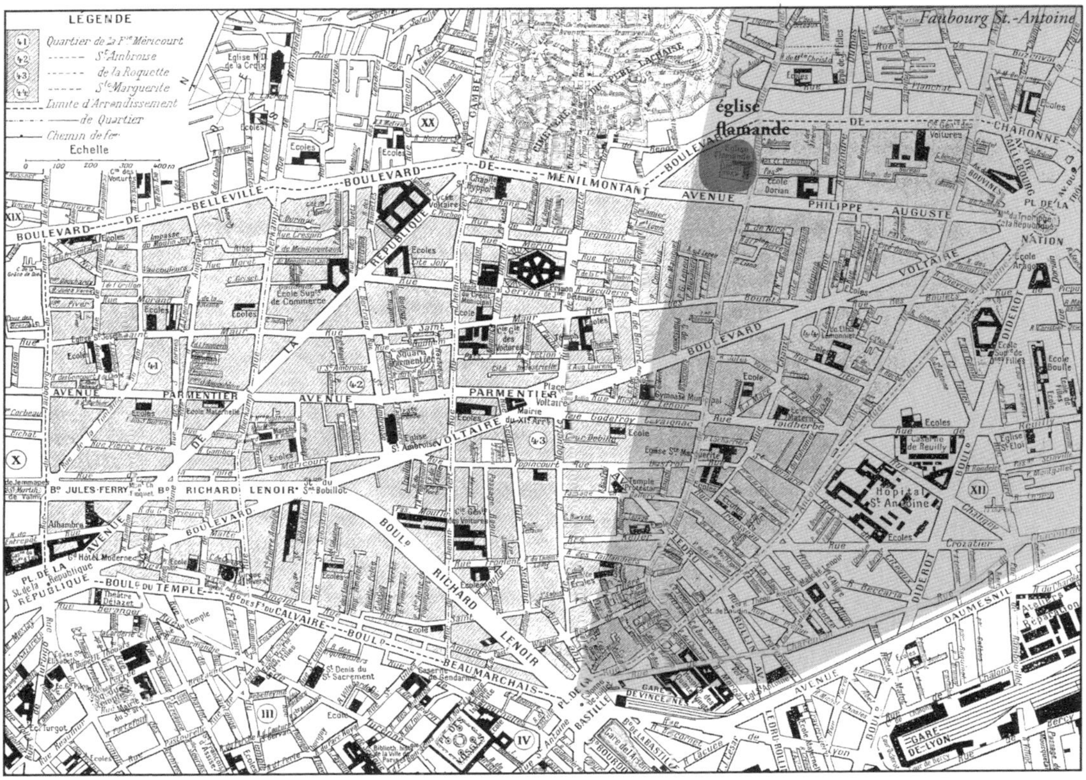

19. Le Faubourg Saint-Antoine, dans le 11e arrondissement.
[Chadych et Leborgne, *C'était hier… Le XIème arrondissement*, 6]

vail à 500 ouvriers en moyenne. Un des atouts du quartier, et par extension de tous les arrondissements industriels parisiens, était la créativité avec laquelle l'espace était utilisé. En 1872, il y avait dans les 10e, 11e et 12e arrondissements 26 entreprises où la force motrice, le plus souvent la vapeur, était utilisée de manière collective. Cette force était louée à 1 473 fabricants, qui employaient eux-mêmes 9 000 ouvriers environ dans diverses industries[49].

Le faubourg était un exemple parfait de la définition de la ville créative et industrieuse selon Glaeser. Les gens et les entreprises y évoluaient dans un espace physique particulièrement exigu. Le besoin d'interaction humaine y était énorme[50]. Les ouvriers spécialisés travaillant dans les nombreux ateliers petits ou moyens mettaient en œuvre des échanges créatifs entre les diverses spécialités. Même lorsque vers 1880, la métallurgie plus lourde, principalement centrée sur la fabrication d'outils, déménagea progressivement pour la

49 Crossick et Haupt, *The Petite Bourgeoisie in Europe*, 43.
50 Glaeser, *Triumph of the City*, 6.

banlieue, l'espace libéré dans le faubourg fut partagé sans difficultés entre des ateliers plus petits.

Les ouvriers et patrons belges étaient eux aussi attirés par ce marché en expansion[51]. Vers 1860, le quartier comptait environ 40 magasins de meubles avec un patronyme flamand. Leur établissement datait avec certitude d'une phase antérieure. Louis Chevalier mentionne à propos du quartier les tensions entre ébénistes français d'une part, flamands et allemands de l'autre[52]. Une enquête de la Chambre de commerce datant de 1847-1848 faisait d'ailleurs allusion pour toute la décennie 1830 à des frictions entre ces groupes en temps de récession économique[53]. L'apport belge était toutefois loin d'être aussi important que celui des Allemands. Pendant la monarchie de Juillet, c'est l'afflux de ces derniers qui domina. Ils formaient une population fluctuante, qui logeait dans des chambres. Chevalier décrit leur schéma d'établissement comme un campement bien plus que comme une installation[54]. Pendant le Second Empire et au cours de deux décennies suivantes, les Belges reprendraient graduellement le rôle des Allemands.

Dans les lignes qui suivent, nous tentons de mieux cerner l'accroissement de la population belge dans le faubourg pendant la seconde moitié du XIXe siècle. C'est un exercice difficile dans la mesure où presque toutes les sources utilisables ont été détruites lors de l'incendie de l'hôtel de ville, pendant l'épisode de la Commune. À propos de la migration permanente dans le faubourg, nous disposons de quelques maigres informations, mais elles sont souvent indirectes. Nous les examinons en détail sans pour autant perdre de vue l'établissement peu stable (du type « campement ») des Belges à Paris, que nous avons mis en lumière en comparant les recensements de 1881 et 1891. Ce qui nous intéresse le plus ici, c'est de savoir si, dans cette intense activité humaine, les Belges étaient solidaires entre eux. Autrement dit : tissaient-ils une communauté sur base de leurs origines partagées ?

Un parcours individuel

S'agissant de dresser le profil d'un habitant belge du faubourg Saint-Antoine, nous tirons une première indication d'une étude de Du Maroussem (1892) sur les fabriques de meubles du quartier. Il y décrit le parcours d'un ébéniste

51 Van Acker, « Westvlamingen op kunstambacht in Parijs », 312-313.

52 Chevalier, *La formation de la population parisienne*, 183.

53 « Pendant les années qui ont suivi 1830, il s'est fréquemment élevé de grandes querelles entre les ouvriers ébénistes des deux origines. Les patrons, pour obtenir la tranquillité, étaient obligés de composer leurs ateliers en entier, ou d'Allemands, ou de Français. » « Aujourd'hui », poursuit l'auteur de l'enquête, « la rivalité semble s'être apaisée ». Cité dans Chevalier, *La formation de la population parisienne*, 183.

54 « Cet énorme accroissement de la population parisienne par l'immigration se traduit pour des effectifs importants, non pas par une installation, mais par une sorte de campement. » *Ibid.*, 277.

belge[55]. Son côté aventureux est frappant. L'homme était né en 1851. Aîné de trois enfants, il travailla d'abord comme apprentis à Verviers. En 1872, à ses 21 ans, il fut exempté du service militaire. Il partit alors pour Liège, avant de passer sept mois à Cologne, où l'industrie du meuble était alors florissante. De là, il rejoignit Hambourg afin de s'y perfectionner. Le voyage ne faisait que commencer : fin 1874, il passa trois mois à Berlin, suivis de trois autres à Dresde et d'un séjour à Prague. Après un détour par Vienne, où l'industrie du meuble était organisée en grands ateliers, et un voyage dans les villes d'art italiennes et l'Afrique du Nord, il atteignit finalement Paris. En tant qu'ébéniste, il aboutit tout naturellement dans le faubourg Saint-Antoine. Il y épousa Anna Dietrich, qui était née en 1860, et reprit le commerce de meubles que celle-ci gérait avec sa mère. Au moment de la visite de Du Maroussem, le couple avait cinq enfants. Son atelier était spécialisé dans les « toilettes anglaises », auxquelles ils ajoutaient les meubles.

Il est peu probable que tous les ébénistes aient fait autant de détours avant d'arriver à Paris. Néanmoins, une série de points sont à retenir. Le migrant décrit ici avait un caractère particulièrement indépendant. Il était loin d'être ignorant et connaissait le monde. Son parcours fut en outre déterminé par sa spécialité d'ébéniste, de même que sa destination finale, le faubourg Saint-Antoine. Bien que Du Maroussem ne précise pas la nationalité de sa femme, elle était très certainement d'origine allemande. L'exemple montre donc qu'un migrant belge à Paris ne se retrouvait pas forcément dans un réseau lié à son pays d'origine.

Voisinage et mariages

La concentration de Belges dans le 11e arrondissement et plus spécifiquement dans le faubourg Saint-Antoine pourrait laisser supposer qu'il existait une sorte de réseau, une petite Belgique, ou *a little Flanders*[56]. En fait, il n'en était rien. La quête de pratiques d'appropriation en fonction d'une nationalité partagée ou de la région de provenance n'a livré pratiquement aucune information pertinente. Il n'était aucunement question d'une migration permanente dans le faubourg Saint-Antoine[57]. Une analyse du cadastre par patronyme flamand pour une série de rues importantes du faubourg n'a donné aucun résultat si-

55 du Maroussem, *La question ouvrière*, 104-105.

56 Comme indiqué dans l'introduction, nous désignons par là « des pratiques d'appropriation symbolique » dans un groupe, déterminées par un pays ou une région de provenance identiques ou encore une religion commune. Pour une analyse de ce type d'identités collectives à ancrage territorial, voir Rainhorn, « "Petites Italies" ». Pour une application, voir Nadel, *Little Germany*.

57 Les années 1852, 1862 et 1876 ont été étudiées pour les rues suivantes : rue de Montreuil, rue Titon, rue Paul Bert et un échantillon de la rue du Faubourg Saint-Antoine. ADP, Archives fiscales, IV 3.3.

gnificatif[58]. Dans la rue de Montreuil, que Du Maroussem signalait comme le port d'attache des trôleurs, relativement peu de patronymes flamands ont été trouvés[59] : 41 seulement ont été enregistrés entre les n° 1 et 110[60]. C'est peu, surtout quand on sait que chaque numéro correspondait à une véritable « caserne ». Au 110, par exemple, les noms de Vanderkellen, Vanopstein, Vernozen, Vandergut en Dejonghe étaient notés, un chiffre insignifiant étant donné que l'immeuble comptait 223 chambres ou hébergements.

Y avait-il parmi les Belges d'autres indices de formation de communauté ? Pour la période 1855-1869, nous avons essayé la voie alternative des registres paroissiaux de Sainte-Marguerite, la circonscription la plus proche du faubourg Saint-Antoine[61]. Ils attestent très certainement d'un établissement flamand dans le voisinage[62]. Les registres de mariage montrent par exemple une augmentation modeste du nombre de patronymes flamands à partir des années 1855-1856. Pour ces années, on compte respectivement quatre et six unions dont l'un des membres avait un nom à consonance flamande. Si nous considérons la totalité de la période (1855-1869), aucune tendance structurelle ne se dégage. Deux années se distinguent légèrement du reste, 1863 et 1864. En 1863, l'unique mariage flamand conclu dans la paroisse était celui d'Eugénie De Visch et de Jean Vanwymelbeke. L'année suivante, par contre, treize unions furent contractées entre partenaires dont un au moins portait un nom flamand, et dans sept cas, tous les deux ; nous pouvons concernant ces derniers parler de « mariages homogènes ».

Mais, pour la période 1855-1869, l'analyse des patronymes confirme qu'il n'y avait pratiquement pas de réseaux flamands délimités à Paris. Sur les 6 959 mariages célébrés, 72 à peine le sont entre époux dont un au moins porte un nom flamand. Pour le partenaire masculin, la profession « ébéniste » est signalée dans 33 cas. Bien qu'il s'agisse dans ce groupe principalement de mariages homogènes, l'ancrage à Sainte-Marguerite, et par extension dans le fau-

58 Poulain et autres, « Flemish Immigration in Wallonia and France », 232. Voir aussi Poulain et Foulon, « L'immigration flamande en Wallonie », 206-209. Le travail de ces chercheurs se base sur un vaste groupe de population dans laquelle seuls les noms commençant par van- ou ver- sont pris en considération en tant que patronymes flamands, ce qui permet de réduire la marge d'erreurs. Avec ce critère, l'immigration francophone belge en France est, il est vrai, en bonne partie exclue.

59 du Maroussem, *La question ouvrière*, 137. « Ouvrier à la trôle » ou « trôleur » était une expression consacrée dans le faubourg. Un trôleur fabriquait des meubles et les livrait ensuite par l'intermédiaire d'une tierce personne. Parfois, il les transportait lui-même dans les magasins et les commerces du quartier. C'était la plus basse catégorie sociale dans la fabrication de meubles. Voir *Dictionnaire de la langue française Littré* et Blanc-Chaléard, *Les Italiens à Paris*, 57-59.

60 La composition de famille n'est pas notée.

61 Comme données de population alternatives pour la période de la Commune, la ville de Paris a rassemblé les registres de paroisse. Ils sont utilisés comme état civil et conservés aux Archives de Paris.

62 ADP, D6J : Registres des mariages des paroisses parisiennes, Sainte-Marguerite.

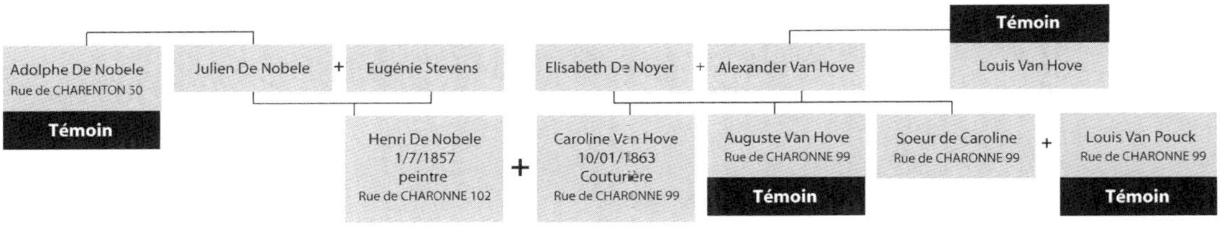

20. Réseau de témoins du mariage de Henri De Nobele et Caroline Van Hove 1882.

bourg Saint-Antoine, devait être avant tout lié à la structure professionnelle et non à la région d'origine. Les mariages homogènes disposent dans beaucoup de cas d'un réseau de témoins homogène lui aussi, souvent composé de personnes exerçant la même profession que l'un des partenaires. Cela indique non seulement que, pour cette tâche on recrutait dans un cercle proche, mais surtout qu'un réseau informel de ce genre était disponible à Paris. Dans les mariages mixtes, c'est presque toujours l'homme qui porte le nom flamand, ce qui confirme que l'immigration belge était dans cette partie de Paris principalement constituée d'hommes.

Après 1880, les mariages dans lesquels le voisinage, les patronymes flamands et le réseau de témoins interviennent conjointement sont très rares. Nous en trouvons encore un exemple en 1882. La figure 20 montre clairement que les mariés se connaissaient de leur voisinage (rue de Charonne). Les deux familles semblaient très ancrées à Paris. Toutes deux étaient à même d'y trouver un oncle, un frère ou un beau-frère pour jouer le rôle de témoin.

Les registres de baptême reflètent la même rapidité d'intégration. Pour la période 1880-1882, on trouve 81 couples dont l'un des partenaires au moins était porteur d'un patronyme flamand[63]. Dans quatre cas, cela concernait des mères célibataires. Sur les 77 couples restants, 45 étaient mixtes (62%). Dans 31 cas, le porteur du patronyme flamand était le père (65%), dans 17 cas, il s'agissait de la mère (35%).

Les découvertes concernant les Belges ou les Flamands concordent très bien avec ce que l'historienne de la migration Marlou Schrover a conclu pour la même période plus ou moins concernant les migrants allemands à Utrecht. Là non plus, on ne trouvait en dehors de quelques concentrations pas de « petites Allemagnes ». Les Allemands ne se regroupaient ni sur base de leur antécédents communautaires ni sur celle d'une religion partagée. Selon Schrover, l'activité professionnelle était bien plus déterminante. Elle concentrait (de façon modérée) la population de mêmes antécédents. Mais, même dans ce cas,

63 Cela signifie que la recherche a été faite par acte et non via la méthode plus rapide de l'index, ce qui permet de faire apparaître également les mères. Sainte-Marguerite a enregistré pour la période 1880-1882 4 691 baptêmes, dont 81 dans lesquels un lien peut-être établi avec un patronyme flamand. Cela paraît peu, mais en termes relatifs (1,72%), ce chiffre ne semble pas invraisemblable.

la variable explicative du phénomène de regroupement ne résidait pas tant dans les antécédents que dans l'industrie autour de laquelle le quartier s'était développé au fil du temps[64].

Naturalisations

En 1908, la sociologue Käthe Schirmacher, déjà citée, a étudié la population étrangère de Paris. Elle a constaté que la capitale française exerçait une force d'attraction exceptionnelle sur les étrangers. Ceux-ci formaient un groupe hétérogène, depuis les ouvriers non qualifiés jusqu'aux rentiers. Quand elle décrit cette population bigarrée, Schirmacher ne peut passer outre des Belges. « Le Belge à Paris », écrit-elle, « est parisien. Cela s'explique : le Belge en se rendant à Paris se considère, plus qu'aucun autre étranger, comme chez lui. Entre la France et la Belgique, il y a similitude de langue et de religion. (...) La seconde génération grandie à l'école primaire française et dans la rue parisienne, est acquise à la France. »[65]

L'assimilation du Belge à Paris est plus aisée encore après l'adoption de la législation sur la nationalité de 1889. À partir de là, les Belges les mieux ancrés des quartiers ouvriers optent de plus en plus fréquemment pour la naturalisation. D'autre part, le législation française pousse de plus en plus les Belges vers la citoyenneté française. Nous avons déjà souligné plusieurs fois le fait qu'à partir de 1889, la deuxième génération devenait automatiquement française sauf si elle renonçait explicitement à appartenir à la nation française. Les enfants dont le père était belge et était lui-même né en France n'avaient même plus le choix. La politique française des étrangers, sans cesse plus affirmée, créait des discriminations juridiques[66]. La naturalisation avait donc un aspect utilitaire non négligeable. Elle procurait des avantages et, surtout, renoncer à la nationalité française n'avait plus guère de sens.

Pour les années 1890, les déclarations de domicile et de naturalisations traduisent très bien cette dynamique. Nous avons regardé de plus près le 19e arrondissement, dont la Villette était l'un des quatre quartiers[67]. En 1896, 35 demandes de naturalisation avec un lien belge furent introduites, dont 34 concernaient des couples. Seule une demande était le fruit d'un initiative

64 Schrover, « Living together, Working Together », 283-284.

65 Schirmacher, *La spécialisation du travail par nationalité à Paris*, 45.

66 Une série de mesures peuvent être citées. En 1893, une obligation de déclaration fut introduite pour les étrangers à chaque changement de résidence. Elle allait de pair avec un timbre-taxe. La même année, les étrangers furent exclus de l'assistance médicale gratuite. En 1899, des quotas furent introduits pour les étrangers en matière d'exécution de travaux publics (5% à 30%, selon la nature du travail). Voir Blanc-Chaléard, *Les Italiens à Paris*, 69.

67 ADP : Déclarations de domicile et naturalisations, 19e arrondissement. Les registres du 11e arrondissement n'ont pas été conservés.

individuelle. Ce dossier était celui d'Alexandre Plets, un garçon d'hôtel de 24 ans, né à Molenbeek-Saint-Jean.

Ces dix-sept couples nous apprennent certaines choses. Dans sept cas, la naturalisation de l'homme avait été introduite pour que son épouse française puisse retrouver sa nationalité (réintégration). Dans un des sept cas de brassage seulement, l'époux était originaire de la partie flamande du pays. François De Coen, naturalisé le 16 juillet 1896, était né le 24 janvier 1860 à Grammont. Il était marié avec Alexandrine Barrère, une Française née en 1866 à La Rochelle, mais désormais « réintégrée dans la qualité de Française qu'elle avait perdue par son mariage ». Dans les six autres cas, les époux étaient originaires de Belgique francophone. Si nous tenons compte de l'ensemble des 35 demandes, seuls quatre dossiers étaient liés à un lieu de naissance néerlandophone, neuf si l'on y inclut Bruxelles[68]. Vingt-six demandes mentionnaient donc un lieu de naissance en France ou en Belgique francophone. Dans ce groupe, il y avait encore trois patronymes flamands. Cela concernait à chaque fois des Belges « nés de père belge ». Hippolyte Callebaut, cordonnier, était né le 20 juillet 1859 à Romainville, juste en dehors de Paris. Il épousa Adelaïde Reyns, une immigrée brugeoise née le 30 septembre 1852. Le 10 septembre 1896, tous deux acquirent la nationalité française. Bien que né en France, Callebaut avait donc épousé une Flamande. Mais la qualité de Belge pouvait aussi être un liant. C'est le cas dans l'exemple le plus remarquable que nous ayons pu trouver dans ce cadre. Il s'agit presque certainement de frères. Tous deux étaient nés d'un père belge à Paris (Illustration 21). L'aîné, Théophile Goethals (né le 20 juillet 1858) épousa la Liégeoise Lambertine Antoine (né le 17 juillet 1849) ; le cadet, Gustave Goethals (né le 1er août 1860) épousa Joséphine Antoine (née à Liège le 15 janvier 1853), la sœur de Lambertine. Les deux hommes étaient épiciers à la cité Lemière, 19, à la Villette. Le parcours des deux frères à l'intérieur de Paris est intéressant. Gustave avait été baptisé le 2 août 1860 dans la petite église Sainte-Marguerite, dans le 11e arrondissement. Ses parents étaient Pierre Goethals et Marie-Thérèse Vandamme et la famille habitait alors au 26 de la rue Basfroi, une perpendiculaire de la rue de Charonne, dans le 11e arrondissement.

Pour avoir une vue plus précise de la population belge à Paris, il faudrait d'autres données de panel de ce genre. Elles sont hélas difficiles à reconstituer. Nous pouvons néanmoins présumer, sur base des données de population générales, que les Belges de Paris se comportaient différemment – de façon plus autonome – que leurs compatriotes du Lillois. Ils étaient souvent plus instruits et travaillaient pour la plupart dans les industries artisanales ou les petits commerces.

68 Dont une Néerlandaise. Voir la naturalisation de Pierre Thys, né à Overpelt, et de sa femme, ? Vlasblom, née à Rotterdam. ADP : Déclarations de domicile et naturalisations, 19e arrondissement.

	1860	naturalisation 29 juin 1896
Pierre GOETHALS 26, rue Basfroi, 11ème Marie Thérèse VANDAMME 26, rue Basfroi, 11ème	Gustave GOETHALS [naissance 1 août 1860 à Paris « de père belge »] [baptême 2 août 1860 paroisse St[e] Marguerite]	Gustave GOETHALS [épicier, 19ème, Cité Lemière] Joséphine ANTOINE [naissance 15 janvier 1853, Liège]
		Théophile GOETHALS [épicier, 19ème, Cité Lemière] [naissance 20 juillet 1858] Lambertine ANTOINE [naissance 15 juillet 1849, Liège]

21. Naturalisations famille Goethals-Antoine 1896.

Pour conclure

Au XIXe siècle, Paris quitte ses oripeaux de cité de la fin du Moyen-Âge pour endosser le statut de ville moderne et cosmopolite. Les grands travaux d'Haussmann redessinent son plan et, administrativement, Paris est agrandie suite à l'annexion des villages voisins. Le débat sur les motifs de ces interventions urbanistiques et administratives est encore bien vivant aujourd'hui. Tout aurait en effet pu se passer autrement, même si la nécessité des travaux n'est remise en doute par personne. En effet, tant son organisation que la pression démographique avaient fait de la capitale un lieu invivable.

La transformation de Paris en vitrine de la nation française ne doit pas nous faire oublier que la capitale était avant tout une ville industrielle. Le 11e arrondissement, et plus particulièrement le faubourg Saint-Antoine, sont emblématiques à cet égard. L'industrie y englobait différents secteurs et le travail y était organisé à une échelle assez réduite. En ce sens, Paris se distingue fondamentalement d'un district industriel comme le Lillois, où les fabriques textiles se concentraient sur la production de masse et où le vacarme des métiers à tisser excluait pratiquement toute interaction sociale sur le lieu de travail. Paris était différente. Indépendamment de leur qualification, les ouvriers y étaient en raison de la petite échelle et de l'imbrication des activités condamnés à communiquer. Les étrangers aussi.

Tout comme dans le Lillois, les migrants belges représentent à un moment donné le principal groupe d'étrangers. À Paris, leur pourcentage reste néanmoins insignifiant. Au sommet de leur présence dans le 11e arrondissement, ils ne représentent encore que 3,6% de la population totale. En tant que groupe, ils sont donc à peine visibles. Ils ne se regroupent pas de manière significative dans certaines parties de l'arrondissement, pas plus qu'ils ne forment en soi une communauté solide. Lorsque des réseaux sont observés, on constate qu'ils reposent le plus souvent sur des liens familiaux. Cela signifie évidemment que l'émigration familiale y était dominante. La masculinité élevée de l'immigration dans les quartiers ouvriers de l'est de la ville montre que de nombreux Belges y arrivèrent seuls. Mais cet isolement et le fait d'être de même provenance ne les poussa pas à se rassembler. La concentration professionnelle semble avoir largement primé sur le regroupement de type communautaire.

Comme nous le verrons dans le chapitre suivant, le groupe croissant de Belges vivant à Paris vers 1860 fut remarqué par Gaspar Vanderijst, un frère mineur belge. En 1862, celui-ci mit Mgr Delebecque, évêque de Gand, au courant de ses observations. Vanderijst notait surtout une forte présence belge dans le faubourg Saint-Antoine, où il avait également constaté chez les Flamands un manque de cohésion. S'ils ne se réunissaient pas d'eux-mêmes, il fallait donc que l'Église les y aide !

L'ŒUVRE DES FLAMANDS À PARIS (1862-1900)

En février 1860, Gaspar Vanderijst, un frère mineur mieux connu sous son nom en religion de père Félix, arriva à Paris[1]. Il était auparavant délégué en Terre Sainte et séjournait à Jaffa. Depuis 1845, la province belge fournissait en effet du personnel à la Custodia Terrae Sanctae, une fondation qui œuvrait pour la gestion des lieux saints[2]. Jusqu'en 1865, il continuerait à travailler pour cette cause à Paris, où il serait lié au Commissariat de la Terre Sainte de la rue de Vaugirard[3].

Après deux mois de séjour à Paris, Vanderijst signala une première fois dans une lettre à son père la présence d'un nombre surprenant de Flamands dans la ville. Deux ans plus tard, il fit part la même information, mais avec plus de précision, à l'évêque de Gand, Mgr Delebecque. Le frère mineur parlait de 4 000 « malheureux » dans le faubourg Saint-Antoine, d'un « troupeau sans berger » et de pauvres « exposés aux dangers moraux de la grande ville »[4]. Ce

1 Gaspard Vanderijst naquit le 7 juin 1824. Il entra en 1844 chez les frères mineurs de Tielt et fut ordonné prêtre à Liège en 1849. En 1852, il partit pour Jaffa, où il séjourna jusqu'à sa mutation vers Paris (1860). Jusqu'en 1865, il habita dans la rue de Vaugirard. ABG, Œuvre des Flamands : Note sur Gaspar Vanderijst.

2 Dujardin, *Missionering en moderniteit*, 94 ; Van Berlo, *L'ordre des Frères-Mineurs*, 252-253. Les commissariats de Terre Sainte avaient pour objectif de rassembler et de gérer des dons en faveur des lieux saints. À partir de 1856, le secrétariat belge fut établi à Gand, mais les frères mineurs belges restèrent manifestement liés par ailleurs au commissariat de Paris.

3 Il régnait à cette époque une activité religieuse intense en Palestine. Les chrétiens orthodoxes et les catholiques s'y faisaient concurrence, les premiers soutenus par la Russie, les seconds par la France. Voir Figes, *De Krimoorlog*, 33-57.

4 ABG, Œuvre des Flamands : Note sur Gaspar Vanderijst.

dernier point l'inquiétait particulièrement. Les diocésains de Mgr Delebecque avaient atterri dans une ville cosmopolite où ils étaient non seulement attirés par « les exemples de vie dissolue », mais où, en raison de l'incroyance qui se déployait partout sous leurs yeux, ils étaient devenus « la proie misérable de l'ennemi ».

Mgr Delebecque, qui était déjà familiarisé avec l'essaimage des habitants de son diocèse, parût très réceptif aux informations de Vanderijst. La situation présentait en effet plusieurs ressemblances avec celle de Roubaix. De nombreux habitants de Flandre orientale se trouvaient en France, où, en raison de la barrière de la langue et d'autres motifs, ils ne s'acquittaient plus de leurs obligations religieuses. Comme nous l'avons vu, les frères mineurs belges s'étaient établis à Roubaix. Selon Mgr Delebecque, une telle initiative aurait également son utilité à Paris. Mais contrairement à ce qu'il avait fait pour le nord de la France, il décida cette fois de prendre les choses personnellement en main. Il s'agissait en effet d'agir rapidement. Un prêtre néerlandophone devait être sur place pour le carême. Gand contacta lui-même l'archevêque de Paris, Mgr Nicolas Morlot (1795-1862) et le mit au courant de la situation des Belges. On remarque que, dans sa lettre, Mgr Delebecque se réfère à l'Œuvre des Allemands, une initiative d'encadrement destinée aux immigrants allemands de Paris. Cela indique que non seulement l'évêque de Gand était au courant de ce qu'il se passait dans la capitale française, mais aussi qu'il avait déjà une idée précise de la façon dont il voulait développer son initiative[5]. Cependant, ni Mgr Morlot, ni Mgr Delebecque ne verraient s'épanouir l'organisation dont ils avaient jeté les bases en 1862. Le premier mourut à la fin de l'année et fut remplacé par Mgr Georges Darboy (1813-1871) ; le second vécut surtout les désillusions des deux premières années de fonctionnement. Il décéderait en effet en 1864, alors que l'Œuvre des Flamands se développerait principalement sous l'épiscopat de son successeur, Mgr Henri Bracq (1804-1888).

Dans les pages qui suivent, nous nous intéressons à l'établissement, à l'organisation et au fonctionnement de l'initiative gantoise. On s'aperçoit bien vite qu'il s'agit d'une histoire surréaliste, car bien que l'Œuvre des Flamands fût conçue comme une pure œuvre migratoire, le public cible ne semble occuper au milieu des vicissitudes quotidiennes qu'une place limitée. D'autres préoccupations prennent à chaque fois le pas sur les activités principales. Ainsi le modeste succès engrangé après des débuts difficiles, en 1870-1871, fut-il brusquement interrompu par la guerre franco-prussienne et l'épisode de la Commune. Entre 1872 et 1879, l'histoire de l'Œuvre des Flamands s'apparente plus à la description du projet de construction mentionné dans l'intro-

5 Une source possible pourrait avoir été le prêtre belge Van Haelst. Huysegems, *Met God naar Frankrijk*, 89. Van Haelst était vicaire à la paroisse Sainte-Clotilde et était arrivé à Paris dans le sillage de Broglie, l'évêque de Gand banni. Pour une courte biographie de ce dernier, voir Boudens, « De bisschoppen E. Fallot de Beaumont en M. de Broglie », 275-280 ; Lenfant, « Maurice de Broglie, évêque de Gand ».

duction qu'à celle d'une œuvre migratoire. Plus tard, dans les années 1880, de modestes succès furent encore remportés de temps à autre, mais pas au point d'empêcher l'œuvre de se détourner de plus en plus des migrants permanents. Vers la fin du XIXe siècle, l'association trouva finalement un nouveau défi dans l'encadrement des saisonniers flamands.

Nous commencerons par les premières années, qui correspondent en gros à la période 1862-1870. Dès ce moment, une grande énergie fut dépensée à trouver un emplacement adéquat. Lorsqu'en 1872, la construction d'un complexe néogothique fut entamée rue de Charonne, ce projet se mit pour diverses raisons à monopoliser l'attention. Cet épisode est abordé dans une deuxième sous-section. Dans la troisième, nous envisageons l'Œuvre des Flamands en que qu'œuvre urbaine. La question qui traverse les trois sections est cruciale : pourquoi avoir tant investi dans la filiale parisienne alors que le succès n'était pas au rendez-vous ? Chaque échec fut en effet suivi d'un investissement plus important encore. Vu a posteriori, l'association manquait de lucidité. Dans une dernière section, plus théorique, nous nous interrogerons sur les causes de cette attitude.

Les premières années (1862-1870)

Comment Mgr Delebecque réagit-il à l'information de Vanderijst ? À première vue, de manière classique. Il envoya un prêtre à Paris pour le carême de 1862. La meilleure façon de vérifier les descriptions de Vanderijst consistait en effet à constater combien de Flamands s'y acquittaient encore de leurs obligations pascales. Mais indépendamment des résultats, la décision était déjà prise. Le titre donné à ce premier émissaire – « prêtre-délégué pour l'érection de l'Œuvre » – le montre bien. Au-delà de la célébration d'une messe de Pâques, la mission avait manifestement pour objectif de préparer le terrain en vue de la fondation et du financement d'une initiative permanente.

Ce premier émissaire fut Pierre De Mey, un vicaire de la paroisse Saint-Martin de Renaix. De Mey n'apparut pas vraiment comme l'homme de la situation. Sa prospection ne remporta aucun succès et les notables locaux ne se montrèrent guère disposés à soutenir financièrement une initiative belge[6]. Certes, il y avait des Flamands à Paris, mais cela ne semblait pas poser un problème en soi. Le diocèse de Gand s'obstina toutefois dans ses efforts. Il se savait soutenu par la réalité sociale – les Flamands étaient bel et bien à Paris – et par l'archevêque de Paris, Mgr Morlot, qui était favorable à une initiative de ce type. Vu le nombre considérable d'immigrés issus du diocèse de Bruges,

6 ABG, Œuvre des Flamands : Invitation du 29 avril 1862.

Mgr Jean-Baptiste Malou (1809-1864) soutenait également l'œuvre parisienne[7]. Dès mai 1862, un prêtre fut à nouveau envoyé dans la capitale française. Pierre De Mey fut mis de côté. Cette fois, le choix se porta sur Liévin Beyaert, vicaire d'Asper, un petit village des bords de l'Escaut, en Flandre-Orientale. Cette mission marque le début effectif de l'œuvre parisienne.

Beyaert n'avait pas une haute opinion de De Mey. Il le considérait comme un fanfaron, un naïf aveuglé par le lustre de la capitale. À Mgr Delebecque, il écrivit : « Il croît connaître Paris et ses habitants, mais il se trompe lourdement. J'ai beau chercher, je ne trouve rien qui s'accorde avec ce qu'il a dit et ce qu'il a écrit de Paris ; mais je suis de plus en plus convaincu qu'il a cherché à faire entourer son passage à Paris de tout le bruit possible et qu'il n'a fait que des bulles de savons, dont il ne reste rien. »[8] Selon Beyaert, le travail fourni par De Mey n'avait pas jeté de base structurelle pour l'établissement d'une initiative permanente. Il fallait donc repartir à zéro en ce qui concerne la prospection et la collecte de fonds.

La structure que l'encadrement permanent devait prendre avait déjà été définie. Mgr Delebecque avait présenté la situation des Flamands de Paris à ses homologues des autres diocèses et un ambitieux projet avait été élaboré[9]. Beyaert devenait aumônier permanent de l'Œuvre des Flamands, qui devait à terme être confié à un institut religieux. Mais même dans ce cas, des prêtres séculiers y resteraient liés. Ils se chargeraient d'une pastorale itinérante visant à rassembler les Flamands de banlieue à partir du quartier des gares. Quant au financement, on songeait à un comité de dames issues de l'aristocratie et de la haute bourgeoisie[10].

Cet ambitieux projet allait en bonne partie rester lettre morte et l'Œuvre des Flamands dépendra pendant toute son existence du diocèse de Gand. Il y a plusieurs raisons à cela. La première est de nature financière. Dans ce domaine, la déclaration d'intention des évêques ne fut pas suivie d'actes concrets. L'archidiocèse de Malines avait accordé son soutien moral à l'Œuvre, mais n'estimait pas devoir débourser quoi que ce soit[11]. C'était selon lui le rôle de l'archevêque de Paris. Les catholiques étrangers relevaient en effet de sa responsabilité, de la même façon que les catholiques anglais, allemands ou français de Bruxelles étaient à charge du diocèse de Malines. L'archevêque de Paris, Mgr Morlot, n'était pas du même avis. Même s'il avait accueilli l'initiative chaleureusement et en soutenait l'esprit, il estimait que le financement était

7 ABG, Œuvre des Flamands : Lettre de Malou à Beyaert, 24 mai 1862. Après la mort de Malou en 1864, cet accord fut simplement repris par son successeur, Joannes Faict (1813-1894). ABB, *Handelingen*, 14 juillet 1864.

8 ABG, Œuvre des Flamands : Lettre de Beyaert à Delebecque, non datée. Voir aussi les lettres du 22 avril 1864 et du 4 mai 1864.

9 Simon, *Réunions des évêques de Belgique 1830-1867*, 135.

10 ABG, Œuvre des Flamands : Lettre de Delebecque à Beyaert, 18 oct. 1862.

11 *Ibid.* : Lettre de Delebecque à Beyaert, 9 juillet 1864.

l'affaire du diocèse de Gand[12]. Nous reviendrons plus en détail sur la façon dont celui-ci s'y prendrait.

Une deuxième raison expliquant la non-concrétisation du plan initial tient à la nature même de l'Œuvre. L'intention était de rassembler autant que possible les Flamands, mais aussi les Belges, autour d'elle. Le fait que l'on jugeât une intervention de la Belgique nécessaire illustre en soi une foi en l'altérité. Les Belges ne pouvaient pas se satisfaire des paroisses parisiennes et étaient selon l'Œuvre difficilement intégrables. Une telle vision créait d'elle-même une dynamique d'isolement. L'aumônier belge dépendant d'une paroisse parisienne comprenait très vite que dans un tel contexte, la particularité ne pouvait pas être suffisamment vécue et conservée. Cela faisait naître chez lui des aspirations élevées, parmi lesquelles le désir d'une infrastructure propre, voire d'une école. Les tensions entre paroisse et l'Œuvre des Flamands étaient donc inévitables.

Financement

D'un point de vue financier, les premières années de l'Œuvre des Flamands furent loin d'être roses. Beyaert lui-même était tributaire du soutien des évêques de Gand et de Bruges et, quant au fonctionnement concret, il dut se mettre personnellement à la recherche de fonds. Les collectes qu'il entreprit à cette fin attestent avant tout de son inexpérience. Son appel à dons en faveur des Flamands ne donna pratiquement rien. En ce sens, Beyaert ne connaissait pas beaucoup mieux Paris que De Mey, du moins dans les premières années. Pour lui aussi, il y avait un pas énorme à franchir entre le petit village scaldien d'Asper et le faubourg Saint-Antoine[13].

Paris ne devint progressivement un terrain familier qu'à partir du moment où Beyaert fit appel au comte Werner de Mérode (1816-1905), un habitué de la capitale française et par sa famille une figure connue des milieux catholiques belges. Mérode allait devenir l'un des principaux conseillers de l'Œuvre

12 Le soutien moral de Nicolas Morlot ressort du fait que l'archevêque l'associe à une tentative de l'Œuvre des Flamands pour gagner le soutien financier des catholiques parisiens. On put ainsi lire dans la *Semaine religieuse* que l'Œuvre y était venue sur ses insistances. « À la demande de Monseigneur le Cardinal-Archevêque de Paris, Monseigneur l'évêque de Gand a envoyé un jeune prêtre, qui est installé dans l'église Saint-Éloi, pour donner aux nombreuses familles flamandes établies à Paris le moyen de remplir leurs devoirs religieux. » AHAP, *La semaine religieuse de Paris*, 13 avril 1862, vol. 17-18, 371.

13 La raison pour laquelle un vicaire d'Asper devint aumônier à Paris n'est pas claire. Asper comptait, il est vrai, parmi les communes du sud-ouest flamand qui perdirent entre 1846 et 1856 une partie substantielle de leur population suite à la crise de la décennie 1840. Asper perdit à cette période 12,8% de ses habitants. Sur base de Vrielinck, *De territoriale indeling van België*.

des Flamands[14]. Pour le financement, il suggéra un réseau féminin aux racines belges. Pendant les mois d'hiver, les dames du « beau monde » belge séjournaient en effet à Paris[15]. Elles pouvaient sanctifier leur vie en usant de leur position pour rassembler de l'argent, bref, jouer les « dames d'œuvres »[16]. Une lettre épiscopale devait en outre aider à accroître l'efficacité et la crédibilité de la quête[17]. C'est ainsi que le fonctionnement de l'Œuvre allait être financé pour une part à partir de 1865 et même probablement plus tôt.

Comment marchait ce genre de quête ? Chaque année, Beyaert demandait à une dame – une quêteuse – de prendre en main l'organisation de l'action financière. Celle-ci rassemblait les autres autour d'elle. Chacune s'adressait aux membres de sa famille et à ses connaissances. Le résultat pouvait varier considérablement selon la personne et son engagement. Le choix de la quêteuse était donc une affaire délicate. Non seulement il était primordial de respecter les équilibres et les sensibilités, mais Beyaert devait aussi faire preuve de sens politique. Les dames d'œuvres n'étaient pas toutes aussi favorables à son projet, mais, précisément, il était parfois utile de convaincre aussi les plus réticentes. La quête de 1865 se déroula dans cet esprit. Cette année-là, Beyaert confia la direction des opérations à Alcala Galiano, baronne Beyens, épouse d'Eugène Beyens, ambassadeur de Belgique à Paris. C'était une amie de jeunesse d'Eugénie de Montijo Guzman, épouse de Napoléon III[18]. La baronne se montra cependant peu active[19], ce dont on comprit mieux la raison l'année suivante. Il y avait à l'origine une divergence de vue entre Beyaert et Eugène Beyens sur l'activité sociale de l'Œuvre. Beyaert la voyait avant tout comme une amélioration morale. Une église et un local de réunion étaient donc prioritaires à ses yeux. Beyens voulait utiliser l'argent d'une manière

14 Le comte Werner de Mérode (1816-1905) était né à Villersexel (Haute-Saône, à mi-chemin entre Besançon et Belfort). Il était le fils aîné de Félix de Mérode (1791-1851) qui fit partie du gouvernement provisoire belge qui installa la maison royale. Son frère Xavier de Mérode (1820-1864) fut ministre de la Guerre sous le pape Pie IX et sa sœur épousa Charles de Montalembert (1810-1870). Werner était surtout actif en France. Sur les listes de l'Assemblée française, il est mentionné comme marquis de Trélon (Avesnois), une localité frontalière française proche de la ville belge de Chimay. En 1846-1848, 1852-1853 et 1871-1876, il siégea comme élu pour le département du Nord à l'Assemblée française. Il mourut en 1905 à Trélon. Voir e.a. Viaene, *Belgium and the Holy See*, 376.

15 ABG, Œuvre des Flamands : Lettre de Beyaert à Delebecque, 14 mars 1863.

16 Au sujet des réseaux de la haute bourgeoisie et de la noblesse, voir De Maeyer, « Les dames d'œuvres ».

17 ABG, Œuvre des Flamands : Lettre de Beyaert à Delebecque, 14 mars 1863. Mérode déclara à Beyaert : « Il y a ici à Paris tant de quêteurs et tant de soutanes aventurières, qu'en général, on se méfie de tous ceux qui ne peuvent exhiber une pièce pour prouver leur mission. Écrivez donc à Monseigneur de Gand pour lui demander qu'il veuille vous envoyer une lettre par laquelle il recommande aux personnes charitables et surtout à celles qui ne sont pas étrangères à la Belgique. (...) Que ce lettre porte le sceau de l'Évêché et elle vous sera d'une grande utilité. »

18 Vanlangenhove, « Beyens, Eugène », 71-72.

19 Huysegems, *Met God naar Frankrijk*, 92.

plus profane. Dans le courant de 1865, il proposa à l'Œuvre de consacrer une partie des aumônes à l'achat de lits pour les Flamands dans les hôpitaux parisiens. Le projet devait être mis en œuvre au nom de la légation belge[20]. Beyaert refusa, ce qui eut pour effet de refroidir les relations[21]. Ces tensions n'entraînèrent toutefois pas de rupture entre l'ambassade et l'Œuvre. Cela illustre les coutumes spécifiques de ces réseaux de la haute société, dans laquelle les divergences d'opinion, même profondes, passaient après la dignité conférée par cette appartenance. Eugène Beyens, qui, aux yeux de Beyaert était « un peu le représentant du libéralisme belge à Paris » resterait toujours un fervent opposant de la construction d'une église flamande dans la capitale française[22]. Cela n'empêcherait pas sa femme, « qui parle comme elle entend parler son mari », de prendre part à toutes les quêtes suivantes.

Pour le dire d'une façon un peu cavalière, l'Œuvre des Flamands ambitionnait une expansion sur le « marché » religieux. Les dames étaient aussi choisies en fonction de cela. On peut citer comme exemple l'élargissement des collectes en direction des Pays-Bas catholiques. L'Œuvre ne procurait-elle en effet pas une pastorale dans la même langue ? Les Néerlandais qui séjournaient à Paris pouvaient profiter des efforts fournis par le diocèse. La quêteuse envoyée aux Pays-Bas fut la vicomtesse Louise Vilain XIIII (1835-1905)[23], qui avait par le biais de ses parents et du domaine familial de Leut de bons contacts avec ce pays. Elle fit, avec succès du reste, la tournée des évêques néerlandais[24].

Le diocèse de Gand organisa aussi des quêtes pour l'Œuvre des Flamands dans ses propres églises. La première eut lieu en août 1865 et était accompa-

20 *Ibid.*, 93.

21 Beyaert soupçonnait l'ambassade de Belgique d'envoyer à l'Œuvre des Flamands les Belges qui se présentaient en demandant un rapatriement. Et, toujours selon lui, l'ambassade avait envoyé « quelques bonnes Dames quêteuses pour avoir des preuves que l'argent de la quête n'était pas destiné pour bâtir une chapelle. » ABG, Œuvre des Flamands : Lettre de Beyaert à Bracq, 6 août 1866.

22 « J'ai appris confidentiellement, Monseigneur, que Monsieur et Madame Beyens désapprouvent toujours qu'une église soit faite pour les Flamands. Ils voudraient que tout l'argent fût donné aux pauvres. Qu'on s'occupât seulement du corps et pains (sic), un peu de l'âme de nos Belges. » ABG, Œuvre des Flamands : Lettre de Beyaert à Bracq, 31 déc. 1873 ; lettre de Beyaert à Bracq, 1 août 1866.

23 La duchesse Louise Vilain XIIII (1835-1905) était l'une des sept filles du duc Charles Vilain XIIII (1803-1878) et de Pauline de Billehé de Valensart (1800-1842). Sa mère était née à Maastricht. À côté de sa carrière politique et diplomatique, son père était surtout actif dans le Limbourg. Van Kalken, « Charles Ghislain Vilain XIIII ». Voir « Charles Vilain XIIII » dans : *ODIS – Database Intermediary Structures Flanders*.

24 « Tous les Evêques ont accordé la quête et ont indiqué la mode [sic] de la faire. Un ou deux la feront faire un dimanche dans les églises de leur diocèse, les autres ont voulu que la quête se fasse à domicile. » L'engagement de Louise Vilain XIIII fut d'ailleurs de longue durée. En 1881, Beyaert écrivit à Bracq qu'elle était venue et avait fait un versement de 300 francs, « probablement les revenus de la quête de la Hollande ». ABG, Œuvre des Flamands : Lettre de Beyaert à Bracq, 22 juillet 1869 ; lettre de Beyaert à Bracq, 26 fév. 1881.

22. Liévin Beyaert, premier aumônier permanent de l'Œuvre des Flamands à Paris. [KADOC-KU Leuven]

gnée d'une lettre pastorale de Bracq, dont nous reparlerons. Mais l'entourage spirituel et mondain de l'œuvre ne pourrait être mieux illustré que par le réseau de financement parisien mentionné ci-dessus. L'Œuvre fut promue par cet ancien monde et ne s'en détacherait pas pendant les décennies suivantes. En ce sens, elle était un prolongement de la peur qui avait poussé la bourgeoisie et l'aristocratie vers les œuvres philanthropiques et caritatives après des événements comme la révolution de février 1848[25].

Une infrastructure propre

Au début 1863, l'Œuvre des Flamands n'était rien de plus qu'un prêtre flamand établi à Paris. En tant qu'aumônier, Beyaert opérait à partir de chambres de la rue du Faubourg Saint-Antoine. Sa paisible cure d'Asper lui manquait. C'est du moins ce que laissent penser les mots qu'il utilise pour décrire le « clapier » où il vit. Il ne semble pas apprécier beaucoup la ville, moins encore les gens de son quartier. « J'étais entouré dans ma demeure de juifs, de païens, d'ivrognes, de concubines, et de tout ce qui ne souffre pas la présence d'un prêtre. Souvent on est venu pendant la nuit cogner à la porte de ma chambre en criant à l'assassin, au secours, et on s'y battait comme des chiens. »[26] Pour les services religieux, Beyaert dépendait de la petite église Saint-Éloi, dans le quartier de Picpus (12e arrondissement), où il devait se limiter à un commentaire en néerlandais après la messe en français. Avec une assistance de cinq Flamands, son premier service fit un véritable « flop »[27]. Comme principale cause de ce succès très mitigé, Beyaert invoqua le fait qu'il dépendait du bon vouloir des curés de paroisses, qui n'étaient guère enclins à faire profiter un prêtre flamand de leur église. Un changement se produisit en 1863. Beyaert reçut alors l'autorisation de faire usage de la chapelle des Catéchismes, annexe de Sainte-Marguerite, dans la rue des Boulets (à l'époque nommée rue de la Muette)[28]. Une messe avec sermon en flamand y fut dorénavant célébrée chaque dimanche à 10h30. Le lieu était connu et il arrivait que la chapelle, qui offrait de la place à 300 personnes environ, soit trop petite[29].

L'Œuvre des Flamands n'avait pourtant aucune intention de renforcer la paroisse parisienne avec ses pratiquants. Ce que Beyaert voulait par-dessus tout, c'était disposer de sa propre infrastructure, où il pourrait travailler in-

25 De Maeyer, « Les dames d'œuvres », 110.

26 Huysegems, *Met God naar Frankrijk*, 95.

27 Beyaert revint sur cette période dans une lettre à Bracq de 1866. ABG, Œuvre des Flamands : Lettre de Beyaert à Bracq, 20 mars 1866.

28 L'usage de la chapelle est déjà mentionné dans une lettre de 24 sept. 1862 : « Je dis maintenant aussi une messe dans une chapelle à St-Marguerite à 10 1/2 et je donne une instruction à l'évangile. » *Ibid.* : Lettre de Beyaert à Delebecque, 24 sept. 1862.

29 « Aujourd'hui, Monseigneur, cette chapelle, qui peut contenir trois cents personnes, commence à se remplir de Flamands tous les dimanches, quelquefois même, elle est trop petite. » *Ibid.* : Lettre de Beyaert à Bracq, 20 mars 1866.

dépendamment de la paroisse[30]. Il était soutenu dans ce projet par Werner de Mérode et le nouvel évêque de Gand, Mgr Bracq, qui avait succédé à Mgr Delebecque, décédé en 1864. Finalement, la quête de 1866 fut entièrement placée sous le signe de la construction d'une église propre. Dès le début 1867, les premières étapes de l'autonomisation furent franchies. L'Œuvre des Flamands acheta au numéro 102 de la rue des Boulets un terrain occupé par une ancienne orangerie. Celle-ci fut transformée en chapelle de secours pour 450 personnes[31] et un nouvel édifice fut élevé à l'arrière du terrain. L'aumônier flamand s'installa quant à lui dans l'ancienne conciergerie. L'œuvre était enfin mise sur les rails. La même année encore, Beyaert trouva un autre terrain, de plus ou moins 70 ares celui-là, dans la rue de Charonne[32]. La force de recrutement croissante de l'organisation était le meilleur argument possible pour justifier que la mission soit conçue « en grand » et non modestement. La chapelle de la rue des Boulets était encore loin d'être achevée lorsque le terrain de la rue de Charonne fut acquis pour 120 000 francs.

Le zèle mis par les représentants du clergé à s'isoler à l'intérieur de Paris se heurta immédiatement à une résistance. Elle fut très vite incarnée par Nazaire-Stanislas Arnault (1801-1874), curé de la paroisse Sainte-Marguerite, et par Mgr Georges Darboy. Darboy, qui avait remplacé Mgr Morlot à son décès en 1862, avait en 1864 donné son feu vert à la construction éventuelle d'une chapelle pour les Flamands à Paris[33]. Mais lorsque les choses se concrétisèrent, à partir de 1866, il hésita et tenta de revenir sur sa décision. L'autre adversaire de l'œuvre, Arnault, était loué dans les rapports des visites de l'archidiocèse, dont l'abbé Meignan était l'auteur, comme un pasteur dynamique. En comparaison avec d'autres paroisses, il obtenait des résultats exemplaires dans un quartier ouvrier pourtant hostile à l'Église[34]. Arnault se concentrait principalement sur les œuvres de charité. Tant que l'Œuvre des Flamands fonctionna sous son autorité, la collaboration fut bonne, excellente même. Mais lorsqu'elle voulut prendre son indépendance, les relations tournèrent au vinaigre.

30 « Pour l'utilité et le développement de l'Œuvre, il faudrait qu'il y eût un centre, une chapelle, une salle de réunion. Un prêtre dans une église à Paris n'est pas assez connu et ne le sera jamais, pour que ceux qui ont besoin de son ministère le trouvent ; un centre comme ci-dessus serait bientôt connu partout. » ABG, Œuvre des Flamands : Lettre de Beyaert à Bracq, 3 sept. 1866.

31 *Ibid.* : Historique 1881, 1 ; lettre de Beyaert à Bracq, 4 juillet 1866.

32 Werner de Mérode devint le propriétaire légal. En vertu du contrat de vente, le diocèse de Gand pouvait disposer gratuitement du terrain. *Ibid.* : Acte de vente rue de Charonne, 4 déc. 1867.

33 *Ibid.* : Lettre de Beyaert à Bracq, 3 sept. 1866.

34 *La Paroisse Sainte-Marguerite au faux-bourg Saint-Anthoine*, 90.

Pour Arnault, les choses étaient simples. La mission flamande devait rester liée à son église[35]. S'il pouvait à la limite tolérer que les œuvres annexes soient installées dans un autre lieu, il était totalement opposé à la construction d'une chapelle. Le fait que l'Œuvre disposât depuis 1864 d'une autorisation de l'archevêque ne l'impressionna pas. Arnault exposa l'affaire au vicaire de ce dernier, qui jugea également qu'un projet de construction était exclu[36]. Finalement, Beyaert demande l'intervention de Mgr Darboy lui-même. Celui-ci tempéra, mais fit comprendre que son approbation antérieure n'avait pas valeur de blanc-seing. « La chose n'est nullement rejetée », répondit-il, « Nous verrons. Indiquez le terrain où vous voulez bâtir la chapelle et dites aussi de quoi vivra la chapelle. »[37]

Mgr Darboy passait pour une personnalité constante et un homme de parole. Il n'avait d'ailleurs jamais eu l'intention de revenir sur une autorisation donnée. En soi, ce n'était pas non plus un adversaire déclaré des œuvres migratoires. Il connaissait mieux que quiconque la spécificité de la population parisienne, qu'il décrivait comme fluctuante et comme une creuset. Il n'avait pas d'objection à une approche pastorale sur mesure. D'où venaient donc ses réticences ? Elles s'expliquaient en réalité par une tension idéologique ; en effet, la vision du monde de Mgr Darboy différait fondamentalement de celle de l'Œuvre des Flamands.

L'archevêque de Paris était l'antithèse des évêques de Gand, traditionnellement de tendance ultramontaine. On le disait intellectuel et, pendant l'épiscopat de Denis-Auguste Affre (1793-1848), qui trouverait la mort dans le faubourg Saint-Antoine lors d'une tentative de médiation pendant l'insurrection de 1848, il fut nommé aumônier du prestigieux collège Henry IV. Sous le successeur de Mgr Affre, Mgr Marie-Dominique Sibour (1792-1857), il devint vicaire général. Il revint à Paris en 1863 après un détour par l'épiscopat de Nancy[38]. Arrivé au pouvoir, il mena une politique néo-gallicane. Le néo-gallicanisme de la période 1840-1871 n'était en rien comparable au gallicanisme des évêques français sous l'Ancien Régime. Mgr Darboy faisait preuve d'une grande indépendance vis-à-vis des autorités françaises et se concentrait avant tout sur le rétablissement de la position de son archevêché. Pour lui, l'indépendance signifiait surtout être autonome par rapport à Rome. Mgr Darboy était aussi un original dans ce sens où il était un franc admirateur du progrès et de la modernité. Ce trait culminait dans son amour pour la ville. Il aimait

35 « Il a osé de tous les arguments possibles pour me convaincre que l'Œuvre devait rester dans son église. » La lettre ne mentionne toutefois pas les arguments invoqués. ABG, Œuvre des Flamands : Lettre de Beyaert à Bracq, 3 sept. 1866.

36 « Vous voulez bâtir une chapelle à Paris ! Il aurait fallu me demander l'autorisation et vous n'en avez rien fait. » *Ibid.*

37 *Ibid.*

38 Savart, « Mélanges », 149.

et admirait Paris[39]. Cette prédilection pour le progrès se traduisait aussi politiquement. Il était attaché à l'idée de la République, qu'il considérait comme le régime inévitable de l'avenir. Pour lui, le temps était en effet une flèche qui ne pouvait être détournée de sa trajectoire[40]. Cela l'opposait aux ultramontains, qui voyaient le changement comme une atteinte à l'ordre divin. En 1864, il entra par exemple en conflit avec Rome au sujet de l'encyclique *Quanta Cura* et du *Syllabus Errorum*, recueil des erreurs contemporaines qui y était joint. Son style direct ne fut pas bien accueilli sur les bords du Tibre. Dans une lettre à Pie IX, il avait formulé la fracture de l'Église comme suit : « Ceux qui savent [dont lui-même] n'ont pas votre confiance, et ceux qui l'ont ne savent pas. »[41]

La catégorie des ignorants comprenait selon lui aussi l'Œuvre des Flamands et son patron, l'évêque de Gand. En 1866, les relations se détériorèrent. En cause, il y avait une lettre pastorale que Mgr Bracq avait diffusée le 5 août à l'évêché de Gand, dans laquelle il engageait les fidèles à donner pour l'Œuvre. Mgr Bracq avait eu la politesse de mettre Mgr Darboy au courant de l'initiative en question le mois précédent et de lui envoyer une copie de la lettre.

La réaction du Mgr Darboy témoigne de son indignation. Un passage en particulier lui avait paru très insolent et lui restait en travers de la gorge. « Nous parlons des nombreux flamands qui sont allés en France », écrivait Bracq. « Il s'en trouve à Roubaix (...) ; il s'en trouve à Lille et dans les environs (...). Il s'en trouve surtout dans la Babylone moderne, la superbe et dangereuse ville de Paris. »[42] Pour un amoureux de la ville comme Mgr Darboy, ce langage provincialiste n'était pas admissible. Il répliqua froidement et dans le style incisif qui lui était caractéristique : « Je vous remercie, Monseigneur, de m'avoir envoyé votre circulaire relative à ce projet de chapelle. Si mes diocésains la lisaient, ils n'accepteraient probablement que sous bénéfice d'inventaire le titre de Babylone donné à leur ville et disaient qu'il y a du bien même à Paris, et du mal même en Belgique. Je me persuade que ceux de vos diocésains qui auront l'honneur de vous revoir vous donneront cette assurance. »[43]

Cette lettre pastorale eut pour effet de mettre Mgr Darboy dans de mauvaises dispositions vis-à-vis de l'Œuvre des Flamands. L'image négative donnée de « sa » ville, que l'évêque utilisait là-bas dans le nord pour obtenir le

39 Dans sa période au collège Henry IV, il écrivit à ce sujet : « Le tumulte me plaît, les orages sont mes amours ; j'adore les chemins de fer, Paris m'enivre avec la magnificence de ses palais, les merveilles des arts et son énergique activité. » Cité dans Boudon, *Paris, capitale religieuse*, 200.

40 « Les révolutions sont les scandales du monde politique ; il faut qu'il en ait. Nulle forme de gouvernement ne les prévient, de même que l'Évangile n'empêche pas les hérésies. Les peuples marchent et puis se battent ; ils remarchent et se rebattent de plus belle, et toujours ainsi ; pendant ce temps, les idées font leur chemin, et la civilisation avance portée sur des flots de sang. » *Ibid.*, 200.

41 Savart, « Mélanges », 150.

42 ABG, Œuvre des Flamands : Lettre pastorale de Bracq, 5 août 1866.

43 *Ibid.* : Lettre de Darboy à Bracq, 19 juillet 1866.

financement d'une chapelle parisienne, mit fin à sa sympathie pour la cause en question. Néanmoins, l'autorisation était déjà donnée. Mgr Darboy n'alla pas jusqu'à se dédire. Il se contenta de faire comprendre finement à l'Œuvre qu'en terrain étranger, on appliquait d'autres règles et que parfois, on pensait même différemment[44].

Finalement, la nouvelle chapelle de la rue des Boulets fut inaugurée le 29 avril 1868[45]. À cette occasion, une première messe « indépendante » y fut célébrée en présence d'une série de notables. En guise de concession, le service fut célébré par le curé de Sainte-Marguerite, dont ce serait la dernière prestation pour l'Œuvre des Flamands. Le lendemain, Beyaert écrivit, soulagé à son évêque : « Désormais je ne serai plus obligé de courir à tout moment à Sainte-Marguerite. Peu à peu elle deviendra un centre connu de l'Œuvre. »[46]

Et les migrants flamands ?

Quelle était au juste la place des migrants dans ce lobbying intense et cette recherche de biens immobiliers ? Le fait est que dans le correspondance relative à l'Œuvre des Flamands, on trouve fort peu d'allusions au groupe cible de l'organisation. Dans les premiers mois ou même les premières années, c'est compréhensible. L'Œuvre était une initiative neuve, entièrement absorbée par les problèmes d'organisation. Cela se comprend moins pour la période 1865-1867. Le réseau de financement ayant été mis en place, il était temps d'entamer les activités proprement dites. Pourtant, les migrants restent à peu près inexistants dans la correspondance de l'époque. Les chiffres qui donnent une idée de la portée de l'organisation ne sont communiqués que sporadiquement, de même que les résultats des nombreuses initiatives annexes mises sur pied. En résumé, nous sommes bien informés sur les différentes activités organisées par l'œuvre, mais ne pouvons répondre qu'imparfaitement à la question de leur efficacité.

Pendant les premières années, le carême fut toujours un moment fort. À cette période l'aumônier de Paris recevait une série de religieux flamands en renfort, ce qui lui permettait de toucher de 300 à 500 Flamands par an. Ces renforts étaient nécessaires étant donné l'étendue du terrain d'action. À Pâques, on confessait et on célébrait la messe dans des paroisses plus éloignées,

44 Darboy fut exécuté le 24 juillet, sous la Commune, à la prison de La Roquette. Lissagaray, *Histoire de la Commune*, 346. Pour l'exécution de Darboy, voir aussi Horne, *The Fall of Paris*, 393-396.

45 ABG, Œuvre des Flamands : Lettre de Beyaert à Bracq, 6 mai 1868. On ne trouve sur l'apparence de la chapelle et de la conciergerie aucune information dans les archives de l'Œuvre des Flamands.

46 *Ibid.* : Lettre de Beyaert à Bracq, 30 avril 1868.

comme Saint-Denis, en banlieue[47]. À partir de 1865, Beyaert engagea principalement des jésuites. Non seulement c'étaient d'excellents prédicateurs, mais il souhaitait aussi les insérer dans le réseau de l'Œuvre des Flamands. Comme nous aurons l'occasion d'y revenir en détail, la société était, parmi les institut religieux auxquels l'organisation souhaitait confier ses activités, celui qui remportait se préférence. En 1867, Verbeke, un jésuite, descendit à Paris[48] où, pendant tout le carême, il prêcha en flamand[49]. L'année suivante, ce fut le tour de Louis Van Caloen (1817-1912), fondateur de l'Archiconfrérie de Saint-François Xavier (1854), une œuvre visant à « restaurer » la moralité des ouvriers[50]. Même si elle s'était rapidement étendue dans les villages et les petites villes, c'était à l'origine une initiative urbaine, greffée avant tout sur une réalité urbaine. Pendant le congrès de Malines de 1863, Van Caloen avait donné un aperçu des activités de l'Archiconfrérie, parmi lesquelles une série de choses qui tenaient également à cœur de l'Œuvre des Flamands, comme la légalisation des unions et des enfants[51]. Les autres initiatives de l'Œuvre semblaient également calquées sur celles de l'Archiconfrérie. On fonda ainsi un cercle ouvrier flamand et, au sein de celui-ci, une quantité de structures dérivées. Les loisirs de fidèles représentaient l'un des soucis majeurs de Beyaert. Le temps libre devait être occupé de façon convenable, loin des gargotes dont le faubourg regorgeait. L'offre d'activités allait de parties de cartes aux soirées théâtrales et musicales[52]. Une bibliothèque populaire fut également fondée dans le giron du cercle afin de procurer aux ouvriers flamands de saines lectures. En 1868, on créa aussi à leur intention une caisse d'assurance maladie, nommée Société de secours mutuel. La Conférence de Saint-Vincent de Paul se consacrait depuis 1865 à l'assistance aux pauvres[53]. La portée de ces activités annexes ne fut cependant jamais très large. Le cercle ouvrier, par exemple, ne comptait en 1865 qu'une vingtaine de membres engagés. La véritable force de

47 ABG, Œuvre des Flamands : Lettre de Beyaert à Delebecque, 1 juillet 1863. Y travaillèrent également : le père Vandenberghe, oblat, qui confessait e.a. aux Batignolles, à Montmartre et dans le quartier de la Villette ; le père Willibrord, Picpus, qui confessait e.a. dans une partie du faubourg Saint-Antoine et à Belleville ; le pères Felix et Richard, également frères mineurs, parcouraient la banlieue parisienne dans le cadre de visites aux diocèses voisins de Meaux, Versailles et Beauvais.

48 Le Gantois Charles Verbeke (1833-1889) était un prédicateur méritoire, qui joua notamment un rôle important dans les pèlerinages de Lourdes. En 1881, il fut nommé président de la Fédération des sociétés ouvrières catholiques belges. Deneef (dir.), *Les Jésuites belges*, 359 et De Maeyer, « De Belgische volksbond en zijn antecedenten », 25. Sur la Fédération des sociétés ouvrières catholiques, voir Colla, « Belgisch Verbond der Katholieke Volkswerken / Fédération des Sociétés Ouvrières Catholiques ».

49 ABG, Œuvre des Flamands : Pamphlet sur les services flamands à Paris, 1867.

50 « Louis van Caloen (1817-1912) ».

51 Van Caloen, « Notice sur l'Archiconfrérie de Saint-François-Xavier ».

52 ABG, Œuvre des Flamands : Lettre de Beyaert à Delebecque, 22 avril 1864 ; lettre de Beyaert à Bracq, 20 juillet 1866 ; lettre de Pycke à Monin, 18 janv. 1881.

53 ABB, Fonds Faict : Lettre de Beyaert à Faict, 16 janv. 1865.

recrutement de l'Œuvre résidait surtout dans les messes et les rituels entourant les grandes fêtes.

L'Œuvre des Flamands et la sphère religieuse parisienne

L'historien français Jacques-Olivier Boudon a souligné l'intensité de l'activité religieuse dans le Paris du Second Empire et donné à la ville le titre de capitale religieuse. Cette ardeur tenait en partie à l'afflux croissant de migrants, le plus souvent issus de pays ou de régions catholiques. Comme nous l'avons dit, les Belges, et *a fortiori* les Flamands, ne représentaient dans ce flot qu'un petit groupe. Paris hébergeait aussi une important communauté germanophone. Plus tard, à partir des années 1880, la population italienne augmenta de façon constante. L'archevêché était parfaitement au courant de la composition de la population. Les initiatives destinées à répondre aux besoins religieux de cette masse hétéroclite n'étaient certainement pas freinées[54]. Pourtant, comme nous l'avons vu dans le cas de l'Œuvre des Flamands, l'archevêché mettait aussi des limites à cet élan particulariste. Le problème n'était pas tant que des étrangers soient en jeu, mais plutôt que l'on craignait la fragmentation religieuse. Comme les œuvres d'encadrement étrangères, les prêtres des différentes provinces françaises alléguaient eux aussi que les nombreux Bretons ou Savoyards de la ville, par exemple, ne pouvaient pas suivre la messe à cause de la langue. En 1863, les jésuites fondèrent l'Œuvre des Bretons et en 1866, le soutien de l'impératrice Eugénie fut sollicité concernant une Œuvre savoisienne. Les arguments présentés étaient tout à fait similaires à ceux de l'Œuvre flamande : « L'émigration savoisienne est toujours nombreuse ; elle se compose surtout de jeunes gens venant des campagnes. Habitués à parler patois en Savoie, il ne comprennent point les prédications relevées à Paris (...). » Les curés de paroisse parisiens n'en étaient que trop conscients. Arnault, curé de Sainte-Marguerite, mettait le doigt sur le problème lorsqu'il affirmait, dans le cadre de sa résistance à l'autonomisation de l'œuvre des Flamands : « Bientôt il faudrait une chapelle pour les Bretons plus nombreux que les Flamands, pour les Italiens et les Auvergnats. »[55]

Le groupe de migrants le plus nombreux et le mieux organisé était d'origine allemande, souvent de Rhénanie, du grand-duché de Bade, mais aussi du

54 Boudon, *Paris, capitale religieuse*, 163. Parmi les initiatives destinées aux étrangers de Paris, la mission polonaise était probablement la plus connue. Elle reçut sa forme embryonnaire après l'insurrection ratée de décembre 1830 et la répression tsariste qui suivit. Les prêtres exilés polonais cherchèrent alors un lieu de rassemblement religieux pour leurs compatriotes. L'archevêque Sibour le leur accorda le 27 septembre 1849, jour de la consécration officielle de l'église de l'Assomption. La mission polonaise était davantage une œuvre pour exilés qu'un œuvre pour migrants. C'est pourquoi elle n'était pas au XIXe siècle sur le même pied que les autres œuvres pour étrangers. *Ibid.*, 165-169.

55 *Ibid.*, 185.

Luxembourg, de Suisse et d'Autriche. Avec l'Œuvre des Allemands, ils étaient certainement les migrants de régions catholiques les mieux encadrés de Paris. Une bonne compréhension de l'Œuvre des Flamands n'est pas possible sans une référence à cette initiative. En effet, lorsque le diocèse de Gand se mit à songer sérieusement à une initiative d'encadrement flamande, en 1860, c'est l'exemple allemand qu'il avait à l'esprit. À court terme, l'œuvre allemande ne pouvait être égalée. Elle était trop bien organisée pour cela. Mais à long terme, elle était le modèle à suivre, et cela, dans toutes ses facettes. Non seulement on avait l'intention de reprendre ses recettes à succès, mais une légère jalousie faisait que l'on avait même envie de faire mieux encore.

L'immigration allemande à Paris était plus ancienne que la belge. Elle avait principalement été déclenchée par la révolution de Juillet et, dans les années 1850, les Allemands étaient déjà bien établis dans les quartiers périphériques qui n'allaient pas tarder à attirer également des Belges. Les Allemands présentaient donc le même profil social que les Belges. C'étaient des ouvriers et des artisans qui, comme nous l'avons dit, vivaient surtout dans les 11e, 12e et 19e arrondissements. Tout comme les Belges, et en particulier les Flamands, ils furent rapidement identifiés en tant que groupe par l'Église catholique. Dès les années 1840, les catholiques allemands étaient habitués à ce que des prêtres assurent des services dans leur langue, même si à l'époque, il n'existait pas encore d'initiative structurée[56]. La situation changea au début des années 1850 lorsque les jésuites allemands se mêlèrent de la situation. L'encadrement religieux qui se mit en place à l'époque était d'une autre nature. Il était dirigé par un personnel stable et nombreux et agissait dans toute la ville. Jusqu'à la guerre franco-allemande, qui détériora fortement l'attitude à l'égard de la population germanophone de Paris, l'Œuvre des Allemands connut un vif succès.

Comment s'expliquait-il ? Tout d'abord, l'Œuvre des Allemands eut la chance d'évoluer dans une période stable et assez propice. Lorsque celle des Flamands fut créée, elle était déjà sur les rails depuis une bonne dizaine d'années. Comme nous l'avons vu dans la partie concernant le Lillois, l'époque était favorable au déploiement de l'Église.

Mais le succès de l'Œuvre des Allemands ne reposait pas que sur des facteurs externes. Les facteurs endogènes étaient au moins aussi importants. L'Œuvre avait été fondée par une personnalité forte – le père Chable, dont il sera à nouveau question plus tard –, qui était épaulé par une équipe pastorale. Elle répondait avant tout à la forte augmentation du nombre d'Allemands à Paris depuis 1840. En 1849, Paris comptait 89 509 habitants de langue al-

56 Boudon mentionne notamment une initiative des années 1820 de P. Bervenger. Une première mission allemande embryonnaire (l'Œuvre des conférences allemandes) avait alors été mise sur pied par l'abbé Axinger à l'église Saint-Sulpice, mais elle était restée sans suite. Boudon, *Paris, capitale religieuse*, 170-171.

lemande, soit à peu près quatre fois le nombre de Belges qui déciderait en 1860 Vanderijst à écrire à l'évêque de Gand[57]. Fin 1859, le chiffre de 140 000 Allemands circulait dans la mission allemande[58]. Ce nombre variait fortement en fonction de l'instance qui comptait. Les autorités françaises le faisaient de façon territoriale, l'Œuvre des Allemands de façon communautaire. Pour elle, la caractéristique déterminante était en effet la langue commune et, conjointement, la connaissance lacunaire du français. De ce fait, les germanophones d'Alsace ou de Lorraine appartenaient également à son groupe cible. *Stricto sensu*, l'Œuvre allemande était en réalité une œuvre française. Elle était bien dirigée par les jésuites germanophones, mais c'étaient des Français qui se chargeaient des Allemands venus d'Outre-Rhin. Du point de vue organisationnel, ce fut certainement un avantage pendant la période qui précéda l'éclatement de la guerre franco-allemande. En effet, les jésuites français de langue allemande évoluaient dans un Paris polyglotte, où il n'y avait pas lieu de distinguer un Alsacien germanophone de nationalité française d'un fabricant de meubles rhénan. Après 1870, l'avantage se changea en inconvénient.

Si les Allemands étaient unis par la langue, ils étaient divisés par la religion ; les migrants de Rhénanie étaient en majorité catholiques, mais des Allemands de bien d'autres régions étaient attirés par Paris. L'Alsace, par exemple, était à l'époque loin d'être uniformément catholique, pas plus que la Hesse ou la Bade, régions dont un nombre considérable d'Allemands provenaient[59]. La division entre protestants, luthériens et catholiques profita d'une certaine façon à l'œuvre allemande. L'opposition protestante lui donnait en effet un supplément de légitimation et d'urgence. Elle suscitait en outre la sympathie des catholiques français, qui étaient convaincus que la monarchie de Juillet avait fortement favorisé le protestantisme. Avec François Guizot (1787-1874), ils avaient dû accepter un chef de gouvernement de cette foi et, dans le pay-

57 Delattre, « La résidence Saint-Joseph de la rue La Fayette », 1442.

58 AHAP, 9K2(1), Mission et Œuvres pour les Allemands : *Le révérend père Chable et la Mission Allemande de Paris*, 8.

59 *Ibid*. Cette note anonyme sur l'Œuvre des Allemands a été écrite en 1859. L'auteur affirme que l'immigration allemande de la dernière décennie (1850-1859) venait surtout de Bade et de Wurtemberg. Delattre, « La résidence Saint-Joseph », 1442. Au milieu du XIXe siècle, la plupart des immigrants allemands d'outre-mer venaient du sud-ouest de l'Allemagne. Bade, *L'Europe en mouvement*, 192.

sage religieux parisien, les églises et les œuvres protestantes s'étaient solidement implantées dans une série de quartiers[60].

Le Second Empire, en revanche, allait être catholique. D'un point de vue religieux, la position de départ privilégiée de l'Église fut rétablie, ce qui permit à une initiative comme l'Œuvre allemande de prospérer tranquillement. Les observateurs de l'époque n'avaient pas manqué de remarquer que les Allemands, protestants ou catholiques, se regroupaient en majorité dans quelques quartiers. Les 11e et 19e arrondissements étaient particulièrement concernés. L'un de ces observateurs était le jésuite Jean Chable[61]. En 1848, il avait été appelé à la rue des Postes[62], où il avait été frappé par le grand nombre d'Allemands vivant dans la capitale. C'est sur base de ce constat qu'en 1850, il demanda à son général la permission de créer une mission permanente allemande. L'autorisation obtenue, il ouvrit, le 8 décembre, une chapelle dans les combles d'une maison de location de la cité Charraud, en lisière de la Villette. Trois cents familles ouvrières allemandes y vivaient environ[63].

Dès le début, Chable se concentra surtout sur l'enseignement. Dans deux petites écoles improvisées, il fonda un cycle qui combinait l'allemand comme langue d'enseignement religieux et le français pour l'instruction générale. L'école des garçons fut confiée à un séminariste, celle des filles fut placée sous la responsabilité de trois membres de la congrégation des sœurs de Saint-Charles, originaires de Nancy. Les filles étaient les plus faciles à atteindre.

60 Le chef du gouvernement, François Guizot, était calviniste et Paris comptait outre une infrastructure protestante bien développée de nombreuses œuvres protestantes. « C'est un fait que quelques 50 temples, chapelles et oratoires petits ou grands appartiennent à Paris au culte chrétien non catholique. En outre une quantité d'écoles, asiles, maisons d'éducation furent fondées. Elles sont pour la plupart de si fière allure, que les capitales protestantes d'Allemagne pourraient les envier. De toutes les provinces de France affluèrent vers le comité central de Paris des dons et participations. Les Allemands non catholiques s'en trouvèrent avantagés. » AHAP, 9K2(1), Mission et Œuvres pour les Allemands : *Le révérend père Chable et la Mission Allemande de Paris*, 11. Le rapporteur n'exagère en rien. La paroisse Sainte-Marguerite, dans le 11e arrondissement, comptait par exemple quatre églises protestantes. Mais les œuvres caritatives protestantes y étaient surtout très développées. Près de Saint-Éloi, rue de Reuilly, la maison des Diaconesses, fondée en 1842, chapeautait sept œuvres d'assistance spécifiques destinées aux familles adhérant à la religion réformée. ADP, Préfecture du département de la Seine, Œuvres de bienfaisance, 1849.

61 Il était né en 1801 à Mittelbron, un village proche de Phalsbourg, en Lorraine française. Après avoir été un temps curé à Guebwiller, il entra en 1828 dans l'ordre des jésuites. Avant d'être nommé en 1842 supérieur de la résidence jésuite de Strasbourg, il fut invité comme prédicateur à Metz, afin de dresser une digue entre les catholiques allemands et le protestantisme.

62 Dans la rue des Postes (actuelle rue Lhomond) les jésuites avait fondé en 1854 l'école Sainte-Geneviève, jouant sur la loi Falloux de 1851.

63 AHAP, 9K2(1), Mission et Œuvres pour les Allemands : *Le révérend père Chable et la Mission Allemande de Paris*, 24. La cité Charraud se trouvait dans la zone limitée par les actuelles rues de Meaux, de Chaufourniers et Sadi-Lecointe et était nommée d'après l'un des principaux propriétaires de la cité. Elle était constituée d'immeubles de trois à quatre étages. *De Saint-Joseph des Allemands à Saint-Joseph Artisan*, 8.

« Elles étaient formées aux études générales, mais encore aux travaux féminins et élevées dans des principes religieux. »[64] Les garçons étaient plus difficiles à recruter car ils étaient généralement placés dès leur neuvième année dans les usines des environs. Par ailleurs, les membres de l'Œuvre allemande rendaient visite aux malades et eurent d'emblée l'idée de fonder un petit dispensaire.

Avec l'Œuvre des Allemands, les contemporains disposaient en fait d'un modèle d'œuvre migratoire catholique et urbaine. Celui-ci reposait essentiellement sur trois piliers : le spirituel, le moral et le social. Le premier comprenait la distribution des sacrements. Cela se faisait dans la mesure du possible dans la langue maternelle du migrant. Dans le domaine moral, l'œuvre promouvait l'éducation et le mode de vie catholiques. Elle propageait ainsi l'idée d'un lien entre l'état moral individuel du migrant et son sort matériel. Une partie essentielle de cette responsabilité incombait au migrant lui-même. S'exclure délibérément de l'Église était inacceptable. Ceux qui agissaient de la sorte étaient entièrement responsables. En ce qui concerne les « pauvres » – désignation d'usage pour les émigrés dans les cercles ecclésiastiques lorsque des collectes étaient organisées –, on se montrait plus clément et on admettait que la réalité sociale avait un impact sur leur sort. Ils pouvaient être sauvés en se comportant à nouveau de façon chrétienne. L'enseignement prodigué par l'Œuvre des Allemands doit aussi être partiellement interprété sous cet angle. C'était avant tout l'enseignement moral qui visait à former dans la ville des croyants solides – des exemples qui seraient ensuite imités. Le troisième pilier était de nature sociale. Il comprenait l'organisation d'une assistance sociale et matérielle. Cela pouvait aller de soins médicaux à la distribution de nourriture en passant par l'occupation des loisirs.

À partir de 1851, l'Œuvre des Allemands se développa selon ces axes. Le Père Chable souhaitait acheter un terrain dans un quartier où les Allemands étaient présents en nombre. Ils y seraient encadrés par un groupe de jésuites[65]. Comme emplacement, il opta pour une parcelle située dans le nord-est de la rive droite, à l'extrémité et dans la partie la plus périphérique de la rue La Fayette. C'était une situation idéale : d'une part en bordure des 10e et 19e arrondissements, sur le canal Saint-Martin, de l'autre tout près de la gare de l'Est, où la plupart des Allemands faisaient leur entrée à Paris. La résidence Saint-Joseph *pro Germanis* fut aussitôt dotée d'une équipe de trois jésuites et de trois frères[66].

On peut se demander si une œuvre catholique aurait pu à l'époque adopter un autre modèle. Probablement pas. Il n'empêche que l'Œuvre des Alle-

64 AHAP, 9K2(1), Mission et Œuvres pour les Allemands : *Le révérend père Chable et la Mission Allemande de Paris*, 24-25.

65 Le 28 septembre 1851, Chable reçut pour cela l'autorisation du supérieur général des jésuites.

66 Delattre, « La résidence Saint-Joseph de la rue La Fayette », 1424.

mands était exemplaire sur deux points. Premièrement, elle ne se contentait pas de réunir tous les aspects qu'une œuvre migratoire catholique englobe, elle essayait de maintenir un équilibre entre eux. Deuxièmement, l'Œuvre des Allemands avait un public cible précis. Pour l'atteindre, elle travailla avec efficacité et rapidité. Rien ne l'illustre mieux que le choix de l'emplacement et l'élargissement fonctionnel du central paroissial suivant les besoins du groupe cible. Saint-Joseph des Allemands, comme la mission fut nommée à partir de 1851, naquit de façon très modeste dans la rue La Fayette. Les premiers bâtiments de plâtre et de terre étaient peut-être de mauvaise qualité, mais ils furent immédiatement fonctionnels. Le personnel, nombreux et compétent, engagé tant pour le travail de mission que pour l'enseignement, sut rapidement rassembler son public. L'Œuvre connut donc un succès rapide. Entre 1851 et 1858 par exemple, le nombre de confessions passa de 12 150 à 26 463. La préparation à la fête de Pâques était également bien suivie. Dès 1855, on plaida sur la proposition d'un comité de patronnesses pour un élargissement infrastructurel de la mission[67]. En septembre de l'année suivante, Saint-Joseph des Allemands devint un complexe de pierre comprenant des locaux de séjour pour les pères. Parallèlement à la fondation de la chapelle de la rue Lafayette, une Œuvre de Saint-Joseph fut initiée dans le but de patronner l'enseignement destiné aux enfants allemands. Celui-ci fut confié aux frères des Écoles chrétiennes. En 1864, il comptait déjà plus de 440 élèves répartis en six classes. La langue d'instruction était le français, sauf pour les cours de religion. Partant de la conviction romantique que le sentiment religieux était indissociable de la langue maternelle, ceux-ci étaient donnés, avec l'aval de l'épiscopat français, en allemand[68]. En 1865, de nouveaux locaux furent d'ailleurs investis par l'école au numéro 128 de la rue La Fayette. Ils servaient aussi de locaux de réunion à la mission allemande. C'est précisément là que l'Œuvre des Flamands s'installerait en 1925, après la vente de son complexe de la rue de Charonne à l'archevêché de Paris[69].

Étant donné la haute teneur hagiographique des sources concernant l'Œuvre des Allemands, les mérites réels du père Chable dans l'organisation sont difficiles à évaluer. Boudon affirmait que Chable était fortement soutenu par les jésuites parisiens[70], tant sur le plan des recrues que sur celui des finances. La première église fut par exemple bâtie avec une partie de la somme

67 Delattre, « La résidence Saint-Joseph de la rue La Fayette », 1426.

68 Boudon, *Paris, capitale religieuse*, 171.

69 Le supérieur de la mission de l'époque, le père Foulogne, donna une description du bâtiment. « Au rez-de-chaussée, près d'un préau, une vaste salle reçoit chaque dimanche une réunion de jeunes ouvriers allemands qui échappent ainsi aux dangers des mauvaises sociétés. Les étages supérieurs sont occupés par six grandes classes, et un logement complet pour une communauté de dix frères des Écoles Chrétiennes. En 1865, les six classes recevaient plus de 500 enfants et le nombre des frères avait été porté à huit. » Cité dans *De Saint-Joseph des Allemands à Saint-Joseph Artisan*, 15.

70 Boudon, *Paris, capitale religieuse*, 182.

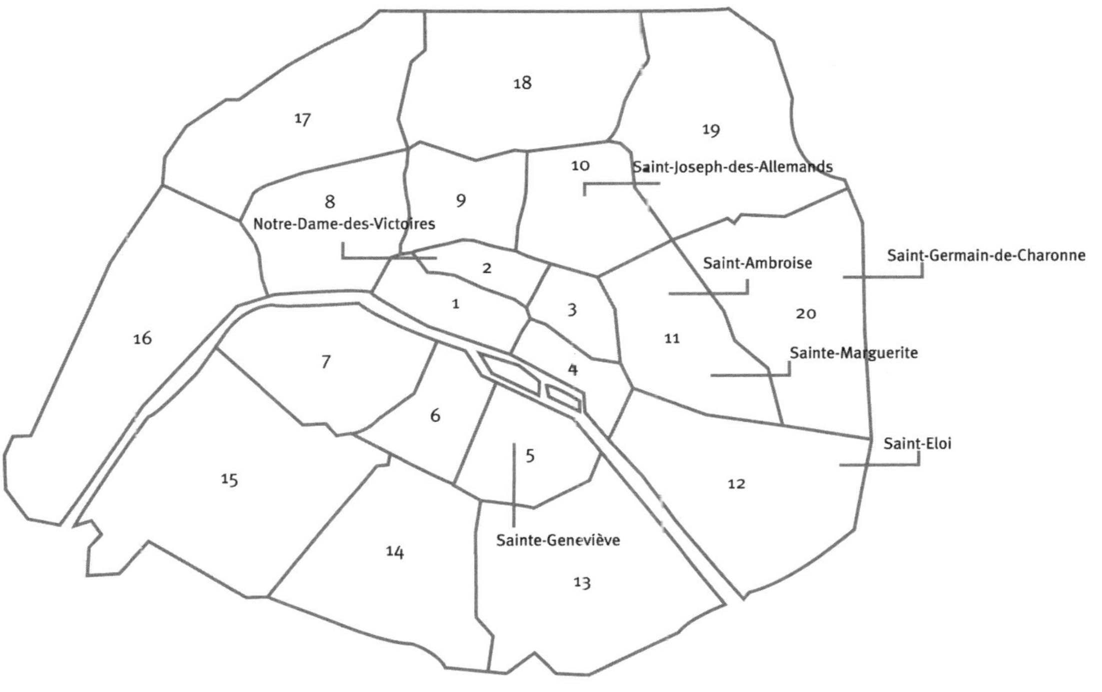

23. Services religieux en allemand assurés par l'Œuvre des Allemands en 1862.

gagnée lors de la revente de la maison jésuite de Brugelette, en Belgique. Après la mort du père Chable en 1859, la société continua à s'investir dans l'Œuvre des Allemands. Les successeurs de Chable, le père Modeste (1859-865), le père Foulogne (1865-1866), puis le père Hasslacher (1866-1873), continuèrent à agrandir l'œuvre. Vers 1865, l'encadrement était assuré par neuf jésuites[71]. Le père Modeste évaluait sa portée à 40 000 confessions et à 50 000 communions par an ; 900 enfants fréquentaient les écoles de la mission. Chaque semaine, une messe était célébrée en allemand çà ou là. L'offre religieuse était d'ailleurs particulièrement impressionnante. Le programme de mai 1862, par exemple, était harmonieusement réparti sur le territoire de Paris (Illustration 23)[72].

Inévitablement, l'Œuvre des Allemands se heurta à l'hostilité croissante des paroisses locales. Lorsqu'en 1864, une quête fut organisée en vue de l'agrandissement de l'église, l'archevêque redouta à nouveau la naissance d'une paroisse à l'intérieur de la paroisse[73]. Il autorisa les travaux, mais sur-

71 *De Saint-Joseph des Allemands à Saint-Joseph Artisan*, 18.

72 AHAP, *La semaine religieuse de Paris*, 1862, 462. Les activités de Saint-Joseph des Allemands sont particulièrement impressionnantes. Le week-end, par exemple, il y avait quatre messes chantées, à chaque fois avec la participation de l'organisation elle-même (écoliers, chorale allemande…).

73 Boudon, *Paris, capitale religieuse*, 172.

veilla de plus près la mission. Il défendit par exemple que l'on prêche encore en français au sein de l'Œuvre, afin d'éviter la concurrence avec les paroisses. Les réticences de Mgr Darboy venaient surtout de sa lucidité. Autant qu'une œuvre migratoire, il voyait dans la mission une entreprise des jésuites de Paris, qui sous le prétexte de la présence allemande, détournaient non seulement une partie de ses diocésains, mais organisaient à l'intérieur de son diocèse une force réactionnaire. Et comme l'Œuvre allemande ne délimitait elle-même pas très strictement son territoire, Mgr Darboy le fit lui-même en 1866. Comment pouvait-il mieux y parvenir qu'en interdisant à la mission toute activité religieuse et pastorale en français[74].

La mission allemande vécut néanmoins un sérieux revers pendant l'épisode de la Commune. Non seulement l'église fut gravement endommagée, mais la composition de sa population cible changea fondamentalement. Désormais, la mission s'adressa davantage aux Alsaciens et aux Lorrains qui avaient choisi le côté français. Cette stratégie lui permit de rester pendant longtemps encore un point d'ancrage dans le quartier. Cependant, elle ne retrouva jamais le succès des années 1860. Les règles que Mgr Darboy lui avait imposées étaient de plus en plus handicapantes. En 1891, le père de Bigault, alors supérieur de la mission, décrivit les difficultés allant de pair avec une pastorale donnée en langue allemande : « Nous vivons au milieu d'une population ouvrière de trois cent mille âmes ; mais le nombre de ceux qui parlent l'allemand ou même le comprennent diminue de jour en jour. »[75] Étant donné l'atmosphère germanophobe qui régnait à Paris, un redressement de la mission n'était plus possible. En 1897, les dispositions linguistiques de Darboy furent annulées. L'Œuvre allemande put à nouveau exécuter des missions en français, ce qui la rendait *de facto* superflue. En 1902, la mission cessa d'exister sous la forme décrite ici.

« Une brique dans le ventre » (1872-1880)

Comme on le voit, l'ambiguïté des objectifs de l'Œuvre allemande ne freina pas son succès auprès de son public cible. Cela n'avait pas échappé à l'Œuvre des Flamands et lorsqu'un élargissement fut envisagé, c'est elle qui fut prise comme exemple. En 1868, l'Œuvre avait sa propre infrastructure. Des jésuites avaient été engagés pour le Carême et après l'achat du terrain de la rue de Charonne, les conditions étaient réunies pour construire à nouveau. Mais la guerre franco-prussienne et la Commune allaient brusquement venir perturber la marche des choses. Le 2 septembre 1870, jour de la défaite de Napoléon à Sedan, Beyaert écrivit à son évêque que Paris avait perdu sa physionomie

74 Boudon, *Paris, capitale religieuse*, 183.
75 Cité dans *De Saint-Joseph des Allemands à Saint-Joseph Artisan*, 24.

sociale habituelle : « Par moments, la panique s'empare de toute la ville, surtout quand une mauvaise nouvelle arrive. Dimanche et jours suivants, les rues étaient remplies de fuyards (...). On aurait dit que les Prussiens étaient aux portes de Paris. On continue à quitter Paris en masse. (...) La plupart des Flamands partent par misère, n'ayant plus de travail, ou bien ils sont considérés comme des bouches inutiles et reçoivent l'ordre de quitter la ville. Presque tout partent avec l'intention de revenir après la guerre. »[76] Un siège de Paris fut bien vite entamé, suivi par la Commune, que Beyaert vécut depuis la Belgique[77]. Les dégâts matériels subis par l'Œuvre des Flamands furent toutefois considérables. À côté de l'habitation de Beyaert, la chapelle de la rue des Boulets avait été transformée en « une véritable étable de Bethléem »[78].

En 1872, il fallut donc prendre un nouveau départ. Pour l'Œuvre des Flamands, c'était le moment idéal pour franchir le pas et imiter finalement son pendant allemand. Cette même année, une opportunité de faire évoluer l'Œuvre dans la bonne direction se présenta. La baronne de Monin-Rendeux, une dame d'œuvre pieuse, s'était présentée à l'évêque de Gand et se disait disposée à investir dans l'Œuvre des Flamands de Paris. De ce côté, on décida alors de mettre la charrue avant les bœufs. En planifiant pour la rue de Charonne une construction grandiose, on espérait pouvoir transmettre l'Œuvre à un institut religieux qui, grâce à un personnel accru, aurait sur les Flamands de Paris un impact supérieur.

Qui était cette femme remarquable qui allait finalement financer la majeure partie des 450 000 francs-or nécessaires aux travaux ? C'était une figure hors du commun[79]. Théonie Vermeulen, comme s'appelait la baronne avant son mariage, était la fille du marchand de textile Jean-Baptiste Vermeulen et de Mélanie Dons de Lovendeghem. En 1849, elle avait épousé Édouard de Monin-Rendeux, dernier descendant d'une lignée aristocratique. Le couple n'avait pas eu d'enfants. La baronne se consacrait entièrement aux nombreuses œuvres qu'elle soutenait, parmi lesquelles, à partir de 1872 l'Œuvre des Flamands à Paris[80].

On ignore si l'Œuvre fut vantée à la baronne par l'évêque ou si elle était connue par ailleurs de son réseau. Une chose est sûre, elle s'y identifia personnellement et largement. À ses yeux, le fait que la mission flamande avait résisté contre vents et marées dans un univers aussi hostile que Paris était en soi

76 ABG, Œuvre des Flamands : Beyaert à Bracq, 2 sept. 1870.

77 *Ibid.* : *L'Œuvre des Flamands, par un ami de l'Œuvre.*

78 ABG, Œuvre des Flamands : *L'Œuvre des Flamands à Paris, historique.* Voir aussi la lettre de Beyaert à Bracq, 27 déc. 1872. « Dans la rue des Boulets, Monseigneur, la maison seule que j'habite est encore solide et bien conservée, tout le reste serait à démolir. Avant la guerre, on aurait tout vendu avec avantage, aujourd'hui même on vendrait encore au même prix qu'on a acheté peut être un peu plus. »

79 De Maeyer, « Les dames d'œuvres », 120-121.

80 Pour un aperçu des autres projets de la baronne, *Ibid.*, 121.

un signe que le « Bon Dieu » l'avait voulu[81]. Elle songeait certes aux nombreux obstacles que l'Œuvre avait dû surmonter dans les années 1860, mais l'impression que la Commune avait laissée à beaucoup de notables catholiques belges intervenait tout autant dans le raisonnement. À présent que l'ordre était rétabli, la bourgeoisie voulait à tout prix éviter une nouvelle « horreur » dans le genre de la Commune. L'encadrement religieux et moral des classes populaires devait être renforcé. À Paris, l'arrivée de l'évêque ultramontain Joseph Hippolyte Guibert (1802-1886), qui avait pris la tête du diocèse après l'exécution de Mgr Darboy, allait permettre d'agir dans ce sens.

L'idée d'une mission flamande dirigée par un institut religieux n'était pas neuve. Dès le départ, la mission avait été lancée depuis Gand dans cette optique. Après des débuts modestes sous les auspices du prêtre diocésain Liévin Beyaert, cette idée fut à nouveau caressée. Beyaert commença par sonder auprès de ses collègues parisiens l'état d'esprit de la ville dans ce domaine. En 1864, il eut ainsi une série d'entretiens sans engagements avec le curé de Saint-Ambroise (11e arrondissement) quant à la faisabilité d'un scénario selon lequel un ordre ou une congrégation serait placé à la tête de l'œuvre parisienne. La réponse du curé en question fut catégorique : ni les autorités civiles ni l'archevêché de Paris ne soutiendraient ni même n'accepteraient une telle structure[82]. Là-dessus, Mgr Delebecque laissa tomber l'idée et Beyaert fut prié de se consacrer désormais à des tâches plus essentielles.

Premier choix : les jésuites

En 1872, construire n'était pas le problème. Le principal défi consistait à trouver une congrégation qui accepterait de se soucier du sort des immigrés flamands. Lorsque la baronne de Monin s'adressa cette année-là aux jésuites belges, tous les autres candidats, dont les rédemptoristes et les frères mineurs, avaient selon elle refusé l'offre. Tout indique toutefois que sa préférence allait de toute façon aux jésuites[83]. En effet, le supérieur des jésuites belges Paul Goethals, commença par refuser catégoriquement lui aussi. Mais Monin insista jusqu'à ce que les jésuites finissent par se laisser convaincre, à contrecœur et sous conditions[84]. Ces dernières étaient claires. La province belge était disposée à fournir du personnel à la mission flamande pour peu que son organisation

81 ABG, Œuvre des Flamands : Lettre de Goethals à Monin, 1874.

82 *Ibid.* : Lettre de Beyaert à Delebecque, 29 fév. 1864 ; lettre de Beyaert à Delebecque, 11 mars 1864.

83 Nous ne trouvons pas trace d'une telle demande dans les archives des rédemptoristes ou des frères mineurs.

84 « Quand on m'a proposé la première fois cette Œuvre, je l'ai refusé catégoriquement. Plus tard, on est revenu plusieurs fois à la charge. » ABG, Œuvre des Flamands : Lettre de Goethals à Monin ; lettre de Goethals au provincial parisien des jésuites, Mourier, 1875.

matérielle soit suffisamment assurée. Cela signifiait, concrètement, qu'une église destinée aux Flamands de Paris devait être construite sur les terrains de la rue de Charonne. Les jésuites demandaient en outre un lieu d'hébergement qui corresponde à leurs besoins et exigences, ainsi qu'une source de revenus, de manière à pouvoir faire tourner l'Œuvre[85]. Au-delà de ces dispositions, Goethals s'était montré très prudent. Avant d'accepter officiellement la charge de l'Œuvre des Flamands, il souhaitait consulter le supérieur général ainsi que ses confrères de la province de Paris. Goethals accorda donc à Monin un engagement conditionnel, non pas une promesse formelle d'accepter l'œuvre quoi qu'il en soit.

Ce n'est pourtant pas ainsi que l'intéressée interpréta les choses. Le 30 décembre 1872, l'évêque de Gand écrivit à Goethals : « Madame la Baronne de Monin est venue me parler une troisième fois de la bâtisse à Paris. Elle m'a assuré que vous êtes disposé à accepter l'Œuvre des Flamands, pourvu que je cède mon terrain rue Charonne et qu'elle fasse les premiers bâtiments. Elle pense que le reste viendra des bénédictions célestes. »[86]

Le malentendu qui présida à la revitalisation de l'œuvre parisienne n'était qu'un avant-goût des péripéties à venir. La baronne allait en permanence interpréter comme des engagements formels les intentions de ses « partenaires », ce qui la pousserait à œuvrer infatigablement pour la réalisation du projet de construction. Dans un premier temps, le choix du quartier fut sa priorité. Plus vite les bâtiments seraient construits, plus rapidement l'apostolat des jésuites pourrait commencer, pensait-elle. Ni les jésuites – par la bouche de Goethals – ni Liévin Beyaert – l'aumônier des Flamands de Paris – ni l'évêque de Gand ne réussirent à tempérer son enthousiasme.

La position de Liévin Beyaert à l'égard des projets de construction de la rue de Charonne est la plus facile à décrire. Il se montra d'emblée sceptique. La baronne lui avait rendu visite une première fois au début 1872. Elle avait souhaité le voir, car, avait-elle dit, elle « voulait faire quelque chose pour l'Œuvre ». « Elle n'a pas dit quoi », ajoutait Beyaert dans sa lettre à l'évêque. Mais le mieux que cette femme très riche puisse faire, « c'est de commencer par donner une bonne somme pour l'Œuvre »[87]. Ces mots traduisent bien l'attitude de Beyaert, qui était surtout soucieux du côté opérationnel du projet. Pendant la Commune, l'infrastructure de la rue des Boulets avait lourdement souffert et seule la conciergerie était encore utilisable[88]. En pratique, un nouveau bâtiment aurait donc été bien utile, mais Beyaert exprimait concernant les intentions de la baronne de Monin de fortes réserves. Ainsi écrivit-il dès

85 *Ibid.* : Lettre de Goethals à Monin, 22 oct. 1872.
86 *Ibid.* : Lettre de Bracq à Goethals, 30 déc. 1872.
87 *Ibid.* : Lettre de Beyaert à Bracq, 21 janv. 1872.
88 *Ibid.* : Lettre de Beyaert à Bracq, 27 déc. 1872.

1872 à l'évêque : « On m'a assuré, Monseigneur, que Madame de Monin a voulu commencer plusieurs Œuvres, et qu'elle les a abandonnées toutes. »[89]

La possibilité que l'Œuvre soit transmise à une congrégation religieuse plaisait en revanche à Beyaert, plus encore si les jésuites belges acceptaient de se charger de l'apostolat parisien. L'initiative d'encadrement que Beyaert regardait avec un mélange d'admiration et d'envie était l'Œuvre des Allemands. Au début des années 1870, il estimait que l'on pouvait mettre sur pied quelque chose d'analogue pour les Flamands. Cela explique pourquoi il se laissa entraîner dans le projet, y compris en ce qui concerne la dimension esthétique de l'édifice[90]. Mais lorsque les travaux connurent un ralentissement, il n'en fut plus qu'un tiède partisan.

L'attitude des jésuites dans cette affaire est nettement plus difficile à évaluer. Certes, les conditions posées par Goethals à la baronne étaient tout à fait claires. De son côté, il ne parvint pas à mettre en pratique sa part de contrat. Son principal engagement vis-à-vis de Monin consistait à permettre une installation aussi solide que possible des jésuites belges à Paris. Mais avant d'accepter l'apostolat officiellement, les jésuites avaient voulu demander la bénédiction du supérieur général et de la province jésuite parisienne. Goethals n'avait obtenu aucune des deux par écrit lorsque les travaux débutèrent en 1873. Bien que reconnaissant l'utilité de l'Œuvre, le supérieur général, Beckx, ne donna jamais son fiat. Il demanda surtout des informations complémentaires[91]. Goethals avait-il tenu compte de la disponibilité en effectifs de sa congrégation ? Un détachement de jésuites à Paris était-il bien raisonnable étant donné la rareté du personnel ? Mais, surtout, avait-il bien pris en considération les sensibilités des autres provinces jésuites ?

Il est vrai qu'au sein de la société même, les relations n'étaient pas au beau fixe entre les différentes provinces. Goethals ne l'ignorait évidemment pas. C'était bien pour cela qu'il voulait demander l'avis de ses confrères parisiens au sujet d'une implantation éventuelle. Dans sa réponse au supérieur général, il affirme également qu'un problème pourrait se poser à cet égard[92]. Il était en effet probable que la province française s'oppose à l'installation d'une filiale de la province belge sur son territoire.

Les obstacles à la venue de jésuites belges à Paris n'étaient donc pas minces. Pour ne pas avancer à l'aveuglette, mais aussi pour évaluer exacte-

89 ABG, Œuvre des Flamands : Lettre de Beyaert à Bracq, 14 mars 1872.

90 À propos du couvent, Beyaert rapportait à Bracq fin 1873 : « Le couvent pourrait au besoin loger toute une armée. Il y a cinq belles chambres au première étage ; plus une grande pièce mesurant près de quatre-vingt mètre carrés. Nous avons la même répétition au deuxième étage. Reste encore le grenier qui est superbe, ou l'on pourrait faire très bien des dortoirs. Tous ceux qui viennent voir l'église et le couvent *staan paf.* » *Ibid.* : Lettre de Beyaert à Bracq, 2 déc. 1873.

91 *Ibid.* : Lettre de Goethals à Monin, 8 fév. 1872.

92 *Ibid.* : Lettre de Goethals à Beckx, 14 fév. 1873.

ment la nécessité d'une telle mission, Beckx demanda une visitation externe à l'Œuvre des Flamands de Paris. Celle-ci eut lieu en 1873 et fut assurée par le jésuite belge Matthijs en compagnie de Poulevoy, le provincial français. Quant à l'opportunité et aux bienfaits possibles pour les Flamands de Paris d'un établissement jésuite belge, Poulevoy ne laissa planer aucun doute. « Après avoir entendu l'exposé de la situation, il a désiré vivement que l'on puisse soigner ces pauvres Flamands », rapporta Matthijs[93]. Toutefois, un établissement de jésuites belges à Paris risquait de nuire au fragile équilibre régnant dans la province française. D'autres provinces jésuites françaises avaient tenté de fonder à Paris une résidence indépendante de la province parisienne. « Dans cette situation, il lui [le provincial de la province parisienne] serait bien difficile d'accorder à la Belgique une résidence indépendante sans provoquer aussitôt d'autres demandes pour d'autres provinces. »[94] Il y avait en outre une série de problèmes formels. Les plaintes éventuelles continueraient d'arriver chez le provincial français. Pour les traiter, la maison belge devait donc être placée sous sa juridiction.

Cette dernière remarque aurait dû sonner comme un avertissement clair. Une telle modalité ne laissait pratiquement aucune marge de manœuvre et fermait dans les faits la porte à la venue de jésuites belges. Goethals l'interpréta néanmoins d'une autre manière, sur base d'une positon difficile à comprendre. D'une part, il loua les conclusions de Poulevoy comme « trop justes et trop sages »[95]. Cela le confortait dans l'idée qu'il avait eu raison de ne pas accepter formellement la charge de l'Œuvre des Flamands. De l'autre, il battit en retraite et se positionna comme quelqu'un qui s'était contenté de poser une pure question informative, à la demande du maître d'œuvre. « Il sera temps, plus tard de les préciser et de les fixer définitivement. Si j'ai demandé en ce moment l'approbation de (...) votre Révérence, c'était uniquement afin de permettre aux personnes qui patronnent l'Œuvre des Flamands d'aller en avant. Elles sont décidées à bâtir, mais elles voulaient savoir, au préalable si ces bâtiments devaient être appropriés aux usages et convenances des prêtres séculiers, des franciscains, des jésuites ou des rédemptoristes. »[96] À la fin de sa lettre, Goethals ajouta que s'il avait fini par promettre de prendre l'Œuvre en charge, c'était parce que tous les autres instituts religieux soi-disant sollicités avaient refusé. On remarque qu'en ce qui concerne Poulevoy, Goethals se contenta d'écrire cette lettre. Le report de l'accord, verra-t-on plus tard, ne

93 *Ibid.* : Rapport du P. Matthijs concernant les Flamands à Paris, mars 1873. Pour le contexte du rapport de Matthijs, voir aussi *Ibid.* : Lettre de Goethals à Mourier, 27 avril 1875.

94 *Ibid* : Rapport du P. Matthijs concernant les Flamands à Paris, mars 1873. Poulevoy mentionna notamment la province de Champagne, qui voulait fonder une maison sur la rive gauche.

95 *Ibid.* : Lettre de Goethals à Poulevoy, 26 avril 1873.

96 *Ibid.* : Lettre de Goethals à Poulevoy, 26 avril 1873.

le tracassait pas et n'était selon lui pas une raison de modifier le cours des travaux. Au contraire, il considérait l'absence de réponse de Paris comme une approbation. Une approbation qu'il n'avait pas cependant reçue par écrit.

Le scénario dans lequel l'Œuvre des Flamands se laissa entraîner par les jésuites était donc pour le moins boiteux. L'attitude ambiguë de Goethals, mélange de distance et d'implication, allait être une constante de la relation entre les jésuites belges et la baronne. Tout en ménageant à l'intéressé une porte de sortie facile, elle encourageait moralement la baronne de Monin à mener à bien le projet, entamé en 1873.

En 1874, Goethals prit une première fois clairement ses distances par rapport à la baronne[97]. Les travaux s'étaient rapidement avérés déficitaires cette dernière avait cherché – en vain – à convaincre d'autres donateurs. Elle proposa alors de se retirer, dans l'espoir de favoriser la cause dans l'éventualité où sa réputation aurait effrayé d'autres partenaires potentiels. Rusé, Goethals fit en sorte de l'écarter sans l'exclure vraiment. Naturellement, écrivit-il, elle ne pouvait pas à elle seule combler tous les puits financiers. Se retirer n'était pourtant pas envisageable dans la mesure où la survie de l'œuvre ne tenait parfois qu'à un fil, dont la Providence n'avait pas voulu « qu'il se brisât et se perdît sans retour ». « Pour cela, elle a choisi quelqu'un qui conservât ce fil religieusement, contre toute destruction. Ce rôle a été le vôtre. »[98] Mais en même temps, Goethals suggérait qu'un certain retrait de la baronne par rapport à l'Œuvre pourrait être bénéfique à celle-ci, même si les travaux devaient pour cela s'arrêter un moment. Peut-être était-ce le moyen « de réveiller la charité qui s'endort ». Le nouveau rôle de la baronne était décrit comme suit : « La main qui soutient le fil ne devrait pas se retirer complètement ; mais elle pourrait peut-être momentanément se cacher un peu, ne plus se faire sentir ! »[99]

L'expression utilisée, « ne plus se faire sentir », était – malgré l'appel à la Providence – assez limpide. Comment fallait-il comprendre ce renvoi « courtois » ? L'explication se trouve en tout cas chez Goethals. Il nourrissait depuis longtemps déjà un ressentiment vis-à-vis de l'obstination de la baronne. Les conditions qu'il lui avait imposées n'avaient pas pu empêcher que les travaux de construction soient entamés. De plus, ils prenaient une ampleur que personne, sauf la baronne et son entourage ultramontain, n'avait souhaitée. Comme architecte, Monin avait engagé un jeune homme de 26 ans, Arthur Verhaegen. Ce Gantois passait à l'époque pour un « croisé de l'idéal néo-médiéval ». Élève de Jean-Baptiste Béthune, il était un partisan des conceptions architecturales du puriste gothique anglais Augustus Pugin[100]. Celui-ci plaidait non seulement pour un revival du gothique, qu'il identifiait

97 ABG, Œuvre des Flamands : Lettre de Goethals à Monin, 1874.
98 *Ibid.* : Lettre de Goethals à Monin, 1874.
99 *Ibid.* : Lettre de Goethals à Monin, 1874.
100 Pout une présentation générale du néogothique, voir De Maeyer, *Arthur Verhaegen*, 97-110.

en tant que style architectural avec l'apogée de la *societas perfecta* chrétienne, il voulait également remettre à l'honneur le savoir-faire médiéval. Tant le couvent que l'église de la rue de Charonne furent construits dans cet esprit de travail lent et méditatif. Autant dire que Verhaegen ne représentait certainement pas la solution la moins coûteuse du marché[101].

Goethals n'avait pas manqué de le faire remarquer à plusieurs reprises. Dès le 9 mai 1873, il s'était effrayé de l'ampleur des plans. « J'ai étudié et examiné les plans du couvent que m'avait soumis M. Verhaegen. (...) La place de l'église qu'il est venu me montrer depuis me plaît beaucoup. Mais... ! Mais je fais toutes mes réserves pour ce qui concerne les dépenses qui seront considérables, ne nous faisons pas illusion, tant pour l'église que pour le couvent ! »[102]

À partir de là, Goethals laissa les choses suivre leur cours. Il se distancia mentalement de l'Œuvre des Flamands, sans jamais manquer de rappeler à la baronne que son engagement était limité, usant pour cela de formules de plus en plus précises. Aider à faire la quête ? Pas question : « J'ai déjà dit, maintes fois (...) qu'il est infiniment préférable pour le succès de l'Œuvre que les jésuites n'interviennent pas, ni directement, ni indirectement. »[103] Plaider ailleurs pour cette œuvre jésuite ? En aucun cas : « Qu'on ne me dise pas que c'est notre Œuvre et que partout nous devons nous en occuper. (...) Ce n'est actuellement pas notre Œuvre. Elle sera nôtre du jour où nous l'aurons acceptée. »[104] Mais le coup final fut asséné lorsque Goethals fit savoir qu'il se réservait le droit, même quand toutes les conditions seraient remplies, de se rétracter. « Jusqu'au dernier moment, on sera libre d'en confier le soin à d'autres. » Monin avait en effet évoqué l'arrivée de rédemptoristes allemands dans le 11e arrondissement. Goethals vit là l'occasion rêvée de se débarrasser de la mission parisienne. Les rédemptoristes ne représentaient-ils pas la solution la plus simple ? « Il leur suffirait de placer là quelques pères sachant le flamand et tout serait dit, bien plus, tout serait fait ! »

En soi, l'ouverture de Goethals vis-à-vis des rédemptoristes n'était pas si étonnante. Mais le cynisme de la suite, qui laissait entendre que l'Œuvre pouvait survivre en tant que simple appendice d'une maison rédemptoriste (étrangère), en disait long. Il montre comment les jésuites voyaient désormais l'apostolat de Paris : comme une mission qui se limiterait au *minimum minimorum*, rien de plus. Les jésuites n'étaient disposés à prêter au projet parisien qu'un maigre personnel. Le rêve d'une mission flamande à l'image de l'Œuvre des Allemands était en train de se briser.

À ce moment, Goethals ne pouvait plus faire grand-chose d'autre. Les jésuites demandaient avec de plus en plus d'insistance de la clarté. Les pre-

101 *Ibid.*, 97.

102 *Ibid.* : Lettre de Goethals à Monin, 9 mai 1873.

103 Monin demanda à Goethals de plaider auprès de l'évêque de Tournai pour une intervention de la famille Desclée. *Ibid.* : Lettre de Goethals à Monin, 1874.

104 *Ibid.* : Lettre de Goethals à Monin, 1874.

mières questions émanant de Paris atteignirent encore Goethals indirectement. Un jésuite flamand rapporta par exemple après sa mission de Pâques à Paris qu'il avait été interrogé par un confrère local au sujet des projets de la rue de Charonne. Mais Goethals préféra considérer cette question comme « un mot en passant », une remarque incidente qui n'avait pas de quoi inquiéter. Cette fois encore, il ne contacta pas la province parisienne[105]. Sauf s'il avait deviné d'avance la réponse de Paris, ce fut une grave erreur. Lorsque le provincial des jésuites, Poulevoy, mourut de manière inopinée en 1874, Goethals, se retrouva sans engagement écrit les mains vides. Son successeur Mourier, se montra plus strict et régla définitivement le dossier. Les arguments invoqués contre la venue de jésuites belges étaient les même que chez Poulevoy. Mourier évoqua précisément les conséquences. Il affirma ainsi que « l'installation d'une Province dans une autre [était] une chose inouïe, pleine d'inconvénients pour le présent et plus encore pour le futur »[106]. Il ne voulait pas d'État dans l'État. Si l'Œuvre des Flamands étaient confiée aux jésuites, la maison devait au minimum être dépendante de la province parisienne, c'est-à-dire être placée sous la direction d'un provincial français. Ce serait cependant une erreur de ne considérer la décision des jésuites parisiens qu'en termes d'homogénéité territoriale. Pour eux, la question de savoir pourquoi ils autoriseraient cet établissement était tout aussi cruciale. Pour être plus précis : l'Œuvre des Flamands pesait-elle assez lourd en tant qu'apostolat pour les amener à ouvrir leurs frontières ? La réponse était résolument négative. Les jésuites parisiens remirent clairement la pertinence de l'Œuvre en question en la visitant, cette fois sous la direction de Liaigre, directeur de l'Œuvre des Allemands, qui était accompagné d'un jésuite belge, Boeteman. La visite déboucha sur un rapport catégorique dont la conclusion principale était que jamais une Œuvre des Flamands ne pourrait se développer sérieusement à Paris. La raison principale était que les Flamands, contrairement aux Allemands, ne formaient pas de communauté. Pour citer Liaigre : « Les Flamands ne sont pas comme les Allemands groupés d'une manière spéciale dans certains quartiers. »[107] La population flamande était trop dispersée dans la ville et trop peu solidaire. Pendant cette visite, même Beyaert avait dû l'avouer : « En raison de cet éparpillement, des écoles spéciales pour les Flamands étaient impraticables. » Et, sur ce point, Liaigre était formel : sans écoles, une telle œuvre avait peu de chances de réussite.

105 ABG, Œuvre des Flamands : Lettre de Mourier à Beckx, 12 janv. 1877.
106 *Ibid.* : Lettre de Mourier à Goethals, 1er fév. 1875.
107 *Ibid.* : Rapport van Liaigre à Mourier, joint à la lettre de Mourier à Goethals, 1er fév. 1875.

Bien que le rapport cherchât encore d'autres pistes[108], le sort d'un apostolat parisien sous la houlette des jésuites belges était en réalité scellé. Goethals continua à correspondre avec le provincial parisien mais par obligation plutôt que par conviction. Et bien qu'il ne fût pas d'accord avec la décision, il l'accepta. Sans doute en aurait-il même été heureux si, entre-temps, un édifice néogothique, qui attendait ses occupants, n'avait été construit. Malgré la décision parisienne, les discussions se poursuivirent avec la même intensité après 1875. La baronne tenta d'influencer les choses et d'intervenir directement auprès de Mourier à l'insu de Goethals, avec pour résultat que les deux provinciaux essayèrent de se rejeter mutuellement la responsabilité. Chercher à savoir chez qui celle-ci se trouvait vraiment s'apparentait depuis le début à une mission impossible. Le fait de savoir si oui ou non Poulevoy avait donné son autorisation orale était capital. Entre les provinces belge et parisienne, l'affaire tourna donc en une longue discussion « parole contre parole », arbitrée par le supérieur général.

Tout aussi grave que les démêlés opposant Monin, les jésuites belges et français était l'état de paralysie complète dans lequel l'organisation se trouvait désormais sur place. Même si la discussion se déroulait au-dessus de sa tête, elle avait un impact sur l'humeur de Beyaert, qui finit par faire lui-même une série de propositions pour sortir de l'impasse. En 1876, il plaida auprès de son évêque en faveur d'une transmission éventuelle de l'Œuvre aux frères mineurs. Monin refusa toutefois d'abandonner la piste des jésuites. Pour briser la résistance de la province française, elle se disait prête à aller jusque chez le pape[109]. En 1877, l'affaire sembla avancer enfin suite à une visite à l'Œuvre des Flamands du nouveau provincial belge et de son collègue français[110]. L'espoir d'une transmission aux jésuites refit surface. Mais finalement, la visite signa la fin de la piste en question. Joseph Janssens, le nouveau provincial de la

108 Parmi ces pistes, on envisagea un agrandissement d'échelle au moyen d'une œuvre mixte flamande/allemande dans les environs du 11e arrondissement, sous la direction de jésuites belges et allemands. Cette solution fut jugée infaisable dans la mesure où les rédemptoristes étaient déjà engagés dans des activités pour les Allemands.

109 ABG, Œuvre des Flamands : Lettre de Monin à Bracq, 19 sept. 1876. Beyaert est également au courant de ses démarches : « Les Pères Jésuites de Belgique, dit Madame de Monin, s'étaient chargés de la mission de Paris et c'était pour eux qu'on a commencé à bâtir. Et si ce plan a été abandonné c'est que les pères Jésuites de Paris y mettent obstacle. Madame de Monin désire beaucoup que cette difficulté soit levée à Rome par votre Grandeur en écrivant au souverain Pontife ou en permettant à Madame de Monin qu'elle écrive elle-même à ses connaissances qu'elle à Rome et elle me prie de soutenir sa proposition disant qu'elle a écrit dans ce sens à Monseigneur de Gand ». *Ibid.* : Lettre de Beyaert à Bracq, 26 sept. 1876.

110 *Ibid.* : Lettre de Beyaert à Bracq, 23 oct. 1877. « Le Père Provincial Janssens est venu avec le Provincial de Paris voir la nouvelle église et le couvent. Ils ont trouvé le tout très beau. Le Père Janssens m'a dit que rien n'est décidé, qu'il était venu seulement pour voir s'il y aura moyen d'accepter la mission. La grande objection, Monseigneur, reste toujours celle-ci : de quoi subsisteraient les Pères? »

province belge, fit preuve à l'égard de la mission flamande de moins d'enthousiasme que Paul Goethals et apparut surtout inquiet concernant les revenus structurels[111]. L'hostilité croissante de la France à l'égard des jésuites joua également un rôle décisif dans la décision de renoncer définitivement à l'ouverture d'une maison de l'ordre à Paris.

Second choix : les rédemptoristes

À partir de juillet 1878, Beyaert chercha ouvertement un rapprochement avec d'autres instituts religieux présents à Paris et disposés à reprendre l'Œuvre des Flamands. Sa quête se transforma bien vite en un parcours du combattant, dans lequel le bien-être des Flamands semblait bien secondaire par rapport à l'attribution des bâtiments.

Rue de Charonne, les bâtiments de l'Œuvre des Flamands n'étaient pas encore achevés. Pour accélérer la venue des jésuites, on avait donné priorité à la construction de la résidence. « Le couvent », soupirait Beyaert en 1878, « est fait et si bien fait pour une communauté, qu'il ne conviendra à aucune autre destination. »[112] Pour le fonctionnement de la mission flamande, il n'y avait en revanche encore rien de prêt. Beyaert insista donc pour que l'on garde provisoirement l'Œuvre des Flamands à la rue des Boulets. Celle-ci hébergeait encore tous ses services et restait selon l'aumônier « un centre connu »[113].

Finalement, seuls les rédemptoristes allemands restèrent aux yeux de Beyaert des candidats possibles[114]. Ils s'étaient établis récemment (1874) à Paris après une retraite fructueuse prêchée pour les Alsaciens du quartier de Ménilmontant, où ils avaient à la demande du prêtre Maurice d'Hulst (1841-1896) investi une chapelle[115]. Les rédemptoristes, pensait Beyaert, pourraient occuper les bâtiments de la rue de Charonne à condition d'être épaulés par une équipe flamande. Entre juillet 1878 et avril 1879, toute l'énergie ou presque fut mobilisée par ce rapprochement avec les rédemptoristes et la négociation des modalités de reprise. Le 12 avril 1879, un compromis fut trouvé. L'engagement était peu ambitieux et très déséquilibré. Les rédemptoristes limitaient claire-

111 Joseph Janssens (1826-1900) fut d'abord préfet d'Alost, puis recteur des collèges de Mons, Liège et Louvain. Il fut provincial de la province belge de 1876 à 1880, fonction qu'il assuma à nouveau de 1894 à 1898. Deneef (dir.), *Les Jésuites belges*, 342.

112 ABG, Œuvre des Flamands : Lettre de Beyaert à Bracq, 22 juillet 1878.

113 *Ibid.*

114 « Je pense Monseigneur qu'il serait préférable de s'arranger avec les Pères Rédemptoristes qui sont déjà chargés d'une Œuvre d'allemands. Leur chapelle trop petite, menace ruine. Les bâtiments rue de Charonne sont assez grands pour les recevoir avec des pères flamands. » *Ibid.*

115 Baudrillart, *Vie de Mgr. d'Hulst*, passim. Après ses études théologie à Rome, Maurice d'Hulst avait été un temps curé de la paroisse Saint-Ambroise. En 1873, il devint secrétaire de Mgr Guibert, qualité en laquelle il prépara surtout la fondation de l'Université catholique libre (1875). En 1880, il en devint le recteur.

ment leur implication dans l'œuvre et une série de dispositions indiquaient que la pastorale flamande serait assurée de manière aussi minimaliste que possible. La congrégation s'engageait néanmoins à accorder « un soin particulier des intérêts spirituels des Flamands établis à Paris et dans ses faubourgs ». Parallèlement, elle se réservait le droit de choisir pour cette tâche des pères flamands « dont le nombre au commencement sera nécessairement restreint »[116]. Le fait que les rédemptoristes s'intéressaient surtout à l'usage des bâtiments à des fins « allemandes » ressort en particulier de la disposition explicite selon laquelle la congrégation était autorisée à utiliser l'église pour « des fidèles d'autres nations ».

Pour leur mission flamande, les rédemptoristes recrutèrent trois pères en tout et pour tout : le père Steppe, un Anversois, un père de Dunkerque et un Allemand qui avait un peu d'expérience dans la prédication en flamand[117]. La nomination d'un supérieur allemand fut un plus mauvais signe encore. En quelques semaines, les plaintes se multiplièrent concernant le comportement apathique des rédemptoristes vis-à-vis des Flamands. Cela se traduisait surtout par l'horaire des eucharisties. Dans ce domaine, les Flamands passaient clairement après les Allemands. Beyaert et son entourage se mirent donc à craindre (à raison) une « germanisation » de l'œuvre flamande. Cinq mois après la conclusion de l'accord, une plainte écrite fut envoyée par le bureau de Beyaert au provincial de la province rédemptoriste française[118].

Beyaert retrouva sa pugnacité dans le combat contre les nouveaux usufruitiers de l'œuvre[119]. En 1880, il écrivit à son évêque : « Je suis toujours de quelque utilité à Paris pour faire que l'Œuvre ne soit absorbée par le germanisme. »[120] Les tensions étaient alors de plus en plus vives. L'usage de l'église de l'Œuvre des Flamands en était à chaque fois le déclencheur[121]. Finalement, Werner de Mérode, homme de confiance de l'Œuvre depuis la première heure, fut engagé pour une médiation. En vertu de l'accord sur l'usage de l'église et

116 ABG, Œuvre des Flamands : Contrat entre rédemptoristes et l'Œuvre des Flamands, 12 avril 1879.

117 *Ibid.* : Lettre de Beyaert à Bracq, 28 juin 1879.

118 *Ibid.* : Lettre de Beyaert à Bracq, 21 sept. 1879.

119 Les conditions d'occupation des bâtiments étaient fixées comme suit : « L'usage de la propriété est concédé à la Congrégation dans les conditions suivantes : (a) Si l'expérience montre que cette Œuvre difficile ne réussit pas entre ses mains (ce qu'elle se réserve d'apprécier) elle remettra l'immeuble à qui de droit, quand d'après son jugement, l'expérience aura été suffisante. (b) Hormis ce cas d'abandon volontaire, l'usage de la propriété lui est assuré à perpétuité (...) ». *Ibid.* : Accord rédemptoristes et Œuvre des Flamands, 12 avril 1879.

120 *Ibid.* : Lettre de Beyaert à Bracq, 12 fév. 1880.

121 « Si on ne voulait pas accorder aux flamands les heures qui leur conviennent le mieux, on ne devait pas leur en donner le choix. Mais une autre faute plus grave encore, c'est d'avoir nommé, pour l'Œuvre des flamands un supérieur allemand, qui avait déjà sa clientèle allemande dans le quartier et dont la préférence qu'il a pour ses compatriotes, est connue. » *Ibid.* : Lettre de Beyaert à Bracq, 12 fév. 1880.

des bâtiments, la congrégation devait en effet quitter la mission volontairement. Suite à l'intervention de Mérode, elle se décida finalement à libérer les lieux. En mars 1880, le couvent était à nouveau vide et l'Œuvre des Flamands était revenue à Beyaert et au diocèse de Gand. Le souhait de voir un institut religieux à la tête de la mission flamande avait une fois de plus tourné court. Désormais, on abandonna tout projet dans ce sens.

On peut se demander dans quelle mesure l'accord conclu entre l'Œuvre et les rédemptoristes n'avait pas été enterré par la personne même qui l'avait négocié, autrement dit Beyaert lui-même. En 1878, il avait fait connaître à son évêque sa volonté de réduire son engagement en faveur de l'Œuvre[122]. Ce souhait fut exaucé après l'accord avec les rédemptoristes. Beyaert ne s'éloigna néanmoins pas de Paris et accepta la direction spirituelle du château familial de Mérode à Viroflay, près de Versailles. La mission était légère et lui laissait du temps libre pour son occupation favorite, la législation sur la cohabitation illégitime[123]. Entre avril 1879 et mars 1880, il se rendit quotidiennement à son bureau de l'Œuvre des Flamands à Paris pour y exécuter la tâche qu'il avait entamée dans les années 1860. Beyaert n'avait donc pas abandonné son enfant spirituel. Chaque jour, il supervisait les activités des nouveaux responsables, fermement convaincu qu'il était d'être indispensable[124]. Cela illustre l'incapacité dans laquelle Beyaert se trouvait à se détacher de la mission flamande.

Le déclin en tant qu'œuvre urbaine

Par rapport à 1868, date à laquelle l'Œuvre des Flamands avait pris possession d'une modeste infrastructure, l'œuvre de 1880 n'avait en rien progressé du point de vue organisationnel. C'était d'autant plus regrettable qu'au moment même, la présence belge culminait dans le 11e arrondissement. Comme en témoignent les archives, cette réalité échappait largement à l'Œuvre des Flamands. Vu l'énergie dépensée au projet de construction, à la transmission et à la reprise de l'œuvre, c'était compréhensible. Surtout si l'on sait que pendant toute cette période, tout le projet reposa pratiquement sur les épaules d'une seule personne. Après cela, il ne restait guère de temps à Beyaert pour les tâches pastorales proprement dites.

122 ABG, Œuvre des Flamands : Lettre de Beyaert à Bracq, 22 juillet 1878.

123 *Ibid.* : Lettre de Beyaert à Bracq, 28 juin 1879. « C'est une propriété que les de Merode ont achetée pour leur frère malade. (...) Déjà je suis allé plusieurs fois à Versailles. Je vois que ma tâche n'y sera pas lourde ; que j'aurai peu à faire et que je pourrai disposer de mon temps comme je voudrai. Il faut seulement, me dit le Comte Werner, qu'il y ait un chef dans la maison. (...) De cette manière, je pourrai continuer mes Œuvres à Paris, où l'on me trouvera toujours aux heures indiquées. Ce sera d'ailleurs une nécessité, car il y a bien des choses que les pères ne pourraient faire. »

124 *Ibid.* : Lettre de Beyaert à Bracq, 12 fév. 1880.

La débâcle vécue avec les rédemptoristes posait d'ailleurs question. Que fallait-il à présent faire de l'Œuvre des Flamands ? Chaque intervention extérieure avait mené à une minimisation de la spécificité des besoins flamands. Les rédemptoristes n'avaient rien voulu d'autre que germaniser la mission flamande, du moins ses partisans l'avaient-ils ressenti ainsi. Dans ce contexte, un plan d'avenir pour l'Œuvre ne pouvait guère que déboucher sur un retour aux bases. Beyaert fut le premier à prêcher pour une revitalisation de l'Œuvre dans ce sens. L'Œuvre devait être dirigée depuis Gand avec une équipe de prêtres séculiers, pensait-il. « Ce sera peut-être le moyen pour que l'Œuvre reste exclusivement nationale belge. Deux prêtres suffiront. Je serai « le troisième »[125].

L'évêque de Gand se rangea à cette nouvelle conception. Un nouveau directeur fut envoyé en la personne de Hyacinthe Pycke, auparavant curé à Wetteren. Comme assistant, on lui adjoignit Philemon De Vacht. Quant à Beyaert, il continua à faire la navette chaque jour depuis Versailles[126]. À partir de juillet 1884, il réintégra de façon permanente l'Œuvre des Flamands.

Malgré la présence du nouveau directeur, Beyaert continuait à tirer les ficelles. Concrètement, Pycke exécutait ce que Beyaert jugeait important. La mission flamande fut donc à peine renouvelée. La régularisation des unions resta un travail prioritaire, assuré par Beyaert lui-même. Pycke célébrait la messe rue de Charonne et dans la périphérie. La correspondance de Beyaert ne témoigne pas non plus d'une grande considération pour ses collègues gantois. En 1881, il écrit à leur sujet : « Il est de l'intérêt de l'Œuvre sous tous les rapports, que je continue à m'occuper activement de l'Œuvre. Si je n'étais pas ici, ces Messieurs devraient continuellement demander de l'argent. »[127]

Le personnel de l'Œuvre des Flamands eut bien du mal à trouver sa place. L'unique facteur de continuité fut Beyaert, qui y demeura jusqu'à son décès en 1894. En 1883 – après trois ans à peine – Pycke donna sa démission. Selon toute vraisemblance, De Vacht resta alors seul avec Beyaert. Lui-même quitta l'œuvre en février 1885. Il fut remplacé par Aloysius Boone, qui disparut à son tour deux ans plus tard. Le passage de Henricus De Swaef fut plus bref encore. Il séjourna à la rue de Charonne du 19 juin au 19 décembre 1887. Bref, l'Œuvre des Flamands parisienne fut caractérisée après 1880 par un roulement de personnel élevé[128].

125 *Ibid.* : Lettre de Beyaert à Bracq, 17 fév. 1880.

126 « Ma Mission à Versailles finira vers la fin du mois courant. Par conséquence, j'ai l'honneur de me mettre à la disposition de votre grandeur. Toute la famille de Mérode m'a remercié avec effusion de la manière dont j'ai dirigé la maison à Versailles. » *Ibid.* : Lettre de Beyaert à Bracq, 23 juillet 1884.

127 *Ibid.* : Lettre de Beyaert à Bracq, 24 mars 1881.

128 Il y eut apparemment d'autres caractères difficiles dans le personnel. Beyaert se plaignait par exemple, non sans une certaine indulgence, de Boone. « Monsieur l'abbé Bonne est bien souvent malade. Il a un caractère bien difficile, ce qui provient peut-être de son état de santé. Impossible de le satisfaire. Il paraît presque toujours mécontent et on ne sait pas pourquoi. » *Ibid.* : Lettre de Beyaert à Bracq, 13 avril 1886.

Il reste difficile de savoir pourquoi les choses se passèrent ainsi. Peut-être était-ce dû à la personnalité dominante de Beyaert ? Ou bien la pertinence de l'Œuvre des Flamands en tant qu'œuvre urbaine était-elle de plus en plus remise en question par les prêtres de la jeune génération. Les deux points méritent en tout cas un commentaire. L'attachement autoritaire de Beyaert pour l'Œuvre a déjà été évoqué. Après 1880, de plus en plus d'informations indiquent que cette dernière avait en grande partie perdu son audience. Sachant qu'en 1881, la ville comptait plus de 7 000 Belges, les bulletins relatifs à la portée des activités se passent de commentaire. Pycke avait fait savoir que l'enseignement hebdomadaire du catéchisme en flamand en préparation à la première communion n'avait aucun sens. En 1881, l'Œuvre n'avait touché que trois garçons et une fille[129]. Ce ne fut pas le seul message de cette teneur. Pycke répondit catégoriquement à un nouveau projet de la baronne de Monin concernant la fondation d'une école. « Je ne crois pas que ce soit utile d'ériger ici une école. Car presque tous les enfants des Flamands parlent le français. »[130] À la question de savoir si le diocèse ou l'Œuvre devaient faire en sorte d'avoir un prêtre supplémentaire, Beyaert fit cette réponse catégorique et révélatrice : « Je me souviens d'avoir fait observer qu'il n'aurait pas trouvé d'occupation. »[131]

À première vue, les chiffres que le personnel de l'Œuvre des Flamands envoyait au diocèse de Gand semblaient traduire un succès modéré. Pycke notait encore pour l'année 1881 5 910 communions et 2 946 confessions[132]. Une centaine de croyants étaient donc concernés chaque semaine. Cette moyenne doit toutefois être relativisée. L'impact des grandes fêtes sur ce chiffre était assez important. À l'occasion de l'Assomption, par exemple, cinq « petits garçons, ne parlant que flamand », firent leur première communion. La cérémonie réunit 250 fidèles[133]. On sait en tout cas que l'Œuvre n'attirait pas tous les fidèles flamands du quartier, loin de là. Toujours en 1881, 16 baptêmes y furent enregistrés. Or, on retrouve concernant l'église Sainte-Marguerite, toute proche, la trace de 22 baptêmes dans lesquels un des parents au moins était porteur d'un patronyme flamand.

C'est dans le travail de Beyaert que l'évolution du quartier et le rôle de l'Œuvre dans son tissu trouvent leur meilleure illustration. Son zèle à légaliser les unions libres doit avoir été légendaire. Pour Beyaert, la lutte contre le concubinage était devenue un but en soi. À partir de 1880, il avouait de plus en plus souvent que ses services ne se limitaient plus aux seuls Flamands ou Belges. En 1881, il légalisa par exemple 469 unions. Dans ce cadre, il traduisit

129 ABG, Œuvre des Flamands : Lettre de Pycke à Monin, non datée.
130 *Ibid.* : Lettre de Pycke à Monin, 18 janv. 1881.
131 *Ibid.* : Lettre de Beyaert à Bracq, 1er déc. 1887.
132 *Ibid.* : Lettre de Pycke à Bracq, 28 déc. 1881.
133 *Ibid.* : Lettre de Pycke à Bracq, 7 déc.

430 actes depuis diverses langues, dont le néerlandais, mais aussi l'anglais, l'allemand et l'italien[134]. Le poids de ces « dossiers étrangers » ne fit que grandir dans le « bureau des mariages » de Beyaert. Pour 1881, Pycke signala la légalisation de 345 unions[135]. Cent vingt-quatre autres dossiers concernaient d'autres nationalités. C'était plus d'un sur quatre.

Comment l'Œuvre se comportait-elle vis-à-vis des zones d'action situées en dehors de sa sphère immédiate ? Que ce soit dans les quartiers du centre ou en banlieue, sa portée était en général faible. *Intra-muros*, seule l'église de l'Œuvre était utilisée. En dehors des visites dans les hôpitaux, les prêtres n'entreprenaient guère de démarches vers les Flamands des autres arrondissements. Lorsque Pycke dut être remplacé en 1883, Beyaert fit indirectement allusion à cette lacune dans la description du profil recherché pour le nouveau prêtre. Celui-ci devait non seulement s'engager dans la ville, « mais un peu partout »[136]. Par ces mots, Beyaert songeait surtout à la banlieue. À partir de 1881, le personnel de l'Œuvre se tourna vers celle-ci lors de la fête de Pâques. Sans grand succès. « Plusieurs Flamands connaissant assez la langue pour se confesser en français se sont adressés ailleurs et ont fait la communion dans leur église paroissiale », écrivit Pycke à Bracq pour expliquer ce manque de résultats[137]. Une visite de deux jours à Aubervilliers et à Montrouge avait permis d'attirer respectivement quinze et huit Flamands à confesse ; un séjour d'un jour à Gagny trois à peine[138]. Dans une série de communes de la banlieue, un succès modeste fut tout de même enregistré. Ce fut le cas de Saint-Denis, mais surtout de Levallois-Perret, où la visite pascale de 1881 atteignit quatre-vingt Flamands. Mais les Flamands de cette localité illustraient déjà le revirement que l'Œuvre allait opérer dans les années 1890 en direction des saisonniers. À Levallois-Perret, il y avait surtout des terrassiers qui séjournaient dans des logements exploités par des compatriotes[139]. À partir de 1884, De Vacht signala que les obligations pascales devenaient un problème en banlieue également. Une tendance à la baisse était constatée pratiquement partout. Il avançait deux raisons à cela : les Belges retournaient au pays en période de crise. Et, de plus, le respect pour les rituels de Pâques se perdait[140].

Les activités de la mission flamande eurent à subir une opposition externe croissante. La France menait à Paris une politique de républicanisation intensive, perceptible sur le terrain. En novembre 1880, De Vacht fut intimidé par la police, si bien qu'il dut prouver son appartenance au clergé séculier[141].

134 *Ibid.* : Lettre de Beyaert à Bracq, 14 janv. 1882.
135 *Ibid.* : Lettre de Pycke à Bracq, 28 déc. 1881.
136 *Ibid.* : Lettre de Beyaert à Bracq, 3 nov. 1883.
137 *Ibid.* : Lettre de Pycke à Bracq, 2 mai 1881.
138 *Ibid.* : Lettre de Pycke à Bracq, 2 mai 1881.
139 Thuysbaert, *Het Land van Waes*, 269-272.
140 ABG, Œuvre des Flamands : Lettre de De Vacht à Bracq, 29 avril 1885.
141 *Ibid.* : Lettre de De Vacht à Bracq, 5 nov. 1880.

La laïcisation eut surtout un impact sur les visites aux malades et l'administration des derniers sacrements. Les aumôniers furent de plus en plus souvent éloignés des hôpitaux. « Quant aux hôpitaux, il n'y a presque plus rien à faire », écrivit De Vacht à son sujet[142].

Cette remarque illustre le défaitisme de l'Œuvre à l'époque. Dans les années 1880, les difficultés suscitèrent bien peu de combativité. Au contraire, les prêtres se replièrent sur les tâches qui garantissaient un résultat visible. L'Œuvre se concentra sur le quartier, qui était, comme nous l'avons dit, en pleine transition en ce qui concerne la présence belge. Le personnel avait ses activités familières : Beyaert ses mariages, les autres le fonctionnement journalier. On répétait ce qui avait remporté un petit succès. Ce fut par exemple le cas à Levallois-Perret[143]. Mais là où on leur résistait, les prêtres n'allaient plus.

C'est dans ces circonstances que le dimanche 24 avril 1887, l'Œuvre des Flamands célébra son vingt-cinquième anniversaire en présence de l'évêque de Gand, Mgr Henri Lambrecht (1848-1889) et d'autres dignitaires[144]. Comme les biographies de l'Œuvre et de son aumônier Liévin Beyaert étaient en substance les mêmes, on profita de l'occasion pour rendre également un vibrant hommage à ce dernier.

Mais cette fête fastueuse fut aussi un point d'orgue[145]. Le discours, prononcé par l'ultramontain Jules Lammens à l'intention des Flamands présents, avait encore des accents rhétoriques, mais plus aucune portée. Il déclara que les Flamands, devaient « au milieu de ce grand tourbillon que l'on nommait Paris (...) rester Flamands et se souvenir des lieux de pèlerinage et des proverbes de leurs pères. Parmi ces derniers : « Zondagwerk verrijkt niet » (« Le travail dominical n'enrichit pas ») ; « Misse hooren vertraagt niet » (« Assister à la messe ne vous ralentit pas ») et « Een dag zonder gebed, een dag zonder zegen » (« Journée sans prière, journée sans bénédiction »). Lammens conclut son discours en citant Ledeganck : « Restez fidèles à votre passé ! Soyez toujours à la hauteur de vos racines flamandes ! Soyez toujours Flamands de cœur et Flamands de nature ! Restez Flamands dans votre langue et dans vos mœurs ! »[146] La « langue flamande » n'avait toutefois guère de portée à Paris. Quant à la préservation des « mœurs flamandes », peu de gens s'y

142 ABG, Œuvre des Flamands : Lettre de De Vacht à Bracq, 29 avril 1885.

143 *Berek tot Bescherming van de Westvlaamsche Uitwijkelingen*, rapport 1902, 7-9.

144 Lambrecht fut consacré évêque de Gand le 4 avril 1886 avec droit de succession. Il assista Henri Bracq, qui décéderait le 17 juin 1888, dans l'administration du diocèse. Cloet, *Het bisdom Gent*, 348-349.

145 Jules Lammens (1822-1908), notaire gantois, ultramontain éminent et l'une des chevilles ouvrières du journal *Le Bien Public*. Il était la personne de confiance de l'évêque de Gand dans les questions de gestion. C'était aussi le beau-père d'Arthur Verhaegen, architecte du complexe de l'Œuvre des Flamands à la rue de Charonne. De 1880 à 1900, il siégea en outre comme sénateur. Saerens, « Jules Lammens (1822-1908) ».

146 ABG, Œuvre des Flamands : *L'Œuvre des Flamands à Paris, Fête jubilaire du 17 avril 1887*, 13.

intéressaient encore. En résumé, l'Œuvre n'avait sur les Flamands de la ville moderne qu'un impact limité.

Le lendemain de la fête, une réflexion sur l'avenir de l'Œuvre s'imposait. Que faire des bâtiments, qui faisaient impression vu de l'extérieur, mais étaient trop grands pour le petit nombre de visiteurs ? Quelles leçons à tirer par rapport à la sociabilité religieuse de la ville ? Voulait/pouvait-on encore la convertir ? L'Œuvre allait éluder ces questions en se trouvant dans les années 1890 une nouvelle vocation. Ce ne serait plus les citadins flamands le principal groupe cible, mais les saisonniers de Flandre-Orientale qui venaient en nombre dans le bassin parisien à l'époque des semailles et des moissons.

L'obstination décodée

Un regard en arrière sur l'histoire de l'Œuvre des Flamands en tant qu'œuvre urbaine laisse une triste impression. En réalité, elle ne prit jamais son envol. Dans les années 1860, les obstacles sont surtout matériels. D'abord, il y a les relations difficiles entre l'archidiocèse et la paroisse. Lorsque l'Œuvre est enfin mise sur pied, le cours des choses est brusquement bouleversé par le conflit franco-prussien, puis l'épisode de la Commune. Dans les années 1870, l'Œuvre s'enfonce elle-même dans le marasme. Elle se laisse entraîner dans des reprises et des travaux de construction grandioses sans véritable vision d'avenir. À l'époque, tout le monde est déjà un peu lassé de l'Œuvre des Flamands. Dans les années 1880, les prêtres de la rue de Charonne doivent trouver leur séjour plutôt morose. Les bâtiments sont bien trop grands pour ce que l'Œuvre est finalement devenue. La chapelle est beaucoup trop vaste pour sa faible fréquentation. Et plus tard, comme nous le verrons dans la troisième partie, la nouvelle tâche liée aux saisonniers ne sera guère plus gratifiante.

Pourtant, chaque revers est compensé par un nouvel investissement. Comment expliquer tant d'obstination ? Bien qu'il soit impossible de lire dans les pensées des protagonistes de l'époque, on peut lui trouver une série de raisons. Nous en voyons au moins trois ou quatre qui sont interdépendantes tout en étant distinctes. Dans cette volonté d'action, Paris et surtout l'image double que l'on s'en fait, joue un rôle crucial. Cette image est confortée et renforcée par le personnel qui y est envoyé. Les aumôniers sont tous des campagnards qui se méfient de la grande ville. Nous voyons aussi que l'Œuvre des Flamands, contrairement à son public cible, est particulièrement statique. Toute son existence urbaine reste remarquable cantonnée à un seul quartier : le faubourg Saint-Antoine. Ce faisant, l'Œuvre des Flamands réduit elle-même la grande ville à un village. Le mobile principal qui fait que l'on lance et que l'on poursuit l'Œuvre à Paris est incontestablement la conviction. Au début, le diocèse de Gand baigne dans une atmosphère d'œuvres populaires d'inspiration ultramontaine, dans lesquelles objectifs pastoraux et politiques sont liés[147]. Mgr Delebecque en est le principal avocat et, au sein des œuvres migratoires belges, il est sans aucun doute le plus grand entrepreneur spirituel. Les diocésains qui partent pour Paris ne peuvent pas lui échapper. Par la suite, chez les autres protagonistes du XIXe siècle, cette attitude de base ne change pas fondamentalement.

Paris-Janus

Pour l'Église, une destination n'était pas l'autre. Le nord de la France n'était pas un terrain évident, mais il n'était rien comparé à Paris. Une explication importante à l'obstination avec laquelle le diocèse de Gand continue à soutenir l'Œuvre réside précisément dans la nature de la capitale.

Dans la seconde moitié du XIXe siècle, Paris offre un double visage. L'historien français Bernard Marchand la surnomme pour cela « Paris-Janus »[148]. D'une part, la ville attire irrésistiblement. De l'autre, elle rebute tout aussi fortement. La transformation urbaine opérée par Haussmann à partir de 1853 n'a fait que renforcer cette dualité. Dans les cercles bourgeois, les larges boulevards sont admirés comme des nouveautés et la rénovation de la ville est célébrée comme inévitable et nécessaire. Paris acquiert du même coup l'aura d'utopie réalisable. Mais ces pierres, ces boulevards et ce rêve abritent aussi des hommes. Malgré les interventions de Haussmann, la société populaire parisienne reste du point de vue politique une cocotte-minute, prête à exploser. Quelque qu'inattendu et horrible ait pu être le déroulement de la Commune, les observateurs conservateurs seront d'accord à posteriori pour dire qu'un tel événement n'aurait pu se produire que là. Paris portait en soi une sorte de fatalité. La ville était trop belle pour être vraie. Se laisser prendre par elle signifiait inévitablement sombrer. Ce sort était également dû au fait qu'à Paris, la vie ne s'était jamais embarrassée d'aucune forme de pudeur[149]. L'image de Paris-Janus était également vivace en France. Paris ne séduisait pas unanimement le reste du pays. Elle suscitait aussi de la résistance, voire de l'aversion[150].

C'était aussi l'image de Paris que tant le diocèse de Gand que l'Œuvre s'étaient faite. Comme nous l'avons vu, Bracq avait fait allusion à cette double représentation dans sa lettre pastorale de 1866, mettant ainsi en colère l'ar-

147 De Maeyer, « De sociale werken », 475.

148 Marchand donne des exemples de perception négative de Paris remontant aux Lumières. Les encyclopédistes et surtout Jean-Jacques Rousseau trouvaient que la grande ville méritait d'être condamnée en raison des mauvaises mœurs qui y régnaient. Marchand, *Les ennemis de Paris*, 23-40.

149 Voir pour l'image de Paris : Verschaffel et De Bont, *Het verderf van Parijs*.

150 Et inversement. L'attitude Paris à l'égard de la province était souvent hautaine. La province était assimilée à l'arriération politique et considérée comme un frein au développement politique de la France, à laquelle Paris s'identifiait le plus souvent.

chevêque Mgr Darboy. Paris y était qualifiée de Babylone contemporaine, à la fois attirante et dangereuse. Et c'était dans cette gueule du loup que se trouvaient les pauvres Flamands. Ils y vivaient sans foi ni loi ; ils y oubliaient plus vite qu'ailleurs les bons usages de la confession et de la communion. La faute était principalement à imputer à Paris, qui, par sa force de séduction, détournait le migrant du droit chemin. En réalité, l'Œuvre des Flamands visait l'ensemble de la société française. Selon l'Église, elle était perdue ; une atmosphère anticléricale y régnait. Mais nul lieu n'était plus corrompu que Paris. « Le peuple français en général n'a plus de religion. Tout le monde s'en plaint, non seulement dans les quartiers ouvriers de Paris, mais aussi, et surtout à la campagne. Les personnes qui y fréquentent encore les églises, sont encore des étrangers et parce qu'ils vont à la messe parce qu'ils viennent se montrer chrétiens, ils sont mal vus des Français (sic). »[151] Cette atmosphère anticléricale était renforcée par le système politique. Aucune ville ne respirait plus la république française que Paris. Ce régime n'était en rien fait pour ramener le peuple à Dieu, unique objectif légitime de toute communauté. « Les avertissements du ciel ont rendu le peuple plus mauvais et moins religieux et la République n'est pas faite pour ramener le peuple à Dieu. »[152]

Dans ce sens, Paris était considérée par l'Œuvre des Flamands comme un territoire ennemi. Cela eut d'importantes répercussions sur sa façon de considérer son groupe-cible. Même si l'attitude des Flamands de Paris n'avait pas grand-chose à voir avec celle de leurs compatriotes restés au pays, ceux qui s'adressaient à l'Œuvre étaient décrits comme des enfants de chœur. « Les flamands vont assez bien comparativement aux français (sic). Nous n'avons ici en général que l'écume de la Belgique mais cette écume vont (sic) encore mieux que la crème du peuple du Paris. »[153] Ou comme on lit dans la lettre pastorale de Mgr Bracq de 1866 : « J'ai éprouvé une joie profonde en apprenant que vous obéissez au Seigneur et à sa mère, sainte Marie, en plein cœur de cette ville diabolique. Comme les trois amis du prophète Daniel, vous vivez dans la nouvelle Babylone sans y succomber. Tenez bon, progressez chaque jour dans la vraie vertu et édifiez tous les Flamands par vos paroles et vos œuvres. »[154]

Le profil d'un aumônier urbain : le « paysan »

Tout enthousiasme comporte une dose de naïveté. L'innocence avec laquelle le diocèse de Gand se lance à la conquête de la ville lumière se traduit par le choix des jeunes villageois qu'il y envoie comme aumôniers. Des sept prêtres

151 ABG, Œuvre des Flamands : Lettre de Beyaert à Bracq, 14 mars 1872.
152 *Ibid.* : Lettre de Beyaert à Bracq, 2 sept. 1870.
153 *Ibid.* : Lettre de Beyaert à Bracq, 27 déc. 1872.
154 *Ibid.* : Lettre d'encouragement de Bracq aux membres du Conseil de la Vlaemsche Catholijke Vergadering, 24 avril 1864.

qui y sont engagés entre 1862 et 1890, seul un est né en milieu urbain. Tous les autres ont grandi dans de petits villages, principalement dans les Ardennes flamandes[155]. Cela illustre une fois encore clairement la perspective idéologique dans laquelle l'œuvre migratoire aborde Paris. Tout est conçu sous l'angle migratoire du départ, rien sous celui de l'arrivée. La principale exigence, concernant le profil des aumôniers, est qu'ils ressemblent aux gens qui sont partis.

Étant donné cette approche, on peut opportunément se demander si l'Œuvre des Flamands à Paris répondait à un besoin réel. Les chiffres très faibles de son impact ne le suggèrent en tout cas pas. L'Œuvre des Flamands, de même que les autres initiatives ecclésiastique parisiennes de l'époque, doivent donc sans doute être envisagées sous un tout autre angle. Plus que par la désorientation des migrants, elles étaient en fait motivées par la trop bonne intégration des groupes de population parisiens qui avaient encore des liens avec leur région de provenance catholique[156]. Cela se manifestait notamment par une attitude trop autonome par rapport à l'Église. En d'autres mots, c'était précisément l'intégration des migrants qui était à l'époque perçue comme désorientation par ces œuvres d'encadrement.

En ce sens, la large palette des œuvres migratoires parisiennes illustre très bien l'époque dans lequel sol et religion vont, dans les milieux ultramontains ou conservateurs, se superposer de façon croissante. En Belgique par exemple, l'hebdomadaire catholique *'t Jaer 30 of politieke wegwyzer voor treffelyke lieden* de Guido Gezelle est fondé en 1864 dans le diocèse de Bruges. Il prêche le retour à la langue vernaculaire et à l'esprit du véritable peuple flamand, qui vivait à l'écart des villes[157]. Nous observons les mêmes tendances dans les provinces françaises. Les aspirations d'une initiative comme l'Œuvre des Bretons constituent un stade embryonnaire du même phénomène, selon lequel la fusion idéologique de Feiz ha Breiz, ou « foi et Bretagne », va déboucher dans les dernières décennies du XIXe siècle sur ce que l'historien français Michel Lagrée nomme le bretonnisme[158]. La langue et l'origine prennent dans ce cadre une dimension idéologique et formulent un canon d'authenticité qui peut être atteint par le maintien des usages et des coutumes de la région d'ori-

155 Par ordre chronologique dans l'Œuvre des Flamands : Pierre De Mey (°Grembergen), Liévin Beyaert (°Drongen), Philemonius De Vacht (°Renaix), Hyacinthe Pycke (°Sint-Maria-Horebeke), Aloysius Boone (Kwaremont), Henricus De Swaef (°Lede), Napoleon De Keyzer (°Nukerke). Voir *ODIS – Database Intermediary Structures Flanders* [online], consultée le 30 mars 2012.

156 Boudon, *Paris, capitale religieuse*, 189.

157 Geens, « Guido Gezelle en 't Jaer 30 », 169.

158 Bensoussan, *Combats pour une Bretagne catholique et rurale*, 226. À travers le bretonnisme Lagrée visait « l'ensemble des attitudes qui vont au-delà de l'utilisation de langue comme simple outil de communication et confèrent à cette utilisation une signification idéologique avec la dimension d'un engagement. » *Ibid.*, 569.

gine. Comme nous le verrons surtout dans la troisième partie, ce sera dans l'entre-deux-guerres la caractéristique déterminante des Œuvres flamandes.

Partant de cette idéologie, il était impensable que l'on envoie à Paris du personnel déjà familiarisé avec la grande ville. Il était en effet préférable que les aumôniers ne s'attachent pas à Paris. Beyaert en est le parfait exemple. Quelle que soit l'aisance avec laquelle il semble y évoluer dans les meilleurs cercles, on peut se demander s'il s'habitua jamais à son public cible. La liste des œuvres sociales énumérées ci-avant ne compte pas de succès éclatants. Ce que Beyaert maîtrisait comme nul autre, c'était le travail administratif lié à la régularisation des unions et des naissances. Le gros de son temps, il le consacrait à des tâches laborieuses, procédurières et facilement quantifiables.

Au XIXe siècle, l'institution du mariage était souvent utilisée comme étalon de moralité. Les penseurs sociaux la considéraient comme la garantie la plus sûre de l'ordre social[159]. En dehors de lui, il n'y avait aucun salut pour le statut de vie des adultes. L'amour n'y jouait pas nécessairement un grand rôle et dans la plupart des cas, il n'en jouait même pas du tout. C'était avant tout une union morale, axée sur la reproduction. En même temps, il offrait en tant qu'engagement une sécurité sociale aux partenaires et fonctionnait comme le plus petit noyau de transmission des valeurs intergénérationnelles. S'en écarter était impossible, car cela revenait à enterrer l'institution même. En gros, c'était la vision sociale des conservateurs, dans laquelle l'institution en question comptait l'Église parmi ses plus fervents défenseurs.

À Paris, le recul du mariage était particulièrement flagrant. Dans les classes populaires, on ne se souciait plus guère de légaliser le concubinage à la commune, moins encore à l'Église. La cohabitation illégitime était largement répandue. Le phénomène était plus important encore chez les migrants. En 1856, Georges Darboy, futur archevêque de Paris et à ce moment secrétaire de Mgr Sibour, décrit la population de Paris sans grandes illusions : « Une population flottante qui n'y apporte guère de religion, et qui, sans lien de famille, sans habitation fixe (…) échappe totalement aux efforts du clergé (…). » Il était frappant, constatait-il, de voir l'insouciance avec laquelle les classes populaires, « venues à Paris de tous les points de la France et de l'Europe, vivent dans le désordre d'une union illégitime »[160].

Indépendamment du constat moral, les observations de Darboy étaient probablement correctes. Pour les années 1856 et 1857, par exemple, l'historien canadien Barrie Ratcliffe a calculé sur base des registres de la Société

159 « Le mariage est le garant le plus sûr de l'ordre social », écrivait Frégier en 1840. Frégier, *Des Classes dangereuses*, II, 154.

160 Darboy, *Statistique religieuse du diocèse de Paris*, 313.

de Saint-François-Régis[161] que dans les paroisses de Saint-Germain-des-Prés, Madeleine, Sainte-Marguerite, Saint-Laurent, Saint-Médard et Saint-Étienne-du-Mont, 40% des couples environ vivaient déjà à la même adresse avant leur mariage[162]. Certains historiens, dont Louis Chevalier, voient dans la large diffusion de la pratique du concubinage dans les classes populaires un aspect important de la « civilisation populaire ». Il cadre avec l'image du migrant des grandes villes atomisé, désespéré, qui, par manque de mobilité sociale, développait une contre-culture dans laquelle les valeurs bourgeoises étaient inversées[163]. Ratcliffe interprète un phénomène comme le concubinage de façon un peu plus prudente. Les moyennes obtenues sur base des régularisations de la Société de Saint-François-Régis ne sont pas forcément significatives (dans un immeuble parisien, habiter à la même adresse ne veut pas forcément dire cohabiter). Au contraire, les résultats de la Saint-François-Régis montrent surtout que les couples se laissaient très facilement convaincre de légaliser leur mariage. Sur le principe, ils étaient donc bien moins opposés au mariage que supposé. Il est beaucoup plus vraisemblable, en particulier dans le cas des migrants, que ce sont des obstacles administratifs qui expliquaient le phénomène. Les migrants quittaient leur région pour travailler, pas pour se marier. La plupart ne songeaient pas à réunir lors leur départ tous les documents nécessaires à un éventuel changement d'état civil.

Beyaert, en revanche, estimait prioritaire de régulariser cette situation. En 1889, il annonce, non sans fierté, à son évêque, la régularisation de sa dix-millième union[164]. Il ajoute que d'autres œuvres catholiques sont incrédules face à ce chiffre. Ses résultats sont effectivement impressionnants. Selon

161 L'Œuvre de Saint-François-Régis fut fondée en 1826 par Jules Gossin. Son activité principale était la régularisation légale des couples cohabitant (et de leurs enfants). L'Œuvre se chargeait des formalités administratives du mariage civil en échange d'une promesse de mariage religieux. Sur la société de Saint-François-Régis, voir De Maeyer, « Relatie en huwelijk in de moderne tijd », 32-37.

162 Ratcliffe, « Popular Classes and Cohabitation », 331. Pour Sainte-Marguerite, Ratcliffe note même un pourcentage de 47,68%. *Ibid.*, 347.

163 Chevalier, *Classes laborieuses et classes dangereuses*, 391. Pour une évaluation du concubinat dans la première moitié du XIXe siècle, voir *Ibid.*, 380-397.

164 « Je viens d'inscrire, Monseigneur, de mes mariages le n° 10 000. Aucune Société ne peut le croire, mais mes registres sont là pour le prouver. » ABG, Œuvre des Flamands : Lettre de Beyaert à Bracq, 27 fév. 1889. Ascoop, « Het werk der Vlamingen », fait mention d'une intervention dans plus de 11 000 cas (régularisation de mariages et légitimation d'enfants) en 25 ans. « Mais plus nombreux encore étaient les Belges de Paris qui connaissaient une détresse plus grande encore : celle du concubinage. Des milliers de Belges, rebutés par la difficulté de se procurer les documents indispensables pour le mariage légitime, s'établissaient en faux-ménage. Un des plus grands mérites de l'abbé Beyaert fut la fondation d'une section de l'Œuvre de Saint François-Régis. Ce bureau, qui fournissait à titre gratuit aux pauvres tous les documents nécessaires à la régularisation de leur ménage ou à la légitimation de leurs enfants, intervient en vingt-cinq ans dans plus de onze mille cas. Dans la plupart de ces cas l'intervention de l'Œuvre signifiait en outre le retour du faux-ménage à la pratique religieuse. »

les rapports annuels de la Société belge de Saint-François-Régis, 83 872 unions furent régularisées entre 1850 et 1900. À Paris, Beyaert réalise un huitième de ces résultats à lui seul et en une courte période[165]. Nous savons par exemple qu'en 1866, Beyaert régularisa 249 unions. Dans 60 cas, il y avait un lien avec le diocèse de Malines. Les principaux groupes, 86 et 64, étaient respectivement originaires des diocèses de Gand et de Bruges. L'Œuvre offrait également ses services aux Néerlandais, qui étaient représentés par 21 mariages. Venaient ensuite le diocèse de Tournai avec 18 mariages et les provinces de Limbourg et de Luxembourg, avec 5 mariages chacun. En 1873, ce volet de l'Œuvre atteignit son sommet avec 602 mariages.

Les mariages étaient-ils pour Beyaert une vocation ou une obsession ? Difficile à dire. Il est un fait que dans ces eaux agitées, ainsi que Beyaert décrivait parfois Paris, les résultats tangibles étaient difficiles à obtenir. La matérialité des actes et des légalisations constituait une compensation bienvenue. Elle créait au moins l'illusion d'un impact social. Et lorsque l'on avait du succès dans un domaine, on avait tendance à s'y accrocher. La régularisation des mariages et des naissances était en quelque sorte devenue une habitude. Lorsqu'en 1880, Beyaert quitta pour un moment le faubourg Saint-Antoine pour Viroflay, une commune verte des environs de Versailles, il continua à faire la navette chaque jour vers la gare de la Bastille, afin d'y poursuivre sa mission[166]. Une raison supplémentaire était que face aux malheurs de l'Œuvre des Flamands en tant qu'association, cet engagement était porteur d'une nature propre. À la longue, cela devint même l'unique spécificité, y compris vis-à-vis d'œuvres sociales plus prospères, comme l'Œuvre des Allemands. « Cependant quand nous comparons notre Œuvre à celle des Allemands, nous n'avons pas lieu de nous plaindre trop. Au milieu des difficultés sans nombre, l'Œuvre est toujours restée debout. Nous avons pu établir l'Œuvre importante des mariages, Œuvre que les prêtres allemands désirent beaucoup mais qu'ils n'ont pas pu établir jusqu'ici : nous voyons l'Œuvre, d'abord regardée comme inutile et impossible, aujourd'hui estimée par tous ceux qui la connaissent. »[167] Mais la fixation de Beyaert sur la légalisation des unions et des naissances illustre surtout une conception profondément enracinée de ce que représentait la religion pour les curés de campagne. Beyaert ne célébrait finalement guère plus qu'une conception procédurale. Une large communauté de croyants devait avant tout « être en règle ». L'Œuvre des Flamands se créait ainsi une adhésion virtuelle bien plus large que les Parisiens flamands ou belges qu'elle recevait le dimanche dans sa chapelle. Cette foi procédurale était en outre ras-

165 De Maeyer, « Relatie en huwelijk in de moderne tijd ».

166 Beyaert y prit la direction de l'un des châteaux de Werner de Mérode. Pour le diocèse, c'était en même temps une façon de conserver Beyaert gratuitement sur place. ABG, Œuvre des Flamands : Lettre de Beyaert à Bracq, 28 juin 1879.

167 *Ibid.* : Lettre de Beyaert à Bracq, 20 mars 1866.

surante. C'était à la fois un repère et un jalon dans la gestion d'une telle œuvre d'encadrement et dans les attentes nourries en son sein.

L'Œuvre des Flamands comparée à l'Œuvre des Allemands

L'Œuvre des Flamands parvint-elle à suivre l'exemple allemand ? Elle l'aurait voulu, mais n'y arriva jamais. Cela s'explique notamment par toute une série de raisons extérieures. Mais celles-ci ne suffisent pas à l'exonérer de toute responsabilité personnelle.

Une différence essentielle avec la mission allemande était l'absence de caractère transnational dans l'Œuvre flamande. Celle-ci opérait dans un système migratoire résolument international, qui faisait d'elle une mission étrangère à part entière. Tant les migrants flamands, principal groupe cible de l'Œuvre, que l'encadrement religieux venaient de Belgique étaient donc considérés comme tels. D'un point de vue strictement théorique, une Œuvre flamande à l'image du modèle allemand était pourtant concevable. La France avait sur son territoire une minorité flamande. Il était donc imaginable qu'une Œuvre flamande soit fondée à Paris, avec des effectifs flamands de France et sous les auspices du diocèse de Cambrai, qui se serait également chargé des Flamands de Belgique. Mais cette piste ne fut jamais envisagée, cela, pour plusieurs raisons. D'abord, la migration de la Flandre française vers Paris était minime. Ensuite, comme nous l'avons dit dans la première partie, il existait une barrière linguistique interne qui, bien que limitée, pesait dans la balance. Le flamand de Flandre française était considéré comme présentant des différences significatives par rapport à celui d'une grande partie du diocèse de Bruges et de la totalité de celui de Gand. Cet argument joue un grand rôle dans l'envoi de réguliers belges dans le nord de la France. Nous pouvons partir du principe que l'Œuvre des Flamands se fonda pour Paris sur les mêmes principes particularistes et locaux. Autrement dit : les Flamands de Belgique ne pouvaient être encadrés structurellement que par des Belges flamands, si possible originaires de la région du migrant.

La mission flamande était également conçue par l'épiscopat français comme une initiative étrangère, ce qui compliqua indéniablement son déploiement. Elle ne dépendait pas seulement pour ses activités du diocèse de Paris. Pour les affaires pratiques, son premier interlocuteur était le curé de paroisse de la circonscription dans laquelle l'Œuvre était établie. Les relations n'étaient pas toujours simples. À l'échelon supérieur aussi, c'est-à-dire à l'archevêché, on avait développé de la méfiance à son égard. D'une part, on n'y était pas disposé à tenir compte de groupes et d'expressions de foi particuliers. Cambrai, par contre, tenait compte de cette diversité et plaçait la piété des Flamands de Flandre sur un piédestal. D'autre part, l'Œuvre des Flamands n'avait pas la moindre prise sur la spécificité de l'Église française. Les archevêques étaient proches du régime de Napoléon III et étaient de bien plus fervents admirateurs de la ville que l'entourage de la mission flamande.

Ce qui précède indique déjà que l'Œuvre des Flamands participa largement à sa propre marginalisation. Premièrement, la mission n'était pas bien préparée à Paris. En dehors des prospections de De Mey, le terrain n'avait pas été exploré. Quant aux immigrants belges présents, on se reposait surtout sur les informations du père Vanderijst. Cela aurait à n'en pas douter des conséquences importantes sur l'ancrage spatial. Vanderijst avait surtout mis en avant les Belges du faubourg Saint-Antoine. Son point de vue n'était pas faux, mais il éclipsait la réalité des autres quartiers. En gros, les Belges de la seconde moitié du XIXe siècle se trouvaient dans les mêmes quartiers de Paris que les Allemands. Ils vivaient dispersés dans le quartier nord-est de la ville, avec des concentrations près de la gare du Nord, de la Villette et, jusqu'en 1891, dans le 11e arrondissement. En dépit de cet éparpillement, on remarque que l'Œuvre des Flamands reçut en comparaison avec la mission allemande un tout autre ancrage spatial. Pendant longtemps, l'Œuvre flamande se fixa surtout sur le faubourg Saint-Antoine, si bien qu'elle en perdit de vue les autres terrains d'établissement des immigrants belges. L'Œuvre des Allemands opta immédiatement pour le quartier des gares. Cela indique qu'elle s'intéressait non seulement à l'établissement des migrants, mais aussi à leur mobilité. Cette Œuvre était donc à la fois plus ambitieuse et plus modeste. Ambitieuse vis-à-vis des migrants permanents, qui devaient être réunis par le biais de l'enseignement, de la pastorale et des œuvres sociales. Modeste vis-à-vis de la nature même de la migration dans une grande ville. Elle était impossible à maîtriser, mêlant ceux qui passaient et ceux qui restaient, partants et arrivants. Pour eux, il fallait un repère symbolique dans les environs de la gare, lieu par excellence où, au XIXe siècle, des destinations lointaines étaient présentées comme accessibles à l'homme. En s'implantant dans les environs de la gare, l'Œuvre des Allemands gagnait une emprise sur ce phénomène. Il faudrait attendre 1925 pour que l'Œuvre des Flamands ose tirer les mêmes conclusions. Elle quitta lors ses bâtiments trop grands de la rue de Charonne, pour s'établir, après un court intermède à Montmorency, dans la rue La Fayette, tout à côté de l'Œuvre allemande.

Le faubourg Saint-Antoine

Pourquoi le déménagement de l'Œuvre des Flamands vers le quartier de la gare attendit-il si longtemps ? En fait, ni le diocèse de Gand, ni l'Œuvre des Flamands n'étaient immunisés contre les dangereuses tentations qu'ils associaient à Paris. Si leur mission de 1862 était principalement motivée par une conviction sincère, on voit qu'ils furent rattrapés en cours de route par la vanité humaine. À partir de son autonomisation, en 1868, il semble que l'organisation ait bien davantage voulu être vue que rassembler les Flamands. Dans les années 1870, cela devint même – si l'on fait exception de quelques collaborateurs – son uniquement but. Toute l'énergie de l'Œuvre fut désormais consacrée à la construction d'un complexe architectural néogothique de style flamand. L'Œuvre poursuivit ce but en connexion étroite avec le faubourg Saint-Antoine, un attachement qui, au moment où les travaux débutèrent, ne pouvait plus s'expliquer exclusivement par la présence des Belges dans le quartier. Certes, la plupart vivaient là. Mais la présence belge était à l'époque en pleine phase transitoire dans la mesure où les arrondissements septentrionaux attiraient un nombre croissant de compatriotes. Dès lors, la stratégie la plus indiquée aurait consisté à s'établir dans le quartier de la gare du Nord. L'Œuvre aurait alors représenté un ancrage central pour les Belges tout en ayant une vision claire de l'arrivée des nouveaux immigrants.

Pourquoi l'Œuvre se montra-t-elle plus attachée au faubourg Saint-Antoine que les migrants belges eux-mêmes ? La question est légitime. Il est certain que l'Œuvre des Flamands considérait ce quartier comme noble. Il était le centre de l'artisanat parisien, une activité que l'Œuvre tenait en haute estime. Le faubourg offrait en ce sens une alternative aux quartiers septentrionaux plus sinistres où la ville avait un visage beaucoup plus industriel. Un établissement dans le faubourg était donc assez conforme à la conception du monde de l'Œuvre.

Mais il y avait plus. L'entourage de l'Œuvre des Flamands voyait Paris comme une excellente vitrine pour les principes d'un type bien précis de néogothique. Un édifice dans la capitale français assurait une grande visibilité, pouvant faire en sorte que les principes néogothiques y soient imités. À l'époque de la construction du complexe de la rue de Charonne, l'idéologie de Pugin était déjà largement institutionnalisée en Flandre. Elle était devenue le crédo des écoles Saint-Luc, qui avaient connu des débuts modestes à Gand en 1862 avec un cours de dessin[168]. En 1866, l'école Saint-Luc de Gand fut agrandie dans l'objectif d'offrir une formation aux artistes chrétiens. Dans les années 1870, l'initiative essaima à Tournai (1876) et Lille (1878-1879) ; Liège (1880), Bruxelles (1882), Molenbeek (1889) et Anvers (1894) suivirent plus tard. Conquérir Paris était l'une de ses grandes aspirations. En raison de l'amitié qui la liait à de Bethune, la baronne de Monin étaient devenue une partisane et une apôtre du néogothique puginien.

Dès 1874, la baronne de Monin exprima le souhait de fonder une école Saint-Luc à Paris[169]. Le projet n'eut pas de suite, très probablement faute d'encadrement pédagogique qualifié. Tant Beyaert que Monin continuèrent pourtant à caresser cette idée. En 1881, le sujet fut remis à l'ordre du jour. La baronne estimait qu'une école Saint-Luc devait être établie au centre de Paris.

168 De Maeyer, *Arthur Verhaegen*, 109.
169 Wouters, « Broeders en Baronnen », 179.

Beyaert était d'un tout autre avis. Pour lui, le faubourg Saint-Antoine, quartier artisanal par excellence, était le meilleur atout qui soit. Il voyait aussi la possibilité d'enfin occuper les vastes bâtiments de l'Œuvre. « Je crois qu'une école de St.-Luc, rue Charonne, pourrait parfaitement réussir. D'après mes informations, c'est une idée qui serait généralement approuvée (...). D'après ce que vous avez dit que ce n'est pas dans ce quartier-ci, mais au centre de Paris que cette école devrait se trouver. Je crois tout à fait le contraire et je suis convaincu que dans ce quartier elle attirerait beaucoup plus d'élèves qu'au centre de Paris. »[170] Pour se conforter dans son opinion, il consulta le père Adelphus, un frère des Écoles chrétiennes qui avait dirigé entre 1865 et 1879 un cours de dessin dans le faubourg Saint-Antoine. Lui aussi plaida pour que l'école soit implantée dans les bâtiments de la rue de Charonne. « Le noble Faubourg, est le centre par excellence de l'industrie artistique. (...) Je crois donc que l'école que vous voulez établir sera bien située pour recevoir un chiffre raisonnable d'élèves qui, j'en suis certain ira toujours plutôt en augmentant qu'en diminuant. »

Le « projet Saint-Luc » resta lui aussi lettre morte. Dans la France de Viollet-le-Duc[171], le style architectural de l'Œuvre des Flamands n'eut guère d'impact et ne fut pas imité. « Le Parisien aime tout ce qui est nouveau et beau. Il faut du temps, mais je suis convaincu qu'un jour l'église des Flamands trouvera aussi des imitateurs et tous disent que c'est très beau et parfaitement réussi. Un jour elle peut modifier la manière de bâtir. »[172]

Même si Beyaert espérait encore que le goût des Parisiens changerait avec le temps, l'enthousiasme initial suscité par le complexe architectural disparut progressivement. L'Œuvre s'était manifestement fait des illusions. Son infrastructure représentait surtout une lourde charge. En 1884, Beyaert écrivait d'ailleurs : « La Rue de Charonne, Monseigneur, m'a toujours épouvanté. En effet, comment trouver les moyens de subvenir à tous ces frais ? (...) Si la Providence n'y intervient pas, il est impossible que l'Œuvre continue de cette manière. »[173]

À la fin de la décennie, il fallut se rendre à l'évidence : l'Œuvre avait perdu prise sur la ville. Depuis Paris, le diocèse de Gand se réorienta donc progressivement vers les saisonniers. À partir de là, Paris cesse donc de nous intéresser. D'urbain, le *modus operandi* devint rural. Désormais, les bâtiments de la rue de Charonne servirent principalement de base pour des déplacements à la campagne.

170 ABG, Œuvre des Flamands : Lettre de Beyaert à Menin, 10 sept. 1881.

171 Architecte, créateur, historien et théoricien de l'architecture français. Il fut notamment responsable d'importantes restaurations, dont celle de Notre-Dame de Paris. De Maeyer, *Arthur Verhaegen*, 99. Sur le caractère symbolique de la restauration de Notre-Dame, voir Boudon, *Paris, capitale religieuse*, 289-299.

172 ABG, Œuvre des Flamands : Lettre de Beyaert à Bracq, 20 avril 1881.

173 *Ibid.* : Lettre de Beyaert à Bracq, 26 sept. 1884.

Pour conclure

L'histoire de l'Œuvre des Flamands comme œuvre urbaine apparaît *a posteriori* assez triste. Malgré l'acharnement avec laquelle la mission fut maintenue, on peut difficilement la considérer comme un grand succès. Les Flamands ne furent rassemblées que de façon limitée et l'Œuvre n'eut jamais de réelle prise sur l'immigration parisienne. Le désintérêt des migrants pour la religion n'était pas seul en cause. L'Œuvre imaginait en effet bien plus un besoin qu'elle ne répondait à certaines demandes. La particularité de l'espace fut déterminante dans cet échec. Paris était une métropole et les migrants, par nature mobiles, y étaient plus mobiles encore. En dix ans à peine, un schéma d'établissement à première vue stable se changeait en une tout autre réalité sociale. Ce dont cette réalité avait besoin, ce n'étaient pas de bâtiments lourds et imposants en périphérie de la ville, mais justement de prêtres charismatiques et mobiles. L'Œuvre des Flamands disposait des premiers, mais était en matière de personnel trop peu fournie pour pouvoir s'adapter.

La mobilité des migrants semble du reste avoir complètement échappé à l'Œuvre des Flamands. Les projets de construction réalisés à partir de 1872 le montrent bien. La priorité restait le migrant permanent, une catégorie presque inexistante à Paris. La ville représentait rarement une destination finale et les migrants s'établissaient rarement définitivement dans le faubourg Saint-Antoine. Les immigrés se comportaient plutôt de façon fébrile, à l'image de la ville elle-même. Pour eux, il était facile de venir à Paris, mais nettement plus difficile de s'y installer. Ils restaient aussi longtemps qu'ils le pouvaient matériellement. S'ils pouvaient améliorer leur situation, ils partaient vers un autre quartier ou vers la banlieue. Les aumôniers n'avaient pas de réponse à une si grande mobilité. Les cercles ouvriers, qui visaient à une occupation spécifique du temps libre ou à un contrôle social organisé à l'échelle du village, étaient impuissants à Paris. En se tournant à nouveau vers la campagne à travers les saisonniers, à la fin du XIXe siècle, l'Œuvre des Flamands retourna à une activité plus familière. L'organisation jouerait également un rôle important dans la migration permanente des fermiers flamands en France. Mais, comme nous le verrons dans la troisième partie, consacrée à cet espace, leur succès ne serait pas sans partage là non plus.

III.
FLAMANDS DES VILLES, FLAMANDS DES CHAMPS
LA RECONVERSION VERS LE MONDE RURAL ET LES SAISONNIERS

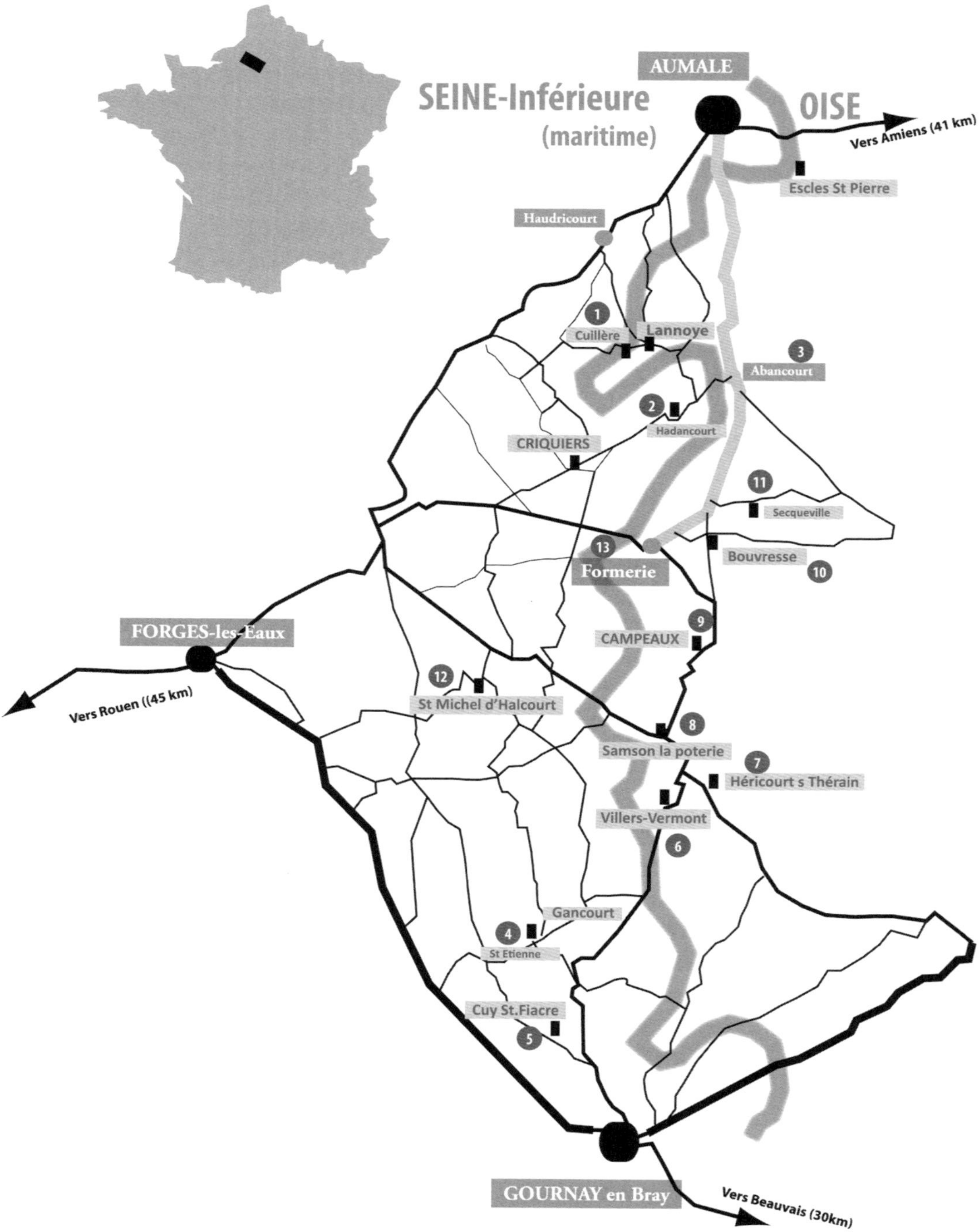

24. Le parcours d'Edmond Denys dans le triangle Aumale-Forges-Gournay.

> Sur la route reliant Formerie à Aumale, en direction du nord. Quel magnifique chemin. Je me trouve au point le plus élevé de la plaine : à gauche et à droite, des champs à perte de vue, qui se fondent au loin à la ligne d'horizon. Et un air sain. J'ouvre mes poumons et j'aspire avidement l'air frais du matin. Tandis que le soleil commence à poindre et que je marche, complètement seul, dans cette région inhabitée, où je ne rencontre ni maison ni âme qui vive[1].

Ces mots sont ceux d'Edmond Denys (1865-1923), prêtre à la plume alerte et aumônier des saisonniers de Flandre-Occidentale. Nous sommes au début juillet 1921 et il est en train de faire sa tournée annuelle en France, « à la chasse aux Belges », comme il dit lui-même[2]. Avant la guerre, il rendait surtout visite aux saisonniers, une tournée qui commençait chez les briquetiers de la région d'Arras et de Lens pour se terminer vers l'époque de la moisson chez les ouvriers agricoles flamands, dispersés dans les régions de culture du nord de la France. Depuis la fin de la Première Guerre mondiale, la situation semble s'être inversée. Alors qu'auparavant, il passait de temps à autre la nuit chez l'un des rares fermiers flamands établis dans la région, il n'a à présent que l'embarras du choix.

Le matin décrit si lyriquement par Denys se lève sur la ferme de Beaulieu à Cuillère, un petit village du pays de Bray (Normandie inférieure), situé à la frontière entre les départements de la Seine-Inférieure (aujourd'hui Seine-Maritime) et de l'Oise (Illustration 24,①). Il a logé chez les Lefever, une famille originaire de Poelkapelle en Flandre-Occidentale, mais installée depuis treize ans dans ce hameau distant d'une petite heure de marche d'Aumale (②). Après la guerre, les fermiers flamands ont été plus nombreux encore à s'établir dans le triangle Aumale-Forges-Gournay. Les frères Demeyer, de Stalhille, par exemple. Depuis 1919, ils y exploitent avec le couple Fleurbaey, de Wendune, une ferme à Hadancourt, un hameau du village tout aussi modeste de Criquiers. Denys les a rencontrés par hasard lors de sa tournée de 1920. Ils l'ont invité chez eux et ont beaucoup ri en entendant que le curé avait raté son train à Abincourt (③). Un an plus tard, en 1921, Hadancourt devient une halte fixe.

Entretemps, les Fleurbaey ont quitté la ferme d'Hadancourt. La famille, dont le chef est Léon, est partie exploiter des terres quelques villages plus loin, à Gancourt-Saint-Étienne (④). Denys leur a donné rendez-vous fin juin. Cela a été de chaleureuses retrouvailles, avec un repas et une « petite goutte ». Denys a également célébré une messe non loin de là, dans la petite église de Cuy-Saint-Fiacre (⑤). C'est Léon Fleurbaey qui a été son « enfant de chœur ». Le lendemain, ce dernier a parcouru les environs en carriole avec le prêtre. D'abord par Villers-Vermont (⑥), Héricourt (⑦) et Saint-Samson (⑧) vers

1 Denys, « Van Oost naar West », *De Stem uit het Vaderland* (ci-après *De Stem*), 5 juin 1921, 2.

2 *Id.*, « In Seine en Oise », *De Stem*, 10 juillet 1921, 2.

Campeaux (⑨) dans l'Oise, où plusieurs familles flamandes se sont également installées : les De Haene de Lampernisse, les Vandenberghe de Slijpe, les Wulleman d'Adinkerke et les Demarcke de Dadizele, qui ont également cultivé dans la Somme. Partout, on leur a offert un petit verre. De là, ils sont allés à Bouvresse (⑩), chez la famille Loncke de Pervijze, puis à Secqueville (⑪) chez les Dochy, qui proviennent de Langemark. À Saint-Michel d'Halescourt (⑫), Fleurbaey a laissé le curé chez les Vandekerckhove, de Hooglede. Le lendemain, Crapule, le cheval de Vandekerckhove, a été attelé. Prêt pour une nouvelle excursion qui le mènerait notamment au marché de Formerie (⑬), Denys s'est hissé dans la carriole[3].

Les billets d'atmosphère écrits par Denys pour *De Stem*, le journal bimensuel destiné à ses saisonniers de Flandre-Occidentale, se lisent comme le « journal d'un curé de campagne »[4]. Certes, les saisonniers lui manquent. Mais il se sent tout aussi à son aise parmi les fermiers flamands qui se sont établis en un court laps de temps dans le triangle peu peuplé délimité par Aumale, Forges-les-Eaux et Gournay-en-Bray. Ils se sont montrés très accueillants et ont été heureux de pouvoir « causer » de la Belgique dans leur dialecte avec quelqu'un venu de l'extérieur.

Si on considère l'attrait qu'elle exerce sur les fermiers flamands, la région d'Aumale n'est certainement pas exceptionnelle. Nous aurions tout aussi bien pu prendre comme exemple une autre partie de la Normandie. Au sujet du département de l'Eure, Karel Van Eecke (1867-1936), un prêtre flamand actif en Normandie, écrivit en 1926 : « Que se passe-t-il en Belgique ? Je suis depuis deux semaines en tournée de Pâques. Dans les environs de Pont-Audemer, Neubourg, Breteuil et Verneuil, j'ai trouvé 40 nouvelles familles belges. À ce train-là, la moitié de l'Eure sera flamande d'ici dix ans. »[5] Mais le fait que les fermiers flamands soient nombreux ne signifie pas nécessairement qu'ils soient visibles. La réalité spatiale y diffère du tout au tout de celle d'un district industriel comme Lille ou d'une métropole comme Paris. Les fermiers y sont le plus souvent établis dans de minuscules entités. Le hameau d'Hadancourt, où les frères Demeyer et la famille Fleurbaey sont arrivés en 1919, n'est composé que de quelques maisons. Criquiers, la commune à laquelle il appartient, compte en 1921 707 habitants pour 2 355 ha,

3 *Id.*, « Altijd maar rijden en rotsen », *De Stem*, 24 juillet 1921, 2.

4 D'après le titre du roman de Georges Bernanos, à la différence que Denys n'avait pas se plaindre d'une diminution de la foi.

5 *De Stem*, 14 mars 1926, 2. « On y trouve 13 familles belges. Accueil cordial dans la ferme de Vanfrachem, de Louvain, venu du Canada. J'y trouve aussi Karel Denys-Naessens de Veldegem... ». *De Stem*, 21 mars 1926, 2. Voir aussi les comptes rendus de Karel Van Eecke, « Op Paaschronde in de Eure », *De Stem*, 7 mars 1926, 3-4 ; « Paaschreis in Normandië », *De Stem*, 21 mars 1926 ; *De Stem*, 2 mai 1926.

soit 30 habitants par kilomètre carré. Et lorsque Léon Fleurbaey « émigre » à Gancourt-Saint-Étienne, en 1921, il arrive dans un village d'à peine 359 habitants[6]. Comparé à Paris ou à Lille, la Normandie est donc le monde à l'envers. Ici, on peut marcher sans voir aucune maison, sans rencontrer une âme. Lorsque Denys devra quitter la Normandie pour retourner auprès des ouvriers briquetiers du Pays noir français, il écrira : « Ici, finit la poésie, c'est la prose qui commence. »[7]

Comment nous aurons largement l'occasion de nous en rendre compte, Denys n'est pas le seul à faire l'éloge des régions agricoles françaises. La plupart des prêtres flamands impliqués dans l'encadrement des migrants établis en zone rurale s'y sentent comme des poissons dans l'eau. Les Français, par contre, les inspirent nettement moins. Ils trouvent généralement que la France est un pays splendide, mais ils ont des difficultés avec sa population.

Dans les pages qui suivent, nous allons voir en détail la façon dont l'encadrement religieux prit forme dans les régions rurales du nord de la France au cours de la période 1920-1960. Nous avons prévu une approche en quatre temps. Dans un premier chapitre, nous envisageons la réalité démographique dans la campagne française, qui créa un espace pour l'arrivée des immigrés flamands. Nous verrons comment ils furent remarqués par l'Église belge dans un deuxième chapitre. Certains acteurs ecclésiastiques étaient déjà très impliqués dans la campagne française, avec comme public cible les saisonniers avant la guerre et les travailleurs de la région du front plus tard. Les fermiers s'ajoutèrent au tableau assez tardivement. Comment l'encadrement catholique destiné aux migrants permanents fut mis en œuvre, nous le verrons dans le troisième chapitre. Le dernier chapitre est consacré aux mobiles de ces initiatives. Même si certains segments de population concevaient l'agriculture et son rôle social de la même façon en France et en Belgique, une image bien définie du fermier flamand se construisit à travers l'émigration. Comme nous le démontrerons, cette image n'aurait jamais pu exister sans la France.

6 Voir <http ://cassini.ehess.fr/cassini>.

7 Denys, « Van hier naar daar », *De Stem*, 19 juin 1921, 3.

L'IMPÉRATIF DÉMOGRAPHIQUE

LA FRANCE ET L'IMMIGRATION PENDANT L'ENTRE-DEUX-GUERRES

« La migration de masse fut au XIXe siècle un phénomène généralisé (…). Seuls les Français restèrent chez eux », écrit l'historien allemand Osterhammel en partie à raison[1]. Au cours du XIXe siècle, la France constitue une exception sur le continent européen. Alors que la plupart des pays sont confrontés à l'émigration, la France attire de nouveaux arrivants. La remarque d'Osterhammel est cependant moins pertinente au regard de la mobilité des Français à l'intérieur de l'hexagone. Paris augmente surtout en population en raison de l'afflux de paysans français et n'est pas la seule ville à séduire les habitants des régions rurales. À partir de 1851, le pays est le théâtre d'un exode rural qui ne s'arrêtera plus. Pour 1856, la campagne française va perdre 579 000 habitants[2]. Le recensement de 1866 présente un excédent d'émigration dans 65 départements, une évolution qui va se renforcer dans les dernières décennies qui précèdent la Première Guerre mondiale. Les petites localités sont celles qui se dépeuplent le plus. Entre 1906 et 1911, un département comme la Marne voit augmenter sa population de 2,1%, mais dans les villages de moins de 2 000 habitants, on constate une diminution de 71,7%[3]. Pourtant, le pire reste à venir.

1 Osterhammel, *Die Verwandlung der Welt*, 175.

2 McPhee, *A Social History of France*, 212 ; voir également Moch, *Paths to the City*, en particulier le deuxième chapitre et Todd et Le Bras, *L'invention de la France*.

3 Duby et Wallon (dir.), *Histoire de la France rurale*, III, 399.

Désastre après la Première Guerre mondiale

Un million quatre cent mille soldats morts des suites du conflit : voilà ce que sera le terrible verdict de la Première Guerre mondiale pour la France. Ce chiffre représente 17,6% de la population mobilisée et 10,5% de la population active masculine[4]. Si l'on tient compte des différentes professions, on constate que le secteur de l'agriculture est particulièrement affecté. En 1913, il comptait une population active de 5 400 000 personnes (voir Tableau 7). Parmi eux, 538 000 jeunes gens sont morts pendant la guerre et 161 200 en sont revenus gravement mutilés[5]. La situation n'est pas meilleure dans l'industrie. Si celle-ci pouvait encore faire appel à 4 730 000 personnes en 1913, ses effectifs ont diminué de 415 000 personnes pendant la guerre[6]. Les conséquences sont visibles dans l'ensemble de la société d'après-guerre. L'épisode a fait quelque 700 000 veuves[7]. Dans la catégorie d'âge des 20-34 ans, on compte en 1921 1 209 femmes pour 1 000 hommes[8].

TABLEAU 7
MORTS, DISPARUS, MUTILÉS DE LA POPULATION ACTIVE PAR SECTEURS

Profession	**Population active masculine en 1913**	**Morts**			**Mutilés**
		Tués	**Disparus**	**Total**	
Agriculture	5 400 000	397 500	140 500	538 000	161 200
Industrie	4 730 000	306 900	108 500	415 400	123 300
Transport	580 000	35 100	12 400	47 500	13 400
Commerce	1 300 000	90 900	32 100	123 000	37 000
Professions libres	310 000	24 500	8 700	33 200	10 000
Domestiques	160 000	12 100	14 300	16 400	5 100
Fonctionnaires	520 000	40 500	14 300	54 800	15 900
Armée active	100 000	50 000	16 800	66 800	22 900
Non précisé					
Total	**13 100 000**	**957 500**	**337 600**	**1 295 100**	**338 800**

Sauvy, *Histoire économique de la France*, 442.

4 Schor, *L'opinion française et les étrangers en France*, 27 ; Huber, *La population de la France pendant la guerre*, 414.
5 Sauvy, *Histoire économique de la France entre les deux guerres*, I, 442.
6 *Ibid.*, 442.
7 Weil, *Qu'est-ce qu'un Français ?*, 108.
8 *Statistique générale de la France, Résultats statistiques du recensement général de la population 1921.*

La catastrophe de la Première Guerre mondiale confronte plus que jamais la France à ce que l'historien Patrick Weil décrit comme un « impératif démographique »[9]. D'une part, le pays doit renflouer rapidement sa population, de l'autre, il considère comme une priorité politique d'améliorer sa propre capacité de régénération. Pendant l'entre-deux-guerres, la vitalité de la population française devient un thème politique crucial, allant de pair avec une fixation sur les chiffres.

L'obsession démographique

La réflexion démographique de la France sur elle-même n'est pas neuve. Elle a débuté à la fin du XIXe siècle. Alors que dans le temps, un chiffre de naissance peu élevé passait encore pour une vertu malthusienne, les chiffres de population deviennent dans un cadre de référence déterminé par le nationalisme un enjeu majeur. Vu sous l'angle démographique, la France offre à la fin du XIXe siècle une image usée, fatiguée. Entre 1871 et 1880, la natalité s'élève en France à 25,4 pour mille habitants contre 39,1 en Allemagne, 35,4 en Angleterre et 32,1 en Belgique[10]. Dans la dernière décennie du siècle, elle diminue jusqu'à 22,2 (contre 36,1 pour l'Allemagne, 29,9 pour l'Angleterre et 28,9 pour la Belgique). Entre 1890 et 1913, le nombre de décès excède celui des naissances à sept reprises. La France aborde donc le XXe siècle avec une population stagnante et vieillissante. Après la Première Guerre mondiale, il est de bon ton, dans les milieux conservateurs, de voir dans ce phénomène la cause de la déclaration de guerre de l'Allemagne. Si nous avions été quelques millions de plus, pense-t-on, « ils » n'auraient pas osé. (Illustration 25)

Hormis une courte période d'euphorie qui suit la victoire, la natalité française reste également très basse pendant l'entre-deux-guerres. Entre 1921 et 1925, les chiffres redescendent sous le niveau d'avant-guerre (18,5 pour mille)[11]. Entre 1936 et 1939, ils diminuent à 14,7 naissances pour mille habitants. Si l'on considère l'ensemble de la période 1900-1939, la croissance démographique de la France contraste avec celle des autres nations européennes. La population française augmente de 3% alors que les populations allemande, italienne, britannique et belge augmentent respectivement de 36%, 33%, 23% et 25,5%[12].

Ces faibles chiffres de croissance pèsent surtout sur le marché du travail. La main-d'œuvre est rare et le désintérêt pour les professions à risques et les

9 Weil, *Qu'est-ce qu'un Français ?*, 108.

10 André et Pereira-Roque, *La démographie de la Belgique*, 58.

11 En 1920, on créa par exemple le Conseil supérieur de la natalité ; de nombreuses mesures favorisaient les familles nombreuses et, en 1920, la Chambre « bleu horizon » (nommée ainsi d'après la couleur de l'uniforme des nombreux anciens combattants qui y siégeaient et également parce que le bleu était la couleur de la droite) interdit toute propagande pour la contraception. Teulières, *Immigrés d'Italie et paysans en France*, 18.

12 Schor, *L'opinion française et les étrangers en France*, 30-31. Pour la Belgique, voir *Démographie de la Belgique de 1921 à 1939*, 246.

25. Campagne de l'Alliance nationale pour l'accroissement de la population française (1925). [Haury, *Pour que la France vive*, 211. Voir aussi Mauco, *Les étrangers en France*, 18-27]

occupations peu gratifiantes du point de vue social s'accentue. Dans ce domaine, la France vit pendant l'entre-deux-guerres une importante mutation sociale. Suite à l'élargissement et l'allongement de la scolarisation, la nouvelle population active entre non seulement plus tard sur le marché du travail, mais aussi avec d'autres aspirations[13]. Les Français instruits ambitionnent désormais une place dans le secteur public ou commercial, une tendance qui s'impose une fois encore au détriment de l'agriculture. L'emploi dans le secteur primaire est en outre fortement concurrencé par l'industrie. Les avantages sociaux, comme la journée de huit heures introduite en 1919, attirent une main-d'œuvre moins qualifiée.

La combinaison de la faible croissance démographique et de la saignée due à la Première Guerre mondiale n'a laissé à la France qu'une seule solution : mener une politique migratoire active. Entre septembre 1919 et mars 1920, des conventions sont signées avec la Pologne (3 septembre 1919), l'Italie (30 septembre 1919) et la Tchécoslovaquie (20 mars 1920). Mais des étrangers sont également attirés via d'autres canaux. Peu à peu, le tissu économique devient étroitement dépendant de cet afflux extérieur (voir Tableau 8).

Les bases du premier programme d'immigration ont déjà été jetées en 1915 dans un rapport du démographe et politicien centriste Adolphe Landry (1874-1956)[14]. Celui-ci partait du constat que la France était depuis la fin du siècle précédent confrontée à un manque chronique de main-d'œuvre, tant dans l'agriculture que dans l'industrie. Avant même que les conséquences de la guerre ne soient connues, Landry savait déjà que la rareté de la main-d'œuvre s'aggraverait après le conflit. Il plaidait donc pour un recrutement massif, non plus par la voie improvisée que les chefs d'entreprises avaient suivie avant la guerre, mais à travers une intervention planifiée de l'État. Les intéressés approuvèrent. Désormais, l'initiative du recrutement fut confiée au gouvernement. L'économie de guerre fut la première bénéficiaire de cette politique. Des bureaux de recrutement furent installés aux postes frontières afin de canaliser l'immigration spontanée[15]. Dans ses notes, Landry mettait aussi le doigt sur une série de problèmes. Il avertissait notamment contre la formation, en parallèle avec l'émigration, de « colonies étrangères » sur le territoire français. Pour éviter cela, il suggérait une politique de sélection centrée sur les

13 En guise d'illustration, Schor mentionne le nombre d'étudiants qui terminaient leurs études en tant que bacheliers. En 1911, 7 000 décrochèrent leur baccalauréat, en 1927, ils furent 15 300. Entre 1906 et 1928, le nombre d'étudiants universitaires passa de 35 000 à 64 500. Schor, *L'opinion française et les étrangers en France*, 30.

14 Noiriel, *Immigration, antisémitisme et racisme en France*, 291 ; *Id.*, *Le creuset français*, 117-118.

15 *Id.*, *Immigration, antisémitisme et racisme en France*, 292.

TABLEAU 8
NOMBRE ET PROPORTION D'ÉTRANGERS EN FRANCE SUR BASE DES RECENSEMENTS DE 1921, 1926 ET 1931

	1921		1926		1931	
	Nombre	**%**	**Nombre**	**%**	**Nombre**	**%**
Italiens	451 000	29,4%	760 000	31,5%	808 000	29,8%
Polonais	46 000	3,0%	309 000	12,8%	508 000	18,7%
Espagnols	255 000	16,6%	323 000	13,4%	352 000	13,0%
Belges	349 000	22,8%	327 000	13,6%	254 000	9,4%
Tchéco-slovaques	6 000	0,4%	33 000	1,4%	47 000	1,7%
Autres	425 000	27,7%	657 000	27,3%	746 000	27,5%
Total	**1 532 000**	**100%**	**2 409 000**	**100%**	**2 715 000**	**100%**
Population totale	**38 797 000**	**3,95%**	**40 228 000**	**5,98%**	**41 228 000**	**6,6%**

nouveaux venus « assimilables ». La distinction entre immigrants désirables et indésirables venait tout naturellement de s'introduire dans le débat[16].

Après la Première Guerre mondiale, cette ligne politique est mise en pratique, faisant de la France le principal pays d'immigration en Europe[17]. Pour 1930, le chiffre de population y sera gonflé par deux millions de nouveaux arrivants (voir Tableau 8). L'afflux spectaculaire d'Italiens et de Polonais est le plus frappant. Bien qu'encore considérable, la proportion belge dans l'immigration vers la France diminue progressivement dans l'entre-deux-guerres.

L'aisance avec laquelle la France conclut des accords bilatéraux éclipse le malaise qui subsiste à propos de l'arrivée d'étrangers. Le leitmotiv des autorités reste la méfiance, une attitude de base atténuée par la nécessité et les ambitions économiques. En effet, le ressentiment vis-à-vis de l'Allemagne intervient également dans l'obsession démographique de la France. Le pays veut surpasser son voisin en tant que grande puissance économique et in-

16 Pour une comparaison entre la politique de sélection dans différents pays, voir Rygiel, « Indésirables et migrants désirés ».

17 Comme à la même période, les États-Unis d'Amérique limitèrent l'immigration annuelle à 3% du contingent national déjà présent en vertu de l'*Emergency Quota Act* (1921) puis à 2% en vertu de l'*Immigration Act* (1924), la France devint à l'époque le principal pays d'immigration. Ponty, *L'immigration dans les textes*, 123 ; Higham, *Strangers in the Land*, 301-312.

dustrielle[18]. Mais pour cela, il faut de la main-d'œuvre. Il reste que le gouvernement se profile avec insistance en tant que régulateur dans la question migratoire[19]. La migration donne de ce fait l'impression d'être un phénomène maîtrisable.

« Français de souche, Français papier »

L'afflux important de nouveaux arrivants va susciter un nouveau débat. La migration professionnelle permet il est vrai de compléter le contingent de travailleurs et de travailleuses sur le territoire français, mais elle n'implique pas forcément une augmentation de sa population. L'inclusion (ou la non-inclusion) des nouveaux arrivants dans la nation fait dès lors l'objet de discussions sociales et politiques récurrentes. Leur teneur est loin d'être univoque et surfe dans la brève période de l'entre-deux-guerres sur les vagues de la conjoncture économique. Si l'économie tourne bien, la nécessité de l'immigration est plus facilement acceptée ; si elle tourne mal, on penche plus facilement vers l'attitude inverse. Parallèlement, la Troisième République reste pour une partie de l'aile droite française difficile à accepter. Jusqu'à sa condamnation par le pape en 1926, l'Action française sera indéniablement la principale représentante de cette tendance. Maurice Barrès, son leader spirituel, traite la république de ploutocratie et clame que la France s'est vendue aux juifs, aux protestants, aux libres penseurs et aux métèques.

Dans les années 1920, le débat repose principalement sur des considérations de nature sociologique. Pendant tout l'entre-deux-guerres, le désintérêt des Français pour certaines professions constitue pour les décideurs politiques une véritable obsession. Il réduit soi-disant la force de frappe de la France. « La France perd un peu plus chaque année de son importance dans le monde »[20], entend-on régulièrement dire. Et tout comme avant la Première Guerre mondiale, cette affirmation s'accompagne toujours d'une allusion à l'exode rural, considéré comme un manque de vitalité de la nation. Selon Georges Mauco, principal expert français de la migration à cette époque, il est notamment provoqué par le désir de développement de la population. « Autrement dit, l'individu, au lieu de se développer en largeur, par la famille, se développe en hauteur, par capillarité sociale. Et pour faciliter cette montée, il s'allège du poids de la famille. De sorte qu'en même temps qu'ils réduisent le

18 Bade, *L'Europe en mouvement*, 339.

19 Noiriel souligne la grande rupture que la Première Guerre mondiale représenta dans le rôle joué par les autorités dans les mouvements migratoires. Noiriel, *Immigration, antisémitisme et racisme en France*, 287.

20 Mauco, « Maux et remèdes », 538-539. Georges Mauco était une personnage controversé. Pendant la Seconde Guerre mondiale, il dirigea l'Union internationale pour l'Étude scientifique des Problèmes de la Population et collabora à la revue *L'Ethnie française*. Taguieff, *L'antisémitisme de plume*, 267-276. Voir Weil, « Georges Mauco, expert en immigration ».

nombre des enfants, les Français évitent les métiers et les régions jugés, à tort ou à raison, inférieurs. Ils abandonnent la terre et les métiers les plus rudes. Ils affluent vers les villes et les professions des “mains blanches”. (...) La France devient un pays de cadres, un pays de qualité, mais auquel manquent de plus en plus les producteurs de base. »[21]

Les accents nationalistes qui traversent le débat relatif aux nouveaux arrivants n'en sont pas moins évidents. Sans différence notable entre les groupes politiques, la France aspire clairement à l'assimilation des migrants de la deuxième génération. Vis-à-vis des nouveaux arrivants, les conceptions politiques mêlent racisme, nationalisme (xénophobe) et natalisme[22]. Dans les années 1920, le débat public est surtout dominé par les tendances du nationalisme xénophobe et du natalisme (ainsi que sa forme radicale, le populationnisme). Le nationalisme xénophobe repose en gros sur l'idée que la réalité humaine fondamentale est la nation. Celle-ci se définit à la fois en termes politiques et ethniques et est dotée d'une identité homogène à travers le temps. L'ennemi est incarné par l'étranger et l'allochtone. La xénophobie prend volontiers la forme de la mixophobie, ou peur des mélanges. La nation française doit rester vierge, pure et auto-régénératrice[23].

Les natalistes se focalisent de leur côté sur les chiffres de population. Dans le pire des cas, celle-ci doit être maintenue à son niveau actuel, mais, idéalement, elle doit grossir. Les instruments utilisés sont la politique de natalité, mais aussi la migration. Les natalistes et en particulier les populationnistes privilégient à l'égard de la question migratoire une politique d'assimilation. L'immigrant se transforme à leurs yeux en « nourriture destinée au corps national anémié, ayant un urgent besoin de “transfusion sanguine” »[24]. Le natalisme et la xénophobie ne sont d'ailleurs pas sans points communs. Tous deux redoutent par-dessus tout le dépérissement de la nation. Les objections xénophobes disparaissent à l'arrière-plan à mesure que l'impératif démographique se fait plus criant.

Le moyen idéal pour assimiler les nouveaux arrivants est selon les populationnistes la législation sur la naturalisation. Jusqu'en 1924, le gouvernement français s'en tient en dépit de la nécessité de repeuplement aux lois de 1889, mais elle y apporte une modification importante, totalement dans la ligne de ses préoccupations nationalistes. La France voudrait en fait récupérer la population qu'elle a perdue en raison de la législation de 1889. Cela concerne surtout les Françaises de souche qui ont adopté la nationalité de leur époux lors de leur mariage[25]. Les naturalisations d'épouses de mariages mixtes réintègrent certes une série de Françaises dans la population, mais pas

21 Mauco, « Maux et remèdes », 539.
22 Taguieff, « Face à l'immigration », 104.
23 L'image est empruntée à Peter Sloterdijk, *Sferen*.
24 Taguieff, « Face à l'immigration », 107.
25 Viette, *Histoire des Français venus d'ailleurs*, 109.

en proportion du nombre de femmes que la France continue à perdre à causes des mariages mixtes. De 1914 et 1924, le pays voit environ deux fois plus de Françaises (103 000) perdre leur nationalité qu'il n'en gagne par le biais du mariage de Français avec des femmes étrangères (53 000)[26]. En 1922 (Sénat) et en 1924 (Chambre), on légifère à ce propos[27]. Désormais, une Française qui contracte un mariage mixte conserve sa nationalité. De plus, une mère française transmet la nationalité à ses enfants nés sur le sol français. Parallèlement une femme étrangère conserve sa nationalité lorsqu'elle épouse un Français (sauf si elle demande explicitement la nationalité de son mari).

À partir de 1924, des étapes sont également franchies en vue de l'intégration des nouveaux arrivants. Le nouveau gouvernement de gauche veut à l'époque assouplir les conditions d'acquisition de la nationalité[28]. Les débats aboutissent finalement à la loi sur la nationalité du 10 août 1927, dont l'objectif est clair : « Franciser le plus possible d'étrangers attachés à notre pays, soit par la naissance, soit par les liens de sang ; éviter cependant d'imposer notre nationalité à ceux chez lesquels la contrainte ne saurait créer l'attachement ; faciliter le plus possible la naturalisation ; garantir toutefois l'État contre les imprudences ou les abus résultant de décisions hâtives. »[29] Trois ans de domiciliation ininterrompue plutôt que dix suffisent à présent à pouvoir prétendre à la naturalisation. La procédure est assouplie mais, en même temps, la « nationalité » prend une signification plus large. L'État sélectionne en réalité les Français sur examen. Gérard Noiriel décrit la nationalité acquise comme un « diplôme », « certifiant une compétence acquise »[30].

L'assouplissement de la procédure de naturalisation a un double effet. D'une part, elle légitime une politique plus sévère à l'égard des étrangers, qu'il s'agisse des nouveaux arrivants, des migrants temporaires ou de ceux qui n'optent pas pour la nationalité française. Des procédures plus complexes et des contrôles plus stricts sont mis en œuvre. De l'autre, les naturalisés rencontrent certains problèmes eux aussi. Ils restent des « Français papier », administrativement distincts des « Français de souche »[31]. Les Français xénophobes ou mixophobes ne veulent pas entendre parler d'eux. Le spectre d'une nation à l'intérieur de la nation refait régulièrement surface. Lorsqu'en 1940, la France cède à l'idéologie raciste du régime de Vichy, l'administration s'arroge le droit de revoir les naturalisations accordées entre août 1927 et 1940. On estime que 15 154 des 485 200 naturalisations seront ainsi retirées entre 1940

26 Weil, *Qu'est-ce qu'un Français ?*, 109.
27 *Ibid.*, 107.
28 Suite à la victoire électorale du Cartel de gauche, une alliance entre le Parti socialiste SFIO et le Parti radical.
29 Cité dans Weil, *Qu'est-ce qu'un Français ?*, 115.
30 Noiriel, *Immigration, antisémitisme et racisme en France*, 354.
31 Voir Ponty, *L'immigration dans les textes*, 250 et Weil, *Qu'est-ce qu'un Français ?*, 186 ; Laguerre, « Les dénaturalisés de Vichy ».

GRAPHIQUE 13
ÉVOLUTION DU NOMBRE DE NATURALISATIONS EN FRANCE (1920-1940)

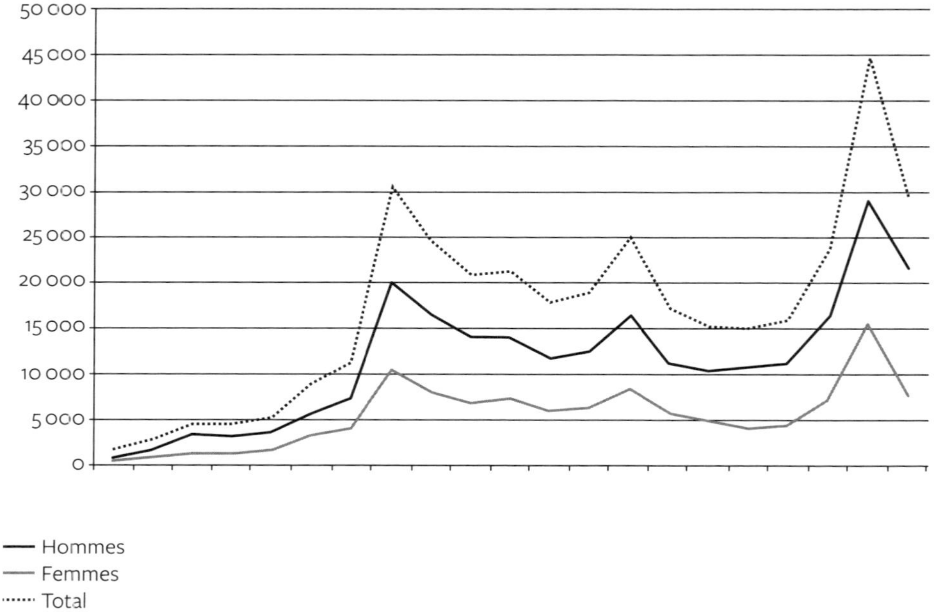

Ponty, *L'immigration dans les textes*, 157 ; Depoid, *Les naturalisations en France (1870-1940)*.

et 1944. Les Italiens, les Polonais, les Espagnols et les Russes sont les premiers visés.

Le renforcement du contrôle sur les étrangers illustre toute la difficulté de maîtriser la réalité migratoire. La plupart des mesures manquent leurs objectifs ou engendrent de nouveaux problèmes. Par exemple, la disposition du 18 novembre 1920 trahit encore clairement le besoin de main-d'œuvre de la France dans le cadre de la reconstruction du pays. Quand ils franchissent la frontière, les étrangers reçoivent une carte d'identité gratuite avec un sceau indiquant s'il s'agit d'un « travailleur industriel » ou d'un « travailleur agricole ». Mais le système de contrôle est insuffisant. L'administration contrôle ceux qui entrent dans le pays, mais perd ensuite leur trace. Les étrangers détenant un contrat de travail pour une entreprise particulière partent facilement ailleurs. Le 6 juin 1922, le décret est donc adapté. Toute demande de carte d'identité doit désormais être accompagnée d'un « titre d'embauchage ». Le poste frontière remet ensuite à la personne un « sauf-conduit » vers son lieu de destination. Parallèlement, une carte d'identité est établie et envoyée à la préfecture de la destination indiquée par le migrant. Dans les huit jours, celui-ci doit se présenter à l'administration de son nouveau lieu de résidence, qui réclame à son tour la carte d'identité à la préfecture. D'autres modifications importantes vont suivre, dont deux qui auront une signification particulière pour la situation des Belges en France. Le décret du 9 septembre 1925 introduit une taxe sur l'émission d'une carte d'identité. Tout étranger qui demande ce document doit payer 68 FF[32]. La validité de la carte est ramenée de trois à deux ans. Fin 1926 (30 novembre), le décret est encore durci. La taxe est augmentée à 375 FF et les exceptions donnant droit à une réduction sont redéfinies plus sévèrement.

Le contrôle étroit exercé sur les travailleurs étrangers doit permettre d'orienter les immigrants vers les secteurs économiques affectés par une pénurie de main-d'œuvre. En d'autres mots, les étrangers ne peuvent pas développer la même mobilité professionnelle que les Français. C'est précisément là que réside le paradoxe de la politique de naturalisation. Les étrangers naturalisés français ou françaises jouissent de tous les droits civils du citoyen français et intensifient la concurrence sur le marché des emplois convoités par les Français. À l'origine engagés pour les secteurs où la main-d'œuvre est insuffisante, ils suivent à présent un chemin analogue à celui des Français. La difficulté de gérer légalement le comportement des (nouveaux) citoyens français ressort notamment de la loi du 10 août 1932[33]. La crise économique qui sévit dans l'hexagone à partir de 1931 ouvre la voie à l'introduction de quotas d'embauche pour les étrangers dans le but de protéger le marché de l'emploi national. Dans le secteur agricole, cette politique n'a toutefois pratiquement pas de retombées. Peu de Français sont tentés de retourner « au pays », ils préfèrent se contenter d'une maigre allocation de chômage en attendant des temps meilleurs. De ce fait, la migration permanente rurale n'a pas grand-chose à craindre de la loi[34].

La migration permanente belge dans l'agriculture française

Qu'en est-il de l'agriculture française pendant la première moitié du XXe siècle ? Comme nous l'avons dit, le flux sortant de la population agricole est considérable. Entre 1906 et 1954, celle-ci recule de 8 845 000 à 6 388 000 personnes. En termes de population professionnelle, cela signifie pour l'agriculture une

32 Voir Ponty, *L'immigration dans les textes*, 142-143.

33 La loi protégeant la main-d'œuvre nationale était un prolongement des décrets de Millerand (1899), qui concernait avant tout l'embauche nationale dans les travaux publics. En 1932, le secteur privé tomba lui aussi sous cette loi. L'article 2 prévoyait la possibilité de convenir de quotas « par proportion, par industrie, par commerce ou par catégorie professionnelle ». Noiriel, *Immigration, antisémitisme et racisme en France*, 366-370.

34 Le nombre d'entrées dans le pays en tant qu'ouvrier agricole reste élevé dans les années 1930, surtout en comparaison avec l'industrie. De 1930 à 1931, le nombre de cartes d'identité accordées avec la mention « ouvrier industriel » tombe de 128 791 à 25 804. En 1931, l'agriculture attire encore 76 463 ouvriers (92 828 en 1930). Ponty, *L'immigration dans les textes*.

perte de moitié. Alors que vers 1900, 35% des Français travaillaient dans l'agriculture, cette proportion n'est plus de 20% en 1954[35]. Pourtant, cela n'équivaut qu'à un exode d'environ 1% de la population active agricole entre 1921 et 1954[36]. Comparée à d'autres pays d'Europe occidentale, la France reste un pays d'agriculture. Vers 1950, la Belgique n'emploie plus que 10% de sa population environ dans le secteur en question.

Pourtant, les chiffres français indiquent un phénomène d'exode rural. L'évolution de la période 1913-1930 est quelque peu obscurcie par le gain démographique entraîné par l'annexion de l'Alsace-Lorraine (+380 000) et l'impact de l'immigration étrangère dans le secteur agricole (+400 000). Pour la même période, on évalue la diminution de la population agricole française à 1 830 000 personnes. Dans ce chiffre, il faut aussi prendre en compte la diminution de la population totale (- 430 000). Tout cela entraîne dans la France d'après-guerre la libération d'un patrimoine agricole considérable[37]. Les exploitants étrangers sont les premiers à en bénéficier. Dans le nord du pays, les fermes libérées sont principalement reprises par des Belges et des Suisses[38], tandis que dans le sud, ce sont les Italiens et les Espagnols qui dominent. En 1922, le ministre des Affaires étrangères fait parvenir aux préfets une circulaire trahissant son inquiétude. « Mon attention est appelée sur le grand nombre d'exploitations agricoles qui seraient achetées ou prises à bail par des étrangers, surtout depuis l'armistice. Afin de me mettre à même de me rendre compte de l'importance de cette question, je vous prie de dresser sans retard, et par communes, la liste de ces exploitations. »[39] C'est ce souci qui est à la base du premier recensement des exploitations agricoles étrangères en France, auquel nous reviendrons plus loin dans ce chapitre. Dans un premier temps, nous tenterons de situer plus clairement les origines de l'émigration agricole belge.

Origines de la migration permanente rurale belge en France

L'origine de la migration agricole permanente vers la France n'est pas facile à situer de façon précise dans le temps, mais on sait qu'elle connut des débuts timides avant la Première Guerre mondiale. Son premier développement est en grande partie parallèle à celui de l'émigration saisonnière, notamment parce que les saisonniers et les rares migrants permanents optent pour les mêmes régions. Cependant, il n'existe pas d'indices clairs selon lesquels

35 Leridon, « Évolution de la population active », 460 ; Duby et Wallon, *Histoire de la France rurale*, IV, 61.

36 Pressat, « La population agricole en France », 23.

37 Sauvy, « Évolution de la population agricole en France depuis 1900 ».

38 Au sujet de cette immigration, surtout présente en Bourgogne aux alentours de Chaumont, voir Leu, *Comme un petit air de Suisse*.

39 Cité dans Hubscher, *L'immigration dans les campagnes françaises*, 172.

l'émigration agricole définitive aurait découlé de la migration saisonnière. Les deux phénomènes semblent certes contemporains, mais ils se sont *grosso modo* produits indépendamment. Qui plus est, même lorsqu'un saisonnier échangeait la campagne annuelle pour la prise à bail d'une ferme française, il avait avant la guerre fort peu de chances d'être remarqué. Il y avait une raison toute simple à cela : les agriculteurs flamands qui partaient s'établir en France à l'époque commençaient par être considérés en Flandre comme de simples migrants temporaires.

Edmond Ronse (1889-1960), avocat catholique gantois et défenseur des saisonniers, est un bon exemple de ces observateurs qui remarquent l'immigration permanente mais ont du mal à la cerner. Dès 1913, il fait dans son étude sur l'émigration allusion à une forme intermédiaire d'émigration temporaire dans l'agriculture. Selon lui, le phénomène se situe entre migration saisonnière et migration définitive. Il n'envisage même pas que les agriculteurs puissent décider de s'établir définitivement en France. Le type intermédiaire reste en effet « toujours temporaire » et ne se distingue de la migration saisonnière que par son étalement un peu plus long dans le temps, généralement sur plusieurs années.

Un détail frappe plus encore, à savoir que Ronse ne fait pas de différence entre la France comme lieu de destination et la migration transatlantique au départ de la Belgique[40]. Selon lui, cette dernière n'a également que des aspirations temporaires. Il est fermement convaincu que les Belges ne quittent leur pays qu'avec l'intention d'y revenir une fois qu'ils auront fait fortune à l'étranger. Cette position n'a d'ailleurs rien d'exceptionnel parmi ses contemporains. Vers 1913, il reste difficilement concevable que des fermiers flamands s'établissent définitivement à l'étranger. En effet, « grâce à l'esprit de clocher, inhérent au caractère belge, l'émigration temporaire jouit chez nous d'une grande vogue. Le Belge ne part jamais, sans l'idée bien arrêtée de revenir au lieu natal, une fois fortune faite. »[41]

Ce cliché ne sera jamais confirmé. Les Belges vont en effet s'avérer aussi peu fidèles que les populations migratoires d'autres nations. Il existe pour cela suffisamment de facteurs d'impulsion (push factors), en particulier en Flandre. Un trop grand nombre d'agriculteurs travaillent une surface agricole réduite, de surcroît fortement morcelée. Cette évolution, qui concerne surtout l'agriculture flamande, est contemporaine de l'exode rural français, qui détourne les travailleurs agricoles vers les villes et cause la désertion des exploitations. Les Flamands qui veulent rester dans le métier prennent donc dès avant la guerre conscience que la France leur offre une chance de pratiquer

40 « Dans ce cas, les émigrants quittent leur pays avec l'idée fixe d'y revenir une fois fortune faite. Ce type se trouve réalisé fréquemment chez les émigrants à destination de l'Amérique et chez nos fermiers qui vont s'établir pour quelques années en France. » Ronse, *L'émigration saisonnière belge*, 24.

41 *Ibid.*, 32.

leur activité dans de meilleures conditions et à plus grande échelle. L'agriculture française offre d'autre possibilités que celle de faire simplement « les saisons ».

En France, Isabelle Kaanen-Vandenbulcke a mis en évidence cette tendance concernant la Haute-Normandie. Même s'il existait déjà depuis longtemps d'intenses contacts entre la Belgique et une grande partie de la Normandie (en gros la région qui correspond aux départements de la Seine-Maritime, de l'Eure et du Calvados) par le biais de l'industrie textile, une nouvelle forme d'échanges agricoles apparaît vers le tournant du siècle[42]. Jusque vers 1900, la migration rurale s'est limitée à des déplacements saisonniers, principalement dus à des Hennuyers qui partaient pour la région de Neufchâtel-en-Bray et d'Yvetot[43]. Aux alentours de 1900, des métayers belges s'y ajoutent. Il semble que cette phase initiale de l'établissement définitif ne soit que peu déterminée par des décisions purement individuelles. Kaanen-Vandenbulcke souligne surtout le rôle joué par les propriétaires terriens transnationaux dans le « placement » de fermiers flamands dans les exploitations normandes. Cela concernait généralement des familles nobles qui pouvaient grâce à leur réseau agricole international plus facilement réagir au problème de l'exode rural. Kaanen-Vandenbulcke donne l'exemple du lien qui existait entre la région de Dadizele, en Flandre-Occidentale, et les environs de Cany, dans l'intérieur des terres entre Dieppe et Fécamp. Dans les deux régions, nombre de terres et de fermes appartenaient depuis le mariage d'Anne-Édouard-Louis-Joseph de Montmorency-Luxembourg et de Léonie de Croix de Dadizele au portefeuille de la même lignée aristocratique. À Dadizele, Beselare et Moorslede, les paysans locaux étaient encouragés à reprendre des fermes françaises abandonnées par leurs exploitants français[44].

D'autres éléments indiquent le rôle de la médiation dans l'émigration agricole permanente. Le même phénomène a été constaté dans un contexte de migration interne pour les années 1930. Lorsqu'en Wallonie, la population agricole active est également de plus en plus nettement drainée vers l'industrie et le secteur industriel, les propriétaires terriens compensent les pertes en faisant appel au réseau géographique très ramifié dont ils disposent. Des paysans flamands sont détournés vers la Wallonie[45]. Les fermiers qui émigrent suivant ce schéma partent pour ainsi dire dans une situation de quasi-sécuri-

42 Avant 1900, il y avait surtout une poignée de Belges actifs dans l'industrie textile des environs de Rouen. Kaanen-Vandenbulcke mentionne la Société cotonnière à Saint-Étienne-du-Rouvray, fondée par l'investisseur belge Emile Scheppers. Elbeuf et Louviers attiraient également des Belges. Le Havre fut de son côté utilisé comme port de transit pour la traversée vers l'Amérique. Kaanen-Vandenbulcke, *Boulevard des Belges*, 30-38.

43 *Id.*, *Le chemin de la ferme*, 44.

44 *Id.*, *Boulevard des Belges*, 39. Parmi les fermiers, elle cite des noms de famille comme Talpe, Van Colen et Devriendt.

45 Cheyns et Segers, « Fermiers flamands en Wallonie », 76.

té. La location des bâtiments et des terres est réglée à l'avance et certains accords sont parfois même pris au sujet de l'écoulement des denrées récoltées[46]. Seul l'obstacle du nouvel environnement de vie subsiste.

Nous avons pourtant aussi des traces d'agriculteurs belges plus entreprenants. Lors d'une séance de la Société d'économie sociale sur la réforme de l'agriculture en Russie, le président de la session attire l'attention sur une nouvelle tendance sociale[47]. Les orateurs français ont surtout vanté aux Russes le système de bail organique français. Celui-ci fonctionne comme un système communautaire de travail et de capital et favorise la collaboration entre fermier et propriétaire. La discussion se conclut par une remarque sur les nouveaux « systèmes communautaires ». L'un d'eux concerne une forme précise d'établissement de fermiers belges dans le nord de la France, qui reprennent les fermes non pas individuellement, mais en groupe. « Dans certaines régions françaises et des plus riches, par exemple dans le département de l'Aisne, arrivent des familles, des bandes de Belges qui, en groupe de 15 ou 20 personnes louent une ferme assez importante, puis vivent là en régime communautaire. »[48] L'agriculture française, ajoute-t-on, vit dans une mesure croissante de ce genre d'apport étranger.

Dès avant la Première Guerre mondiale, il y a donc des signes d'émigration agricole de Belgique vers la France. Les cas cités ci-dessus ne font cependant pas encore référence à un phénomène structurel. Le noyau substantiel de l'émigration agricole est en effet constitué par le travail saisonnier. Sachant cela, le point de départ de Ronse, qui considère également l'émigration permanente comme temporaire, est tout à fait compréhensible. Dans le cadre rural, l'émigration saisonnière éclipse en effet toutes les autres formes de migration. Cette situation ne changera qu'après la Première Guerre mondiale.

46 Par exemple les cultivateurs de lin qui produisaient pour une fabrique textile proche. Kaanen-Vandenbulcke, *Boulevard des Belges*, 38.

47 La Société d'économie sociale fut fondée en 1856 par le chercheur français Frédéric Le Play (1806-1882). Elle représenterait, notamment par le biais de la revue *La réforme sociale*, un important groupe de réflexion socio-catholique, influent en Belgique également. Sur Le Play, voir entre autres Deferme, *Uit de ketens van de vrijheid*, 80-83.

48 Société d'économie sociale, « Séance du 10 mars 1913 : les transformations agraires de la Russie. Rapport de Gabriel Ardant », 677-678.

Le travail saisonnier

Dans un ouvrage, toujours fondamental aujourd'hui, intitulé *Van vlaskutsers tot Franschmans*, l'historien Luc Schepens a signalé le manque de sources officielles concernant le travail saisonnier avant 1896[49]. Pourtant, la polémique relative à ce type de migration devient précisément à l'époque un thème social intensément débattu[50], surtout au sein du monde catholique flamand. La situation des saisonniers est abordée pour la première fois au congrès de la Ligue nationale catholique flamande[51]. En 1894, un premier guide, intitulé *Reisboekje voor de « Franschmans »* – d'après le nom que l'on donnait aux migrants provisoires vers la France – paraît à l'intention de ce groupe cible[52]. Son auteur est Judocus Van Essche (1855-1920), à l'époque vicaire à Sint-Martens-Lierde, près de Brakel, et futur aumônier des Flamands à Paris.

La problématique est également transposée par un prêtre dans la dimension politique. Suite à l'introduction du suffrage universel masculin pluriel en 1893, l'abbé et parlementaire Adolf Daens (1839-1907) se réfère explicitement aux Franschmans. Les villages ruraux des environs d'Alost, circonscription dans laquelle il a été élu, comptent selon lui de nombreux travailleurs saisonniers. Comme les élections sont généralement organisées à la belle saison, ce groupe peut être considéré comme représentatif de la négation de la classe populaire ouvrière dans le processus électoral. Lors de ses interventions parlementaires, il plaide donc à plusieurs reprises pour que l'on tienne compte des saisonniers lorsque l'on fixe la date des élections[53].

49 Schepens, *Van vlaskutser tot Franschman*, 4. Pour les chiffres relatifs aux saisonniers, je me fonderai principalement sur les recherches existantes. Certaines données ont néanmoins été complétées et enrichies à l'aide d'une série de sources collectées dans les archives françaises. Pour une recherche chiffrée novatrice en lien avec la composition de la population des saisonniers, je renvoie à la recherche en cours de Géry Cappon à l'université de Gand.

50 *Berek tot bescherming van de Westvlaamsche tijdelijke uitwijkelingen naar Frankrijk.*

51 Woestenborghs, *Vlaamse arbeiders in den vreemde*, 100.

52 Van Essche, *Reisboekje voor de « Franschmans » of raadgevingen en gebeden voor de Vlamingen die gaan werken naar Frankrijk.*

53 Woestenborghs, *Vlaamse arbeiders in den vreemde*, 101-103. Voir aussi Schepens, *Van vlaskutser tot Franschman*, 215-216. Concernant le débat parlementaire sur le projet de loi de Daens, Renkin et Carton de Wiart relatif à la modification de la date des élections législatives, prévues pour juillet 1898, voir le rapport de la séance du 22 mars 1898. Les chiffres de Daens y sont relativisés par le ministre Schollaert sur base du nombre d'électeurs potentiels. Le projet sera finalement rejeté. *Annales parlementaires*, 1897-1898, 22 mars 1898, 901-914. Comme illustration du parcours du combattant enduré par ce projet de loi, voir par exemple les comptes rendus de la séance du 10 mars : « Dans quelques semaines, 40 000 ouvriers vont quitter le pays pour aller travailler à l'étranger afin de gagner leur pain de leurs familles pour les mois d'hiver et l'argent pour payer leur fermage. (...) À Alost, au mois de juillet il manque 8 000 à 10 000 votes ». *Annales parlementaires*, 1897-1898, 10 mars 1898, 819.

Daens ne trouve certainement pas l'audience souhaitée au Parlement. Ses interventions ont néanmoins pour effet de faire connaître les Franschmans – quel que soit leur travail – en tant que réalité sociale. L'été 1897, la Ligue démocratique (Belgische Volksbond) consacre une journée d'étude aux saisonniers, une initiative qu'il faut certainement en partie voir comme une tentative de contrer l'essor du daensisme, le mouvement politique qui s'est créé dans le sillage de l'abbé Daens, dans le sud-est de la Flandre[54]. La Ligue démocratique décide de prendre le problème à bras-le-corps. Un véritable groupe de travail prend forme, s'assignant la mission suivante : « (...) s'enquérir de l'état réel et des besoins de cette population nomade »[55]. Gustaaf Eylenbosch (secrétaire de la Ligue démocratique), Jules Maenhout et Charles de Grünne (professeur à l'École des sciences politiques et sociales de l'Université de Louvain) font partie du groupe qui, le 7 juillet 1898 – et sous la protection de l'évêque de Gand, Mgr Stillemans – se rend en France pour un voyage d'étude de trois semaines[56]. Les départements de Seine-et-Oise (actuels départements de l'Essonne, des Yvelines et du Val-d'Oise), d'Eure-et-Loir, du Loiret, de Seine-et Marne, de la Marne, de l'Aisne, de l'Oise, de la Somme et du Nord sont successivement visités. Ce travail de terrain débouche sur deux importantes études. Un rapport d'Eylenbosch envisage le phénomène de manière systématique et a le mérite de faire connaître le thème dans le milieu très large du catholicisme organisationnel[57]. De Grünne, quant à lui, publie dans la *Revue générale agronomique* deux articles grâce auxquels le travail saisonnier va être introduit en tant que variante migratoire dans le monde scientifique socio-catholique[58]. Les autorités apportent également leur pierre. Le ministère des Affaires étrangères effectue une série de recensements et diffuse une brochure contenant des directives spécifiques à l'intention des saisonniers. Deux nouvelles agences consulaires sont également créées à Melun (Seine-et-Marne) et Montataire (Oise)[59]. Rapidement, le saisonnier est confirmé en tant que catégorie sociale par les autorités ecclésiastiques et politiques.

54 Il existe sur le daensisme une littérature abondante. Voir entre autres Wils, *De oorsprong van de kristen-democratie* ; *Id.*, *Het Daensisme* ; Van Isacker, *Het Daensisme* ; Van Velthoven, *De Daensistische beweging*.

55 de Grünne, « Les ouvriers agricoles belges en France », 128.

56 Œuvre des émigrants belges en France. Rapport de l'année 1922, 5.

57 Eylenbosch, *Les ouvriers belges en France*. Pour le nombre des saisonniers, Eylenbosch a selon toute vraisemblance utilisé les comptages d'Adolf Daens. Schepens, *Van vlaskutser tot Franschman*, 216.

58 de Grünne, « Les ouvriers agricoles belges en France ».

59 Woestenborghs, *Vlaamse arbeiders in den vreemde*, 103 ; *Eenige raadgevingen voor de werklieden die naar Frankrijk trekken* ; AAE, B3285, Ouvriers agricoles allant travailler en France.

Le volume précis de cette émigration a toujours été sujet à discussion[60]. Partant des questionnaires envoyés par la province de Flandre-Occidentale aux communes en 1898 et 1902, Luc Schepens a estimé le nombre d'émigrés temporaires originaires de cette province à 15 000 environ[61]. Le groupe était composé d'un quart environ de briquetiers et de terrassiers. Le reste était constitué d'ouvriers agricoles[62]. Schepens observe à raison que des auteurs comme Edmond Ronse assimilent trop facilement l'émigration temporaire à l'embauche dans l'agriculture. Ronse arrive ainsi à des pourcentages impressionnants d'ouvriers agricoles censés avoir leur lieu de travail en France. En Flandre-Orientale, par exemple, 42% de la population masculine recensée dans l'agriculture appartient à la catégorie des saisonniers. Pour la Flandre-Occidentale et pour les arrondissements d'Ath, de Tournai, et de Soignies, ils représentent respectivement 24,9% et 21,4%. Toutes régions confondues, cela signifierait donc que 33% des travailleurs agricoles de sexe masculin sont des saisonniers. Ce pourcentage semble peu vraisemblable. Schepens a obtenu des proportions plus réalistes en couplant le questionnaire provincial à des éléments tirés des discours du gouverneur de Flandre-Occidentale, Janssens de Bisthoven. Dans cette province, le travail saisonnier concernerait selon lui 14% de la population masculine active répertoriée dans l'agriculture. Si on extrapole ces chiffres à la province de Flandre-Orientale, cela signifierait que 23,5% de ce groupe de population était impliqué dans le travail saisonnier.

Les résultats d'une enquête des Affaires étrangères semblent corroborer les données de Schepens. En 1899 et 1901, les ouvriers prenant part à une campagne agricole en France furent dénombrés de façon précise. Pour la Flandre-Occidentale, les chiffres sont même encore inférieurs : 7 990 en 1899 (au lieu de ¾ de 15 364) et 8 739 en 1901. Les chiffres de la Flandre-Orientale démontrent l'importance des campagnes saisonnières en France pour cette province. En 1899, 23 337 Est-Flandriens se rendirent en France, en 1901 19 271[63].

Il est clair que l'importance excessive accordée à l'agriculture dans l'évaluation du travail saisonnier a ruralisé dès le début l'émigration temporaire. Cela n'a pas seulement influencé l'image que l'on se faisait à l'époque de l'émi-

60 Voir à ce sujet Schepens, *Van vlaskutser tot Franschman*, 215-224 ; Ronse, *L'émigration saisonnière belge*, 70-71.

61 Schepens, *Van vlaskutser tot Franschman*, 219-221. Schepens donne des chiffres pour 1898 : 15 054 ; pour 1899 : 15 364 y compris le correctif pour les non-ouvriers agricoles. Voir aussi à ce sujet la répartition régionale pour la Flandre-Occidentale.

62 *Ibid.*, 223.

63 La mesure dans laquelle l'enquête des Affaires étrangères faisait la différence entre les saisonniers engagés dans l'agriculture et les saisonniers engagés dans d'autres secteurs n'est pas très claire. Les chiffres faibles de la Flandre-Occidentale suggèrent que l'on en tenait effectivement compte. Cela pourrait signifier que la majorité des Ouest-Flandriens étaient engagés dans l'agriculture ; et que les pourcentages de cette province, extrapolés par Schepens aux autres provinces, n'étaient pas vraiment d'application.

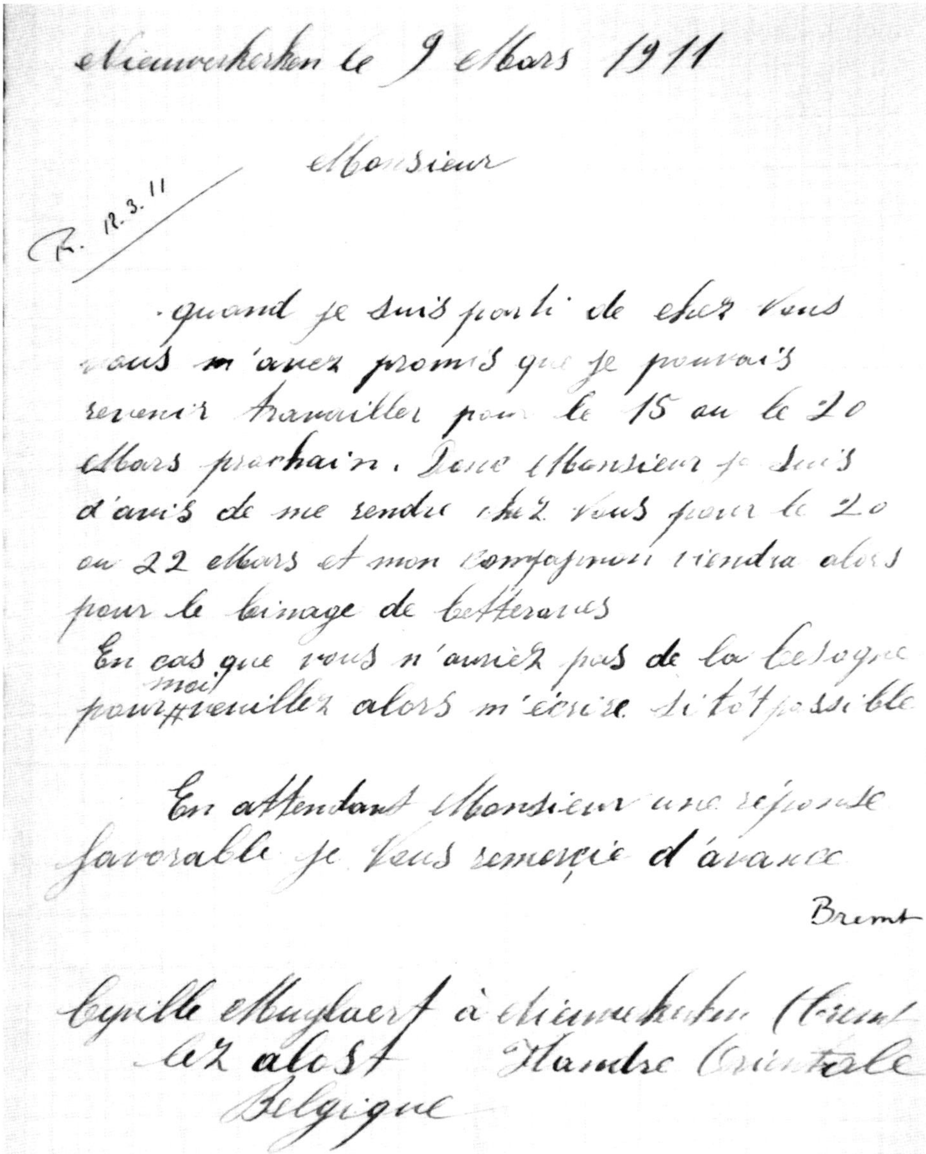

Nieuwerkerken le 9 Mars 1911

Monsieur

R. 12.3.11

quand je suis parti de chez vous
vous m'avez promis que je pouvais
revenir travailler pour le 15 ou le 20
Mars prochain. Donc Monsieur je suis
d'avis de me rendre chez vous pour le 20
ou 22 Mars et mon compagnon viendra alors
pour le binage de betteraves
En cas que vous n'auriez pas de la besogne
pour moi veuillez alors m'écrire sitôt possible

En attendant Monsieur une réponse
favorable je vous remercie d'avance

Bremt

Cyrille Muylaert à Nieuwerkerken (Bremt)
lez Alost Flandre Orientale
Belgique

26. Lettre de Cyrille Muylaert concernant son arrivée.
[ADSM, 121 J, Fonds Flichy : Correspondance C. Muylaert et R. Flichy. Flichy était propriétaire d'une ferme de 300 ha. à Réau, spécialisée dans la culture betteravière. Selon les saisons, 40 à 45 personnes y étaient embauchées, principalement des Belges]

gration, qui a dès lors été considérée comme un phénomène temporaire et rural. L'impact à long terme de cette migration saisonnière rurale sur la mémoire collective de la Flandre est tout aussi marquant. Bien plus que les nombreux Belges qui s'étaient établis dans le nord de la France et dans l'agglomération parisienne après 1850, c'est le saisonnier qui y est resté comme forme archétypique de l'émigrant flamand. Mais, dans les faits, l'émigration saisonnière dépassait largement le cadre de la Flandre. Si on considère par exemple les trois arrondissements hennuyers de Tournai, Ath et Soignies, le nombre de départs en direction de la France avait le même volume qu'en Flandre-Occidentale. Les chiffres des campagnes de 1899 et de 1901 parlent d'eux-mêmes. En 1899, 6 889 Hennuyers gagnèrent une partie de leur pain grâce au travail saisonnier, en 1901 ce chiffre atteignit 6 965. Au niveau des villages, on assiste au même phénomène que dans la province de Flandre-Orientale. Les localités, situées dans cette province, de Nederbrakel (700 départs en 1899 et 1902), Sint-Maria-Lierde (250 et 160 départs pour les mêmes années) et Sint-Martens-Lierde (350 et 180) étaient tout à fait comparables à des communes hennuyères comme Ellezelles (800 et 800), Frasnes-les-Buissenal (445 et 469), Lahamaide (270 et 280) ou Mainvault (300 et 300)[64].

Les grosses fluctuations dans le nombre de saisonniers n'ont rien d'étonnant. Elles s'expliquent avant tout par le statut incertain de l'emploi. Les chefs d'équipe qui partaient pour la France avec un groupe n'étaient souvent mis au courant que tardivement du nombre de travailleurs à recruter, qui dépendait étroitement du travail à effectuer sur place (Illustration 26). Celui-ci dépendait lui-même des conditions climatiques pendant les mois de croissance des cultures et juste avant les récoltes. Le mauvais temps était plus favorable aux saisonniers que le bon. Dans les décennies précédant la Première Guerre mondiale, le travail manuel fut en effet progressivement remplacé par les moyens mécaniques. Dans les grandes fermes de la Marne, de la Brie et de la Beauce (respectivement à l'est et au sud de Paris), les machines étaient surtout utilisées en cas de conditions de récolte favorables. En cas de récoltes difficiles par contre, elles n'étaient pas utilisables et le plus gros du travail était accompli par les saisonniers[65]. La communication des informations au sujet des récoltes faciles ou difficiles était l'une des tâches des consulats fondés par les Affaires étrangères. En 1911, le consul belge de Chartres fit ainsi savoir que la récolte à venir serait probablement facile. « Les ouvriers belges qui ont l'intention de venir faire la moisson en Beauce, feront bien, avant d'entreprendre le voyage et de s'exposer à des frais inutiles, de s'assurer d'un travail certain, car la récolte

64 AAE, B3285, Ouvriers agricoles allant travailler en France : La province du Hainaut au ministère des Affaires étrangères, 13 mars 1902.

65 Pour des descriptions séparées de la Beauce et de la Brie, voir Eylenbosch, *Les ouvriers belges en France*, 9-16.

TABLEAU 9
SAISONNIERS DANS LE DÉPARTEMENT SEINE-ET-MARNE
(% : POURCENTAGE DE BELGES DANS LE CONTINGENT ÉTRANGER)

	1896		**1902**	
Meaux	3 542	42%	3 375	43%
Melun	2 704	32%	2 451	31%
Autres	2 053	26%	1 849	28%
Total	**8 299**		**7 675**	

Chiffres repris dans Ponchelet, *Ouvriers nomades et patrons briards*, 134. Sur base de Hugues, *Statistiques du mouvement de population de Seine-et-Marne.*

sera facile à faire et les machines seront presque exclusivement employées »[66]. D'autres fois, les nouvelles étaient meilleures pour les saisonniers. En 1908, par exemple : « Les récoltes, qui promettaient un rendement extraordinaire, ont été fortement touchées par de violents orages. Les ouvriers belges peuvent venir nombreux dans ma région, il y aura du travail pour tous. »[67]

Peu avant la guerre, les consulats multiplièrent les avertissements à l'adresse des saisonniers belges. Ceux-ci furent à plusieurs reprises engagés à la loyauté, en particulier lors des négociations sur le salaire. Des exigences salariales excessives risquaient à terme de se retourner contre eux. Ces mises en garde ne doivent pas être interprétées comme une défense d'intérêts formelle de la part du consulat. En dépit des incertitudes liées au travail saisonnier dans l'agriculture, les émigrés belges étaient avant la Première Guerre mondiale convaincus d'être devenus indispensables. Cette assurance se traduisait dans des exigences croissantes vis-à-vis de leurs employeurs. Dans les zones agricoles riches et étendues des environs de Paris, où la présence belge était dominante dans le travail saisonnier, cela menait souvent à des tensions. Le nombre d'ouvriers agricoles belges et français était à peu près équivalents. Aux alentours de Meaux, dans la Brie, par exemple, les Belges représentaient plus de 40% du contingent total d'ouvriers agricoles (Tableau 9)[68]. Les différences de salaires selon la nationalité étaient de plus en plus difficilement acceptées et, pour obtenir des salaires équivalents à ceux des ouvriers agricoles

66 AAE, B3285, Ouvriers agricoles allant travailler en France : Lettre du consulat belge de Chartres, 27 juin 1911. Une mise en garde analogue fut envoyée le 20 juin 1910.

67 *Ibid.* : Lettre du consulat belge de Chartres au ministre des Affaires étrangères, 4 juillet 1908.

68 Canton Claye-Souilly : 1 094 Belges pour 1 241 Français ; canton Dammartin : 1 147 Belges pour 1 500 Français ; canton Lizy-sur-Ourcq 1 025 Belges pour 1 578 Français. *Ibid.* : Lettre du consul belge de Melun au ministre des Affaires étrangères, 7 janv. 1907.

français, les Belges avaient parfois recours à la grève[69]. Les Affaires étrangères prévinrent donc que les agriculteurs français cherchaient activement des alternatives. Dès avant la guerre, la France collabora avec des bureaux de recrutement polonais pour remplacer les Belges, trop coûteux.

La Première Guerre mondiale

La Première Guerre mondiale entraîna une rupture fondamentale entre anciennes et nouvelles pratiques. Militairement, politiquement et socialement parlant, les événements survenus entre 1914 et 1918 allaient avoir un impact essentiel sur l'histoire future. La nature de ces évolutions prête toujours à discussions un siècle après les faits. Un flot ininterrompu d'études historiques globales ou partielles ne cesse de jeter sur ces événements de nouveaux éclairages. L'historiographie avant tout politique et militaire de la Première Guerre mondiale éclipse pourtant de nombreuses autres facettes, tout aussi importantes, du conflit. Parmi ces aspects restés jusqu'il y a peu sous-éclairés, il y a le versant civil du conflit. Pourtant, la Première Guerre mondiale fut dans ce domaine une expérience bouleversante. Outre le front militaire, il existait en effet aussi un front civil qui menait sa propre vie, produisait et commerçait, subsistait entre peur et méfiance, où les enfants, les femmes et les hommes non mobilisés tentaient de se débrouiller dans un système social déterminé par les institutions d'urgence. La recherche portant sur les conséquences sociales et mentales de cet épisode n'en est qu'à ses tout débuts[70], mais tout indique que la guerre eut au minimum un effet accélérateur sur une série de transitions sociales et qu'elle incita une partie de la population au moins à se détacher de schémas de valeurs profondément ancrés.

Cela vaut aussi pour la population civile belge. L'avancée rapide de l'armée allemande avait poussé cette « fidèle » population à fuir en masse, en particulier vers la France, la Grande-Bretagne et les Pays-Bas[71]. Pendant les premiers mois de guerre, 600 000 Belges se dispersèrent dans ces pays. La plupart d'entre eux quittaient pour la première fois leur environnement familier. Lorsque les hostilités évoluèrent vers une guerre de positions et de longue durée, leur séjour dans les deux premiers pays prit une forme plus permanente, excédant même dans certains cas quatre ans du conflit.

69 « Les Belges menacent donc, eux aussi, les fermiers de se mettre en grève, et, comme ils sont gens violents et décidés, les cultivateurs sont affolés. » AAE, B3285, Ouvriers agricoles allant travailler en France : *Écho à Paris*, 30 mai 1906,

70 Voir Becker, *Oubliés de la Grande Guerre* ; Audoin-Rouzeau et Becker, *14-18, Retrouver la guerre* ; Audoin-Rouzeau, *L'enfant de l'ennemi* ; Hanna, *Your Death Would be Mine* ; Davis, *Home Fires Burning*.

71 Pour l'analyse des réfugiés belges en France principalement, je me fonde surtout sur le travail de l'historien bruxellois Michaël Amara. Une excellente synthèse de sa recherche est disponible sous le titre *Des Belges à l'épreuve de l'Exil*.

La question de l'impact de l'expérience d'exode belge sur la disponibilité à l'émigration dans la période qui suivit la Première Guerre mondiale est par conséquent légitime. À partir de 1915, lorsqu'il apparut que la guerre risquait de durer un moment, les réfugiés furent de plus en plus intégrés dans l'économie de guerre. Le processus ne fut pas le même en Grande-Bretagne qu'en France. D'abord, le besoin de main-d'œuvre étrangère y était moins grand[72]. Lorsque des réfugiés furent impliqués dans l'industrie britannique, cela se passa de manière très ciblée et d'une façon concentrée. Des groupes furent composés selon la nationalité, de sorte que même dans ces circonstances, les réfugiés restaient visibles.

La France, en revanche, opta pour une autre forme d'accueil. Dans un premier temps, les arrivants furent répartis entre les différents départements. Mais il apparut bien vite qu'une émigration interne s'était mise en route et que les Belges qui étaient logés à l'origine dans les départements du sud retournaient vers le nord. Les environs de Paris et la région de Rouen et du Havre, où outre le gouvernement belge (Sainte-Adresse), l'essentiel de l'industrie de guerre belge était implantée, attiraient de nombreux concitoyens. Les réfugiés y étaient embauchés de différentes manières. Le gouvernement belge au Havre plaça par le biais de la Bourse belge du travail de nombreux réfugiés dans l'industrie. Beaucoup trouvèrent aussi de l'emploi par le biais des bureaux de placement français organisés à l'échelle régionale et départementale. Enfin, il était également possible de trouver du travail par soi-même[73]. En France, tous les secteurs ou presque recrutèrent des Belges. La métallurgie était le principal employeur avec environ 10 500 travailleurs belges en 1917. Le gros de l'emploi était concentré dans les environs de Paris, notamment chez Renault (900 Belges) et Salmson à Billancourt (310 Belges), chez Citroën (210) à Paris et chez Clément Bayard (environ 250) à Levallois[74]. Les Belges bénéficiaient dans ces usines du même statut que leurs collègues français et, contrairement à ce qu'il se passait en Grande-Bretagne, ils n'étaient pas engagés dans des équipées séparées. Les 900 Belges de Renault Billancourt, par exemple, se mêlèrent simplement aux autres 17 200 travailleurs de nationalité française et autre.

L'agriculture jouait évidemment un rôle important dans l'économie de guerre française. Lorsque la guerre éclata en août 1914, sa fragilité fut une fois de plus douloureusement soulignée. En plein conflit, l'armée recruta avidement dans l'agriculture, un secteur qui se battait déjà en temps de paix avec un manque de main-d'œuvre. La récolte de 1914 put encore être rentrée par les

72 Amara, *Des Belges à l'épreuve de l'Exil*, 197-203.

73 Eux aussi étaient soutenus, notamment du côté catholique. Voir par exemple les modèles de contrats bilingues pour l'agriculture et l'industrie publiées dans le *Handboek van den Belgische Vluchteling in Frankrijk* d'Edmond Ronse, 59-62.

74 Amara, *Des Belges à l'épreuve de l'Exil*, 129. Pour une vue plus large de l'embauche des Belges, *Ibid.*, 128-137.

forces réunies des femmes et des enfants restés à la maison. Mais les années suivantes, la pénurie de bras se fit sentir de façon structurelle. De plus, l'exode rural se poursuivait sans faiblir. Les ouvriers agricoles français étaient détournés vers l'industrie de guerre, de sorte qu'à partir de 1915, les autorités furent contraintes de chercher de la main-d'œuvre pour l'agriculture. C'est alors que fut fondé l'Office national de main-d'œuvre agricole. Mais ce bureau de placement ne tarda pas à être confronté à ses propres limites. Il constata rapidement qu'il ne pourrait répondre à la demande en faisant exclusivement appel au marché intérieur[75]. La seule solution était donc de recruter à l'étranger. De 1915 et 1918, plus de 146 000 Espagnols et Portugais vinrent ainsi aider aux travaux des champs en France[76].

Pendant la Première Guerre mondiale, l'agriculture française put aussi se reposer sur un apport substantiel de la Belgique, même si celui-ci ne fut pas comparable en nombre avec celui des travailleurs agricoles espagnols ou portugais. Entre les Belges et les autres réfugiés travailleurs étrangers, il y avait cependant certaines différences. D'abord, on trouvait parmi les réfugiés belges de nombreux agriculteurs. Ils avaient principalement fui vers la France à partir de la ligne de front de Flandre-Occidentale. De plus, les réfugiés belges se savaient « soutenus » par une administration belge en exil. Ce n'était pas sans importance, surtout pour leur allocation sectorielle. Pendant la longue période de l'exode, il ne suffisait en effet pas d'impliquer les réfugiés dans le processus de production. Il était tout aussi essentiel de répartir les effectifs dans les secteurs dans lesquels ils étaient le plus rentables en fonction de leur spécialisation. La Bourse belge du travail (BBT), et, à partir de 1915 dans une moindre mesure, l'Office national du travail[77], entretinrent dans ce but des contacts avec les principaux organes sectoriels français. Par ce biais, il fut par exemple possible d'engager les réfugiés mineurs du bassin hennuyer dans les mines françaises. On fit de même avec les agriculteurs. En mai 1916, le ministre de l'Agriculture, Joris Helleputte, fonda comme appendice à la Bourse belge du travail une filiale agricole chargée de placer les Belges dans l'agriculture française[78]. Cette filiale dressa notamment en collaboration avec les autorités locales et les syndicats agricoles des listes des fermes vacantes. Pour la fin de la guerre, un millier de familles belges furent ainsi placées dans des fermes françaises. Les riches zones agricoles entourant Paris et la Nor-

75 Augé-Laribé, *L'agriculture pendant la guerre*, 71.

76 Amara, *Des Belges à l'épreuve de l'Exil*, 123.

77 L'Office national du travail fut fondé par le ministre catholique de l'Industrie et du Travail Armand Hubert. Son objectif principal était de donner aux travailleurs belges le sentiment qu'ils étaient soutenus administrativement et moralement par des organes belges. On dresserait ainsi une digue contre le socialisme qui, une fois la guerre terminée, risquait d'attirer à lui les ouvriers par des « exigences excessives ». *Ibid.*, 118-119.

78 Sur la personne de Joris Helleputte, voir De Maeyer et Van Molle (dir.), *Joris Helleputte*, 195-205 ; Verriest, « De houding van minister Joris Helleputte tegenover de Vlaamse problematiek tijdens de Eerste Wereldoorlog ».

mandie étaient principalement concernées. Selon les chiffres de l'Office national du travail pour 1917, il y avait à ce moment 15 000 fermiers belges actifs dans l'agriculture française, répartis entre les départements suivants : Eure (1 800), Seine-et-Oise (1 400), Oise (1 360), Seine-Inférieure (800), Orne (750), Charente (600) et Manche (600)[79].

La participation des réfugiés belges au système de production français pendant la Première Guerre mondiale eut un fort impact social et mental. Les réfugiés se familiarisèrent par le biais du travail avec la vie en France. Cela valait surtout pour les ouvriers belges embauchés dans l'industrie, qui travaillaient avec les Français dans des équipes mixtes. Pour les Belges recrutés dans l'agriculture, ce ne fut pas si évident. Comparées à l'industrie, qui était le plus souvent implantées dans les environs de centres urbains, les entreprises agricoles se trouvaient loin de tout. Néanmoins, la période de la guerre représenta certainement aussi pour beaucoup d'entre eux une expérience pilote et une occasion de tester diverses méthodes. Dans bien des cas, cela allait les mettre sur la piste d'un établissement définitif. Dans les environs de Rouen notamment, des exploitants intérimaires belges firent savoir dès 1916 qu'ils comptaient s'installer définitivement dans la région[80]. Nous verrons plus loin qu'ils avaient trouvé là des exploitations nettement plus grandes qu'en Belgique. Dans son étude sur la Belgique agricole de 1910, l'économiste Seebohm-Rowntree a évoqué cette propriété terrienne morcelée : 95% des propriétaires belges étaient sous la barre des 10 ha[81] et une exploitation moyenne atteignait à peine 2,3 ha[82]. En France, l'exploitation moyenne atteignait 6 ha, mais comme nous le verrons, cela variait fortement d'une région à l'autre.

Fondamentalement, les propriétaires français virent l'arrivée de fermiers belges d'un bon œil. Ils avaient bonne réputation et, en Normandie surtout, on les considérait comme des agriculteurs adaptables et industrieux, dotés d'une bonne connaissance du métier. Mais ce qui plaisait surtout aux propriétaires, c'était leur volonté de rentabiliser la ferme et le sol. Ils investissaient principalement dans les capitaux mobiliers augmentant la productivité, moins dans des biens immobiliers ou des terres[83]. Dépourvus de préjugés sur la région où ils aboutissaient, ils n'hésitaient pas à introduire de nouvelles cultures et, si nécessaire, passaient de la culture à l'élevage ou inversement. Les fermiers

79 Amara, *Des Belges à l'épreuve de l'Exil*, 124.

80 « Quelques dizaines d'exploitations importantes sont ainsi occupées par des cultivateurs belges venus de Flandre. Installés dans ces fermes avec leurs familles, ils se mettent au travail avec une énergie à la hauteur de leur réputation, en utilisant les méthodes les plus modernes. En Seine-Inférieure, une quarantaine d'exploitants belges reprennent des fermes abandonnées et obtiennent des rendements qui suscitent l'admiration des populations locales. » Cité dans *Ibid.*, 125.

81 Rowntree, *Land and Labour*, 41-44.

82 *Ibid.*, 106. Rowntree calcule en acres. Une exploitation agricole moyenne compte 5,7 acres ; 1 ha correspond à 2,48 acres.

83 Hubscher, *L'immigration dans les campagnes françaises*, 174.

belges étaient par conséquent – à la satisfaction des propriétaires, mais à la colère de la population locale – aptes (et prêts) à payer des loyers plus élevés. Dans le Pays de Caux, en Normandie, on critiquait par exemple ouvertement les Belges parce qu'ils abandonnaient des cultures régionales traditionnelles, comme les céréales et la betterave sucrière. « Beaucoup de Belges réfugiés ont dû s'adapter très vite à la situation et en tirer profit à leur avantage grâce à cet esprit commercial, si développé chez eux. Certains louent des fermes en les surpayant pour y cultiver des récoltes échappant à la taxe. Ainsi à Ricarville, une ferme fut louée à un taux supérieur à sa valeur réelle à la condition que les 3/4 des terres de la ferme puissent être ensemencées en chicorée durant 3 ans consécutifs. »[84]

La guerre ne représenta pas seulement une phase d'apprentissage pour les réfugiés belges. Plus généralement, elle entraîna en France une transition fondamentale dans la structure sociale et économique du pays. Désormais, les immigrants y jouaient un rôle essentiel. Dès avant la fin du conflit on prit conscience que la composition de cette catégorie sociale allait changer du tout au tout. Le nouveau visage de la réalité migratoire fit en bonne partie disparaître l'exotisme des migrants belges. Bon gré mal gré, la guerre avait internationalisé le recrutement destiné au marché du travail français. Au-delà des étrangers qui se trouvaient déjà dans le pays avant 1914, on avait fait appel à 662 000 travailleurs espagnols, portugais, grecs et italiens[85]. La guerre avait également ouvert pour la première fois une filière entre les colonies et la métropole, se traduisant par un flux migratoire en provenance des territoires du Nord de l'Afrique et d'Indochine. À partir de 1916, les ouvriers chinois firent aussi leur entrée dans le paysage professionnel français[86].

La migration permanente rurale belge

La Première Guerre mondiale fut donc certainement un catalyseur important pour l'émigration agricole permanente de Belges en France. Pour commencer, le séjour en France avait représenté pour la plupart des réfugiés une confrontation de longue durée avec une autre société. Pour beaucoup d'agriculteurs réfugiés, la guerre avait été une sorte de vitrine pour de nouvelles chances. Ils avaient appris à connaître la France sous un autre angle. Les vastes zones agricoles du nord n'avaient évidemment pas manqué de leur apparaître comme une opportunité. Après la guerre, la France devint donc une réelle issue pour qui ne pouvait se procurer une ferme en Belgique mais voulait rester dans l'agriculture. Les réfugiés belges de la région du front, où les possibilités agri-

84 *L'Abeille cauchoise*, fév. 1918. Cité dans Kaanen-Vandenbulcke, *Le chemin de la ferme*, 114.
85 Bade, *L'Europe en mouvement*, 296.
86 Poisson, « Les grandes étapes de cent ans d'histoire migratoire entre la Chine et la France », 9.

coles étaient à court terme réduites à néant, furent les premiers à saisir cette occasion.

Le sort des réfugiés dans la transition entre temps de guerre et temps de paix est un sujet peu exploré. Il est certain que beaucoup ne rentrèrent pas chez eux immédiatement après l'armistice, loin de là[87]. Le retour (pris dans les deux sens : les réfugiés belges et les soldats français) se fit en rangs dispersés et fut un processus de longue haleine. En outre, les autorités français firent preuve vis-à-vis des travailleurs étrangers – réfugiés y compris – d'une attitude hésitante. D'une part, il y avait chez elles une volonté claire de préparer la réintégration des soldats français dans le système de production. Dans ce but, le ministère français des Affaires étrangères avait annoncé presque aussitôt après l'armistice (21 novembre 1918) l'arrêt de l'émission de nouvelles cartes d'identité pour les étrangers désireux de venir travailler dans le commerce ou l'industrie[88]. De l'autre, le gouvernement français devait bien admettre que le pays manquait de bras. C'est pourquoi dès la première moitié de 1919, il autorisa à nouveau l'émission de cartes vertes aux postes frontières et signa des accords bilatéraux avec la Pologne, l'Italie et la Tchécoslovaquie[89].

La circulaire éditée après l'armistice faisait déjà une exception pour l'agriculture[90]. La pénurie de main-d'œuvre du secteur primaire avait forcé le gouvernement français à la souplesse[91]. La quantité d'agriculteurs belges directement arrivés dans des fermes françaises par ce biais est difficile à estimer. Le premier recensement des fermiers belges établis en France comme exploitants n'eut lieu qu'en 1922. Cette année-là, la Direction de la Sûreté générale (ressortissant du ministère des Affaires étrangères) diffusa un questionnaire visant à établir un inventaire des fermes exploitées par des étrangers (propriétaires ou locataires). La date du recensement ainsi que sa focalisation sur l'agriculture trahissent clairement sa préoccupation face à une immigration occupée

87 Aleks et André Desseyn ont par exemple rassemblé dans leur étude *Zonnebeke 14-18* une série de témoignages d'habitants du villages qui avaient fui, parmi lesquels la famille Pype-Vandewiel, qui rentra de Touques (Calvados) le 16 juillet 1919. Deseyn, *Zonnebeke 1914-1918*, 423-428. C'était d'ailleurs relativement rapide. La plupart des Zonnebekois revinrent entre septembre et décembre. *Ibid.*, 477-483.

88 ADE, 10M46, Main-d'œuvre coloniale et étrangère pendant la Guerre de 1914-1918 : Lettre du ministère de l'Intérieur à la Préfecture de l'Eure, 19 juin 1919.

89 La couleur des cartes d'identité jouerait un rôle important pendant toute la guerre. À partir de l'introduction de la carte d'identité destinée aux travailleurs étrangers ou originaires des colonies, le 21 avril 1917, la carte verte fut réservée aux travailleurs de l'industrie et la carte chamois aux travailleurs agricoles. Le nombre de types de cartes augmenta avec la diversification des catégories.

90 Voir aussi ADE, 10M46, Main-d'œuvre coloniale et étrangère pendant la Guerre de 1914-1918 : Lettre du ministère de l'Intérieur à la Préfecture de l'Eure, 6 janv. 1919. « (...) j'ai interdit la délivrance aux frontières de nouvelles cartes d'identité et de circulation pour les travailleurs étrangers du Commerce et de l'Industrie ; seuls, les travailleurs agricoles venant de l'étranger pourront continuer à recevoir la même carte de couleur chamois. »

91 ADE, 7M178-179, Mise en culture des terres abandonnées.

à mettre la main sur un secteur vital. Vers 1922, la situation était stabilisée. La plupart des réfugiés étaient rentrés chez eux et il était possible d'établir avec plus de clarté un bilan du nombre d'immigrants dans l'agriculture.

Bien que principalement centrée sur la nationalité des exploitants et le volume de l'exploitation, l'enquête donne des vagues indications concernant les débuts de l'afflux belge dans l'activité agricole française. Lorsque le questionnaire mentionne la date d'entrée en vigueur du contrat d'exploitation, celle-ci se situe le plus souvent après 1920[92]. La plupart des fermiers belges repris sur les listes sont en effet locataires et non propriétaires. En dépit de ses limites, le questionnaire met en évidence une présence importante d'agriculteurs belges dans tous les départements du nord.

Il permet aussi de faire une série de constats surprenants concernant la répartition de l'émigration agricole. Ainsi, le département qui exerce la plus grande force d'attraction dans ce domaine est le Nord (Tableau 10). Cela montre en soi que l'émigration belge dans le département frontalier ne peut être réduite à la zone industrielle de Lilles-Roubaix-Tourcoing. Nous reviendrons très bientôt sur le fait que l'émigration rurale se concentre surtout dans l'Avesnois et pratiquement pas en Flandre française. Après le département du Nord, ce sont ceux de l'Oise (en gros, la région située au nord de Paris, composée des arrondissements de Beauvais, Clermont, Compiègne et Senlis), des Ardennes (Charleville-Mézières, Rethel, Sedan, Vouziers), de l'Aisne (Laon, Vervins, Château-Thierry, Soissons, Saint-Quentin) et de l'Eure (Évreux, Bernay, Les Andelys) qui attirent le plus. D'autres départements ne sont pas repris dans le tableau malgré une force d'attraction considérable sur les fermiers belges : ce sont la Somme (299 exploitations belges), la Seine-et-Marne (177), la Seine-et-Oise (142), le Pas-de-Calais (111), la Seine-Inférieure (actuel département de Seine-Maritime : 77).

En examinant le recensement de plus près, nous constatons – ce qui n'a rien d'étonnant – que la taille des exploitations diffère nettement d'un département à l'autre. Les régions agricoles connues comptent de plus grandes exploitations. La moyenne la plus basse est rencontrée dans le Nord, la plus haute en Seine-et-Marne[93]. La différence entre exploitation médiane et moyenne frappe surtout pour le département de l'Aisne. Elle s'explique par la présence d'une série de très grandes exploitations.

92 ANF, F7-13518-19, Étrangers résidant en France. Exploitations agricoles leurs appartenant 1922-1934. À l'intérieur du dossier : Enquête de 1922 sur les exploitations agricoles détenues par les étrangers. Le questionnaire n'est pas uniforme dans l'indication de la durée du bail. Tantôt, c'est la nature du contrat qui est indiquée (par ex. 3-6-9), tantôt c'est sa durée réelle (par ex. 1920-1929) et souvent, rien n'est précisé. Malheureusement, il n'est mentionné qu'occasionnellement, çà et là, depuis quand un fermier s'est établi en France (par ex. « depuis 1889 »). Le recensement reprend par contre de manière systématique le nombre d'hectares exploité par « les étrangers ».

93 Pour la Seine et Marne, le chiffre médian est de 44,5 ha ; pour le Seine-et-Oise de 37 ha ; pour la Somme de 35 ha et pour le Pas-de-Calais de 17,4 ha.

TABLEAU 10
NOMBRE D'EXPLOITATIONS BELGES EN FRANCE, 1922

Départe-ment	Exploita-tions étrangères	Exploita-tions belges	% d'exploi-tations belges	Superficie moyenne des exploitations belges	Superficie médiane des exploitations belges
Nord	1347	1344	99,7%	17,7 ha	13 ha
Oise	660	633	96%	56,5 ha	40 ha
Ardennes	552	529	96%	33,75 ha	21 ha
Aisne	471	454	96%	63,5 ha	35 ha
Eure	343	322	94%	51,8 ha	36 ha

ANF, F7-13518-19 : Étrangers résidant en France. Exploitations agricoles leur appartenant 1922-1934. Plus particulièrement : Enquête de 1922 sur les exploitations agricoles détenues par les étrangers.

Les recensements agricoles nous informent-ils sur la part de fermiers flamands dans l'émigration ? Comme les enquêteurs ne mentionnent que la nationalité, il est difficile d'être précis à ce sujet. Une analyse patronymique nous en apprend un peu plus. Un premier constat concerne la complexité de l'émigration agricole belge. Contrairement à ce que la rare littérature disponible à ce sujet a toujours affirmé, il n'est pas certain que le contingent d'émigrés partis vers 1922 ait été principalement composé de Flamands[94]. De nombreux agriculteurs francophones partirent aussi pour la France. Leur proportion était particulièrement élevée dans le Nord, plus précisément dans l'Avesnois. Sur les 1 344 exploitations belges du Nord, 678 se trouvaient dans l'arrondissement d'Avesnes sur Helpe. À peine 10% (57) étaient gérées par des agriculteurs à patronyme flamand. Cela vaut aussi pour les autres départements frontaliers, comme les Ardennes et le nord de l'Aisne (Thiérache).

Le deuxième constat découle du premier. À mesure que nous nous éloignons de la frontière, les patronymes flamands deviennent proportionnellement plus nombreux. S'agissant de l'émigration agricole belge vers 1922, il semble donc utile d'apporter deux précisions au moins. D'abord, la mobilité se joue surtout dans les zones frontalières dans la mesure où une frontière

94 Cette affirmation fut par exemple au centre d'une brochure publiée en 1941 par Van Acker sous le titre révélateur de *Vlaamse boerenkolonies in Frankrijk : ter oplossing van het beslissend vraagstuk der Vlaamsche levensruimte* (« Colonies de fermiers flamands en France ; pour résoudre la question décisive de l'espace vital flamand »). L'auteur saisit l'occasion de la présence de fermiers flamands en France pour montrer que le *Lebensraum* flamand peut légitimement être élargi : historiquement, jusqu'à la Somme, concrètement, jusqu'au sud de la Seine, puisque des « colons flamands » y sont déjà installés. Voir aussi Verthé, *Vlaanderen in de wereld*, 70-76.

nationale n'agit pas sur la population. Les destinations sont plutôt choisies en fonction de la géographie mentale (*mental map*) des immigrants, le plus souvent des fermiers wallons qui s'en vont cultiver jusque de l'autre côté de la frontière. Une deuxième vague rejoint des régions plus éloignées et se rend principalement là on l'on trouve des opportunités d'exploiter de plus grandes fermes. À en juger par les patronymes, ce groupe est majoritairement originaire de la partie flamande du pays.

Tout indique que la majorité des immigrants qui partirent immédiatement après la Première Guerre mondiale eurent pour destination la France. Les notes qui circulent dans les initiatives d'encadrement catholiques vont en tout cas dans ce sens et observent, en particulier dans la population flamande, une propension croissante à partir tenter sa chance dans ce pays. « Depuis la guerre surtout beaucoup de familles nombreuses en Belgique cherchent à émigrer en France dans le but de trouver un gagne-pain rémunérateur. (...) Ce sont surtout des Flamands qui ont envahi les alentours de Paris, la Normandie, l'Est, l'Aube et se répandent dans le Midi. Les Wallons émigrent en nombre de beaucoup inférieur et se fixent surtout le long de la frontière où ils restent en contact avec la mère-patrie. En dehors de la zone frontière on estime que la proportion des familles flamandes est de 12 à 15 contre une famille wallonne. »[95]

Après la période 1919-1922, l'émigration agricole depuis la Belgique vers la France se poursuit au moins au même rythme. Si nous partons des données du nouveau recensement agricole de 1927, le nombre d'exploitations augmente spectaculairement entre 1922 et 1927 (Graphique 14). Dans presque tous les départements septentrionaux, leur nombre a au moins quadruplé. Dans les régions typiquement agricoles, comme l'Oise, la Somme, l'Aisne, l'Eure et les alentours de Paris, nous assistons même à une multiplication par six des exploitations belges. Ce sont aussi, bien logiquement, ces régions qui ont eu le plus à souffrir pendant le conflit. Parallèlement à la reconstruction de la région, les fermiers flamands remettent en culture l'ancienne zone du front. L'établissement y est stimulé par un coup de pouce du gouvernement français à ceux qui souhaitent remettre en état de fonctionnement les fermes situées sur les anciens champs de bataille[96]. La croissance spectaculaire du nombre d'exploitants belges entre 1922 et 1927 ne peut être analysée de la même façon que les chiffres de 1922. Les chiffres de 1927 n'autorisent pas d'études en termes de patronymes ou de tailles d'exploitation. La région d'origine (Flandre ou Wallonie) qui alimente le plus substantiellement la croissance dans le Nord ne peut être déterminée.

Même en 1927, la proportion de terres achetées reste insignifiante par rapport aux terres prises en location. Les fermiers belges sont donc en majorité

95 ABG, Fonds Seghers :« Les aumôniers belges en France », note sur l'émigration agricole.
96 ACBB, 866 (2), Les activités du Boerenbond en lien avec l'émigration flamande, 6.

GRAPHIQUE 14
NOMBRE D'EXPLOITATIONS BELGES DANS LES DÉPARTEMENTS FRANÇAIS 1922-1927

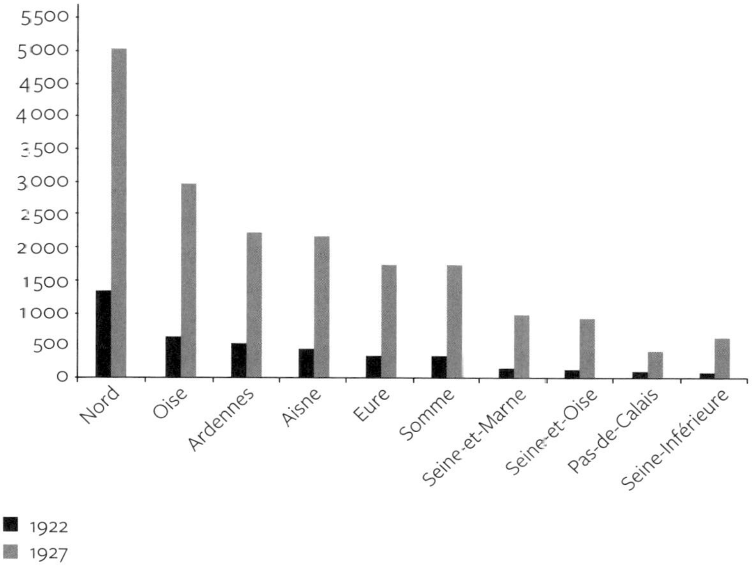

des locataires. Dans les départements frontaliers du Nord et des Ardennes, les propriétaires belges sont cependant plus nombreux. Cette immense majorité de locataires ne constitue d'ailleurs pas un handicap. Au contraire, la location rend les fermiers plus mobiles, ce qui représente souvent un avantage dans les régions agricoles riches. Vu sur une longue période, l'établissement en France se fait par étapes. Les fermiers s'installent dans un « pays » déterminé[97]. D'abord, ils s'établissent en tant que locataires, à l'exemple de Léon Fleurbaey, présenté dans l'introduction. Certains deviennent propriétaires au fil du temps, même si nous avons déjà signalé la grande disponibilité des Belges à investir dans des biens mobiliers.

La taille moyenne des exploitations belges diminue de manière frappante dans le recensement de 1927 par rapport à celui de 1922. Dans le cas de l'Oise, de l'Aisne et de l'Eure, la diminution est même spectaculaire. Nous ne pouvons rien en déduire de très clair. Le recensement de 1927 ne donne pas d'informations sur les exploitations individuelles et il n'est pas possible de dé-

97 Interview d'Adrien Fleurbaey (1920-2009), Mesnil-Raoul, 15 juin 2008. Adrien était le fils de Léon Fleurbaey. Il partit lui-même s'installer comme fermier à Mesnil-Raoul, près de Rouen, où il devint maire. Il fut également président de la SAFER (Société d'aménagement du territoire rural) de Seine-Maritime. Les SAFER avaient été créées en 1960 dans le but de réorganiser les exploitations agricoles afin d'en augmenter leur productivité. C'est à ce titre qu'il a défendu la location lors de l'interview et non en raison du parcours particulier de son père.

TABLEAU 11
NOMBRE D'EXPLOITANTS BELGES DANS LES PRINCIPAUX DÉPARTEMENTS (RECENSEMENT AGRICOLE 1927)

	N propriétaires	N locataires	N exploitants	ha propriétaires	ha locataires	Total ha	Nombre moyen d'ha
Nord	1 288	3 753	5 041	5 174,2	21 233,8	26 408,1	5,2
Oise	243	2 750	2 993	2 911,4	49 668,5	52 580,0	17,6
Ardennes	738	1 490	2 228	5 001,0	20 154,6	25 155,5	11,3
Aisne	375	1 819	2 194	5 501,6	35 611,5	41 113,1	18,7
Eure	183	1 563	1 746	1 356,5	18 896,7	20 253,2	11,6
Somme	213	1 588	1 801	2 727,2	22 093,3	24 820,5	13,8
Seine-et-Marne	61	938	999	551,0	17 242,0	17 793,0	17,8
Seine-et-Oise	150	808	958	1 458,7	11 474,5	12 933,2	13,5
Pas-de-Calais	113	316	429	600,5	3 195,4	3 795,9	8,8
Seine-Inférieure	80	568	648	793,2	8 883,6	9 676,8	14,9

terminer une superficie médiane. Il est néanmoins très probable que les premiers immigrants aient pris les plus grandes exploitations et que les fermiers arrivés plus tard aient dû se contenter des plus petites. La taille moyenne des exploitations a donc diminué. Au niveau du département, il est également clair que l'immigration belge est – à l'exception du Nord et du Pas-de-Calais – exclusivement rurale. Pratiquement tous ceux qui arrivent de Belgique dans les départements cités entre 1919 et 1927 s'installent dans l'agriculture (Graphique 15). En ce sens, le déplacement de paysans qui se déroule pendant l'entre-deux-guerres peut être considéré comme un nouveau mouvement migratoire. Dans un département comme l'Eure par exemple, la présence belge est à peu près nulle avant la Première Guerre mondiale, alors que vers 1927, les Belges y exploitent 1 746 entreprises agricoles[98].

À l'échelle française, les Belges choisissent surtout les régions agricoles les plus riches. Par exemple en Seine-et-Oise, où le préfet observe en 1922 que sur 150 fermes environ, une quarantaine dépassent les 100 ha. Dans la même lettre d'accompagnement, il fait allusion à un va-et-vient rapide après la guerre[99]. Une série de Belges avaient commencé à exploiter une ferme en tant que réfugiés de guerre et sont revenus tout de suite après le conflit. On trouve une même prédominance belge dans une région agricole riche comme le dé-

98 ADE, 4M265 : États numériques des sujets belges, autres nationalités 1896. Il y avait à l'époque 23 Belges actifs dans les arrondissements d'Évreux et de Pont-Audemer.

99 Hubscher, *L'immigration dans les campagnes françaises*, 174.

GRAPHIQUE 15
PROPORTION AGRICULTURE / INDUSTRIE PAR DÉPARTEMENT (RECENSEMENT AGRICOLE 1927)

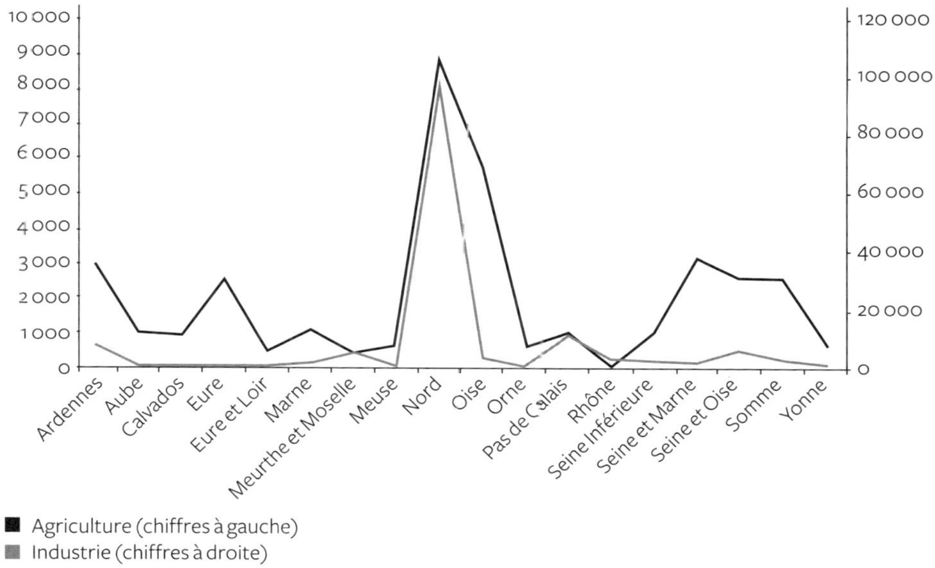

partement du Calvados (Illustration 27) : 97% des exploitations étrangères y sont dans les mains de Belges. Il est vrai que les propriétaires du nord de la France cherchent explicitement des locataires belges. L'historien français Roland Hubscher cite en exemple le *Progrès agricole*, un magazine qui compte également des abonnés en Belgique, et dans lequel paraissent des annonces du style : « Ferme à louer, libre de suite, on louera de préférence à des Belges. »[100] Les fermiers belges sont également sollicités pour les fermes vacantes via les journaux belges. Le Bureau agricole et commercial franco-belge Maurice de Pestel, situé rue Porte Boîteux à Poix dans la Somme, joue certainement un rôle important lui aussi. Il centralise les informations relatives aux biens à louer de Seine-et-Marne, de la Somme, de l'Orne, de l'Eure et de l'Aisne et fait paraître de nombreuses annonces dans *De Stem uit het Vaderland*. Pour faciliter le recrutement en Belgique, il fonctionne avec un représentant[101].

La forte représentation des agriculteurs belges dans certaines régions doit cependant être relativisée. En 1927, les Belges, propriétaires et locataires confondus, exploitent 310 879 ha. Sur la surface agricole utile de la France

100 *Ibid.*, 175.

101 *De Stem*, dimanche 3 janvier 1926, 8. À partir du 17 janvier 1926, des annonces de la sorte parurent avec la mention suivante : « Le Boerenbond en France ne peut être tenu responsable des annonces qui paraissent dans *De Stem uit het Vaderland*. » *De Stem*, 17 janv. 1926, 2.

à l'époque, qui est de 46 704 626 ha, cela ne représente pas plus de 0,7%[102]. Mais le calcul des proportions par rapport à la superficie agricole totale, tant nationale que départementale, est une affaire difficile dans la mesure où nous n'avons que peu d'informations sur la nature des exploitations. Les agriculteurs étaient majoritairement cultivateurs, mais il y avait également des éleveurs parmi eux. La surface agricole exploitée par ceux-ci n'est donc sûrement pas à sous-estimer. Hubscher a fait l'exercice sur base d'une enquête effectuée en 1945 dans 442 communes du département de Seine-et-Oise. Cent trente-cinq exploitations étaient aux mains d'étrangers, 4 154 appartenaient à des Français. Les agriculteurs de nationalité belge exploitaient 216 fermes pour un total de 11 712 ha. Il y avait en outre 25 exploitations italiennes, 18 polonaises, 18 suisses et 15 néerlandaises, représentant respectivement 277, 261, 189 et 1 088 ha. Les fermiers belges exploitaient donc les plus grandes fermes. Hubscher a fait le même constat pour un territoire de 93 communes agricoles du département de l'Oise. Les Belges y possédaient 15% du terrain et une exploitation belge moyenne (54 ha) était deux fois plus grande que l'exploitation française moyenne (28 ha)[103]. Les chiffres d'après-guerre indiquent surtout que les Belges représentaient dans l'agriculture une force importante. Cela n'a rien d'étonnant dans la mesure où le principal facteur d'impulsion de leur départ était le souhait de rester agriculteurs. Les enfants assuraient en outre la continuité. La deuxième génération restait dans une large mesure liée au travail de la terre. Chez les enfants des exploitants belges, cette proportion atteignait vers 1939 45%[104].

Qu'en était-il de l'intérêt des autres pays pour les régions agricoles françaises ? Dans le sud-ouest, on observait une même concentration d'Italiens que celle des Belges dans la moitié nord. La cause du phénomène était plus ou moins identique. Des départements comme le Gers, le Lot, le Lot-et-Garonne et le Tarn-et-Garonne avaient connu entre 1851 et 1921 une baisse démographique de 30% à 40%[105]. Les plus touchés avaient été les cantons ruraux. Non seulement les chiffres de dépopulation y étaient élevés, mais le phénomène y

102 Hubscher, *L'immigration dans les campagnes françaises*, 180. Hubscher donne le total de 1927. Pierre Coutin donne pour 1949 un chiffre total de 31 211 232 ha. Cela ne permet pas savoir de quelle sorte de terres il s'agit. Aujourd'hui, l'INSEE utilise la SAU (Surface agricole utilisée), la catégorie standardisée applicable en Europe, définie comme suit : « Elle comprend les terres arables (y compris pâturages temporaires, jachères, cultures sous abri, jardins familiaux…), les surfaces toujours en herbe et les cultures permanentes (vignes, vergers…). » Coutin, « La population agricole en France ».

103 Hubscher, *L'immigration dans les campagnes françaises*, 184-185.

104 *Ibid.*, 250. Voir aussi Demangeon et Mauco, *Documents pour servir à l'étude des étrangers dans l'agriculture française*, 315.

105 Teulières, *Immigrés d'Italie et paysans de France*, 13. Le Comité couvrait 17 départements et regroupait les initiatives de recrutement éparses qui avaient pris forme depuis 1923 dans diverses régions et à travers diverses instances.

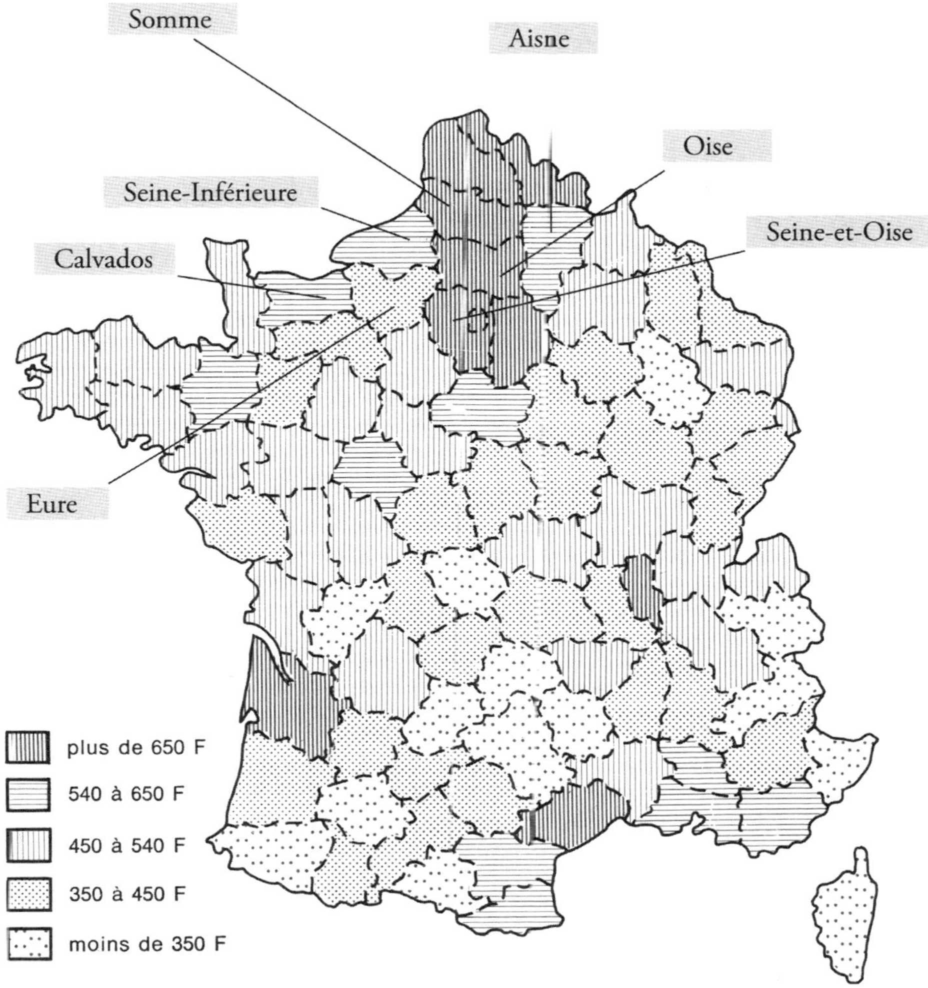

27. Valeur brute par hectare exploité vers 1912 (par département).
[Duby et Wallon, *Histoire de la France rurale*, III, 455]

était très visible en raison des nombreuses fermes abandonnées et de la terre laissée en friche.

Comparée à son pendant belge, l'émigration rurale italienne intervint plus tard, à partir de 1924. Le Comité régional de la main-d'œuvre agricole, fondé en mars de la même année, joua un rôle capital dans le processus[106]. L'arrivée des Italiens fut par ailleurs organisée jusqu'à un certain point. Elle ne suivit pas non plus immédiatement la Première Guerre mondiale. L'historienne française Laure Teulières a montré que l'on avait d'abord cherché une réponse au

106 *Ibid.*, 39.

déficit de main-d'œuvre agricole du côté de l'Espagne, plus proche. De nombreux Espagnols avaient déjà été impliqués dans l'économie de guerre. Mais cette politique avait connu peu de succès. Les considérations personnelles sur les Espagnols s'étaient donc changées en tropismes et en préjugés. Leur visibilité dans des villes comme Nérac et Auch, où les habitants parlaient respectivement d'un « petit Madrid » et d'une « petite Espagne » nourrissait le cliché selon lequel ils préféraient « s'agglomérer en ville plutôt que de peupler les champs »[107]. La principale objection formulée à leur égard concernait toutefois leur statut individuel, souvent célibataire. Les plupart des fermiers espagnols venaient en France seuls et, tant pendant la guerre qu'après celle-ci, ils retournaient régulièrement en Espagne, où ils avaient laissé leur famille. Même les Espagnols engagés dans des chantiers publics ou d'autres métiers lourds ne restaient le plus souvent en France que pour la durée des travaux. En ce sens, ils se rapprochaient davantage par leur comportement des saisonniers belges.

La conviction que les Espagnols n'étaient pas faits pour la campagne du sud-ouest allait de pair avec la conception traditionnelle selon laquelle l'agriculture ne pouvait exister que si l'on attirait de la main-d'œuvre de qualité. Les traits essentiels de ce profil étaient le sens de la famille, la stabilité et la volonté de se battre. Dans leurs premières tentatives pour redynamiser l'agriculture, les propriétaires des terrains et les syndicats agricoles cherchèrent donc d'abord du côté des Français eux-mêmes. On songea notamment à déplacer des familles bretonnes, mais cette démarche n'eut pas de succès[108]. D'une part, les préjugés développés pendant la guerre à l'encontre des réfugiés belges avaient réapparu : les agriculteurs des régions du nord ne convenaient pas pour exploiter les fermes du sud de la France. D'autre part, la formule consistant à recruter des fermiers étrangers pour compenser le besoin de main-d'œuvre de l'agriculture était en train de s'imposer. La débâcle bretonne conforta par ailleurs une identité méridionale qui par nature, se sentait des affinités avec l'Italie : « L'Italien est, de tous les ouvriers agricoles étrangers, celui qui, par ses habitudes et par sa race, se rapproche le plus de nous. C'est lui qui peut le mieux s'adapter à nos mœurs. »[109]

Le flux italien en direction du sud-ouest de la France fut en comparaison avec le flux belge dans la moitié nord plus important en nombre, mais la surface agricole exploitée était nettement moindre. Dans les Landes par

107 Teulières, *Immigrés d'Italie et paysans de France*, 33.

108 *Ibid.*, 35.

109 Cité dans *Ibid.*, 39. Un article parut dans *De Stem* sur les Bretons dans le sud de la France. Le jugement est franchement négatif : « Nous avons eu l'occasion de visiter quelques fermes dans le département de la Dordogne. La qualité de la terre y est en grande partie mauvaise, seule la vallée de Isle offre d'assez bonnes parcelles. Dans la vallée de la Garonne, notamment autour d'Agen et dans le Tarn et la Garonne, il semble qu'il y ait aussi de bonnes terres à trouver (...). Les meilleures entreprises ne sont évidemment pas les plus faciles à obtenir. » *De Stem*, 5 sept. 1926, 5.

exemple, on dénombrait en 1927 325 fermiers Italiens pour seulement 1 362 ha (une moyenne de 4,1 ha). Les fermes italiennes des départements du Gers (3 539) et de Lot-et-Garonne (4 581) comptaient respectivement 8 et 4,6 ha en moyenne[110]. C'était largement moins que la superficie moyenne des fermes que les Belges avaient reprises.

Pour conclure

Malgré certains signes d'établissement permanent d'agriculteurs belges dans les départements du nord de la France avant la Première Guerre mondiale, la plupart des fermiers ne s'y établirent qu'à partir de 1919. La décision d'émigrer fut certainement facilitée par les expériences vécues pendant le conflit. Certains avaient passé toute la période de guerre comme réfugiés en France, où les Belges avaient fourni un apport essentiel dans le maintien de l'activité agricole. Une partie d'entre eux avaient repris dès la période 1914-1918 une exploitation agricole dans l'intention de s'établir définitivement sur place, en particulier en Normandie. Les filières par lesquelles les Belges rejoignirent la France dans l'immédiat après-guerre restent l'objet de nombreuses questions. Les réfugiés revinrent-ils d'abord en Belgique pour retourner ensuite en France ? Ou y eut-il continuité entre leur séjour en tant que réfugié puis à titre définitif ? Il existe à ce niveau des signes de divergences régionales. Dans le cas des régions du front, comme la Somme, l'établissement remontait évidemment à la période d'après-guerre. L'implantation de fermiers belges dans l'Eure commença dès la guerre mais connut une accélération dans l'immédiat après-guerre. Une autre question réside dans la relation entre le travail saisonnier et l'établissement permanent. Tout indique que les deux phénomènes sont indépendants l'un de l'autre si l'on excepte une série de saisonniers qui ne purent pas rentrer au pays dans les premières semaines de la guerre 1914-1918. En revanche, il y eut sans doute un transfert de réputation. Avant (et également après) la Première Guerre mondiale, les saisonniers belges étaient particulièrement bien vus des agriculteurs du nord de la France. Pendant le conflit mondial, cette réputation se transmit aux réfugiés belges travaillant dans le même secteur. Peu après, le phénomène se répéta lorsque les agriculteurs s'établirent de manière permanente en France.

Les fermiers belges en France eurent en général de la chance. Ils s'établirent dans les régions agricoles riches. Dans le croissant fertile formé par les alentours de Paris, la Normandie et la Picardie (Somme, Oise et Aisne), ils exploitèrent généralement de grandes fermes. Ils étaient en outre ancrés dans le métier agricole par la motivation même qui les avait menés là. Ils avaient avant tout émigré dans le but d'exercer ce métier dans de meilleures condi-

110 Sur base de Teulières, *Immigrés d'Italie et paysans de France*, 46.

tions. La plupart des migrants suivirent un parcours bien précis. Les premières locations, modestes, furent souvent l'occasion de repérer de plus grandes exploitations dans les environs. Par ailleurs, la position des fermiers belges en France se renforça d'une génération à l'autre. La deuxième génération conserva souvent le même schéma de valeurs et resta dans le métier alors que les enfants des agriculteurs français choisissaient plus facilement de l'abandonner. Tout cela permit aux Belges de certaines régions de développer une position de force non négligeable, en termes non seulement d'exploitation du sol, mais aussi de tradition familiale.

LE VIRAGE DE L'ÉGLISE BELGE VERS LA FRANCE RURALE

Dans les deux premières parties, nous avons vu qu'en dépit de son aversion pour le phénomène migratoire, l'Église belge s'était toujours efforcée d'atteindre les émigrés. Étant donné son problème fondamental vis-à-vis de la mobilité humaine, elle considère cela comme une obligation morale. Les migrants doivent en effet être armés spirituellement contre les influences d'un environnement neuf et, donc, étranger. L'Église a tendance à adopter dans cette optique des schémas de pensée rigides. Pour elle, l'émigration n'est pas tant une décision personnelle de l'émigrant lui-même qu'une conséquence des circonstances dans lesquelles il vit. La pauvreté, la nécessité économique, mais aussi la faiblesse morale composent le cadre dans lequel elle interprète la migration. Les défenseurs de l'Église n'ont évidemment pas tout à fait tort. Une bonne partie de l'émigration se fait par nécessité, non par choix personnel. Mais dans la sémantique figée qu'elle assigne à la migration, elle nie systématiquement l'autodétermination, qui sous-tend pour une partie au moins la décision de migrer. La distance entre le discours migratoire et la réalité grandit en particulier au XXe siècle, pendant lequel les conditions de vie sont bien plus prospères qu'au siècle précédent. Pour l'Église, le monde idéal est un monde dans lequel on n'émigre pas, un monde où les croyants sont enracinés dans les structures organiques du village. Mais dans les faits, la population semble considérer la migration comme bien moins problématique. Lorsqu'à la fin du XIXe siècle, un nouveau mouvement de migration, plutôt rural cette fois, prend forme, l'Église se repositionne. Mieux encore, elle parvient à se réconcilier avec certaines formes de mobilité. La raison principale de cet assouplissement réside dans la finalité de ce type de migration. Les migrations à but rural, aussi bien temporaires que définitives, reçoivent plus facilement que les autres la bénédiction de l'Église. Certes, la migration reste un pis-aller dans le discours catholique, mais l'Église constate que l'encadrement à travers lequel elle a toujours approché le phénomène migratoire donne de bien meilleurs résultats dans le cas de la migration rurale que dans celui de la migration à vocation industrielle et urbaine. En disant cela, nous ne nions aucunement que l'Église ait pu par ailleurs accepter le principe du travail industriel, organisé par un patronat catholique. Toutefois, la migration dans un tel contexte était nettement moins maîtrisable. Par contre, la migration rurale conciliait la mobilité avec un ordre social stable, le tout sur fond de paysage inchangé. Pour un regard ecclésiastique belge sur l'étranger – par essence même celui de nombreux garçons de la campagne flamande devenus prêtres – ce phénomène était beaucoup plus facile à supporter.

Dans les lignes qui suivent, nous reconstituons le chemin parcouru par l'Église pour atteindre les agriculteurs flamands en France. Il suit une série d'étapes qui se succèdent à un rythme rapide. L'encadrement ne fut pas organisé *ex nihilo*, mais connut au contraire des antécédents complexes, conduisant successivement l'Église des saisonniers aux réfugiés de guerre et aux « frontwerkers » pour finalement rejoindre les agriculteurs belges installés en France, dans les années 1920.

Les Franschmans ou saisonniers

Nous avons vu précédemment qu'à partir de la fin des années 1870, l'Œuvre parisienne des Flamands avait apporté plus de soucis que de satisfaction au diocèse de Gand. Les tentatives de ce dernier pour transmettre l'Œuvre aux jésuites et plus tard aux rédemptoristes avaient totalement échoué. Les prestigieux bâtiments néogothiques de la rue de Charonne, précisément conçus pour favoriser ce genre de transfert, en étaient un rappel bien douloureux. Dans les années 1880, il ne restait que trois ou quatre prêtres dans une infrastructure prévue pour un bien plus grand nombre d'occupants. Et, pour couronner le tout, les migrants flamands de Paris s'avéraient de plus en plus inaccessibles.

Le diocèse de Gand chercha donc des issues à un projet qui battait de plus en plus de l'aile. Lorsque Liévin Beyaert, premier animateur et principal défenseur de l'Œuvre, décéda, le 17 août 1894, le diocèse en profita pour réorienter sa mission. Les saisonniers, qui à l'époque s'affirmaient de plus en plus en tant que réalité sociale, offraient une opportunité idéale. En parallèle avec ses activités dans la ville, l'Œuvre parisienne s'occupa donc désormais des saisonniers agricoles belges des environs de la capitale française. Il ne fallut d'ailleurs pas longtemps avant que ces efforts dépassent ceux qui étaient consentis pour les Parisiens belges. À Paris, il n'y avait donc plus d'œuvre urbaine à proprement parler, mais bien une initiative rurale, doté d'un siège imposant dans une capitale entre-temps métamorphosée en ville lumière. On peut d'ailleurs à raison se demander si les saisonniers auraient bénéficié d'une telle attention s'il n'y avait eu les bâtiments de la rue de Charonne.

La manière dont le diocèse de Gand approcha les saisonniers montre avant tout l'importance des prêtres de paroisse. Ils ne se limitaient pas à jouer les antennes efficaces pour la détection de (nouveaux) problèmes sociaux. Les prêtres à la fibre sociale n'hésitaient pas, dans le cadre ecclésiastique, à mettre sur pied des initiatives répondant à leurs yeux à des besoins de société. C'est exactement ainsi qu'il en fut pour les saisonniers. En 1894, un livret intitulé *Reisboekje voor de Franschmans. Raadgevingen en gebeden voor de Vlamingen die gaan werken naar Frankrijk*, – « Guide de voyage destiné aux Franschmans. Recommandations et prières pour les Flamands qui partent travailler en France » – parut dans le diocèse de Gand. Il était l'œuvre de Judocus Van Essche, vicaire déjà mentionné de la commune de Sint-Martens-Lierde, dans le sud de la Flandre-Orientale. Cette paroisse proche de Brakel était située au cœur même de l'émigration saisonnière de la province. Le livret de Van Essche est une belle illustration de la façon dont l'action ecclésiastique prit forme à l'époque. Les stratégies de l'Église se développent avant tout d'en bas, en tant que résultat de l'investissement personnel, mais aléatoire, des prêtres. Le contrôle épiscopal se contenta dans un premier temps d'approuver le « petit livre »[1].

Au début, la faible coordination de l'action en faveur des saisonniers de la part des autorités religieuses n'influença pas négativement le travail fourni. Au contraire, ce projet était comme d'autres initiatives sociales catholiques caractérisé par l'enthousiasme autant que par l'intelligence pratique[2]. L'auteur fait en outre preuve d'une compréhension de l'âme populaire, ce qui rend son livret brillant. Les saisonniers y sont abordés dans un langage direct et sans condescendance. Le *Reisboekje* rassemble en effet des conseils pour « notre peuple laborieux flamand », pour lequel « aller en France est devenu une triste nécessité sociale »[3]. En désignant systématiquement les saisonniers comme « Franschmans », Van Essche établit une catégorie sociale. L'appellation conjugue l'héroïsme du départ et le regret de la région d'origine. Ses

1 Van Essche, *Reisboekje voor de Franschmans*, 2.

2 Le sens pratique ressort surtout du soin avec lequel le livret avait été conçu. Le format pratique spécial poche de poitrine (7,5 x 12 cm) en dit long à ce sujet. Il ne pouvait pas prendre de place dans les bagages (le plus souvent réduit à un simple baluchon). Par son petit format, le livret était aussi un objet que l'on pouvait avoir toujours à portée de main. Il avait été pourvu d'une couverture de cuir souple, afin de durer longtemps et de résister pendant de nombreuses campagnes.

3 Van Essche, *Reisboekje voor de Franschmans*, 3-5.

« chers amis », ainsi qu'il les appelle, sont des « plantes et de petits arbres » qui doivent revenir passer l'hiver dans la « serre chaude du foyer familial ». Ou encore : « Vous êtes des plantes élevées et cultivées en sol flamand, vous n'êtes pas faits pour la terre française ! »[4] En tant que seule désignation utilisée, le mot « Franschman » se réfère en effet non pas à une catégorie professionnelle spécifique, mais à une large région de destination. C'est une qualité insoupçonnée dans la mesure où elle permet de réunir son public cible au-delà des spécialités professionnelles qu'il offre à la France. Même lorsque ce terme sera explicitement remis en question dans les sections de Flandre-Occidentale, en 1905-1906 (voir ci-après), de nombreux saisonniers se tiendront à la sémantique de ce mot. Il s'agit de leur reconnaissance nominative et ils en sont en général fiers.

Le cadre normatif dans lequel Van Essche place les Franschmans, fait aussi une distinction entre ceux qui font honneur à leur nom et ceux qui le salissent. Ce sont pas tant les traits de caractère que Van Essche souligne dans ce cadre. Ces Flamands sont bien entendu catholiques, physiquement robustes et stables dans leur conception du monde. La spécificité du Franschman tient plutôt à la prévisibilité de son parcours, dont, par définition, le début et la fin se rejoignent. Être Franschman équivaut à choisir un compromis entre rester à la maison et partir, entre émigrer et rester dans le cadre familier de son village. La mobilité qui caractérise le saisonnier idéal suit toujours un trajet en forme de boucle, évitant en bonne partie les villes et les usines.

Les Franschmans sont donc un phénomène acceptable pour l'Église. Leur mobilité est préférable au choix d'un travail dans l'industrie, a fortiori s'il faut pour cela s'expatrier. En 1912, Edmond Ronse exprime comme suit son approbation face à l'émigration temporaire : l'émigration est pleinement justifiée quand elle résulte de « conditions naturelles, telles la surpopulation ou les mauvaises conditions économiques »[5]. Émigrer pour « faire les saisons » était donc devenu parfaitement admissible en Flandre et procurait même dans certains cas une aura d'héroïsme[6]. La Flandre n'avait peut-être pas colonisé l'Amérique, mais elle envoyait ses fils cultiver les terres des autres pays. Ne devait-on pas également considérer cela comme une « source de colonisation » ?

Lorsqu'après la disparition de Liévin Beyaert, on chercha une nouvelle force pour mettre sur pied une activité en faveur des saisonniers depuis Paris, le nom de l'auteur du *Reisboekje voor de Franschmans*, Judocus Van Essche, s'imposa de lui-même. Nommé le 20 septembre 1894 aumônier des saisonniers, il remplirait cette fonction jusqu'en octobre 1899. En 1894-1895, des initiatives furent prises aux échelons supérieurs afin de cibler davantage, mais

4 Van Essche, *Reisboekje voor de Franschmans*, 12-15.

5 Ronse, *L'émigration saisonnière belge*, 18.

6 « Si "l'émigration (définitive) est le fait générateur de la colonisation", l'exode de l'ouvrier qui loue périodiquement ses services à l'étranger, peut être considéré comme une source de colonisation du pays où il se rend ». *Ibid.*, 2.

aussi d'élargir l'encadrement des saisonniers. Parallèlement, ce groupe apparut à l'agenda politique. La mission d'étude déjà citée de Gustaaf Eylenbosch, effectuée en 1898, allait également avoir d'importantes implications pastorales.

L'une des conclusions d'Eylenbosch était en effet que l'encadrement devait être élargi. La problématique des saisonniers ne concernait d'ailleurs pas exclusivement la Flandre-Orientale. Réparties sur plusieurs provinces belges, elle avait un intérêt national. L'Œuvre des saisonniers, en concluait Eylenbosch, ne devait donc pas dépendre d'un seul évêché[7].

Une deuxième recommandation mena en 1900 à la fondation du « Comité de protection des émigrés provisoires ». Eylenbosch concevait ce dernier comme un bureau de renseignement et s'inspirait dans ce cadre de la Société Saint-Raphaël[8]. Cette association avait été créée sous l'impulsion de Stanislas van Outryve d'Ydewalle et visait la protection des émigrés transatlantiques. Elle était elle-même la copie d'une *Raphaëls Verein* allemande[9]. La société ne conseillait à « personne d'émigrer », mais voulait néanmoins préparer et informer le candidat émigrant qui persévérait dans sa décision, « afin qu'il sache où il allait et ce qui l'attendait sur place »[10]. Plusieurs brochures furent donc éditées dans le but d'informer les émigrants avant leur départ[11].

Une même formule fut créée pour les Franschmans. Grâce à ce comité de protection, les saisonniers ne seraient plus seulement encadrés en France, ils seraient également préparés au départ sur leur lieu d'origine. Une activité bipolaire était ainsi mise en place : l'hiver les saisonniers étaient rassemblés par le Comité de protection dans leur lieu de provenance. Pendant les mois de leur émigration temporaire, ils étaient visités à dates fixes par les aumôniers, à partir de Paris.

Pour des raisons qui nous échappent en partie, l'Œuvre parisienne ne prit jamais un caractère national, mais resta au contraire exclusivement liée à la Flandre-Orientale. Déjà alors, la fierté gantoise joua sans doute, incitant à garder l'initiative dans les rangs de son diocèse. Cette attitude rigide empêcherait par la suite une collaboration aisée avec les acteurs des autres diocèses belges, en particulier pendant la guerre. Comme nous le verrons plus loin, l'Œuvre parisienne se réclama toujours, lors des débats touchant à des thèmes comme la collaboration ou la centralisation, de son droit d'aînesse. Elle exigea en cette qualité la direction et souvent même des comptes de la part des autres

7 Eylenbosch, *Onze Belgen die een deel des jaars in Frankrijk verblijven*, 22.

8 Saint-Raphaël est le saint patron des voyageurs.

9 *Beschermt den landverhuizer*, 12.

10 *Ibid.*, 14.

11 Voir par exemple le *Manuel des Émigrants*, édition spéciale pour les émigrants au Canada. Bruges, probablement 1891. Ce guide donnait des informations pratiques sur le départ, le voyage (par ex. : où trouver un prêtre) et le pays de destination. La seconde partie était comme dans le *Reisboekje voor de Franschmans* de nature religieuse.

aumôniers actifs en France. De ce fait, on ne parvint jamais à une initiative unifiée, orchestrée par tous les diocèses concernés, belges ou flamands.

Les activités du diocèse de Gand étaient principalement centrées sur les ouvriers agricoles, ce qui vu leur grande proportion dans le travail saisonnier, était logique. Mais comme nous l'avons vu, l'émigration temporaire concernait bien d'autres secteurs. Si l'on ajoute à cela la taille limitée du territoire couvert par les réunions estivales organisées par l'Œuvre parisienne – uniquement le bassin parisien, autrement dit la Seine-et-Marne, la Seine-et-Oise et une partie de la Marne – on comprend immédiatement que seule une partie minime du contingent des saisonniers flamands était atteinte.

C'est précisément ce constat qu'avaient fait les diocèses de Bruges et de Tournai. De nombreux Ouest-Flandriens travaillaient comme briquetiers autour de Lille et dans le Pas-de-Calais, ouvriers dont Paris ne s'occupait pas. En 1902, le diocèse de Bruges fonda par conséquent une organisation destinée aux saisonniers sous le nom de *Berek tot Bescherming van de Westvlaamsche uitwijkelingen naar Frankrijk*[12], « Comité pour la protection des émigrés de Flandre-Occidentale en France ». Désormais, les briquetiers, les ouvriers des sucreries et les tourailleurs de chicorée furent visités dans les départements français plus septentrionaux.

Le West-Vlaamse Berek était une initiative de l'évêque de Bruges, Mgr Gustaaf Waffelaert (1847-1931). Le 13 mai 1902, celui-ci avait interrogé les doyens de son diocèse à ce sujet et leur avait également recommandé d'accorder une attention spéciale aux saisonniers. À la fin du mois, Mgr Waffelaert chargea officiellement Edmond Denys, dont il a déjà été question, de rendre visite aux Franschmans de Flandre-Occidentale en tant qu'aumônier[13]. Sous la direction de ce prêtre, les activités du West-Vlaamse Berek prirent bien vite un visage propre. Sa fondation eut d'ailleurs lieu dans le même esprit que toutes les autres initiatives d'encadrement pour émigrés. Dans une lettre du 5 juin à Mgr Sonnois, archevêque de Cambrai, en soutien aux activités de Denys, Waffelaert décrit la problématique comme suit : « Il y a longtemps que je me préoccupe du sort de ces pauvres gens, que les besoins de la vie mettent dans la dure nécessité de s'expatrier pour de long mois, d'abandonner leurs foyers et de vivre, dépourvus de secours spirituels, dans des milieux dont ils ignorent presque toujours la langue. »[14] Mgr Waffelaert espère en outre que l'archevêque de Cambrai acceptera de donner à Denys « quelques lignes de sa main, pour lui servir d'introduction auprès de M.M. les curés et faciliter ainsi l'exercice de son laborieux ministère ». Toujours pour faciliter l'entrée en matière de Denys,

12 Le mot « berek » était à l'époque utilisé régionalement dans le sens d'administration. En moyen-néerlandais, « berec » signifiait aussi « mettre en ordre », à la fois dans un sens concret (préparer) et normatif (rendre justice, juger). Voir la banque de données de la langue néerlandaise en ligne, <http ://gtb.inl.nl>, consultée le 8 oct. 2010.

13 ABB, Acta Waffelaert, 31 mai 1902.

14 *Ibid.*, 5 juin 1902.

ses collègues de l'Œuvre des Flamands de Paris sont également contactés. En effet, « Mr Denys a besoin d'être dirigé de recevoir de bons conseils, d'être formé en un mot à la vie de missionnaire qu'il va mener désormais. Cette direction, ces sages conseils, cette formation, il ne peut les trouver nulle part, mieux que chez les prêtres de la mission flamande. »[15]

Le premier fait d'armes de Denys fut effectivement une visite à l'Œuvre des Flamands à Paris. Celle-ci comptait alors en tout et pour tout quatre aumôniers : l'administrateur, Amand Bert (1869-1953), Jozef Crombé (1874-1957), qui était chargé de la légalisation des mariages et des naissances (l'œuvre de l'ancien administrateur Beyaert) et deux aumôniers détachés, chargés d'aller à la recherche des ouvriers agricoles des environs de Paris[16].

La première tournée de Denys eut lieu sous l'accompagnement des aumôniers de Flandre-Orientale. Dès lors, le terrain de travail des deux évêchés fut en quelque sorte naturellement délimité. Le périmètre du diocèse de Gand était situé au nord-est de Paris et atteignait notamment Dammartin – Saint-Mard, Juilly et Thieux (situé sur la route menant de Paris à Villers-Cotterêts). Plus au sud, dans la Brie, la tournée suivait la Seine en amont jusqu'à Ris-Orangis et les environs de Brie-Comte-Robert, où cela « fourmillait de Flamands »[17]. Des réunions d'été y étaient tenues. Le West-Vlaamse Berek et son aumônier reçurent donc la responsabilité des régions situées au nord de la ligne Paris-Château-Thierry. Cette répartition mènerait après la Seconde Guerre mondiale à certaines tensions avec la mission belge de Lille, récemment réorganisée, qui assumait avec seulement deux aumôniers la responsabilité de tout le nord de la France alors que Paris faisait beaucoup moins avec une équipe plus fournie[18]. La situation que la mission lilloise allait dénoncer après la guerre existait en fait déjà à l'époque d'Edmond Denys. Responsable d'un territoire nettement plus grand et diversifié, la mission surpassait de loin son homologue de Flandre-Orientale en termes de charge de travail.

Le terrain de travail de Denys induisait en pratique deux activités distinctes, qui tenaient compte à la fois de la région de destination et de la région de provenance. Les réunions d'hiver, qui avaient lieu au pays, peuvent être décrites comme une sorte de « pastorale de nichoir ». L'aumônier rendait visite aux saisonniers de Flandre-Occidentale dans leur paroisse d'origine. Son homologues de Flandre-Orientale faisaient de même dans leur diocèse. La réunion d'hiver était l'occasion de répéter les recommandations de base du livret de Van Essche. Les saisonniers étaient mis en garde contre l'irréligiosité et « la fausse liberté que l'on éprouve tellement en France », la corruption des mœurs et surtout la boisson. Le véritable ennemi était une fois de plus identi-

15 *Ibid* : Lettre du vicaire général Rembry à l'administrateur de l'Œuvre des Flamands, Amand Bert, 6 juin 1902.

16 *Berek tot Bescherming*, 1902, 6-7.

17 *Ibid.*, rapport, 7-9.

18 ADL, 4B2, Œuvres belges : *Les œuvres belges 1933-1954*, note de Joseph Wannyn.

fié. Il s'agissait, en particulier dans une France laïcisée, de la haine du prêtre, qui accomplit son œuvre en usant des « outils modernes » du diable, comme la publication d'écrits subversifs[19]. Enfin, les saisonniers étaient exhortés à participer en grand nombre aux réunions d'été en France même[20]. La réunion d'hiver était généralement suivie d'une rencontre séparée des chefs d'équipe, au presbytère[21].

Les réunions d'été étaient plus complexes. Si le diocèse de Gand visitait surtout les environs de la capitale au départ de celle-ci, Denys parcourait un périmètre bien plus vaste. Il s'en tenait pour ce faire à un schéma fixe. D'abord, il allait voir les briquetiers travaillant aux alentours de Lens. « Dans les deux départements du Nord et du Pas-de-Calais, on rencontre neuf briquetiers pour un moissonneur. Nos saisonniers agricoles partent en effet plus loin en France, en direction du midi. »[22] Les briquetiers travaillaient le plus souvent autour de centres urbains comme Lille, Roubaix, Dunkerque, Valenciennes et la ceinture minière entourant Lens. Pendant la première tournée de Denys, en 1902, le Pas-de-Calais fut par exemple visité en profondeur. « Nous avons commencé par les fours à briques, aménagés en grand nombre de part et d'autre de la magnifique chaussée menant de Hénin à Béthune en passant par Lens. On y trouve en effet des centaines et des centaines de Flamands, autour des grands charbonnages de la région, occupés dans la briqueterie. On voit de loin ces immenses fours se dresser comme autant de "tours de Broel", massives et carrées. Tout autour, les briques fraîchement fabriquées sont mises à sécher en de longues haies, sous leurs petits auvents de paille (...). »[23] Vinrent ensuite des réunions à Hénin-Liétard, Cambrai, Bruay, Arras, Pont-de-Nieppe, Lille-Fives, Coudekerque-Branche, Mouvaux et Azincourt. Une fois les destinations du nord de la ligne Lens-Béthune-Hénin couvertes, Denys partit vers le sud. Là, ce sont des ouvriers agricoles qu'il rencontra en nombre. Ses destinations furent Rully, Moyenneville et Saint-Just-en-Chaussée dans l'Oise ainsi que Ferté-Milon et Cramont dans la Somme. À partir de 1905, les saisonniers hennuyers furent également intégrés dans les activités, cela, à la demande explicite du diocèse de Tournai. La Flandre-Occidentale et la Flandre-Orientale distribuaient respectivement *De Stem uit het Vaderland* et

19 Van Essche, *Reisboekje voor de Franschmans*, 66.

20 *Berek tot Bescherming*, 1902-1903, 9-10.

21 Une lettre de Denys à Waffelaert nous donne des indications précises à ce sujet. En « 39 minutes », Denys parcourait les principales obligations des saisonniers et des dangers qu'il fallait éviter. Dans la première partie, il abordait la prière, le repos dominical, la pratique de la messe et l'honnêteté dans les relations avec les employeurs, les chefs d'équipe et les collègues. La deuxième partie insistait sur les dangers de « l'excès de boisson, les mauvaises fréquentations et tout ce qui mène à la sensualité et à la "volupté". » ABB, Acta Waffelaert : Lettre de Denys à Waffelaert, 22 juillet 1902.

22 *Berek tot Bescherming*, 1902-1903, 34.

23 *Ibid.*, 1902-1903, 35.

Het Volk aux saisonniers ; les Hennuyers disposèrent désormais d'un pendant francophone, intitulé *Les nouvelles du Pays*[24].

Le Berek poursuivait évidemment aussi un but matériel. Il tentait « d'aplanir les difficultés » rencontrées par les saisonniers. Cela pouvait aller de la réclamation des salaires en retard aux interventions financières en cas de décès. Les veuves des saisonniers morts en France n'avaient droit à aucune indemnité légale. La loi se limitait à celles qui étaient domiciliées en France[25].

Il ne fallut pas longtemps avant que l'on envisage la fondation d'une guilde pour les saisonniers. La demande émanait entre autres des chefs d'équipe eux-mêmes[26]. En 1903, on créa effectivement une société de Secours mutuel, c'est-à-dire une caisse d'assurance collective pour les saisonniers de Flandre-Occidentale. L'intention était de fonder de telles alliances dans les localités où le travail saisonnier était fréquent. Un projet de statuts fut établi. Pour être certain que la guilde ne soit en aucun cas assimilée à une organisation syndicale, on demanda que l'article suivant n'y soit jamais repris[27] : « La société de Secours mutuel a également pour but de procurer à ses membres des informations sur la mise au point d'accords professionnels, de les aider dans leur correspondance avec les patrons français, de les conseiller et de les aider dans les difficultés rencontrées à l'étranger, de faciliter l'envoi d'argent de France vers la Belgique. »[28] Le Secours mutuel était donc avant tout une caisse d'assurance maladie et il avait l'intention de s'en tenir à ce but.

Lors de la rédaction des modèles de statuts, le Berek ajoute d'ailleurs une recommandation qui ne peut passer inaperçue. Il y demande de ne jamais recourir à l'appellation « Franschman » lors de la fondation de caisses locales. Le mot, estime le Berek, ne peut signifier linguistiquement que « natif de France »[29]. Il observe de plus qu'il a dans certaines régions (sans préciser si celles-ci se trouvent en Belgique ou en France) pris une connotation négative, parfois même au point d'être utilisé comme injure. Selon l'association, il est ressenti par les saisonniers comme une appellation offensante. Pour le remplacer, elle suggère des variantes comme « émigrant », « travailleur émigré »,

24 *Ibid.*, 1904-1905, 20.

25 Pour des exemples concrets d'intervention du Berek, voir *Berek tot Bescherming*, rapport, 1902-1903, 78-81 ; *Berek*, 1903-1904, 51-54 ; *Berek*, 1904-1905, 63-69 ; *Berek*, 1905-1906, 69-75, etc. Les interventions ne concernaient pas toutes les saisonniers. Certaines indemnités étaient destinées à des émigrants permanents ou à des travailleurs frontaliers. Cela nous engage à la prudence dans l'utilisation de cette source, car il y a çà et là un effet de percolation clair des activités entre les différentes œuvres politiques. Voir par exemple le cas de Jan Ghekière, qui avait deux fils au Canada et relevait en tant que tel de la Société Saint-Raphaël, mais apparaît aussi dans le rapport d'activité du Berek. *Berek tot Bescherming*, 1905-1906, 70.

26 *Berek tot Bescherming*, 1902-1903, 84.

27 *Ibid.*, 96.

28 *Ibid.*, 96.

29 *Ibid.*, 85-86.

« travailleur migrant temporaire », « Flamands expatriés », « expatriés », « travailleurs à distance », « moissonneurs » ou « rouisseurs ». Dans le même ordre d'idées, les noms des sections locales du Secours mutuel doivent être choisis de manière adaptée. Les exemples proposés sont : « Les moissonneurs réunis de Passchendaele », « Les Flamands d'Ardoye » et « Les rouisseurs unis d'Oostcamp ». Un inventaire de 1907 des sociétés de Secours mutuel affiliées à la « Westvlaamsch Gouwverbond » montre qu'en dépit de ces recommandations, le nom de Franschman est apprécié par les saisonniers. Sur les 31 sociétés recensées, 3 l'utilisent explicitement : les saisonniers d'Anzegem se réunissent au sein de la société « Oost-West, thuis-best, of de Franschmansgilde », ceux de Meulebeke se nomment les « Meulebeeksche Franschmans » et la société de Sint-Eloois-Vijve se nomme simplement « De Franschmansgilde »[30]. La querelle des noms concerne principalement la Flandre-Occidentale et est probablement motivée par le désir de se distinguer de l'autre Flandre. Denys se montre cohérent dans la non-utilisation de la qualification de Franschmans. Alors que le mot est très utilisé en Flandre-Orientale, Denys s'adresse aux saisonniers en les appelant ses « petits camarades ["maatjes"] ».

Le malaise du Berek vis-à-vis d'une dénomination comme Franschmans eut un impact direct sur le titre du principal organe qu'il mettait à la disposition de ses membres durant les mois d'été. *De Franschman*, une publication créée en 1902 pour donner des nouvelles « de chez eux » aux saisonniers, changea en 1904 son nom en *De Stem uit het Vaderland*. Elle allait paraître en France sous ce titre jusqu'à la fin des années 1980, si n'est une courte interruption[31]. Jusqu'en 1921, Denys rédigea toutefois ce quotidien avec grand enthousiasme, ne s'interrompant que pendant la période de guerre. Le prêtre était un écrivain doué et ses articles baignent dans un dialecte ouest-flamand qui rappelle les beaux jours de Guido Gezelle (1830-1899). Les exemplaires étaient diffusés en France selon un système tout simple. Avant de partir, les émigrés laissaient leurs coordonnées professionnelles en France au curé, qui les transmettait à

30 Certaines sociétés choisissaient un nom sans référence spécifique à l'émigration. Il y avait par exemple « Troost in Nood » à Staden, « De Scheldezonen » à Avelgem, « Hand in Hand » à Beveren-Leie ou encore « De Taaie Reutelnaars » à Beselare. D'autres y faisaient référence en suivant les indications du Berek. On peut citer dans cette catégorie « De Uitwijkersbond » à Eernegem ou les « Verre Arbeiders van Tieghem en 't omliggende ». *Berek tot Bescherming*, 1906-1907, 64-65.

31 L'histoire de *De Stem uit het Vaderland* est complexe. Le périodique vit le jour en 1902. Il s'appelait alors en entier *De stem uit het vaderland. Katholiek weekblad. Tolk van het Westvlaamsch Gouwverbond der Maatschappijen van Onderlingen Bijstand voor werklieden die tijdelijk op het vreemde arbeiden*. L'initiative émanait d'Edmond Denys. En 1925, il fut repris par Augustinus Bollaert (1892-1964), qui créa une section permanente du Boerenbond en France. La revue changea dès lors de public cible. Les lecteurs visés étaient non plus les saisonniers, mais les agriculteurs flamands qui s'établissaient définitivement en France. À deux interruptions près – les premiers mois de la Seconde Guerre mondiale et l'après-guerre (jusqu'en 1949) – il parut régulièrement jusqu'en 1994.

GRAPHIQUE 16
ÉVOLUTION DU TIRAGE DE *DE STEM UIT HET VADERLAND* ET DU NOMBRE DE SOCIÉTÉS DE SECOURS MUTUEL (1903-1913)

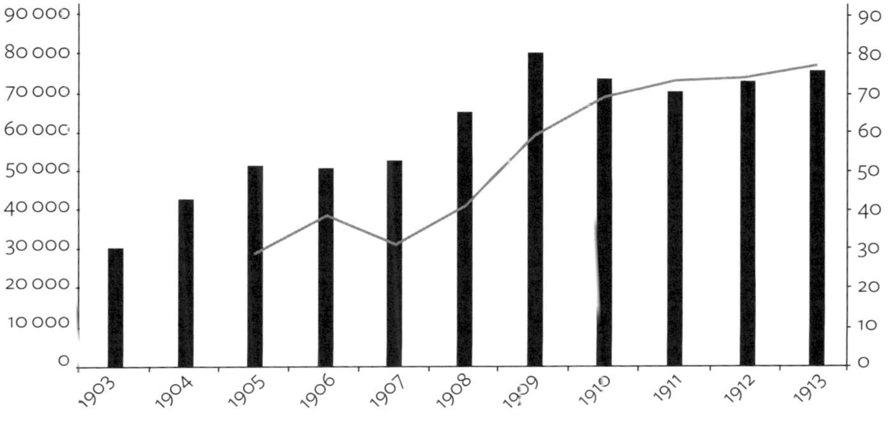

■ Tirage (chiffres à gauche)
— Nombre de sociétés de secours mutuel (chiffres à droite)
Chiffres basés sur les rapports du *Berek tot Bescherming van de Westvlaamse Tijdelijke Uitwijkelingen naar Frankrijk* (1903-1913).

son tour à l'organisation. Des adresses de travail étaient également transmises depuis la France. En 1903, quelque 30 450 exemplaires (21 numéros) de *De Stem* furent ainsi expédiés, en 1904, il y en eut 42 975.

Les réfugiés de guerre et les « frontwerkers »

Si l'émigration agricole est difficile à comprendre sans référence à la Première Guerre mondiale, c'est également le cas de la pastorale aux migrants qui prit forme après celle-ci. Dans les dernières décennies avant la guerre, une série d'œuvres d'encadrement étaient en effet sur le déclin. La période de guerre allait en général susciter un regain d'enthousiasme.

Comment expliquer cela ? Premièrement, l'expérience de guerre aiguisa à nouveau l'intérêt de l'Église pour les Belges à l'étranger, surtout chez les nombreux prêtres qui se trouvaient avec les réfugiés. Non seulement ceux-ci assurèrent l'accompagnement religieux de leurs compatriotes, mais ils jouèrent en tant qu'« hommes libres » un rôle important dans l'organisation et l'animation de la vie communautaire parmi les réfugiés. C'était loin d'être un travail désagréable. Les prêtres réunissaient leur public assez facilement. En France, ils pouvaient faire appel au gouvernement belge en exil, qui séjournait à Sainte-Adresse près du Havre. En Grande-Bretagne, c'était presque plus simple encore. Étant donné le souhait anglais de garder les réfugiés groupés, les Belges s'y réunissaient en « Petites Belgiques ». Ils avaient leurs magasins, leur réseau d'écoles et de loisirs et un service religieux organisé exclusivement pour eux.

Avec l'apostolat parmi les réfugiés, l'accompagnement religieux à l'étranger connut par rapport à la période de l'avant-guerre une double expansion. Contrairement aux autres émigrés, les réfugiés provenaient de tout le pays ou presque. Il en était d'ailleurs de même pour la population des prêtres ayant fui en même temps. L'exode étant un problème national, cette caractéristique s'était transmise à l'encadrement religieux. À la fin de la guerre, la nationalisation suggérée en vain par Eylenbosch une vingtaine d'années plus tôt fut réenvisagée par nécessité. Après l'armistice, une partie de la supervision fut ainsi brièvement confiée à l'archevêché de Malines.

La seconde expansion découlait directement de la première. L'exode avait impliqué de nombreux membres du clergé, tant séculiers que réguliers, et originaires de tous les coins du pays, dans l'accompagnement des réfugiés. Cela avait non seulement entraîné un accroissement d'intérêt pour cette problématique, mais aussi un regain d'enthousiasme dans le personnel. L'Église belge pouvait désormais compter pour ce type de missions sur une nouvelle génération d'aumôniers. Un réseau ramifié se constitua en effet pendant le conflit. Fin 1915, par exemple, il y avait en France 118 postes reconnus par l'Aumônerie générale belge, répartis dans plus de 40 départements[32]. La représentation était particulièrement forte en Normandie. Dans le Calvados, il y avait des aumôniers à Lisieux, Littry, Fumichon, Caen, Honfleur, Juaye-Mondaye et Trouville, dans l'Eure à Évreux, Condé-sur-Risle, Beaumesnil, Bémécourt, Brestot, Gisors et Saint-Ouen. La plupart se trouvaient toutefois dans le triangle formé par Le Havre, Dieppe et Rouen[33].

À travers les réfugiés, c'est tout un modèle de société (belge) qui se transplanta pendant la guerre. La spécificité des réfugiés de guerre facilita cette introduction. L'exil était non seulement de nature provisoire – une fois l'agresseur chassé, on retournerait dans la mère patrie – mais les réfugiés devaient par amour pour cette dernière faire preuve d'un comportement digne. Les initiatives reproduisant le schéma de vie de l'environnement d'origine étaient dans un tel contexte faciles à ancrer (si l'on excepte le cas des Pays-Bas). Cela eut des conséquences, et non des moindres. La France, qui par nature exerçait un contrôle strict sur la séparation entre Église et État, autorisa les ecclésiastiques belges à organiser eux-mêmes l'enseignement.

32 ACSSR, 4242: Aumôniers et prêtres belges au service des réfugiés en France. Pour une synthèse, voir aussi Ronse, *Handboek van den Belgische Vluchteling in Frankrijk*, 82-107.

33 Ce chiffre est sous-estimé. De nombreux prêtres n'étaient pas répertoriés. C'est le cas de Maurice Libbrecht, qui travailla en tant que rédemptoriste à Niort (Deux-Sèvres) et y fonda une école belge. ACSSR, 4245 : Maurice Libbrecht.

Un modèle de prêtre bon et motivé se forgea ainsi pendant la guerre. Inévitablement, il allait rejaillir sur les initiatives d'encadrement fondées avant celle-ci. L'Œuvre parisienne des Flamands fut parmi les premières concernées. Dès le début du conflit, l'organisation se présenta en tant que maison d'expertise pour les réfugiés de Paris comme incontournable. Sur base de ses très longs états de service, elle se considérait en effet comme une spécialiste du milieu flamand en terrain français. Il était évident que le pied-à-terre de l'évêché de Gand souhaitait saisir pleinement la chance que lui offraient les événements de démontrer son utilité. À cette fin, l'Œuvre protégea son territoire. Pendant la guerre, elle resta donc responsable, outre des départements de la Seine, de la Seine-et-Marne, de l'Oise, de la Seine-et-Oise et de l'Eure-et-Loir[34]. Étant donné l'important afflux de réfugiés belges à Paris, les aumôniers gantois avaient sous leur aile 80 000 compatriotes ; un contingent qui n'allait pas tarder à rendre très visible le rôle des actions pastorales[35]. Très vite, il apparut que l'œuvre n'effectuait pas sa mission efficacement et qu'elle continuait à s'accrocher aux programmes d'activités d'avant-guerre. L'encadrement religieux des autres régions de concentration de réfugiés faisait preuve de bien plus de motivation et d'enthousiasme, un constat qui restait en travers de la gorge de l'organisation parisienne. Celle-ci suivait d'un œil suspicieux les autres initiatives. Les paroles élogieuses adressées aux « aumôniers étrangers » sonnaient comme autant de reproches à ses oreilles.

Les tensions et les questionnements dans lesquels l'Œuvre avait vécu la guerre se révélèrent surtout après l'armistice. Fin 1919, Edmond Ronse rendit visite à l'Œuvre afin de régler auprès des autorités françaises une série de problèmes d'assurance et de procès impliquant des saisonniers. L'avocat gantois se vit toutefois proprement mettre à la porte par Jozef Moyersoen (1875-1944), directeur de l'Œuvre à l'époque. Ronse était pourtant une figure éminente dans le diocèse de Gand. Il était non seulement connu comme l'un des principaux défenseurs de l'Œuvre parisienne, mais il était aussi l'un des spécialistes les plus respectés de la problématique des saisonniers. Ronse informa immédiatement Mgr Emilius Seghers (1855-1927), évêque de Gand, de ce qu'il s'était passé, imputant cet accueil peu cordial à des événements remontant à la guerre. Pendant les années de conflit, l'Œuvre des Flamands à Paris avait hébergé deux initiatives étroitement apparentées. D'une part, il y avait l'organisation qui se concentrait principalement sur la population de la ville de Paris et la banlieue. La communauté belge y avait en raison de l'essor de l'industrie de guerre spectaculairement gagné en importance. Elle relevait de la responsabilité de l'Œuvre des Flamands. D'autre part, la rue de Charonne hébergeait aussi les services des saisonniers, regroupées sous le nom d'Œuvre des Franschmans. Ce n'était pas neuf en soi, mais les services en question

34 ACSSR, 4242 : Aumôniers et prêtres belges au service des réfugiés.
35 Amara, *Des Belges à l'épreuve de l'Exil*, 84-85.

s'étaient intensifiés et réorientés pendant la guerre. En dehors des aumôniers, tout le milieu de l'encadrement migratoire, arrivé en France en tant que réfugié, avait gravité autour de la structure parisienne, ce qui avait, en dépit de l'importance moyenne des saisonniers à cette époque, dynamisé les activités. L'Œuvre des Flamands et celle des Franschmans s'étaient dès lors bon gré mal gré retrouvées dans un rapport de concurrence.

Ronse avait surtout progressé avec la seconde de ces Œuvres et avait pendant la guerre activement contribué à sa direction. Alors que l'Œuvre des Flamands s'était limitée à la charité, celle des Franschmans avait développé de nouvelles initiatives, dont la « Concordia Belgica », une coopérative catholique principalement destinée à contrer une initiative similaire de tendance anticléricale[36]. Mais c'est du côté de l'Œuvre des Flamands elle-même qu'elle avait en fait rencontré la plus vive opposition. Les rapports achevèrent de se détériorer à la fin de la guerre. À l'invitation de Hendrik Heyman (1879-1958), une figure importante au sein du mouvement ouvrier chrétien belge au Havre, Ronse donna à l'époque un exposé dans cette ville sur la situation des réfugiés belges en France. Lors d'une réunion privée, il y expliqua la situation matérielle et morale des réfugiés à un public choisi de représentants d'œuvres concernées. À cette occasion, il ne put faire autrement qu'admettre que le département de la Seine, qui était sous la responsabilité de l'Œuvre des Flamands, était particulièrement mal loti. « Dans la Seine, où Paris seul comptait plus de 20 000 réfugiés belges, il y avait une seule école belge ! Jamais pendant la guerre il n'y avait eu un *vasten sermoen* (sermon de carême) ni en français ni en flamand, bien plus, il n'y avait jamais eu de sermon flamand, ni même à ma connaissance de sermon français ! » Ronse opposa la léthargie de l'encadrement parisien à l'ardeur pastorale qu'il avait constatée ailleurs parmi les aumôniers. Il prit pour exemple le Calvados, où un seul aumônier, « Mr. Mostaert, avec des moyens très réduits avait ouvert 56 écoles »[37]. Même si Moyersoen et l'Œuvre des Flamands n'étaient pas explicitement nommés, le message ne pouvait être plus clair.

Au-delà de la léthargie reprochée à l'Œuvre, il y avait une autre critique tout aussi vive. Selon lui, l'Œuvre n'était pendant la guerre absolument pas parvenue à cerner réellement la particularité de sa zone de travail. Paris et les environs attiraient surtout des ouvriers, une catégorie professionnelle fortement sollicitée par la CGT et la rue Grange-aux-Belles[38], un fait auquel l'organisation était restée complètement aveugle. Ronse terminait donc, concernant Paris, la Seine et quelques autres départements, par le constat suivant : « Je

36 Le *Handboek van den Belgischen Vluchteling in Frankrijk* (« Manuel du réfugié belge en France ») résultait également de cette dynamique.

37 ABG, Fonds Seghers, 3.17 : Lettre de Ronse à Seghers, 28 nov. 1919.

38 Le 33, rue de la Grange-aux-Belles, dans le 10e arrondissement (près du canal Saint-Martin) abritait la Maison des fédérations, centre de l'action syndicale de gauche à l'époque.

conclus à la faillite de "nos efforts" et à la nécessité d'un prompte réorganisation. »

Le dynamisme des prêtres ailleurs en France avait donc démontré de manière cruelle l'inutilité de l'initiative d'encadrement parisienne. Dès 1919, l'Église belge lui chercha donc une nouvelle destination, adaptée aux nouveaux besoins de l'émigration belge en France. L'exercice en question fut très lent. Il fallut attendre 1925 pour que le rôle de l'Œuvre dans le cadre de la nouvelle réalité belge migratoire soit redéfini. Dans l'intervalle, de nouveaux groupes cibles étaient apparus en France, si bien que le centre de gravité des actions s'était à nouveau déplacé. L'un de ces nouveaux groupes qui s'étaient ajoutés au contingent belge immédiatement après la guerre était celui des « frontwerkers », c'est-à-dire des travailleurs affectés après la guerre dans les régions dévastées. Ils étaient impliqués dans la reconstruction des villes et villages du front, dévastés par les combats.

Pour l'encadrement, l'Église pouvait dorénavant compter sur un groupe d'aumôniers expérimentés, qui avaient vécu la guerre dans la diaspora. L'Église considérait d'ailleurs cette nouvelle forme de délocalisation humaine dans la même perspective que les réfugiés. Les frontwerkers, dont le nombre était évalué à 200 000, étaient grosso modo dispersés dans une large bande comprise entre Reims et Amiens[39]. Même s'ils étaient majoritairement originaires des diocèses flamands, certains dépendaient de Tournai et de Namur. L'Œuvre des frontwerkers concernait donc tous les diocèses et fut placée sous la protection de l'archevêché de Malines[40]. Pour la rémunération des aumôniers, une intervention fut sollicitée auprès de l'État belge. Les autres charges liées aux activités courantes furent assumées à quatre parts égales par Malines, Bruges et Gand et les autres diocèses réunis. Des postes d'aumôniers furent notamment créés à Amiens, Compiègne, Reims[41], Douai, Saint-Quentin et plus tard Arras (voir plus loin)[42].

Contrairement aux réfugiés, les frontwerkers étaient un public récalcitrant : difficiles à atteindre, ils travaillaient surtout dans le but de gagner autant d'argent que possible et accordaient peu d'importance aux besoins et obligations religieux. Toutefois, ce constat ne repoussa aucunement les aumôniers dans l'attitude défaitiste d'avant 1914. Alors que les plus réalistes au sein de l'Église plaidaient pour que l'on ramène l'Œuvre des frontwerkers à

39 AAM, Fonds Mercier, III 20 : Séances des 12-14 avril 1920 et des 27-28 juillet 1920, l'Œuvre des Flamands en France.

40 AAM, Fonds Mercier, Provencalia 22 : Procès-verbaux des réunions épiscopales, 27-28 juillet 1920.

41 Reims était le résultat d'une demande du diocèse de Reims aux jésuites. Il fut également desservi par les jésuites. AVJ, 12380 : Het werk der Vlaamse boeren in Frankrijk. Historiek, 1947.

42 ABB, Werk der Vlamingen: Reisboekje, 1920. Voir aussi Œuvre des Émigrants Belges en France, rapport de l'année 1922, 7-11.

des proportions plus modestes, la jeune génération s'en tenait à une ligne plus volontariste[43]. Ils considéraient, lorsque les résultats escomptés se faisaient attendre, qu'il fallait non pas tempérer, mais redoubler d'effort.

Parmi les partisans de cette ligne, il y avait Joseph Meeûs, un jeune jésuite. Il avait appris les ficelles du métier pendant la guerre dans la communauté de réfugiés belge de Fulham, en Angleterre. Il était connu comme un bon organisateur et un homme à l'enthousiasme communicatif. En peu de temps, il avait tissé un réseau d'organisations dense, comprenant outre l'école des garçons et des filles, déjà existante, une « maison du peuple » dotée d'une chapelle de campagne sous forme de tente, une association d'éclaireurs, un club de billard, un club de jeunes filles et un comité des fêtes qui organisait surtout des processions[44]. L'enthousiasme qu'il y avait mis se reporta entièrement sur ses activités d'après-guerre. Lorsqu'on lui demanda d'assurer l'accompagnement spirituel des frontwerkers de la région de Reims, il se livra aussitôt à une analyse de la situation, assorti d'un plan d'action.

D'abord l'analyse. Meeûs jugeait le phénomène des frontwerkers menaçant pour l'avenir religieux du pays. La grande mobilité de ces gens détruisait en effet leur attachement à leur village, c'est-à-dire à leur habitat naturel. Meeûs entrevoyait un autre danger. L'exode pouvait en effet très bien se changer en migration définitive. Du point de vue religieux, c'était même « le seul [danger] qui doive nous intéresser directement – ce serait néfaste, surtout parce qu'une absorption individuelle se fait toujours aux dépens des caractères primitifs du déraciné ». En quoi ces « caractères primitifs du déraciné » consistaient, il ne le précisait pas. Mais il semble évident que Meeûs concevait le déracinement comme le cœur de la problématique migratoire (le terme étant pour lui synonyme d'individualisation).

43 Le provincial des jésuites plaide en ce sens dans une lettre du 17 juillet 1921 à Mgr De Wachter, évêque auxiliaire à l'archevêché de Malines. Une série de ses jésuites travaillent parmi les frontwerkers de la région de Reims. « Si Votre Grandeur me permet de vous communiquer confidentiellement une réflexion que je me suis faite déjà plusieurs fois : ne maintient-on pas en France, sans raison suffisante ou pour des raisons où la gloire de Dieu n'est pas immédiatement intéressée, une organisation qui avait sa raison d'être quand un grand nombre de réfugiés étaient encore en France après l'armistice, quand un grand nombre de travailleurs belges étaient sur les chantiers français, quand les familles qui semblent s'être définitivement fixées en France n'en connaissaient pas encore la langue et n'y avaient pas noué des relations en particulier avec le clergé local. Toutes ces conditions ont bien changé depuis. » AVJ, 12379 : Lettre de Willaert à De Wachter, 17 juillet 1921.

44 Pour être précis, Meeûs reprit en 1916 l'accompagnement spirituel de la communauté belge de Fulham au R.P. Ingelbeen. La liste exhaustive des services qu'il y créa est impressionnante : une assurance maladie, une caisse d'épargne, un service d'expédition d'argent et de colis vers la Belgique et les prisonniers de guerre, un service de recherche des personnes disparues, un Food Office, un service passeports, une bibliothèque, un service de traduction, un hebdomadaire intitulé *Ons Fulhamsche Volk*, un cercle belge, un club de billard, une troupe de scouts, un club pour jeunes filles « Edelweis », un groupe nommé « Loisirs et éducation populaires. ». Voir AVJ, 12343: Brochure *Mijn verblijf in Engeland.*

En guise de remède, il élabora un vaste plan d'action. Plutôt que sur une réduction de l'Œuvre des frontwerkers, il tablait sur son développement. Cela signifiait avant tout plus d'aumôniers et sur une base permanente. Une série d'entre eux prendraient la tête d'une « équipe volante », chargée de l'accompagnement spirituel des travailleurs de la zone du front. Pour mettre sur pied une telle structure d'intervention, il fallait améliorer l'aspect logistique. Du point de vue matériel, il fallait une tente d'une capacité de 50 personnes pour servir de chapelle (Fulham avait manifestement inspiré des solutions pratiques) ainsi qu'un camion pour la transporter et une caravane tenant lieu de chambre et de cuisine. En termes de personnel, chaque équipe devait être pourvue d'un chauffeur/ouvrier responsable de l'intendance et du montage de la tente. Lorsque le permanent effectif établi à Reims, le père Ottevaere, qui appartenait à la tendance réaliste, transmit le rapport au père provincial, il ne manqua pas d'ajouter la note suivante : « Je ne puis m'empêcher de rire en copiant le texte du P. Meeûs. »[45]

Le plan de Meeûs ne fut pas réalisé. Au contraire, l'implication des jésuites fut réduite et le père Ottevaere rappelé de Reims. Tout au plus Meeûs fut-il autorisé à parcourir la région deux à trois fois par an. Le provincial assortissait cependant cette autorisation d'un message clair : « Il est bien entendu qu'il ne faut pas consacrer à ce ministère qui devient de plus en plus inutile plus que le temps strictement nécessaire et qui ne devrait pas dépasser trois semaines. »[46] En 1921, Meeûs avait d'ailleurs déjà entamé ses tournées. Lui aussi dut bien constater qu'à l'époque, la présence des frontwerkers dans les environs de Reims était en diminution[47].

Les migrants permanents flamands dans la France rurale : travailler le sol

Si les œuvres catholiques s'étaient assez vite intéressées aux fermiers flamands de France, il leur fallut tout un temps pour comprendre qu'une bonne partie d'entre eux ne reviendraient pas au pays après la guerre. Les indices d'un désir d'émigration étaient pourtant largement répandus dans les milieux paysans. *De Boer*, journal des affiliés du Boerenbond, écrivait ainsi en 1919 que l'on entendait dire çà et là « que plus d'un agriculteur songeait à quitter la Belgique avec femme et enfants pour aller s'installer à l'étranger, plus précisément en France, et tenter là sa chance »[48]. Plus qu'un simple constat, cette information débouchait sur une mise en garde : « Tout ce qui brille n'est pas

45 AVJ, 12379 : Lettre de Ottevaere à Willaert, 16 déc. 1920.
46 *Ibid.* : Lettre de Willaert à Meeûs, 31 août 1921.
47 *Ibid.* : Lettre de Meeûs à Willaert, 22 avril 1921.
48 *De Boer*, 1er fév. 1919.

or ; émigrer équivaut à abandonner le connu pour l'inconnu, (...) et d'après ce qu'un prêtre (...) nous fait savoir, à mettre dans la plupart des cas ses sentiments chrétiens et ceux de sa famille en danger. »[49] Vers 1919, le Boerenbond ne se faisait d'ailleurs pas de soucis concernant les réfugiés agriculteurs qui se trouvaient toujours en France. Les nombreuses demandes qu'il recevait de ce groupe concernant la possibilité de rester en contact avec l'organisation louvaniste depuis la France le confortaient dans la conviction qu'ils reviendraient tôt ou tard[50].

Au printemps 1920, cette conviction céda progressivement le pas à l'inquiétude. Le Boerenbond et le ministère de l'Agriculture ayant appris que la France cherchait des fermiers flamands, de nouveaux avertissements parurent. Cette fois, le ton avait changé[51]. Les tentatives de dissuasion et les mises en garde dominaient, d'autant plus que « l'appétit de partir » était dans les faits de plus en plus perceptible chez les paysans[52]. Pour se rendre compte sur place de la situation d'après-guerre, un nouveau voyage d'études fut organisé, du 17 au 25 juillet. Eylenbosch et Ronse se concentrèrent respectivement sur les ouvriers et sur les saisonniers. Frans Brusselmans, juriste et parlementaire, se joignit à eux pour étudier les « agriculteurs, locataires ou propriétaires »[53]. Ces spécialistes durent constater que la situation avait fondamentalement changé par rapport aux années d'avant-guerre. Suite à la mécanisation de l'agriculture, l'importance des saisonniers avait fortement diminué ; en raison de la guerre, Paris avait gagné quelques milliers de « résidents » belges – d'ex-réfugiés qui n'avaient pas l'intention de rentrer – et si le travail dans la zone du front restait important, il se confondait à présent avec le travail frontalier. Le principal changement concernait toutefois les agriculteurs. De nombreux départements avaient attiré des familles de Flandre-Occidentale, originaires

49 *De Boer*, 1er fév. 1919.

50 Voir par exemple *De Boer* du 21 juin 1919 : « Certains membres de nos guildes qui ont séjourné en France pendant la guerre ne sont pas revenus. D'autres ont décidé d'y rester quelques temps encore. Plusieurs nous ont déjà fait savoir qu'ils souhaitaient rester en relation avec le Boerenbond de Louvain. Nous acceptons bien volontiers et ne demandons pas mieux que de les aider quand c'est possible. Mais nous ne connaissons pas leur adresse et lieu de domicile. (...) Nous demandons à nos membres qui ont des parents, des amis et des connaissances dans cette situation de bien vouloir nous communiquer ces renseignements ou de nous envoyer leur adresse correcte. »

51 « D'après ce que nous avons appris, il circule dans le monde agricole des formulaires à compléter pour ceux qui souhaitent obtenir une exploitation d'agriculture agricole du gouvernement français et demandent pour le payer l'avance prévue dans la loi française du 4 mai 1918. Pour épargner à ces gens une amère déception, notre ministère de l'Agriculture a fait savoir que ces exploitations étaient en France de plus en plus rares et que le gouvernement français n'accordait de prêt financier qu'aux Français. (...) Nous souhaitons par-dessus tout voir notre braves fermiers rester chez nous s'ils peuvent gagner leur vie ici. » *De Boer*, 5 avril 1920.

52 Chan. Luytgaerens dans *De Boer*, 12 nov. 1921.

53 ACBB, 866 (2) : Le fonctionnement du Boerenbond en lien avec l'émigration flamande, 5-6.

de la région du front. Une série de réfugiés avaient loué ou acheté une ferme pendant le conflit et y étaient restés. Après la guerre, ils avaient été rejoints par des fermiers de la région de l'Yzer dont l'exploitation avait été détruite.

La prise de conscience progressive vis-à-vis de l'émigration agricole était encore plus visible sur le terrain même. Edmond Denys constitue à nouveau un témoin intéressant dans ce cadre. En 1914, alors que la guerre venait d'éclater, le prêtre de Flandre-Occidentale chargé de l'accompagnement des saisonniers avait été relevé de ses fonctions par Mgr Waffelaert. Il avait passé la guerre dans le petit village de Klerken en tant que curé de paroisse[54]. Lorsqu'il reprit son travail parmi les saisonniers, en mars 1919, il se heurta à une toute autre réalité[55]. Au lendemain de la guerre, Denys passait pour un modèle d'apostolat en faveur des Franschmans. Edward Vermeulen, un écrivain populaire flamand, avait déjà héroïsé l'aumônier dans un roman intitulé *Trimards* (1912), qui lui était dédié. Mais la véritable consécration de Denys viendrait après sa mort (1923), lorsque Filip De Pillecyn, homme de lettres flamand, publierait sa biographie, en 1927[56]. L'ouvrage allait se vendre à 35 000 exemplaires et contribuer largement à figer l'image de l'émigrant flamand en tant que travailleur saisonnier[57]. Même si l'on débarrasse Denys de la mythologie construite autour de sa personne, certaines de ses réalisations s'avèrent effectivement d'une grande importance.

Dans une série de paragraphes dont la valeur n'est pas exclusivement hagiographique, De Pillecyn décrit la façon dont Denys ressentit la situation d'après-guerre. L'auteur présente un aumônier désillusionné, ayant pris de l'âge, forcé de constater que des frontwerkers de tous bords et de toutes provenances s'étaient mêlés à « ses » saisonniers. « Le beau travail de la récolte, et le labeur malpropre mais noble et stable des fours à briques avait fait place au travail détaché, dévoreur de budget, de la reconstruction. »[58] De Pillecyn fait aussi référence à la transformation que *De Stem uit het Vaderland* subit lentement mais inévitablement. « Dans le journal, c'est surtout le Boerenbond qui fait parler de lui. Le fermier flamand a fait produire le sol de France pendant la guerre (...) Ce n'étaient plus des oiseaux migrateurs comme des saisonniers : ceux-ci étaient attachés à leurs parcelles, où leur travail était en train

54 Son journal de guerre sera édité plus tard. Denys, *Uitgedreven : oorlogsdagboek over Clercken en omliggende*.

55 De Pillecyn, *Pastor Denys*, 135.

56 L'image construite autour de Denys fit de lui un exemple à imiter pour les futurs aumôniers du diocèse de Bruges. Être comparés avec Denys, même par quelqu'un qui ne l'avait jamais connu, était à n'en pas douter un grand compliment. L'inverse était également vrai. Les saisonniers de Flandre-Occidentale pouvaient difficilement imaginer leur voyage sans aumônier. Les deux étaient, plus qu'en Flandre-Orientale, étroitement liés. Voir les témoignages de Pertz et Van de Vijver, *Document. Les Godverdommes sont là. De Bietenmannen*, BRTN, 18 déc. 1992.

57 Durnez, « Edmond Denys », 914.

58 De Pillecyn, *Pastor Denys*, 139.

de prospérer. »[59] Et, plus loin : « De Stem uit het Vaderland, comme l'ensemble de l'œuvre apostolique en France, a changé de cap. Deux adresses y figurent désormais : celle du curé et celle de l'aumônier des fermiers. Les fermiers y prennent de plus en plus de place. Le visage du journal a changé. »[60]

Si la description donnée par De Pillecyn des sentiments de Denys face aux saisonniers frappe par sa pertinence, il se trompe en ce qui concerne *De Stem*. Du vivant de Denys, le Boerenbond n'y joue en effet aucun rôle. Le journal ne deviendra l'organe de ce dernier qu'en 1925. Mais il décrit très correctement ce qui se passe concrètement dans le journal : l'émigration agricole y bénéficie d'une attention croissante, non pas sous l'impulsion d'une organisation telle que le Boerenbond mais pour elle-même. Le premier observateur à en parler avec les mots justes et la lucidité nécessaire est d'ailleurs Denys lui-même. Le premier rapport du Berek après la Première Guerre mondiale l'avait déjà indiqué clairement : les saisonniers étaient en train de perdre fortement en importance. Les réunions d'été de 1919 n'avaient connu qu'un succès mitigé et le contingent de Flamands en France avait changé du tout au tout. « En effet, de nombreux travailleurs y séjournaient encore en tant que réfugiés, dispersés dans toute la France, car ils n'avaient pas pu rentrer en Belgique. Beaucoup étaient encore enrôlés dans l'armée. »[61] C'était finalement dans les chiffres d'adhésion des sociétés de secours mutuel que cette tendance était la plus évidente. Alors que les 77 sociétés d'avant-guerre totalisaient encore 4 162 membres, elles n'en comptaient à présent plus que 1 500 environ.

Néanmoins, les premiers numéros d'après-guerre de *De Stem* continuèrent à s'accrocher obstinément à la réalité du travail saisonnier. Pour ses réunions d'été, Denys reprit son programme d'avant-guerre. Il se rendit d'abord à Bruay, près des bassins miniers du Pas-de-Calais pour les visites aux briquetiers, puis descendit vers l'Oise et la Somme. Mais dans ces deux départements, les activités de Denys se concentrèrent principalement et nécessairement, comme nous l'avons déjà indiqué dans l'introduction, sur les agriculteurs belges. Le 18 mai 1920, l'aumônier se rendit à La Faloise, plus ou moins à mi-chemin entre Amiens et Beauvais. Il y logea à la ferme de Bel Air, chez Omer D'Hulst. Ce dernier l'accompagna pendant deux jours chez les Belges qui vivaient dans la région, un mélange de fermiers, de briquetiers de Zingem et de frontwerkers de Zele[62]. Les fermiers prenaient une place de plus en plus prééminente dans ses comptes rendus. « Pendant deux jours, j'ai parcouru l'Oise avec Au-

59 De Pillecyn, *Pastor Denys*, 139.

60 *Ibid.*, 146.

61 *De Stem*, 2 mai 1920, rapport du Berek.

62 Denys, « In Oise en Somme », *De Stem*, 13 juin 1920, 2. Les allusions aux fermiers flamands sont légion dans les deux premiers numéros d'après-guerre. Voir par ex. « Uit mijn dagboek », *De Stem*, 11 juillet 1920 ; « Uit het Somme-gebied naar het Oise-dal », *De Stem*, 8 août 1920 et 15 août 1920. Je me limite ici à l'article dans lequel Denys parle pour la première fois des fermiers de manière substantielle.

gust Putman, chez nos fermiers de Paillart, Blancfossé, Cormeilles, Fontaine-Bonneleau, Croissy-sur-Celle, Gouy-les-Groseillers, Bonneuil et Esquennoy. »[63] Denys introduisit même dans ses notes une première digression sur la migration agricole en France. Bien qu'accompagnée d'une mise en garde explicite, celle-ci adoptait un ton résigné. Les fermiers arrivaient selon lui dans un environnement non chrétien, sans écoles catholiques convenables. « Mêmes les émigrés chrétiens les plus fervents y voient leur foi faiblir. » Pendant l'hiver 1919, Denys avait même abordé le sujet dans ses sermons en Flandre, cela, avec l'accord de l'évêque : « L'émigration de nos fermiers flamands en France est dangereuse pour la foi et les mœurs. » Mais Denys ne perdait pas pour autant son réalisme. Bien qu'il ne l'écrive pas explicitement, il ressentait la situation comme irréversible, comme un fait accompli. « Donc, fermiers, mes chers compatriotes, vous qui habitez seuls en France, soyez forts, tenez-vous sur vos gardes, surveillez vos enfants avec plus de soin que jamais (…) et efforcez-vous de rester chrétiens comme l'étaient vos parents et vos grands-parents ! » On ne trouvait chez Denys aucune allusion à un retour éventuel.

Pendant ce temps, un autre prêtre-écrivain, Karel Van Eecke, était en train de s'imposer progressivement dans *De Stem*. L'aumônier des fermiers flamands de Normandie, qui en tant qu'ancien curé de Veldegem avait été particulièrement actif dans le *Berek ter Bescherming van de Westvlaamsche Tijdelijke uitwijkelingen*, s'adressait exclusivement aux paysans belges de France. Tout en maniant un style agressif, il évaluait lui aussi la nature et la situation de l'émigration paysanne avec lucidité. Le 16 mai 1920, il décrivait la situation en ces mots : « Étant donné la situation de la Belgique et de la France, il est à prévoir qu'une partie de notre population flamande séjournera encore un moment en France, en particulier les fermiers, qui ne peuvent pas retourner en Belgique ou viennent en France parce qu'il y a en Flandre trop peu d'exploitations. » Ou encore : « Beaucoup de gens, qui ne voient pas plus loin que le bout de leur nez, se demandent : pourquoi nos fermiers restent-ils en France et continuent-ils à y partir, de toutes les régions du pays ? La réponse est très simple. La voici : parce qu'en Belgique flamande surtout, il y a des milliers de fils de ferme de 25, 30, 35, 40 ans, qui ont des vues depuis 5, 10, 15 ans sur une fille de ferme, forte et intelligente, ayant tout pour devenir la meilleure des fermières, mais qui ne trouvent pas d'exploitation. On ne peut tout de même pas cultiver dans un nid de pie ! »[64]

Comment ces informations parvenaient-elles aux hautes sphères du diocèse ? Ce que nous savons du diocèse de Bruges, celui qui voyait le plus de fermiers partir ou rester en France, indiquent que la réalité sociale de l'émigration agricole fut rapidement reconnue. Comme nous l'avons dit, Denys prêchait dès l'hiver 1919 sur les « dangers » auxquels les fermiers qui émi-

63 Denys, « In Oise en Somme », *De Stem*, 13 juin 1920, 3.
64 Van Eecke, « Een wantoestand », *De Stem*, 16 mai 1920, 1.

graient devaient résister. Mais d'autres prêtres avaient également commencé à s'émouvoir de la situation. Contrairement au travail saisonnier, l'émigration impliquait en effet des familles entières. Il y avait en jeu des enfants dont la vie sociale allait se dérouler selon les règles françaises, qu'on le veuille ou non. Le réseau scolaire catholique belge développé en France pendant la guerre avait en effet été démantelé. Cela signifiait que pour l'instruction religieuse, le point de gravité se déplaçait de l'école vers la famille. En 1920, le diocèse de Bruges réagit à cette situation sous la forme d'un *Catechismus met uitleg voor school en huisgezin* – « Catéchisme renfermant des explications pour l'école et la famille ». L'auteur de ce petit livre était le chanoine Desiderius Lescouhier, inspecteur de l'enseignement catholique dans le diocèse de Bruges. Dans la préface, l'auteur renvoie explicitement à la situation des enfants flamands en France : « Comme son titre l'indique, l'ouvrage est destiné à être utilisé par les foyers dont les enfants flamands ne bénéficient pas d'un enseignement catholique à l'école ou comprennent pas grand-chose de ce qui leur est enseigné dans la langue du pays (...). »[65] Et c'est via *De Stem* que ce catéchisme fut promu auprès des agriculteurs flamands de France[66].

Pour conclure

Avec les saisonniers, l'Église catholique retrouva une partie de son élan quant à l'encadrement religieux des immigrants belges de France. Elle intervint principalement en terrain rural, où elle se sentait nettement plus à son aise que dans le Lillois ou à Paris. Le fonctionnement bipolaire de ces activités, avec des réunions d'hiver dans les paroisses d'origine et des réunions d'été sur les lieux de travail, eut un impact très clair sur le groupe cible. Portée par une figure inspirante comme Edmond Denys, l'initiative du diocèse de Bruges connut un succès certain. Mais malgré la réceptivité du groupe cible, les diocèses ne parvinrent pas à organiser un encadrement unique et coordonné au profit des saisonniers. Le diocèse de Gand se replia sur son siège parisien, Denys opéra depuis la Flandre-Occidentale. Tous cultivèrent une forme de particularisme, renvoyant à leurs diocèses respectifs.

C'est ce même désir de distinction qui mit l'Œuvre des Flamands hors-jeu pendant la Première Guerre mondiale. L'organisation n'ayant aucune prise sur le grand groupe de Belges résidant dans la capitale française, elle s'en désintéressa. Ailleurs, elle fut surclassée par l'enthousiasme des prêtres réfugiés. De ce fait, elle n'eut pratiquement aucune voix au chapitre dans l'encadrement des frontwerkers après la guerre. Le phénomène de l'émigration permanente des fermiers lui échappa également. Des acteurs plus attentifs, comme

65 Lescouhier, *Catechismus met uitleg voor school en huisgezin*, 4.
66 *De Stem*, 16 mai 1920.

Edmond Denys, mais aussi le Boerenbond, furent en revanche suffisamment lucides pour prendre conscience de la vague migratoire agricole qui était en train de se mettre en route.

La nouvelle émigration fut jugée négativement, tant par les instances ecclésiastiques que par une organisation comme le Boerenbond. Mais le rejet fit rapidement place à un remarquable sens des réalités. Les aumôniers des saisonniers ou des frontwerkers croisaient en effet un nombre croissant de fermiers flamands sur leur chemin. L'accent était mis sur les tournées dans la Somme, l'Oise et la Normandie, mais les aumôniers purent constater le même phénomène dans d'autres régions[67]. Les signaux qu'ils envoyaient montraient clairement que les fermiers ne retourneraient plus en Belgique. Une nouvelle fois, l'Église s'adapta à la situation contre son gré, mais avec une souplesse notable. Pendant l'entre-deux-guerres, elle chercherait l'encadrement structurel adéquat pour les fermiers flamands de France. Mais comment nous le verrons dans le chapitre suivant, cela prendrait nettement plus de temps que prévu.

67 En ce qui concerne les environs de Reims, par exemple, le jésuite Ottevaere observe également, fin 1920 : « Il y a ici dans le pays des fermiers établis : des familles très chrétiennes. Au mois de novembre pendant huit jours j'ai parcouru l'Argonne à pied, faute de communication. Dans les 20 à 25 villages que j'ai visités, il y a environ 20 familles. » AVJ, 12379 : Lettre de Ottevaere à ?, 16 déc. 1920.

L'ENCADREMENT CATHOLIQUE DES FERMIERS FLAMANDS EN FRANCE (1920-1940)

Lorsque l'émigration agricole flamande en France devint visible, l'Église catholique belge gérait déjà sur place une série d'œuvres d'encadrement. Certaines étaient la continuation d'initiatives d'avant-guerre, d'autres trouvaient leurs origines dans les activités catholiques de la guerre, d'autres encore avaient été créées après le conflit. Mais un tel dispositif n'était pas nécessairement un avantage. Ces différentes initiatives ne brillaient pas par leur organisation et la qualité de leur personnel laissait souvent à désirer. Si l'on voulait mieux encadrer les fermiers flamands en France, il fallait au minimum une intervention venant d'en-haut.

Cette étape évidente allait être franchie dans les années 1920, non sans de grosses difficultés. Celles-ci s'expliquaient très certainement par une série de problèmes structurels. Non seulement les initiatives d'encadrement belges œuvraient dans un contexte national autre, mais les relations entre les deux Églises « nationales », belge et française, étaient parfois délicates. Toutefois, c'était encore au niveau interne que se situaient les plus gros problèmes. Généralement, ils résultaient de conflits ou d'ambitions personnels. Les aumôniers de France ne semblaient pas non plus immunisés contre les dangers dont ils souhaitaient protéger les migrants. Le pays était une zone franche, très éloignée de tout contrôle épiscopal et social. Les aumôniers avaient beau considérer que les fruits de la liberté étaient dangereux pour la capacité des simples migrants, certaines s'y révélèrent – en dépit de tous leurs engagements – aussi peu résistants eux-mêmes.

Ci-après, nous considérerons d'abord la période de transition laborieuse entre les initiatives d'encadrement éparses et une approche plus uniforme. Par le biais d'une association comme la Commission épiscopale pour les émigrés, l'Église belge sembla très prompte à vouloir se positionner. Mais en réalité, elle se ne reposa pour cela que sur les quelques prêtres restés sur place après la guerre, un groupe bien hétéroclite. Karel Van Eecke, que nous avons déjà mentionné, était actif dans le diocèse d'Évreux, où il avait fondé une Œuvre des fermiers flamands de Normandie. Les réfugiés belges restés en France étaient placés sous la responsabilité d'Henricus Blondeel (1874-1950). Les frontwerkers relevaient de l'Œuvre interdiocésaine des travailleurs émigrés belge, dirigée par Frans Seyssens (1872-1938). Pour les saisonniers, il existait encore le double fonctionnement des diocèses de Bruges et de Gand, avec chacun son organe de presse, *De Stem uit het Vaderland* pour les Ouest-Flandriens, *Ons Vlaanderen* pour les Est-Flandriens. Et au-delà de cet amalgame d'initiatives l'Œuvre des Flamands de Paris, qui avait pour nouveau directeur Henri Serraris (1873-1959), était encore active. Certaines de ces structures étaient à l'origine d'organisations plus larges, à objectifs autres que pastoraux et dans lesquels les fermiers jouaient un rôle important. En tant que groupe cible, ceux-ci pouvaient en effet également être impliqués de façon commerciale. C'était par exemple le cas des Foyers belges et du syndicat agricole La Flandre, des organismes qui jouissaient au début d'un soutien depuis la Belgique, mais le perdirent pour diverses raisons. Jusqu'en 1925 grosso modo, les instances ecclésiastiques belges adoptèrent envers cet amalgame une ligne plutôt molle, avant de se décider enfin à mettre en place un encadrement structuré. C'est de cette période que nous traiterons dans une seconde partie.

Paralysie ecclésiastique : la laborieuse transition vers une œuvre agricole centralisée

Lorsque vers 1920, les organisations catholiques impliquées prirent conscience que de nombreux Flamands n'étaient pas opposés *a priori* à l'idée d'entamer une nouvelle vie en France, elles n'avaient pas de réponse structurelle prête à l'emploi. Certes, la France était le terrain de travail de différentes initiatives, mais chacune était dirigée par ses propres acteurs, le plus souvent liés aux diocèses de Bruges et de Gand. Sur place, l'impact de cette division disparaissait. Les fermiers se dispersaient en effet vers différentes destinations et y développaient de nouvelles identifications, dans laquelle le lien avec le diocèse d'origine perdait inévitablement en importance. De plus, les structures en place en 1920 étaient principalement tournées vers les migrants temporaires. Elles s'adressaient donc à des saisonniers qui, comme des oiseaux migrateurs, essaimaient l'été pour se rassembler l'hiver dans les différents doyennés de leur diocèse de provenance. Cette « pastorale de nichoir » n'avait plus guère d'utilité dans le contexte de l'émigration permanente.

Pour offrir une réponse efficace à l'émigration permanente, il fallait donc harmoniser les nombreuses associations actives en France. Lorsqu'il apparut que les structures en place n'y réussiraient pas, l'archevêché de Malines et les diocèses de Gand et de Bruges fondèrent conjointement la Commission épiscopale pour les émigrés, en 1924. Sa tâche consistait à adapter l'encadrement à la réalité migratoire. Cette même année, la Commission épiscopale évalua le nombre de Belges en France à 600 000, « presque tous Flamands »[1]. Pour légitimer l'intervention de l'Église, on eut recours aux arguments de toujours. Les émigrés ne pouvaient pas bénéficier d'un accompagnement religieux dans leur langue et un Flamand sans assistance morale et spirituelle était un Flamand perdu. Le danger ne menaçait pas seulement des émigrés eux-mêmes. L'indifférence religieuse qui contaminait les Flamands à l'étranger risquait aussi d'avoir des retombées. Les émigrés ne revenaient-ils pas souvent dans leur paroisse d'origine en colporteurs de conceptions et d'idées fausses[2] ?

Il est clair qu'en instaurant cette commission, l'Église belge avait l'intention de mettre de l'ordre dans son encadrement pour les émigrés. Cependant, la composition hétéroclite du contingent belge en France ne lui facilita pas la tâche. Fermiers, ouvriers, différentes variantes de l'émigration temporaire : des groupes très divers cherchaient en effet leur bonheur en France. Sachant qu'il n'était pas possible de s'occuper de tous à un même niveau, des priorités devaient être définies. L'Église en fut incapable. Il fallut attendre que la formule du travail saisonnier disparaisse et que le poids relatif de l'émigration agricole grandisse pour que son attention se tourne exclusivement vers cette dernière. Entre-temps, nous étions déjà en 1925. Les diverses initiatives furent alors répertoriées et évaluées sur leurs mérites. Les œuvres religieuses destinées aux fermiers – qui supposaient le détachement d'un aumônier – étaient selon la Commission trop peu nombreuses.

Personnel

En 1925, la Commission épiscopale regarda aussi le personnel à la loupe. Cet examen déboucha sur un « tableau vivant » des plus révélateurs. Sur les huit aumôniers en poste en France, deux bénéficièrent d'une évaluation positive. Alberic Theyskens (1864-1965), établi à Compiègne, fut décrit comme « un très bon prêtre ». Le curé déjà nommé de l'Eure, Karel Van Eecke, fut également

1 ABG, Fonds Seghers, 3.17 : Rapport de la Commission pour les émigrés en France, fév. 1925, 1.

2 « On sait d'ailleurs combien facilement le Flamand déraciné perd la pratique religieuse, même tout sentiment religieux. » (...) « Lorsqu'ils reviendront au pays (car la plupart ne s'expatrient pas définitivement) ils rapporteront les suites lamentables de leur indifférence religieuse et de leur inconduite et seront la cause de la perversion de bien des âmes. » *Ibid.*

évalué comme un très bon aumônier. Hélas, sa condition physique n'était pas à la hauteur du territoire immense qu'il était censé couvrir. Voilà tout ce qui était dit de positif à propos des aumôniers belges de France. Le jugement porté sur le poste de Rouen était catégorique. Alfred François Deckmyn (1882-1968) était ni plus ni moins décrit comme « un businessman ». Son collègue Dallemagne était mis dans le même sac, mais dans son cas, un espoir subsistait « de le dégager et de l'amener à une compréhension plus exacte de ses devoirs d'aumônier »[3]. À propos des autres, la Commission se montra soit prudente, soit cassante. Elle laissa par exemple à Georges Vereecke le bénéfice du doute. Il avait récemment intégré la Maison belge d'Arras, ce qui semblait avoir un effet positif sur son fonctionnement. Mais on restait méfiant vis-à-vis de sa personne. « (Il) montre incontestablement du zèle, mais il semble un peu inconsidéré et impulsif ; et nous avons entendu des personnes qui l'ont connu autrefois faire à son sujet des réserves qui ne laissent pas de nous inquiéter. »[4] Le même double langage était utilisé à l'égard de l'aumônier principal Henricus Blondeel. Bien qu'il fût une figure clé de l'organisation de l'encadrement religieux en France et dans le diocèse de Bruges, on ne lui faisait guère confiance. Il passait pour un prêtre pieux, mais manquant singulièrement de « doigté et de sagesse ». « Dans un conflit qui a surgi entre deux de nos prêtres dans le diocèse d'Amiens, il a montré à l'égard de l'Évêque de ce diocèse un complet manque de tact. » Blondeel n'était certainement pas la personne adéquate « pour conduire les autres ». Dans la Somme, où il était censé faire régner l'ordre parmi ses subalternes, il n'avait pas pu empêcher que les aumôniers belges se querellent ouvertement. Seule une intervention de l'évêque d'Amiens pouvait encore à réconcilier Rysenaer et Waem. Chacun essayait toutefois de prouver son bon droit au diocèse de Bruges. La Commission épiscopale pour les émigrés ne ménageait pas Waem. « De la volumineuse correspondance que nous avons eue avec M. Waem, il résulte que celui-ci a les facultés mentales atteintes. » Rysenaer fut quant à lui décrit comme un homme impossible, dur et hostile vis-à-vis de ses collègues.

À en croire le rapport de la Commission de 1925, l'encadrement religieux pour les émigrés en France était donc dans un triste état. Cette situation était selon elle inquiétante, d'autant plus qu'il y avait dans ce pays, plus que dans d'autres encadrements nationaux, un gros travail à fournir[5]. Mais malgré l'évaluation négative des effectifs, il n'y aurait en cours de route que quelques personnes écartées. Des figures contestées comme Waem, Rysenaer et Blondeel

3 ABG, Fonds Seghers, 3.17 : Rapport de la Commission pour les émigrés en France, fév. 1925, 1.
4 *Ibid.*
5 « Il y a en France beaucoup moins de Polonais et d'Italiens que de Flamands. Les Polonais ont quarante-huit aumôniers, dont onze dans le seul Pas-de-Calais ; les Italiens en ont une trentaine ! Et cependant les difficultés d'organisation sont bien plus grandes pour eux que pour nous, vu les plus grandes distances et le manque, même chez les organisateurs, de la connaissance du français. » *Ibid.*

restèrent en poste. D'autres, comme Vereecke, Deckmyn et Dallemagne, ne furent écartés qu'à grand-peine.

L'Œuvre des Flamands à Paris, qui n'était pas encore nommée dans l'évaluation, continuait elle-aussi à poser problème, directement ou indirectement. Paris restait la ville qui causait le plus souci. Non seulement les simples migrants belges y étaient exposés aux tentations urbaines, mais certains aumôniers n'étaient semble-t-il pas insensibles aux possibilités offertes par la ville lumière. Il ne s'agissait pas forcément des tentations de la chair. À Paris, on vivait surtout bien. Les trois ou quatre aumôniers permanents y étaient logés dans un grand confort et, comparée à celle de leurs collègues itinérants, leur mission était facilement calculable.

Ces conditions favorables n'étaient pas pour autant garantes d'une atmosphère positive. Faute de problèmes extérieurs, les aumôniers se compliquaient parfois la vie l'un l'autre. Nous avons vu que pendant la Première Guerre mondiale, l'Œuvre des Flamands n'avait pas été un modèle de concorde. Après la guerre également, il y eut régulièrement des plaintes concernant l'ambiance parfois peut zélée qui y régnait. En 1927, un correspondant anonyme écrivit à l'évêque de Gand qu'il regrettait l'époque de Liévin Beyaert. « Je pense depuis longtemps déjà que les choses ne vont pas comme elles devraient dans la mission belge. (...) Le cercle est (devenu) une tombe et nous le quittons. Vers qui doit se tourner un Flamand malade à Paris ? Que font nos curés pour nous ? Juste rien du tout. (...). »[6] Le correspondant ajoutait qu'il y avait à présent trop de « femmes » impliquées dans l'histoire, « dont une qui travaillait le dimanche et courait les magasins de mode en semaine (...). »

Ce genre de plaintes est évidemment à prendre au conditionnel. Néanmoins, beaucoup d'avis concernant Paris avaient exactement le même ton. Ils témoignaient de conflits et de jalousies. Lorsque les lamentations venaient du directeur, elles portaient surtout sur la difficulté de faire régner la discipline dans l'Œuvre. En 1924, par exemple, Serraris, directeur à l'époque, rejeta un plan visant à rendre l'institution financièrement autosuffisante. La mission spirituelle devait en vertu de la proposition être élargie à des prestations de service matérielles pour lesquelles les fermiers affiliés payeraient une cotisation. Le but de l'opération était de financer les salaires des aumôniers. La réaction de Serraris fut sans équivoque. Si l'on mettait ce plan à exécution, cela reviendrait « à rejouer en grand la triste pièce qui avait déjà fait tant de mal à la rue de Charonne, une histoire de dispute et de discorde dans laquelle chaque "partie" tentait de tirer à lui le maximum d'avantages, offrant au total un pitoyable tableau »[7].

6 *Ibid.* : « Een Vlaming die wenscht onbekend te blijven », JDB à l'évêque Seghers, probablement entre 1922 et 1925.

7 *Ibid.* : Lettre de Serraris à De Baets, 1924.

D'autres conflits allaient néanmoins se présenter. Trois affaires, dans lesquelles l'Œuvre parisienne fut dans certains cas impliquée de manière indirecte, secoueraient les initiatives d'encadrement jusqu'à 1927 environ. Nous les étudions ci-après chacune à leur tour. Ce traitement détaillé se justifie doublement. Premièrement, ces affaires illustrent la lenteur avec laquelle l'Église résolvait les problèmes. On peut se demander face à cette inertie si elle considérait la France comme un terrain de travail intéressant ou comme une zone de mission pour les prêtres « à problèmes ». Deuxièmement, et corrélativement, ces conflits montrent combien les œuvres d'encadrement en France étaient le fruit d'improvisations personnelles. Les initiatives émanaient essentiellement de la base et étaient pilotées par de simples aumôniers. On ne s'en remettait qu'en cas de problèmes aux échelons hiérarchiques responsables.

La débâcle de Saint-Quentin

L'une des affaires qui empoisonna longtemps la vie des initiatives d'encadrement religieuses de Flandre-Orientale après la Première Guerre mondiale fut celle de Frans Seyssens (1872-1938). Celui-ci avait été nommé en 1902, au début de la trentaine, comme aumônier de Paris, avec pour mission particulière la « protection des émigrés temporaires ». Seyssens semblait taillé pour l'emploi puisque très tôt, il avait su se faire apprécier des saisonniers. Il passait en outre pour un homme dynamique. Pendant la guerre, Seyssens était devenu le contact d'Edmond Ronse à la rue de Charonne. Leurs efforts conjoints avaient notamment mené à la fondation de la coopérative Concordia et d'une caisse d'épargne ainsi qu'à l'édition du périodique *Ons Vlaanderen*[8].

L'engagement dont Seyssens avait fait preuve pendant la guerre fut récompensé après celle-ci. Il fut chargé par le diocèse de Gand et l'archidiocèse de Malines de l'organisation des œuvres de protection interdiocésaines, un nouvel organe qui avait reçu le nom prêtant à confusion d'Œuvre des émigrants belges en France. Son public cible était en réalité celui des frontwerkers[9]. En

8 La caisse d'épargne était depuis longtemps un cheval de bataille de Seyssens. Lors des assemblées annuelles des saisonniers, il l'évoquait souvent comme un moyen de réduire les frais d'expédition lors de l'envoi d'argent. « Le R.P. Seyssens propose de fonder une caisse d'épargne pour les émigrés provisoires. Il base ce projet sur des aspects esquissés de façon plaisante mais très importants dans la vie de nos ouvriers agricoles en France. Nos ouvriers flamands envoient environ 5 millions par an chez eux ; cela coûte plus de 50 000 francs alors que cela ne leur en coûterait que 10 000 avec une caisse d'épargne et que cet argent leur rapporterait 4% d'intérêts. Comme toute l'assemblée approuve cette idée, nous tenterons de la concrétiser. » *De Beiaard*, 14 mars 1914.

9 ABG, Fonds Seghers, 3.17 : Lettre de Seyssens à Seghers, 1er oct. 1921. Selon Seyssens, la demande lui en avait été faite par le chanoine Coppens, qui agissait à la demande de l'archevêché de Malines.

juin 1920, Seyssens formula à ce sujet une série d'observations intéressantes[10]. Il distinguait trois catégories de Belges pour lesquels un encadrement religieux était prévu : les ouvriers de Paris et des environs, les ouvriers agricoles et saisonniers et les frontwerkers. Une autre catégorie, celle des « cultivateurs établis dans les parties Ouest et Nord de la France », ne bénéficiait d'aucune protection. « Leur nombre est aussi très élevé et tend encore journellement à augmenter. Les aumôniers des réfugiés belges prennent soin de leurs intérêts spirituels autant que possible, mais aucune Œuvre spéciale n'existe pour cette classe si intéressante de nos émigrants. »[11]

La sphère d'action de Seyssens ne comprenait à ce moment pas encore les fermiers, mais bien les frontwerkers et les saisonniers. À ce sujet, il était clair. Un encadrement religieux modeste pour chacun des deux groupes n'avait en pratique aucun sens. Un grand nombre d'ouvriers agricoles faisaient les campagnes saisonnières l'été, mais devenaient frontwerkers pendant l'hiver. L'Œuvre des Franschmans et celles de frontwerkers gagnaient donc à être fusionnées[12]. Edmond Ronse était du même avis, mais pour d'autres raisons. La fusion se justifiait surtout par la nécessité de ramener le rôle de l'Œuvre des Flamands de Paris à de justes proportions. Le travers constant de la « chasse gardée » et les conflits internes étaient selon lui la cause du marasme qui caractérisait les initiatives d'encadrement en France[13]. Ronse s'exprima à ce sujet dès 1920, mais trois ans plus tard, en novembre 1923, rien n'avait encore été fait. Un rapport au vicaire général Maurits De Baets, du diocèse de Gand, le relevait comme suit : « Malheureusement, il y a des lacunes très préjudiciables : manque d'unité dans la direction causé par manque d'union. (...) Paris est indépendant et travaille à sa façon. Rouen fait de même. Les groupements de Malines, c'est-à-dire : Saint-Quentin, Arras, Compiègne, le R. P. Meeûs sont sans direction commune. »[14] Bref, tout le monde, en France n'en faisait qu'à sa guise. Une coordination venant d'en-haut était donc souhaitable, mais les responsables hiérarchiques temporisaient et continuaient dans leurs rapports à ressasser les mêmes analyses.

10 *Ibid.* : Seyssens, note sur les émigrants belges en France et sur les Œuvres qui s'en occupent, 21 juin 1920.

11 *Ibid.*

12 Même si Seyssens voulait ici surtout anticiper sur la fusion prochaine de l'Œuvre, il soulevait un point important. Indépendamment de Seyssens, Edmond Ronse faisait dans une note adressée à l'évêque de Gand la même remarque en rapport avec l'organisation d'une activité syndicale : « (...) il faut noter, en effet, qu'un Franschman, à un certain moment devient Frontwerker, comme un briquetier devient à certain moment un sucrier. » ABG, Fonds Seghers, 3.17 : Note de Ronse à l'évêque Seghers, 13 oct. 1920.

13 « Votre Grandeur a décidé de réunir sous ce rapport l'Œuvre des Franschmans et celle des Flamands en France. J'estime que cette solution s'imposait depuis longtemps et qu'elle aura pour résultat d'amener un meilleur rendement à l'action sacerdotale, en faisant disparaître les heurts qui inévitablement se créent à la longue. » *Ibid.*

14 *Ibid.* : Lettre présumée de Theyskens à De Baets, 19 nov. 1920.

Les conséquences de cette absence de décision allaient se faire très clairement sentir dans le cas du Foyer belge que Frans Seyssens dirigeait. Depuis sa nomination en 1920, l'évêque auxiliaire du diocèse de Malines, Mgr Dewachter avait reçu des signaux inquiétants sur le peu de fiabilité de l'homme. Ils étaient notamment venus d'Edmond Ronse lui-même, qui n'avait jamais remis cette désignation en question, mais avait conseillé avec insistance de ne confier à l'aumônier aucune responsabilité financière[15]. Le conseil ne fut pas écouté et la mission de Seyssens débuta sans directives claires. Rien de substantiel ne fut dit sur la forme que l'œuvre de protection devait prendre ni sur la responsabilité financière de celle-ci. Dans ce domaine, les évêques s'en remirent à l'aumônier en question.

Dans la mesure où le fonctionnement quotidien de l'œuvre reposait sur une clé de répartition de quatre quarts à charge des diocèses, le marché n'était pas sans risques[16]. Ce qui relevait exactement du fonctionnement quotidien devint vite sujet de discussion, en particulier au regard des ambitions élevées de Seyssens. Outre les postes modestes d'Amiens, Douai, Compiègne et Laon, il entreprit de fonder deux Foyers belges à Saint-Quentin et à Arras. Il prit personnellement en charge celui de Saint-Quentin avec l'aide de August Verhoeven (1872-1940), un prêtre de l'archidiocèse de Malines[17]. Dès 1922, une organisation dynamique, avec un restaurant populaire, des possibilités de logement pour les frontwerkers et un bureau d'assistance matérielle et spirituelle, avait été mise en place dans cette ville – du moins à en croire les rapports de Seyssens. Fin 1921, celui-ci avait envoyé, plein de confiance, ses vœux au cardinal Mercier[18].

Pourtant, le vent avait déjà tourné. Tandis que Seyssens prenait des risques financiers considérables, les évêques restaient flous au sujet de leur engagement dans le financement du projet. Lorsqu'il avait informé son évêque (Mgr Seghers) de la création du Foyer belge, celui-ci ne s'y était pas opposé formellement, mais avait refusé toute responsabilité financière. Seyssens, toutefois, avait agi en partant du principe que toutes les dépenses seraient couvertes par les évêques[19]. Il avait également puisé, en guise de provision, dans

15 « Il me revient à l'instant que Ronse et Van Huffel avocats, qui étaient jadis les amis et les défenseurs de M. S. désirent lui enlever toute direction des Foyers belges. Si je suis bien renseigné, ils n'ont plus la moindre confiance dans la gestion financière de M. l'Abbé. » ABG, Fonds Seghers, 3.17 .

16 ¼ pour le diocèse de Gand, ¼ pour celui de Bruges, ¼ pour l'archevêché de Malines, ¼ pour les diocèses restants.

17 Œuvre des émigrants belges en France, rapport de l'année 1922, 8-9.

18 AAM, Fonds Mercier, IV 75 : Lettre de Seyssens au cardinal Mercier, 27 déc. 1921.

19 « Mr le chanoine, de la part de Mgr De Wachter, délégué de son Éminence, a bien spécifié que – tous nos aumôniers, outre leur traitement payé par l'État auraient eu tous leurs frais remboursés ; l'Œuvre était interdiocésaine ; les Évêques de Belgique s'étaient partagés ou se seraient partagés entre eux les frais occasionnés. » ABG, Fonds Seghers, 3.17 : Lettre de Seyssens à Seghers, 1er oct. 1921.

ses propres moyens et avait engagé les autres aumôniers à faire de même[20]. Il ne fallut évidemment pas longtemps avant qu'une première demande d'argent n'intervienne.

En octobre 1922, l'archidiocèse de Malines commença à se faire du souci à propos de Seyssens. Mgr Dewachter, évêque auxiliaire, écrivit alors à son collègue gantois pour exprimer son inquiétude. Il parla notamment de malversations financières et de vie dissolue. Une certaine famille Verbrugghe habitait apparemment au Foyer belge aux frais de l'Œuvre[21]. Depuis la guerre, le sort de Seyssens était étroitement lié à celui de ces Gantois. La famille Verbrugghe, qui était composée de Maurice, de son épouse et de leurs trois enfants, hébergeait aussi Alice Verbrugghe, la sœur célibataire de Maurice. Lorsque Seyssens s'était établi à Paris pendant la guerre, Alice l'avait suivi. Depuis lors, ils étaient inséparables. Lorsque Seyssens était tombé malade, en 1916, ils étaient tous deux partis à Nice pour sa convalescence.

Ce qui n'avait pas posé problème pendant la guerre en posait désormais. La nomination de Seyssens comme responsable de l'œuvre des frontwerkers lui avait donné une grande indépendance. À Saint-Quentin, il vivait sur un grand train, dont il faisait également bénéficier la famille Verbrugghe. Financièrement, on se reposa d'abord sur la fortune de madame Verbrugghe, la belle-sœur d'Alice. Lorsque celle-ci découvrit que son mari, le frère d'Alice, entretenait deux jeunes maîtresses à Gand, elle opta pour la séparation de corps et de biens. Elle partit pour Nice et rompit tout contact avec son mari et sa belle-sœur. Là-dessus, toute la compagnie, maîtresses incluses, emménagea au Foyer belge à Saint-Quentin, où elle vécut aux frais des diocèses belges. Tous étaient précisément présents lorsque le vicaire général de Gand, Maurits De Baets, se présenta pour une inspection. Il ordonna immédiatement que ces hôtes quittent la maison, les deux filles dans les huit jours, les autres rapidement après[22]. Les autres aumôniers furent stupéfaits d'apprendre ce qui se passait à Saint-Quentin[23].

20 *Ibid.*

21 *Ibid.* : Mémoire sur la réclamation introduite auprès du S. Siège par M. l'Abbé Seyssens, 25 déc. 1926, 2.

22 Il fallut attendre janvier 1923 pour que les filles quittent les lieux. Monsieur Verbrugghe partit en mars 1923. *Ibid.* Le 6 juin, Seyssens écrivit : « Mlle Verbrugghe quittera dès qu'elle aura trouvé une maison à Gand. » *Ibid.* : Lettre de Seyssens à Seghers, Saint-Quentin, 6 juin 1923.

23 Après s'être rendu à Saint-Quentin, le père Meeûs fit également rapport à Dewachter, évêque auxiliaire. *Ibid.* : Lettre de Dewachter à De Baets, 16 oct. 1922. « Il (Meeus) est venu me dire ce qu'il a vu et entendu : les chambres à coucher de Mr S. et Mlle V. communiquent, le bureau de Mr. S. est toujours fermé à clef ; une sonnerie électrique à l'extérieur avertit le maître de (xxx) d'une demande d'admission ; Mlle V. est toujours au bureau ; ouvre les lettres, connaît les choses les plus intimes concernant les aumôniers, elle commande en maîtresse ; elle est généralement dans un négligé scandaleux. Les ouvriers qui fréquentent le Foyer belge connaissent tout cela et en font des gorges chaudes. Tout ce qui précède m'avait été communiqué différentes fois par les aumôniers de l'Archidiocèse. »

La mauvaise gestion financière de l'Œuvre était bien pire encore que la conduite de vie de Seyssens. Vers 1923, l'organisation se trouvait dans le chaos complet. Il était dû à l'expansion en direction d'Arras. La ville des bords de la Scarpe était habitée par de nombreux ouvriers belges que Seyssens avait voulu rassembler autour de La Patrie, une nouvelle coopérative de consommation[24]. D'après ses propres dires, il bénéficiait pour cela du soutien d'Eylenbosch et de Ronse[25]. Les projets de construction avaient cependant dépassé l'objectif initial. En juin 1921, Ludovicus Dams (1878-1940), le prêtre délégué par le diocèse de Malines, avait entamé les travaux sur les indications de Seyssens[26]. Pour cela, il avait engagé une équipe belge de frontwerkers, dirigée par l'Ucclois Pierre Vergels. Ce qui avait commencé modestement avec un budget de 15 000 FF gonfla progressivement pour devenir un projet hors proportion et hors prix[27]. Le montant fut ajusté pour la première fois jusqu'à 95 000 FF. Le Foyer jugeait nécessaire, à côté d'une habitation à plusieurs chambres, de disposer d'une salle de réunion et d'un espace commercial. Le montant total dépassa finalement les 200 000 francs[28]. Mais ce n'était pas encore terminé. Seyssens avait également acheté à côté du Foyer une parcelle à bâtir dans l'intention d'y transférer l'école belge, qui se trouvait à l'autre bout de la ville.

Pour le financement de ces projets immobiliers, Seyssens utilisa le prêt qu'il avait obtenu pour la coopérative. La Banque coopérative « Ons Vlaanderen » (1917), située à Lierre, avait libéré à cette fin 250 000 FF. La valeur hypothécaire de La Patrie n'étant que de 150 000 FF, l'évêque d'Arras, Eugène Julien, fut sollicité concernant l'octroi d'un crédit hypothécaire pour les 100 000 FF restants[29]. Envers Mgr Julien Seyssens déclarait que cette somme était destinée à l'aménagement et à l'ameublement du Foyer belge. La banque, par contre, la considérait comme garantie[30]. L'aumônier consacra ensuite 50 000 FF de l'argent de Mgr Julien aux travaux d'aménagement et ne rendit que l'autre moitié à « Ons Vlaanderen », si bien que la banque le menaça d'un procès pour

24 Sur base des statistiques de police de la ville d'Arras publiées le 1e juillet 1923, il restait à l'époque dans la ville, sur un total de 12 125 étrangers, 7 950 Belges, dont 6 600 hommes, 500 femmes et 650 enfants. À titre de comparaison, les Polonais étaient 685 (600 hommes, 30 femmes et 55 enfants) et les Italiens 1 740 (1 600 hommes, 80 femmes et 60 enfants). ABG, Fonds Seghers, 3.17 : Coupure de presse jointe à la lettre de Dams à Seghers, 4 juillet 1923.

25 *Ibid.* : Lettre de Seyssens à vicaire général De Baets, 6 juin 1923.

26 Dans une lettre à De Baets, Dams se vantait d'avoir tout fait à Arras, tandis que Seyssens avait rassemblé les fonds. *Ibid.* : Lettre de Dams à De Baets, 25 avril 1923.

27 *Ibid.* : Lettre de Vergels à Seghers, 29 juin 1923.

28 « Sur l'ordre des messieurs les abbés Dams et Seyssens (...) plusieurs changements furent proposés au cours des travaux : agrandissement des caves, rehaussement de murs, placement de tabatières, des briques de qualité supérieure, placement de céramique, etc. ». *Ibid.* : Lettre de Vergels à Seghers, 29 juin 1923.

29 *Ibid.* : Evêché d'Arras à Seghers, 16 juillet 1923.

30 *Ibid.* : Lettre de Seghers au vicaire général, 6 juin 1923.

abus de confiance. Suite à cela, Seyssens fut convoqué, le 23 juin 1923, au diocèse de Gand, où Seghers joua le médiateur entre « Ons Vlaanderen » et lui[31].

Après cette débâcle, l'évêque de Gand prit pour la première fois des mesures disciplinaires contre Seyssens. Celui-ci fut obligé de régler ses comptes avec Ons Vlaanderen. Comme garantie, on somma l'aumônier de signer une autorisation concernant la liquidation de la coopérative La Patrie et du Foyer belge à Arras. Enfin, il fut prié de quitter Saint-Quentin et Arras aussi rapidement que possible[32]. On demanda à l'archidiocèse de Malines de rappeler Dams. Malines réagit immédiatement, mais Gand continua à tergiverser. Finalement, Mgr Dewachter dut annoncer à Mgr Seghers que Seyssens avait encore des activités en France. Cette fois, il s'était lancé dans les affaires et recrutait via *Le Cultivateur belge et français / De landbouwer in België en Frankrijk*, un nouveau périodique bilingue, des fermiers belges pour la France[33]. Son partenaire était un certain Blum, un homme d'affaires juif de Paris, auquel il avait autrefois emprunté 20 000 FF (ou 25 000 FF selon les lettres de Seyssens que l'on lit) pour un investissement dans une briqueterie[34]. Le bureau ne tarda pas à avoir auprès des paysans une réputation douteuse[35]. Les agissements de Seyssens rejaillissaient à la fois sur les œuvres de protection flamandes en France et sur les relations entre aumôniers. Alberic Theyskens, le responsable de Compiègne, le reprocha directement à Seyssens : « Le pire, ce sont ces rumeurs qui arrivent de toutes parts, et sèment le trouble dans mon poste de Compiègne, qui tourne pourtant bien. (...) toutes les tristes nouvelles que vous connaissez vous-même. Il y a de quoi y perdre le nord. (...) les difficultés causées dans l'Œuvre par des confrères sont de nature à tout paralyser. L'avenir de l'Œuvre est en jeu. »[36] Seyssens ignora ces récriminations et poursuivit sa collaboration avec Blum. Lorsque Theyskens apprit que certains fermiers

31 *Ibid.* : Recours Seyssens auprès du Saint-Siège, 25 déc. 1926, 2-3.

32 *Ibid.*

33 *Ibid.* : Lettre de Dewachter à Seghers, 16 oct. 1923.

34 Cet investissement ne rapporta pas ce que l'on en avait escompté (« la briqueterie fut un four »). *Ibid.* : Mémoire sur la réclamation introduite auprès du S. Siège par M. l'Abbé Seyssens, 25 déc. 1926, 7. Pire encore, il avait, par l'intermédiaire de sa Caisse d'épargne de Saint-Quentin, placé de l'argent déposé par les frontwerkers. « Une dizaine d'ouvriers m'ont confié quelque argent, environ 40 000 frs, que j'ai placé de leur consentement dans une briqueterie belge aux environs de St.-Quentin ». *Ibid.* : Seyssens à De Baets, 6 juin 1923, 3.

35 Blondeel, l'aumônier principal du diocèse de Bruges qui occupait le poste d'Amiens, est clair à ce sujet lorsqu'il évoque la concurrence entre *De Stem uit het Vaderland* (diocèse de Bruges) et *Ons Vaderland* (diocèse de Gand) : « Ce qui porte le plus préjudice à votre journal, Monseigneur, c'est le nouveau journal fondé cette année par la mission de Paris sous le titre B.B.B. in Frankrijk, et bien plus encore celui de monsieur Fr. Seyssens : "De Belgische Landbouwer in Frankrijk", organe des deux bureaux de placement gérés par des dames à Bruxelles et à Paris, dont les fermiers se plaignent beaucoup. » *Ibid.* : Lettre de Blondeel à Seghers, 4 sept. 1923.

36 *Ibid.* : Lettre de Theyskens à Seyssens, 20 oct. 1923.

ayant été dupés habitaient dans sa région, il s'adressa à l'évêché de Gand[37]. « C'est un véritable scandale qu'un prêtre continue à travailler avec le bureau "Blum" : un bureau d'escrocs. Un certain Bousart a toujours 7 000 francs à récupérer de Seyssens. Je lui ai conseillé d'écrire à Mgr Seghers, qui a précédemment donné à Seyssens l'argent qu'il devait rendre à Bousart. »[38]

Il est clair qu'à partir de 1923, Mgr Dewachter pressa de façon de plus en plus insistante son homologue gantois de prendre une décision radicale. Mais en raison notamment de son mauvais état de santé, Seghers resta paralysé par le doute. De manière bien compréhensible, l'archidiocèse de Malines chercha alors des solutions pour sortir de cette initiative en pleine débâcle. Lorsque Maurits De Baets, le vicaire gantois, demanda à Malines un remplaçant pour Dams, l'archevêché fit savoir qu'il ne déléguerait plus personne. « Le Foyer belge étant exploité par un consortium de Gantois », répondit-il, il était « souhaitable qu'un prêtre de (ce) diocèse prît la charge des intérêts spirituels de nos compatriotes résidant à Arras »[39].

Nous ignorons ce qu'il advint exactement du Foyer entre 1923 et 1925. Mais on sait qu'en 1925, Saint-Quentin subit une énième visitation intra-ecclésiastique. Cette fois, c'est le doyen ostendais Achilles Camerlynck qui fut envoyé pour se rendre compte de la situation[40]. Il tira la conclusion que le Foyer n'avait plus de sens. « Le Foyer belge ne correspond plus – ou en tout cas plus guère à sa destination. Il est peu fréquenté par les Belges. L'avant-corps est loué à quelqu'un qui "sous-loue des appartements et en tire de l'argent". On trouve sur la porte d'entrée une publicité pour "Mme Dilasser, cartomancienne". (...) Un Belge de bons sens qui habite les environs m'a dit qu'"il ne voudrait pas être vu au Foyer belge". Dix jours plus tôt, le R.P. Seyssens y était venu et y avait passé quelques heures. »[41] Ce dernier liquida finalement lui-même le Foyer belge de Saint-Quentin[42]. Fin 1926, il imputa l'entière responsabilité de

37 ABG, Fonds Seghers 3.17 : Lettre de Theyskens à Seghers, 27 nov. 1924. Voir aussi Dewachter à Seghers, lettre du 30 nov. 1924. « Voyez ci-joint le "dossier" que Mr. Th... (Theyskens) m'envoie. (...) Il semble à présent clair que S. (Seyssens) travaille avec "Blum". En espérant que vous allez prendre des mesures concrètes et en particulier écarter S. définitivement de France (...). »

38 *Ibid.* : Lettre de Theyskens à Seghers, 27 nov. 1924. Voir aussi la lettre de Richard Bousart, 21 fév. 1925. Fin mars, Bousart se rendit au domicile de Seyssens à Mariakerke, près de Gand. Seyssens répondit à cette démarche. Voir lettre de Seyssens à Bousart, 27 mars 1925.

39 *Ibid.* : Lettre de Dewachter à Seghers, 22 oct. 1923.

40 Achilles Camerlynck (1869-1951) était professeur au Grand Séminaire de Bruges et chanoine honoraire à la cathédrale Saint-Sauveur. De 1910 à 1930, il fut doyen d'Ostende, puis de Courtrai. Il disposait par sa famille d'un pied-à-terre en Normandie, qu'il utilisa à partir des années 1920 pour visiter les fermiers flamands de la région pendant ses vacances. Familiarisé avec la problématique, il y fut par la suite impliqué de plus près.

41 ABG, Fonds Seghers, 3.17 : Lettre de Camerlynck à un destinataire non nommé, 10 mai 1925.

42 *Ibid* : Recours de Seyssens auprès du Saint-Siège, 25 déc. 1926, 4.

l'échec de l'initiative et la dévaluation du bâtiment aux responsables de la banque coopérative « Ons Vlaanderen », qui après le payement de sa dette de 50 000 FF, n'avaient pas procédé à la liquidation. C'est en raison de cette perte financière qu'il introduisit finalement un dossier auprès du Saint Siège, le 25 décembre 1926, afin d'obtenir justice[43].

Il faudrait attendre 1927 et l'entrée en fonction du nouvel évêque de Gand, Honoré Coppieters, pour que l'affaire Seyssens soit réglée[44]. « Je vous préviens », écrivit Coppieters, « que je ferai l'impossible pour vous empêcher de résider en France dans les territoires où nos aumôniers exercent leur juridiction. »[45] C'est cette même année que l'impact du comportement de Frans Seyssens sur l'image de l'Œuvre se fit le plus ressentir. Son frère Joseph, qui était comme Frans impliqué dans les œuvres sociales en France et travaillait depuis peu pour l'Œuvre des Flamands de Paris, fut obligé de demander sa mutation. Il était en raison de son nom de famille constamment confondu et associé avec son frère, à tel point que son apostolat était devenu impossible[46].

La débâcle d'Arras

La liquidation du Foyer belge à Saint-Quentin n'avait pas résolu le problème de la Maison belge d'Arras. La situation y était d'ailleurs autrement plus complexe. Les démarches de Seyssens pour financer ses projets de construction avaient impliqué Eugène Julien, évêque de la ville. Une liquidation interne, entre partenaires belges, n'était donc plus possible.

En quoi consistait l'implication du diocèse d'Arras ? Julien avait accordé à l'apostolat belge un crédit hypothécaire de 100 000 FF. Après la faillite de la Patrie, les responsables de « Ons Vlaanderen » mirent les bâtiments en vente publique. La première tournée d'enchères s'éleva à peine 140 000 FF – un montant tout juste suffisant pour rembourser les dettes dues à la coopérative (150 558 FF)[47]. Dans un tel scénario, Julien ne se montra pas disposé à vendre[48]. Cela aurait équivalu à perdre son investissement. Il s'intéressa donc à d'autres solutions et reprit les arguments que les évêques belges invoquaient généralement pour justifier leurs actions en France. À Arras, c'était donc le monde à l'envers. Un évêque français montait au créneau pour défendre des Belges. Ne formaient-ils en effet pas un groupe avec des besoins spirituels spé-

43 *Ibid.* Les moments importants ne sont jamais datés par Seyssens. Son dossier laisse donc une impression confuse.

44 Seghers mourut le 17 mai 1927 mais Mgr Coppieters lui avait été adjoint en tant qu'évêque auxiliaire dès le 27 janvier. Boudens, « Emile Seghers », 366.

45 ABG, Fonds Seghers, 3.17 : Lettre de Coppieters à Seyssens, 15 oct. 1927.

46 *Ibid.* : Lettre de Jozef Seyssens au vicaire général De Baets, 29 mars 1927. Voir aussi la lettre de Jozef Seyssens à De Baets, 26 août 1926 ; *De Stem*, 19 mai 1927.

47 ACSSR, 3394 : Mémoires sur la réorganisation du Foyer belge à Arras.

48 ABG, Fonds Seghers, 3.17 : Lettre du diocèse d'Arras à Seghers, 13 août 1923.

cifiques[49] ? Les responsables belges, de leur côté, étaient à la recherche d'une sortie discrète.

Arras eut gain de cause et la Maison belge fut maintenue. En revanche, trouver un aumônier ne s'avéra pas une tâche facile. L'archidiocèse de Malines n'avait pas envie de donner une suite au vaudeville qui s'était engagé en terrain français. Finalement, c'est le diocèse de Bruges qui vint à la rescousse. Il avait un candidat en la personne de Georges Vereecke, un ancien rédemptoriste qui avait en 1924 demandé et obtenu une dispense de ses vœux monastiques. Dans un entretien avec l'évêque, il avait exprimé le désir d'être envoyé comme aumônier dans le Nord de la France[50]. Le 11 avril 1924, Mgr Waffelaert l'accepta à titre d'essai[51]. Alors que l'incardination durait en principe trois ans, il avait selon Vereecke été convenu qu'après six mois déjà, le diocèse l'intègrerait dans ses rangs.

Au début, Vereecke sembla la personne adéquate pour réparer les erreurs du passé. Il était apprécié par la hiérarchie du diocèse d'Arras et alliait à l'esprit d'initiative des talents d'organisateur. Il s'efforça avec le diocèse d'éviter la mise en vente publique du Foyer belge et défendit auprès des diocèses de Gand et de Bruges la solution d'une reprise du Foyer pour 180 000 FF. L'hypothèque de 100 000 FF accordée par Arras à Seyssens pourrait alors être remboursée par tranches. Annuellement, Malines, Gand et Bruges payeraient ensemble 20 000 FF (en réalité 18 000 FF, car Arras prenait les intérêts à sa charge)[52]. En échange, les Belges pouvaient disposer gratuitement de l'infrastructure.

L'ancien Foyer belge fut rebaptisé Foyer franco-belge, une appellation qui établissait un couplage avec la France et traduisait l'apport du diocèse d'Arras. L'organisation hébergeait un bureau de placement pour ouvriers agricoles et un secrétariat pour la mise à bail de fermes. Vereecke fonda également des services analogues dans les environs de la ville. Une association franco-belge vit le jour dans le bassin minier, notamment à Billy-Montigny et dans la localité plus rurale d'Orchies. Avec la fondation du périodique *Les Amitiés Franco-Belges*, enfin, il jeta un pont important entre tous les Belges de la région indépendamment de la catégorie professionnelle à laquelle ils appartenaient[53]. Les *Amitiés* s'adressaient aussi bien aux mineurs du bassin tout proche du Pas-de-Calais qu'aux fermiers qui s'établissaient au sud d'Arras. En dépit du fait que Vereecke ne s'investissait pas beaucoup dans l'apostolat religieux, le diocèse d'Arras paraissait très satisfait de ce nouvel aumônier. Après la période de Seyssens et Dams, les choses pouvaient d'ailleurs difficilement aller plus mal. « Il y a fait beaucoup de propagande par des fêtes franco-belges,

49 ABG, Fonds Seghers 3.17 : Note sur Arras, 26 oct. 1925, 1.
50 ACSSR, 3394 : Rapport succinct sur la situation juridique le R.P. Georges Vereecke.
51 A. Dioc. Arras 62, 4Z48/29 : Notes de Mgr Guillemant (vicaire général), affaire Vereecke.
52 *Ibid.*, 1924 ; ACSSR, 3394 : Mémoires sur la réorganisation du Foyer belge à Arras.
53 ACSSR, 3394 : Vereecke au supérieur Desmyter, lettre du 29 mai 1928.

des représentations théâtrales. (Il) a fondé les *Amitiés franco-belges* et a fondé officiellement les fédérations des AFB (Amitiés franco-belges). » Dans le développement de ces initiatives, Vereecke faisait en outre preuve d'« une grande indépendance vis-à-vis des évêques belges »[54].

Malgré des contacts un peu froids avec la Belgique, Vereecke se mit à croire à l'aboutissement de son incardination. L'ex-rédemptoriste prit part aux retraites annuelles et se fit rapidement connaître comme l'un des aumôniers les plus entreprenants de France. Bien qu'il n'y ait jamais eu de communication à ce sujet, ou peut-être justement pour cela, il se sentit progressivement comme un prêtre à part entière du diocèse de Bruges, il est vrai incardiné de façon tacite[55]. C'est dans cet état d'esprit qu'il travailla jusqu'au milieu de 1926 dans les environs d'Arras. Ensuite, les problèmes commencèrent.

En juin 1926, après deux ans en France, Vereecke reçut tout à fait à l'improviste un courrier officiel de Mgr Waffelaert, évêque de Bruges, l'informant que ses activités étaient jugées inopportunes. Le lien de Vereecke avec le diocèse prenait donc fin. La conséquence immédiate était qu'il devait se trouver un autre évêque disposé à l'accueillir[56]. Mais le 18 juin 1926, il fut également relevé de ses fonctions d'aumônier par la Commission interdiocésaine. Frans De Bruyker, qui le secondait depuis 15 mars 1926, reprit ses tâches[57]. À partir de là, les choses se dégradèrent rapidement. Vereecke, qui se sentait injustement traité, resta en poste et continua à agir en tant qu'aumônier des Belges à Arras et aux alentours. Il était en effet convaincu que Mgr Waffelaert, au moins implicitement, l'avait intégré dans son diocèse. Lorsqu'il reçut un ultimatum le sommant de quitter Arras pour mars 1927 au plus tard, il lança une campagne de résistance par le biais de son journal. Le 13 février 1927, plusieurs témoignages de soutien parurent à son adresse de la part de diverses sections des Amitiés franco-belges. Et le 14 août 1927, le vicaire général du diocèse de Gand, De Baets, y fut violemment critiqué. Finalement, Vereecke fit tant de bruit que le préfet du Pas-de-Calais donna l'ordre de l'expulser.

54 A. Dioc. Arras 62, 4Z48/29 : Notes de Mgr Guillemant, Affaire Vereecke.

55 ACSSR, 3394 : Rapport succinct sur la situation juridique du R.P. Georges Vereecke.

56 *Ibid.*, 3. Geert Kindt, l'auteur du rapport, suggère des problèmes avec le diocèse d'Arras avant juin 1926. Les documents sur l'affaire Vereecke conservés dans les archives épiscopales d'Arras ne le confirment cependant pas. Il n'y est question d'une affaire Vereecke qu'à partir de la lettre de Waffelaert. L'explication la plus plausible est qu'en juin 1926, Mgr Waffelaert envoya sa lettre non pas à Vereecke, mais à Mgr Julien, évêque d'Arras. C'est du reste ce que laisse entendre Vereecke lui-même. « Et soudain, le 24 janvier 1927, je reçois du diocèse d'Arras l'avertissement selon lequel l'évêque de Bruges m'a finalement à nouveau excardiné à une date indéterminée en juin 1926. Je n'en avais jamais été informé (...). » La version de Vereecke correspond avec la chronologie de ses attaques dans les *Amitiés franco-belges*. ACSSR, 3394 : Mémorandum : suis-je en règle avec le droit ecclésiastique ?, 4-5.

57 « Frans De Bruyker (1890-1961) ».

En dehors de ces poussées d'agressivité, l'affaire Vereecke est extrêmement difficile à évaluer. Beaucoup d'éléments jouèrent indéniablement contre lui. Lorsque l'affaire lui valut des accusations répétées, il ne put manifestement pas compter sur beaucoup de partisans en Belgique. Le provincial des rédemptoristes, la congrégation à laquelle il avait appartenu jusque 1924, signala que Vereecke avait surtout été une source de problèmes : « À cause des imprudences, des légèretés et des actes réitérés d'indépendance, nous avons été obligés une fois et enfin de restreindre fort son ministère apostolique. »[58] Vereecke avait réagi avec indignation et avait alors demandé à être dispensé de ses vœux pour aller travailler en France. Le fait que, là non plus, il ne s'était guère senti lié à une quelconque autorité ressort de son zèle organisationnel. La modestie n'était pas non plus son fort. Dans *Les Amitiés franco-belges*, il ne ratait jamais l'occasion de se mettre en valeur en se présentant comme le grand inspirateur des initiatives belges dans la région. Enfin, les problèmes qu'il rencontra après son retour en Belgique ne parlent pas non plus en sa faveur[59].

Bref, le personnage était loin de faire l'unanimité. Pourtant, dans ce flot d'accusations, on trouve aussi des arguments à sa décharge. Les principaux soupçons concernant la moralité de Georges Vereecke furent énumérés peu avant sa mort, en janvier 1953. Une enquête interne effectuée par le rédemptoriste Gerard Kindt confirmait les rumeurs courant à son propos[60]. Mais Kindt déclarait aussi ne pas comprendre qu'un homme « depuis 29 ans, infatigablement et sans relâche », puisse tenter d'obtenir réhabilitation, en particulier

58 ACSSR, 3394 : Van de Steene, Rapport sur la sortie de Georges Vereecke, 25 juillet 1927.

59 Lorsqu'en 1929 Vereecke arriva à Mouscron, il se tourna vers les milieux daensistes. Il fut investi de l'importante mission consistant à assainir les œuvres sociales du Courtraisis, en pleine déroute financière. En avril 1933, il dut démissionner. Bien qu'il se fût acquitté de sa tâche avec brio, il était considéré par la base du parti comme un « parvenu flamingant ». Pour s'assurer un revenu, Vereecke avait choisir de faire des affaires, et pas toujours dans les plus nettes. En 1936, sa réputation fut définitivement ruinée lorsqu'il fut inculpé avec des fonctionnaires de la justice d'extorsion de fonds dans le cas de recours en grâce. Les fonctionnaires, au courant d'une réponse favorable imminente à une demande de grâce, l'avertissaient. Lui se rendait en soutane chez les membres de la famille, qui, eux, ne savaient rien, pour annoncer que moyennant un petit effort financier, il y avait peut-être moyen de trouver une solution. Pour le passé daensiste de Vereecke, voir Van de Perre, *Helpt uzelf en elkander*, 201-202.

60 Celles-ci n'étaient pas des moindres : « Ils ont été nombreux – y compris mon confrère rédemptoriste, le R.P. Jules Vereecke (...) – à penser ceci à propos de R.P. G. Vereecke : c'est un prêtre apostat, un prêtre qui ferait mieux d'enlever sa soutane, un escroc, un débauché qui fréquente les femmes, un ivrogne, un arrogant et un insoumis, rebelle à toute autorité ecclésiastique, en un mot un prêtre dégénéré. » ACSSR, 3394 : Kindt, Rapport succinct sur la situation juridique du R.P. Georges Vereecke, 12 janv. 1953, 7.

28. Georges Vereecke, « directeur de la Fédération des Amitiés franco-belges à Arras ». [*Les Amitiés Franco-Belges*]

pour l'excardination dont il avait fait l'objet[61]. Les événements d'Arras devaient donc avoir été cruciaux et ressentis par Vereecke comme une grande injustice. « Un prêtre qui serait réellement tombé si bas que ce qui a été dit à propos de G. Vereecke », estimait Kindt, « ne prendrait plus guère la peine de prouver qu'il a été incardiné dans un diocèse précis. »[62] Kindt pensait également qu'en France, tout avait tourné de travers. Il laissait ainsi penser que les œuvres sociales belges (et leurs responsables) portaient une lourde responsabilité dans la dérive de Georges Vereecke.

Dans cette perspective, les déclarations de Vereecke lui-même sur cette période regagnent une certaine crédibilité. Ses memoranda personnels sont

61 *Ibid*, 7-8.
62 *Ibid.*, 8.

remarquablement complets et bien documentés. Ils témoignent par exemple d'une tension continue entre les œuvres de protection du diocèse de Bruges et celles du diocèse de Gand. Vereecke n'était pas conscient de cette tension (ou n'en tenait pas compte) et la publicité qu'il faisait à ses projets attisait les jalousies. Il fait ainsi référence à une lettre de son aumônier principal (de Flandre-Occidentale), Blondeel, du 27 février 1925. Celui-ci l'avertissait que « C'est reparti pour les problèmes avec Gand (...). Ils sont furieux à propos de votre article avec photo dans *De Standaard*. Ils se sentent mis de côté, considérés comme une succursale (...) ce sont pourtant eux les fondateurs. »[63] Vereecke essaya par la suite de tenir davantage compte des susceptibilités de Gand, mais alors, c'est Bruges qui se sentit écarté. La revitalisation par Vereecke du poste d'Arras n'était donc pas du goût de tout le monde. En dépit de la spectaculaire diminution du nombre de Belges dans la ville, Vereecke avait élargi ses activités de façon assez impressionnante[64]. Des fraternités belgo-françaises avaient été fondées à Arras, Lens, Billy-Montigny, Hénin-Liétard, Valenciennes, Lille, Orchies, Coutiches, Douai, Fouquières, Harnes, Liévin, Angres et Avion. Ces associations regroupaient ensemble plus de 20 000 Belges[65]. L'Œuvre de Paris, qui dépendait du diocèse de Gand, était particulièrement jalouse de ce succès. Le principal reproche fait au diocèse de Bruges était semble-t-il que Vereecke refusait de céder ses activités « agricoles ». Vereecke avait de bonnes relations avec la coopérative agricole de Rouen, dont nous aurons l'occasion de reparler. Initialement soutenue par le diocèse de Bruges, celle-ci était progressivement tombée en disgrâce. Vereecke n'avait apparemment pas joué de rôle majeur dans cette histoire, mais il représentait un coupable facile.

Prêtres-hommes d'affaires : la lutte acharnée entre Rouen et Paris

Outre l'indécision de la hiérarchie, les objectifs doubles des initiatives d'encadrement créaient également des problèmes. Certes, leur intention était d'entourer religieusement et moralement les migrants. C'était au sens strict le cœur de leur apostolat. Mais dans le cadre d'une mission définie de façon si étroite, les aumôniers se heurtaient à des limites concrètes. Les migrants n'avaient-ils pas avant tout des besoins matériels ? Toute œuvre de protection organisée pour les migrants belges en France arrivait tôt ou tard à la conclusion que l'accompagnement spirituel devait être doublé d'une assistance matérielle.

L'identification des intérêts matériels des migrants se faisait en général au cas par cas. Chaque groupe avait ses propres besoins. Dans une grande

63 ACSSR, 3394: Curriculum vitae G. Vereecke, 2.

64 En 1926, on ne comptait plus guère à Arras que 978 Belges (493 hommes, 315 femmes et 170 enfants), pour 7950 en 1923. *Les Amitiés franco-belges*, 11 juillet 1926.

65 ACSSR, 3394 : Curriculum vitae, 3. Voir aussi les nombreux annonces et compte rendus d'activités dans *Les Amitiés Franco-Belge*.

ville comme Paris, par exemple, les migrants devaient surtout pouvoir résister aux tentations matérielles. Le travail pratique y prenait donc une teneur principalement morale, avec un accent particulier mis sur l'occupation du temps libre. Les choses étaient différentes chez les saisonniers. Leur grand nombre exigeait des œuvres de protection d'une certaine envergure. Le fonctionnement matériel était à l'avenant. En 1912, l'Œuvre des Franschmans comptait par exemple 160 fédérations, soit 10 147 membres au total[66]. L'organisation leur offrait une large gamme de services allant du secours mutuel au règlement des indemnités de dégâts en passant par le rapatriement. Étant donné la charge de travail à assumer, les aumôniers étaient souvent soupçonnés de ne pas passer beaucoup de temps dans leur église. Pour couper court à ce genre de rumeurs, on prenait souvent la peine de rappeler, au début des assemblées annuelles, que les prêtres n'avaient pas pour habitude de faire passer la gestion de la caisse avant les épuisantes tournées chez les saisonniers[67].

L'émigration paysanne qui suivit la Première Guerre mondiale donna de nouvelles chances à l'organisation de l'encadrement matériel. Par rapport aux saisonniers ou aux ouvriers de l'industrie, qui étaient des salariés, les fermiers flamands de France représentaient une toute autre réalité. Ils pratiquaient l'élevage et la culture, et vendaient leurs produits sur place. C'étaient aussi des consommateurs d'engrais, de semences et de bétail à engraisser, qui avaient en outre besoin d'une connaissance approfondie du métier. En résumé, ces migrants étaient de petits entrepreneurs. Ce n'était pas la pastorale qui les distinguait des autres migrants, mais bien les besoins matériels. Certains aumôniers le comprirent rapidement. Ils parlaient couramment français et nouaient facilement des contacts dans les postes où ils s'établissaient. De ce fait, la pratique religieuse se mêlait tout naturellement au commerce. Le syndicat agricole rouennais La Flandre, fondé au lendemain immédiat de la Première Guerre mondiale par le prêtre belge Alfred-François Deckmyn (1882-1968), était un exemple du genre. Il avait le mérite de promouvoir d'autres initiatives. Lorsqu'en 1925, le Boerenbond belge se laissa entraîner à soutenir en France une organisation dérivée, le syndicat en question se révéla être un gros obstacle.

La Flandre avait été officiellement créé en avril 1922, mais avait des racines plus anciennes. Dès 1919, Deckmyn, un ancien aumônier militaire, avait

66 *Berek tot Bescherming van de Tijdelijke Uitwijkelingen naar Frankrijk*, 1912-1913, 72-75.

67 « Pour répondre à ceux qui prétendent que les activités sont trop unilatéralement matérielles, il (Maenhaut) a montré tout le soin qui était apporté aux intérêts spirituels des émigrés. Les trois aumôniers vont rendre visite aux Flamands jusque dans les communes françaises les plus reculées : ils y ont organisé les dimanches 57 réunions de Pâques à leur intention. Ils ont visité une quinzaine de malades et réconforté 16 mourants. Leurs retraites de trois jours ont rassemblé 123 participants, en tout 915 en 8 ans, 165 réunions d'hiver ont été organisées en Belgique et l'hebdomadaire a été imprimé à 12 000 exemplaires. » Cité dans *De Beiaard*, 8 mars 1913.

fondé à Villers-en-Vexin une aumônerie générale pour les fermiers flamands de la région des Andelys. Son parcours était remarquable. En tant qu'oblat, il était revenu pendant la guerre d'Oklahoma, aux États-Unis, et s'était installé en Normandie. Comme beaucoup d'aumôniers, il n'avait plus reçu après la guerre aucune directive précise de la part de ses supérieurs religieux. Il avait profité de ce moment de flou pour contacter le diocèse de Bruges en demandant que l'on veuille bien maintenir son poste d'aumônier. Sur le fond, la situation n'avait en effet pas changé depuis la fin de la guerre[68]. De nombreux Belges se trouvaient encore dans la région et, parmi eux, les fermiers semblaient même de plus en plus enclins à s'y installer pour de bon. Le diocèse de Bruges avait accédé à sa demande.

Trois ans plus tard, en 1922, il n'était plus question de réfugiés. En Normandie, Deckmyn se consacra de plus en plus aux fermiers flamands, sur le plan non seulement spirituel, mais aussi matériel. En avril 1922, il fonda La Flandre, un syndicat agricole coopératif d'après le droit français. L'organisation était confiée à des gens de l'endroit et l'administration assumée par un mélange de Français et de Belges. L'archevêque de Rouen, André du Bois de La Villerabel, était président d'honneur. Le jésuite belge Mortier, aumônier des Belges dans le département de Seine-Inférieure, fut détaché afin de gérer le secrétariat de La Flandre à Rouen. Et par le biais de l'aumônier principal Blondeel, le diocèse de Bruges avait également son mot à dire[69].

Des problèmes de personnel compliquèrent les débuts de l'organisation. On s'aperçut en effet que Mortier utilisait le secrétariat non pas pour défendre les intérêts des agriculteurs, mais à des fins de propagande flamingante. Il fut rapidement écarté[70]. On le remplaça pendant quelques mois par un scheutiste que sa mission n'intéressait pas. Enfin, Deckmyn imposa lui-même un candidat en la personne de Dallemagne, un jeune prêtre belge appartenant à l'ordre de Picpus. Dallemagne connaissait la région et était depuis 1921 aumônier des Belges dans le département du Calvados.

Après quatre ans d'activités, La Flandre trouva enfin son rythme de croisière. Alors qu'en 1922, l'association occupait encore un petit local de la rue Eugène Dutuit à Rouen, elle emménagea en 1926 dans une imposante maison de la rue de l'Hôpital. La propriétaire du lieu était la veuve de l'ancien président de l'Ordre des avocats, donnée qui illustre les accointances de La

68 A. Dioc. Arras 62, 4L6/7-7 : Note sur La Flandre, archidiocèse de Rouen au diocèse d'Arras, 1.

69 *Ibid.*, 2.

70 Par la suite, Mortier sèmerait de la même façon la discorde dans les initiatives de protection organisées pour les Flamands en Wallonie, plus précisément à Montignies-sur-Sambre près de Charleroi. Il y avait été envoyé en 1928 suite à une agitation trop explicitement flamingante. AVM, 2.4.2. Montignies-sur-Sambre, 7943 : Chronique Œuvre des Flamands, nov. 1924. Voir aussi Byls, « L'Œuvre des Flamands à Montignies-sur-Sambre », 159.

Flandre avec les notables catholiques de la ville[71]. Il faut souligner avant tout le soutien de Mgr du Bois de La Villerabel. En tant qu'ancien secrétaire du diocèse breton de Saint-Brieuc, il avait une expérience dans la défense de la pastorale agricole. En 1897, il avait publié *Les missionnaires agricoles du Canada*, un petit ouvrage sur l'apostolat agricole au Québec, dont l'objectif principal était de lier l'agriculteur à sa terre, au moyen notamment de l'éducation à la profession (y compris à l'économie) et de l'introduction de nouvelles techniques[72]. La France, affirmait La Villerabel, devait s'inspirer d'une telle initiative. Ces antécédents expliquaient la sympathie de l'évêque pour un projet comme La Flandre, qui mettait l'accent non seulement sur la pastorale, mais aussi, à parts égales, sur l'éducation agricole.

D'emblée, La Flandre avait été un sujet de contrariété pour l'Œuvre des Flamands à Paris. Lorsque les deux structures se mirent à marcher sur les mêmes plates-bandes, les conflits devinrent inévitables. Deckmyn ne demandait pourtant pas mieux que de collaborer. Il proposa à Paris de mieux coordonner les deux organisations. Étant donné l'importance de la Normandie comme région d'établissement, La Flandre se concentrerait exclusivement sur les agriculteurs. Paris, de son côté, réserverait ses services aux saisonniers[73]. La rue de Charonne – comme toujours dépassée par les événements – répondit de manière très pincée. En tant que plus ancienne initiative d'encadrement belge, elle entendait bien imposer ses prérogatives et donner les ordres. De plus, les fermiers belges constituaient un groupe bien trop attirant pour être cédé à une initiative périphérique[74].

Deckmyn réagit avec frustration. L'Œuvre des Flamands, à ses yeux léthargique, bloquait tout progrès dans les œuvres agricoles, ce qui semblait face à une telle opportunité incompréhensible. Une fois de plus, quelqu'un tirait la même conclusion concernant les œuvres d'encadrement : elles étaient caractérisées par un criant manque de coordination. Il manquait une personne de contact, un prélat indépendant qui détienne l'autorité nécessaire pour arbitrer les diverses initiatives. La proposition de centralisation de Deckmyn marqua le début des problèmes de La Flandre. Sans le savoir, il avait précisément formulé le rôle que l'Œuvre des Flamands se réservait. Aux yeux de Paris, et par extension du diocèse de Gand, le syndicat de Rouen développait des initiatives qui auraient pu être bien mieux assumées par l'Œuvre. Paris était non seulement une meilleure base de travail que Rouen, La Flandre avait aussi une attitude trop indépendante et trop française. C'est dans ce contexte précis que le Boerenbond de Louvain entra en scène.

71 ADSM, 1M644 : Rapport du Commissaire spécial de Police de Rouen au Préfet de la Seine-Inférieure, 29 juillet 1926.
72 Roy, « Les missionnaires agricoles du Québec, 1894-1920 », 311.
73 A. Dioc. Arras 62, 4L6/7-7 : Note sur La Flandre, archidiocèse de Rouen au diocèse d'Arras, 3.
74 *Ibid.*, 4.

Nous ignorons si cela se passa à l'initiative de l'Œuvre des Flamands à Paris. Le fait est que lors de la première tournée française du Boerenbond, organisée à la demande de cette dernière, La Flandre fut complètement ignoré. Comme intermédiaire, on sollicita non pas le personnel du syndicat rouennais, mais bien Karel Van Eecke, le prêtre de Flandre-Occidentale. Ni l'aumônerie de Villers-en-Vexin, ni le secrétariat de Rouen ne furent visités[75]. Pour La Flandre, c'était un véritable camouflet. Deckmyn était également demandeur d'un partenariat avec le Boerenbond, mais ses tentatives restèrent finalement vaines. À partir de 1924, les principaux acteurs semblaient avoir pris une décision claire : le Boerenbond serait sollicité pour la partie économique ; la centrale des activités spirituelles et matérielles serait à Paris, nulle part ailleurs. Les rôles étaient désormais inversés : les tentatives de centralisation des œuvres agricoles en France partaient de la rue de Charonne. Le Boerenbond comptait mettre sur pied dans cette ville une organisation structurelle dans laquelle La Flandre, et surtout sa clientèle, devait être absorbée le plus rapidement possible.

Le désaccord entre Rouen et Paris résultait en outre de la bonne intégration de La Flandre en Normandie. La coopérative était une initiative mixte, dans laquelle les Français avaient aussi leur mot à dire. La Flandre opérait de surcroît de manière indépendante par rapport au pays de provenance. Dans une telle configuration, les fermiers belges pouvaient très rapidement être assimilés par les structures françaises, ce qui, selon le secrétaire général et curé du Boerenbond, Eduard Luytgaerens, devait à tout prix être évité. « Il ne faut pas d'absorption française », aurait-il dit à propos des agriculteurs belges en France[76].

L'Église belge lui emboîta le pas. En 1924, la Commission diocésaine, composée des évêques de Gand et de Bruges et de l'archevêque de Malines, émit explicitement le vœu d'unifier le « fonctionnement matériel » à l'intention des fermiers flamands. Une seule organisation pour toute la France, voilà ce qu'il fallait viser. Le rôle des aumôniers dans la gestion des aspects matériels devait y être réduit. La Flandre ne cadrait pas dans ce projet et, comme alternative, on opta résolument pour la solution du Boerenbond. L'un des protagonistes clé dans cette affaire fut le jésuite Meeûs. Dans une note, il énumère précisément les raisons pour lesquelles l'organisation louvaniste devait être investie de cette tâche. Partant du constat que les agriculteurs flamands et le Boerenbond – qui réunissait quelque 112 000 familles – étaient étroitement

75 La note de l'archidiocèse de Rouen est très claire à ce sujet. Le Boerenbond ne s'étendait pas de sa propre initiative en France, mais y venait à la demande de l'Œuvre parisienne. « De son côté Louvain, à la demande de la rue de Charonne, envoie en France une délégation. » A. Dioc. Arras 62, 4L6/7-7 : Note sur La Flandre, archidiocèse de Rouen au diocèse, 4.

76 *Ibid.*, 6.

liés, il fallait songer à mettre au point une structure analogue en France[77]. Car, constatait le jésuite, c'étaient surtout des Flamands qui partaient exercer leur métier en France et, « dans toute la partie flamande de la Belgique nos agriculteurs ne jurent que par leur "Boerenbond" »[78]. Pour la défense des intérêts économiques, il était donc préférable que le Boerenbond émigre avec les fermiers. L'avantage d'une telle approche était la séparation entre activités matérielles et aumônerie[79]. « De cette façon nos Flamands sont moins dépaysés et tandis qu'on les aide au point de vue matériel ils y unissent tout naturellement la religion qui pour eux, en Belgique, ne faisait qu'un. »[80] L'une des principales légitimations était que les fermiers flamands connaissaient insuffisamment le français pour pouvoir faire du commerce. De plus, leur « timidité naturelle » les empêchait de s'affirmer face à des concurrents plus avertis.

Comment le syndicat agricole était-il perçu en France ? Deux points de vue se superposaient. D'un côté, La Flandre était en raison de son administration mixte étroitement surveillée par les autorités françaises. Un rapport de police adressé à la préfecture avait souligné le fait que les membres les plus actifs de l'organisation n'étaient pas français, mais « en majorité Flamingants »[81]. Étant donné le lien étroit de l'organisation avec l'archidiocèse de Rouen, cela pouvait facilement représenter un « danger national ». La Flandre collaborait entre autres étroitement avec l'Union rurale et agricole, une initiative de l'archevêque qui organisait des activités pour les agriculteurs de

77 CABB, 866 : Note du R.P. Meeûs, 1924, 2.

78 *Ibid.*

79 ABG, Fonds Seghers, 3.17 : Rapport de la Commission pour les émigrés en France, 1924. Cet argument se nourrissait surtout des informations qui venaient de Paris. Serraris, le directeur de l'Œuvre des Flamands à Paris, écrivait ceci au grand-vicaire De Baets à propos de Rouen : « La question "Boerenbonden" est essentielle pour les autorités de Rouen et d'ailleurs, pour les raisons suivantes : certains d'entre eux seraient principalement en relation avec les syndicats agricoles, la coopérative et des autres sections produiraient des bénéfices substantiels, qui assureraient la subsistance matérielle de leurs aumôniers. C'est faisable en pratique en Amérique, mais ici pas encore. En théorie, ce système se défend : les intéressés peuvent faire vivre leurs aumôniers. Les fermiers appellent cela le système de Rouen : « L'an passé (1923) ces messieurs ont gagné 10 000 francs sur notre dos » (grâce aux achats collectifs). Chez le consul belge et d'autres – cela donne lieu à cette petite phrase : "Ces messieurs se baladent en auto et vendent des engrais chimiques." Cela nous a incités à convenir plus fermement avec les fermiers, ici à Paris : pas de profit ni de contrainte ; libre choix et collaboration – une administration publique avec un contrôle public sur les comptes. Pas de voitures pour les tournées ; chez nous, on se contente de nos vieux vélos usés. Les syndicats agricoles sont à nos yeux accessoires. » Le fait qu'en 1925, l'Œuvre ait précisément déménagé dans le quartier verdoyant de Montmorency incite cependant à relativiser l'idéalisation de l'ardeur pastorale et l'exaltation de la simplicité qui caractérisent cette lettre. Plutôt que prise au mot, elle doit être comprise à la lumière de la concurrence avec Rouen. *Ibid.* : Lettre de Serraris à De Baets.

80 CABB, 866 : Note du R.P. Meeûs, 1924, 2.

81 ADSM, 1M644 : Rapport du Commissaire spécial de Police de Rouen au Préfet de la Seine-Inférieure, 29 juillet 1926.

Seine-Inférieure principalement. Le syndicat participait aux journées agricoles locales, Deckmyn donnait des conférences sur l'élevage industriel de la volaille et les responsables de La Flandre avaient de bons contacts avec des personnalités importantes de la région.

La Flandre était donc clairement soutenu par les milieux catholiques français. Lorsque le syndicat fut dans les faits mis hors-jeu par la Belgique, en 1925, il conserva ses entrées dans les bureaux de l'archidiocèse de Rouen. Cela se vérifia surtout quand il fut question de placer l'organisation sous l'aile de l'Œuvre parisienne. Le chanoine De Baets avait organisé dans ce but un tête-à-tête avec Mgr du Bois de La Villerabel, mais ce dernier invita également Deckmyn et Dallemagne aux négociations[82]. La réunion en question n'ayant fait l'objet d'aucun rapport, les principales décisions prises furent remises en cause aussitôt après. Il avait par exemple été décidé de déplacer le siège central à Paris en échange de la poursuite d'une activité syndicale affiliée dans la capitale. Mais lorsque les deux structures durent réunir leurs comptes, les problèmes commencèrent. La Flandre s'avérait en effet incapable de présenter une comptabilité. Les tentatives faites pour obtenir un bilan restèrent toutes sans résultat[83]. Pendant ce temps, les reproches se multipliaient de part et d'autre. Le principal motif était le droit d'édition de *De Stem uit het Vaderland*, qui faisait partie des publications du diocèse de Bruges. Ce périodique fondé par Edmond Denys continuait de jouir malgré l'interruption de la guerre d'une très bonne réputation. Par l'entremise d'Achilles Camerlynck, doyen d'Ostende et accessoirement le principal défenseur des fermiers flamands en France au sein du diocèse, *De Stem* déménagea pour Paris.

Finalement, La Flandre allait se tirer elle-même une balle dans le pied. Pour échapper aux ingérences de l'Œuvre parisienne et du Boerenbond, elle chercha un rapprochement avec la Ligue agricole belge de Namur. La dé-

82 AAM, Fonds Van Roey, VI 56 : Lettre de De Baets à monseigneur, 30 janv. 1927.

83 « Le lendemain de la réunion nous avions donné des instructions aux aumôniers, notamment de produire les comptes et états, pour permettre à l'organisme nouveau d'apprécier les situations et d'orienter. Le 2 juillet M. Blondeel écrit à M. Camerlynck : "Comme suite à notre entretien de Dimanche, j'ai demandé à M. l'Abbé Dallemagne l'état de comptabilité du syndicat « La Flandre » lequel a été aussitôt soumis à l'approbation du Président, M. Chéron. Ce dernier a conclu qu'il était impossible d'établir le bilan avant la fin de l'exercice, en raison des affaires en cours." (Puis il demande, la caisse étant vide, que nous voulions bien faire certains payements pour le syndicat... et plus tard on nous accusera d'avoir volé la caisse !) Puis, pendant des mois on nous traîne en longueur, sans jamais nous contester le droit de demander des comptes, mais remettant toujours. Le 6 octobre encore, M. Deckmyn écrit : "Messieur Chéron est accaparé par la mise en route de son usine et ne peut pas clôturer les comptes. L'état se présente comme suit ..." et il nous donne un semblant de bilan. Le 3 août M. Chéron écrit lui-même : "... Nous avons été priés de vouloir bien céder les affaires du syndicat « La Flandre ». Ceci nous l'avons fait généreusement..." Je lui ai répondu que cela était exagéré, puisque le syndicat continuait d'exister, quoique dans des conditions nouvelles. Mais l'aveu y est qu'il s'est décidé à Rouen des choses telles que M. Chéron a pu les appeler la cession des affaires. » *Ibid.*

marche représentait vers 1925 un choix assez habile. Au sein du pilier catholique, les relations entre le Boerenbond et la Ligue agricole belge étaient assez troubles et opter pour un revenait à se positionner contre l'autre. Dirigée par le prêtre wallon Gaston Cordier, la Ligue était parvenue depuis 1921 à fédérer plus ou moins les syndicats agricoles dispersés dans la province. Cordier venait lui-même du Boerenbond et avait été chargé de renforcer la présence de l'organisation en Wallonie. Les élections de 1921 avaient toutefois contraint le Boerenbond à la prudence. Implanter en Wallonie une organisation aussi explicitement pro-flamande était en effet une affaire difficile[84]. Cordier en avait profité pour s'approprier l'initiative et avait fondé avec la Ligue agricole belge un concurrent wallon au Boerenbond[85].

On crut un moment que la Ligue allait s'engager dans un partenariat avec La Flandre. Pour des raisons qui ne sont pas claires, cela ne fut pas le cas. Comme pour asséner à La Flandre le coup fatal, Paris lança à ce moment une campagne de dénigrement. Elle fit courir le bruit que Deckmyn avait dû quitter l'Amérique « pour avoir refusé d'obtempérer à un ordre formel »[86], ce qui était

84 Van Molle, *Katholieken en landbouw*, 307-310.
85 Cordier était loin de faire l'unanimité. En novembre 1927, le nonce en Belgique expédia un rapport à son sujet. Il était en route pour Rome, où il avait l'intention de plaider la cause de la Ligue agricole. La note mettait en garde contre la personne de Cordier, qui avait avec son syndicat cherché appui auprès de l'UPA (Union professionnelle agricole), neutre et « dirigée par des francs-maçons ». Une deuxième note confidentielle envoyée quelques semaines plus tard accusait Cordier de mauvaise gestion et de malversations financières. Ces accusations étaient principalement fondées sur des preuves fournies par Aloïs Van de Vyvere, ministre belge de l'Agriculture. Selon Van de Vyvere, la méthode de travail défendu par Cordier était avant tout populiste. En Wallonie, les fermiers devaient surtout résister à la caste des propriétaires et de l'aristocratie. Plus généralement, la Wallonie devait être défendue contre les ingérences de la part de la Flandre. Selon Van de Vyvere, Cordier se rendait aussi en France, où il pensait monter les évêques et le gouvernement contre les œuvres organisées par le Boerenbond pour les agriculteurs émigrés en les accusant de « germanophilie ». On imputa aussi à Cordier une lettre ouverte anonyme haineuse contre le Boerenbond, qui affirmait que les « Wallons n'avaient pas besoin de ce "groupe Flamingo-Boche" formé autour de Helleputte et Poullet pour s'unir en une organisation paysanne ». Enfin, Pignolet, prêtre et ancien administrateur de la Ligue, accusa Cordier d'incurie et de fraude. Selon lui, la Ligue accumulait les pertes année après année et des dividendes fictifs étaient distribués pour enjoliver les bilans. Le 8 novembre 1929, Micara écrit à nouveau au secrétaire d'État à propos de la situation comptable de la Ligue Agricole. Micara parle d'un déficit de 25 000 000 francs. Charles Petit, dupé, a épongé 12 500 000 francs de la dette (« la sua famiglia numerose e influente, è assai irritata »). Le comte de Meeûs a déboursé 1 000 000. Mgr Heylen a également pris 1 à 1,5 million à sa charge après une quête dans son diocèse. Cet argent a donc été soustrait aux bonnes œuvres et sert à payer « le megalomanie senza scrupoli del Cordier ». « Mgr. Vescovo [Heylen] sembra che cominci a capire che sarebbe meglio se non si fosse fidato del Cordier ! » Les 10 000 000 restants furent prêtés par le Boerenbond. AVS, AA.EE.SS, Période IV, Belgique-Luxembourg, Pos. 182 : « Ligue agricole » Namur.
86 A. Dioc. Arras 62, 4L6/7-7 : Note sur La Flandre, archidiocèse de Rouen au diocèse d'Arras, 8.

selon du Bois de La Villerabel, totalement infondé[87]. Dallemagne, de son côté, fut accusé d'avoir largement puisé dans les cotisations des abonnés.

Deckmyn, excédé, décida d'en rester là. Fin 1926, le syndicat agricole normand fut officiellement dissous dans sa forme d'après-guerre[88]. Dallemagne continua en revanche à protester. Dans une vaine tentative de se rallier les fermiers belges de Normandie, il fonda un périodique bilingue intitulé *La Normandie*. L'aventure ne dura que cinq mois, de septembre 1926 à février 1927. Ensuite, Dallemagne emprunta des voies de plus en plus obscures[89]. Un rapport de police de 1926 témoigne surtout de son train de vie royal. Il achetait de vastes domaines agricoles dans les environs de Vexin et de Roumois, qu'il donnait ensuite en gérance pour exploitation tandis que lui-même vivait dans « une gentille propriété » de Bois-Guillaume, une des collines vertes entourant Rouen, « où il se livr(ait) à l'aviculture »[90]. En 1929, il habitait de nouveau en ville, où on le vit se promener dans une Pontiac[91]. Il gagnait sa vie en achetant et en revendant des récoltes et vendait également des engrais. À l'époque, il n'était déjà plus question de La Flandre. « En résumé », concluait le rapport, « M. Dallemagne doit être représenté comme un homme ayant fréquemment des besoins d'argent et cherchant par tous les moyens à s'en procurer. »[92]

Avec la disparition de La Flandre, la Normandie, terrain de travail le plus intéressant et le plus lucratif, se libérait. La Commission en était pleinement consciente. « Bien que dans le département de l'Eure on en compte 2 500 familles, toute la Normandie en est saturée. Et cette branche de l'immigration va toujours augmentant. »[93] En ce qui concerne le fonctionnement matériel, on pouvait s'y reposer sur la méthode des initiatives catholiques belges/flamandes et, dans ce cadre, le Boerenbond devait absolument être impliqué. Ce serait finalement le cas en 1925 : « Après des négociations assez difficiles, nous avons eu enfin la joie de nous entendre avec le Belgische Boerenbond. Celui-ci assumera la tâche de former un prêtre que nous supplions Vos

87 « M. Deckmyn a un Celebret en bonne et due forme, signé de son évêque Mgr Meerschaert, le 30 décembre 1914, et où je lis, au-delà des formules administratives ordinaires : "... nulla prorsus censura eccesiastica existere innodatum, imo sacerdotum esse scientiarum et morum ratione quam maxime commandum". » A. Dioc. Arras 62, 4L6/7-7 : Note sur La Flandre, archidiocèse de Rouen au diocèse d'Arras, 9.

88 ADSM, 1M644 : Commissaire spécial de Police de Rouen à Monsieur le Préfet de la Seine-Inférieure, 25 mars 1931.

89 Il continua à bénéficier du soutien de l'entourage de Mgr du Bois de La Villerabel. A. Dioc. Arras 62, 4L6/7-7 : Note sur La Flandre, archidiocèse de Rouen au diocèse d'Arras, 8.

90 ADSM, 1M644 : Rapport du Commissaire spécial de Police de Rouen au Préfet de la Seine-Inférieure, 29 juillet 1926.

91 *Ibid.* : Commissaire spécial de Police de Rouen à Monsieur le Préfet de la Seine-Inférieure, 9 déc. 1929.

92 *Ibid.* Dallemagne finirait par se livrer à des pratiques quasi-frauduleuses. Il croisa d'ailleurs à nouveau Cordier, qui après ses problèmes en Belgique, était venu tenter sa chance en France. Voir ADSM, 1M644 : 8 janv. 1931 et *Le Journal de Rouen*, 28 juillet 1932.

93 ABG, Fonds Seghers, 3.17 : Rapport de la Commission pour les émigrés en France, fév. 1925, 3.

Grandeurs de nous accorder à très bref délai, et qui prendrait la direction de toute l'organisation agricole belge en France. De même il aiderait à former les employés dont cet organisme aurait besoin. Le Belgische Boerenbond ouvrirait les crédits nécessaires, serait prêt à toutes les coopérations possibles et désirables, et aiderait de ses conseils. »[94]

Le Boerenbond arriva finalement à Paris en août 1925. Cependant, comme l'indiquent ces négociations difficiles, Louvain n'était pas très chaud à l'idée de lancer une filiale française. Les principaux aumôniers du Boerenbond, comme Luytgaerens et Colpaert, étaient violemment opposés à l'émigration[95]. De fréquentes mises en garde avaient paru à ce sujet dans *De Boer*, le journal des affiliés belges[96]. La correspondance interne reflétait également une attitude par principe réticente à l'égard de l'émigration agricole vers la France. En 1930 encore, Eduard Luytgaerens réagirait avec emportement à un article paru dans la presse catholique flamande sur le poste d'aumônier du Boerenbond. « Si ça, ce n'est pas de la réclame pour l'émigration de nos fermiers catholiques flamands vers la France. (...) Vous connaissez mon point de vue : aider autant que possible ceux qui parmi nos ouailles ne peuvent faire autrement que d'émigrer en France (...) mais éviter toute publicité directe ou indirecte pour l'émigration, en particulier à l'adresse de nos fermiers catholiques, dont nous avons tant besoin ici. »[97]

Dans le conflit opposant les aumôniers de Rouen et Paris, le Boerenbond avait en fait hésité davantage que ce que l'on pourrait penser. La première tournée de reconnaissance avait emprunté en Normandie un itinéraire remarquable qui laissait soigneusement de côté le syndicat agricole belge. Comme nous l'avons signalé, La Flandre s'était sentie ignorée. En février 1924, Deckmyn avait donc à son tour invité une délégation du Boerenbond à Rouen. Celle-ci comprenait notamment Colpaert, qui avait présidé des réunions à Verneuil et à Pont-Audemer, au cœur même de la région d'établissement des émigrants agricoles flamands[98]. Colpaert avait visiblement été séduit par La Flandre, si bien qu'en 1924, il était encore impossible de dire quelle direction le Boerenbond donnerait au dossier français. Rouen faisait tout autant que Paris partie des possibilités. La préférence allait à une fusion des deux organisations. Le lieu où le siège central devait être établi dans ce cas importait peu au Boerenbond. « Le siège du bureau peut être Rouen ou Paris », écrivait Colpaert en 1924 après sa tournée en compagnie de Deckmyn[99]. Le Boerenbond redoutait en outre un engagement trop important en France. Le côté « panier de crabes » de l'Œuvre parisienne n'avait pas échappé à Colpaert. Il

94 *Ibid.*, 4.
95 CABB, 866 (2) : Les activités du Boerenbond en lien avec l'émigration en Flandre, 1942, 7.
96 Par exemple *De Boer*, 1er fév. 1919, 5 avril 1920, 6 mai 1922, 13 oct. 1928.
97 CABB, 866 (1) : Lettre de Luytgaerens à Bollaert, 4 juin 1930.
98 A. Dioc. Arras 62, 4L6/7-7 : Note sur La Flandre, archidiocèse de Rouen au diocèse d'Arras, 5.
99 CABB, 866 (2) : Les activités du Boerenbond en lien avec l'émigration en Flandre, 1942, 8.

envisageait au plus « une organisation dans l'esprit du Boerenbond »[100]. Pour le concept général de cette organisation, c'est vers Rouen et non vers Paris qu'il regardait. « Le syndicat agricole présent à Rouen devrait en quelque sorte être réformé. (...) Un prêtre doué de grandes dispositions pratiques ferait un stage auprès du Boerenbond pour se familiariser avec ses conceptions et son fonctionnement. Aidé par quelques employés compétents dont un ingénieur agronome (Colpaert avait lui-même cette formation en plus de la prêtrise), il mettrait ensuite sur pied le secrétariat. »[101]

En 1925, les activités débutèrent finalement à Paris et non à Rouen. La susceptibilité du diocèse de Gand avait largement joué dans ce choix. S'agissant d'initiatives d'encadrement pour les Belges de France, celui-ci exigeait le premier rôle. Les membres de la hiérarchie s'étaient dans ce domaine révélés aussi sensibles que les aumôniers. Le vicaire général, De Baets, avait été largement impliqué. C'est lui qui avait négocié avec Rouen au nom de la Commission épiscopale. Mais les évêques gantois successifs surveillaient eux aussi souvent jalousement la France. Ils étaient très attentifs à l'indépendance de l'Œuvre des Flamands, qu'ils considéraient avant tout comme une « Œuvre gantoise ». Une discussion survenue en 1944 au sein de la Commission est révélatrice à ce sujet. Il fallut alors nommer pour l'Œuvre un nouvel administrateur général et Mgr Coppieters ne voulut rien entendre des avis extérieurs. Paris était son terrain de chasse. « Et à présent que j'écris tout de même à la Commission épiscopale pour les émigrés de France, j'estime opportun de faire connaître la dimension de notre Œuvre gantoise par rapport à l'"Union agricole belge". L'Œuvre gantoise des Flamands à Paris (aujourd'hui Mission belge) a connu des débuts modestes en 1862 et s'est petit à petit développée, avec des hauts et des bas, aux frais exclusifs du diocèse de Gand. Elle vit des aumônes. Elle nous semble indépendante vis-à-vis du Comité épiscopal. »[102] Comme dans tous les conflits dans lesquels Paris était intervenue, l'argument historique – « nous étions les premiers » – s'avéra remarquablement efficace.

Les œuvres agricoles sur les rails

En août 1925, l'œuvre agricole fut enfin transférée à Paris. Elle était conçue comme une filiale discrète du Boerenbond : même si la plupart des fermiers parleraient jusque tard dans les années 1930 de « Boerenbond en France », l'organisation avait pour nom officiel Ligue agricole belge (LAB) en France, et, à partir de 1929, Union agricole belge (UAB), des dénominations qui étaient

100 CABE, 866 (2) : Les activités du Boerenbond en lien avec l'émigration en Flandre, 1942, 8.
101 *Ibid.*
102 *Ibid.* (1) : Lettre de Coppieters à Cruysberghs (destinataire présumé), 27 juillet 1944.

utilisées avec beaucoup de rigueur[103]. Ni en France ni en Belgique, on ne désirait mettre trop en avant le lien de parenté avec le Boerenbond. En France, l'association aurait été trop voyante en tant qu'organisation étrangère. En Belgique, le Boerenbond préférait se distancier de la filiale française, afin de ne pas donner à ses membres flamands des « idées d'émigration ».

L'administrateur de la LAB était August Bollaert, un prêtre du diocèse de Bruges, qui avait parallèlement été nommé aumônier du Boerenbond en France, une tâche qu'il remplirait jusqu'en 1947. Malgré son jeune âge, il avait déjà plusieurs années de service en tant qu'aumônier. Il avait vécu en France pendant la Première Guerre mondiale, avait été ordonné prêtre le 19 décembre 1915 par l'archevêque de Paris et avait fait ses débuts en Normandie, toujours pendant le conflit. Jusqu'en 1920, il avait enseigné au collège Fénelon à Elbeuf, une petite ville située dans l'un des méandres de la Seine, au sud de Rouen. Dès cette époque, il avait fait des tournées chez les fermiers flamands de la région pendant son temps libre, un rituel qu'il avait répété pendant ses vacances après sa nomination au collège Saint-Amand de Courtrai (1920-1925)[104].

August Bollaert jouissait en tant qu'aumônier du Boerenbond d'une certaine liberté. Bien qu'établi dans les bâtiments de l'Œuvre des Flamands, il n'avait aucun compte à rendre à celle-ci. De Baets avait d'ailleurs averti ses aumôniers de Paris, afin d'éviter tout malentendu. Le Boerenbond était indépendant, ce n'était « pas une branche de l'Œuvre des Flamands »[105]. Bollaert devait se consacrer aux fermiers, l'Œuvre des Flamands aux Flamands de Paris et des environs ainsi qu'aux saisonniers. Pendant les premières années, cette distribution des tâches permit l'installation d'un modus vivendi. Mais il ne fallut pas longtemps avant que certains signes indiquent une détérioration du climat. Vers 1932, l'UAB décida de déménager vers un autre bâtiment de la rue La Fayette (n° 175) et les tensions entre les deux organisations apparurent de plus en plus souvent au grand jour[106]. L'Œuvre des Flamands semblait incapable de renoncer aux agriculteurs de sa sphère d'activité, le bassin parisien. Les régions agricoles entourant la capitale devaient rester son terrain de chasse exclusif, si bien que l'UAB avait difficilement accès à ce riche groupe cible. Vers 1938, cela donna lieu à certaines situations insolites. Une délégation de l'Œuvre des Flamands étant comme d'habitude venue assister à la journée annuelle de l'UAB à Montmartre, Bollaert défendit que le drapeau de l'organisation en question pénètre dans la basilique. Le rapport de l'événement note que les deux organisations n'étaient pas réellement en conflit, mais

103 CABB, 866 : Lettre de Bollaert à Luytgaerens, 27 juin 1930.

104 *De Stem*, Jubilé sacerdotal d'E.H. Bollaert, 1er déc. 1940.

105 ABB, Fonds Seghers, 3.17 : Lettre de De Baets à Serraris, 12 oct. 1925.

106 *De Stem*, 5 août 1932.

qu'elles se compliquaient la tâche l'une l'autre[107]. Les 1 000 familles qui échappaient à l'UAB parce qu'elles relevaient territorialement de l'Œuvre représentaient la principale pomme de discorde. « Si ces familles pouvaient être prises en charge par l'Union agricole, le complexe de la rue Lafayette (sic) serait alors effectivement viable et équilibré. »

La pastorale sociale de l'UAB

Les tensions entre l'UAB et l'Œuvre parisienne n'entravèrent nullement le développement de l'œuvre agricole. Au contraire, pour la première fois dans la longue série des initiatives d'encadrement en France, une organisation parvint à établir un lien solide et durable avec son public cible. Son instrument le plus efficace était *De Stem uit het Vaderland*. Le journal paraîtrait chaque semaine du 3 janvier 1926 jusqu'à la veille de la Seconde Guerre mondiale. Il arborait en première page le portrait de Charles le Bon, saint patron des émigrés flamands depuis 1922. Tenant dans une main une aumône, symbole de charité, dans l'autre une épée, symbole de justice, il personnifiait les objectifs généraux de toute initiative d'encadrement flamande[108]. Charles le Bon, comte de Flandre et lui-même émigré, évoquait également une période prospère du comté de Flandre. Si les fermiers flamands suivaient son exemple, suggérait l'emblème, ils pourraient créer eux-mêmes un petit morceau de comté au sein de la France. Deux scènes en bas à droite représentaient l'une un fermier au labour, l'autre deux saisonniers en chemin. Ce dernier groupe, représenté avec le traditionnel baluchon, n'entrerait plus guère en ligne de compte dans le journal. À partir de janvier 1926, *De Stem* s'adressa exclusivement aux agriculteurs, auxquels elle offrit un mélange de conseils agricoles, d'information sur l'association et d'enseignement religieux.

Parmi les collaborateurs de *De Stem*, il y avait également les aumôniers dispersés dans la campagne française : Karel Van Eecke (1867-1936) en tant que responsable de l'Eure et à partir de 1926 du Gers ; Alberic Theyskens (1864-1965) qui opérait depuis Compiègne pour les fermiers de l'Oise ; l'Alsacien Laurent Keller (1876-1953)[109] pour la Yonne et l'Aube et, dans une moindre mesure, Juul Rysenaer (1880-1946) établi à Amiens. Les autres régions étaient desservies par des aumôniers-intérimaires qui étaient établis en Belgique mais

107 CABB, 866 : Rapport Assemblée annuelle de l'UAB, 1938, 2.

108 AVM, 2.4.2. Montignies-sur-Sambre, 7943 : Chronique Œuvre des Flamands, pièce 153.

109 Laurent Keller était en tant qu'aumônier une exception. Il avait étudié aux séminaires de Vesoul et Besançon et avait passé quelques temps à Rome comme prêtre. En 1907, il opta pour les jésuites et suivit sa formation en Belgique, à Florennes, où les jésuites de Champagne avaient trouvé refuge après les lois d'expulsion. Après la guerre, il se trouvait à Troyes, où il était responsable de la pastorale ouvrière des travailleurs entre autres polonais. C'est en cette qualité qu'on lui demanda de s'occuper aussi des fermiers flamands de la région. Il accepta et apprit le flamand. *De Stem*, 1er avril 1953.

DE STEM UIT HET VADERLAND

BEHEER EN REDACTIE: Belgische Boerenbond in Frankrijk, 175, Rue Lafayette, PARIS (Xe) — Telefoon: Paris-Nord 39.01

INHOUD: LITURGISCH BULLETIJN: Zestiende Zondag na Pinksteren. — HOOFDARTIKEL: Ze loechen smakelijk (Th. Van Tichelen). — LANDBOUW: Hoe oud moeten wij de hennen laten worden - Over het kalken van boomgaarden - Toestand van den landbouw in Belgie gedurende de maand Augusti. — NIEUWS: Hechtgelegenheid - Neubourg. — MENGELWERK: De Vracht (Edward Vermeulen).

29. Première page de *De Stem uit het Vaderland* avec le portrait de Charles le Bon, saint patron des émigrés flamands.

rendaient régulièrement visite à leurs fermiers en France. C'était le cas des jésuites Joseph Meeûs (1885-1956), responsable de la région entourant Reims et, plus tard, surtout de l'Aisne, et Frans Van den Brande (1895-1967) qui reprit à partir de 1929 le terrain de travail de Keller et l'étendit aux fermiers de la Côte-d'Or. Ils annonçaient dans la revue leurs tournées pascales et rédigeaient des billets d'atmosphère sur la région dans laquelle ils travaillaient.

C'est l'angle territorial qui est le plus commode pour expliquer le mode de travail de la pastorale agricole. Chaque aumônier avait une zone de travail fixe, dont il était spirituellement responsable. L'assemblée annuelle des aumôniers de 1927 avait en effet averti que tout ce que les aumôniers entreprenaient sur le plan pratique restait toujours subordonné à leur mission spirituelle. « C'est pourquoi ils doivent transmettre toutes les affaires de nature pratique aux organisations centrales de Paris : le Belgische Werkliedenbond[110] et du Boerenbond. »[111] Leur tâche principale consistait à organiser les missions pascales. Il s'agissait de tournées liées à la fête de Pâques, souvent couplées à des visites à domicile[112]. Jozef Meeûs par exemple, s'occupait des départements des Ardennes, de la Meuse, de la Marne, de la Haute-Marne (où les fermiers flamands étaient plutôt rares) et d'une partie de l'Aisne (les environs de Laon). Au total, il était selon lui responsable d'environ 300 familles[113]. Frans Van den Brande parcourait les départements de l'Aube, de la Côte-d'Or et du Loiret. Après la récolte, la plupart des aumôniers organisaient une seconde tournée lors de laquelle les fermiers étaient visités de façon plus informelle. Dans son district, Meeûs faisait également une courte tournée en janvier. La tournée pascale était la plus intensive puisqu'elle visait à atteindre tous les fermiers flamands connus. Chaque matin, l'aumônier cherchait un centre où ceux-ci pouvaient se rendre facilement. Il confessait, distribuait la communion et célébrait l'office. Ce dernier était suivi d'une conversation plus informelle, qui était occasion de s'informer à propos des malades, lesquels auraient ensuite droit à une visite à domicile[114]. La tournée de septembre se déroulait de façon détendue. Meeûs s'attardait un peu plus dans les familles dont la situation le réclamait. Deux tiers du district environ étaient concernés. La tournée de janvier, enfin, prenait la forme d'une combinaison entre formation et réflexion. Le matin, l'aumônier entendait les confessions et célébrait l'eucharistie. Le reste de la matinée (de 9h30 à 12h30) était consacré à un cours dispensé par un ingénieur du Boerenbond. L'après-midi débutait par une conférence de l'aumônier et se poursuivait par des leçons d'agronomie. Cette tournée étant effectuée en train, les destinations étaient toujours des centres urbains. Les fermiers s'y rendaient par leurs propres moyens.

110 Les archives consultées ne livrent généralement pas grand-chose sur les activités du Belgische Werkliedenbond. L'association procurait à ses adhérents divers avantages : intervention dans les différents juridiques relatifs aux salaires, assurance contre les accidents de travail, conseils gratuits en cas de problèmes, assurance maladie et hospitalisation à l'hôpital Saint-Joseph, un abonnement à *Het Volk van Vlaanderen*. CABB, 866 : Formulaire d'inscription Belgische Werkliedenbond, 1928.

111 CABB, 866 : Assemblée générale des aumôniers à Paris, 17 fév. 1927.

112 Pour la description des tournées, nous nous sommes basés sur l'information que les archives des jésuites offrent à ce sujet. Les archives de l'Œuvre des Flamands à Paris, conservées au diocèse de Gand, contiennent également des références aux activités des aumôniers flamands au service des fermiers émigrés de France. Mais elles sont trop incomplètes pour offrir un réel aperçu des activités pastorales et, en outre, les tournées de l'Œuvre parisienne se limitaient à la Seine-et-Marne et aux environs directs de Paris.

113 AVJ, 12380 : Rapport Meeûs nov. 1955. Comme signalé plus haut, Meeûs avait dans un premier temps été détaché pour l'Œuvre des frontwerkers. À partir de 1921, il se en consacra exclusivement aux fermiers flamands de France.

114 Un rapport établi par Meeûs en 1947 donne une image précise d'une tournée pascale. « J'ai organisé ma tournée pascale en deux parties : la première (19 jours) autour de la fête de Pâques elle-même (…) Après une interruption de quelques jours, j'ai fait la seconde partie, 19 jours également. » AVJ, 12380 : Rapport 18 juillet 1947.

Dans ses notes, le père Van den Brande, en particulier, indiquait que la séparation entre volets spirituels et pratiques ne devait pas être conçue de façon trop stricte. Les aumôniers représentaient chacun dans leur district des recruteurs actifs pour l'UAB. Ils tentaient de convaincre les fermiers flamands qui étaient membres d'autres syndicats de rejoindre la filiale française du Boerenbond et demandaient aux fermiers catholiques les plus stables de superviser une guilde régionale[115].

Les missions pascales étaient toutefois celles qui liaient le plus étroitement le fermier, l'aumônier et le travail agricole. Jusque tard dans les années 1960, ce schéma serait respecté et chaque région où des fermiers flamands s'étaient établis depuis plusieurs décennies aurait droit à la visite de prêtres. Bien que la grande variété des terrains de travail des aumôniers rende une évaluation du succès des visites pascales au fil du temps difficile, on peut aisément démontrer que les missions ont pendant une longue période réellement atteint les fermiers catholiques flamands. En 1926, des réunions pascales avaient lieu dans 30 localités différentes de l'Eure. En 1960, il y en avait encore dans 21 communes, dans la majorité des cas les mêmes[116]. En 1958, ces tournées donnaient encore lieu à 70 visites familiales. Malgré ce chiffre méritoire, l'organisation se trouvait alors à un moment charnière. Le nombre de personnes touchées par famille était descendu à deux, ce qui suggère que l'on rendait surtout visite à des fermiers dont les enfants ont quitté la maison[117].

Dans des centres où la concentration de fermiers était suffisante, une guilde agricole était créée. Les réunions combinaient loisirs et séances d'information[118]. Des journées agricoles étaient également organisées par district. En 1926, celles-ci débutèrent de manière timide à Troyes, Beauvais et Vaux-sous-Laon, à partir de 1927, chaque district ou presque fut concerné. Des pèlerinages furent aussi instaurés à l'échelle locale. À l'Assomption, Meeûs

115 Van den Brande songeait par exemple à une famille de fermiers belges (un Flamand et une Bruxelloise francophone) de Pothières. Le fragment semble aussi montrer que les Flamands trouvaient surtout leur exploitation par le biais de compatriotes. « Établi depuis 11 ans dans une grande ferme. Exemple de famille solide et profondément religieuse. Il est ingénieur agricole – c'est un fermier moyennement soigneux – mais extrêmement serviable vis-à-vis de tous les Flamands dans une très large région. Il leur a pratiquement à tous procuré leur ferme à de bonnes conditions. (...) Il collaborera avec le syndicat agricole. Une guilde doit être créée à Chatillonnet. Mais il trop modeste pour se mettre en avant, trop bon pour tenir tête à quiconque, même les syndicalistes français. » AVJ, 15536 : Rapport Côte-d'Or.

116 Sur base de *De Stem*, 14 fév. 1926 et *De Stem*, année 1960.

117 ANT, E34, Union agricole belge en France, 2 : Statistiques Eduard Van Broeckhoven.

118 En 1927, il y avait des guildes à Beauvais, Balagny-sur-Thérain et Compiègne (Oise), Pont-Audemer, Épaignes, Le Neubourg, Breteuil et Verneuil (Eure), Nangis, Coulommiers (Seine-et-Marne), Villers-Agron et Château-Thierry (Aisne), Sainte-Ménehould (Marne) et Laigle (Orne). *De Stem*, 26 juin 1927.

se rendait avec les fermiers de l'Aisne à Notre-Dame de Liesse, près de Laon. Les fermiers flamands de l'Eure allaient à Évreux, ceux de Seine-Maritime à Bon-Secours près de Rouen, ceux de Picardie visitaient généralement Albert et les fermiers du sud de Paris allaient à Chartres. En mai, Lisieux était une destination régulière[119].

Une autre activité communautaire fut introduite en 1926. À l'Assomption, les fermiers flamands des différentes régions étaient appelés à Paris pour la journée annuelle ou assemblée générale. La première rencontre eut lieu au 228 bis de la rue La Fayette, nouveau refuge de l'Œuvre des Flamands après la vente des bâtiments néogothiques de la rue de Charonne à l'archidiocèse de Paris. Outre les allocutions et le banquet, une messe fut célébrée dans l'église de Saint-Joseph des Allemands, ancienne chapelle de l'Œuvre des Allemands, quelques maisons plus loin. En 1926, 150 fermiers y participèrent[120]. À l'Assomption de 1927, ils furent 500 à se réunir à Paris. C'est cette année-là qu'eut lieu la consécration du drapeau. Saint-Joseph des Allemands étant déjà devenu trop petite, la messe fut dite à Montmartre[121]. Le groupe se rendit ensuite dans le quartier de la place de la Nation pour un banquet. Les familles eurent droit à une série de discours dans leur langue maternelle. Victor Parein, président du Boerenbond, était parmi les orateurs. « On vous a dit », déclara-t-il, « de protéger ce drapeau contre l'influence de tout ce qui pourrait agir sur les belles vertus flamandes. Que votre drapeau soit l'emblème de votre fierté flamande. Nous sommes fiers de nos fermiers flamands, où que nous soyons. »[122]

En 1927, le drapeau accompagna pour la première fois le pèlerinage de Lourdes, qui en était à sa deuxième édition[123]. Cet événement allait devenir pour l'UAB le moment fort de l'année. Tous les districts français étaient impliqués et, avant la Seconde Guerre mondiale, une moyenne de 400 pèlerins y participaient[124]. Le pèlerinage était considéré par les aumôniers comme un événement clé. Non seulement pour des raisons religieuses, mais aussi parce qu'il était l'occasion de « mettre les fermiers en contact et... de découvrir des affinités pour de futurs mariages »[125].

Les aumôniers se comportaient dans ce domaine comme les conseillers personnels des familles de fermiers catholiques. Pour être sûrs de se lier également la deuxième génération, ils organisaient par exemple des retraites fermées. Meeûs et Keller furent les premiers à le faire. En mars 1926, ils mirent sur pied à Dienville, dans l'Aube, une récollection fermée « pour les jeunes filles ».

119 Voir *De Stem*, années 1947-1957.
120 *Ibid.*, 23 mai 1926.
121 *Ibid.*, 5 juin 1927.
122 *Ibid.*
123 *Ibid.*, 7 mars 1926.
124 AVJ, 12380 : Rapport 18 juillet 1947, 2.
125 *Ibid.*

30. Les fermiers flamands en pèlerinage à Lourdes en 1927. Ils arborent pour la première fois leur propre drapeau.
[*De Stem*, 21 juin 1931]

Ce fut un tel succès qu'à partir de 1927, la retraite fut élargie aux fils de ferme et aux autres régions. La formule fut reproduite et chaque année, des retraites eurent ainsi lieu à Compiègne, Mours et Lisieux. On y parlait du mariage et surtout de la recherche d'un bon parti. Il va sans dire que le parti idéal était un Flamand ou une Flamande.

Toujours en raison de ce souci de toucher la deuxième génération, l'enseignement devint une question importante. Des consultations à ce sujet parurent dans *De Stem* dès le 31 juillet 1927. « Que faire ? », demandait un court message. « N'est-ce pas une question que toute mère intelligente et chrétienne doit, ici en France, poser à son mari (...) quand le moment est venu d'envoyer les enfants à l'école ? » Une bonne mère chrétienne avait selon les aumôniers deux possibilités. Soit elle envoyait ses enfants dans un pensionnat catholique en Belgique. Il existait selon *De Stem* de bonnes sections agricoles à Nieuport, Avelgem et Mouscron pour les garçons, Kortemark et Moorslede pour les filles[126]. Soit elle se tournait vers l'enseignement catholique français. Les filles pouvaient aller au pensionnat Notre-Dame des Lys à Saint-Jean-les-Deux-Jumeaux près de Meaux. Pour les garçons, il y avait Saint-Stanislas, dans le même village. « Plusieurs enfants de nos familles flamandes y sont déjà

126 *De Stem*, 31 juillet 1927 et 4 juillet 1937.

31. Retraite pour les filles de l'Oise à Compiègne (déc. 1934). Van den Brande était le prédicateur, Theyskens l'organisateur.
[AVJ, 15524, Frans Van den Brande: Album]

éduqués. »[127] À Pont-Audemer, on allait même plus loin. Lorsqu'un nouveau collège s'y ouvrit, au début de l'année scolaire 1932-1933, de l'argent fut rassemblé avec le soutien de l'évêque d'Évreux pour engager un enseignant flamand. Les fermiers flamands furent exhortés à envoyer leurs enfants à l'école à Pont-Audemer, car « le collège (...) comporterait une section pour les enfants des Belges. Il y aurait là un professeur flamand, qui donnerait des cours facultatifs de flamand à ceux qui le désiraient. »[128]

On notera aussi que pendant l'entre-deux-guerres, les fermiers flamands participèrent aux manifestations catholiques françaises. Dans ce domaine, l'UAB menait au minimum une politique de présence active. Des délégations participèrent par exemple à la consécration de la nouvelle basilique Notre-Dame de Brebières, à Albert, et au congrès eucharistique de Lille[129].

127 *De Stem*, 28 août 1927.
128 *Ibid.*, 17 juillet 1932 ; 24 juillet 1932 et 14 août 1932.
129 *Ibid.*, 28 juin 1931 et 19 juillet 1931.

32. Participation de l'UAB à la consécration de la basilique Notre-Dame de Brebières à Albert (Picardie). [*De Stem*, 19 juillet 1931]

Activités matérielles de l'UAB

Néanmoins, le chemin de l'UAB ne fut pas toujours semé de roses pendant l'entre-deux-guerres. Bollaert, l'aumônier chargé de la coordination, ne ménageait pas sa peine et accomplissait selon Meeûs un « travail titanesque »[130]. Mais dès 1931, les aumôniers des fermiers jugèrent qu'ils étaient assez peu soutenus. Le Boerenbond en France, estimait Meeûs, connaissait une croissance trop lente pour « réellement répondre pleinement à sa mission particulière en France. (...) Bollaert travaille dur, au détriment de sa santé déjà fragile, mais il ne peut plus faire face aux tâches sans cesse plus nombreuses qui s'imposent à lui. »[131] L'organisation avait pourtant un grand potentiel. « Les fermiers commandent leurs engrais au Boerenbond, ils se tiennent au courant des marchés, consultent l'ingénieur ou l'avocat du syndicat et, surtout, reçoivent toutes les semaines leur journal, *De Stem uit het Vaderland*. Toutes ces relations créent

130 CABB, 866 : Lettre de Meeûs à Mgr Dewachter, 2 mars 1926.
131 *Ibid.* : Rapport de Meeûs, 7 mars 1931.

une atmosphère qui leur permet de rester toujours flamands et chrétiens. »[132] Malgré cela, le volet économique fut entre 1930 et 1935, à peine élargi, approfondi ou modifié.

En quoi consistait ce volet matériel de l'UAB ? Pour répondre correctement à cette question, il faut distinguer deux périodes. Avant 1938, l'UAB fonctionnait comme une organisation réunissant une activité économique et une activité spirituelle. Elle gérait à Paris une filiale de la Caisse centrale de crédit et organisait l'achat collectif et la distribution de semences, de fourrage et d'engrais par le biais du Comptoir d'achat et de vente (CAV). L'UAB s'était aussi attaché les services d'un ingénieur agronome qui dispensait un enseignement agricole lors de journées d'études et fournissait des articles techniques au journal *De Stem*. L'avocat de l'association était également très sollicité[133].

En février 1938, on modifia la structure de la section commerciale. Il fallait y voir une conséquence tardive des problèmes survenus en 1935 à la Caisse centrale de crédit belge[134]. Fin 1934, la caisse d'épargne du Boerenbond avait en effet connu de graves difficultés, qui avaient finalement mené à sa liquidation. La réputation du Boerenbond, qui passait en Belgique pour une organisation solide et fiable, en avait pris un coup. Il va de soi que via sa succursale française, les fermiers flamands de France avaient également été informés de ces événements. À l'Assemblée générale de 1935, les responsables de l'UAB ne purent rien faire d'autre que de tenter de restaurer la confiance, ce qui ne s'annonçait pas simple. Ils expliquèrent notamment que dans cette faillite, « la politique avait joué un grand rôle ». « Le Boerenbond est en effet une initiative sociale flamande et catholique qui protège les intérêts de notre population. Cela, nos adversaires n'ont pas pu le supporter. »[135] Mais le mal était fait. Alors qu'en 1932, la filiale parisienne de la Caisse centrale de crédit réunissait 345 épargnants pour une somme totale de 7 355 878 FF en dépôts, ce montant tomba en 1936 à 2 930 000 FF[136]. Les fermiers retirèrent donc massivement leur argent et l'organisme d'épargne et de crédit fut démantelé[137].

Mais la suppression de la Caisse centrale de crédit eut surtout pour effet d'aggraver le problème de la rémunération des aumôniers. L'UAB recevait sur l'épargne qu'elle réunissait pour la Caisse en France un pourcentage qui lui servait à financer en partie ses activités. Bollaert protesta contre ce système dès 1931. Louvain avait semble-t-il promis une différence entre les intérêts ver-

132 AVJ, 12380 : Note au révérend père provincial au sujet des aumôniers en France, 15 mars 1930.

133 *De Stem*, 12 juin 1933.

134 Van Molle, *Ieder voor allen*, 245-289.

135 CABB, 866 ; *De Stem*, 29 sept. 1935, 16.

136 *De Stem*, 7 juin 1936.

137 *Ibid.*, 16 juin 1935. Les décisions prises pour la caisse belge, écrivit Bollaert, ne s'appliquaient pas à la filiale française. Il ne précise néanmoins nulle part pourquoi.

sés aux épargnants et ceux que la filiale de la Caisse percevrait. Ce montant était toutefois insuffisant[138].

Après 1938, l'UAB tenta de redynamiser les activités commerciales en fondant la S.A. Socuna (Société de commerce de l'Union agricole). Celle-ci devait assurer l'achat et la vente de semences et de plants, de fourrage et d'autres produits nécessaires à l'activité agricole[139]. La Socuna traversa sans encombres la Seconde Guerre mondiale, du moins dans les chiffres. Le département commercial, disait un rapport de juillet 1944 qui préparait la période d'après-guerre, devait se réjouir de ces résultats[140]. Pendant l'année 1943, 2 032 tonnes d'engrais, de semences et autres produits de première nécessité avaient été vendus pour une valeur de 6 286 783 FF. La société avait également perçu 772 883 FF sous forme de primes d'assurance. La Socuna termina l'année comptable 1943 avec « un bénéfice net de 31 978 FF ». Pourtant, la société avait du souci à se faire à propos de son département commercial. À la première assemblée d'après-guerre des aumôniers à Paris, en novembre 1945, on allait en effet constater que les membres n'en étaient pas très satisfaits. Dans la plupart des régions, se plaignaient-ils, les fermiers ne voyaient jamais personne du Boerenbond. La relation personnelle entre fermier et syndicat était donc exclusivement entretenue par les aumôniers et le journal *De Stem*. Et de plus, *De Stem* n'avait plus paru depuis le 15 février 1944. Le repli qui s'était produit pendant la guerre sur une clientèle d'habitués était plus néfaste encore pour la Socuna. Les fermiers étant dispersés dans une immense région, les frais d'expédition étaient devenus trop élevés. Faute de filiales locales, la Socuna pouvait difficilement remédier à cette situation[141]. Pendant le conflit, la plupart des fermiers étaient d'ailleurs entrés en contact avec des fournisseurs locaux qui les avaient « bien tirés d'affaire ». En 1946, on songeait encore agrandir Socuna. Un « sondage » devait être fait dans l'Aisne et dans la Marne afin d'examiner les possibilités d'envoyer un représentant pour cette région[142]. Le père Meeûs avait proposé une connaissance. Mais à quelques exceptions près, la teneur générale des visites fut plutôt négative. Les fermiers appréciaient les activités sociales de l'UAB, mais ne semblaient en général plus disposés à travailler avec la Socuna. On lui reprochait entre autres de ne pas offrir de solutions aux coûts de transport élevés[143]. Les fermiers ne semblaient pas non plus très tentés de jouer les propagandistes et de rassembler d'autres émigrés plus anciens. Même les plus ardents défenseurs de l'UAB étaient aux abonnés absents. À Pierrepont, près de Laon, personne ne s'était montré à la réunion,

138 CABB, 866 (1) : Lettre de Bollaert à Gijsen, 11 nov. 1931.
139 Van Molle, *Ieder voor allen*, 291. Voir aussi CABB, 866 (1) : Rapport annuel de l'UAB, 3 juin 1938 ; Les activités du Boerenbond, 10.
140 CABB, 866 (2) : Union agricole belge, rapport 15 juillet 1944.
141 CABB, 866 (3) : Note concernant l'affaire de l'UAB et de la Socuna, 9 déc. 1949.
142 CABB, 866 (2): Socuna, rapport 12 juillet 1946, 3.
143 *Ibid.* : Rapport n° 1, assemblées du 22 sept. au 3 oct. 1946, 24 sept. Anthenay.

« pas même la famille De Wilde, n'avait jugé nécessaire de se donner la peine de perdre quelques heures »[144].

Pour l'Eure, région agricole la plus importante et la plus riche, on envisagea encore de créer une filiale de vente, mais ce projet resta lettre morte. Le système de rémunération de la Socuna ne favorisait pas non plus la formation d'un lien entre organisation et employé. Le personnel recevait le salaire fixe le bas possible et travaillait pour le reste à la commission. Il n'était par conséquent pas rare que les employés quittent la Socuna avec la clientèle pour se mettre à leur propre compte. Les efforts faits pour réanimer la Socuna restèrent donc vains. Le 5 décembre 1949, le conseil de gestion de la société annonça au Boerenbond que « malgré toutes les tentatives, il ne semblait plus possible de maintenir la Socuna en vie »[145]. L'année comptable accusait déjà un déficit de 200 000 FF et tout laissait prévoir que le budget ne pourrait pas être maintenu en équilibre dans le futur. La Socuna avait aussi constaté que les fermiers n'avaient plus envie de commercer avec la société. Un lien très fort les unissait néanmoins à l'Union agricole belge. Même si la Socuna n'était plus viable, il fallait donc mettre tout en œuvre pour poursuivre les activités sociales de l'UAB[146]. Ce n'était en soi pas si évident. Financièrement, l'UAB dépendait des bénéfices générés par la société. Pour le reste, elle vivait d'un ensemble limité de revenus personnels, parmi lesquels les abonnements de *De Stem*, les bénéfices des pèlerinages à Lourdes et quelques dons. Finalement, les activités de l'UAB, parmi lesquelles le service des aumôniers, *De Stem* et le service juridique, seraient maintenues.

L'UAB pendant et après la Seconde Guerre mondiale

Le dernier rapport de Jozef Meeûs sur les activités de l'UAB date du 7 mars 1931. C'est particulièrement significatif, d'autant plus que la rédaction des rapports ne fut reprise par aucune autre instance, moins encore par Bollaert. Néanmoins, le jésuite faisait en 1931 des remarques non négligeables. Il se plaignait notamment du manque de soutien de la part de la Commission épiscopale qui devait veiller sur les activités des aumôniers. « Le principal souhait », écrivait-il, « serait que la commission épiscopale réunisse les aumôniers. »[147] De cette manière, ils se sentiraient au moins soutenus dans leur mission et pourraient s'exprimer en toute confiance sur le manque de coordination et de direction.

L'UAB ne put toutefois pas compter sur une réelle attention de la part des évêques, qui se contentèrent d'envoyer un questionnaire annuel. Le rap-

144 CABB, 866 (2) : Rapport n° 1, assemblées du 22 sept. au 3 oct. 1946, 28 sept. Pierrepont. La famille De Wilde avait des liens étroits avec le père Jozef Meeûs. Interview Maria De Wilde.

145 CABB, 866 (3) : Note concernant l'affaire de l'UAB et de la Socuna, 9 déc. 1949, 1.

146 *Ibid.*, 2.

147 CABB, 866 (1) : Rapport du père Meeûs à De Baets, 7 mars 1931.

port de Meeûs n'intensifia pas les contacts. Au contraire, tout indique qu'à partir de 1931, les deux parties, commanditaire et commandité, ne communiquèrent pas pendant un long moment. Un éclaircissement réclamé par le Boerenbond belge, dont rapport fut fait le 22 septembre 1942, confirme ce constat : « En ce qui concerne l'activité religieuse et sociale, aucun rapport annuel, rien concernant le nombre de membres, le journal, les recettes et les dépenses. Idem concernant les activités de messieurs les révérends aumôniers ou du R.P. Bollaert lui-même. (...) Nous ne connaissons même pas le nom des différents aumôniers, ni leur adresse ou leur domaine de travail. Nous ignorons également tout de leurs souhaits, rapports, difficultés, statut, etc. Depuis plus de 10 ans, pas la moindre question n'a été posée aux aumôniers par la Commission épiscopale. »[148]

Il s'agissait, au vu des expériences négatives des évêques avec les initiatives d'encadrement françaises, d'un constat remarquable. Les aumôniers devaient se débrouiller seuls et les évêques privilégiaient la stratégie du « pas de nouvelles, bonnes nouvelles ». Cette attitude ne semblait d'ailleurs pas poser problème. Hormis les frictions déjà mentionnées entre l'UAB et l'Œuvre des Flamands, il n'y avait pratiquement pas de tensions à noter. Il fallut l'éclatement de la Seconde Guerre mondiale pour bouleverser cette routine. D'une part, les rapports entre l'aumônier principal de l'UAB, August Bollaert, et la Socuna, fondée en 1938, se détériorèrent. Les archives ne nous renseignent pas sur la cause du problème. Bollaert fit savoir qu'il n'était pas d'accord avec le mode d'action de la Socuna, « en particulier depuis la guerre »[149]. Les accusations portées contre lui une fois la paix revenue étaient cependant bien plus graves. Bollaert fut en effet accusé d'avoir été l'une des figures clés du réseau franco-belge des inciviques, une filière qui menait les Belges accusés de collaboration en Espagne via Lille, Pont-Noyelles, Paris, Bayonne et Hendaye. Il était crucial pour une telle organisation de disposer d'adresses refuges en France. Dans ce cadre, la mission belge avait apparemment hébergé une série de collaborateurs, notamment Leo Poppe, un condamné (qui s'envolerait ensuite vers l'Argentine)[150]. L'affaire plaçait évidemment l'UAB dans une situation particulièrement délicate. Bollaert fut lui-même inquiété par la police française (il avait déjà été arrêté deux dois puis relaxé) et un mandat d'arrêt fut lancé contre lui en Belgique[151]. L'aumônier principal prétendit qu'il avait agi sans savoir et avait été victime de ses obligations en tant que prêtre[152].

148 *Ibid.*, 866 (2) : Les activités du Boerenbond en lien avec l'émigration en Flandre, 1942, 15.
149 *Ibid.*, 866 (3) : Lettre de Bollaert à Mgr Cruysberghs, 16 oct. 1947.
150 *Ibid.*, 866 (3 bis) : Coupures de journaux concernant *Le Maquis franco-belge des inciviques*, notamment *De Nieuwe Standaard*, 4 fév. 1947. Pour le personnage de Leo Poppe, voir Verstraete, « Poppe, Leo ».
151 CABB, 866 (3) : Note Boerenbond Paris, 14 juin 1947.
152 *Ibid.* : Lettre de Bollaert à Mgr Cruysberghs, 16 oct. 1947.

Quoi qu'il en soit, une remise à zéro des compteurs n'était possible pour l'UAB que moyennant la sortie de Bollaert. Le 16 octobre 1947, il donna sa démission et Theyskens fut nommé comme remplaçant. Ce n'était pas une solution structurelle. Theyskens était prêtre à Compiègne et ne pouvait être présent au secrétariat de l'UAB qu'un jour par semaine. « La direction centrale », informait Cruysberghs, « était totalement défectueuse (...) et le fait de ne pas répondre au courrier était très dommageable à l'UAB »[153]. Au lendemain de la guerre, l'UAB était une organisation très sollicitée, dont il était frustrant qu'elle ne puisse démontrer sa valeur. La presse belge avait en effet annoncé que les gouvernements français et belge s'apprêtaient à passer un accord concernant l'émigration d'agriculteurs et d'ouvriers agricoles[154]. L'UAB avait reçu suite à cela 250 lettres de Belges intéressés. En 1947, on notait que l'intérêt des fermiers flamands avait en réalité fortement diminué. La plupart des demandes traitées avaient été écrites par des fermiers wallons. D'autres nationalités établies en Belgique, comme les Polonais et les Italiens, se renseignaient aussi sur les possibilités de la campagne[155]. L'UAB était toutefois avare en réponses. Parmi les aumôniers, on s'informait des possibilités pour les émigrants. Mais ils donnaient ensuite des renseignements indicatifs, sans précision. De plus, ils partaient comme d'habitude du principe, cher au Boerenbond et à l'Église, que l'émigration était dans le meilleur des cas un mal nécessaire et qu'elle ne devait sûrement pas être encouragée. Meeûs conseillait d'être très prudent et ne donnait aucune information sur des exploitations libres dans son territoire, qui comprenait l'Aisne, la Marne et les Ardennes[156]. Jerôme Van Eecke, aumônier dans le département de l'Eure, annonçait que dans cette riche région agricole, il n'y avait plus de salut pour les fermiers flamands. On n'y trouvait plus de fermes vacances et il régnait déjà chez les Français un vif mécontentement à l'égard du grand nombre de fermiers flamands dans la région. La Normandie était complète. Il restait encore une série de fermes dans les départements de l'Aube, des Ardennes et du Loiret, mais elles étaient de moindre

153 CABB, 866 (3) : Rapport sur les activités des aumôniers auprès des fermiers flamands en France, probablement 1948.

154 *Ibid.* : Notes envoyées aux aumôniers, 12 nov. 1947. L'accord entre les autorités françaises et belges (accord relatif à l'immigration et à l'établissement en France d'exploitants agricoles belges) fut officiellement conclu le 26 mai 1948. Son texte parut dans le *Moniteur belge* le 11 sept. 1948.

155 *Ibid.* : UAB, entretien 8 nov. 1947. Après la guerre, les fermiers flamands émigrèrent surtout à l'intérieur de la Belgique, en Wallonie. Voir Cheyns et Seghers, « Fermiers flamands en Wallonie ».

156 *Ibid.* : Rapport sur les activités des aumôniers auprès des fermiers flamands de France, probablement 1948.

qualité. En général, les aumôniers disaient que la France cherchait principalement des agriculteurs pour les départements du sud, moins pour le nord[157].

L'UAB s'adressait principalement aux fermiers déjà installés depuis un certain temps en France. Cette reprise de contact n'était déjà pas simple en soi. Pour la première fois, on tenta de se fonder sur des chiffres. En juillet 1944, un rapport de la situation d'après-guerre avait été préparé. Manifestement, le nombre total de fermiers belges en France restait une énigme pour l'UAB aussi. On avait en revanche une idée du nombre de familles flamandes, qui étaient évaluées à 10 000. Environ 1 700 étaient en relation avec l'UAB, la plupart établies dans l'Eure et dans l'Oise (Tableau 12)[158].

Comparé avec les chiffres du recensement agricole de 1927 sur le nombre d'exploitations belges (sans distinction entre exploitants wallons et flamands), les chiffres de l'UAB restaient modestes. Pour un département comme l'Eure, où 1 746 exploitations belges avaient été dénombrées en 1927, 16,5% des familles étaient en 1944 en contact avec l'UAB. Ce pourcentage avoisinait le rapport global donné à l'UAB (17%). Tous les autres départements présentaient par rapport aux chiffres de 1927 des pourcentages nettement inférieures. Dans l'Oise, région qui comptait en 1927 le plus grand nombre de fermiers flamands après le Nord, l'UAB n'était en contact qu'avec 9% des fermiers actifs sur place. Dans l'Aisne, ce chiffre était de 8,5% à peine, tandis que dans la Seine-et-Marne et la Seine-et-Oise, le pourcentage oscillait autour des 10%. À supposer que les chiffres absolus de 1944 soient corrects, nous pouvons considérer qu'environ 10% des émigrés agricoles belges entretenaient des contacts avec l'UAB. On constate que les activités de cette dernière ne tenaient pas compte de la plus grande population d'agriculteurs belges (5 041 selon le comptage de 1927), qui se trouvait dans le département du Nord. Le terrain de travail de l'UAB suivait donc les frontières septentrionales des départements de la Somme et de l'Aisne, et, au sud, ne dépassait pas les départements de la

157 Concernant l'émigration agricole belge faisant suite à l'accord belgo-français, l'avertissement suivant parut dans *De Stem* à l'intention des membres de l'UAB. « Je vous signale, enfin, que les agriculteurs français éprouvent les plus grandes difficultés pour trouver une ferme dans le département, comme dans toute la Normandie, d'ailleurs (...) Aussi en raison de la situation de l'Eure à ce point de vue, je suis dans l'obligation de limiter mon avis favorable pour l'installation d'agriculteurs étrangers dans le département à des cas exceptionnelles (...) Il y aurait donc lieu, lorsque vous recevrez des demandes d'agriculteurs belges qui désirent s'installer dans l'Eure de les diriger dans les départements où il y a des fermes disponibles. Ces régions sont notamment les suivantes : la Sologne, le Lot et Garonne, le Gers, le Centre Ouest (Dordogne et Haute Vienne), Charente, Gironde, Landes, Vienne, Yonne, Tarn, Creuse. Les agriculteurs belges doivent tout d'abord considérer qu'il n'y a plus à l'heure actuelle et d'une façon générale de possibilités d'établissement dans les régions suivantes : Nord, Nord-Est, Bassin parisien, Normandie, Mayenne, Sarthe, Bretagne et Vendée. » *De Stem*, 15 avril 1950.

158 CABB, 866 (2) : Note UAB, 15 juillet 1944, 2.

TABLEAU 12
NOMBRE DE FAMILLES EN RELATION AVEC L'UAB PAR DÉPARTEMENT

Département	Nombre de familles
Aisne	185
Aube	60
Calvados	92
Eure	287
Marne	58
Oise	273
Orne	63
Seine-Inférieure	53
Seine-et-Marne	102
Seine-et-Oise	100
Somme	139

CABB, 866 (2) : Note UAB, 15 juillet 1944, 2.

Seine-et-Marne et de la Seine. Vers 1944, l'UAB jugeait les liens avec la région d'Orléans (Loiret), Sens et Auxerre (Yonne) négligeables.

Si l'on voulait conserver l'UAB, une réorganisation était indispensable. Et contrairement à ce qui s'était passé au lendemain de la Première Guerre mondiale, les responsables avaient cette fois une idée précise des tâches principales à accomplir. Les aumôniers devaient rester en contact avec les fermiers d'origine flamande, *De Stem* devait à nouveau paraître régulièrement et être diffusé le plus largement possible. Comme nous l'avons expliqué précédemment, on ne put éviter de prendre une décision radicale concernant les activités commerciales : la Socuna fut liquidée et la prestation de services sociaux se limita désormais à un bureau d'assistance juridique.

La forme que l'organisation devait prendre à l'avenir était donc plus qu'évidente. Le problème se situait plutôt au niveau du personnel. Les aumôniers, pour la plupart entrés en fonction juste après la Première Guerre mondiale, étaient âgés et généralement en mauvaise santé. Certains, comme Theyskens et Van Eecke, avaient même déjà présenté à plusieurs reprises leur démission, qui avait chaque fois été refusée. Étant donné leurs longs états de service, le gros des aumôniers avait vieilli avec la première génération d'émigrés. Cela avait à la fois des avantages et des inconvénients. L'avantage était évidemment que des liens d'amitié étroits s'étaient tissés. L'UAB était devenue grâce à cela une communauté transcommunale, dont les assemblées annuelles régionales en particulier, remportaient un grand succès. Cela avait aussi un revers, à savoir qu'il y avait un risque réel que l'organisation « pêche trop dans le même

GRAPHIQUE 17
ANNONCES DE DÉCÈS *DE STEM UIT HET VADERLAND* PAR DÉPARTEMENT (1941 - 12 DÉCEMBRE 1955)

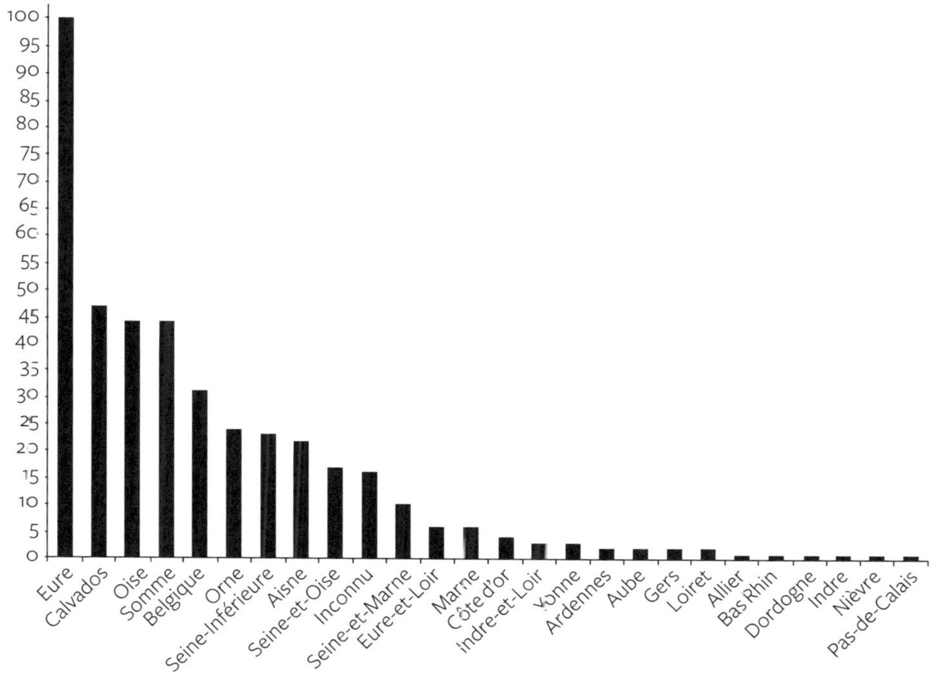

Les numéros de *De Stem* sont manquants du 15 juillet 1944 au 1 septembre 1949. Pendant cette période, le périodique ne parut pas, ou du moins irrégulièrement.

étang ». Elle avait en effet évolué au rythme de l'émigration de ses membres et formait avec ceux-ci un groupe où tout le monde se connaissait. Inévitablement, cela compliquait l'intégration de nouveaux membres. Vers 1950, l'UAB n'était pas non plus une association ouverte vis-à-vis de la deuxième génération. Le groupe des aumôniers appartenait dans le domaine social à une autre sphère de pensée et n'avait de contact avec les enfants devenus adultes que par l'intermédiaire de leurs parents.

Ce changement sociologique était surtout visible dans *De Stem*. Pendant l'entre-deux-guerres, celui-ci avait avant tout été un journal professionnel entrelardé de nouvelles associatives et d'articles édifiants. Après la Seconde guerre mondiale, il évolua pour devenir un pur magazine de services. La rubrique principale était celle des « nouvelles familiales ». Elle regroupait la nécrologie, les annonces de mariages et de naissances. Avant la guerre, on y réservait bien moins de place. Le domaine géographique de *De Stem uit het Vaderland* (1941-1955) était clairement circonscrit (Graphique 17). Les lecteurs les plus fidèles se trouvaient surtout dans les départements de Normandie. C'est du moins ce qui ressort des nécrologies publiées entre 1941 et 1955. Le lien avec la Belgique restait important lui aussi. Souvent les nouvelles concernaient des fermiers retournés au pays et les parents des fermiers ayant émigré en France.

La nouvelle impulsion apportée par l'arrivée, en 1952, des norbertins de l'abbaye de Tongerlo à Paris n'alla guère au-delà du maintien de l'Œuvre. L'UAB allait encore connaître trois directeurs. Deux d'entre eux remportèrent, compte tenu du contexte, un succès méritoire. Le premier, Egbert Osaer (1914-?), fut pour des circonstances obscures rappelé après un an. Plus tard, en 1961, il démissionna. Edward Broekhoven (1909-1978) réinsuffla une certaine vie dans l'organisation entre 1953 et 1966. Les tournées pascales et les pèlerinages à Lourdes continuèrent, ainsi que les journées nationales. Frederik Tessens (1913-1989), le dernier directeur, poursuivit dans la même voie. Il était apprécié des fermiers, mais ne fut pas à même de renverser la vapeur.

Pour conclure

Bien que l'Église belge se soit rapidement intéressée à l'émigration permanente des agriculteurs belges en France, il faudrait longtemps avant que la LAB et plus tard l'UAB mettent sur les rails une action concertée. La longue période de transition s'explique par le grand nombre d'initiatives d'encadrement présentes sur place et les changements fondamentaux dans le public cible. Mais l'indécision de certains protagonistes joua également un rôle capital dans la lenteur de la mise en place d'une œuvre agricole. Dans l'affaire du Foyer de Saint-Quentin, la hiérarchie ne prit des mesures qu'en dernier recours. Quant aux règlements du sort du syndicat agricole La Flandre et du cas Vereecke, ils ne démontraient ni une grande connaissance des dossiers, ni une grande efficacité.

Un revirement se produisit enfin en 1926. La fondation de la Ligue agricole belge, autrement dit du Boerenbond en France, fut déterminante. L'organisation atteignit les fermiers flamands dans les différents départements agricoles et les relia par le biais d'activités pastorales, d'un journal et de services socioéconomiques. Tout indique que les aumôniers étaient particulièrement proches des affiliés. Ils aimaient leur travail et la participation des fermiers aux diverses activités suggère un lien réciproque. Contrairement à un district industriel comme Lille ou à une grande ville comme Paris, les régions agricoles permirent à l'initiative d'encadrement de se montrer réellement efficace, du moins en ce qui concerne les Flamands qui adhérèrent à l'UAB. Les chiffres de 1944 montrent que l'adhésion différait fortement d'une région à l'autre, mais il n'est pas faux de dire que la portée de l'UAB se situait entre 10% et 20%.

Mais malgré cet effet, l'impact de l'UAB allait se réduire progressivement. Deux événements précipitèrent cette évolution. Les problèmes de la Caisse d'épargne centrale du Boerenbond signèrent la fin des activités économiques de l'UAB. La Socuna, fondée en remplacement, ne décollerait jamais. Un deuxième tournant se dessina peu après, avec la Seconde guerre mondiale. L'UAB ne sortit pas intacte du conflit et entre 1944 et 1952-1953, elle traversa des temps difficiles. Les aumôniers se faisaient vieux et devaient être remplacés. Pendant et après la guerre, les fermiers flamands gagnèrent aussi en indépendance. Cette perte de terrain ne fut pourtant pas synonyme de déclin brutal. L'UAB était en tant qu'organisation suffisamment forte pour survivre quelques décennies de plus, à la fois sur le plan pastoral et sur le plan social. Cela indique en soi que ses membres continuaient à s'identifier fortement avec leur pays d'origine. Nous nous y arrêterons en détail dans le chapitre suivant, tout comme sur le fait que cette émigration économiquement très réussie dans l'ensemble va faire l'objet de tentatives d'appropriation.

UNE LUTTE IDENTITAIRE

LE FERMIER EN FRANCE, LA FRANCE DANS LE FERMIER FLAMAND

Pourquoi les fermiers flamands de France bénéficièrent-ils d'une telle attention de la part de l'Église catholique ? Une réponse facile pourrait être formulée comme suit : parce qu'ils étaient des émigrés. En effet, l'Église se préoccupait de toutes les formes d'émigration. Une fois devenus être mobiles, les fermiers n'échappèrent pas à leur zèle.

Mais si cette réponse nous indique certainement la bonne voie, elle reste incomplète. Comparés aux autres émigrants permanents belges, les fermiers eurent droit à une attention toute particulière. Les œuvres d'encadrement qui leur étaient destinées étaient mieux organisées et se maintinrent aussi plus durablement. Une partie de l'explication tient sûrement à l'interaction fructueuse entre l'œuvre agricole et ses membres : contrairement à celui du Lillois ou de Paris, le public cible était tout simplement beaucoup plus réceptif au type de discours véhiculé par une œuvre d'encadrement comme l'UAB. Et le succès est un gage de longévité.

Mais cette explication de nature plutôt pragmatique ne satisfait pas encore pleinement. Les sources montrent que l'émigrant fermier avait pour l'Église une toute autre signification que, par exemple, le simple émigrant belge de Roubaix. Pour commencer, il n'était pas un inconnu. En tant que représentant du monde agricole, il évoquait diverses images familières. Parmi celles-ci, des références à un monde menacé. Sur fond de mutation rapide, le fermier restait en effet symbole de stabilité. Dans sa version romancée, il ramenait même l'existence à ce qu'elle avait d'essentiel. Pour le dire un peu pompeusement : il était le gardien par excellence de ce qui perdurait ou, de façon plus normative, de ce qui devait perdurer. Les œuvres d'encadrement se fondaient par conséquent sur une motivation autre, bien plus émotionnelle. Cela débouchait souvent sur des conceptions et des représentations très claires de ce qu'était et devait être un fermier flamand en France.

Dans ce chapitre, nous allons approfondir ces représentations. Mais nous allons d'abord regarder du côté des autres acteurs présents sur le terrain. En raison des tâches essentielles qui leur étaient assignées, les fermiers furent souvent convoités de plusieurs parts. Lorsque dans la seconde moitié du XIXe siècle, l'espace fut nationalisé grâce à de nouveaux discours, le fermier y reçut, tant en France qu'en Belgique, une place importante. Nous parlerons d'abord de la France, destination d'un nombre croissant de fermiers flamands après la Première Guerre mondiale. Cela nous permettra de mieux évaluer le contexte dans lesquels ceux-ci arrivaient. Ensuite, nous nous pencherons sur la Belgique. Là aussi, diverses attentes étaient formulées vis-à-vis des fermiers. Émigrer ou partir n'en faisait en aucun cas partie. Lorsque cela se produisit malgré tout, l'Église suivit le mouvement et justifia avec une aisance frappante une tendance qu'elle désapprouvait fondamentalement. Car c'est de l'émigration que l'image du fermier flamand tirerait finalement toute sa gloire. Sans la France, cela n'aurait jamais été possible.

Le fermier et la nation : imaginaire et réalité en Belgique et en France

Entre le fermier et « sa » terre, il a toujours existé un lien étroit. Elle représente en effet son capital de base. Grâce à son travail, elle produit ses fruits et nourrit son bétail. Jusque tard dans le XIXe siècle, l'agriculture représente ni plus ni moins pour certains fermiers un mode de vie, une pratique quotidienne placée sous le signe de la production de sa propre nourriture[1].

En Belgique, l'activité rurale est souvent associée à l'industrie à domicile. Les travaux agricoles destinés aux besoins familiaux sont complétés par une activité proto-industrielle. Cette « commercial survival economy » est particulièrement répandue dans la moitié méridionale des provinces de Flandre-Orientale et Flandre-Occidentale[2]. Mais si l'on excepte les grandes régions agricoles, c'est aussi le cas dans une bonne partie de la campagne fran-

1 Voir à ce sujet Weber, qui renvoie à la distinction, introduite par Redfield entre, d'une part, le paysan, pour qui l'agriculture est un mode de vie et non une entreprise lucrative et de l'autre, le fermier, pour qui elle est en revanche une activité lucrative, dans laquelle le sol est considéré comme un capital. Weber, *Peasants into Frenchmen*, 117. Pour une réflexion sur le « paysan » dans l'historiographie agricole, voir Mendras, « The Invention of the Peasantry ».

2 Thoen, « A "Commercial Survival Economy" in Evolution ».

çaise[3]. D'un point de vue économique, les petites entreprises familiales sont d'abord ancrées à l'échelle locale, dans le village, puis seulement à l'échelle régionale[4]. Les mauvaises récoltes sont souvent synonymes de faim, tandis que les bonnes permettent de défier pour un temps le malheur. C'est pourquoi on multiplie les rituels destinés à s'attirer des circonstances favorables. Une symbolique éminemment sacrée entoure la vie des campagnes[5].

Comme indiqué dans la première partie, la crise alimentaire des années 1840 va dans la seconde moitié du siècle détourner de nombreux petits paysans vers l'industrie. De plus, l'activité agricole change structurellement. Dans les pays touchés, de nouveaux instituts cherchent à mieux maîtriser le secteur primaire[6]. Ils essaient par la gestion d'interférer de façon plus résolue dans l'agriculture, afin d'augmenter le rendement de la production alimentaire. La recherche scientifique, les innovations technologiques, l'enseignement et l'accroissement d'échelle sont stimulés à cette fin. En termes d'économie, cela signifie la mise en place d'un commerce international de plus en plus enclin au protectionnisme. Enfin, la dépression agraire des années 1880-1890 transforme également l'agriculture. Celle-ci se modernise, se mécanise progressivement et est de plus en plus déterminée par les marchés internationaux[7].

Dans les chapitres précédents, nous avons eu largement l'occasion de montrer que pour les Belges qui voulaient rester dans cette activité, il y avait encore des possibilités. Une partie de la population cherche – temporairement ou définitivement – d'autres terres ou part pour « faire les saisons ». Le « Zuidland » (la France) représente dans ce cadre la destination la plus facile. La demande en main-d'œuvre temporaire y est en effet très forte. Elle s'explique par un exode rural élevé et un faible taux de natalité[8]. Pour les moralistes, les deux phénomènes sont d'ailleurs liés. La dénatalité est favorisée par

3 La combinaison de l'agriculture et de l'industrie à domicile était répandue dans les campagnes françaises également. Concernant le Cambrésis, voir par exemple Terrier, *Les deux âges de la proto-industrie*. Voir aussi Weber, *Peasants into Frenchmen*, 115-129. L'auteur souligne surtout les fortes disparités entre régions – « There was a World of difference between Corrèze and Aisne (...) » –, tant dans l'usage de la technologie et des amendements que dans l'échelle de production. Voir aussi Barral, *Les agrariens français*, 67.

4 Segers et Van Molle, *Leven van het Land*, 46.

5 Voir à ce sujet les magnifiques pages anthropologiques sur la cosmologie du paysans polonais de Thomas et Znaniecki, *The Polisch Peasant in Europe and America*, 206-275.

6 Sur l'influence des idées (économiques) sur la politique agricole belge, voir Van Dijck, *De wetenschap van de wetgever*. La forme que prenait idéalement cette force de frappe – protectionnisme of laissez-faire – n'a pas d'importance dans ce contexte. On retient surtout que l'agriculture devenait sujet politique et était donc envisagée au niveau national et sur base de la conviction qu'elle pouvait être gérée comme un tout.

7 Segers et Van Molle, *Leven van het Land*, 46.

8 Woestenborghs, *Vlaamse arbeiders in de vreemde*, 17-19. « Zuidland » est la description que Streuvels donnait de la France dans *De Oogst*. Il la mettait dans la bouche de Rik, personnage principal, qui décidait de partir en France pour la moisson avec un groupe des saisonniers. Streuvels, *De oogst*, 438.

la migration vers la ville. De son tour la ville est responsable de la disparition de la vitalité propre à la campagne. Au lieu de cela, elle se caractérise par des mœurs renfermées, thanatiques. La France devient petit à petit un « pays de célibataires et de fils uniques »[9].

L'évolution mentale de la fin du XIXe siècle, au fil de laquelle nation, campagne et agriculture entretiennent des échanges de plus en plus intenses et qui touche aussi bien la France que la Belgique, est d'une grande importance. Nous avons montré dans la première partie la faible pertinence que le cadre de référence national avait pour certains acteurs dans la période 1850-1870, cela dans les deux pays. La tendance ultramontaine de l'Église, par exemple, ne parvient pas à concevoir son rayon d'action à l'échelle nationale, moins encore à le limiter en fonction des frontières de l'État. Les migrants ne sont pas associés en premier lieu au franchissement des frontières nationales. Ils sont considérés comme des « pauvres » en raison de la voie qu'ils ont – volontairement ou non – empruntée. Le cœur du problème est la mobilité, pas le cadre national qu'ils ont traîné avec eux ou laissé en arrière. Une partie de l'Église au moins estime qu'il y a peu de différence entre migration interne et internationale. Non pas qu'elle soit indifférente à la distance que les gens doivent parcourir pour trouver un meilleur gagne-pain, mais le fait de problématiser toute mobilité estompe la distinction entre les deux.

En France, cette configuration change fondamentalement avec le début de la Troisième République. À partir de 1870, l'espace français est « nationalisé » en termes beaucoup plus radicaux qu'auparavant. L'agriculture prend peu à peu le rôle principal et est considérée comme l'un des éléments les plus vitaux de la nation. Cette image repose toutefois sur un grand paradoxe. Alors que l'agriculture est centrale dans l'imaginaire de la nation française, elle est de plus en plus dépendante de la main-d'œuvre étrangère. Les ouvriers agricoles travaillant comme saisonniers sont encore relativement acceptables. Mais lorsqu'après la Première Guerre mondiale, la France voit passer un grand nombre d'exploitations dans des mains étrangères, elle fait grise mine. L'immense sacrifice humain que la Grande Guerre a exigé d'elle ne lui laisse pourtant pas le choix : seul un recours aux immigrants peut relancer le secteur primaire. Il n'empêche que, pour beaucoup, des fermiers étrangers comme gérants de la campagne française, cela reste une aberration.

En Belgique, un autre paradoxe apparaît. Après l'introduction du suffrage universel pluriel pour les hommes, en 1893, les fermiers suscitent un intérêt croissant. Non seulement les fermiers et les habitants de la campagne sont électoralement intéressants, mais ils deviennent, comme l'affirme l'historienne Leen Van Molle, un « objet convoité » dans la formation de la nation[10]. Ce n'est pas tant l'intégration de la condition de fermier dans l'État nation qui

9 D'après Rossignol, *Un pays de célibataires et de fils uniques*.
10 Van Molle, « Le sol, c'est la patrie », 172. Voir aussi *Id.*, *Katholieken en landbouw*, 47-80.

étonne ici. Dans ce domaine, la Belgique se comporte grosso modo comme la France. Mais les fermiers belges sont, en particulier en Flandre, intégrés dans une autre constellation. Au lieu de jouer un rôle dans un discours national, ils deviennent des acteurs clé dans une construction à connotation subnationale et idéologique. Dans la superposition du fermier flamand et de la sous-nation flamande, une fonction fondamentale est remplie par l'Église belge, dont une partie joue à partir du tournant du siècle de plus en plus souvent la carte de la flamandisation dans le nord du pays. La condition de paysan devient pour elle l'emblème même de ce que la Flandre représente : laborieuse, d'un foi inébranlable, à sa place dans un village et étrangère à la ville. Peu à peu, on charge cependant le fermier flamand d'un poids spécifique qui lui interdit toute mobilité. Mais paradoxalement, voilà qu'il se met à partir. D'abord temporairement, ensuite, surtout après la Première Guerre mondiale, définitivement.

Que ce soit en France ou en Belgique, un fossé se creuse dans le domaine de la représentation du fermier entre imaginaire et réalité. Entre 1870 et 1940, les leitmotivs sont étonnamment constants. Le travail de réparation est donc une activité continue. Nous commencerons par regarder en détail où les déchirures apparaissent et où un rapiéçage s'impose. L'imaginaire sera donc confronté à la réalité dans le but de répondre à une question capitale, celle de la façon dont l'agriculture est incorporée dans le discours national (ou subnational). Pour la France, l'accent sera mis sur une longue période comprise entre 1877 et 1940. À partir de 1877, la tendance radicale de la classe politique républicaine accède au pouvoir. La Troisième République adopte de ce fait un nouveau cap dans de nombreux domaines. Jules Ferry organise un enseignement de masse uniforme, Charles de Freycinet relie la province française à Paris grâce à un réseau ferroviaire ramifié. La politique de laïcisation systématique de la Troisième République place sous curatelle l'Église en tant qu'instance de pouvoir. Même si ces exemples sont souvent invoqués pour définir la Troisième République en termes de centralisme (culturel), la réalité est plus nuancée. Les « catéchismes de l'histoire »[11] de l'école primaire louent par exemple la diversité de la France, qui est en tant qu'imaginaire idéal fortement teintée de ruralité. La réalité de l'exode rural et de la dénatalité s'y intègre en revanche difficilement. En Belgique, l'utilisation du fermier dans le discours, en particulier dans celui de la sous-nation flamande, sera également examinée. En dépit de l'importance décroissante de l'agriculture dans la production nationale, la Flandre se représente de plus en plus nettement de cette manière. Cela se produit surtout dans une dialectique avec une Wallonie figurée comme industrielle et « moderne », qui permet le façonnement d'une contre-image centrée sur la ruralité et la vie agraire. Ici aussi, un fossé profond

11 J'emprunte ce terme à Morelli, *Les grands mythes*.

sépare le discours et la réalité. La disponibilité à l'émigration d'une partie de la population flamande écorne considérablement cette image.

France : l'unité dans la diversité

Lorsque le 4 septembre 1870, la République fut proclamée à Paris, la France était encore tout sauf républicaine. La campagne, en particulier, n'entendait pas se rendre à ce nouvel ordre politique. Cela apparut surtout après les premières élections post-bonapartistes, en février 1871. Des représentants majoritairement conservateurs – aristocrates légitimistes et autres vétérans – furent alors envoyés à l'Assemblée.

Adolphe Thiers, déjà âgé de 73 ans à l'époque, prit la tête du pouvoir exécutif de la République française, configuration politique dont il ne s'accommoderait qu'à la fin de l'année. Entre-temps, Paris allait vivre l'épisode dramatique de la Commune : le dimanche 21 mai dans l'après-midi, les « Versaillais » attaquèrent Paris par l'ouest sous le commandement de Mac Mahon (vaincu de Sedan et futur président de la Troisième République) afin de mettre fin au cours d'une « semaine sanglante » au gouvernement populaire[12]. Peu avant, la France avait été humiliée par l'Allemagne par le biais du traité de Francfort. L'Alsace et une partie de la Lorraine avaient été annexées et Paris s'était vue imposer de lourdes réparations de guerre. L'hexagone avait donc dû céder une partie de territoire, une perte qui serait constamment ressentie dans les décennies suivantes comme une terrible mutilation[13].

Fondamentalement, la Commune était une guerre civile, qui révélait à l'échelle française les divisions régnant au sein d'une société à l'époque modérément politisée. La France était tout sauf unifiée. Le projet républicain mis sur les rails par Thiers fin 1871 ne plaçait encore guère de priorités dans ce domaine. Son premier souci était le rétablissement de l'ordre, une stabilisation surtout conçue en termes de restauration[14]. La situation changea quelques années plus tard. Le dédain républicain, en raison duquel les voix non républicaines étaient taxées d'arriération politique et associées à la campagne, fit

12 Sur la réception patriotique de la guerre franco-prussienne par la population française, voir Audoin-Rouzeau, « Le sentiment national en France pendant la guerre de 1870 » ; Chanet, « "From the Wound a Flower Grows" ».

13 Sur l'hexagone comme trope géographique et métonymie de la France, voir Weber, *My France*, 57-71. Selon lui, la représentation de la France en tant qu'hexagone régulier n'existait pas avant la Seconde Guerre mondiale. La réflexion sur l'identité géographique prit en revanche une nouvelle orientation, esthétisante, après le conflit franco-allemand. En 1868, on voyait le territoire français comme informe, absurde et trop petit par rapport à la grandeur de la nation française ; en 1894, Pierre Foncin la décrivait dans *la Patrie française* comme suit : « La France a la forme d'un hexagone légèrement oblong dans le sens du méridien. Elle est, dans ses grandes lignes, symétrique, proportionnée et régulière. » Cité dans *Ibid.*, 339.

14 Démier, *La France du XIX*^{e} *siècle*, 300.

place à la conscience que la clé du pouvoir se trouvait précisément dans la périphérie rurale et provinciale. Léon Gambetta fut dans ce cadre une figure essentielle, qui répandit l'idée que la politique devait être portée jusque dans les villages. Lorsqu'en 1877, la nomination des maires fut confiée aux conseils municipaux élus, la « république républicaine » fit une première percée[15]. Vingt-mille communes sur trente-six mille arrivèrent ainsi aux mains de la tendance radicale, ouvrant la voie à l'installation d'une majorité républicaine au niveau national[16]. La construction de la République (« la France de Marianne »), dont l'intégration des classes populaires était un élément essentiel, pouvait donc commencer. Le peuple fut réuni autour d'une série de rites nationaux. La Marseillaise fut choisie comme hymne national en 1879, la fête nationale fixée au 14 juillet et le Panthéon redevint le temple où étaient inhumés les héros de la République. Le nouvel ordre politique s'installa d'ailleurs aussi avec insistance dans les villages et les villes de province. Les rues furent renommées et, dans les bâtiments publics, le buste de Marianne occupa désormais une place centrale[17].

La thèse de la « nationalisation » de la France pendant la Troisième République est aujourd'hui peu contestée. L'historien américain d'origine roumaine Eugen Weber a souligné dans son *Peasants into Frenchmen* la grande importance des dernières décennies du XIXe siècle pour l'homogénéisation de la diversité française[18]. Comme vecteurs de changement dans ce processus, il a surtout pointé le rôle du réseau ferroviaire et routier, du service militaire et de l'enseignement de masse républicain unifié[19]. Le Français Gérard Noiriel y a ajouté plus récemment le rôle politisant de la presse de masse[20]. Les journaux introduisirent un pouvoir à distance, qui émietta lentement les traditionnels rapports de force au face-à-face. La perspective nationale y était omniprésente, de sorte que le phénomène social était de plus en plus conçu en termes nationaux. Un sommet fut atteint avec l'affaire Dreyfus, qui eut une résonance dans tout le pays et invita tous les Français ou presque à prendre position. Mais pour des considérations commerciales, la presse s'intéressait aussi aux événements plus locaux. Le large brassage de « faits divers », baptisé « fait-diversisation de l'actualité » par Noiriel, devint un moyen éprouvé

15 Noiriel, *Immigration, antisémitisme et racisme en France*, 108.

16 Démier, *La France du XIXe siècle*, 319-320.

17 *Ibid.*, 331. Sur la symbolique de la république, voir surtout Agulhon, *Marianne au pouvoir*. Sur le rôle de l'historiographie à cet égard, voir Jones, « Taine and the nation-state ».

18 Cela n'empêche pas qu'un esprit républicain ou antirépublicain ait pu exister dans certaines régions auparavant. Pour le Var, par exemple, voir Agulhon, *La République au village* ; pour le Finistère, Berger, *Les paysans contre la politique*. Voir aussi les clivages dans le domaine religieux entre, par exemple, régions réfractaires et régions républicaines. Cf. par exemple pour le diocèse d'Arras, Hilaire, *Une chrétienté au XIXe siècle ?* ; concernant Montpellier, voir Cholvy, *Religion et société au XIXe siècle*.

19 Weber, *Peasants into Frenchmen*, 196 et sv.

20 Noiriel, *Immigration, antisémitisme et racisme en France*, 98-107.

pour renforcer l'identification des lecteurs avec les nouvelles que le journal colportait ; parallèlement, on assista à une standardisation des événements qui touchaient la nation[21].

Il ne fait pas de doute que la dynamique unificatrice mise en route par la Troisième République à partir de 1879 fut pilotée depuis Paris. Néanmoins, l'association permanente d'un pilotage central, d'une part, et d'une dynamique unificatrice, de l'autre, a trop facilement mené à une interprétation réductrice et unilatérale du centralisme français. Ce cliché n'est pas totalement faux, mais il déforme largement l'image richement nuancée que la France créa d'elle-même à cette période. Le centralisme est en effet trop souvent confondu avec une homogénéisation radicale, à travers laquelle l'administration visait avant toute chose à balayer tous les particularismes. Dans ce schéma, la diversité devait faire place à l'unité, le particularisme à l'universalisme (français). Les choses sont en réalité bien plus nuancées. La Troisième république a ceci de particulier que l'unité du pays y fut précisément mise en œuvre à travers la mise en avant de la diversité : l'unité dans la diversité, donc. Contrairement à la vénération de la république introduite par les jacobins après la Révolution française[22], des lignes d'identification autres, plus complexes, étaient à présent proposées. La richesse de la France en régions rurales diverses (les « pays ») y jouait un rôle crucial.

L'enseignement de masse républicain fut également fondamental pour l'homogénéisation de la diversité. Pourtant, la vision largement répandue de l'enseignement en tant qu'arène de combat (passée et actuelle) contre les usages locaux et régionaux ne s'applique pas, ici non plus, à la réalité. Anne-Marie Thiesse a parmi d'autres montré de façon convaincante que l'humiliation subie par la France pendant la guerre 1870-1871 avait forcé l'enseignement à une forme plus modeste d'auto-représentation. À l'époque du Second Empire, la France s'était créée l'image d'une nation expansionniste dont la grandeur et l'impérialisme étaient des composantes essentielles. Elle était d'ailleurs reconnue et confirmée comme telle par l'étranger, notamment en raison de l'admiration inspirée par Paris, qui était à la veille du conflit franco-prussien la ville la plus moderne et la plus attirante d'Europe[23]. La suffisance avec laquelle Napoléon III avait le 19 juillet 1870 déclaré la guerre à la Prusse montrait bien qu'il s'identifiait lui-même totalement à cette image[24]. La

21 Weber illustre la lenteur du processus de nationalisation de l'opinion publique par une série d'anecdotes. À Limoges, l'affaire Dreyfus avait visiblement échauffé les esprits, alors que l'on s'en préoccupait à peine dans les villages ruraux des alentours. En 1914, la population de Champeaux et du plateau des Millevaches en Corrèze tomba des nues en apprenant que la guerre avait été déclarée. Weber, *Peasants into Frenchmen*, 244.

22 Burleigh, *Aardse machten*, 86-109.

23 Wagenaar, *Stedebouw en burgerlijke vrijheid*, 94.

24 Sur la fin du Second Empire et plus particulièrement les causes de la déclaration de guerre de la France à la Prusse, voir Milza, *Napoléon III*, 690-701.

désillusion qui suivit la défaite ne doit donc pas être sous-estimée. La France avait perdu sa dignité et sa grandeur dans la bataille. L'honneur et la fierté ne pouvaient plus être suscités de la même manière qu'auparavant. Si l'on voulait relever le pays, il fallait un nouveau discours. C'est précisément ce dernier qui allait prendre forme pendant la Troisième République.

Le projet identitaire visé est brièvement décrit dans le *Tableau de géographie de la France* du géographe Vidal de la Blache. Son leitmotiv est la diversité prétendument unique de la France en comparaison avec les autres nations émergentes. C'était le mélange de climats, de sols, de paysages et de populations qui faisait du pays ce qu'il était, non pas l'unité ethnotypique ou l'uniformité des paysages[25]. La France était une extraordinaire mosaïque, assemblée par la république et par la langue. On vit donc fleurir une rhétorique de la différence harmonisée à l'échelle de la nation, d'unité dans la diversité. La fameuse phrase de De Gaulle – « Comment voulez-vous gouverner un pays qui a deux cent quarante-six variétés de fromage ? » – trouve ici tout son sens et n'aurait été sans la Troisième République qu'une déclaration absurde.

Ce discours agencé comme un travail de marqueterie s'entoura progressivement d'une pédagogie adaptée. Sans doute celle-ci ne trouve-t-elle pas de meilleure expression que dans *Le Tour de la France par deux enfants*, d'Augustine Fouillée[26]. Pendant la Troisième République, des milliers d'écoliers firent en imagination ce périple à travers leur pays. Le livre, publié pour la première fois en 1877, raconte les aventures de deux frères, André et Julien Volden, sur fond de souvenir douloureux de la guerre franco-prussienne. Les frères y ont perdu leur père et ont fui, en bons patriotes, la ville de Phalsbourg, tombée aux mains de l'ennemi, pour rejoindre leur patrie, c'est-à-dire la France. En quête de leur famille, ils découvrent avec bonheur la diversité de leur pays. Dans *Le Tour de la France*, la dimension pédagogique est aussi importante que le récit lui-même. Par analogie avec ce que l'on nomme en Allemagne « Heimat », la « petite patrie » est considérée comme l'environnement immédiat de l'enfant. Elle représente une sorte de zone protégée, entre le giron maternel, dans la région natale, et la société abstraite dans laquelle il devra plus tard s'épanouir en tant qu'individu[27]. La « petite patrie » est l'*Umwelt* immédiat dans lequel l'enfant parvient lorsqu'il sort des murs de son domaine familier pour partir à la découverte du monde. La pédagogie fondée sur l'amour de la petite patrie s'appuyait d'ailleurs sur un principe solide. Sans l'enracinement concret dans cet environnement immédiat, l'intégration dans la nation abstraite n'avait pas de fondement : sans petite patrie, pas de grande patrie.

Dans cette optique, il n'est pas étonnant que la France soit, dans *Le Tour de la France*, avant tout décrite par le biais des provinces. Ce n'est pas Paris,

25 Thiesse, *Ils apprenaient la France*, 4 ; *Id.*, *Écrire la France*, 244.
26 Augustine Fouillée est mieux connue sous le pseudonyme de G. Bruno.
27 Thiesse, *Ils apprenaient la France*, 8.

ville lumière aménagée de manière cartésienne et si admirée par ailleurs, qui forme le cœur du voyage, mais bien une périphérie présentée comme diverse, mais harmonieuse. André et Julien passent notamment chez le sabotier des Vosges, où ils apprennent ce que c'est qu'une « ferme bien tenue » ; ils admirent la richesse du pays en animaux de ferme, parmi lesquels la poule de Bresse, les tendres vaches de Salers et le bétail marin du Cotentin[28]. Des tableaux industriels sont également décrits, mais de manière plutôt économe et en résonnance avec la campagne. Les hauts fourneaux du Creusot et la ville industrielle de Saint-Étienne en font partie ; les ingénieurs des Ponts et Chaussées y apprivoisent le paysage avec des ponts fiables, mais pittoresques[29]… ; quant au Lillois, il est, un peu bizarrement, présenté comme une région rurale plutôt que comme le centre d'une activité industrielle. Paris, avec ses longues avenues et son omnibus, apparaît certes comme un point culminant, mais en tant que pure construction de l'esprit, monde abstrait de la « grande patrie » avec ses bibliothèques et ses académies savantes.

La même attention pour la « petite patrie » transparaît dans les manuels de géographie homologués, souvent dans une annexe consistante, intitulée de façon révélatrice : « Mon département ». Le choix de la circonscription administrative du département – au XIXe siècle souvent considérée comme artificielle – plutôt que des provinces historiques permettait d'introduire presque naturellement ces entités dans les esprits français. Et, dans bien des cas, ils allaient même tenir lieu de points de repère pour la petite patrie. C'est par ces voies, affirme Thiesse, qu'une remarquable homogénéité nationale, en premier lieu portée par le corps enseignant, allait se mettre en place en France pour la fin du XIXe siècle[30]. Cette homogénéité était certes une construction, mais elle était de nature à favoriser l'incorporation par la base d'une population bigarrée dans la nation française. La participation abstraite à la « communauté » nationale passait donc par l'échelon des « terroirs » plus anciens et plus petits.

Il ne faut pas beaucoup d'imagination pour comprendre qu'une construction nationale qui s'appuie sur la vie locale offre également un terreau à la glorification de cette dernière. Par conséquent, la fin du XIXe siècle fut dans bien des domaines une période de déploiement pour la province. Normands, Berrichons, Bordelais et bien d'autres, tous se virent associer un visage ethnotypique. La littérature régionaliste y contribua largement[31]. Cette mise en

28 Bruno, *Le Tour de la France par deux enfants*, passim.

29 Sur l'inaccessibilité de certaines régions françaises au XIXe siècle, voir Robb, *De ontdekking van Frankrijk*.

30 Thiesse écrit à ce sujet : « Ils (les enseignants) ont été à l'évidence tout imprégnés d'une conception de l'identité nationale qui fonde l'appartenance à la communauté nationale sur l'ancrage dans des communautés territoriales originelles, égales en droits ou en beautés et tenues pour équivalentes. » Thiesse, *Ils apprenaient la France*, 87.

31 Voir à ce sujet l'étude de Thiesse sur le régionalisme, *Écrire la France*.

avant si évidente de la périphérie provinciale dans le discours national engendra quelque chose qui, selon les mots d'Eugen Weber, n'était pas « the survival of something old » mais « a form of the new »[32]. Ce n'était pas une réaction à quelque chose qui existait par essence et était devenu vulnérable à cause d'une politique centraliste. Au contraire, le centre avait créé une périphérie et la faisait à présent s'épanouir. Les enseignants jouèrent également un rôle capital dans cette dynamique. Ils éveillèrent à la vie la diversité du paysage et du climat français et, par analogie avec la relation entre le sol et la végétation, popularisèrent le principe de relation entre la terre et l'homme. Les habitants des régions montagneuses, par exemple, étaient en vertu de ce transfert associés aux caractéristiques des lourds massifs de leur cadre de vie. Ils étaient donc qualifiés de réfléchis, lents et calmes. Les brumes septentrionales, par contre, étaient utilisées de manière anthropomorphique pour souligner le caractère soi-disant rêveur des habitants du nord[33].

Le ruralisme fut sans aucun doute un élément essentiel de l'imaginaire développé autour la nation française dans les débuts de la Troisième République d'avant la guerre. L'idéal et la réalité étaient toutefois loin de se rejoindre. Au moment même où la France rurale et diversifiée était entretissée de manière abstraite à l'image du pays, elle était en réalité mise sous pression. Ce paysage varié, si admiré, prenait en bien des endroits un visage uniforme en raison du développement industriel et des grands travaux publics. Et, surtout, la « France véritable » – en d'autres mots la campagne – était en train d'être désertée par ses habitants eux-mêmes. L'ambiance industrieuse et le dynamisme qu'André et Julien Volden avaient observés lors de leur *Tour de la France* dans les nombreux recoins du pays avaient fait place à la veille de la Première Guerre mondiale à un panorama plutôt noir, dominé par les fermes abandonnées, les villages décrépits et les champs laissés en friche, envahis de mauvaises herbes. Cette évolution allait être introduite avec grande désapprobation dans les manuels scolaires, où l'exode rural serait non seulement déploré, mais critiqué. Visiblement, l'idéal de la France rurale et vitale était resté intact. L'émigration vers la ville ou, plus précisément, l'abandon du secteur primaire, était en revanche perçue comme malsaine pour la survie de la nation elle-même. Dans ce tableau pessimiste, les villes faisaient figure de pôles d'aspiration artificiels, parasitant la population débordante de vie de la campagne. Non seulement il y avait là une allusion aux conditions de vie beaucoup plus saines des zones rurales, mais on affirmait aussi que, pour sa survie, la ville dépendait moralement de l'afflux de population de la cam-

32 Weber, *Peasants into Frenchmen*, 96.

33 Voir les nombreux exemples donnés par Thiesse dans *Ils apprenaient la France*, 35-53. Les exercices de lecture se faisaient également dans le même esprit. « Cherchez dans la lecture de romans ruraux les caractères du pays et du paysan, leurs ressemblances et leurs différences avec notre région et ses habitants. »

pagne. Les familles de la ville étaient en effet trop petites pour suffire à la régénération et, surtout, les préférences y étaient autres. Tout cela était néfaste pour la nation. De plus, les nouveaux venus perdaient leur moralité. Plutôt que d'introduire à la ville les mœurs vertueuses de leurs campagnes, ils y perdaient leurs bonnes habitudes[34]. La France était donc entre train de s'anéantir elle-même.

En dépit de l'exode rural et de l'importance décroissante de l'agriculture dans la production nationale, l'image rurale de la France allait dominer jusqu'à la Seconde Guerre mondiale. Mais à côté de la fierté qu'elle inspirait, son déclin serait progressivement intégré dans les livres scolaires. La manière édifiante dont cela se passe révèle la place de l'agriculture dans le schéma de valeurs idéal du pays. Thiesse renvoie par exemple à *Merveilles de France* d'Yvonne Ostroga et Marielle Jean-Brunhes, un pendant actualisé du *Tour de la France*, paru en 1939. Lorsqu'à l'occasion d'une discussion en classe, l'enseignante demande aux enfants ce qu'ils veulent devenir plus tard, la jeune Martine réponde qu'elle veut devenir fermière. « Le visage de l'institutrice s'éclaira d'un joyeux sourire. "Tu as raison, petite fille, ne quitte pas la campagne", dit-elle. » Sur ce, elle se lance dans un plaidoyer en faveur de la vie rurale française[35]. L'enseignement diffusait donc une image pour le moins ambiguë des transitions sociales vécues par la France. Le développement technologique avait beau modifier l'apparence du pays dans la campagne, les grands secteurs et les professions, l'agriculture continuait à être considérée comme la plus noble des vocations.

Les transitions affectant l'agriculture et la campagne n'étaient évidemment pas évoquées que sur les bancs de l'école. Au contraire, les manuels scolaires relayaient plutôt avec retard les préoccupations et les débats mis à l'avant-plan dans d'autres sphères sociales. Dès avant la Première Guerre mondiale, la discussion sur l'exode rural était devenue de plus en plus animée, en particulier dans les milieux académiques. On y distinguait grosso modo deux camps. Pour les auteurs de sensibilité plutôt économique, l'émigration vers la ville n'était pas forcément une tendance néfaste. Les démographes, en revanche, se montraient bien plus pessimistes à ce sujet.

Jean Guillou appartenait au premier groupe. À ses yeux, l'exode rural était avant tout une expression de la croissance française suite à la modernisation de son industrie[36]. L'agriculture ne devait pas craindre le développement, car dans ce secteur aussi, la perte de main-d'œuvre serait compensée par une hausse de la productivité. Les machines faisaient le travail plus rapidement, et, surtout, elles l'allégeaient. Les sciences agronomiques allaient permettre d'améliorer les récoltes. Le progrès présentait donc aussi un aspect essentiel-

34 L'inquiétude concernant la qualité de la population française est décrite dans De Bont, « Un peuple qui s'en va ».

35 Thiesse, *Ils apprenaient la France*, 92-93.

36 Guillou, *L'émigration des campagnes vers les villes*, 584-585.

lement humaniste. Mais Guillou n'était pas non plus aveugle aux effets secondaires de ces mutations. Les villes étaient victimes d'une croissance démographique incontrôlée, qui les rendait souvent invivables. Les derniers arrivés en étaient les premières victimes. Néanmoins, ces inconvénients n'étaient pas insurmontables. Une bonne gestion ne pouvait, au pire, que les tolérer temporairement. Le juste choix consistait à moderniser les villes, afin d'y incorporer en partie les avantages de la campagne. Comme Émile Vandervelde le projetait dans son *Exode rural*, les villes seraient alors pourvues de banlieues rurales permettant aux hommes de gagner leur pain dans l'industrie et aux femmes de combiner tâches ménagères et agraires.

À la Belle Époque, ces conceptions ne faisaient toutefois pas partie du courant de pensée dominant. Même si la France se modernisa pendant les décennies précédant la Première Guerre mondiale, la Troisième République réfléchissait encore pour une bonne part de façon rurale. De ce fait, la réduction du pourcentage de l'agriculture dans la richesse nationale inquiétait tour à tour tous les dirigeants. L'agriculture fonctionnait en effet comme un baromètre pour l'état de santé de la campagne et, par extension – étant donné le rôle dévolu à la périphérie dans la représentation de la France – du pays tout entier. Elle fut donc surveillée de près sous la Troisième République d'avant-guerre. Jules Méline comptait parmi ces hommes d'État républicains qui mesuraient la santé de la nation à la condition de l'agriculture. C'est même dans cette matière qu'il allait gagner ses galons en tant que ministre de Jules Ferry (1883-1885) et plus tard aussi dans son propre gouvernement (1896-1898). Dans *Le Retour à la terre et la surproduction industrielle*, paru en 1905, il exposait une fois de plus systématiquement ses idées sur l'agriculture française[37]. Méline se profila comme un de ses grands défenseurs, n'hésitant pas à recourir à des mesures protectionnistes (les « tarifs Méline ») censés protéger contre la concurrence étrangère[38]. Parmi les points de vue exprimés, sa foi solide dans la réversibilité de l'exode rural est frappante. Tout comme beaucoup de ses contemporains, Méline regardait les gains de productivité entraînés par l'industrie avec grand scepticisme. Qui allait pouvoir consommer tous ces biens ? L'ancien ministre de l'Agriculture était par conséquent convaincu que le développement par la voie industrielle s'épuiserait lui-même dans la surproduction. En tant que secteur de subsistance, l'agriculture était bien moins confrontée à ce problème. Méline croyait donc fermement aux effets bienfaisants d'un mouvement de « retour au pays ». En couplant la redistribution des terres agricoles au développement de l'enseignement professionnel et de

37 Le combat politique de l'abbé Lemire et le mouvement terrianiste s'inscrivaient dans la même tendance. Voir Cabedoce et Pierson, *Cent ans d'histoire des jardins ouvriers* ; pour le lien avec la Belgique, voir Heyrman, « Het Werk van den Akker ». Concernant l'ancienne fascination du clergé pour le jardinage et l'agriculture, voir Quellier et Provost (dir.), *Du Ciel à la terre*, par ex. Quellier, « Le jardinage, une signature du bon prêtre tridentin ».

38 Barral, *Les agrariens français*, 83-92.

l'agronomie, pensait-il, on pourrait à nouveau faire de ce secteur l'avenir de la France. Et d'exprimer son point de vue à la façon d'un proverbe chinois : « La prospérité publique est semblable à un arbre : l'agriculture en est la racine, l'industrie et le commerce en sont les branches et les feuilles ; si la racine vient à souffrir, les feuilles tombent, les branches se détachent et l'arbre meurt. »[39] Il faut retenir que la vision sociale de Méline se fonde sur une image bipolaire de l'homme. Sans expliquer l'opposition entre le paysan et le citadin, il affirme que « l'esprit du paysan français » se caractérise par des qualités inestimables comme le bon sens, la droiture et l'esprit pratique « qui le rendront toujours réfractaire aux sophismes nuageux de l'École révolutionnaire et aux aventures ruineuses où elle veut le jeter »[40].

Dès avant la Première Guerre mondiale, l'exode rural fut associé à cet autre gros souci français qu'était la dénatalité. L'autorité du domaine était le démographe Jacques Bertillon. Lui aussi voyait un lien entre la dénatalité et l'exode rural. « Le nombre des décès dans les villes l'emporte presque toujours sur le nombre des naissances (...) Il en résulte que ces villes tendraient à devenir désertes sans l'arrivée des campagnards. »[41] La régénération de la nation ne devait donc pas passer par les villes, décrites comme des « paradis artificiels », obstacles à de « beaux foyers aux nombreux enfants »[42]. C'étaient d'ailleurs aussi les démographes qui étaient à la base de concepts lourds de connotations comme « exode rural ». Généralement, des termes neutres comme « migration rurale » ou simplement « émigration » étaient utilisés pour parler de la direction de la mobilité humaine[43]. Du reste, les anathèmes de Bertillon et de ses confrères ne s'adressaient qu'à l'émigration interne. Dans le contexte colonial, l'émigration était en revanche applaudie des deux mains. Du moins lorsque la colonisation devint réalité, car dans ce domaine, une vision pessimiste de la France dominait également. Peu de Français, affirmait la *Revue de l'émigration*, fondée en 1912, se sentaient en effet attirés par ce type d'émigration. La colonisation, l'expansion et l'aventure semblaient réservées aux nations jeunes et dynamiques. Selon ses propres observateurs, la France

39 Méline, *Le Retour à la Terre*, 313. Voir aussi Barzin, *La terre qui meurt*. Pour Méline dans le cadre de l'urbaphobie, voir Marchand, *Les ennemis de Paris*, 85-89.

40 Méline, *Le Retour à la Terre*, 310.

41 Bertillon, *La dépopulation de la France*, 38-39.

42 *Ibid.*

43 Guillou, *L'émigration des campagnes vers les villes*, 1 ; Lynch, « Interwar France and the Rural Exodus », 166.

faisait au contraire montre à cet égard d'une apathie et d'une autosatisfaction pénibles[44].

Belgique : un double imaginaire

À la fin du XIXe siècle, l'agriculture et les agriculteurs étaient en Belgique aussi des éléments importants du discours national. L'introduction du suffrage universel pluriel masculin faisait de la campagne un important enjeu électoral, dans lequel les fermiers prenaient un certain poids. Les propriétaires de biens mobiliers avaient droit à une voix supplémentaire et le scrutin se déroulait non plus dans le chef-lieu d'arrondissement mais dans la commune elle-même. Cela stimulait non seulement les efforts à fournir pour gagner la faveur de l'électeur, mais transposait aussi le débat politique national au niveau local[45].

Les arguments avec lesquels la condition paysanne fut introduite idéologiquement dans la politique nationale différaient à peine de ceux qui avaient été utilisés en France. Ici aussi, ses avocats prônaient – en dépit de l'importance décroissante de l'agriculture dans la réalité économique – pour différentes raisons son maintien. D'un point de vue économique, par exemple, ils considéraient le secteur primaire comme la source de revenus la plus stable du pays. Contrairement au secteur industriel, qui brassait de gros capitaux et impliquait de sérieux risques, un pays se savait toujours assuré des bénéfices de sa terre[46]. En politique internationale aussi, le secteur primaire était de plus en plus souvent conçu en termes nationaux. L'agriculture assurait l'approvisionnement alimentaire et était le talon d'Achille stratégique de la nation. En tant que garant de son autonomie, le secteur méritait une protection contre les producteurs étrangers. Enfin, l'argument démographique était également très utilisé. Tout comme en France, les milieux conservateurs belges faisaient un parallèle entre l'urbanisation (et l'industrialisation) et la dénatalité. L'activité en plein air était bien meilleure pour la santé que le travail en usine ou dans les sombres mines.

N'y avait-il donc pas de différence entre la France et la Belgique ? Si on considère l'argumentaire, les ressemblances sont certes frappantes. Mais il y a une donnée plus importante encore, à savoir les niveaux sociaux auxquels

44 « L'immigration étrangère paraît être essentiellement l'apanage de pays neufs, de pays à l'état dynamique, en plein essor, réclamant de tous côtés des activités nouvelles. Les mouvements migrateurs des populations se dirigent particulièrement vers des pays où abondent les terrains à mettre en valeur, mouvements facilités par le développement des voies de communication. (...) Or la France au début du XXe siècle offre ce spectacle paradoxal, d'une nation de vieille civilisation, d'ancienne culture, de richesse accumulée, (...). » *Revue de l'émigration*, n° 1, 15 mai 1912, 2.

45 De Smaele, *Rechts Vlaanderen*, 39-43 ; Luykx, *Politieke geschiedenis van België*, 210-213.

46 Van Molle, *Katholieken en landbouw*, 47-80 ; *Id.*, « Le sol, c'est la patrie », 174-175.

les arguments étaient exploités. Comme nous l'avons dit, le discours paysan gagna en France une place remarquablement importante dans la république réformée. Les fermiers et l'agriculture avaient donc des défenseurs aux plus hauts niveaux. En Belgique, par contre, il fallut attendre l'arrivée du Boerenbond pour que ce soit également le cas. Nous n'affirmons pas pour autant que l'État belge ne fit rien pour intégrer les différents groupes de population dans le discours national. Au début de l'indépendance, qui correspond à une première phase, ses effets furent dans le cadre de la construction nationale romantique et historique assez fructueux. Les couches supérieures de la population furent les premières intégrées dans la nation. L'incorporation des couches plus larges, pendant les dernières décennies du XIXe siècle, serait par contre nettement plus difficile. Contrairement à la France de la Troisième République, l'État belge aurait en raison des circonstances du mal à atteindre ses sujets.

En tant que jeune État indépendant, la Belgique s'était certes efforcée, au moyen d'institutions comme la maison royale, l'armée, l'enseignement et diverses initiatives, de diffuser un sentiment national[47]. Au sein de l'élite dirigeante, on maniait même un discours flexible et efficace qui permettait aux différents courants idéologiques d'instiller leurs propres accents. Sans rentrer en conflit avec leurs opposants, les catholiques situaient la particularité de la nation belge dans sa catholicité. Les libéraux se plaisaient en revanche à souligner le sens bourgeois de l'entreprise et la force de production belge. Ce modus vivendi avait pour nom unionisme. On peut même affirmer qu'au début, celui-ci fonctionna comme un projet d'avenir indépendant et progressiste, trouvant notamment sa raison d'être dans la volonté de régler ses comptes avec la Hollande, considérée par les dirigeants belge comme peu moderne, voire figée dans ses positions. Pour étayer cette symbiose pragmatique d'oppositions apparentes, on chercha également une continuité historique. Comme l'affirme l'historien Jo Tollebeek, cela relevait surtout du désir propre à l'élite politique et intellectuelle de débarrasser la liberté conquise de son caractère révolutionnaire[48]. Elle chercha donc une légitimation historique de la nation dans laquelle les événements de 1830 étaient présentés non pas comme une révolution, mais comme une restauration, ou même une renaissance. La

47 Lamberts, « Nation et démocratie : conclusions », 404 ; Tollebeek et Verschaffel, « Group Portraits with National Heroes ».

48 Tollebeek, « Historical Representation and the Nation-State in Romantic Belgium », 334.

Belgique n'était pas un État « parvenu », mais bien une évolution naturelle dont les bases pouvaient être trouvées dans le passé[49].

1830 marqua toutefois le début d'un nouveau régime historique. Inévitablement, l'unionisme allait s'effilocher petit à petit. S'ajoutait à cela la conscience grandissante du mouvement flamand, en raison de laquelle, une partie réduite, mais récalcitrante de la population ne souhaitait pas s'identifier pleinement à la Belgique[50]. Des images divergentes, parfois contradictoires, se mirent dès lors à circuler, tributaires pour leur développement de factions politiques et idéologiques qui ne se retrouvaient jamais complètement dans un récit global[51]. À mesure que le XIXe siècle avançait, il apparut de plus en plus clairement que l'État belge avait créé avec le mouvement flamand une nouvelle « victim nation », qui ne laissait pas les mouvements politiques traditionnels indifférents. Il y a là une grande différence avec la France. Les catholiques et les libéraux pouvaient se reconnaître séparément dans la nation belge, mais ils avaient beaucoup de mal à considérer celle-ci comme une et unifiée.

Un clivage politique comparable existait évidemment aussi en France. Mais à la fin du XIXe siècle, au moment où l'État évolua vers la démocratie de masse, il disposait de suffisamment d'instruments pour surmonter les différences politiques par le biais de la nation[52]. La Belgique n'avait pas cette possibilité. En cause, il y avait les fondements mêmes sur lesquels le pays avait été construit. L'unionisme avait comme ciment un large programme de libertés dans lequel tant les libéraux que les catholiques pouvaient se retrouver[53]. Les premiers avaient plaidé pour la Belgique dans l'espoir qu'un tel contexte national favoriserait l'installation des idéaux des Lumières. Les seconds, eux, voulaient avant tout être débarrassés des ingérences de l'État. Ils étaient surtout séduits par les libertés spirituelles – en particulier sur le plan du culte et de l'enseignement – qui pouvaient être concrétisées en Belgique.

49 L'historiographie antagoniste de quelqu'un comme Théodore Juste offre un exemple d'une telle construction de continuité. Dans le long passé de la Belgique, il voyait comme des fils conducteurs la récurrence de la violence (la Belgique comme champ de bataille de l'Europe) et la présence de dominateurs étrangers. La Belgique était donc considérée comme une *victim nation*, chez qui les épisodes de lutte pour la liberté alternaient avec des périodes de prospérité, garanties par une gouvernance équitable. Car c'était aussi une composante importante du discours belge : le passé démontrait toujours la compatibilité des Belges avec des princes et dirigeants bienveillants, mais aussi leur incompatibilité avec des régimes despotiques ou oppressifs. Les événements de 1830 et l'autodétermination finale apparaissaient donc comme un aboutissement la fin d'une histoire, « as the actual final act of the national past ». *Ibid.*, 344-346.

50 Vos, « De nationale identiteit in België ».

51 Beyen, « Een wankele basis voor de natie », 31.

52 Le fait que cela allait de pair avec une grande division politique (tensions entre légitimistes et républicains, conflit violent entre Église et État…) relativise à nouveau l'unité de la Belgique.

53 Lamberts, *Kerk en liberalisme in het bisdom Gent*, 81.

Traduit dans le langage socio-philosophique contemporain, deux conceptions conflictuelles de la liberté étaient inscrites dans la constitution belge. D'un côté, une liberté positive, défendue par les libéraux, qui devait procurer au pouvoir central les moyens d'intervenir si nécessaire dans le système social. De l'autre, une liberté négative défendue par les catholiques. Ces deux aspirations, libérales et catholiques, étaient traduites dans une constitution qui, pour le XIXe siècle reposait sur une condition remarquable : la Belgique était un État mais, comme cela apparaîtrait progressivement, elle n'avait pas tous les instruments en main pour devenir une nation.

L'enseignement était l'un de ces instruments cruciaux, dont l'organisation échappait en grande partie à l'État. Le contexte belge permettait donc la prolifération de sous-groupes, avec leur propre « système d'enseignement exo(gène) »[54]. C'était une liberté constitutionnelle et, surtout, l'Église catholique avait saisi cette occasion pour confirmer son rôle traditionnel fort dans le champ de l'instruction, voire le renforcer de manière autonome[55]. Si l'État était à la période de l'unionisme encore un allié pour les catholiques, il allait devenir à partir de la moitié du XIXe siècle un adversaire important. En effet, l'État était assimilé par les catholiques ultramontains à l'idéologie libérale. Et après les événements de 1848, ceux-ci voulaient à tout prix se protéger contre les ambitions croissances de l'État libéral[56]. Cette croisade contre le libéralisme fut d'ailleurs particulièrement fructueuse dans la mesure où, lorsque la démocratie de masse devint irréversible, dans les dernières décennies du siècle, l'Église eut à travers ses dérivés organisationnels et politiques un accès bien plus large et plus direct aux couches populaires que les autorités centrales. De plus, un nouvel acteur très concerné par la question sociale, le socialisme, se profila sur le terrain national. Les socialistes devinrent désormais un adversaire nouveau et plus redoutable dans la conquête du soutien populaire. Si le réseau catholique voulait conserver ses voies d'accès aux couches populaires, il devait obligatoirement formuler une réponse personnelle à la problématique sociale.

Le véritable déclic se produisit après les violents troubles sociaux du printemps 1886. La commémoration du quinzième anniversaire de la Commune parisienne à Liège déclencha alors des graves émeutes, qui firent tache d'huile

54 Concernant le rôle de l'enseignement dans le processus de formation de la nation, voir Gellner, *Nations and Nationalism*, 33 : « The fact that sub-units of society are no longer capable of self-reproduction, that centralized exo-education is the obligatory norm, that such education complements localized acculturation, is of the very First importance for the political sociology of the modern world. »

55 Witte e.a., *Nouvelle histoire de la Belgique*, 370-371.

56 Lamberts, « Het ultramontanisme in België », 46-52.

dans les autres régions industrielles wallonnes[57]. Les catholiques ultramontains, clairement soutenus par une partie de l'épiscopat, avaient d'ailleurs pressenti bien avant 1886 la menace latente d'une question sociale. Le tissu organisationnel qu'ils avaient développé et géré avait anticipé le problème[58]. À partir de 1886, il s'avéra insuffisant. Une pensée sociale alternative vit donc le jour, en partie sur base de ces expériences et couplée à l'incompatibilité fondamentale constatée vis-à-vis de la conception sociale et humaine libérale. Au cœur de cette pensée, il y avait une vision clairement traditionaliste de la société moderne, désireuse de remettre à l'honneur des éléments stabilisants comme la famille, le métier et la religion[59]. Dans le domaine professionnel, l'agriculture et l'activité artisanale jouaient un rôle important, tandis que dans le domaine social et culturel, tout ce qui concernait le peuple et ses usages était mis en avant. La famille, le groupe professionnel et le peuple étaient des entités d'origine organique, symbolisant la stabilité et la solidité recherchées. Dans la foule des événements de 1886, cette pensée sociale fut affinée dans ses aspects pratiques lors des congrès de Liège (1886, 1887, 1890). On s'attacha à définir un cadre à l'intérieur duquel les nouveaux développements sociaux, en particulier la montée du socialisme antireligieux, pourraient être canalisés[60]. La démarche donna notamment lieu à la « redécouverte » et à l'actualisation du corporatisme, incarné par des syndicats mixtes ou guildes[61]. L'une des bases de la formule corporatiste était la volonté de surmonter en tant que forme d'organisation les antagonismes sociaux. Travail et capital, classes professionnelles et sociales antagonistes, tout cela pouvait à nouveau être réuni dans la solidarité[62].

L'influence intellectuelle du catholicisme allemand et autrichien, en particulier, fut décisive pour le développement du corporatisme catholique à cette période. L'Union de Fribourg fut son principal véhicule. Dès le premier congrès de Liège en 1886, des échanges s'établirent avec elle[63]. Cela mènerait finalement à une interprétation traditionnelle de la formule corporatiste. Les corporations étaient considérées non seulement comme des régulateurs éco-

57 Pour une description plus détaillée des événements, voir Bruwier (dir.), *1886. La Wallonie, née de la grève ?* ; Denecker, *Sire, het volk mort*. Pour ses conséquences dans le domaine sociopolitique, voir Deferme, *Uit de ketens van de vrijheid*.

58 De Maeyer, « De ultramontanen en de gildenbeweging », 226.

59 *Ibid.*, 227. Cette orientation fut surtout déterminée par des penseurs sociaux comme Charles Périn et, plus tard, Victor Brants et Simon Deploige.

60 De Maeyer et Van Molle (dir.), *Joris Helleputte*, 88-89.

61 Luyten, *Ideologisch debat en politieke strijd over het corporatisme*, 21-22.

62 À partir de 1890, le corporatisme pur fut pour ainsi dire abandonné en ce qui concerne les ouvriers. Sous l'influence d'Arthur Verhaegen, des syndicats de travailleurs exclusifs eurent donc également accès au projet social-chrétien. L'idée de base de la pensée corporatiste – celle de la collaboration entre les classes – ne fut cependant pas modifiée.

63 Notamment par l'intermédiaire de Joris Helleputte, futur président du Boerenbond. De Maeyer et Van Molle (dir.), *Joris Helleputte*, 89.

nomiques et sociaux, mais aussi comme des organisations globales qui se mêlaient de tous les aspects de la vie humaine. Tant la formation professionnelle que l'éducation culturelle et religieuse ou la création d'amortisseurs sociaux y étaient intégrés. Dans le secteur agricole par exemple, cela déboucha en pratique sur une organisation tentaculaire, permettant le développement d'une large palette d'initiatives économiques comme l'achat groupé d'aliments pour bétail, de semences et d'engrais ou les coopératives d'achat et de crédit.

Au moment où le système politique belge dut trouver une adhésion auprès des classes populaires suite à l'introduction du suffrage universel masculin pluriel, en 1893, un catholicisme organisationnel à même de conquérir ces nouveaux électeurs s'était déjà mis en place. La classe ouvrière de la grande industrie lui échappait certes, mais pour le reste, les catholiques purent non seulement consolider leur pouvoir, mais même l'élargir. Mais ce n'était pas tout. Le « savoir-faire organisationnel » catholique[64] créa aussi une double zone tampon. D'une part, les classes populaires sur lesquelles ils avaient un impact étaient encapsulées et « protégées » contre l'influence d'un État libéral dont ils pouvaient difficilement accepter les principes. De l'autre, le catholicisme organisationnel préservait ses membres du socialisme et promouvait une société moralement élevée, centrée sur des valeurs comme la petite propriété, la fierté du travail et un commerce honnête.

Ces zones de protection catholiques autour des champs de conflit entre Église et État ou entre travail et capital eurent évidemment un impact sur la « nationalisation » de la population belge. Le catholicisme organisationnel fonctionnait à la manière d'une chape à travers laquelle le processus de formation de la nation ne filtrait que de manière partielle et incomplète dans les couches populaires. Quelque part en chemin, celui-ci était toujours remodelé en fonction de la vision catholique[65]. Le courant dominant ultramontain et romantico-traditionnaliste du catholicisme organisationnel présentait du reste des zones idéologiques communes avec le mouvement flamand. Tous deux cultivaient une même vision sociale, dans laquelle l'homme empruntait sa signification, sa dignité et sa force à des structures sociales qui, à leurs yeux, avaient pour vocation de préserver les liens humains façonnés par la tradition. Dans une telle société « organique », la religion catholique et les valeurs associées y étaient enseignées et vécues dans le contexte spécifique de la triade « Religion, langue maternelle et patrie »[66]. Le référent « patrie » y gagna quelque chose d'ambigu, tant dans son contenu que dans sa sémantique référentielle. Parallèlement au discours belge, on assista ainsi au

64 L'expression est de Staf Hellemans. Voir *Strijd om de moderniteit*, 129.

65 Pour la création de telles zones de protection sociales ou « pilarisation », voir Hellemans, *Strijd om de moderniteit*. Pour un commentaire et un nuancement du concept, voir par ex. Laermans, *In de greep van « de moderne tijd »*, 3-11 et 19-61 ; concernant le développement historique, voir Lamberts, « Van Kerk naar zuil ».

66 De Maeyer, « De ultramontanen en de gildenbeweging », 231-236.

développement d'un discours subnational et flamand principalement nourri et diffusé par les enseignants, les petits fonctionnaires et le bas clergé[67].

Quelle était précisément la signification de tout cela pour la classe paysanne ? Il est clair que tant l'Église catholique – et en particulier les curés de campagne – que ses émanations politiques avaient non seulement un gros impact sur elle, mais qu'idéologiquement aussi, ils se présentaient comme ses défenseurs naturels. Pour la défendre, ils utilisaient plus ou moins le même argumentaire que les partisans français de l'agriculture. Mais si ces arguments servaient en France principalement la République, l'avantage allait en Belgique à la tendance qui en était le défenseur politique, social et culturel[68]. Comme il s'agissait surtout des catholiques, la nation belge dépendait principalement, en ce concerne la loyauté des fermiers, des options idéologiques prises à ce niveau intermédiaire (catholique)[69].

Dans ce domaine, différentes identifications communautaires circulèrent dès le début dans le discours catholique sur les paysans, divergentes ou convergentes par rapport l'identification belge selon les périodes. En Flandre surtout, ce discours s'était associé dès avant la Première Guerre mondiale à la Belgique et à la Flandre simultanément[70]. Dans la première construction mentale, les fermiers étaient loués comme des sujets fiables et vertueux. Ils étaient non seulement ceux qui travaillaient le territoire de la nation, mais aussi les membres les plus précieux d'une communauté politiquement stable. Le bons sens paysan – comme le disait aussi Jules Méline – ne les portait pas à rébellion. L'Église et la monarchie étaient les institutions vieilles et méritoires en lesquels les fermiers plaçaient leur confiance[71]. Les discours catholiques sur les paysans et l'identification belge pouvaient ainsi facilement converger.

67 Pour la relation étroite existant entre clergé flamand et population flamande, voir De Smaele, *Rechts Vlaanderen*, 270-299.

68 Les relations de propriété jouèrent également un rôle dans la conquête politique des fermiers. De Smaele donne des exemples de fermiers de la région de Nivelles qui votaient surtout libéral. Il l'explique par les relations de dépendance liant fermier (preneur de bail) et propriétaire (bailleur). *Ibid.*, 136-142.

69 Au sens strict du mot, on évitait d'ailleurs que le fermier soit politisé. J'utilise le mot politisation dans le sens que lui donne Eugen Weber dans une critique de l'historiographie française en lien avec la politisation de la campagne française. « The novelty in the Var of the 1880s and 1890s was that more peasants now glimpsed the solution of their local difficulties in national "political" action. Other historians – Pierre Barral, Maurice Agulhon and Siegfried – have also equated, each in his own way, the electoral advances of the left, whatever its label, with politicization. Yet such a view, however justified, still seems to beg the question. Politicization is not about moves to the left (or right) but about an awareness that alternatives exist, that choices are possible, that "political" activities are not about irrelevant abstractions but are closely related to social and economic concerns that are local, personal, and immediate. » Weber, *My France*, 160.

70 Van Molle, « Le sol, c'est la patrie », 171 ; voir aussi *Id.*, « A State for the Peasants or the Peasants for the State ? ».

71 *Id.*, *Katholieken en landbouw*, 66-69.

D'un autre côté, un discours paysan catholique alternatif se développa, de plus en plus explicitement associé au « Vlaanderland ». C'est précisément ce développement qui constitue le thème central de la thèse de l'historien Henk De Smaele. À la fin du XIXe siècle, la Flandre catholique s'identifia avec tout ce qui faisait référence à son côté rural, traditionnel, populaire et pré-moderne[72]. Dans une telle configuration, le fermier flamand apparaissait comme une représentation archétypique de l'âme populaire, laquelle correspondait avec des qualités comme flamand, catholique, pieux, courageux et assidu.

On trouve sans doute une explication importante à une telle ruralisation (« Verbäuerlichung ») de l'image sociale flamande dans le développement économique à deux vitesses qui caractérisait la Belgique et l'image d'elle-même qui en découlait. Peu après l'indépendance, la Belgique était en tant que nation devenue l'un des moteurs économiques du continent européen. Elle en retirait évidemment de la fierté nationale. La Belgique était considérée comme un pays industriel et l'idée de développement industriel était assimilée à celle de progrès[73]. Cette représentation avait surtout cours dans les milieux entrepreneuriaux et libéraux. L'identité industrielle belge était toutefois strictement localisée. L'image de l'activité et de l'essor industriel s'appliquait en premier lieu au bassin de la Sambre et de la Meuse ainsi qu'à l'industrie qui suivait en gros les veines minières reliant le Borinage au Centre. En dehors de Gand et d'une poignée de petites villes provinciales au passé proto-industriel, la Flandre passait avant tout pour rurale et agraire[74]. Le tissu urbain y était en outre d'une autre nature. Il était constitué de centres anciens dont la population était certes en augmentation, mais nettement moins rapide que dans les agglomérations industrielles comme Charleroi ou Liège[75]. Au point de vue politique, elles étaient plutôt de tendance libérale, contrairement à l'hinterland rural, qui votait de manière beaucoup plus conservatrice. En dehors de Gand et d'Anvers – respectivement centre industriel et port – la ville et l'hinterland ne communiquaient pas. Autrement dit, le vent de liberté qui soufflait à la ville était plus difficilement accessible aux habitants de la campagne flamande populeuse[76]. En Wallonie, le tissu urbain s'était développé de façon toute différente. Les villes y suivaient le rythme du développement industriel et les anciens villages se rejoignaient pour former des agglomérations, dans

72 De Smaele, *Rechts Vlaanderen*, 349-398. Voir aussi Van Molle, « Voorstellingen van de agrarische samenleving ».

73 Voir par exemple Van der Herten, Oris et Roegiers, *Nijver België*.

74 De Smaele, *Rechts Vlaanderen*, 301-347.

75 Sur l'évolution démographique de villes provinciales comme Louvain et Alost, voir Matthijs, *De mateloze negentiende eeuw*.

76 Byls, « Une chaîne migratoire flamande. La filière Zele-Gilly ». Les servantes partaient bien pour la ville, mais dans ce groupe, la migration de retour était particulièrement élevée. Pour les nouveaux arrivants à Anvers, voir Winter, *Migrants and Urban* ; Hermans, « Ervaren migranten ? ».

lesquelles alternaient fabriques, prairies, mines et noyaux urbains. La croissance démographique parfois spectaculaire était en grande partie due au fait que la population ouvrière s'établissait dans le voisinage des usines.

Si le développement industriel était assimilé à la modernité, le raisonnement marchait aussi dans l'autres sens : le fermier et le secteur qu'il incarnait passaient dans certains milieux pour arriérés. Ces qualifications avaient aussi un prolongement politique, surtout lorsqu'il apparut, en 1894, que les premières élections faisant suite à l'adoption du suffrage universel pluriel pour les hommes n'avait pas entraîné de percée des idéologies « modernes », mais que la majorité catholique avait au contraire été confirmée[77]. L'avancée du parti socialiste était principalement due à la forte chute des libéraux[78] et se voyait surtout dans les bassins industriels de Wallonie, tandis que la fraction progressiste de la famille libérale s'identifiait elle aussi clairement avec l'industrialisation. L'agriculture de subsistance à petite échelle et morcelée, si caractéristique de la Flandre, les confortait plus encore dans ce sens. Le contre-mouvement « romantique agraire » qui s'y opposait trouvait surtout dans le nord du pays un terreau fertile[79]. Il s'inspirait largement de la pensée sociale des ultramontains traditionnalistes. La modernité y était davantage crainte et l'on recherchait une prise dans des activités qui permettraient de maîtriser la transition vers une société plus moderne, comme l'agriculture et les activités artisanales. Tout ce qui s'était développé par en bas, au sein de la « communauté populaire » directe, était jugé positif[80]. La conséquence logique fut que le fermier flamand commença à être célébré et mis en avant dans l'image de la société flamande.

Comme on ne tarderait pas à s'en rendre compte, la représentation catholique flamande du fermier et de son rôle dans le soutien de la communauté étaient également bâtie sur une contradiction. L'osmose entre la représentation de la vie paysanne d'une part et les qualités de « flamand » et de « catholique » de l'autre avait tout naturellement promu le fermier au rang d'élite de la population flamande[81]. Il était méritant dans son métier, pieux et fidèle à l'Église, et, surtout, il vivait ancré dans l'environnement protégé de sa terre natale de Flandre. Mais nous avons vu qu'après la Première Guerre mondiale, cette image ne tenait plus la route. Ce contexte stable commençait à se fissurer et une partie du groupe qui avait le mieux conservé « l'essence flamande » tournait à présent le dos à la Flandre. À peine les milieux catho-

77 De Smaele, *Rechts Vlaanderen*, 74-75.

78 En Flandre, tous les sièges allèrent aux catholiques. Les libéraux en perdirent 40. Les socialistes gagnèrent surtout des sièges dans les arrondissements industriels comme Mons, Charleroi et Liège. Luykx, *Politieke geschiedenis van België*, 211.

79 Van Molle, « Le sol, c'est la patrie », 177.

80 De Maeyer et Van Molle (dir.), *Joris Helleputte*, 88.

81 Voir concernant la convergence entre « agriculteurs » et « catholiques » : Van Molle, *Katholieken en landbouw*, 58-81.

liques avaient-ils désigné les agriculteurs comme essence même de l'identité flamande qu'une partie d'entre eux partaient définitivement pour la France. Ils partaient non pas pour changer de profession, mais pour exercer la leur en sol « étranger ». Dans les lignes qui suivent, nous nous interrogeons sur les réactions que suscita cette évolution.

La France dans le fermier flamand : plaidoyers pour l'assimilation et la différenciation

Comme nous l'avons dit, les agriculteurs belges de France n'avaient pas la même signification que les migrants du Lillois ou de Paris. Mais nous n'avons pas encore précisé que cela valait aussi bien pour la région de destination que pour la région d'origine. Les fermiers flamands étaient convoités par les institutions des deux parties. Ils représentaient avant tout un autre pouvoir économique. Dans la perspective française, ils prenaient les précieuses terres françaises et y déployaient des activités qui contribuaient à la production agricole nationale. Même si l'agriculture représentait aux yeux des Français un débouché professionnel peu attirant, la condition de paysan restait bien considérée. En dépit de l'importance décroissante de l'agriculture dans la production nationale, une grande partie de la population française se voyait en effet encore comme une nation rurale. Les fermiers flamands n'intéressaient donc pas seulement les organisations de Flandre, ils étaient également courtisés par les organisations françaises.

C'est certainement dans ce sens qu'il faut comprendre le soutien de l'archidiocèse de Rouen à l'organisation syndicale La Flandre. La Normandie était l'une des régions agricoles emblématiques du pays et les immigrés contribuaient à son maintien. L'archidiocèse n'entendait donc pas les confier aux seuls soins de l'Église belge, moins encore les placer sous l'autorité de Paris, qui était patronnée par un seul diocèse : celui de Gand. Le rapport dressé sur La Flandre par la bouche de l'archevêque Mgr du Bois de La Villerabel se terminait par une considération révélatrice. Il était en soi problématique, lisait-on, que le diocèse de Gand reçoive l'entière responsabilité de la défense des intérêts religieux « de ceux qui, bien qu'étrangers d'origine, sont devenus par leur établissement en France nos diocésains »[82]. Ces intérêts devaient au contraire être défendus en concertation avec les responsables religieux de la région d'établissement. On demandait donc « qu'une Commission épiscopale française soit adjointe à la Commission épiscopale belge »[83]. « En effet », affirmait La Villerabel, « j'ai la conviction que les évêques de Belgique gardent

82 A. Dioc. Arras 62, 4L6/7-7 : Note sur La Flandre, archidiocèse de Rouen au diocèse d'Arras, 10.

83 *Ibid.*, 11.

comme nous, au-dessus des intérêts nationaux, le souci de l'intérêt catholique (...). »[84]

Bien souvent, ce que l'on présente comme évident et non sujet à débat est en fait le point même qui a fait naître la discussion. Pour les deux parties, l'intérêt national – ou, plus précisément, identitaire – était bel et bien de première importance. Mais il n'apparaissait que de manière détournée, à travers une habile rhétorique suggérant un ordre de grandeur entre soucis religieux et nationaux. Pour les acteurs français, les fermiers flamands représentaient – en particulier au milieu des années 1920 – une opportunité de consolider le caractère rural des régions agricoles françaises. Du Bois de la Villerabel voyait par conséquent d'un bon œil l'établissement de fermiers flamands en terrain normand. Ils étaient donc incorporés aussi rapidement que possible dans son diocèse. Une œuvre de protection comme l'UAB en revanche, voulait avant tout que les agriculteurs éparpillés restent liés à leur région natale. En fin de compte, les fermiers flamands étaient évalués par les deux parties de façon nationale et plus précisément identitaire.

Avant d'examiner l'arsenal argumentatif des acteurs (prioritairement flamands), il nous a semblé intéressant de nous arrêter un instant sur les images qui n'ont pas été retenues et que l'on peut, en gros, assimiler à des plaidoyers en faveur de l'assimilation. Ces arguments font une timide apparition au début des années 1920, entre autres dans l'entourage ecclésiastique belge des œuvres de protection. Pour la fin de la décennie, par contre, ils seront entièrement éclipsés au sein des initiatives d'encadrement par des prises de position identitaires, plus radicales. C'est à ce moment que les attributs essentiels du fermier flamand prennent forme. Les qualités qui leur sont associées sont étonnamment redevables à tout ce qui est français, une dynamique qui sera éclairée dans une deuxième partie.

Ressemblances

Au début des années 1920, la direction que l'œuvre de protection des fermiers flamands allait prendre n'était pas encore claire. Nous avons expliqué que le syndicat agricole rouennais La Flandre était bien implanté dans les milieux français. L'organisation avait toutefois des buts essentiellement commerciaux et non pastoraux.

Les positions changeantes adoptées dans les cercles de la Commission épiscopale belge pour les émigrés ne manquent pas d'intérêt. En 1924, Joseph Meeûs consignait les objectifs pastoraux définis par cet organe. Ceux-ci étaient remarquablement innovants et tout à fait dans la ligne des idées de du Bois de La Villerabel. L'appartenance religieuse y était considérée comme plus importante que l'identité nationale. Les tâches essentielles des aumôniers

84 *Ibid.*, 11.

belges étaient décrites dans cet esprit. Premièrement : « Assurer le service à ceux qui viennent de quitter la Belgique et qui n'ont pas de prêtres de leur langue. »[85] Mais, surtout, « orienter l'adaptation des Flamands à la vie religieuse française et contribuer ainsi humblement à l'effort fait par l'Épiscopat français au relèvement religieux de la fille ainée de l'Église ». Les fermiers flamands devaient donc être intégrés dans les stratégies pastorales de l'Église française ; les aumôniers étaient quant à eux censés accompagner ce processus d'intégration.

Le point de vue de l'intégration adopté à l'époque était certainement inspiré par l'arrivée d'autres groupes de migrants en France. La Commission voulait en quelque sorte distinguer les migrants belges. Meeûs rapportait explicitement que les œuvres de protection ne devaient pas viser la colonisation, comme c'était le cas des Italiens dans le sud de la France[86]. Au contraire : « Les Évêques de Belgique (...) désirent se placer au point de vue purement religieux. Principalement : ils estiment que l'adaptation au milieu français exige un temps assez long pour obtenir que les Flamands renforcent réellement l'armée catholique en France et ne fassent pas comme certains exemples le font craindre lorsque l'absorption a été trop rapide : devenir complètement indifférent et même foncièrement hostile à la religion. »[87] L'accompagnement depuis le pays d'origine devait donc élever une digue contre l'indifférence religieuse et non un mur entre les deux communautés catholiques. Pour illustrer cette idée, on faisait appel à l'image d'un arbre transplanté. « Comme dans l'ordre végétal cette transplantation doit se faire avec précaution pour empêcher la mort au point de vue religieux de ceux qui émigrent. »[88]

Dans les premières années qui suivirent la guerre, la volonté d'accentuer non pas les différences mais les ressemblances entre Français et Belges était très présente au sein de la Commission épiscopale. Cela s'expliquait en partie par le désir de celle-ci d'atteindre un large groupe cible. La commission réunissait diverses œuvres sous une coupole diocésaine et souhaitait toucher à la fois les réfugiés, les « frontwerkers », les fermiers, les saisonniers et les ouvriers. Au départ, tous les diocèses étaient parties prenantes par le biais des deux premiers groupes, réfugiés et frontwerkers. Quand ceux-ci furent rentrés

85 CABB, 866 : Note du R.P. Meeûs, 1924, 1.

86 Cela montre que la Commission était bien au courant de la réalité migratoire en France. L'immigration italienne dans le sud de la France était un phénomène récent et était effectivement caractérisé par un encadrement religieux. L'historienne française Teulières a surtout insisté sur les initiatives d'encadrement postérieures à 1926. La sympathie trop marquée de certains ecclésiastiques italiens de France pour Mussolini mettait le Saint-Siège mal à l'aise. Fin 1927, il centralisa les activités religieuses dans une Direction des missions catholiques italiennes à Paris. De là, des missions furent organisées avec des prêtres fixes vers des villes comme Toulouse, Auch, Montauban, Agen et Carcassonne. Teulières, *Immigrés d'Italie et paysans de France*, 146.

87 CABB, 866 : Note du R.P. Meeûs, 1924, 1.

88 *Ibid.*

au pays, le point de gravité se déplaça vers les diocèses les plus concernés par l'émigration permanente. Une action à l'origine belge unitaire devenait donc à nouveau un projet principalement porté par les diocèses de Gand et de Bruges. Les tenants de l'assimilation furent du même coup réduits au silence et les œuvres de protection, comme auparavant, fondées sur la différence.

Un autre acteur, non explicitement catholique, enclin à souligner les ressemblances entre la Belgique et la France fut *Le Belge de France*. Ce bimensuel avait été créé en mai 1927 en réaction à la politique nationaliste française, dans l'intention déclarée d'améliorer les relations entre les deux pays[89]. Le journal s'intéressait également aux migrants belges de France en tant que premiers bénéficiaires d'une bonne entente franco-belge. *Le Belge* militait pour un traitement égal des Belges en France, car, *de facto*, il refusait de voir ses compatriotes en France comme des migrants. L'éditorial, intitulé « À nos hôtes, à nos compatriotes », répétait à l'envi qu'entre hôtes et nouveaux arrivants, il n'y avait guère de différences. Le problème des passeports et la taxe de séjour que la France avait imposé sans distinction à tous les étrangers étaient décrits comme une « chinoiserie ». « Nous ne devrions pas confondre les Belges avec les autres peuples et leur appliquer cette étiquette. C'est injuste et c'est bête (...). »[90] Cette idée était appuyée par une citation de Ludovic Nandeau, auteur d'une série d'articles sur l'immigration, qui avait décrit les Belges du nord de la France comme « absolument identiques aux Français du Nord » et en outre « susceptibles de devenir les meilleurs de tous les migrants ».

Le Belge de France nous montre par la même occasion que la question migratoire était devenue l'objet d'un débat qualitatif et normatif. Le contingent d'étrangers arrivés en France devait être classé selon un ordre de grandeur strict. Les Belges avaient un net avantage sur les autres étrangers. En ce sens, on reprenait à l'échelle nationale l'argumentaire qui avait en 1889 mené à des manifestations belges dans le nord de la France pour revendiquer une naturalisation facile et gratuite[91]. Le journal s'adressait naturellement à un trop petit groupe cible pour avoir un réel impact sur la politique française des étrangers. Dans les numéros suivants, les informations concernant les possibilités de naturalisation étaient par conséquent commentées de manière prudente. En août 1927, un article informait sur les « formalités à remplir pour intro-

89 Le programme du *Belge de France* comprenant notamment les points suivants : (1) resserrement des liens d'amitié franco-belge ; (2) développement des rapports politiques, économiques et intellectuels entre les deux pays ; (3) défense des intérêts belges en France ; (4) création d'un statut d'établissement définitif et spécial en faveur des Belges résidants en France – avec traité de réciprocité pour les Français résidant en Belgique – et assimilant les citoyens belges aux citoyens français quant aux taxes de séjour, au bénéfice des lois sur les baux de loyer, la propriété commerciale, sur l'assistance et la protection des travailleurs, les familles nombreuses, etc. *Le Belge de France*, 1er mai 1927.

90 *Ibid.*

91 Vanden Borre, Declercq et Kusters, « Les Belges reconnaissants », 39-46.

duire une demande de naturalisation »[92]. *Le Belge* légitimait cette démarche en invoquant des raisons pratiques. « Il n'entre pas du tout dans notre pensée de favoriser de quelque façon le but poursuivi par les législateurs français qui est de (...) suppléer à la dénatalité française par l'absorption des éléments étrangers assimilables (...). Mais des circonstances (...) peuvent quelques fois obliger certains de nos nationaux à rechercher la naturalisation française. »[93]

Le Belge se positionnait de manière analogue par rapport aux agriculteurs belges qui s'étaient établis en France ou souhaitaient le faire. En 1928, une série d'articles furent consacrés à l'émigration agricole. En plus de donner une liste des agriculteurs présents en France, *Le Belge* annonçait que les autorités souhaitaient surtout détourner les nouveaux immigrés belges vers les régions situées au sud de la Loire. C'étaient en effet celles qui avaient le plus à souffrir de l'exode rural[94]. La même série d'articles invitait donc les agriculteurs à être prudents et à suivre la voie appropriée s'ils désiraient s'établir en France. Deux institutions étaient recommandées : l'Union agricole belge et la Société des agriculteurs de France.

La référence à l'Union agricole belge suivait en fait de peu une détérioration des contacts entre *Le Belge* et la filière du Boerenbond. En janvier 1928, le journal avait associé le Boerenbond de façon assez ambiguë avec l'agitation flamingante dans le nord de la France (en réalité en Flandre française). Le fait que le Boerenbond s'était, « comme les autonomistes alsaciens », inspiré d'un modèle allemand était une raison suffisante pour cela[95]. L'UAB avait réagi à cet article avec grand étonnement et une prudente rectification avait paru dans le numéro suivant. On y lisait que l'UAB avait été abusivement mise en relation avec les troubles linguistiques du nord de la France, mais aussi qu'elle publiait avec *De Stem uit het Vaderland* un périodique unilingue en flamand qui, avait appris le journal, deviendrait rapidement bilingue. « Il se fait un devoir, comme du reste le journal lui-même », ajoutait *Le Belge*, « d'écarter complètement la question linguistique qui, ainsi que nous l'avons dit, ne peut être posée en France. »[96]

On peut sérieusement douter que l'UAB ait à l'époque eu l'intention de faire de *De Stem uit het Vaderland* un journal bilingue à moyen terme. Le bilinguisme ne deviendrait réalité qu'à partir de septembre 1950. Son introduction ne serait d'ailleurs pas motivée par la crainte de paraître flamingant, mais plutôt par les transformations sociologiques survenues dans le groupe cible : la deuxième génération ne connaissait tout simplement plus le flamand. Vers les années 1930, les auteurs du cahier pastoral de *De Stem* avaient en outre adopté une ligne clairement identitaire, s'expliquant par le fait que les au-

92 *Le Belge de France*, 21 août 1927.
93 *Ibid.*
94 *Ibid.*, 11 mars 1928.
95 *Ibid.*, 22 janv. 1928.
96 *Ibid.*, 29 janv. 1928.

môniers s'adressaient depuis 1926 exclusivement aux fermiers flamands. Ils avaient constaté non seulement que les « émigrés wallons étaient en assez petit nombre », mais aussi que le clergé français « accueillerait très défavorablement une telle pastorale »[97]. L'immigration agricole wallonne avait beau être relativement réduite en comparaison avec l'immigration flamande, elle existait néanmoins. Nous n'avons pas conservé de listes de membres fiables de l'UAB, si bien que nous sommes obligés de nous en remettre pour l'impact de l'organisation à des sources indirectes. Vers 1927, *Le Belge de France* estimait à l'occasion de sa tournée dans les régions agricoles françaises le nombre d'exploitations affiliées à l'UAB à 1 800 (sur les 5 000 environ du recensement de 1927). Sur ce nombre, seules une centaine étaient aux mains de Wallons. « La plupart des Wallons », affirmait le journal, « sont affiliés à des syndicats français où les attire la similitude de langue. »[98] Toujours est-il que vers 1926, les initiatives de protection pour agriculteurs étaient une affaire exclusivement flamande. Cela signifiait que les activités pastorales s'accomplissaient désormais dans cette optique. La perspective belge était passée au second plan et, très vite, le fermier flamand ne serait plus décrit qu'en opposition avec le Français.

Le rapporteur nommé plus haut de la Commission épiscopale, Jozef Meeûs, n'y était pas étranger. Dans une note confidentielle de 1926, il cherchait des arguments justifiant l'impossibilité d'abandonner la pastorale des Flamands de France à des prêtres français. Par exemple, le prêtre français, contrairement à son homologue flamand, ne faisait presque jamais de visites à domicile[99]. Et lorsqu'il en faisait quand même, c'était de manière bien trop formelle, dénuée de toute la convivialité flamande. Meeûs affirmait aussi que les ecclésiastiques français étaient bien trop chauvins et qu'ils engageaient bien trop vite les Flamands « pour des intérêts français ». Outre le fait que les prêtres français étaient « fort peu habitués à de braves gens », Meeûs redoutait en particulier les « pensées jansénistes » que beaucoup véhiculaient. En France, il était particulièrement difficile pour les enfants de faire leur première communion avant 12 ans, une rigidité qui incitait surtout les fermiers flamands à s'éloigner de la vie paroissiale locale. Après 1930, ce discours pratique ferait place à un discours essentialiste, soulignant avant tout les différences entre Flandre et France.

Combien l'objectif de l'intégration des fermiers flamands dans l'Église française avait été relégué à l'arrière-plan, cela apparaîtrait bien plus tard, en 1950. Dans une échange d'idées avec Mgr Cruysberghs, aumônier général du Boerenbond, sur le départ de Jerôme Van Eecke, curé dans le petit village

97 CABB, 866 : Assemblée générale des aumôniers à Paris, 17 fév. 1927, 3.
98 *Le Belge de France*, 18 mars 1928.
99 CABB, 866 (2) : Waarom onze Vlaamsche menschen Vlaamsche zielezorg noodig hebben, 1926.

de Bourth et aumônier des fermiers flamands de l'Eure, Meeûs incitait à la prudence. Van Eecke, qui était âgé et en mauvaise santé, avait appris que Mgr Alphonse Gaudron, évêque d'Évreux, avait finalement accepté sa démission et énumérait dans une lettre une série de pistes à suivre. La lettre montre qu'il s'entendait bien avec son supérieur[100]. Mgr Gaudron continuerait également après le départ de Van Eecke à réunir les Belges de son diocèse, « y compris ceux qui ont opté pour la nationalité française ». À l'image des Bretons (Union des familles bretonnes), l'évêque proposait pour les Belges une Union des familles belges de l'Eure. Car, estimait-il : « Il faut qu'ils restent unis, en tant que Belges, ou d'origine belge, sinon ils seront bientôt noyés dans la masse des Français sans aucune cohésion, ni lien entre eux – et nous n'aurons plus guère d'influence sur eux. »[101] C'est pourquoi il prévoyait pour eux, dans quatre à cinq circonscriptions de son diocèse, l'engagement d'un prêtre sachant le flamand. Il pouvait difficilement mieux rencontrer l'esprit des initiatives d'encadrement religieuses flamandes. Mgr Gaudron souscrivait à la logique selon laquelle il était préférable pour certains de ses diocésains d'être réunis sur base de leur origine qu'au niveau paroissial. Tout comme les aumôniers flamands, il voyait dans le déracinement un grave danger. Pourtant, la réaction de Meeûs fut négative et remplie de méfiance. « Je crois qu'on devrait tout de même être prudent dans le choix des aumôniers régionaux nommés par monseigneur d'Évreux. Vous n'ignorez pas qu'il y a là un tas d'anti-flamingants qui ne demandent pas mieux que de couler tout ce qui est flamand. »[102]

Différences

Dans l'introduction, nous avons fait allusion à la dynamique sociale suivant laquelle la différence ou l'altérité étaient construites. Plutôt que la distance (culturelle), c'est la proximité (culturelle) qui détermine ce processus. Cette altérité est développée de manière bien visible dans le cas des œuvres d'encadrement religieux belges destinées aux fermiers. C'est via ce détour qu'apparaît une particularité flamande. Nous allons montrer ci-après comme un telle auto-représentation prit forme par antagonisme avec un Autre construit.

Par la suite, les projets formulés en 1924 par la Commission diocésaine pour introduire les fermiers flamands chez la « fille aînée de l'Église » allaient ressembler à un vœu pieux. À partir des années 1930, les aumôniers n'eurent plus seulement pour mission de préserver la foi parmi les fermiers, mais aussi et tout autant de conserver l'identité flamande. Après la Seconde Guerre mondiale, alors que les activités agricoles flamandes avaient reçu un rude

100 CABB, 866 (3) : Lettre de Van Eecke à Cruysberghs, 2 juillet 1950.
101 *Ibid.*
102 *Ibid.* : Lettre de Meeûs à Cruysberghs, 18 juillet 1950.

coup en raison des circonstances de guerre et que la majorité des fermiers flamands semblaient perdre tout « appartenance flamande », certains aumôniers s'alarmèrent. Jerôme Van Eecke par exemple, décrivit la situation identitaire et religieuse comme suit. La guerre avait affaibli les liens entre agriculteurs et avec les aumôniers. Van Eecke s'inquiétait donc pour les enfants des émigrés : « La jeunesse en général est française : française de langue, de pensée et de sensibilité et d'intérêts. »[103] Pour lui, ce mal était surtout dû aux « écoles non religieuses françaises » et aux camarades français « entourant les enfants ». Espérant encore pouvoir changer la situation, Van Eecke terminait son rapport par une série de souhaits et de propositions, parmi lesquels cette piste très radicale : « Il est souhaitable – encore que peut-être pas encore possible – qu'un accord soit conclu entre autorités françaises et belges afin d'attribuer aux émigrés et en particulier aux fermiers flamands une région dans laquelle ils cohabiteraient et formeraient une vraie colonie agraire, avec ses prêtres, ses églises, ses écoles et son administration propres. »[104]

Avec ce que nous savons aujourd'hui, cette proposition semble peu compréhensible, voire pathétique. Elle fut pourtant formulée en 1947 par un prêtre qui avait parcouru plusieurs fois par an un département français. En d'autres mots, Van Eecke était familier de la France. La question de la faisabilité du projet n'entre pas en ligne de compte ici. L'essentiel est que l'idée d'une colonie agricole autarcique en territoire français ne traduisait pas une opinion isolée. Au contraire, elle reflétait le but même de l'œuvre migratoire des aumôniers flamands : jeter dans un lieu à l'origine étranger au fermier flamand et à l'aumônier les bases d'une communauté homogène. Idéalement, cela se ferait – et c'était le rêve de tout aumônier – de manière isolée par rapport à la société d'accueil. En ce sens, le mot « colonie » n'est en dépit de son caractère polysémique pas un si mauvais choix pour désigner la forme de communauté envisagée. D'une part, le contact et la communication avec l'« étranger » et l'« autre », surtout dans les domaines essentiels de l'existence humaine, étaient considérés comme néfastes pour sa cohésion. Comme l'affirmait Van Eecke en lien avec la deuxième génération, cela ne pouvait que corrompre la communauté. D'autre part, la colonie avait suffisamment de savoir-faire et de civilisation pour se débrouiller seule en terrain inconnu. Mieux encore, elle était aux yeux des aumôniers fondamentalement différente de la société hôte.

Paradoxalement, la communauté de fermiers flamands de Van Eecke était entièrement « française ». Elle n'acquérait en effet sa spécificité qu'au contact de ce pays et de ses habitants. Cela ressort en particulier des discours développés par l'œuvre agricole au sujet de ses fermiers. La présence des aumôniers en France était par exemple toujours placée sous le signe de la reli-

103 AVJ, 15536 : Rapport J. Van Eecke sur la situation des Flamands en France, probablement 1945-1946, 6.
104 *Ibid.*, 10.

giosité flamande spécifique, qui, sans protection, menaçait de se perdre. Mais bizarrement, nous ne trouvons pas d'information sur le contenu et la spécificité de cette religiosité. Les aumôniers faisaient par exemple à peine mention des différences culturelles entre Français et Flamands (sinon la langue, mais en 1947, ainsi qu'ils le constataient eux-mêmes, celle-ci ne représentait plus un obstacle). Une partie substantielle de la France n'était-elle pas elle-même catholique ?

L'importance très relative des contenus culturels ou religieux pour expliquer la genèse des groupes ethniques est un phénomène bien connu des anthropologues. Comme nous l'avons rappelé dans l'introduction, Frederik Barth a entre autres affirmé que les contenus culturels ou religieux n'étaient pas très importants dans la naissance de groupes ethniques en tant que catégories sociales. Même deux groupes culturellement proches peuvent créer entre eux une frontière efficace. Les emblèmes de différence utilisés dans ce cas ne doivent pas forcément être lié aux différences objectives constatées entre ces groupes. Dans le cas des fermiers flamands, cela semble avoir assez rapidement été le cas avec la langue. C'est du moins ce que nous constatons chez les fermiers flamands eux-mêmes. Les aumôniers n'étaient dans ce domaine pas sur la même longueur d'ondes que leur public. Dans l'entre-deux-guerres en particulier, ils considéraient la langue flamande comme une important marqueur culturel, à conserver. Mais dans sa réalité quotidienne, le fermier flamand ne correspondait pas à ce modèle. Comme ailleurs en France, la deuxième génération se francisa à un rythme rapide et les aumôniers furent obligés de mettre de l'eau dans leur vin.

Si les différences culturelles objectives ne sont pas nécessairement prises comme emblèmes, l'inverse est vrai également : les ressemblances peuvent être minimisées ou passées sous silence. Comme la Flandre, la campagne française était encore majoritairement catholique. Les aumôniers flamands n'avaient d'ailleurs pas à se plaindre de l'Église française. Ils avaient d'excellentes relations avec les évêques français ainsi qu'avec le clergé local. Les aumôniers étaient reçus avec leurs fermiers dans les sièges épiscopaux, comme Évreux, Sens et Troyes. Les prêtres français participaient aux journées de district et accompagnaient les pèlerinages.

Où était donc la différence ? Chez les aumôniers – puisqu'il faut admettre que nous avons eu plus de mal à cerner l'état d'esprit des fermiers à ce sujet – le rejet doit être compris de manière plutôt idéaliste. Ce n'était pas tant tel ou tel Français ou Française qui était critiqué – en petit nombre ils ne dérangeaient pas – mais tout ce que la France évoquait en tant qu'idée : la révolution (le pèlerinage à Lourdes commençait à Montmartre), l'idéal de l'enseignement laïc (*De Stem* fonctionnait par moment comme prospectus pour les écoles libres françaises et les possibilités d'instruction en Flandre), les mœurs françaises, jugées légères par les aumôniers, etc. Vivre sans protection dans ce pays en tant qu'individu ou famille ne pouvait se faire sans dégâts[105].

C'est précisément de cette conception de la France que naquit la particularité du fermier flamand en France. Il devint dans cette symbolique un groupe doté de valeurs fondamentales et de standards moraux. Être un fermier flamand en France équivalait à être une personne particulière. La religion était l'un des principaux éléments de cette particularité. Aller à l'église, respecter le repos dominical, aller en pèlerinage, fonder une famille et confier des enfants à l'Église… Ou, pour le dire comme le jésuite Van den Brande, lorsqu'il décrivait une famille flamande de Beneuvre : « Splendide famille (…). Le père, un gars flamand, simple, robuste – la mère, profondément religieuse, une petite femme travailleuse. Les enfants tous débordants de vie – intelligents et spontanés. Ils ont un tel courage, pour braver les Français avec leur conviction religieuse. »[106]

Dans ce discours, les spécificités et les représentations des fermiers flamands sont mises en exergue. Ce n'était presque jamais le cas explicitement. Généralement, les représentations étaient engendrées par une dialectique avec l'Autre ou tout ce qui était autre. C'était donc le détour antithétique qui permettait de savoir ce que représentait la condition de fermier flamand en France. Nous examinons ci-après les lieux communs les plus explicites de cette dialectique. Pour cela, nous utilisons notamment les poèmes édifiants qui parurent entre 1930 et 1935 dans *De Stem uit het Vaderland*. Ils étaient l'œuvre de Pieter Meersseman (1889-1986), un fils d'enseignants de Lendelede, qui avait été brancardier pendant la Première Guerre mondiale et avait écrit, sous le nom d'emprunt de Pieter Van Moerlande, des poèmes de front méritoires. Après la guerre, il décrocha un régendat en langue germanique et séjourna un temps chez les maristes, qu'il quitta en 1926. C'est alors qu'il atterrit en France, chez son oncle agriculteur dans la Côte-d'Or. À partir de 1930, il collabora sous le pseudonyme de Pieter de Boer à *De Stem uit het Vaderland*. Les poèmes de cette période seraient réunis plus tard dans un recueil au titre parlant de « Vlaamsch koren uit Fransche voren » (« Blé flamand issu des sillons français »).

France sans dieu, Flandre pieuse

Dans presque tous ses poèmes, Meersseman donne de la France une image négative. L'élément dominant de ce portrait est le manque de piété de l'hexagone et de sa population. Les illustrations sont innombrables.

Dans *Terug op Aarde* (« Retour sur terre ») Meersseman situe le récit de la nativité dans la France de l'époque. Une description imagée évoque l'odyssée

105 Voir concernant le regard catholique sur la France : Marx, *Le péché de la France*.
106 AVJ, 15536 : Compte rendu Côte-d'Or.

de la Sainte Famille en quête d'un toit. Le message est clair : la France est inhospitalière, les Français vulgaires, égoïstes, indifférents au miracle de l'Enfant et connu pour sa prodigalité. Le saint couple y progresse « à grand-peine » et « dans une tempête de neige et de vent ». Arrivés dans un « sombre village » français, ils aperçoivent une auberge. « De cette auberge fusent des rires et des conversations joyeuses / Saint Joseph demande un abri, mais on lui répond / "Nous n'avons pas besoin d'enfant ici !" » Mais dans le même poème, une petite étoile guide le saint couple vers un nid accueillant. Là, ils découvrent l'antithèse flamande. Malgré le peu qu'ils possèdent, Joseph et Marie trouvent « la lumière dans une pauvre ferme / La porte est ouverte, le chien n'aboie pas / Et ils entendent une femme chanter à l'intérieur / En flamand, un très vieux chand de Noël / Le fermier les accueille chaleureusement (...) / Sa femme cuit des gaufres parfumées / Et à l'Enfant, ils donnent du lait chaud / Après ça, il s'endort paisiblement. »

Dans d'autres poèmes, Meersseman insère d'innombrables références indirectes à une France sans Dieu. Les « villages morts » répandus dans la campagne en sont arrivés là en suivant une série d'étapes logiques[107]. Le « déclin de l'Église » a mené à des maisons « sans berceau », à des champs sans « charrue ». Vu sous cet angle, les Flamands pieux sont une bénédiction pour la campagne française. Non seulement ils rajeunissent les villages, travaillent les champs et élèvent du bétail, mais surtout, ils rendent au lieu son âme religieuse grâce à leur piété. La première communion est l'un de ces événements auxquels le Flamand reste attaché à l'étranger. Ces jours-là, « la cloche de son petit village chante : viens ! ». Mais en France, elle semble « gênée d'appeler à la fête / Dans le temps, c'était plus solennel / Aujourd'hui, il n'y a que deux petits mariés blancs. »[108]

Les petits mariés devant l'autel sont évidemment des communiants flamands. Le rare public qui se presse à l'église est également flamand. Parmi celui-ci, Meersseman observe aussi la mère flamande bonne, mais naïve, qui regarde en rêvant, mais sans comprendre. L'auteur manie dans ses poèmes une forme classique de stéréotypisation des genres, dans laquelle la femme représente l'émotion et l'homme la raison. « Elle ne remarque pas la poussière sur son banc / Ni les toiles d'araignées au mur et aux voûtes / (...) / En rêve, elle à nouveau en Flandre / Des communiants y marchent, plusieurs rangs / Comme c'était beau ! Pourquoi, ô Seigneur / Est-elle venue ici ? ... Elle fond en larmes. »[109] Mais ce qui émeut la mère, l'homme est plus à même de le comprendre. Dans *Feestelijke rit*, (« Voyage festif »), un poème dans lequel un fermier flamand et sa fille se rendent avec leur cheval (Voske) et une carriole vers une église lointaine pour sa première communion. – « Voske trotte par

107 *Dood dorpje* (« Village mort »).
108 *Eerste Communie* (« Première communion »).
109 *Ibid.*

monts et par vaux / Car l'église de notre village n'est une église / Que lorsque ils enterrent un mort » – forme un décor idéal pour une évocation analogue de la Flandre, version masculine. « Et je rêve en voyant ces buissons aux fleurs immaculées / Que je suis à nouveau en Flandre et que des petits mariés s'en vont / Innombrables et blancs comme neige à leur mariage. »[110] Meersseman dépeint un Flamand réaliste qui comprend le comportement des Français. « C'est dimanche, mon Voske, tu peux hennir et souffler / Et rire de ces idiots de paysans / Qui osent labourer aujourd'hui / Et charrier du fumier puant / C'est jour de fête, même si seuls trois petits mariés arrivent / Des paroisses environnantes / Je suis content que ma mère ne soit pas ici / Elle s'écrierait certainement : “C'est un scandale, c'est une honte”. »[111]

Bien que les agriculteurs soient éparpillés et plutôt isolés les uns des autres, la plupart des poèmes créent un sentiment d'unité et de solidarité. La proximité physique n'est pas une exigence pour être et rester flamand. Cela ressort dès les strophes ajoutées à la « chanson des fermiers flamands en France », *Lied der Vlaamsche boeren in Frankrijk*. « Dispersés dans ce grand pays étranger / Et pourtant renforcés par le soutien de nos camarades / Nous sommes ensemble, unis par un lien d'amour / Tels la paille, nouée en gerbe sur les champs / Et qui est flamand, reste flamand, où que ce soit, jusqu'à la tombe / Il n'abandonne pas sa langue, sa foi ni ses coutumes. » On pouvait être flamand partout, y compris dans de lointaines terres étrangères ; en respectant la langue et les mœurs flamandes, en restant fidèle à sa foi et en cultivant les valeurs apprises en Flandre. Mais plus encore, c'était le travail qui unissait les Flamands par-delà les frontières départementales, régionales ou nationales. Ils accomplissaient dans les champs le travail qui leur convenait le mieux, conscients d'être unis avec leurs compatriotes, qui au même moment, effectuaient les mêmes gestes en Flandre.

Meersseman évoquait aussi par des signes extérieurs cette faculté du Flamand de ne pas renier son essence et sa nature, même en France. Une ferme flamande en France était facile à distinguer des autres. La pièce de séjour flamande se reconnaissait immédiatement à la place centrale de la Sainte Vierge sur la cheminée. Toute famille paysanne ayant conservé « sa nature intacte en France », gardait un « rameau de buis ramené de l'Église », écrit Meersseman[112]. De tout temps et en tout lieu. Dans une ferme flamande, on voit un « rameau de buis à la porte » (« Le Seigneur protège (...) quiconque entre et sort »), « un rameau dans l'étable » (pour éviter les maladies et les catastrophes), « un rameau au champ » (« pour ne pas labourer, semer et désherber en vain »), « un rameau dans la pièce où l'on vit » (« ainsi, notre maison devient une demeure céleste ! »), « un rameau dans le berceau » (« Puisse l'enfant grandir en bonne

110 *Feestelijke rit* (« Voyage festif »).
111 *Ibid.*
112 *Een palmken* (« Le rameau »).

santé ») et « un rameau sur le cercueil » (« Quand le Seigneur moissonnera ici / Qu'il fasse attention au grain, pas à l'enveloppe »)[113].

Nombreux sont aussi les Flamands qui restent fidèles à la pipe. La virilité flamande est pondérée et sans fioritures. « Après chaque travail / Il bourre avec joie sa chère pipe / (...) / Et rêve de la plante élue / Qui pousse dans le beau pays de la Lys. »[114] Le poème ne décrit pas un cas isolé, car : « Celui qui se dit : Le fumeur de cette chanson / A disparu depuis bien longtemps de France / Qu'il me paie le voyage / Et entre Dax et Hazebrouck / Je lui montrerai sans beaucoup chercher / Quantité de ces fumeurs. »[115] Le fermier flamand fumait donc la pipe et ne passait pas à la cigarette, plus efféminée. Ailleurs, il cultivait le tabac[116]. Mais les archétypes associés par Meersseman aux fermières flamandes dépeignaient également des femmes robustes. C'étaient de « solides Stina, des femmes pieuses » et de « solides priseuses »[117]. Et même si les Flamands, hommes et femmes, étaient en général présentés comme rudes, bourrus et revêches, ils étaient surtout tendres, travailleurs et tenaces dans les temps difficiles et en cas de coups durs[118]. « Bien qu'ils jurent sans scrupules – les grossiers ! / Et que certains osent encore cracher / Sur le sol des églises consacrées de Dieu / / (...) / Au plus profond, sous cette rude écorce, leur cœur cache / Une tendresse qui ne s'exprime pas / Un amour que beaucoup ne soupçonneraient pas. »[119]

Émigration

L'une des questions les plus intéressantes concerne la façon dont Meersseman aborde dans ses poèmes la décision d'émigration, en particulier à la lumière de la thèse de De Smaele, selon laquelle l'image de la Flandre se ruralisa pour une part vers la fin du XIXe siècle[120]. Face au style de vie schématisé des citadins, le fermier flamand est associé de manière croissante à l'authenticité : il se montre attaché à sa terre natale, respecte les éléments et suit le rythme des saisons. Personne n'est plus proche que des valeurs essentielles de la vie que le fermier flamand. Du côté des catholiques principalement, un véritable

113 *Een palmken* (« Le rameau »).
114 *Zijn pijp.*
115 *Ibid.*
116 *Peerke pruim* : « J'épargne ce que je sue, mais de temps / je mange quand même un pruneau. »
117 *Stina.*
118 « Même si les soucis pèsent sur nous et que le travail nous submerge / Cela ne diminuera pas notre joie / Jamais nous ne perdons dans la sueur, jamais nous ne perdons dans le grain / où le Seigneur laisse passer s bénédiction. » Chant des fermiers flamands en France.
119 *Boerenhulde.*
120 De Smaele, *Rechts Vlaanderen*, 349-398. Voir aussi Van Molle, « Voorstellingen van de agrarische samenleving ».

discours paysan est développé. Le fermier et la fermière y sont présentés de façon métonymique comme catholiques, pieux, vertueux, courageux et travailleurs[121]. Mais surtout, ils vivent ancrés dans l'environnement protégé de leur terre natale qu'ils honorent chaque jour en la travaillant, en la transformant et en la préservant pour l'avenir. Que se passe-t-il donc lorsque ceux qui ont le mieux su conserver l'« essence flamande », tournent le dos à la Flandre et partent ?

Les images de Meersseman au sujet de l'acte d'émigration sont claires. L'émigration est conçue comme la dernière issue, comme le « choix forcé » des « contrées lointaines » où « la nécessité nous a menés »[122]. Dans aucun de ses 57 poèmes, il n'évoque l'émigration comme un choix libre. L'émigration n'était donc nullement dictée par des raisons utilitaires, mais le processus était déterminé par des valeurs bien ancrées, comme la responsabilité de la famille et le sacrifice parental : « Si nous quittons notre village et notre pays bien aimés / C'est par besoin et pour le pain de nos enfants. »[123] Meersseman donne ici la parole au fermier lui-même, dont il légitime la décision de départ face à un public imaginaire de Flamands restés au pays. Dans cette optique, partir en France n'est ni une trahison ni un manque d'estime pour ce que l'on laisse derrière soi. Seule une alternative les aurait mis devant cette responsabilité. Et la France n'était pas un choix.

Le poète laisse clairement entendre aux Flamands restés en Flandre qu'ils ont de la chance. Ils sont à la maison et n'ont pas à souffrir du mal du pays comme le fermier décrit dans *Hoop* (« Espoir »). La France ressemble à tout sauf à une terre promise. Le souvenir de la terre natale est plus douloureux encore à l'approche de la mort. Le fermier flamand ne meurt nulle part mieux qu'en Flandre. « Dans la maison silencieuse, un fermier flamand est occupé à rêver (...) / Et quand des temps meilleurs seront venus / Il retournera en Flandre, le pays de ses rêves / Ne pas mourir ici, parmi les fermiers français / Qui épandent du fumier le dimanche de Pâques et le jour de Noël. »[124] Le même thématique revient dans *Naar huis weerom* (« Retour à la maison »), un poème dédié à la mémoire de Petronella Verbraak, une fermière campinoise qui mourut en février 1932 à Bœurs-en-Othe (Yonne), juste avant son retour en Flandre, à l'âge de 89 ans. Le poème lui donne la parole : « Quand mars reviendra avec sa verdure et ses fleurs / Je m'en retournerai chez moi / Vers ma lande pourpre, mon sable argenté / Mon cher petit village, ma Campine /

121 Van Molle, « Le sol, c'est la patrie », 171.

122 *Onze-Lieve Vrouw van Vlaanderen* (« Notre-Dame de Flandre »). Le texte original est d'August Cuppens. Les fermiers flamands émigrés avaient une version propre dont les deuxième et troisième strophes faisaient référence à leur contexte particulier.

123 Chant des fermiers flamands en France. On trouve un autre exemple dans *Zijn pijp* : « Il n'était pas fatigué de son pays, oh non / C'est contraint et forcé qu'il était parti / Vers les lointaines contrées françaises. »

124 *Hoop* (« Espoir »).

Dieu que l'hiver est long et froid / Je suis si vieille, mon cœur a peur / Peur de ne plus pouvoir supporter la peine / D'un si long voyage / Et de mourir ici, en terre étrangère / Si loin de ma Campine ! »

L'émigration n'était donc pas nécessairement définitive. Le retour était toujours envisagé. C'est aussi comme cela que Meersseman conçoit le séjour en France. Le fermier flamand n'a pas définitivement tourné le dos à la Flandre. Son départ n'a pas détruit les liens avec la patrie. Il y retourne de temps en temps, par exemple à l'occasion d'une fête de famille. Dans ces moments, on se rend à quel point la France lui semble étrangère. Une visite au pays passait par le cœur même de qui était français : la dangereuse ville de Paris. Mais les fermiers flamands ne s'intéressaient pas à la capitale française. Ils la voyaient tout juste comme un lieu de transit. « Ils avancent comme des sourds dans l'agitation de la ville / Peu leur importent la joie et le bruit de Paris / Ils ont leurs enfants et connaissent leur but / Le voyage les mène vers le pays de leur cœur / Où les attire une ferme avec un jardin florissant / Le vert polders regorgeant de bétail / Ils sont attirés par la dune dorée de soleil / Et, au-delà, par la mer tant aimée et son bruissement / Ils sont attirés par une école ornée d'une croix au mur / Un endroit où l'on peut construire une vie sur le roc / Ils sont attirés par une église où une main de prêtre / Procurera chaque jour à ses enfants le pain du Seigneur. »[125]

L'autre (mais pas le Français)

D'autres pays fournissaient aussi une immigration non négligeable. Les fermiers italiens s'installèrent principalement dans le sud (Gers, Lot, Tarn-et-Garonne)[126]. D'autres nationalités (Espagnols, Portugais, Polonais) furent surtout engagées comme ouvriers agricoles. À cet autre Autre (pas français, donc), Meersseman ne consacre qu'un poème, intitulé *De Poolsche knecht*, (« Le valet polonais ») mais on y trouve un portrait marquant de la France comme pays et nation. L'auteur brosse aussi un tableau clair, dans lequel le fermier flamand et le valet de ferme polonais se ressemblent tout en différant subtilement l'un de l'autre.

Si la population française est toujours décrite comme non religieuse et nocive, cela ne s'applique évidemment pas directement à la France géographique. L'aire agricole française fournit la plus grande diversité en produits agricoles et est en ce sens un paradis. Comment le poète concilie-t-il cette terre fertile de France, avec la population grossière, paresseuse et agnostique qui y vit ? C'est tout simple : en affirmant qu'une terre riche et fertile peut pourrir un peuple. L'abondance demande en effet de solides épaules. La France apparaît en d'autres mots non pas comme condamnable en elle-même, mais

125 *Terug* (« Retour »).
126 Teulières, « Rural Dimensions at Stake ».

comme une « tentation » diabolique à laquelle seule une foi profonde et une nature populaire réaliste peuvent résister. Comme nous le savons, les Français ne possèdent pas ces qualités. Qu'en est-il du valet polonais ?

Tout d'abord, quelles sont les raisons de son départ ? À première vue, ce sont les mêmes que celles du Flamand. « Il en a eu marre de son pain de seigle / Marre de son salaire minable et de sa misère noire. » Il est donc non pas motivé par le libre choix, mais par la nécessité. Le fait que le Polonais en ait eu assez de son pain de seigle suggère par contre une moindre résistance et, en comparaison avec le Flamand, un moindre attachement à la terre de ses ancêtres. Alors que le Flamand quitte la terre flamande à regret, le Polonais aborde dans un tout esprit l'aventure française. « Il a quitté son village et son pays en chantant / La France lui offrirait toutes les chances de fortune. » Le Polonais part avec plaisir, aveuglé par la prospérité promise par la France. Il y cède d'ailleurs immédiatement. « Le pain de froment était parfumé, blanc et savoureux / Le vin emplissait de soleil ses veines / Et il pensait qu'il serait heureux d'y rester et d'y mourir. »[127]

Entre le Polonais et le Flamand, il y a aussi des ressemblances. Quand le Flamand considère les tentations de la terre française comme vanité en raison de sa foi et de sa sobriété, le Polonais ressent confusément la même chose. Tout ne redevient clair pour lui que dans la confrontation avec le Flamand croyant. Lorsque le dimanche, le Polonais croise le Flamand, en chemin vers l'église, il est ramené aux vraies valeurs de la vie. « Le dimanche, quand nous allions à l'église, / Et que les cloches de bronze chantaient le Seigneur / Résonnant, claires, dans le petit matin / Nous rencontrions parfois le Polak / Et alors une profonde mélancolie perçait dans son rire / Et son salut matinal était empreint de tristesse / Il devait aller au champ avec la charrette à fumier et la charrue / (...) / Et le soir, quand les vachers et les valets, après leur travail / Étaient en train de boire à la taverne / (...) / Il se glissait silencieusement dans l'église abandonnée / Et pleurait longuement, loin de l'autel / Comme un publicain honteux / (...) / À ce moment, il priait dans sa langue maternelle / "Je suis fatigué de ma richesse", ô Seigneur / "Que m'importent le vin et le pain ? / Ah, être libre, libre comme autrefois / Ramène-moi à mon village et à ma misère / Mais rends-moi, de grâce, mon dimanche polonais !" » Bref, les Polonais portent comme les Flamands le germe de la foi en eux. En cela, ils se ressemblent fondamentalement. Mais si le Flamand est le maître, le Polonais est l'esclave.

La deuxième génération

Comment se comporte la deuxième génération par rapport à la France que nous venons d'esquisser ? La plupart grandissent dans un monde de « bien-

127 *De Poolsche knecht* (« Le valet polonais »).

être inconnu jusque-là »[128]. Ils ne connaissent pas la Flandre et les influences françaises sur la pureté flamande sont difficiles à éviter. Le fossé entre parents et enfants se creuse donc très vite, dès la première communion. « Pas d'orgue ici. Rien qu'un misérable chant / Les communiants prient doucement / Mais elle (la mère) ne les comprend pas. »[129] Lorsque le comportement des enfants tend trop vers le mœurs françaises, le père a en réserve un sage proverbe. « Quand la fille prend des allures de Française / A des fourmis dans les jambes / Sautille ou fait mine de danser / Il met en garde : "La beauté fane bien vite / Tout devient cendre et poussière / La vie part comme en fumée". »[130] C'est pareil quand un fils de paysan se laisse embobiner par une Française. « Elle lui fait tourner la tête et l'aguiche / Avec des jeux ou du vin / Et par des minauderies ou des fanfreluches / Séduit son cœur de paysan / Son père l'avertit : "Ce ne sont que tromperies ! / Prends garde ! Sinon tu en verras de toutes les couleurs !" »[131]

Lorsque le poète décrit l'interaction avec ce que le pays hôte a à offrir, il est également question de la « deuxième génération ». La première est encore dépeinte comme pure et sans fard. Ses qualités ne sont pas remises en cause et elle n'a d'ailleurs pas eu de mal à les préserver, car elle les a apprises dans une Flandre profondément chrétienne. Cette force mentale fait hélas défaut à la deuxième génération, moins immunisée contre les tentations françaises. Elle cherche même à « communiquer » avec le pays d'accueil. Dans ces moments, les conditions d'isolement s'émiettent. Meersseman, et par extension les aumôniers, déplorent au plus haut point cette dynamique. On trouve dans *Mariette* un portrait au vitriol de la deuxième génération. Ce poème n'est pas seulement un exemple type de sentiment anti-français. Mariette illustre avant tout le fait que la construction identitaire passe par l'Autre. Le poète n'a pas besoin d'expliquer ce qu'est précisément l'identité flamande. Pour cela, il suffit d'inverser celle de l'Autre (ou de son image). Nous présentons également la version originale dans la mesure où les mélanges de français/flamand ont une signification en eux-mêmes.

> En flamand, son nom sonnait platement : Marie
> Aujourd'hui, elle porte le charmant prénom de Mariette
> C'était une robuste fille, bien bâtie
> Aujourd'hui, elle joue la demoiselle et la coquette
>
> Avec ses joues rouges cerise, elle était
> Si paysanne, et si « mesquine »
> Maintenant, elle est chic, elle cherche des couleurs et des senteurs,
> Dans la poudre, la crème et la brillantine

128 *Eerste communie* (« Première communion »).
129 *Ibid.*
130 *Zijn pijp* (« Sa pipe »).
131 *Ibid.*

Que le flamand sonnait doux aux oreilles
En Flandre, oui ! Mais ici, c'est moche.
Le doux parler de France, voilà ce qu'elle parle aujourd'hui
Car le flamand, ça sent le Boche

Elle le parle encore parfois avec maman
Puisque quand elle parle français, elle ne peut pas la comprendre
Mais uniquement seule à la maison, les portes fermées
Quand son bon ami ne peut pas l'entendre.

Car il est si gentil : elle a reçu
De lui un beau collier de perles
Elle n'aime pas les garçons flamands,
Des rustres tous, de grossiers merles

Ils puent la misère et les dettes
Son gars, lui, est propriétaire
Il a quelques tantes à héritages
Il deviendra archimillionnaire

Il la conduit aux bals, à du cent
À l'heure, avec sa limousine
Son chéri est aussi un grand artiste
Qui chante et joue de la mandoline.

Assez, assez ! Laisse-le tranquille !
Assez fait la noce, sotte demoiselle !
Redeviens flamande, redeviens Marie
Une florissante Tineke Van Heule !

D'habitude, le ver le plus vilain
Cherche le plus beau fruit et (avec permission)
Ton bel amant a de l'argent et du bien
Mais dis-moi, s'il-te-plaît : qui est-il ?

À du cent à l'heure il t'emmène
Où de nombreuses écervelées se retrouvent
C'est bal, Marie, c'est bal masqué
Et derrière le masque, c'est la honte qui se cache[132].

Le Français qui fait la cour à Marie n'a en fait aucune importance en soi. Pour Meersseman, il ne s'agit pas ici d'un « Jean » ou d'un « François » précis, mais de la façon dont l'auteur conçoit la « francitude » tout court. Celle-ci est incarnée par le ver le plus sale. Et, comme de coutume, le ver cherche le plus beau fruit (les filles de ferme flamandes et catholiques). Il est l'Autre construit,

132 *Mariette.*

qui dans une polarité logique, montre ce que c'est qu'être flamand. Pour comprendre comment cette « flamanditude » est idéalement conçue, il suffit de tirer les conclusions des polarités négatives. Le *in-group* flamand est ainsi objectivé à travers les distinctions (bipolaires) le distinguant de l'*out-group* français construit[133]. La flamanditude n'a pas besoin de contenu, elle se définit par la négation de ce qui est considéré comme français. Nous en arrivons donc tout naturellement à la classification identitaire binaire suivante :

Français	Flamand
coquet	robuste
factice	vraie
élégant (péjoratif)	rude (positif)
amusement	travail
Mariette	Marie
ver (moral)	fruit (moral)

Le poème est intéressant pour deux autres raisons au moins. L'idée d'altérité telle que développée par Levinas – et c'est une première raison – suppose dans les faits qu'un *out-group* vive la différence et l'exclusion avec un *in-group* dominant. Les membres individuels de ce dernier se définissent dans une opposition idéale polarisée[134]. Ici, il se produit juste l'inverse, à savoir qu'une élite qui accompagne la minorité (fragile) attend d'elle que non seulement elle se positionne comme *in-group*, mais qu'elle se comporte comme tel. En d'autres mots, dans le contexte migratoire décrit ci-dessus, c'est le groupe dominant (français) qui apparaît comme l'Autre et offre ainsi la possibilité d'idéaliser et d'objectiver une identité (flamande) par contraste.

Par ailleurs, la conception française du fermier émigré flamand est révélée au fur et à mesure dans le poème. Le flamand sonne « moche » (ça sent le Boche), les jeunes Flamands sont « des rustres tous, de grossiers merles ». Ce regard français est ensuite utilisé par l'auteur pour porter un jugement moral sur Mariette, qui veut échanger un groupe pour l'autre, qui veut devenir ce qu'il méprise. Une Flamande parfaite, pour lui, c'est tout autre chose : il la voit comme une florissante Tineke Van Heule.

133 Philogène, « Social representations of alterity in the United States », 31.
134 Cartledge, *The Greeks*, 2.

Il est instructif d'impliquer dans l'analyse ce personnage emprunté au poème de René Declercq :

Tineke van Heule, ons maartje,
Kan werken gelijk een paardje,
Kan melken, kan mesten,
Kan schuren gelijk de besten.
Tineke van Heule, ons maartje,
Staat hoog in de gunst van mijn vaartje,
En als moederken haar prijst,
Dat mijn zuster er om krijst,
Dan lach ik een beetj' in mijn baardje.

Tineke van Heule, notre servante,
Sait travailler comme un petit cheval
Elle sait traire, ramasser le fumier
Elle sait nettoyer comme aucune
Tineke van Heule, notre servante,
Est très bien vue par mon père
Et lorsque maman la loue
Et que ma sœur crie après elle,
Je ris doucement dans ma barbe.

Liever dan een vis die in een goudzee zwemt,
Liever dan een vogel die geen sparen kent
Liever dan een freule, Tineke van Heule,
Tineke, ons maartjen in haar hemd ! (bis)

Plus aimable qu'un poisson qui nage dans un océan d'or
Plus aimable qu'un oiseau qui ne connaît pas l'épargne
Plus aimable qu'une demoiselle, Tineke van Heule,
Tineke, notre servante en chemise ! (bis)

Tineke heeft geld noch goedje,
Noch landeke, noch pandeke, noch koetje,
Noch huisje, noch kruisje,
Noch een lappeke voor op mijn buisje.
Tineke heeft geld noch goedje,
Maar een hemel is haar lachen en haar groetje,
Als zij trippelt naar de bron,
Met haar emmer in de zon,
En haar klompeken vast aan haar voetje.

Tineke n'a ni argent ni bien,
Ni terre, ni bâtiment, ni vache,
Ni maison, ni crucifix,
Pas même une pièce pour repriser ma veste
Tineke n'a ni argent ni bien,
Mais il y a un paradis dans son rire et dans son petit salut
Quand elle trottine vers la source,
Avec son seau, au soleil,
Ses petits sabots aux pieds.

Tineke van Heule, mijn minneken,
Op u staat mijn zoetste zinneken,
U lust ik, u kust' ik,
Op uw harteken bouw en rust ik.
Tineke van Heule, mijn minneken,
Mijn poezelig dubbel kinneken,
Leg uw handeke in de mijn
En een bruiloft zal het zijn
Van een boer en een schoon boerinneken.

Tineke van Heule, ma chérie,
Sur toi portent mes plus doux désirs
Je t'aime, je t'embrasse,
Je construis et me repose sur ton petit cœur
Tineke van Heule, ma chérie,
Mon beau bébé potelé
Mets ta main dans la mienne
Et ce seront les noces
D'un fermier et d'une belle petite fermière.

Si ce poème peut sans doute être interprété comme une ode à la petite paysanne laborieuse et docile, il reste en soi plutôt descriptif et neutre de ton. La transposition du personnage dans celui de Mariette lui donne en revanche une signification morale bien plus claire. Tineke Van Heule représente ici ce qui est vrai et authentique, ce qui est réellement flamand, ce qui, là-bas dans la Flandre profonde des environs de Courtrai, peut être vécu comme l'ordre des choses, mais est remis en question en France. S'en éloigner revient à s'aliéner de soi-même. Pourtant, la France n'est pas si différente du monde dépeint dans le poème. Çà et là, la figure de Tineke est évoquée par les mêmes oppositions que Mariette. Mais au lieu de se situer sur une échelle d'identités polarisées, ces oppositions sont de nature sociale. Tineke est une servante (*maartje*) qui sert le fermier. Elle accomplit parfaitement ses tâches et accepte son rôle sans protester. Le travail qu'elle exécute n'est pas entravé par la réflexion ou le désir d'avoir plus, le souhait de « monter en grade » ou une quelconque aspiration au changement. Les oppositions qui sont mises en avant ici représentent un ordre naturel stable au lieu de le polariser. En d'autres mots, Tineke n'est pas moderne. Et c'est précisément ce qui rend le fils du fermier si lyrique.

Un tel ordre social naturel n'exclut-il pas la mobilité sociale ? Aucunement. Car Tineke sera élue et deviendra fermière auprès du fermier. Seulement, elle restera elle-même dans cette transformation. Pour cela, elle ne devra changer ni de mœurs, ni de foi. Au contraire, c'est justement son authenticité dans ces domaines qui lui vaudra d'être choisie. Sans doute un paradoxe que l'auteur de *Mariette* ne voit pas se cache-t-il ici. Car être volontairement authentique n'est pas authentique. Vouloir que Mariette redevienne Marie ou Tineke, c'est comme demander aux enfants (la deuxième génération d'émigrants) de redevenir leurs parents (la première génération). C'est une exigence non seulement déraisonnable, mais irréalisable.

Le mariage

La deuxième génération cause donc du souci aux aumôniers. La communauté en question devient perméable et les groupes perdent de leur homogénéité. Le mariage entre émigrés est une possibilité pour contrer cette évolution. Les aumôniers y croient en tout cas dur comme fer. C'est le mariage qui garde la communauté unie et qui pourvoit l'atmosphère flamande et chrétienne en oxygène. L'intrusion d'un partenaire français est considérée comme néfaste. Il ou elle symbolise toujours la rupture redoutée, suite à laquelle le Flamand devient français. Aux yeux des aumôniers, cela équivaut à athée, ou du moins d'une foi superficielle. Et même s'il y a autant de mariages à problèmes dans les mixtes que dans les non mixtes, l'échec des premiers est toujours attribué à la partie française.

L'opinion des aumôniers concernant les partenaires français dépend il va de soi de leur perception générale de la population française. Les Français et la « nature française », même d'origine campagnarde ou établis à la campagne, sont généralement décrits en termes réprobateurs. Le Français est peu fiable, léger, non chrétien et peu travailleur. La Française est coquette, infidèle, artificielle et inapte aux efforts dont la Flamande est capable. Le père Van den Brande désigne tout cela sous le terme générique de « manières françaises ». Il ne laisse planer aucun doute sur le fait que celles-ci peuvent influencer les manières flamandes. Après une première visite à une famille des environs de Langres (sans doute en 1928), il note : « Le père ne fait pas ses Pâques – il ne comprend pas bien le français, et va de temps à autre à la messe. Les enfants sont très gentils (...), ils parlent le plus souvent français et ont des manières plutôt françaises ». En 1929, il met à jour son rapport sur l'état moral de la famille en style télégraphique : « Beaucoup diminué en 1929. La fille a épousé un Français – père mort de chagrin parce que homme devenu infidèle. Toute la famille moralement en déclin et sévèrement punie pour ses “manières françaises”. »[135]

Les retraites fermées jouent un rôle capital dans l'entretien du circuit matrimonial flamand. Organisées séparément pour les filles et les fils de paysans, elles sont l'occasion d'insister sur les dangers des mariages mixtes. On en trouve un écho dans la lettre d'une mère flamande au père Meeûs. « Notre Baptist a 26 ans et est un exemple de vertu et de courage : le dimanche à la Sainte Table, il a déjà dit à plusieurs reprises, en toute bonne foi : le père Meeûs nous a conseillé à la retraite de Mours de ne pas nous marier avec une Française. Mais où allons-nous trouver une Flamande par ici ? Il n'y en a pas dans la région. Pourtant, il le dit clairement : il ne se mariera jamais avec une Française. »[136] La suite se lit comme une variante allégorique rurale du récit biblique du péché originel. La tâche du fermier flamand peut être résumée par la question suivante : comment résister au serpent français et à la tentation ?

> Il va à la kermesse et partout, mais il ne court pas après les filles. Mais les filles et les parents lui courent derrière et cela fait déjà deux dimanches qu'une belle fille, vient à l'église ici, en faisant quatre kilomètres à pied, ce qu'elle ne faisait jamais avant, juste pour rentrer à la maison avec Baptist après la messe. Et nous savons trop bien, père, combien le monde est tentant. Si vous deviez rencontrer quelqu'un dans votre tournée, une fille courageuse et convenant pour le métier de fermière, pensez-à lui.

Même si le Français et la Française sont un peu plus épargnés après la Seconde Guerre mondiale, le message reste en substance le même. En 1950,

135 AVJ, 15536 : Rapport Côte-d'Or.
136 Cité dans « Het Werk der Vlamingen. Het leven van een zegerijke actie », *De Vlaamse Linie*, 6 déc. 1953.

par exemple, le thème est à nouveau abordé dans *De Stem uit het Vaderland*. L'article de la première page adopte il est vrai un ton plus ludique. Intitulé « Jeunes Belges de France, où chercher l'âme sœur de préférence ? » (« Jonge Belgen in Frankrijk, waar bij voorkeur een vrouwke gezocht »), il propose une stratégie en trois étapes : regardez d'abord autour de vous dans les familles flamandes. Si vous êtes trop éloignés de vos compatriotes, fréquentez la Réunion des Belges, elle offre à chaque fois une occasion rêvée. Si cela ne réussit pas, il vous reste encore le pèlerinage à Lourdes[137].

En insistant sur le programme très clair des aumôniers concernant le mariage (et son fonctionnement), nous n'avons nullement l'intention de faire oublier que dans les faits, on se mariait beaucoup entre fermiers flamands. Ce n'était certainement pas le mérite exclusif des aumôniers. Au contraire, les candidats au mariage flamands se recherchaient activement entre eux. Le réseau créé par les aumôniers était abondamment utilisé. On l'observait déjà en 1928 dans *Le Belge de France* : « Nous avons cherché à savoir si ces Belges épousaient fréquemment des Français ou des Françaises. Les ouvriers agricoles retourneront généralement se marier au pays. Les Belges exploitants, qui restent fixés en France, se marient surtout entre eux. Les Wallons font davantage exception. D'ailleurs ce sont les Wallons qui prennent le plus souvent la décision de demeurer définitivement. »[138]

Entre rêve et réalité : la perte des fermiers flamands en France

Revenant au rôle joué par *De Stem uit het Vaderland* dans la construction sémantique développée autour de la condition de « fermier-flamand-en-France », nous constatons que les normes véhiculées par le journal allaient encore plus loin que ce que nous venons d'esquisser. Dans la pratique paysanne quotidienne, l'aumônier flamand était absent. *De Stem uit het Vaderland* devait remédier à cette lacune en fédérant en quelque sorte les fermiers flamands éparpillés tout au long de l'année. Un fermier du Calvados apprenait par la rubrique consacrée aux nouvelles familiales la naissance ou le décès d'un gars originaire de sa région dans l'Aisne. Après la Seconde Guerre mondiale, le rôle de *De Stem* diminua toutefois inévitablement.

Ce n'était pas tant une conséquence de la désorganisation occasionnée par le conflit même. Dans les régions agricoles normandes, elle avait d'ailleurs été minime. Les aumôniers avaient pu poursuivre leurs visites à domicile et *De Stem* avait, en dehors de quelques courtes interruptions, continué à paraître. Cette perte était bien davantage liée à l'impact du changement de génération en train de s'opérer. La deuxième génération, constatèrent rapidement les aumôniers, ne pouvaient plus être atteinte avec les moyens traditionnels.

137 *De Stem*, 1er sept. 1950.
138 *Le Belge de France*, 18 mars 1928.

Le principal atout dont ils disposaient auparavant, à savoir le fait de pouvoir s'entretenir avec les agriculteurs flamands dans leur langue maternelle (variantes régionales incluses), était devenu après la guerre un obstacle.

Mais la principale cause résidait dans la nature de l'association elle-même. En ce qui concerne ses activités sociales, l'UAB se présentait comme une association fermée avec des objectifs avant tout normatifs. La voie identitaire empruntée vers 1930 impliquait en effet que les fermiers immigrés flamands restent catholiques et flamands. Ceux qui s'écartaient de ce profil étaient égarés ou même en mauvaise voie. En dehors de ce cadre normatif, les aumôniers ne parvenaient pas ou guère à comprendre la réussite de leurs activités. Pourtant, une autre option s'était présentée dans les années 1920. Sous l'impulsion des évêques belges, l'intention initiale avait été de préparer progressivement les fermiers flamands – dans la perspective d'un projet pour ainsi dire intégrationniste – à rallier la « fille aînée de l'Église ». Mais dès que le centre de gravité de l'encadrement religieux des émigrés s'était à nouveau déplacé vers les diocèses de Gand et de Bruges, cette piste de pensée avait perdu toute sa force.

La question contrefactuelle de savoir si l'attachement de la deuxième génération aurait été plus solide si l'activité sociale de l'UAB avait opté pour un projet intégrationniste est difficile à résoudre. Mais il est un fait qu'entre 1927 et 1949, aucune tentative ne fut entreprise pour atteindre la deuxième génération en soi – c'est-à-dire comme un groupe autonome, distinct de la première[139]. Le recrutement pour les retraites passait essentiellement par les parents et *De Stem* resta jusqu'en 1949 un périodique unilingue, réservé aux rares immigrés qui connaissaient encore le flamand. Même si la question du bilinguisme avait déjà été à l'ordre du jour à la fin des années 1920 – il est vrai pour d'autres raisons – (voir la discussion dans *Le Belge de France*), *De Stem* ne devint *La Voix de la Patrie* qu'en 1949[140].

Le fait que l'on ait attendu si longtemps pour passer à une revue bilingue s'explique bien davantage par la conviction des aumôniers de l'ancienne génération que par l'inconscience. Pour eux, les qualités de flamand et de catholique étaient non seulement interchangeables, l'une permettait aussi de mesurer l'autre et inversement. En dehors de ce raisonnement en boucle, il n'y avait pour eux pas de salut, quelles que soient les obstacles matériels. Les

139 Les aumôniers partaient aussi du principe que la transmission culturelle était avant tout le devoir des parents. Van Eecke écrivait par exemple à propos d'une journée de district destinée aux fermiers flamands de Normandie : « En général, nos gens s'en sortent bien dans le domaine spirituel et matériel, mais ce que nous devons faire remarquer, c'est que notre jeunesse, qui parle certainement français aussi bien que les Normands eux-mêmes, n'est pas suffisamment venue. C'est regrettable ! Les parents devraient veiller davantage à ce que leurs enfants restent en relation avec la spiritualité qui est proposée en France au profit de leur bien-être religieux et moral. » *De Stem*, 1er mai 1943.

140 *De Stem*, 15 juillet 1949.

aumôniers avaient rêvé face à l'émigration agricole, qu'ils avaient accompagnée pratiquement depuis le début, d'une « nouvelle Flandre » en France[141]. Mais cette nouvelle Flandre était en train de s'effilocher à grande allure. « (...) il est un fait », écrivit Van Eecke après son retour en Belgique, qu'une « faille s'est installée, de plus en plus profonde et de plus en plus large à mesure que les années passent, entre l'ancienne et la nouvelle génération, entre les parents et les enfants de ces fermiers flamands en France. Les parents qui sont venus s'établir en France il y a 10, 20 ou 30 ans parlent, pensent et sentent en flamand, conservent leurs habitudes flamandes, aiment encore leur patrie et le roi. Mais les enfants ont une tout autre mentalité. Ils parlent français, pensent et sentent dans cette langue. »[142] Les fils et filles des fermiers flamands étaient également de plus en plus nombreux à choisir la nationalité française[143].

Un numéro de *La Voix de la Patrie* paru en 1950 permet de se rendre compte à quel point la deuxième génération connaissait mal le flamand. Cette année-là, le journal se lança dans une vague tentative pour toucher malgré tout les enfants des émigrés et publia, sous le titre : « Jeunes Belges élevés en France, apprenez votre langue maternelle », quelques courtes leçons d'initiation au flamand. La première commençait de façon révélatrice avec les pronoms personnels et malgré l'annonce d'une suite, la série s'arrêta là[144]. Le même problème se posait évidemment lors des retraites pour les jeunes, qui furent, à partir des années 1950, exclusivement données en français[145].

Dans un tel contexte – une génération d'émigrés flamands vieillissante et une deuxième génération francisée – un ajustement des objectifs était devenu pour l'UAB inévitable. Au vu de la durée et de la ténacité avec laquelle elle s'était accrochée au binôme de la catholicité et de la langue flamande, la facilité et la soudaineté du changement de cap sont frappantes. Une fois acté le constat de la francisation de la deuxième génération, l'association se procura une nouvelle légitimité dans laquelle la langue flamande ne jouait plus de rôle. L'accent fut mis de manière croissante sur les aspects catholiques de l'éducation. Le contexte français dans lequel les fermiers flamands vivaient

141 Van Eecke, *De Stem*, 15 juin 1951.

142 *Ibid.*

143 Van Eecke signale pour sa zone le chiffre de huit Flamands sur dix qui optent pour la nationalité française (ou mieux, ne font pas usage de la possibilité procédurale de conserver la nationalité belge) à l'âge de 18 ans. *Ibid.* Cela m'a également été confirmé dans un entretien avec Adrien Fleurbaey. Lui-même opta en 1938 pour la nationalité française « parce qu'il se sentait français ».

144 « Jeunes Belges élevés en France apprenez votre langue maternelle. Petite leçon de flamand. Ik : je ; Gij : tu ; Hij : il ; Zij : elle ; Wij : nous ; Gij : vous ; Zij : Ils. Ik ben goed : je suis bon ; Gij zijt goed : tu es bon ; (...) Zij zijn goed : ils sont bons (Suite dans notre prochain numéro) » *De Stem*, 15 avril 1950.

145 Voir par exemple l'annonce bilingue rédigée à la forme interrogative : « Dans quelle langue cette retraite sera-t-elle prêchée ? En français, pour que tous puissent en profiter. » *De Stem*, 15 nov. 1953.

ne posait apparemment plus le moindre problème. « Grâce à une éducation catholique spécifique, une deuxième et une troisième génération grandissent ici en France, certes avec le français comme langue véhiculaire, mais avec la religiosité, la pureté morale et une droiture qui dans cinquante ans, fera encore dire aux Français : ce sont les dignes descendants de ce laborieux peuple flamand qui vit le long des plages de la mer du Nord. »[146] Désormais, le mérite des fermiers flamands n'était plus dans son rejet de tout ce qui était français, mais dans sa faculté d'adaptation. « Ils ont su s'adapter au peuple français, fraterniser au plus beau sens du mot, mais ont aussi compris l'art de se préserver. Il n'y pas de plus grande beauté que la sienne propre. »[147]

Dans les numéros ultérieurs de *La Voix de la Patrie*, l'attention se porta de plus en plus sur la bonne intégration des fermiers flamands en France. Une place particulière fut accordée aux succès politiques des descendants d'anciens migrants. À partir des années 1950, les migrants de la deuxième génération se présentèrent en effet en nombre croissant aux élections municipales. Beaucoup furent élus[148]. Ce nouveau ton eut une certaine force de recrutement au sein du groupe des fermiers catholiques flamands. En Normandie en particulier, région qui était toujours généreusement desservie par les aumôniers, *La Voix* créa une affinité durable parmi les fermiers flamands. La rubrique des nouvelles familiales, où l'on annonçait aussi bien les décès que les mariages ou les naissances, conserverait même un succès certain jusqu'à la fin des années 1960. Dans le cas des mariages et des naissances, il n'était cependant pas rare que les annonces soient placées par les parents.

Comme nous l'avons dit, l'UAB était loin de représenter tous les fermiers flamands de France. Sa portée se limitait selon ses propres chiffres à 10%, maximum 15%. Si la deuxième génération se francisa même au sein du groupe

146 *De Stem*, 15 sept. 1951.

147 *Ibid.*

148 « Des différents départements de la France nous parviennent des communications nous informant que plusieurs candidats d'origine belge (fils et filles de nos compatriotes) se sont présentés aux élections du dimanche 15 mars dernier. Plusieurs d'entre eux ont été élus. Un de nos adhérents nous prie de bien vouloir insérer le petit article ci-après paru dans le journal *La Croix* de la Somme. (...) "La valeur n'attend pas le nombre des années. C'est avec joie et fierté que le petit village de Louvrechy a élu avec une majorité remarquable l'une des plus jeunes conseillères municipales de la Somme : Mlle Marie Jeanne Van Wymeersch, âgée de 24 ans. D'une famille exemplaire, très estimée, sœur de Mme Vidal, née Marguerite Van Wymeersch, très connue par de nombreux malades qui ont pu apprécier son dévouement inlassable au nouvel hôpital d'Amiens, Mlle Marie Jeanne Van Wymeersch connaît parfaitement le milieu rural dans lequel elle assume de nombreuses activités. Douée d'une vive intelligence et d'un esprit ouvert à tous les problèmes humains contemporains, son dévouement n'a égal que son affabilité coutumière." » *De Stem*, 15 mars 1959. Voir aussi *De Stem*, 15 déc. 1959 au sujet de Gerard Decoster, « qui était depuis plus de 12 ans conseiller communal (Lahaye-Saint Romain, Somme) et venait d'être élu pour la deuxième fois maire de sa commune. » Adrien Fleurbaey, agriculteur, fut également pendant plusieurs années maire de Mesnil-Raoul près de Rouen.

de fermiers le plus accompagné, que peut dire du processus de francisation chez les autres ? Nous ne possédons pas de données sûres à ce sujet ; seules quelques sources indirectes nous renseignent sur cette réalité. La tournée de prospection réalisée par l'UAB fin 1946 début 1947 dans la Marne et l'Aisne livre quelques informations intéressantes sur le sujet. L'association avait alors essayé de mesurer l'intérêt éventuel de la population concernant une collaboration, cela, indépendamment de leur adhésion à l'UAB ou de leur sympathie pour celle-ci. Les rapports des réunions locales signalaient non seulement que l'on constatait dans la deuxième génération une complète francisation, mais que de nombreux immigrés de la première génération avaient fait savoir qu'il n'y avait en fait plus besoin d'une communication en flamand. Van de Voorde, un fermier de Macquigny (près de Guise) s'exprimait sans détour sur le sort futur du journal : « Encore deux ou trois ans (...) et *De Stem* n'aura plus d'abonnements. »[149] Il attribuait surtout cela à la jeunesse, qui était devenue en ce qui concerne la langue complètement française et préférait s'affilier aux syndicats locaux qu'au Boerenbond. Van de Voorde conseillait à *De Stem* de devenir entièrement francophone ou du moins bilingue. Dans certaines parties de la Marne, on avait constaté que même la première génération n'était plus demandeuse. Les environs de Fismes (Marne) étaient assimilés à « la région des Flamands français »[150]. Sur les vingt-deux fermiers interrogés, seuls sept étaient « restés flamands ». « Rester flamand » était-il est vrai pris au sens strict et réservé semble-t-il aux couples de fermiers qui parlaient flamand et s'étaient mariés entre Flamands. Les quinze autres, ceux qui n'étaient « pas restés flamands », répondaient aux caractéristiques suivantes : « Trois sont francisés au point de parler difficilement le flamand, dix ont épousé une Française ou une Wallonne et les autres sont naturalisés. »[151]

Dans la région de La Fère et de Saint-Quentin, où vivaient principalement de plus petits exploitants, l'UAB était surtout critiquée pour le groupe cible étroit qu'elle avait créé au fil des années sur base du critère de la langue. Les fermiers reprochaient aussi au Boerenbond de ne s'occuper que de la partie flamande des émigrés belges[152]. Les Wallons et les « Flamands francophones » eux aussi avaient besoin d'aide et étaient intéressés par les nouvelles de leur pays d'origine.

Le message fondamental transmis à l'UAB après la guerre était en fait que l'identification ne pouvait plus passer par la langue flamande. Et dans le cas du contingent de fermiers flamands en France, l'impulsion venait avant

149 CABB, 866 (2) : Socuna, tournée dans la région d'Ambrières (Marne), réunions des 22 sept. au 3 oct. 1946.

150 *Ibid.* : Socuna, tournée dans la région de Fismes (Marne), réunions des 18 nov. au 23 nov. 1946.

151 *Ibid.*

152 *Ibid.* : Socuna, tournée dans la région de La Fère et de Saint-Quentin, réunions des 2 déc. au 11 déc. 1946.

tout d'en bas. L'UAB, qui s'était montrée avant les années 1950 particulièrement particulariste et flamande, adopta suite à cela une politique plus belge. En effet, ce point aussi faisait partie des revendications des fermiers flamands. Après la tournée de Sissonne et Neufchâtel (Aisne) – où il était apparu « qu'en général, c'étaient les plus gros fermiers et les plus grandes familles qui étaient restés "les plus flamands" » – le rapporteur notait ce que les fermiers attendaient réellement de *De Stem* : « Des articles sur l'actualité, (...) des nouvelles de Belgique contribueraient largement à rendre progressivement les "passifs" plus enthousiastes. On m'a par exemple demandé à plusieurs endroits de donner plus de nouvelles du roi, des enfants royaux (...). Ici en France, nous ne savons plus ce qu'il se passe en Belgique. »[153]

À partir des années 1950, le rôle flamand de l'UAB sembla donc s'éteindre lentement. Les activités traditionnelles, comme les messes de Pâques et surtout les retraites perdirent aussi nettement en importance au sein de l'organisation. Néanmoins, l'UAB trouva via *La Voix* un moyen de consolider l'existence de l'ancien réseau de fermiers flamands. Les activités à haut niveau de socialisation, comme les pèlerinages à Lourdes et les journées annuelles régionales, continuèrent à être organisées de façon régulière jusqu'à la fin des années 1960. Pendant la décennie en question, des excursions en Belgique furent également ajoutées au programme[154]. L'introduction de séjours aux sports d'hiver, en 1969, témoigne non seulement de la réussite économique des fermiers émigrés, mais aussi d'un assouplissement de l'activité pastorale. Les loisirs et le tourisme reprenaient petit à petit le rôle de la religion. Le cadre de référence du réseau UAB était cette fois non plus la Flandre, mais plutôt la Belgique. Par exemple, les excursions n'avaient pas forcément la Flandre comme destination. Par Givet, on se rendait à Dinant, puis on visitait les grottes de Han et le sanctuaire de Banneux. On se rendait ensuite à Bokrijk et à Louvain en passant par Spa, avant de visiter Bruxelles et Waterloo le troisième jour. On remarque aussi que les regards étaient de plus en plus souvent dirigés sur la France elle-même. Les fermiers flamands (naturalisés ou non) allaient désormais (comme tant de Français) en vacances en France, en Bretagne ou dans le sud. À partir de la fin des années 1960, le voyage à Lourdes, qui avait représenté pendant tant de décennies l'activité emblématique de l'UAB, changea de nature. Ce qui était jusque peu auparavant un pèlerinage – avec un départ commun (à Montmartre) et un voyage collectif en train (avec prières et parties de cartes), souffrait désormais des préférences individuelles des pèlerins[155]. En septembre 1969, l'UAB recruta encore 120 candidats pour Lourdes, mais

153 *Ibid.* : Socuna, tournée dans la région de Sissonne et de Neufchâtel, réunions des 14 déc. au 23 déc. 1946.

154 *De Stem*, 1er mars 1969.

155 Voir par exemple les notes du père Van den Brande. AVJ, 15536 : Rapport 18 juillet 1947.

« seuls » 81 prirent le train. Les autres s'y rendirent soit en voiture (26), soit en avion (13)[156].

Dans les années 1970, l'UAB finit par perdre son réseau. *La Voix* continua bien à paraître, mais à partir de 1977, elle devint un mensuel contenant de moins en moins d'apports personnels. « Le sort est jeté... Les temps changent, les générations passent et les habitudes évoluent »[157], écrivait le père Tessens, norbertin et directeur de l'UAB dans l'éditorial du nouveau journal. Depuis 1954, l'association était à nouveau dirigée par une génération d'aumôniers vieillissants. Cette fois, il n'y aurait pas de relève. Les activités de l'UAB furent intégrées à celle de la Mission belge (ancienne Œuvre des Flamands) de Paris, elle-même placée sous les auspices du diocèse de Gand.

Pour conclure

Tant en France qu'en Belgique, un fossé très net se creusa entre imagination et réalité au cours des décennies précédant la Première Guerre mondiale. En France, la Troisième République s'identifiait volontiers à une république rurale, une représentation qui ne correspondait en rien au comportement de sa population, qui fuyait la campagne et apparaissait en outre peu fertile. Le désastre démographique encouru par le pays pendant la Grande Guerre révéla cette réalité de façon d'autant plus douloureuse. La France continua néanmoins à défendre l'agriculture pour diverses raisons, non seulement en raison de son importance économique stratégique, mais surtout comme composante essentielle de l'imaginaire national. En Belgique, les mêmes arguments furent mobilisés en faveur de l'agriculture, mais à un tout autre échelon social. Le fermier et l'agriculture y furent en grande partie intégrés dans un catholicisme organisationnel d'origine ultramontaine. Cette tendance s'était en premier lieu développée de manière antithétique par rapport aux principes libéraux de liberté et égalité. Plus tard, un élément tout aussi important s'y ajouta : la lutte contre le socialisme. En général, la seconde moitié du XIXe siècle fut ressentie par les catholiques de manière pessimiste et confuse. Les changements sociaux étaient beaucoup trop rapides à leur goût et, à l'étranger non plus, ils ne voyaient guère de signes rassurants. Dans cette accélération – « Le monde a plus changé au cours des trente ans qui viennent de s'écouler qu'au cours des deux millénaires entiers depuis le Christ », constatait Charles Péguy en 1913[158] – ils cherchèrent la stabilité et se reposèrent pour cela sur une sorte de traditionalisme renouvelé. Le fermier (flamand) devint dans ce contexte une

156 *De Stem*, 31 déc. 1969.
157 *Ibid.*, fév. 1977.
158 Cité dans Gauchet, *À l'épreuve des totalitarismes*, 7.

figure importante. Lorsque lui aussi prit la liberté d'émigrer, son départ fut ressenti comme une douloureuse perte.

Mais malgré l'émigration, l'Église belge et, surtout, les diverses activités de l'UAB, parvinrent à produire pendant l'entre-deux-guerres un discours dans lequel les fermiers flamands de France trouvaient une spécificité. Et en ce qui concerne les membres de l'UAB, nous pouvons même affirmer que ce discours fut efficace jusqu'après la Seconde Guerre mondiale. Nous avons montré à travers les poèmes de Pieter Meersseman que dans chaque fermier flamand, il existait une médiation essentielle avec le Français. La même conclusion s'impose à leur sujet : si la première génération se reconnut certainement dans ces vers, la deuxième se détacha progressivement du modèle qu'on lui proposait[159].

159 Aujourd'hui la troisième génération s'intéresse de nouveau à la première génération. Voir p. ex. le recueil de témoignages de Sonia Ringoot, *En quête de terre. Des Belges en Normandie.*

CONCLUSIONS

La migration permanente belge en France fut un phénomène de longue durée : elle débuta dès les années 1850 et ne s'éteignit que progressivement au cours du XXe siècle, après la Seconde Guerre mondiale. Entre 1850 et les lois sur la nationalité de 1889, nous avons constaté que la population belge avait connu une augmentation exceptionnelle, en particulier dans le Lillois. La plupart de ces Belges y étaient attirés par une industrie textile en plein essor. Partant de l'exemple de Roubaix, nous avons montré que la plupart des immigrés venaient des provinces belges situées à proximité. La migration vers Paris remonte à la même période. Même si les Belges y représentaient en termes absolus un assez gros groupe à l'époque, ils n'eurent jamais qu'une faible importance relative dans la population parisienne. Contrairement à ceux du Lillois, ils étaient difficiles à toucher. Nous pouvons affirmer qu'ils y formaient un amalgame, tant par leur composition professionnelle, que par leur origine ou par leur schéma d'établissement.

Après la Première Guerre mondiale, l'émigration permanente prit un autre visage, qu'elle devait principalement aux agriculteurs flamands. Nous n'avons pas pu expliquer de manière claire le rôle joué par le conflit dans leur départ. D'une part, nous avons affirmé que le conflit mondial avait constitué une importante période de transition, à la fois matérielle et mentale, dans la disponibilité à émigrer chez les fermiers. La situation démographique dans laquelle la France se trouvait avant, pendant et surtout après la Première Guerre mondiale facilita cette évolution et fit naître une demande chez les propriétaires terriens français. De l'autre, nous avons aussi pointé le grand nombre de départs pendant la période 1922-1927 et probablement encore par la suite. Les premiers migrants en encouragèrent certainement d'autres à venir exercer leur activité en France.

Bien que notre recherche se soit limitée à la migration permanente belge, nous n'avons pu éluder la rencontre avec une série de formes intermédiaires. La migration belge ne fut en effet pas toujours définitive. Beaucoup de Belges étaient familiarisés en ce qui concerne la France avec l'émigration temporaire ou le travail frontalier, deux catégories elles-mêmes fort disparates. Les émigrés provisoires furent aussi bien actifs dans l'agriculture, la construction ou la briqueterie que dans les travaux publics et privés liés à la reconstruction après la Première Guerre mondiale.

Les trois volets de cette publication ont également porté sur une vaste espace : de la région frontalière du Lillois aux régions agricoles du nord de la Loire en passant par Paris. Nous n'aurions eu aucun mal à agrandir cet espace si nous avions voulu. Les mines du Pas-de-Calais et l'industrie des régions touchant à l'Ardenne belge attirèrent également des Belges. Au début du XXe siècle et après la Première Guerre mondiale, la banlieue parisienne séduisit incontestablement des migrants belges elle aussi. Ces groupes étaient cependant moins visibles, soit en raison de leur moindre nombre, soit à cause de leur composition linguistique. Les migrants belges du Pas-de-Calais ou des Ardennes françaises étaient souvent originaires de Wallonie[1]. Toutefois, si nous n'avons pas intégré ces régions de destination dans notre cadre d'analyse, c'est surtout pour une autre raison : aucune initiative d'encadrement religieux digne de ce nom n'y fut mise sur pied. Ce type d'initiative joua en revanche un rôle important dans le Lillois, à Paris et chez les agriculteurs belges/flamands. Et même si elles ne suivirent pas toujours les mêmes voies au fil du temps, on peut jusqu'à un certain point les considérer comme un ensemble en ce qui concerne leurs tâches essentielles.

L'un des objectifs des œuvres d'encadrement était de rassembler les Belges ou les Flamands dispersés en France autour de leur religion d'origine. Le milieu agricole fut à cet égard le plus facile à toucher, et de loin. Les fermiers flamands vivaient en quelque sorte « dispersés, mais ensemble », en particulier dans des régions comme la Normandie. Le côté uniforme et cyclique de l'activité agricole, allié à la relative proximité des autres fermiers flamands, se prêtait particulièrement bien à la pastorale des œuvres d'encadrement. Les journées de district ou de région réunissaient les fermiers à dates fixes pour des moments de détente et les pèlerinages organisés à leur intention, soit régionaux soit vers Lourdes pour tous les fermiers flamands de France, remportaient un vif succès.

1 Pour les Ardennes, voir Bigorgne, « Main d'œuvre étrangère et mouvement ouvrier » ; *Id.*, « Une manifestation de défense ouvrière contre les frontaliers belges à Fromelennes (Ardennes) en 1904 ».

L'espace le plus problématique fut sans le moindre doute Paris. Malgré de nombreux investissements, les aumôniers n'y touchèrent qu'une partie limitée de leur public cible. Pendant les périodes fastes de l'Œuvre des Flamands – nous pensons à sa première phase, 1865-1870 – la tendance positive des débuts ne put jamais être confirmée, soit pour des raisons extérieures, soit en raison des choix stratégiques de l'association. Au nombre des premières comptent assurément la guerre franco-prussienne et la Commune de Paris, des événements qui entraînèrent une rupture nette dans les activités. Mais le côté mouvant de la population immigrée belge, qui ne se fixait jamais longtemps dans le même quartier, fut également un lourd handicap pour l'Œuvre des Flamands. En réalité, l'initiative ne sut jamais bien à qui s'adresser dans cette ville cosmopolite. Nous nous sommes largement intéressé à la seconde catégorie dans la deuxième partie. La mainmise de la tendance ultramontaine fortunée du diocèse de Gand sur l'Œuvre des Flamands à Paris eut pour effet d'éclipser dès ses débuts l'œuvre migratoire en la transformant en une entreprise de construction. Elle ne se remettrait jamais de cet épisode.

Nous pouvons difficilement tirer des conclusions claires au sujet des œuvres d'encadrement du Lillois. Ainsi que nous l'avons montré, cela tient principalement au fait que les anciennes œuvres d'encadrement, mises en place par les instituts religieux, poursuivaient un objectif migratoire bien moins évident que ce qui a souvent été pensé. Elles étaient actives dans un espace transfrontalier et s'adressaient à un groupe hétérogène comprenant aussi bien des Français et des Flamands de France que des Belges, flamands ou francophones. En ce sens, elles travaillaient avant tout au sein du diocèse de Cambrai. De plus, elles ne purent en raison des lois anti-congréganistes jamais évoluer pleinement pour devenir des œuvres migratoires exclusives. L'initiative des frères mineurs à Roubaix, ville qui représentait indéniablement le terrain de travail offrant le plus grand potentiel, fut supprimée abruptement ; à la fin du XIXe siècle, Lille-Wazemmes ne continua à exister que de manière amputée. Ce qui aurait pu étant donné le grand nombre de Belges dans le Lillois vers 1880 représenter l'apogée des œuvres d'encadrement n'eut pas de suite. La mise en place ultérieure, dans les années 1930, de la Mission belge, était d'un autre ordre et arrivait en fait trop tard. L'initiative de la rue Mazagran tenait plutôt de l'œuvre « amalgame », à l'image de la population belge du Lillois à l'époque. Son public cible comprenait aussi bien d'anciens migrants permanents (Foyer belge) que les descendant des immigrés (la colonie de vacances de Coxyde et les leçons de flamand) ou les nombreux travailleurs frontaliers.

Enfin, pour en revenir à la réussite des œuvres agricoles, nous devons malgré tout conclure que le succès récolté auprès de la première génération de migrants ne se répéta pas automatiquement auprès de la génération suivante. Autrement dit, que les œuvres d'encadrement aient eu un réel impact ou qu'elles aient été un échec, la deuxième génération de Flamands ou de Belges ne tarda pas à se fondre dans la population française.

Dans ce qui suit, nous passons une nouvelle fois en revue les trois espaces traités dans une tentative de tirer des conclusions plus englobantes. Nous reprenons à cette fin la perspective herméneutique présentée dans l'introduction et revenons sur les questions les plus cruciales de notre étude. Nous envisageons successivement la mesure dans laquelle les échecs étaient dus à des erreurs de jugement et les ressorts et cadres de référence qui ont motivé l'Église belge à agir en France. Dans la section « Discours et public », nous revenons sur la composition réelle du public cible des œuvres migratoires, qui ne comprenait pas exclusivement des migrants. Ensuite, nous abordons la fonction de passerelle ou de barrière des œuvres d'encadrement et revenons sur l'aspect d'altérité. Là, nous traçons régulièrement des parallèles avec la migration belge vers la Wallonie. Enfin, et en guise d'épilogue, nous nous sommes autorisé quelques réflexions sur la cause et les effets.

Erreurs de jugement ?

Les échecs constatés dans les chapitres qui précèdent peuvent être considérés de deux manières. La première consiste à y voir de (graves) erreurs de jugement. Certains acteurs principaux apparaissent comme des personnes peu visionnaires, des responsables manquant de la lucidité nécessaire pour deviner ce que leur réservait l'avenir. Comme illustration, nous pourrions citer de nombreuses décisions et prises de position largement explicitées plus haut. Nous nous en tiendrons à trois exemples. René-François Régnier, archevêque de Cambrai, surestima dans sa défense des rédemptoristes belges la force des arguments. Mieux encore, en adoptant un cadre de raisonnement national et en étiquetant les Belges comme un groupe ayant ses propres besoins, il confirma en réalité ce qu'il voulait combattre. Nous trouvons un deuxième exemple d'éventuelle myopie dans le diocèse de Gand, qui fut totalement incapable d'évaluer la mobilité des migrants belges à Paris. Lorsque le complexe monumental de la rue de Charonne entra en service, son public potentiel était déjà en train de déserter le quartier. Enfin, Edmond Ronse, avocat gantois et spécialiste des émigrés temporaires, fit également preuve d'une faible capacité de jugement. Nous pourrions facilement lui reprocher que son analyse de 1913, selon laquelle l'émigration agricole des débuts vers la France avait choisi un moyen terme entre migration saisonnière et émigration permanente – « une formule définitivement temporaire », donc – était un non-sens.

Il y a toutefois une deuxième manière, plus sensée, d'interpréter de telles façons d'agir et de penser, à savoir de les considérer comme des exemples d'aveuglement face aux changements d'une réalité sociale complexe. Le fait que Régnier ne réalisa pas la portée de ses arguments ne témoigne donc pas d'un manque d'intelligence, mais bien des bases branlantes sur lesquelles reposait encore le cadre national à l'époque. Cela montre que Régnier jugeait encore l'Église internationale qu'il représentait viable. Le même raisonnement s'applique aux tribulations du diocèse de Gand avec son complexe parisien. Plutôt qu'un défaut de jugement, elles reflètent la confrontation avec une nouvelle forme de migration humaine dans les grandes villes. Combiné à une impulsion et à un financement ultramontains, ce choix se matérialisa pour l'œuvre d'encadrement en un ensemble néo-gothique démesuré. La direction que le monde allait prendre dans les années 1870 n'était pas claire, même à Paris. Avec le souvenir récent de la Commune et une guerre culturelle en perspective, un renforcement des forces restauratrices et conservatrices représentait une option tout aussi acceptable pour le développement de la société que la démocratisation qui prendrait forme sous la Troisième République à partir des années 1880. Edmond Ronse, enfin, fut trahi par la réalité anthropologique. Même les fermiers flamands s'avéraient disposés à émigrer. Mais, lorsqu'il pensait qu'ils reviendraient, il était guidé par une conviction profonde. En 1913, il avait rarement eu vent de départs définitifs. Pourquoi ce comportement aurait-il soudainement changé ?

« Verlies », « loss », perte

Indépendamment de ces trois exemples, notre publication toute entière a mis en avant des gens qui considéraient la migration en tant que processus social comme une « grande perte ». Vu sous l'angle de la conception sociale traditionnaliste de l'Église, ce rejet de l'émigration était facilement compréhensible. Pour elle, la société était avant tout une communauté de sentiments, dominée par des affinités et de solides liens de solidarité réciproque. En émigrant, le migrant se coupait concrètement de cet ordre originel. On pouvait donc difficilement applaudir cette décision des deux mains.

La longue histoire des œuvres d'encadrement a éclairé cette attitude de l'Église. En considérant systématiquement la migration comme une perte pour le migrant, elle posait tout d'abord un jugement de valeur implicite sur la communauté que les migrants quittait : qualitativement, la « froide société de destination » ne pouvait rivaliser avec la « chaleureuse communauté de départ ». Mais dans la démarche de l'encadrement religieux sur le lieu de destination, il y avait aussi une vision bien précise de la migration. Les migrants ne partaient pas de leur plein gré. Ils n'étaient pas des agents rationnels qui agissaient au niveau individuel et en fonction de leur libre arbitre. Leur départ était toujours motivé par d'autres raisons. Les bénéfices que l'émigré entrevoyait pour son sort matériel ne faisaient jamais le poids face aux dommages de l'appauvrissement spirituel qui l'attendait une fois sur place. Le migrant était donc avant tout un pauvre, une victime. Les bénéfices qu'il escomptait de l'émigration étaient le résultat d'un aveuglement. Il était trop pauvre d'esprit pour évaluer l'ampleur des dommages. Sans le soutien d'un prêtre, il n'était pas armé pour juger à sa juste valeur tout ce qu'il laissait derrière lui. Cette façon de voir le migrant était en outre la raison d'être fondamentale de l'encadrement religieux. Il eût été bien plus difficile d'offrir son assistance à des migrants considérés comme des décideurs indépendants.

Des cadres de référence labiles

Les cadres de référence identificationnels changeants dans lesquelles elles opérèrent entre 1850 et 1960 en France constituent l'un des aspects les plus passionnants de la longue histoire des œuvres d'encadrement. Les migrants belges apparurent à la surface en tant que groupe cible relativement tard, vers 1880. Dans le Lillois, nous ne trouvons en tout cas pas trace d'encadrement exclusif pour migrants entre 1850 et 1880. Les instituts religieux qui y étaient actifs travaillaient en premier lieu dans un espace transfrontalier, dans lequel la frontière n'était guère considérée comme un obstacle, certainement pas par les religieux. Tant les rédemptoristes que les frères mineurs évoluèrent dans un espace nord-français qui devait être gagné, regagné ou conservé pour le catholicisme, un point c'est tout. Les migrants belges étaient avant tout considérés comme des catholiques et non comme des migrants. Les Flamands étaient certes approchés avec des offices et des missions dans leur langue, mais les bonnes mœurs et les usages religieux n'étaient pas exclusivement liés au lieu de provenance du migrant. En d'autres termes, les caractéristiques identitaires n'étaient pas encore territorialisées ou « figées » dans la région d'origine. Il n'était encore guère question de vertus flamandes ou françaises. Avec la nationalisation poussée de l'espace à partir de 1880, l'apostolat des migrants prit aussi systématiquement un caractère plus national. Parallèlement, le Belge ou le Flamand catholique de France se transforma pour les œuvres d'encadrement en migrant, si bien que les références à la région d'origine gagnèrent clairement en importance.

Sans doute cette dynamique fut-elle renforcée par la disparition des instituts religieux belges dans les œuvres d'encadrement. Après 1880, le point de gravité des œuvres migratoires en France se déplaça entièrement vers les diocèses belges. Leur délimitation territoriale suscita inévitablement une attention plus particulière, avec une préférence pour les migrants originaires du diocèse correspondant. L'œuvre parisienne dirigée par le diocèse de Gand en était un bon exemple. Si dans les premières années, certains signes montraient encore que tous les migrants d'origine belge étaient concernés, le public cible se réduisit progressivement, à partir des années 1870, aux émigrés préférentiellement originaires des diocèses flamands. L'œuvre parisienne fut en ce sens la première véritable Œuvre des Flamands, tant en ce qui concerne ses activités et son public cible qu'en ce qui concerne sa production narrative. Paris s'adressait avant tout aux migrants en tant que Flamands ; et c'était aussi sur base de cette qualification que des collectes furent organisées çà et là. Les origines, la religiosité et la vertu flamandes furent dans ce contexte de plus en plus souvent propagées conjointement[2].

Pourtant, le cadre de référence identificationnel des œuvres d'encadrement ne glissa définitivement de la Belgique à la Flandre que pendant l'entre-deux-guerres, plus spécifiquement dans les œuvres agricoles. Durant la période qui précède, on est surtout frappé par la souplesse avec laquelle ces œuvres changèrent de position dans le domaine identitaire. Au lendemain de la Première Guerre mondiale, les œuvres agricoles étaient encore d'inspiration résolument belge. L'accent était alors clairement mis sur une identité catholique. On alla jusqu'à affirmer que les œuvres d'encadrement belges ne pouvaient jamais avoir comme souhait d'isoler les Belges de la société d'accueil. L'essence de l'identité belge résidait dans sa capacité d'adaptation et les missions communautaires des Polonais ou des Italiens étaient citées comme des exemples à ne pas suivre. Une commission épiscopale à la composition large, avec une position forte de l'archidiocèse de Malines, justifiait en partie ce parti-pris. Lorsque l'archidiocèse se retira de France après l'échec de l'Œuvre du front, les diocèses de Gand et de Bruges purent gérer à leur guise le développement et la consolidation des œuvres agricoles. La direction des œuvres en question n'était d'ailleurs pas très stricte et ce furent finalement les aumôniers travaillant sur le terrain, le plus souvent de tendance flamingante, qui déterminèrent au sein de l'UAB les lignes identitaires. Lesquelles furent clairement élaborées par contraste par rapport à la France.

Discours et public

Dans les rapports rhétoriques entre orateur et public, Chaïm Perelman et Lucie Olbrechts-Titeca ont défini le public comme « l'ensemble de ceux sur lesquels l'orateur veut influer par son argumentation »[3]. Le moins que l'on puisse dire au sujet du public des œuvres d'encadrement, c'est qu'il n'était pas homogène. En tant qu'organisations pour migrants, ces associations développèrent sans doute un argumentaire destiné à maintenir le catholicisme chez les migrants belges. Mais les migrants étaient loin d'être les seuls auditeurs. Au contraire,

2 ABG, Œuvre des Flamands : L'Œuvre des Flamands à Paris, Fête jubilaire du 17 avril 1887, 13.
3 Perelman et Olbrechts-Titeca, *Traité de l'argumentation*, 25.

la composition du public était très diverse et il était souvent difficile de savoir quels mots s'adressaient à qui exactement.

Le public le plus clairement délimité fut sans aucun doute celui de l'émigration agricole flamande. Un périodique comme *De Stem uit het Vaderland* s'adressait par exemple spécifiquement à eux, avec des articles concernant l'exercice de leur métier et des textes à teneur morale et religieuse sur l'organisation de la vie quotidienne dans les familles de fermiers flamandes. La première génération d'émigrés trouva dans ces lignes une image schématisée d'elle-même, qui lui procura non seulement un sentiment de reconnaissance, mais aussi de la fierté et de l'estime personnelle. Leurs enfants appartenaient également clairement au public cible. Par le biais de *De Stem*, on leur proposait continuellement – indirectement ou par l'intermédiaire de leurs parents – de réfléchir à ce qu'ils voulaient être et devenir. Rester Flamand en France représentait pour *De Stem* le summum identitaire. D'où les avertissements incessants contre la francisation, non seulement dans la langue, mais surtout dans les mœurs.

Ceux qui restent : les émigrants potentiels

Toutefois, une bonne partie du discours s'adressait aux pairs des émigrants, restés en Flandre. Considérés comme des émigrés potentiels, ceux-ci avaient surtout droit à un discours dissuasif. La lettre pastorale de 1865 de Mgr Henri Bracq, qui suscita l'émoi dans le Paris de Mgr Georges Darboy, en était un exemple parlant ; dans les chaires du diocèse de Gand, la capitale française était décrite comme une Babylone moderne et dangereuse. Et dans la foulée, le sort des migrants flamands était décrit comme misérable. La même stratégie de dissuasion fut utilisée après la Première Guerre mondiale avec les agriculteurs flamands. En dépit des possibilités que la France offrait en tant que région agricole, des périodiques comme *De Boer* refusaient obstinément de la considérer comme une destination possible pour les paysans en quête de terre et d'une ferme. À propos des fermiers déjà partis, on ne rapportait au public local que des difficultés et des problèmes.

Cette attitude négative à l'égard de l'émigration eut d'importantes répercussions. Les stratégies de dissuasion concrètes destinées aux migrants potentiels, couplées à la tendance naturelle des œuvres d'encadrement à toujours voir l'émigration comme une perte, empêchèrent que celle-ci soit jamais présentée comme une entreprise réussie. En ce qui concerne l'émigration agricole – une décision qui dans la plupart des cas avait mené à une amélioration des conditions de vie matérielles – il fallut attendre jusqu'aux années 1960 pour que l'on parle sans réserve d'histoire positive[4]. Mais il s'agissait alors d'un jugement *a posteriori*, car cette émigration appartenait en substance au passé. Les coming out faits en Flandre sur le succès de l'émigration à l'époque même de celle-ci, comme celui de Bollaert, aumônier principal de l'UAB à la fin des années 1920, furent accueillis avec désapprobation.

Consonance cognitive

L'attitude ambiguë des œuvres d'encadrement à l'égard de l'émigration – soutien dans le pays de destination quand le phénomène se produisait et dissuasion dans le pays d'origine afin d'éviter ce soutien – ressemble très fort à l'attitude problématique des jeunes États nations à l'égard du départ de leur population. À la fin du XIXe siècle et au début du XXe, l'Allemagne, l'Italie, mais aussi la jeune Pologne se heurtèrent par exemple à des telles difficultés. L'image propagée à l'intérieur du pays, celle d'une nation jeune et finalement libérée, s'accordait mal avec le constat qu'une partie de la population s'en allait. Pire encore, la Pologne et l'Italie y œuvraient à travers des accords bilatéraux. Cette pratique les plaça face à un paradoxe, à savoir qu'une nation pouvait difficilement se présenter sans plus comme « une nation d'émigrants ». Donna Gabaccia, Dick Hoerder et Adam Walaszek, historiens de l'émigration, sont clairs à ce sujet. Tous les pays cités finirent par trouver un moyen de présenter l'émigration comme un apport à la force de la nation[5]. L'un des arguments fut que les émigrants emportaient avec eux et diffusaient la culture italienne, polonaise ou allemande. Les jeunes nations parvinrent donc à faire en sorte que la pratique migratoire soit cognitivement consonante, cela grâce à une projection de la nation au-delà des frontières nationales. Les émigrés polonais de France, par exemple, devaient pour cela rester polonais et la catholicité était dans ce cadre un élément essentiel. Dans le bassin minier du Nord-Pas-de-Calais, où la plupart des Polonais avaient abouti, l'Église catholique polonaise fonctionna comme le « dernier rempart de la culture polonaise »

4 D'abord dans les numéros de *De Stem uit het Vaderland* eux-mêmes. Concernant les années 1970 en particulier, voir Verthé, *Vlaanderen in de wereld*, 76-87. Une série d'articles sur l'émigration agricole flamande parurent encore dans la presse flamande au cours des années 1970. Voir la série d'articles de Johan Staes, « Bij de Vlaamse boeren in Frankrijk », *Gazet van Antwerpen*, 18-24 déc. 1976 ou *Het Volk*, 8-14 déc. 1978. Les deux séries se terminent de façon révélatrice par un article de mise en garde. Dans *Het Volk* (14 déc. 1978), on lit : « Tout le monde n'est pas devenu un gros fermier. » ; dans *Gazet van Antwerpen* (24-25-26 déc.), la photo d'une ferme en ruine est accompagnée de la légende : « Ce serait un mythe de croire que tous les fermiers émigrés en France ont fait fortune. »

5 Gabaccia, Hoerder et Walaszek, « Emigration et construction nationale en Europe », 69.

et se considéra elle-même, avec l'aval et le soutien des autorités polonaises, comme un « dépositaire du sentiment national »[6].

Il va de soi que les œuvres d'encadrement belges ne représentaient pas l'État. Mais elles s'engouffrèrent dans le vide que les autorités avaient laissé se creuser en matière d'émigration. « Un des traits frappants, au XIXème siècle », observe à raison Stengers sur l'émigration de la population belge, « est le manque d'organisation de l'émigration »[7]. À aucun moment, les autorités ne se préoccupèrent du phénomène migratoire. La Belgique se comporta dans ce domaine comme une nation libérale moderne, célébrant pleinement le principe du « laisser-faire ». L'historien Aristide Zolberg a appelé cela la « Révolution des départs », c'est-à-dire le passage fondamental en Europe continentale d'une attitude mercantile à l'égard de l'émigration à une politique du laisser-faire. Dans la première attitude, le capital humain était l'un des biens le plus précieux du royaume. Le laisser-faire adopta à l'égard de la population une « attitude de négligence bénigne »[8]. À la fin du XIXe siècle, les sentiments nationalistes allaient à nouveau y appliquer une « correction mercantile ».

En Belgique, les autorités ne s'en occupèrent pas et ce sont les initiatives d'encadrement qui apportèrent ce correctif mercantile, développant pour cela des attitudes comparables à celles des jeunes nations citées ci-dessus. Mais plus que des gardiennes des sentiments nationaux, elles devinrent, en particulier après la Première Guerre mondiale, des dépositaires de sentiments régionaux. Elles avaient une activité double : l'une se déployait dans le pays de destination, l'autre dans le pays d'origine. C'est à nouveau chez les paysans flamands que cela allait apparaître le plus clairement. En France, l'œuvre agricole tenta surtout de jouer un rôle identitaire et moral. En Flandre, par contre, elle fit en sorte que les Flamands puissent comprendre et accepter que leurs compatriotes aient quitté leur région tant aimée. Cependant, les auditeurs de ce discours en étaient en même temps les producteurs. Car c'étaient surtout les leaders catholiques flamands de la parole publique eux-mêmes qui avaient besoin d'un tel discours cognitif consonnant.

Dans ce contexte, on est également frappé de voir combien les événements qui avaient lieu dans leur région d'origine avaient peu d'impact sur les migrants dans leur nouvelle destination. Les thèmes politiques sensibles belges ou flamands ne mobilisèrent quasiment pas en France. Les migrants restaient intéressés, mais cela n'allait pas plus loin. Chez les Belges de France, la fracture due à la situation politique belge n'eut pas de répercussions. La situation était par exemple différente pour les émigrés italiens, chez qui les

6 Thiriet, « Jour de fête », 154 ; voir aussi Ponty, *Polonais méconnus* ; *Id.*, *Les Polonais du Nord* et *Id.*, « La Mission catholique polonaise en France », 2 ; sur les Polonais en tant que nation catholique, voir également Porter, « The Catholic Nation », 297.

7 Stengers, *Émigration et immigration en Belgique*, 3.

8 Zolberg, « La Révolution des départs », 38.

œuvres d'encadrement catholiques accentuaient plutôt les divisions du pays d'origine. Les nationalistes continuaient à voir l'Église comme l'obstacle qui avait contrecarré l'unification du pays. Après la guerre, Mussolini créa à l'étranger un nouveau clivage, cette fois entre l'Italie républicaine et l'Italie traditionaliste[9].

Le discours de l'émigration et de la « Pauvre Flandre »

Le discours forgé autour des fermiers flamands n'était toutefois pas utilisable en Flandre même. En tant que réussite, il ne cadrait pas avec la façon dont on préférait voir l'émigration de Flamands à l'étranger. À la base du phénomène, il y avait le besoin, la pauvreté, la misère et la négligence de l'État belge. L'émigration était en ce sens un composante essentielle du discours de la « Pauvre Flandre », dont la teneur est bien rendue dans la brochure du même nom, *Arm Vlaanderen*, du jésuite Desiderius Stracke. « Quand le paysan de Flandre s'égare en dehors de la foi et du devoir, il s'égare aussi hors de l'humanité », affirme Stracke en citant Verriest. Non pas que le peuple flamand fût moralement inférieur aux autres. Au contraire même : « Notre peuple devait s'élever, plus que quiconque. »[10] Cette évolution avait toutefois été brusquement interrompue. De là à penser que l'on avait dérobé quelque chose au peuple flamand, il n'y avait par conséquent qu'un petit pas.

Ce discours fut pendant l'entre-deux-guerres généreusement alimenté par les œuvres d'encadrement. Cependant, l'émigration qui s'y prêtait le mieux – la migration flamande dans le Lillois – n'en devint que très tard un élément essentiel. Dans un premier temps, les migrants flamands partis travailler dans les mines wallonnes et en particulier les saisonniers furent bien davantage exploités à cette fin. Des migrants flamands de Wallonie, on racontait qu'ils avaient dû pour gagner leur croûte partir pour une région « où l'on était totalement étranger (...) et dont la nature et les habitudes étaient si différentes (...) »[11]. Les travailleurs saisonniers, avons-nous montré, étaient particulièrement chéris en Flandre parce qu'à force de travail et d'acharnement, ils avaient trouvé un système pour pouvoir continuer à vivre « chez eux ». Il

9 Rainhorn décrit très clairement la fracture d'avant-guerre dans son étude comparative sur les Italiens de La Villette (Paris) et Harlem (New York) : « (...) le lien religieux se déploie dans un contexte où le poids de l'institution ecclésiale et de la piété populaire contrastent avec la tradition pluri-séculaire de l'anticléricalisme italien, exacerbée dans la seconde moitié du XIXe siècle par le conflit entre la papauté et la nation italienne en voie d'unification ». Rainhorn, *Paris, New York*, 122. Concernant l'attitude des missions italiennes en France à l'époque de Mussolini, voir par ex. Teulières, *Immigrés d'Italie et paysans de France*.

10 Stracke, *Arm Vlaanderen*, 26.

11 Le ministre de l'Agriculture, Aloïs Van de Vyvere, dans le discours donné à Montigniessur-Sambre lors du congrès du Broederbond pour les Flamands de Wallonie en 1925. *De Vlaamsche Volksstem*, 26 sept. 1925, 3.

faudrait attendre la fin de la Seconde Guerre mondiale pour que le souvenir des migrants flamands dans le nord de la France trouve sa place dans ce récit. Les migrants flamands abandonnaient « peuple et pays parce qu'aucun État ne se souciait de leur misère », écrivait Ward Corsmit (1919-2002), aumônier auxiliaire de l'Œuvre lilloise des Flamands en 1956[12]. Tout comme l'émigration en Wallonie ou le travail saisonnier, ce mouvement migratoire fut donc unilatéralement décrit comme un épisode triste et gris pour le peuple flamand. Pour les instances officielles françaises, « nos émigrants » n'étaient rien de plus que du bétail. La citation d'un certain Wannebroucq à propos d'un hôpital de Wazemmes appelé à fonctionner comme lieu de stage pour des étudiants en médecine fut elle aussi largement relayée : « De plus, remarquez que cet hôpital sera surtout alimenté par le quartier flamand de Wazemmes et que la clinique faite sur des sujets qui ne comprennent pas un mot de notre langue et pour la plupart abrutis est presque impraticable. C'est de la médecine vétérinaire et non médecine humaine. »[13] La « pauvre Flandre » reçut donc un prolongement dans l'émigration permanente du nord de la France.

En ce sens, nos découvertes convergent avec la place proéminente que l'historien Olivier Boehme a accordé dans sa recherche sur le programme socioéconomique du Mouvement flamand au concept d'« Arm Vlaanderen ». Boehme a pointé la fonction extrêmement importante et efficace remplie (hier et aujourd'hui) par le « récit flamand de la passion » dans le fondement historique de la mémoire nationale. Selon lui, il y est devenu « une idée à l'action large et profonde, qui a énormément motivé le Mouvement flamand (et qui reste vivace en Flandre) »[14]. Dans ce récit de la passion, le passé migratoire flamand a non seulement été un maillon essentiel, mais aussi l'une des principales preuves. D'où l'empressement de la Flandre à faire référence à ce sombre destin.

Dans le lieu de destination, les choses se passèrent autrement. Il est intéressant de noter que dans le Lillois, les œuvres d'encadrement flamandes ne développèrent sur le terrain qu'un discours flamand plutôt mou. Autrement dit, les paroles prononcées sur les migrants en Flandre avaient moins cours en France. On peut dès lors se demander pourquoi pendant l'entre-deux-guerres, les migrants lillois n'eurent pas droit au même discours que les agriculteurs flamands. Une réponse facile consisterait à dire que la mission ressortait du diocèse de Lille. Elle avait certes des cadres flamands, mais elle devait adopter un profil plus modeste, car elle était redevable aux instances françaises. Cette explication semble toutefois un peu courte. En ce qui concerne le partage des responsabilités, par exemple, l'entente était bonne. La mission travaillait de façon quasi-autonome et était totalement soutenue par l'évêque de

12 Corsmit, *Vlamingen in Frankrijk*, 6.

13 Cité dans *Ibid.*, 4 et Verthé, *Vlaanderen in de wereld*, 64.

14 Boehme, *Greep naar de markt*, 943-945.

Lille, Mgr Liénart. L'explication selon laquelle un discours analogue à celui de l'œuvre agricole aurait été totalement inefficace dans le Lillois est nettement plus convaincante. Un discours axé sur la différence comme celui qui était développé dans *De Stem uit het Vaderland* n'avait aucune chance d'être entendu dans le Lillois. Tout d'abord, la migration belge y était un phénomène bien plus complexe. Pour l'entre-deux-guerres, période pendant laquelle le cadre de référence subnational connut son plein développement, les principaux flux de migrants permanents belges s'étaient taris et avaient déjà derrière eux une longue histoire. La migration belge s'y était déroulée en différentes vagues, difficiles à définir, qui ne s'étaient pas nécessairement rapprochées entre elles sur base d'une région de provenance commune. Il est également probable que les migrants permanents plus anciens s'étaient identifiés aux Français de souche suite à l'arrivée de nouveaux venus belges. Hans Magnus Enzensberger a illustré cette dynamique à l'aide d'une belle métaphore, celle du compartiment de train. Il raconte en substance : deux voyageurs, prenons un Français de souche et un nouveau venu belge, occupent une banquette où ils ont étalé leur manteau et leurs bagages. Lorsqu'à une gare suivante, un nouveau voyageur – et cela peut très bien être un Belge – cherche une place, les voyageurs installés se comportent « eigentümlich solidarisch »[15], de façon curieusement solidaire. C'est désormais leur territoire et ils n'ont pas envie de se serrer. Il est probable que cette attitude se répétera vis-à-vis des nouveaux venus à chaque nouvelle gare.

La migration du Lillois est celle qui ressemble à cet égard le plus à la migration flamande dans les bassins industriels wallons. Là aussi, les lignes d'identification sont en comparaison avec les régions agricoles françaises beaucoup plus complexes. Si la migration agricole était un récit ordonné, dans lequel les fermiers arrivèrent en France pendant une période relativement courte et se répandirent dans des exploitations isolées, les départs vers le Lillois et la Wallonie furent bien plus étalés dans le temps. Certes, beaucoup de Flamands restèrent en Wallonie comme dans le Lillois catholiques, mais le socialisme avait dans les deux destinations une grande force de recrutement. Certains migrants de la deuxième génération devinrent en Wallonie des Wallons convaincus, tout comme certains migrants belges devinrent dans le Lillois des Français convaincus. Dans les deux régions, leurs descendants se caractérisaient par un grand désir d'intégration, dans lequel « ici » (le lieu de vie actuel) représentait le présent tandis que « là-bas » (le lieu de provenance) renvoyait au passé. Ceux-là n'avaient que faire d'un discours édifiant de type ethnique.

Comme Saartje Vanden Borre l'a montré, ce désir donne lieu en ce qui concerne le Lillois à un mélange marqué de Belges et de Français dans la

15 Enzensberger, *Die Große Wanderung*, 12.

vie associative[16]. L'étude de la vie associative dans les bassins miniers wallons sous l'angle migratoire est encore à faire. Cependant, les rares ébauches de recherche effectuées à ce sujet indiquent également le succès très limité des associations ethniques[17]. Les associations flamandes fondées depuis la Flandre n'étaient en outre pas politiquement neutres et elles s'inscrivaient dans le débat communautaire belge[18]. En termes de succès, il y eut toutefois une exception, c'est-à-dire les œuvres d'encadrement catholiques pendant l'entre-deux-guerres[19]. Comme en France, elles tentèrent de maintenir la religion catholique chez les migrants flamands. Pour cela, elles utilisèrent pour une bonne part les mêmes moyens de lutte. On partit en pèlerinage, fonda une bibliothèque populaire, inaugura une salle de fête, se choisit un drapeau et organisa des journées flamandes. Pour les œuvres d'encadrement de Wallonie aussi, la meilleure façon de conserver le catholicisme chez les Flamands était de cultiver leur âme flamande. Il était primordial pour elles de les laisser en dehors du combat politique communautaire. Mais en raison de leur activité principale, réunir les migrants internes sur base de leurs origines, elles en représentèrent précisément l'amorce. Leur succès les fit considérer par le Mouvement wallon comme le symbole de la flamandisation de la Wallonie. C'est sans doute là que se situe la principale différence avec la France. Dans le nord de la France, les migrants flamands n'avaient pas de signification politique. Ils se réunissaient rarement sur base ethnique et les associations poursuivant un tel but échouèrent les unes après les autres. En Wallonie, par contre, les migrants flamands constituaient en temps que compatriotes un facteur de pouvoir politique. Les réunir signifiait *de facto* faire d'eux une force politique, qui automatiquement, suscitait une résistance. La raison pour laquelle ce qui sembla pendant un temps efficace chez les migrants flamands de Wallonie échoua en France est certainement à chercher dans le champ associatif catholique flamand. Ce catholicisme organisationnel était grâce à l'enseignement, aux organisations ouvrières et à son clergé actif beaucoup plus solide chez les Flamands de Wallonie qu'en France. C'était d'ailleurs aussi le cas des œuvres d'encadrement. Non seulement elles restèrent en Wallonie dans les mains exclusives de puissants instituts religieux, mais, comparé à la France, elles étaient aussi bien mieux organisées, dotées d'un personnel bien plus fourni et par le biais d'une presse propre mieux équipées pour manipuler une opinion publique.

16 Vanden Borre, *Vreemden op vertrouwd terrein*, 296.
17 Voir par ex. Vandeweyer et Verbruggen, « Het Vlaams verenigingsleven in Wallonië ».
18 Vanden Borre, Kusters et Declercq, « Une comparaison avec l'émigration vers le Nord de la France », 212.
19 Pour un exemple détaillé de ce type d'œuvre d'encadrement et de ses implications religieuses, voir Byls, « L'Œuvre des Flamands à Montignies-sur-Sambre ».

Barrière ou passerelle

Les œuvres d'encadrement avaient par nature un effet de barrière. Leur premier souci n'était pas l'intégration des migrants à la destination d'accueil. La notion d'œuvres de « protection », définition que ces structures se donnèrent parfois à elles-mêmes, soulignait éminemment cette fonction. Ce dont les migrants devaient être protégés fut à la fois constant et variable au cours de la longue période de migration. L'un des objectifs fixes des œuvres d'encadrement était évidemment le désir de protéger les migrants belges contre l'immoralité et l'indifférence religieuse. Bref, on voulait qu'ils restent catholiques. C'est pourquoi ils devaient au moins « faire leurs Pâques » et se confesser annuellement. Quelle que soit la période envisagée, les œuvres d'encadrement étaient convaincues que cela devait se réaliser dans la langue maternelle du migrant. C'était à travers cette langue que les mots trouvaient le plus facilement le chemin de l'entendement et du vécu religieux. La définition de la langue maternelle faisait quelquefois l'objet d'un fort particularisme. Pour le Lillois, Mgr Régnier prétendit dans son apologie des rédemptoristes belges que le flamand de son clergé flamand de France ne « marchait » pas chez les immigrés flamands des villes industrielles. C'était non seulement un argument fonctionnel censé appuyer sa cause auprès des autorités françaises, mais aussi une réalité. En effet, les rédemptoristes belges étaient confrontés au problème inverse dans la région de Dunkerque. Toutefois, l'argument des variantes linguistiques ne fit pas long feu. La principale raison en fut la disparition des instituts religieux belges en France. Leur intégration dans le diocèse de Cambrai les dirigea résolument vers la Flandre française, une région insignifiante dans le contexte de la réalité migratoire. Lorsque les œuvres d'encadrement se tournèrent exclusivement vers un public cible de migrants, la particularité de la Flandre française ne fut plus que rarement évoquée.

Les moyens employés pour garder les migrants flamands catholiques connurent toutefois une évolution. Dans les premières décennies des œuvres d'encadrement, l'instrument par excellence fut celui des missions populaires, tant dans le Lillois qu'à Paris. Ces événements à teneur morale et religieuse étalés sur plusieurs jours, alliant retraites et sermons retentissants, étaient ce qui attirait le plus de monde. Alors que les missions du Lillois étaient encore dirigées vers les quartiers et les paroisses du nord de la France présentant éventuellement une forte concentration d'immigrés belges, l'œuvre parisienne recrutait directement sur base de la dénomination et de la provenance. L'apogée de ces missions populaires correspond cependant aux débuts de l'histoire de la migration belge en France. Dès 1870, leur efficacité diminua. L'apostolat se fit à partir de là plus personnalisé, avec une attention accrue pour les visites à domicile, les moments de détente et les réunions de groupe périodiques.

L'apostolat des migrants se déplaça donc progressivement vers les aspects socialisants de la religion. Dans des villes comme Paris, cela joua clairement en faveur de l'isolement de l'association. Le gros de l'attention allant aux migrants déjà réunis, on négligea la recherche de migrants non organisés. Finalement, le groupe de Flamands parisiens concerné par l'Œuvre diminua systématiquement. Les œuvres agricoles sont les meilleures illustrations de ce que, dans les activités, l'accent n'était pas tant mis sur la profondeur du vécu religieux que sur la dimension socialisante de la religion. Les instruments maniés furent également plus efficaces. Pendant l'entre-deux-guerres, les pèlerinages de district et de Lourdes, les journées nationales, les retraites, les tournées pascales et les assemblées annuelles à Paris furent certainement des repères importants dans la vie de la première génération de fermiers de l'UAB. Un « moyen de communication à distance » comme *De Stem uit het Vaderland* permettait par ailleurs de fédérer les agriculteurs éparpillés dans le nord de la France. Le rôle précis de la religion dans ce processus n'était pas perçu de manière consciente, ni par les fermiers, ni par les œuvres qui leur étaient destinées. Il représentait simplement une évidence. Dans les années 1920 et 1930, le discours catholique des aumôniers conserva effectivement sa pleine efficacité. Les fermiers flamands avaient pour le dire avec les mots de Danièle Hervieu-Léger, sociologue française des religions, la même « identité religieuse héritée » et formaient encore à proprement parler une « société de mémoire »[20]. Ils étaient partis plus ou moins en même temps, souvent de la même région. Leurs destinations avaient beau être dispersées, ils exerçaient partout une activité semblable. Les fermiers avaient d'ailleurs des souvenirs similaires, du départ, du passage de la frontière ou de leur première exploitation française. Et, du point de vue religieux, ils partageaient les mêmes convictions. Celles-ci s'exprimaient avant tout dans des pratiques concrètes enracinées dans un catholicisme rural flamand fait de pèlerinages de groupe et de communions, petites ou solennelles, en dentelle blanche. Rien de tout cela n'était remis en question par les migrants. Au contraire, hormis le transfert spatial indispensable pour pouvoir continuer à exercer leur activité, les fermiers voulaient en quelque sorte éviter tout changement. Avec la deuxième génération, des fissures apparurent forcément dans cette « société de mémoire » plutôt soudée. La fonction de barrière avait encore un certain effet sur elle, mais elle entrait en concurrence avec d'autres dimensions d'identification. Le conseil donné lors des retraites – épouser un ou une Flamande – était contredit par le nombre croissant de mariages mixtes. Le souhait des aumôniers d'envoyer les enfants des fermiers flamands dans des écoles catholiques de Flandre se heurtait dans la pratique à de grosses difficultés.

Il serait toutefois injuste de ne souligner à propos des œuvres d'encadrement que l'effet d'isolement. Nous avons déjà expliqué que les œuvres du

20 Voir Hervieu-Léger, *Le pèlerin et le converti*, 61 et *Id.*, *La religion pour mémoire*, 177.

Lillois avaient été jusqu'en 1880 ancrées idéologiquement dans le diocèse de Cambrai. Dans le cas de Roubaix, elles étaient même étroitement liées avec le tissu entrepreneurial catholique local. Les frères mineurs, par exemple, n'avaient dans ce domaine pas de « fonction de barrière », mais bien une tâche morale. Si un bastion se formait tout de même, la réalité migratoire n'était pas un paramètre explicatif de ce processus. En d'autres mots : le plaidoyer pour la religion dans la langue maternelle n'était pas un but en soi (au sens d'instrument d'isolement ethnique), mais un moyen de favoriser une vie active et disciplinée. Cette intégration dans le tissu diocésain français fut rétablie dans les années 1930. L'encadrement fonctionna alors principalement comme une organisation sociale qui aidait les migrants plus âgés et les réunissait de façon conviviale. Il ne fut dès lors plus jamais question d'isoler qui que ce soit.

Mais même dans leur traditionalisme sectaire, les œuvres d'encadrement furent aussi d'importantes pourvoyeuses de capital humain. L'optique paternaliste en raison de laquelle les aumôniers assimilaient facilement les migrants à des pauvres était d'ailleurs plutôt une position théorique. Dans la pratique, elle se ne vérifiait pas vraiment. Nous n'avons pas pu identifier de schémas d'interaction concrets entre aumôniers et migrants durant les premières décennies de la migration. Mais les relations entre Denys et les saisonniers, les aumôniers des œuvres agricoles et leurs fermiers ou Wannyn et les Belges de Wazemmes étaient généralement caractérisées par l'autonomie et le respect mutuel. Mieux encore, la pratique concrète des œuvres d'encadrement cachait un projet émancipateur modéré. Les leaders des saisonniers étaient renvoyés à leur responsabilité. Les fermiers étaient encouragés à bien éduquer leurs enfants et les ouvriers à s'enrichir sur le plan spirituel également[21]. En résumé, l'une des tâches essentielles de toute œuvre d'encadrement consistait à renforcer chaque migrant dans son potentiel de « graine de moutarde ».

Altérité

C'est chez les agriculteurs que la façon dont les œuvres d'encadrement firent naître une particularité flamande dans un contexte de proximité culturelle trouve sa meilleure illustration. Nous avons mis en évidence chez eux une dynamique identitaire contrastive qui procura grâce à la représentation de la France et des Français une identité au fermier flamand et par extension à la Flandre. Curieusement, la langue, différence objective la plus perceptible entre Français et Flamands, joua à cet égard un rôle assez mineur. L'identité paysanne flamande fut plutôt affirmée au moyen d'une altérité dominée par les usages et des mœurs. Les Français furent donc présentés comme frivoles

21 On en trouve un bel exemple dans le roman programme *Pêcheurs d'hommes* de la Jeunesse ouvrière chrétienne, par Maxence Van der Meersch.

et peu fiables. Par antithèse, être d'origine rurale et flamande indiquait que l'on était tout le contraire. La dénatalité catastrophique des Français, qui était selon les œuvres d'encadrement une conséquence directe de leur indifférence religieuse, entraînait le pays dans le déclin. Les Flamands, en revanche, restaient fidèles à l'Église et se concentraient sur les valeurs essentielles de la vie. Ils continuaient ainsi à produire des familles nombreuses. Nous avons largement illustré ce processus de construction contrastive dans la troisième partie.

L'attention étroite que nous avons accordée à la France et aux Français dans la dynamique de la construction identitaire flamande ne doit pas faire oublier que cette contrastivité pouvait aussi passer par d'autres voies. Sans nier le fait que les rapports historiques spécifiques avec la France facilitaient cette construction d'image « en négatif », nous pensons que, concrètement, la France et les Français étaient moins essentiels qu'il n'y paraît dans la construction d'altérité. Peu importe le contenu, il suffisait en fait qu'il y ait un Autre à pointer du doigt. L'interchangeabilité parfaite de la France et des Français dans la construction identitaire est d'ailleurs illustrée par le contexte migratoire belge interne. En Wallonie, les œuvres d'encadrement flamandes produisirent en lien avec l'immigration flamande une représentation très proche de celle de la France. Tout comme dans les œuvres agricoles, cela se fit en grande partie par le biais d'un périodique destiné aux Flamands. Le sud de la Belgique était notamment qualifié d'« immoral » et de « pernicieux » et, tout comme en France, les Flamands s'y « sentaient délaissés dans tous les domaines »[22]. Tandis que la Flandre était décrite comme « pieuse », « courageuse »[23] et « si chrétienne », la Wallonie semblait abandonnée par Dieu[24]. Comme dans la construction contrastive avec la France, la Flandre était considérée comme une « région natale saine et religieuse »[25], où l'on vivait et était éduqué dans une « atmosphère religieuse »[26]. La Wallonie jouait dans d'autres domaines encore le même rôle que la France. On soulignait la faible natalité de sa population qui, associée à des pratiques « décadentes » comme la limitation des naissances, mènerait la « race wallonne » tout droit à sa perte[27]. « Les Flamands, en général, n'y prennent pas part », affirmait-on. C'était en effet grâce à l'émigration flamande que « la Wallonie ne s'était pas encore mise à ressembler à un cimetière »[28]. Un autre argument était fourni

22 « Een voorbeeld », *De Vlaamsche Volksstem*, 5 juin 1926, 1.

23 « Op bezoek », *De Vlaamsche Volksstem*, 21 janv. 1922, 3 ; « Licht bij nachte », *De Vlaamsche Volksstem*, 1er avril 1922, 1.

24 « Op bezoek », *De Vlaamsche Volksstem*, 21 janv. 1922, 3.

25 « Het Walenland naar den afgrond », *De Vlaamsche Volksstem*, 8 déc. 1923, 1.

26 « De zedelijke en godsdienstige waarde der Vlamingen in Walloniё », *De Vlaamsche Volksstem*, 7 oct. 1922, 1.

27 « Onze Lieve Kinderen », *De Vlaamsche Volksstem*, 13 oct. 1923, 1.

28 « Een Schande voor het Walenland », *De Vlaamsche Volksstem*, 8 avril 1922, 2.

par le grand nombre de divorces constaté en Wallonie. Dans un tel cadre, le danger de déclin moral était bien réel, avec comme conséquence extrême la « wallonisation »[29]. À ce stade, les Flamands reniaient leur nature, devenaient « mi-chair mi-poisson », des « hommes à deux visages », des « girouettes » ou des « lâches »[30]. La construction sémantique d'une Flandre chrétienne dotée d'une population stable prenait donc le même contenu à travers un autre contraste, wallon celui-là.

La question de l'importance de la religion dans la stéréotypisation des migrants flamands par la population française sortait du cadre de notre étude. Nous nous sommes davantage concentré sur l'efficacité de la religion apportée par les migrants et adaptée au contexte migratoire du point de vue du contenu et de l'organisation par les œuvres d'encadrement. Nous signalons néanmoins une série de pistes pouvant servir à l'approfondissement du sujet. L'intégration facile des instituts religieux belges dans la vie catholique française a en fait d'emblée montré que la religion apportée par les migrants belges différait en réalité peu des habitudes religieuses françaises. Naturellement, les Flamands souffraient au début de la barrière linguistique. Mais comme Nancy Green l'a constaté chez les Polonais et les Italiens, il n'était pas question chez les Belges d'une religion migratoire invitant à la stigmatisation. Nous pourrions affirmer, en empruntant une formule à l'historien canadien Timothy Baycroft, que dans leurs pratiques religieuses, les migrants flamands étaient tout au plus perçus par les Français comme « familiarly foreign »[31]. Inversement, la France était pour les Flamands un pays étranger « familier » avec une langue étrangère « familière » qu'ils entendaient souvent parler dans leur propre pays.

Causes et effets

Dans *Foucault, sa pensée, sa personne*, Paul Veyne parle des rapports difficiles que le philosophe français entretenait avec les historiens. Il leur reprochait surtout leur foi superstitieuse en « l'explication causale » et signalait qu'il existait pour l'analyse historique d'autres formes d'intelligibilité. « Il faut se défaire du préjugé selon lequel une histoire sans causalité ne serait plus une histoire », aurait-il déclaré à Veyne[32]. Avec l'histoire des œuvres d'encadrement belges, nous avons la sensation d'avoir en grande partie écrit une telle histoire sans causalité. L'encadrement religieux destiné aux migrants belges de France n'est par exemple pas entièrement imputable à la réalité migratoire elle-même. Autrement dit, la migration était tout sauf la cause évidente de

29 « Licht bij nachte », *De Vlaamsche Volksstem*, 1er avril 1922, 1.
30 « 'Man' zijn », *De Vlaamsche Volksstem*, 30 août 1924, 1.
31 Lawrence, Baycroft et Grohmann, « Degrees of Foreignness », 63.
32 Veyne, *Foucault*, 41.

l'activité ecclésiastique belge en France. Dans ses différentes variantes, celle-ci fut à chaque fois le résultat d'innombrables interactions dans un jeu de circonstances aléatoires. Une mission rédemptoriste qui tournait bien, un prêtre français malade en convalescence à Roubaix, une fascination pour Paris ou une dame d'œuvre qui procura à Wazemmes une fondation spécifique. Les œuvres d'encadrement furent loin d'être le fruit d'une action planifiée rationnellement. Elles reçurent plutôt, comme souvent avec la rationalité, leur explication a posteriori. « So convenient a thing is it to be a reasonable creature, since it enables one to find or make a reason for everything one had a mind to do », disait Benjamin Franklin en résumant succinctement ce processus[33]. Nous avons notamment mis en évidence cette rationalisation *post factum* dans le cas des frères mineurs belges de Roubaix. Ce n'est que lorsque ces religieux furent contraints au départ qu'ils se mirent à raisonner sur les raisons de leur présence.

Cette rationalisation ne fut pas innocente. En ramenant elle-même son action de la mono-causalité de l'émigration belge, une partie de l'Église belge créa en effet une réalité neuve et contraignante. Désormais, toute forme d'émigration devait être accompagnée et, dans toute formule d'encadrement, il y avait d'office une rationalité implicite. Nous avons en tout cas vu qu'à la fin du XIXe siècle, le diocèse de Gand et, dans une moindre mesure, celui de Bruges, opéraient dans ce contexte. Gand pratiqua l'acharnement thérapeutique avec l'œuvre parisienne. Bruges lança sur le modèle de l'Œuvre des Franschmans son propre encadrement pour les travailleurs saisonniers. Ensuite, rares sont les variantes de l'émigration vers la France, parmi lesquelles les frontwerkers et les fermiers, qui échappèrent encore à l'attention de l'Église.

La rationalisation rétroactive ne relativise en aucun cas la position idéologique de l'Église selon laquelle la migration fut problématisée. Nous avons d'ailleurs plusieurs fois souligné la sensibilité de l'Église dans ce domaine. Mais l'attention qu'elle accordait à l'émigration rend plus incompréhensible encore le fait que les œuvres d'encadrement manquèrent si cruellement de direction et de planning – bref, de raison. C'est un euphémisme de dire que l'œuvre parisienne fut un navire tiraillé entre de nombreux capitaines. Elle vogua dans un sens puis dans l'autre, pour en fin de compte n'arriver nulle part. Les autres initiatives d'encadrement furent également des réactions avant tout pragmatiques, sans grande direction ni coordination. Même les œuvres agricoles, initiative la plus féconde, naviguèrent finalement sur un frêle esquif, à peine contrôlé. Et, dans certains cas, les œuvres d'encadrement furent carrément considérées comme des lieux où l'on casait les brebis galeuses du clergé. Cela explique en partie que peu d'entre elles parvinrent à conserver leur succès à long terme.

33 Benjamin Franklin cité dans Kay, *Obliquity*, xiii.

Nous avons à maintes reprises été forcés de souligner le bilan peu glorieux de la plupart des œuvres d'encadrement. Il nous reste à répondre à la question délicate et générale de savoir pourquoi elles furent en dépit de ce succès limité maintenues en vie si longtemps. Nous y avons déjà apporté une série d'explications dans les différentes parties. Nous avons notamment pointé la force de la conviction. Mais sans doute la perspective de la causalité n'est-elle pas la bonne ici non plus. Car si l'on était tellement convaincu, pourquoi laissait-on donc si facilement les choses s'en aller à vau-l'eau ? Le principe des coûts et bénéfices, si souvent évoqué dans les pages qui précèdent, fut rarement déterminant pour les œuvres d'encadrement elles-mêmes. En l'absence de direction, et donc de décideurs, il n'y avait il est vrai personne pour tirer les conclusions d'un succès défaillant. On laissait donc les choses suivre leur cours, tant et si bien que chaque œuvre finit par s'éteindre inévitablement, comme la flamme d'une bougie. Les œuvres agricoles disparurent sans bruit en 1988. La mission belge de Lille avait encore un prêtre dans les années 1980, mais pour le reste, elle fonctionnait comme un club d'amis. Elle a été officiellement dissoute en 2008. L'Œuvre des Flamands parisienne, enfin, connut le sort le plus tragique. Dans les années 1980, on collectait encore dans les églises flamandes au profit de l'initiative gantoise. En réalité, ce n'était plus une œuvre migratoire depuis longtemps. Elle tenait surtout lieu de logement pour des Flamands de passage. De ce fait, les bâtiments de la rue Lafayette jouissaient d'une bien plus grande notoriété dans la Flandre catholique que parmi les descendants des migrants flamands de France. Cette fois, on ne leur avait plus trouvé de nouvelle destination. En 1994, les bâtiments furent vendus et l'Œuvre disparut pour de bon.

BIBLIOGRAPHIE

Liste des abréviations

AAE : Archives ministère des affaires étrangères (Bruxelles)
AA.EE.SS : Affari Ecclesiastici Straordinari (Archivio Vaticano Segreto, Cité du Vatican)
AAM : Archief Aartsbisdom Mechelen-Brussel (Malines)
ABB : Archief Bisdom Brugge (Bruges)
ABG : Archief Bisdom Gent (Gand)
ACSSR : Archief van de Noord-Belgische Provincie van de Congregatie van de Allerheiligste Verlosser (KADOC, Louvain)
ADE : Archives départementales de l'Eure (Évreux)
A. Dioc. Arras : Archives diocésaines d'Arras (Arras)
ADL : Archives diocésaines de Lille (Lille)
ADN : Archives départementales du Nord (Lille)
ADP : Archives de Paris (Paris)
ADSM : Archives départementales de Seine-Maritime (Rouen)
ADSM (2) : Archives Départementales de Seine-et-Marne (Dammarie-les-Lys)
AHAP : Archives historiques de l'Archevêché de Paris (Paris)
AMR : Archives municipales de Roubaix (Roubaix)
ANF : Archives nationales de France (Paris)
ANT : Archief Norbertijnen Tongerlo (Tongerlo)
APK : Archief Passionisten Kortrijk (Courtrai)
ASL : Archief Sint-Lucas (KADOC, Louvain)
AVJ : Archief Vlaamse Jezuïeten (KADOC, Louvain)
AVM : Archief van de Vlaamse Minderbroeders (KADOC, Louvain)
AVS : Archivio Vaticano Segreto (Cité du Vatican)
BAVP : Bibliothèque administrative de la ville de Paris (Paris)
CABB : Centraal Archief Belgische Boerenbond (KADOC, Louvain)

Sources manuscrites

Arras, Archives diocésaines d'Arras (A. Dioc. Arras)
4L6/7 : Foyer belge d'Arras.
4L6/7-7 : Note sur La Flandre.
4Z48/29 : Affaire Vereecke.
Bruges, Archief Bisdom Brugge (ABB)
Fonds Faict.
Fonds Malou.
Fonds Waffelaert.
C503. Werk der Vlamingen in Frankrijk.
Bruxelles, Archives du ministère des Affaires étrangères (AAE)
France (1902-1912), B3285 : Ouvriers agricoles allant travailler en France.
Cité du Vatican, Archivio Vaticano Segreto (AVS), Affari Ecclesiastici Straordinari (AA.EE.SS)
Période IV. Belgique-Luxembourg. Pos. 182. « Ligue agricole » Namur. Implications politiques et religieuses de la question, 1927-1934, 309 f.
Courtrai, Archief Passionisten (APK)
V.L.1. Missions et retraites en France, 1872-1902.
V.L.2. Prédications, 1878-1921.
Dammarie-les-Lys (Melun), Archives départementales de Seine-et-Marne (ADSM (2))
Série M
M9971-73. Échanges d'actes relatifs aux étrangers.
M1399. Statistiques des mariages entre des françaises et des étrangers, 1914-18.
M11122. Protection de la main-d'œuvre française, instructions, enquêtes.
Archives privées
121 J25. Fonds Flichy, 1908-1918.
Évreux, Archives départementales de l'Eure (ADE)
Série M
4M261. États numériques des sujets allemands, italiens, autrichiens, hongrois et belges.

4M265. États numériques des sujets belges, autres nationalités, 1896.
4M272. États numériques par nationalité et par commune, 1930-1940.
4M202. Associations Verneuil, 1830-1940.
4M502. Surveillance des étrangers : immeubles possédés par les étrangers. Enquête de 1924.
7M178-179. Mise en culture des terres abandonnées.
10M46. Main-d'œuvre coloniale et étrangère pendant la Guerre de 1914-1918, ministère de l'Intérieur à la Préfecture de l'Eure, 19 juin 1919.
10M47. Protection de la main d'œuvre étrangère : instructions, correspondance et rapports, 1924-1940.

Gand, Archief Bisdom Gent (ABG)
Fonds Bracq.
Fonds Calewaert.
Fonds Coppieters.
Fonds Delebecque.
Fonds Lambrecht.
Fonds Seghers.
Fonds Stillemans.
Fonds Werk der Vlamingen / Œuvre des Flamands.

Lille, Archives diocésaines de Lille (ADL)
4B2. Œuvres belges.
4C. Linselles, Flamands.
6K20. Saint-François Régis.
P300. Roubaix, Saint-François d'Assise.
Archives paroissiales
1Z198. Saint-Pierre Saint-Paul, Lille-Wazemmes.
1Z200. Saint-Vincent de Paul, Lille-Moulins.
1Z348. Saint-Christophe, Tourcoing.
1Z350. Notre-Dame des Anges, Tourcoing.
Dossier César Aerts.
Dossier Joseph Wannyn.

Lille, Archives départementales du Nord (ADN)
Série M
M222/543. La société chorale des Flamands.
M9240-41. Frontière : empiètements sur le territoire français de sujets belges : infractions au traité de Courtrai de 1820.
Série V
2V/36. Wazemmes, chapelle des Récollets.
2V40. Lettre du secrétaire-général du préfet du Département du Nord au ministère de la Justice et des Cultes, 14 oct. 1881 ; Acte notarié, 3 mars 1881.
2V/70. Déclaration Auguste Lepoutre, 4 mars 1881
2V/94. Lille : Police du Culte, affaires diverses, dossiers par localité.
2V/98. Roubaix : Police du Culte, affaires diverses, dossiers par localité.
6V/65. Récollets, 1880-1887.
6V/66. Rédemptoristes, 1880-1912.

Leuven, KADOC-KU Leuven
Centraal Archief Belgische Boerenbond (CABB)
866. Agriculteurs flamands en France, 1924-1951.
Archieven Hogeschool voor Wetenschap en Kunst Sint-Lucas Gent (ASL)
Fonds Henri Geirnaert.
Archief van de Noord-Belgische Provincie van de Congregatie van de Allerheiligste Verlosser (rédemptoristes) (ACSSR)
1534-1545. Supérieurs provinciaux : Jean Kockerols.
1909-1911. Maisons et communautés en France : Douai.
1912-1916. Maisons et communautés en France : Dunkerque.
1917-1920. Maisons et communautés en France : Boulogne-sur-Mer.
1921-1923. Maisons et communautés en France : Lille.
3394. Dossier Georges Vereecke.
4242. Aumôniers au service des réfugiés belges en France.
4245. Aumôniers au service des réfugiés belges en France : Maurice Libbrecht.
Archief Vlaamse Jezuïeten (AVJ)
12379-12387. Pastorale aux migrants.
12379. Œuvre des Ouvriers-Emigrants belges, 1920-1938.
12380. Vlaamsche boeren in Frankrijk, 1930-1956.
12388-12403. Werk der Vlamingen in Frankrijk.
1461, 15524-15536, 18809. Dossier Frans Van den Brande.
12343, 14530, 17665. Dossier Joseph Meeûs
Archief Vlaamse Minderbroeders (AVM)
3933-3941. Monastères et résidences : Roubaix.
7916-7943. Werk der Vlamingen (Œuvre des Flamands), Montignies-sur-Sambre.

Malines, Archief Aartsbisdom Mechelen-Brussel (AAM)
Fonds Mercier
IV 75, Sociale Werken. Œuvres des émigrants belges en France.
III 20, séances des 12-14 avril 1920 et des 27-28 juillet 1920, L'Œuvre des Flamands en France.
Provencalia 22 : Procès-verbaux des réunions épiscopales, 27-28 juillet 1920.

Fonds Van Roey
VI 56. Werk der Vlamingen in Frankrijk.
Paris, Archives de Paris (ADP)
D6J. Registres de mariages, de naissances, de mariages, de décès des paroisses parisiennes, Sainte-Marguerite 11e arrondissement.
Série P. Archives fiscales : contributions directes et cadastres : rue de Montreuil ; rue Titon ; rue Roubi ; rue des Boulets ; rue Paul Bert ; impasse Saint-Nicolas ; cité Gonnet ; rue Chevreul ; passage Guénot ; rue Faubourg Saint-Antoine.
(VD6)VBIS 2497-2502. Mairie du 19e arrondissement nouveau. Déclarations de domicile, demandes de naturalisations des étrangers et option des Alsaciens-Lorrains.
Préfecture du département de la Seine, Œuvres de bienfaisance, 1849.
Paris, Archives historiques de l'archevêché de Paris (AHAP)
9K2,1. Mission et œuvres pour les Allemands.
9K2,2. Mission et œuvres pour les Polonais.
9K2,9(a). Administration diocésaine des étrangers. Dossiers Mgr Chaptal.
1P70. Bon Pasteur.
2F1. Visites pastorales. Enquête de 1854.
Paris, Archives nationales de France (ANF)
F7/13518-19. Étrangers résidant en France : exploitations agricoles leurs appartenant, 1922-1934.
F19/3124-37. Prêtres étrangers.
F19/8053. Missions catholiques. Contrôle des congrégations.
Paris, Bibliothèque administrative de la ville de Paris (BAVP)
Résultats statistiques du recensement de 1881 pour la ville de Paris.
Résultats statistiques du recensement de 1886 pour la ville de Paris.
Résultats statistiques du recensement de 1891 pour la ville de Paris.
Résultats statistiques du recensement de 1896 pour la ville de Paris.
Résultats statistiques du recensement de 1911 pour la ville de Paris.
Roubaix, Archives municipales de Roubaix (AMR)
Délibérations du Conseil municipal, 1857-1862.
Rouen, Archives départementales de Seine-Maritime (ADSM)
Série M
1M644. Affaire de l'abbé Picard / chanoine Cordier / l'abbé Dallemagne.
4M710. États numériques des cultivateurs belges et luxembourgeois résidant par commune (1933).
4M578. Associations d'encouragement à l'agriculture.
Périodiques
JPL 1585. *La Normandie*, 1926-27.
Tongerlo, Archief Norbertijnen
E34. Union agricole belge en France.
Zele, Archives communales
Registres de départ et d'arrivée.

Interviews

Jean Decoster, Bondues, 16 avril 2008.
Maria De Wilde.
Adrien Fleurbaey (1920-2009), le Mesnil-Raoul, 15 juin 2008.

Documentaire

Eric Pertz et André Van de Vijver. *Les Godverdommes sont là*. Documentaire, BRTN, 18 décembre 1992.

Sources imprimées

Les Amitiés franco-belges (Arras, Archives départementales : 6/12/1925-26/06/1927).
De Beiaert (Louvain, KADOC : 1902-1925).
Berek tot Bescherming van de Westvlaamsche Tijdelijke Uitwijkelingen (Louvain, KADOC : 1902-1913).
De Boer (Infodoc : 1891-1904, 1905-1930).
Le constitutionnel (Gallica (en ligne), 1860-1862).
Le journal belge de Paris et des départements (Paris, Bibliothèque nationale de France : 1/05/1927-25/12/1933).
La Normandie (Rouen, Archives départementales Seine-Maritime : 1926-1927).
De Stem uit het Vaderland (Louvain, KADOC : 1920-1921 ; Bruxelles, Bibliothèque royale de Belgique : 1926-1939 ; Paris, Bibliothèque nationale de France : 1940-1944, 1949-1968 ; Louvain, Archief Vlaamse Jezuïeten : 1968-1988).
De Vlaamse Linie (Louvain, KADOC : 1948-1954).
De Vlaamsche Volksstem (Louvain, KADOC : 1921-1931).

Œuvres contemporaines

Annales Parlementaires. Chambre des représentants, 10 mars 1898.
Ardouin-Dumazet, Victor-Eugène. *Voyages en France. 18ème série : La région du Nord : I. Flandre et littoral du Nord*. Paris, 1899.
Assemblée générale des catholiques en Belgique. Deuxième session à Malines, 29 août – 3 septembre 1864. Bruxelles, 1865, 2 vol.

Audiganne, Armand. *Les populations ouvrières et les industries de la France*. Paris, 1860, 2 vol.

Bertillon, Jacques. *Origine des habitants de Paris : lieu de naissance des habitants de Paris en 1833 et 1891. Les étrangers à Paris : leur origine et leurs professions*. Paris, 1895.

Bertillon, Jacques. *La dépopulation de la France*. Paris, 1911.

Bruno, G. (Mme Guyau). *Tour de la France par deux enfants*. Paris, 1877.

de Grünne, Charles d'Hemricourt. « Les ouvriers agricoles belges en France ». *Revue générale agronomique*, (1899) 3, 127-133 et (1899) 4, 145-157.

Descamps, Ange. *Lille, un coup d'œil sur son agrandissement, ses institutions, ses industries*. Lille, 1878.

Destombes, Cyrille-Jean. *Vie de son éminence le cardinal Regnier*. Lille, 1885, 2 vol.

Discussion de la pétition relative aux associations religieuses du département du Nord. Sénat, séance du 13 juin 1861. Paris, 1862.

Ducpétiaux, Edouard. *Mémoire sur le paupérisme dans les Flandres*. Bruxelles, 1850.

Du Maroussem, Pierre. *La question ouvrière. Ébénistes du Faubourg Saint-Antoine*. Paris, 1892.

Eenige raadgevingen voor de werklieden die naar Frankrijk trekken. Bruges, 1899.

Eylenbosch, Gustaaf. *Onze Belgen die een deel des jaars in Frankrijk verblijven*. Gand, 1898.

Eylenbosch, Gustaaf. *Les ouvriers belges en France*. Gand, 1899.

Flahault, R. *Notes et documents relatifs au culte de Saint Blaise. Evêque et martyr vénéré à Wemaers-Cappel*. Dunkerque, 1888.

Frégier, Honoré-Antoine. *Des Classes dangereuses de la population dans les grandes villes, et des moyens de les rendre meilleures*. Paris, 1840, 2 vol.

Gambetta, Léon. *Discours et plaidoyers politiques de Gambetta*. Vol. 8, sixième partie (7 janvier 1878 - 8 janvier 1879). Paris, 1883.

Leuridan, Théodore. *Histoire des établissements religieux et charitables de Roubaix*. Roubaix, 1860.

Leuridan, Théodore. *Histoire de la Fabrique de Roubaix*. Roubaix, 1863.

Manuel des Émigrants, édition spéciale pour les émigrants au Canada. Bruges, (1891).

Saint-Denis. Notice historique et renseignements administratifs des communes à la fin du XIXe siècle. Montévrain, 1902.

Salembier, L. « L'abbé Salembier, curé de Cysoing, fondateur et syndic apostolique du couvent des RR. PP. récollets de Roubaix » dans : *Biographie des prêtres du diocèse de Cambrai qui se sont le plus distingués par leurs vertus, leurs talent et leur zèle, 1847-1887*. Vol. II. Lille, 1890 223-248.

Van Essche, Jacobus. *Reisboekje voor de Franschmans, of raadgevingen en gebeden voor de Vlamingen die gaan werken naar Frankrijk*. Zottegem, 1898.

Littérature

Aelbrecht, Vincent. *Les travailleurs belges à Tourcoing au XIXème siècle*. Mémoire de licence UCL. Louvain-la-Neuve, 1987.

Aelbrecht, Vincent. « L'immigration ouvrière belge à Tourcoing durant le Second Empire ». *Revue belge d'histoire contemporaine*, 21 (1990) 3-4, 351-381.

Agulhon, Maurice. *La République au village. Les populations du Var de la Révolution à la IIe République*. Paris, 1979.

Agulhon, Maurice. *Marianne au pouvoir : l'imagerie et la symbolique républicaine de 1880 à 1914*. Vol. 2. Paris, 1989.

Alba, Richard et Nee, Victor. « Rethinking Assimilation Theory for a New Era of Immigration » dans : *Immigrant Adaptation and Native-Born Responses in the Making of Americans*, 826-874. Numéro spécial *The International Migration Review*, 31 (1997) 4.

Alba, Richard D. ; Raboteau, Albert J. et DeWind, Josh. *Immigration and Religion in America : Comparative and Historical Perspectives*. New York, 2009.

Amara, Michaël. *Des Belges à l'épreuve de l'Exil. Les réfugiés de la Première Guerre mondiale. France, Grande-Bretagne, Pays-Bas, 1914-1918*. Bruxelles, 2008.

Ambrosius, Gerold et Hubbard, William H. *A Social and Economic History of Twentieth-Century Europe*. Cambridge Mass., 1989.

Amselle, Jean-Loup. « L'ethnicité comme volonté et comme représentation : à propos des Peul du Wasolon ». *Annales. Économies, Sociétés, Civilisations*, 1987, 465-489.

Anderson, Bridget et Blinder, Scott. « Who counts as a Migrant ? Definitions and their Consequences ». *Migration Observatory Briefing*. Oxford, 2012.

Anderson, James et O'Dowd, Liam. « Borders, Border Regions and Territoriality : Contradictory Meanings, Changing Significance ». *Regional Studies*, 1999, 593-604.

André, Robert et Pereira-Roque, José. *La démographie de la Belgique au XIXe siècle*. Bruxelles, 1974.

Angenot, Marc. « La notion d'arsenal argumentatif : l'inventivité rhétorique dans l'histoire » dans : Benoît Frydman et Michel Meyer (dir.). *Chaïm Perelman. De la nouvelle rhétorique à la logique juridique*. Paris, 2012, 39-68.

Art, Jan. *Kerkelijke structuur en pastorale werking in het bisdom Gent tussen 1830 en 1914*. Courtrai-Heule, 1977.

Art, Jan. « Social Control in Belgium : The Catholic Factor » dans : Pieter Spierenburg (dir.). *Social Control in Europe 1800-2000*. Columbus, 2004, 112-124.

Ascoop, Marcel. « Het Werk der Vlamingen te Parijs bestaat honderd jaar ». *Godsdienstige week van het bisdom Gent*, 35 (1962), 218-220.

Aspden, Peter. « There's no getting away from God ». *Financial Times*, 5 novembre 2017.

Audoin-Rouzeau, Stéphane. « Le sentiment national en France pendant la guerre de 1870 ». *Bulletin de la Société d'histoire moderne*, 42 (1989) 2, 9-18.

Audoin-Rouzeau, Stéphane. *L'enfant de l'ennemi, 1915-1918*. Paris, 1995.

Audoin-Rouzeau, Stéphane et Becker, Annette. *14-18, retrouver la guerre*. Paris, 2000.

Augé-Laribé, Michel. *L'agriculture pendant la guerre*. Paris, 1926.

Bade, Klaus J. *L'Europe en mouvement : la migration de la fin du XVIIIe siècle à nos jours*. Paris, 2002.

Barral, Pierre. *Les Agraires français de Méline à Pisani*. Paris, 1968.

Barral Pierre. « Depuis quand les paysans se sentent-ils français ? ». *Ruralia*, 3 (1998) (en ligne).

Barthélemy-Madaule, Madeleine. *Marc Sangnier 1873-1950*. Paris, 1973.

Baubérot, Jean et Mathieu, Sévérine. *Religion, modernité et culture au Royaume-Uni et en France 1800-1914*. Paris, 2001.

Baudrillart Alfred. *Vie de Mgr d'Hulst*. Paris, 1925-1928, 2 vol.

Baycroft, Timothy. *Culture, Identity and Nationalism : French Flanders in the Nineteenth and Twentieth Centuries*. Suffolk, 2004.

Bazin, René. *La terre qui meurt*. Paris, 1898.

Beaud, Stéphane et Noiriel, Gérard. « Le retour du refoulé ». *Le Monde*, 20-21 septembre 2009.

Becker, Annette. *Oubliés de la grande guerre : humanitaire et culture de guerre 1914-1918, populations occupés, déportés civils, prisonniers de guerre*. Paris, 1998.

Benjamin, Walter. *The Arcades Project*. Cambridge Mass., 2002.

Benoist, Jacques et Mayeur, Jean-Marie. *Le Sacré-Cœur de Montmartre*. Paris, 1992, 2 vol.

Bensoussan, David. *Combats pour une Bretagne catholique et rurale : les droites bretonnes dans l'entre-deux-guerres*. Paris, 2006.

Berger, Suzanne. *Les paysans contre la politique : l'organisation rurale en Bretagne 1911-1974*. Paris, 1975.

Berstein, Serge et Winock, Michel. *La République recommencée de 1914 à nos jours*. Paris, 2004.

Beyen, Marnix. « Een wankele basis voor de natie. Verkiezingen en nationalisme in België, 1890-1920 » dans : Els Witte (dir.). *Natie en democratie – Nation et démocratie 1890-1921*. Bruxelles, 2007, 21-31.

Beyen, Marnix et Van Ginderachter, Maarten. « General Introduction : Writing Mass into a Mass Phenomenon » dans : Maarten Van Ginderachter et Marnix Beyen (dir.). *Nationhood from Below : Europe in the Long Nineteenth Century*. Basingstoke, 2012, 2-22.

Bigorgne, Didier. « Main d'œuvre étrangère et mouvement ouvrier au 19ème siècle : l'exemple des Belges dans les Ardennes frontalières ». *Le Mouvement social*, 178 (1997), 11-26.

Bigorgne, Didier. « Une manifestation de défense ouvrière contre les frontaliers belges à Fromelennes (Ardennes) en 1904 ». *La Vie Wallonne*, (1998), 67-78.

Blanc-Chaléard, Marie-Claude. *Les Italiens dans l'Est parisien : une histoire d'intégration (1860-1960)*. Rome, 2000.

Blanc-Chaléard, Marie-Claude. *Les Italiens en France depuis 1945*. Rennes, 2003.

Blanc-Chaléard, Marie-Claude. « Old and New Migrants in France : Italiens and Algeriens » dans : Leo Lucassen, David Feldman et Jochen Oltmer (dir.). *Paths of Integration : Immigrants in Western Europe*. Amsterdam, 2006, 46-62.

Blanchard, Raoul. *La Flandre. Étude géographique de la plaine flamande en France, Belgique et Hollande*. Paris, 1906.

Blaschke, Olaf (dir.). *Konfessionen im Konflikt. Deutschland zwischen 1800 und 1970 : ein zweites konfessionelles Zeitalter*. Göttingen, 2002.

Boehme, Olivier. *Greep naar de markt. De sociaaleconomische agenda van de Vlaamse Beweging en haar ideologische versplintering tijdens het interbellum*. Louvain, 2008.

Bonjour, Saskia ; Jacobs, Dirk et Rea, Andrea (dir.). *The Others in Europe*. Bruxelles, 2011.

Boudens, Robrecht. « De bisschoppen E. Fallot de Beaumont en M. de Broglie (1802-1821) » dans : Michel Cloet (dir.). *Het bisdom Gent (1559-1991) : vier eeuwen geschiedenis*. Gand, 1992, 275-280.

Boudens, Robrecht. « Emile Seghers (1916-1927) » dans : Michel Cloet (dir.). *Het bisdom Gent (1559-1991) : vier eeuwen geschiedenis*. Gand, 1992, 358-366.

Boudon, Jacques-Olivier. *Paris, capitale religieuse sous le Second Empire*. Paris, 2001.

Boutry, Philippe. *Prêtres et paroisses au pays du curé d'Ars*. Paris, 1986.

Bouwens, Sophie. *Over de streep. Grensarbeid vanuit Zuid-Limburg naar Duitsland 1958-2001*. Hilversum, 2008.

Brejon de Lavergnée, Matthieu. *La Société Saint-Vincent-de-Paul au XIXe siècle. Un fleuron du catholicisme social*. Paris, 2008.

Broeckaert, Pascal Fredald. *Predikatie en arbeidersprobleem. Onderzoek naar de sociale opvattingen van de seculiere en reguliere clerus in Vlaanderen (1800-1914)*. Malines, 1963.

Bruggeman, Leon. *Asten, bieten en … mensen*. Roulers, 1986.

Brunet, Jean-Paul. *Saint-Denis : la ville rouge : socialisme et communisme en banlieue ouvrière, 1890-1939*. Paris, 1980.

Brunet, Jean-Paul. *L'immigration provinciale à la fin du XIXe siècle : l'exemple de Saint-Denis*. Paris, 1995.

Bruwier, Marinette (dir.). *1886. La Wallonie, née de la grève ?* Bruxelles, 1990.

Burleigh, Michael. *Aardse machten. Religie en politiek in Europa van de Franse Revolutie tot de Eerste Wereldoorlog*. Amsterdam, 2006.

Byls, Henk. « Joseph Wannyn (1900-1970) » dans : *ODIS – Database Intermediary Structures Flanders*, document n° 8510. <www.odis.be>. Dernière date de modification : 30 janvier 2010.

Byls, Henk. « Une chaîne migratoire flamande : Zele-Gilly » dans : Idesbald Goddeeris et Roeland Hermans (dir.). *Migrants flamands en Wallonie (1850-2000)*. Bruxelles, 2012, 101-119.

Byls, Henk. « L'Œuvre des Flamands à Montignies-sur-Sambre » dans : Idesbald Goddeeris et Roeland Hermans (dir.). *Migrants flamands en Wallonie (1850-2000)*. Bruxelles, 2012, 143-167.

Cabanel, Patrick. « La révolte des inventaires » dans : Jean-Pierre Chantin et Daniel Moulinet (dir.). *La Séparation de 1905. Les hommes et les lieux*. Paris, 2005, 91-108.

Cabanel, Patrick et Durand, Jean-Dominique (dir.). *Le grand exil des congrégations religieuses françaises, 1901-1914*. Paris, 2005.

Cabedoce, Béatrice et Pierson, Philippe (dir.). *Cent ans d'histoire des jardins ouvriers 1896-1996 : la Ligue française du coin de terre et du foyer*. Grane, 1996.

Caestecker, Frank. *Alien Policy in Belgium, 1840-1940 : The Creation of Guest Workers, Refugees and Illegal Aliens*. New York, 2000.

Caestecker Frank. « Travailleurs immigrés flamands en Wallonie » dans : Idesbald Goddeeris et Roeland Hermans (dir.). *Migrants flamands en Wallonie (1850-2000)*. Bruxelles, 2012, 43-67.

Calvé, Armel. *Histoire des Bretons à Paris*. Spézet, 1994.

Cartledge, Paul. *The Greeks : A portrait of Self and Others*. Oxford, 1993.

Castermans, Philippe. « La création du diocèse de Lille » dans : Gérard Chaix (dir.). *Le diocèse. Espaces, représentations, pouvoirs. France XVe-XXe siècle*. Paris, 2002, 109-132.

Cent ans de catholicisme social dans la région du Nord. Numéro spécial *Revue du Nord*, avril-sept. 1991.

Chadych, Danielle et Leborgne, Dominique. *C'était hier … Le XIème arrondissement*. Paris, 1996.

Chanet, Jean-François. « 'From the Wound a Flower Grows' : A Re-Examination of French Patriotism in the Face of the Franco-Prussian War » dans : Maarten Van Ginderachter et Marnix Beyen (dir.). *Nationhood from Below*. New York, 2012, 214-229.

« Charles Vilain XIIII » dans : *ODIS – Database Intermediary Structures Flanders*. <www.odis.be>. Consulté le 1er avril 2012.

Charriaut, Henri. *La Belgique moderne. Une terre d'expériences*. Paris, 1910.

Châtelain, Abel. *Les migrants temporaires en France de 1800 à 1914*. Lille, 1976, 2 vol.

Chevalier, Louis. *La formation de la population parisienne au XIXe siècle*. Paris, 1950.

Chevalier, Louis. *Classes laborieuses et classes dangereuses*. Paris, 1958.

Cheyns, Matthias et Segers, Yves. « Fermiers flamands en Wallonie » dans : Idesbald Goddeeris et Roeland Hermans (dir.). *Migrants flamands en Wallonie (1850-2000)*. Bruxelles, 2012, 71-97.

Cholvy, Gérard. *Religion et société au XIXe siècle. Le diocèse de Montpellier*. Lille, 1973, 2 vol.

Cholvy, Gérard et Hilaire, Yves-Marie. *Histoire religieuse de la France contemporaine (1800-1880)*. Toulouse, 1985.

Claeys Bouúaert, Ferdinand. *L'Œuvre des Flamands à Paris. Un siècle d'existence 1862-1962*. Gand, 1962.

Clark, Christopher et Kaiser, Wolfram. *Culture Wars : Secular-Catholic Conflict in Nineteenth-Century Europe*. Cambridge, 2003.

Clark, Gregory. *A Farewell to Alms : A Brief Economic History of the World*. Princeton, 2007.

Claus, Hugo. *Suiker*. Anvers, 1958.

Cloet, Michel (dir.) *Het bisdom Gent (1559-1991). Vier eeuwen geschiedenis*. Gand, 1992.

Cohen, Évelyne. *Paris dans l'imaginaire national de l'entre-deux-guerres*. Paris, 1999.

Colla, Joris. « Belgisch Verbond der Katholieke Volkswerken / Fédération des Sociétés Ouvrières Catholiques Belges (1867-1891) » dans : *ODIS – Database Intermediary Structures Flanders*. <www.odis.be>. Consulté le 5 avril 2012.

Combeau, Yvan. *Histoire de Paris*. Paris, 1999.

Coornaert, Émile. *La Flandre française de langue flamande*. Paris, 1970.

Coquebert de Montbret, Charles-Étienne. « Limite de la langue française sous le Premier Empire » dans : Ferdinand Brunor. *Histoire de la langue française des origines à 1900*. IX : *La Révolution et l'empire*. Première partie: *Le français langue nationale*. Paris, 1927, 525-599.

Corbin, Alain, *Les cloches de la terre : paysage sonore et culture sensible dans les campagnes au XIX*[e] *siècle*. Paris, 1994.

Corsmit, Ward. *Vlamingen in Frankrijk*. Lille, 1957.

Coutin, Pierre. « La population agricole en France ». *Bulletin de la Société française d'économie rurale*, 1949, 18-25.

Couton, Philippe. « Ethnic Institutions Reconsidered : The Case of the Flemish Workers in 19th-Century France ». *The Journal of Historical Sociology*, 2003, 80-110.

Crossick, Geoffrey et Haupt, Gerhard-Heinz. *The Petite Bourgeoisie in Europe, 1780-1914. Enterprise, Family and Independence*. Londres, 1998.

Dabrowska, Elzbieta. « Cambrai » dans : *Topographie chrétienne des cités de la Gaule*, 14 : *Province ecclésiastique de Reims (Belgica secunda)*. Paris, 2006, 97-105.

Darboy, Georges. *Statistique religieuse du diocèse de Paris. Mémoire sur l'état présent du diocèse*. Paris, 1856.

Daumas, Jean-Claude. *Les territoires de la laine. Histoire de l'industrie lainière en France au XIX*[e] *siècle*. Villeneuve d'Ascq, 2004.

Davies, Norman. *Vanished Kingdoms : The History of Half-forgotten Europe*. Londres, 2011.

Davis, Belinda J. *Home Fires Burning : Food, Politics and Everyday Life in World War I Berlin*. Chapel Hill, 2000.

de Bellaigue, Christopher. « A Return to Faith ». *Financial Times*, 31 mars 2018.

De Boer, Pieter [Pieter Meersseman]. *Vlaamsch koren uit Fransche voren*. Paris : Belgische Boerenbond in Frankrijk, s.d.

De Bont, Raf. « Un peuple qui s'en va » dans : Tom Verschaffel et Raf De Bont (dir.). *Het verderf van Parijs*. Louvain, 2004, 131-147.

Declercq, Elien. *'Si no' sang est d' la Belgique, no' cœur est surmint français'. Une analyse discursive des chansons populaires issues de la migration belge en France (1870-1914)*. Thèse de doctorat KU Leuven. Louvain, 2011.

Declercq, Elien et D'Hulst, Lieven. « The Fate of a Migrant Language (1880-1914) : Flemish in Song Repertoire ». *International Journal of Multilingualism*, 7 (2010) 3, 225-268.

Declercq, Elien et D'Hulst, Lieven. « Tactiques de l'entre-deux : une analyse discursive des chansons de migrants belges en France » dans : Hubert Roland et Stéphanie Vanasten (dir.). *La littérature comparée en question*. Gand, 2010, 99-108.

Declercq, Elien et D'Hulst, Lieven. « L'univers de chanson ouvrière dans l'agglomération de Lille-Roubaix-Tourcoing (1870-1914) ». *Revue du Nord*, 2010, 365-381.

de Coussemaeker, Edmond. « Délimitation du flamand et du français dans le Nord de la France ». *Annales du Comité Flamand de France*, 3 (1856-1857), 377-397.

Deferme, Jo. *Uit de ketens van de vrijheid*. Louvain, 2007.

Defoort, Hendrik. *Werklieden bemint uw profijt. De Belgische sociaaldemocratie in Europa*. Louvain, 2006.

Dejongh, Guy. *Tussen immobiliteit en revolutie. De economische ontwikkeling van de Belgische landbouw in een eeuw van transitie, 1750-1850*. Louvain, 1999.

de La Guéronnière, Arthur. *Le pape et le congrès*. Paris, 1859.

de Lambert, Frédérique. *L'Histoire religieuse de Roubaix à travers la Société St Vincent de Paul. L'exemple de la conférence St Vincent de Paul de la paroisse Ste Elisabeth de Roubaix 1871-1888*. Mémoire de maîtrise, Université Charles de Gaulle Lille 3. Villeneuve d'Ascq, 2004.

Delattre, Pierre. *Les établissements des jésuites en France depuis quatre siècles*. Enghien, 1949-1957, 5 vol.

Delattre, Pierre. « La résidence Saint-Joseph de la rue La Fayette » dans : Pierre Delattre. *Les établissements des jésuites en France depuis quatre siècles*. Enghien, 1949-1957, 1442.

Delmaire, Danielle. « Les Vlaminques ou le dénigrement des immigrés belges » dans : Jean-Pierre Jessenne (dir.). *L'image de l'autre dans l'Europe du Nord-Ouest à travers l'histoire*. Villeneuve d'Ascq, 1996, 179-195.

Delmaire, Danielle. « L'intégration par la liberté des consciences et l'égalité des cultes. L'exemple de l'affaire Bluth-Mallet ». *Archives Juives*, 35 (2002) 1, 44-59.

Delmaire, Danielle. « Les inventaires dans le Nord, 1906 » dans : Robert Vandenbussche et Philippe Marchand (dir.). *Les Églises et l'État. D'une séparation à l'autre 1789-1905*. Lille, 2006, 51-53.

De Maeyer, Jan. « De ultramontanen en de gildenbeweging, 1875-1896 : het aandeel van de Confrérie de St.-Michel » dans : Emiel Lamberts (dir.). *De kruistocht tegen het liberalisme*. Louvain, 1984, 222-267.

De Maeyer, Jan. « De Belgische Volksbond en zijn antecedenten » dans : Emmanuel Gerard (dir.). *De christelijke arbeidersbeweging in België. 1891-1991*. Vol. 2. Louvain, 1991, 18-65.

De Maeyer, Jan. *Arthur Verhaegen, 1847-1917: de rode baron*. Louvain, 1994.

De Maeyer, Jan. « Guido Gezelle : priester-dichter van het katholiek reveil. Historische reflecties ». *Trajecta*, 1999, 303-320.

De Maeyer, Jan. « 'Les dames-d'œuvres' : 19de-eeuwse vrouwen van stand en hun zoektocht naar maatschappelijk engagement » dans : Leen Van Molle et Peter Heyrman (dir.). *Vrouwenzaken Zakenvrouwen*. Gand, 2000, 109-127.

De Maeyer, Jan. « Relatie en huwelijk in de Moderne Tijd (ca. 1800 - ca. 1950) : kerkelijke standpunten en strategieën » dans : Roger Burggraeve (dir.). *Levensrituelen. Het huwelijk*. Louvain, 2000, 31-51.

De Maeyer, Jan ; Heyrman, Peter et Quaghebeur, Patricia. « Een glorierijk verleden : de Vincentianen in Gent » dans : Jan De Maeyer et Paul Wynants (dir.). *De Vincentianen in België - Les Vincentiens en Belgique, 1842-1992*. Louvain, 1992, 279-315.

De Maeyer, Jan en coll. avec Patricia Quaghebeur. « De sociale werken : caritas, pastoraal en verzuiling » dans : Michel Cloet (dir.). *Het bisdom Gent (1559-1991) : vier eeuwen geschiedenis*. Gand, 1992, 473-496.

De Maeyer, Jan et Van Molle, Leen (dir.). *Joris Helleputte, architect en politicus 1852-1925*. Louvain, 1998.

De Maeyer, Jan et Wynants, Paul (dir.). *De vincentianen in België - Les Vincentiens en Belgique, 1842-1992*. Louvain, 1992.

Demangeon, Albert et Mauco, Georges. *Documents pour servir à l'étude des étrangers dans l'agriculture française*. Paris, 1939.

Démier, Francis. *La France du XIXe siècle (1814-1914)*. Paris, 2000.

Démographie de la Belgique de 1921 à 1939. Bruxelles, 1943.

Deneckere, Gita. *Sire, het volk mort. Sociaal protest in België 1831-1918*. Anvers, 1997.

Deneckere, Gita. *Leopold I. De eerste koning van Europa*. Anvers, 2011.

Deneef, Alain (dir.). *Les jésuites belges, 1542-1992. 450 ans de Compagnie de Jésus dans les Provinces belgiques*. Bruxelles, 1992.

Denys, Edmond. *Uitgedreven : oorlogsdagboek over Clercken en omgeving*. Anvers, 1922.

De Pillecyn, Filip. *Pastor Denys*. Louvain, 1927.

Depoid, Pierre. *Les naturalisations en France (1870-1940)*. Paris, 1942.

Deprez, Kas et Vos, Louis (dir.). *Nationalisme in België. Identiteiten in beweging (1780-2000)*. Anvers, 1999.

De Saint-Joseph des Allemands à Saint-Joseph Artisan. Paris, 2001.

De Schryver, Reginald. « De Zuidelijke Nederlanden als Frans en geallieerd protectoraat 1700-1715 » dans : *Algemene geschiedenis der Nederlanden*. Vol. 9. Haarlem, 1980, 31-43.

Deseyne, Aleks et Deseyne, André. *Zonnebeke, 1914-1918*. Zonnebeke, 1976.

De Smaele, Henk. *Rechts Vlaanderen: religie en stemgedrag in negentiende-eeuws België*. Louvain, 2009.

Detienne, Marcel. *Où est le mystère de l'identité nationale ?* Paris, 2008.

Devogelaere Jozef. *De slechte jaren 1840-1850 in het arrondissement Roeselare-Tielt*. Roeselare-Tielt, 1980.

De Wachter, Frans. « Wie is mijn volk ? De verleidingen van het zachte nationalisme » dans : Raymond Detrez et Jan Blommaert (dir.). *Nationalisme, kritische opstellen*. Berchem, 1994, 71-91.

Dewachter, Jules. « Le flamand et le français dans le Nord de la France » dans : *Congrès international pour l'extension de la culture de la langue française*, 2e session. Bruxelles, 1908, 97-114.

Dewachter, Jules. *Le flamand et le français dans le Nord de la France*. Lille, 1909.

Dewachter, Jules. « Le recul du flamand dans le Nord de la France » dans : *1er Congrès international de géographie historique*. II : *Mémoires*. Bruxelles, 1931, 89-98.

Dhuygelaere, Doris. « 'La petite patrie' : La Flandre dans les romans de Georges Rodenbach » dans : Joep Leerssen et Menno Spiering (dir.). *National Identity*. Amsterdam, 1991, 137-164.

Dictionnaire de la langue française, par Émile Littré. <www.littre.org/> ; <http://littre.reverso.net/dictionnaire-francais/>.

Dierickx, Michel. *L'érection des nouveaux diocèses au Pays-Bas*. Bruxelles, 1967.

Dornel, Laurent. *La France hostile. Socio-histoire de la xénophobie (1870-1914)*. Paris, 2004.

Dresse, Renée. « Les frontaliers dans l'entre-deux-guerres : entre crise et prospérité » dans : Thierry Eggerickx et Jean-Paul Sanderson (dir.). *Histoire de la population de la Belgique et de ses territoires*. Louvain-la-Neuve, 2010, 395-403.

Duby, Georges. *Le dimanche de Bouvines, 27 juillet 1214*. Paris, 1973.

Duby, Georges et Wallon, Armand. *Histoire de la France rurale*. Paris, 1975, 4 vol.

Duchêne, Vincent et Segers, Yves. « Les revenus de la propriété foncière en Belgique au 19e siècle (1830-1913). Reconstitution et analyse d'un poste de la comptabilité nationale ». *Histoire et Mesure*, 2000, 33-82.

Dujardin, Carine. *Missionering en moderniteit : de Belgische minderbroeders in China 1872-1940*. Louvain, 1996.

Dumont, Georges-Henri. *Le miracle belge de 1848*. Bruxelles, 2002.

Dumont, Gérard. « Une immigration fondatrice : les Belges » dans : Marie Cegarra. *Tous gueules noires. Histoire de l'immigration dans le bassin minier du Nord-Pas-de-Calais*. Lewarde, 2004, 17-31.

Dupâquier, Jacques. « La contribution des Belges à la formation de la population française (1851-1940) » dans : *Historiens et populations. Liber amicorum Étienne Hélin*. Louvain-la-Neuve, 1991, 331-347.

Duriez, Bruno. « La religion de la région du Nord. L'empreinte du catholicisme ». *De Franse Nederlanden - Les Pays-Bas Français*, (1998) 23, 11-29.

Durnez, Gaston. « Denys, Edmond » dans : *Nieuwe encyclopedie van de Vlaamse Beweging*. Tielt, 1998, 914.

Duthoit, Eugène. *Vie économique et catholicisme*. Paris, 1924.

Duthoit Eugène. « Vie des affaires et vie chrétienne. À la lumière des faits et des principes » dans : *La morale chrétienne et les affaires. 23e Semaine sociale de France, Mulhouse, 1931*. Paris, 1931, 35-92.

Duthoit, Eugène. *Rénovation française, l'apport des semaines sociales*. Paris, 1942.

Ebaugh, Helen Rose et Saltzman Chafetz, Janet. « Structural Adaptations in Immigrant Congregations ». *Sociology of Religion*, 2000, 135-153.

Eggerickx, Thierry. « Les migrations internes en Wallonie et en Belgique de 1840 à 1939 : un essai de synthèse » dans : Thierry Eggerickx et Jean-Paul Sanderson (dir.). *Histoire de la population de la Belgique et de ses territoires*. Louvain-la-Neuve, 2010, 187-221.

Enzensberger, Hans Magnus. *Die Große Wanderung : dreiunddreißig Markierungen*. Frankfurt am Main, 1992.

Evenson, Norma. *Paris : A Century of Change, 1878-1978*. New Haven, 1979.

Faure, Alain. « Paris "gouffre de l'espèce humaine"? ». *French Historical Studies*, 27 (2004) 1, 49-86.

Fierro, Alfred. *Histoire et dictionnaire de Paris*. Paris, 2001.

Figes, Orlando. *De Krimoorlog. De vernedering van Rusland*. Amsterdam, 2011.

Fohlen, Claude. *L'industrie textile au temps du Second Empire*. Paris, 1956.

Foncin, Pierre. *La Patrie française*. Paris, 1894.

Foner, Nancy. *From Ellis Island to JFK*. New Haven, 2000.

Foner, Nancy and Alba, Richard. « Immigrant Religion in the U.S. and Western Europe : Bridge or Barrier to Inclusion ». *International Migration Review*, 2008, 360-392.

« Frans De Bruyker (1890-1961) » dans : *ODIS – Database Intermediary Structures Flanders*. <www.odis.be>. Consulté le 15 avril 2010.

Fujita, Masahisa ; Krugman, Paul et Venables, Anthony J. *The Spacial Economy : Cities, Regions, and International Trade*. Cambridge Mass., 2000.

Gabaccia, Donna R. ; Hoerder, Dirk et Walaszek, Adam. « Émigration et construction nationale en Europe (1815-1939) » dans : Nancy Green and François Weil (dir.) *Citoyenneté et émigration : les politiques du départ*. Paris, 2006, 67-94.

Gaillard, Jeanne. *Paris, la ville (1851-1870)*. Paris, 1976.

Garenc, Paule. *L'industrie du meuble en France*. Paris, 1958.

Gastaut, Yvan et Schor, Ralph (dir.). *Migration et religion en France (Tome 1)*. Numéro spécial de *Cahiers de la Méditerrannée*, 76 (2008). <https://journals.openedition.org/cdlm/4133>.

Gastaut, Yvan et Schor, Ralph. « Présentation » dans : Yvan Gastaut et Ralph Schor (dir.). *Migration et religion en France (Tome 1)*. Numéro spécial de *Cahiers de la Méditerrannée*, 76 (2008). <https://journals.openedition.org/cdlm/4133>.

Gastaut, Yvan et Schor, Ralph (dir.). *Migration et religion en France (Tome 2)*. Numéro spécial de *Cahiers de la Méditerrannée*, 78 (2008). <https://journals.openedition.org/cdlm/4517>.

Gauchet, Marcel. *À l'épreuve des totalitarismes 1914-1974*. Paris, 2010.

Geens, Jan. « Guido Gezelle en 't Jaer 30, 1864-1870 : de popularisatie van het ultramontanisme » dans : Emiel Lamberts (dir.). *De kruistocht tegen het liberalisme*. Louvain, 1984, 160-195.

Gellner, Ernest. *Nations and Nationalism*. New York, 1983.

Glaeser, Edward. *Triumph of the City : How our Greatest Invention Makes Us Richer, Smarter, Greener, Healthier, and Happier*. New York, 2011.

Goldin, Ian ; Cameron, Geoffrey et Balarajan, Meera. *Exceptional People : How Migration Shaped our World and will Define our Future*. Princeton, 2011.

Grandjonc, Jacques. « Les étrangers à Paris sous la monarchie de Juillet et la seconde République ». *Population*, 1974, 61-88.

Green, Nancy L. « Trans-frontières : Pour une analyse des lieux de passage ». *Socio-Anthropologie*, 6 (1999). <http://journals.openedition.org/socio-anthropologie/110>.

Green, Nancy L. « Religion et ethnicité. De la comparaison spatiale et temporelle ». *Annales. Histoire, Sciences Sociales*, 2002, 127-144.

Grévy, Jérôme. « La mise en scène des expulsions des congrégations non autorisées » dans : Paul D'Hollander (dir.). *L'Église dans la rue. Les cérémonies extérieures du culte en France au XIXe siècle*. Limoges, 2001, 155-168.

Grévy, Jérôme. *Le cléricalisme ? Voilà l'ennemi. Un siècle de guerre de religion en France*. Paris, 2005.

Gubin, Éliane. « L'industrie linière à domicile dans les Flandres en 1840-1850. Problèmes de méthode ». *Revue belge d'histoire contemporaine*, 14 (1983) 3-4, 369-401.

Gubin, Éliane et Scholliers, Peter. « La crise linière des Flandres. Ouvriers à domicile et prolétariat urbain, 1840-1900 ». *Revue belge de philologie et d'histoire*, 74 (1996) 2, 365-402.

Guénel, Jean. *La dernière guerre du pape : les zouaves pontificaux au secours du Saint-Siège, 1860-1870*. Rennes, 1998.

Guillou, Jean. *L'émigration des campagnes vers les villes et ses conséquences économiques et sociales : étude d'économie rurale et sociale*. Paris, 1905.

Handlin, Oscar. *The Uprooted: The Epic Story of the Great Migrations that Made the American People*. Boston, 1951.

Hanna, Martha. *Your Death would be Mine : Paul and Marie Pireaud in the Great War*. Harvard, 2006.

Harris, Ruth. *Lourdes. Geschiedenis van een religieus fenomeen*. Amsterdam, 1999.

Hastings, Michel. *Halluin la rouge (1919-1939). Aspects d'un communisme identitaire*. Lille, 1991.

Haury, Paul. *Pour que la France vive : éléments d'un enseignement nataliste et familial*. Paris, 1926.

Hazan, Eric. *The Invention of Paris : A History in Footsteps*. Londres, 2010.

Hellemans, Staf. *Strijd om de moderniteit. Sociale bewegingen en verzuiling in Europa sinds 1800*. Louvain, 1990.

Hellemans, Staf. *Het tijdperk van de wereldreligies. Religie in agrarische civilisaties en in moderne samenlevingen*. Kapellen, 2007.

Herberg, Will. *Protestant, Catholic, Jew*. New York, 1960.

Hermans, Ben. « Ervaren migranten ? De rol van individuele en familie-ervaringen bij de migratie van de Kempen naar Antwerpen (tweede helft negentiende eeuw) ». *Stadsgeschiedenis*, 6 (2011) 1, 16-32.

Hervieu-Léger, Danièle. *La religion pour mémoire*. Paris, 1993.

Hervieu-Léger, Danièle. *Le pèlerin et le converti : la religion en mouvement*. Paris, 2001.

Hervieu-Léger, Danièle. « Space and Religion : New Approaches to Religious Spatiality in Modernity ». *International Journal of Urban and Regional Research*, 26 (2002) 1, 99-105.

Heyrman, Peter. « Het Werk van den Akker. Georganiseerd tuinieren met een sociale missie » dans : Yves Segers et Leen Van Molle (dir.). *Volkstuinen, een geschiedenis*. Louvain, 2007, 37-81.

Heyrman, Peter. « Belgian Catholic entrepreneurs' organisations, 1880-1940 : A dialogue on social responsibility ». *Zeitschrift für Unternehmensgeschichte*, 56 (2011) 2, 163-186.

Higham, John. *Strangers in the Land : Patterns of American Nativism (1860-1925)*. New York, 1955.

Hilaire, Yves-Marie. *Une chrétienté au XIXème siècle. La vie religieuse des populations du diocèse d'Arras (1840-1914)*. Villeneuve d'Ascq, 1977.

Hilaire, Yves-Marie (dir.). *Histoire de Roubaix*. Dunkerque, 1984.

Hilaire, Yves-Marie. « Les abbés Six et Vanneufville et la revue la Démocratie chrétienne (1894-1908) ». *Revue du Nord*, 73 (1991) 290-291, 251-257. Fait partie d'un numéro thématique : *Cent ans de catholicisme social dans la région du Nord. Actes du colloque de Lille, 7 et 8 décembre 1990*.

Hilaire, Yves-Marie. « L'adaptation de la stratégie pastorale dans la France du Nord » dans : Emiel Lamberts (dir.). *Een kantelend tijdperk. Une époque en mutation. Ein Zeitalter im Umbruch. De wending van de kerk naar het volk in Noord-West-Europa - Le catholicisme social dans le Nord-Ouest de l'Europe - Die Wende der Kirche zum Volk im nordwestlichen Europa. (1890-1910)*. Louvain, 1992, 217-225.

Hilaire, Yves-Marie (dir.). *Histoire de la papauté. 2000 ans de missions et de tribulations*. Paris, 2003.

Hirano, Natsue. « Le retour des immigrés belges à la suite des événements de Lens et Liévin en août-septembre 1892 ». *Revue belge d'histoire contemporaine*, 37 (2007) 3-4, 307-323.

Hirschman, Charles. « The Role of Religion in the Origins and Adaptation of Immigrant Groups in the United States ». *The International Migration Review*, 38 (2004) 3, 1206-1233.

Horne, Alistair. *The Fall of Paris : The Siege and the Commune 1870-71*. Londres, 1965.

Hovanessian, Martine. *Le lien communautaire. Trois générations d'Arméniens*. Paris, 1992.

Hovanessian, Martine. *Les Arméniens et leurs territoires*. Paris, 1995.

Huard, Jean-Luc. « Les Églises arméniennes et les réfugiés en Rhône-Alpes dans l'entre-deux-guerres (1918-1940) ». *Cahiers de la Méditerranée*, 78 (2009), 141-157. <http://journals.openedition.org/cdlm/4686>.

Huber, Michel. *La population de la France pendant la guerre*. Paris, 1931.

Hubscher, Ronald H. *L'immigration dans les campagnes françaises: XIXe-XXe siècles*. Paris, 2005.

Hugues, Adolphe. *Statistiques du mouvement de la population de Seine-et-Marne, 1896-1901*. Paris, 1902.

Huysegems, Koenraad. *Met God naar Frankrijk. De eerste jaren van het Werk der Vlamingen in Parijs*. Mémoire de licence UGent. Gand, 1994.

Jacquemyns, Guillaume. *Histoire de la crise économique des Flandres (1845-1850)*. Bruxelles, 1929.

Janicaud, Benjamin. « Les missions religieuses au sein de l'immigration hongroise en France, 1927-1940 ». *Cahiers de la Méditerranée*, 78 (2009), 131-140. <https://journals.openedition.org/cdlm/4684>.

Jenkins, David. « The Western Wool Textile Industry in the Nineteenth Century » dans : David Jenkins (dir.). *The Cambridge History of Western Textiles*. Vol. 2. Cambridge, 2003, 761-789.

Jonas, Raymond A. « Monument as Ex Voto, Monument as Historiosophy : The Basilica of Sacré-Cœur ». *French Historical Studies*, 18 (1993) 2, 482-502.

Jones, Stuart. « Taine and the Nation-State » dans : Stefan Berger, Mark Donovan et Kevin Passman (dir.). *Writing National Histories : Western Europe since 1800*. Londres, 1999, 85-96.

Jordan, David P. *Transforming Paris : The Life and Labors of Baron Haussmann*. New York, 1995.

Jordan, David P. « Haussmann and Haussmannisation : The Legacy for Paris ». *French Historical Studies*, 27 (2001) 1, 87-113.

Kaanen-Vandenbulcke, Isabelle. *Le chemin de la ferme. Le pays de Caux agricole de 1900 à 1968*. Luneray, 1985.

Kaanen-Vandenbulcke, Isabelle. *Boulevard des Belges*. Bruxelles, 2008.

Kale, Stephen D. *Legitimism and the Reconstruction of French Society, 1852-1883*. Londres, 1992.

Kay, John. *Obliquity: Why our Goals are Best Achieved Indirectly*. Londres, 2011.

Knippenberg, Hans et Markusse, Jan. « 19th and 20th Century Borders and Border Regions in Europe : Some Reflections » dans : Hans Knippenberg et Jan Markusse (dir.) *Nationalising and Denationalising European Border Regions, 1800-2000. Views from Geography and History*. Dordrecht/Boston/Londres, 1999, 1-19.

Kusters, Walter. *The Presence-Absence Ambiguity of the Belgian Migrant Child in Northern France (1870-1914) : A Study of the Role of Education, Citizenship, and Oblivion in Cultural Identity Formation*. Thèse de doctorat KU Leuven. Louvain, 2011.

Kusters, Walter et Depaepe, Marc. « The French Third Republic : Popular Education Conceptions of Citizenship and the Flemish Immigrants ». *Historical Studies in Education*, 2011, 22-40.

Laermans, Rudi. *In de greep van de 'moderne tijd' : modernisering en verzuiling*. Louvain, 1993.

Laguerre, Bernard. « Les dénaturalisés de Vichy (1940-1944) ». *Vingtième siècle. Revue d'histoire*, (1998) 20, 3-15.

Lalouette, Jacqueline. *La séparation des Églises et de l'État : genèse et développement d'une idée 1789-1905*. Paris, 2005.

Lambert-Dansette, Jean. *Quelques familles du patronat textile de Lille-Armentières, 1789-1914. Origines et évolutions d'une bourgeoisie*. Lille, 1954.

Lambert-Dansette, Jean et Roy, Joseph-Antoine. « Origines et évolution d'une bourgeoisie : le patronat textile du bassin lillois (1789-1914) ». *Revue du Nord*, 37 (1955) 148, 199-216.

Lamberts, Emiel, *Kerk en liberalisme in het bisdom Gent (1821-1857)*. Louvain, 1972.

Lamberts, Emiel. « Het ultramontanisme in België, 1830-1914 » dans : Emiel Lamberts (dir.). *De kruistocht tegen het liberalisme*. Louvain, 1984, 38-59.

Lamberts, Emiel. « Van Kerk naar zuil : de ontwikkeling van het katholiek organisatiewezen in België in de 19de eeuw » dans : Jacques Billiet (dir.). *Tussen bescherming en verovering*. Louvain, 1988, 83-133.

Lamberts, Emiel. « Nation et démocratie : conclusions » dans : Els Witte (dir.). *Natie en democratie - Nation et démocratie 1890-1921*. Bruxelles, 2007, 403-413.

Lamberts, Emiel. *Conservateurs et catholiques face à l'État (1815-1965) : un tableau européen*. Paris, 2018.

Landes, David. « French Entrepreneurship and Industrial Growth in the Nineteenth Century ». *The Journal of Economic History*, 9 (1949) 1, 45-61.

Landes, David. « Religion and Enterprise : The Case of the French Textile Industry » dans : Edward C. Carter, Robert Foster et Joseph Moody (dir.). *Enterprise and Entrepreneurs in 19th and 20th century France*. Baltimore, 1976, 41-86.

Landrecies Jacques. « Une configuration inédite. La triangulaire français-flamand-picard à Roubaix au début du XXe siècle ». *Langage et Société*, 2001, 27-68.

Langlois, Claude. *Le Catholicisme au féminin. Les Congrégations à supérieure générale au XIXe siècle*. Paris, 1984.

Laureys, Dirk. *De Mindere Broeders van Sint-Franciscus 1842-1992*. Louvain, 1992.

Lawrence, Paul ; Baycroft, Timothy et Grohman, Carolyn. « 'Degrees of Foreigness' and the Construction of Identity in French Border Region during the Interwar Period ». *Contemporary European History*, 10 (2001) 1, 51-71.

Lecanuet, Edouard. *L'Église de France sous la Troisième République*. Paris, 1931.

Leclercq, Henri. *La Paroisse Sainte-Marguerite aux faux-bourg Saint-Antoine*. Paris, 1910.

Lejeune, Paulin. *Le père Huchant, rédemptoriste 1815-1888*. Roulers, 1906.

Lemercier, Claire et Rosental, Paul-André. « 'Pays' ruraux et découpage de l'espace : les réseaux migratoires dans la région lilloise au milieu du XIXe siècle ». *Population*, 55 (2000) 4-5, 691-725.

Lenfant, Joseph. « Maurice de Broglie, évêque de Gand (1766-1821) ». *Revue d'histoire de l'Église de France*, 17 (1931), 312-347.

Lentacker, Firmin. *La frontière franco-belge : étude géographique des effets d'une frontière internationale sur la vie de relations*. Lille, 1974.

Leplae Sofie. « "La Belgique envahie" : l'immigration des religieux françaises en Belgique 1900-1914 » dans : Patrick Cabanel et Jean-Dominique Durand (dir.). *Le grand exil des congrégations religieuses françaises, 1901-1914*. Paris, 2005, 244-256.

Leridon, Françoise. « Évolution de la population active en divers pays industriels ». *Population*, 14 (1959) 3, 455-484.

Le Roy Ladurie, Emmanuel. *Histoire de France des régions. La périphérie française des origines à nos jours*. Paris, 2001.

Leroy, Michel. *Le mythe jésuite de Béranger à Michelet*. Paris, 1992.

Lescouhier, Desiderius. *Catechismus met uitleg voor school en huisgezin*. Bruges, 1920.

Leu, Stéphanie. *Comme un petit air de Suisse*. Chaumont, 2003.

Levitt, Peggy et Jaworsky, B. Nadya. « Transnational Migration Studies : Past Developments and Future Trends ». *Annual Review of Sociology*, 33 (2007), 129-156.

Lissagaray, Prosper-Olivier. *Histoire de la Commune de 1871*. Paris, 1970 (1876).

Lory, Jacques et Soete, Jean-Luc. « Implantation et affirmation » dans : Jan De Maeyer et Paul Wynants (dir.). *De vincentianen in België, 1842-1992*. Louvain, 1992, 45-83.

« Louis van Caloen (1817-1912) » dans : *ODIS – Database Intermediary Structures Flanders*. <www.odis.be>. Consultée le 5 avril 2012.

Lucassen, Jan et Penninx, Rinus. *Nieuwkomers, nakomelingen, Nederlanders. Immigranten in Nederland 1550-1993*. Amsterdam, 1994.

Lucassen, Leo (dir.). *Amsterdammer worden. Migranten, hun organisaties en inburgering, 1600-2000*. Amsterdam, 2004.

Lucassen, Leo. « Migrantenorganisaties vroeger en nu : een inleiding » dans : Leo Lucassen (dir.). *Amsterdammer worden. Migranten, hun organisaties en inburgering, 1600-2000*. Amsterdam, 2004, 9-22.

Lucassen, Leo. *The Immigrant Threat : The Integration of Old and New Migrants in Western Europe since 1850*. Urbana/Chicago, 2005.

Lucassen, Leo ; Feldman, David et Oltmer, Jochen (dir.). *Paths of Integration : Migrants in Western Europe*. Amsterdam, 2006.

Lucassen, Leo ; Feldman, David et Oltmer, Jochen, « Immigrant Integration in Western Europe, Then and Now » dans : Leo Lucassen, David Feldman et Jochen Oltmer (dir.). *Paths of Integration : Migrants in Western Europe*. Amsterdam, 2006, 8-15.

Lucassen, Leo et Lucassen, Jan. *Winnaars en verliezers : een nuchtere balans van vijfhonderd jaar immigratie*. Amsterdam, 2012.

Lucassen, Leo et Lucassen, Jan (dir.). *Globalising Migration History : The Eurasian Experience (16th-21st Centuries)*. Leiden, 2014.

Luykx, Theo. *Politieke geschiedenis van België*. Amsterdam, 1965.

Luyten, Dirk. *Ideologisch debat en politieke strijd over het corporatisme tijdens het interbellum in België*. Bruxelles, 1996.

Lynch, Edouard. « Interwar France and the Rural Exodus : The National Myth in Peril ». *Rural History*, 21 (2010) 2, 165-176.

Maalouf, Amin. *Origines*. Paris, 2004.

Maertens, Liesbeth. *Uitgeweken Vlaamse arbeidersgezinnen in de streek van Rijsel*. Courtrai, 1951 (rééd. 1996).

Mahaim, Ernest. *Les abonnements d'ouvriers sur les lignes de chemin de fer et leurs effets sociaux*. Bruxelles, 2010.

Mahieu, Léon. *Mgr Louis Belmas, ancien évêque constitutionnel de l'Aude, évêque de Cambrai (1757-1841) : sa vie, son épiscopat, le mouvement religieux dans le Nord durant cette période*. Paris, 1934.

Marchand, Bernard. *Paris, histoire d'une ville (XIXe-XXe siècle)*. Paris, 1993.

Marchand, Bernard. *Les ennemis de Paris : la haine de la grande ville des lumières à nos jours*. Rennes, 2009.

Marchand, Philippe. « La loi sur les associations et l'enseignement congréganiste dans le département du Nord » dans : Robert Vandenbussche et Philippe Marchand (dir.). *Les Églises et l'État. D'une séparation à l'autre 1789-1905*. Lille, 2006, 19-28.

Marshall, Alfred. *The Principles of Economics*. Londres, 1930 (1891).

Marx, Jacques. *Le péché de la France. Surnaturel et politique au XIXe siècle*. Bruxelles, 2005.

Masil, Steven. *In dienst van kerk en grens. Politieke, sociale en economische knelpunten in de geschiedenis van de Wervikse grensarbeider (1900-1930)*. Mémoire de licence UGent. Gand, 1999.

Masson, Cathérine. *Le Cardinal Liénart, évêque de Lille (1928-1968)*. Paris, 2001.

Matthijs, Koen. *De mateloze negentiende eeuw: bevolking, huwelijk, gezin en sociale verandering*. Louvain, 2001.

Mauco, Georges. *Les étrangers en France. Leur rôle dans l'activité économique*. Paris, 1932.

Mauco, Georges. « Maux et remèdes. Le problème démographique français et les étrangers ». *Esprit*, 7 (1939) 82, 538-544.

Maurin, Éric. *Le ghetto français : enquête sur le séparatisme social*. Paris, 2006.

Maurin, Jean. *La politique ecclésiastique du Second Empire de 1852 à 1869*. Paris, 1930.

Mayeur, Jean-Marie. *Un prêtre démocrate, l'abbé Lemire (1853-1928)*. Tournai, 1968.

Mayeur, Jean-Marie. *La question laïque*. Paris, 1997.

Mayeur, Jean-Marie. *La séparation des Églises et de l'État*. Paris, 2005.

McLeod, Hughes. *Secularisation in Western Europe, 1848-1914*. Londres, 2000.

McPhee, Peter. *A Social History of France, 1789-1914*. New York, 2004.

Méline, Jules. *Le Retour à la Terre et la surproduction industrielle*. Paris, 1905.

Mendras, Henri. « The Invention of the Peasantry : A Moment in the History of Post-World War II French Sociology ». *Revue française de sociologie*, 43 (2002) 1, 157-171.

Mériaux, Charles. « L'espace du diocèse dans la province de Reims du Haut Moyen Âge » dans : Mazel Florian (dir.). *L'espace du diocèse : Genèse d'une territoire dans l'Occident médiéval (Ve-XIIIe siècle)*. Rennes, 2008, 119-141.

Michel, Alain-René. « Les mouvements populaires dans la France du Nord » dans : Emiel Lamberts (dir.). *Een kantelend tijdperk. Une époque en mutation. Ein Zeitalter im Umbruch. De wending van de kerk naar het volk in Noord-West-Europa - Le catholicisme social dans le Nord-Ouest de l'Europe - Die Wende der Kirche zum Volk im nordwestlichen Europa (1890-1910)*. Louvain, 1992, 125-141.

Milza, Pierre (dir.). *Les Italiens en France de 1914 à 1940*. Rome, 1986.

Milza, Pierre. *Napoléon III*. Paris, 2004.

Moch, Leslie Page. *Paths to the City : Regional Migration in Nineteenth-Century France*. Beverly Hills, 1983.

Moch, Leslie Page. « Networks among Bretons ? The Evidence for Paris, 1875-1925 ». *Continuity and Change*, 18 (2003) 3, 431-455.

Moch, Leslie Page. *The Pariahs of Yesterday: Breton Migrants in Paris*. Durham, 2012.

Moeys, Hendrik. *"L'invasion noire" : immigratie van Franse religieuzen naar België*. Mémoire de maîtrise KU Leuven. Louvain, 2011.

Morawska, Ewa. *A Sociology of Immigration : (Re)making Multifaceted America*. New York, 2009.

Morelli, Anne. *La participation des émigrés italiens à la Résistance belge*. Rome, 1983.

Morelli, Anne (dir.). *L'émigration politique en Europe au XIXe et XXe siècles*. Rome, 1991.

Morelli, Anne (dir.). *Les grands mythes de l'histoire de Belgique, de Flandre et de Wallonie*. Bruxelles, 1995.

Morelli, Anne (dir.). *Les émigrants belges*. Bruxelles, 1998.

Moulinet, Daniel. « La législation relative aux congrégations religieuse en France » dans : Jan De Maeyer, Sofie Leplae et Joachim Schmiedl (dir.). *Religious Institutes in Western Europe in the 19th and 20th Centuries*. Louvain, 2004, 203-241.

Moya, Jose C. « Immigrants and Associations : A Global and Historical Perspective ». *Journal of Ethnic and Migration Studies*, 31 (2005) 5, 833-864.

Musschoot, Dirk. *Van Franschmans en Walenmannen . Vlaamse seizoenarbeiders in den vreemde in de 19de en 20ste eeuw*. Tielt, 2008.

Nadel, Stanley. *Little Germany : Ethnicity, Religion and Class in New York City, 1845-1880*. Chicago, 1990.

Nicolaï, Edmond. *La dépopulation des campagnes : Étude démographique des régions rurales, industrielles et urbaines de la Belgique*. Bruxelles, 1919.

Noiriel, Gérard. *Le creuset français*. Paris, 1988.

Noiriel, Gérard. *Introduction à la socio-histoire*. Paris, 2006.

Noiriel, Gérard. *À quoi sert « l'identité nationale » ?* Paris, 2007.

Noiriel, Gérard. *Immigration, antisémitisme et racisme en France, XIXe-XXe siècle : discours publics, humiliations privées*. Paris, 2007.

Nordman, Daniel. « Géographie ou histoire d'une frontière : la frontière franco-belge ». *Annales d'histoire économique et sociale*, 32 (1977) 3, 433-444.

Nordman, Daniel. *Frontières de France : de l'espace au territoire, XVIe-XIXe siècle*. Paris, 1998.

Nordman, Daniel et Revel, Jacques. « La formation de l'espace français » dans : André Burguière et Jacques Revel (dir.). *Histoire de la France*. Vol. 1. Paris, 1989, 29-169. Réédition 2000 39-209.

Nuyttens, Michiel. « Priester-Volksvertegenwoordiger Lemire (1853-1928) en het regionalisme ». *De Franse Nederlanden - Les Pays-Bas français*, (1982) 7, 11-32.

Nuyttens, Michiel. « Frans-Vlaanderen » dans : *Nieuwe encyclopedie van de Vlaamse Beweging*. Tielt, 1998, 1189-1199.

Nuyttens, Michiel. « Bij het 150ste geboortejaar van priester-volksvertegenwoordiger Jules Lemire (1853-1928) ». *Wetenschappelijke tijdingen*, 62 (2003) 4, 270-278.

Oriol, Michel. « Islam and Catholicism in French Immigration » dans : Donald Horowitz et Gérard Noiriel (dir.). *Immigration in Two Democracies: French and American Experiences*. New York, 1992, 188-204.

Oris, Michel. « De economische en sociale context » dans : Robert Halleux e.a. (dir.). *Geschiedenis van de wetenschappen in België 1815-2000*. Bruxelles, 2001, 37-70.

Osterhammel, Jürgen. *Die Verwandlung der Welt. Eine Geschichte des 19. Jahrhunderts*. Munich, 2009.

Pelletier, Denis. *Les catholiques en France depuis 1815*. Paris, 1997.

Penninx, Rinus et Schrover, Marlou. *Bastion of bindmiddel ? Organisaties van migranten in historisch perspectief*. Amsterdam, 2001.

Perelman, Chaïm et Olbrecht-Titeca, Lucie. *Traité de l'argumentation : la nouvelle rhétorique*. Bruxelles, 2008 (1958).

Perlman, Joël et Waldinger, Roger. « Second Generation Decline ? Children of Immigrants, Past and Present - A Reconsideration ». *International Migration Review*, 1997, 893-922.

Peterson, William. « Migration : Social Aspects » dans : *International Encyclopedia of Social Sciences*. Vol. 10. New York, 1968, 286-292.

Petersen, William et Petersen, Renee. *Dictionary of Demography*. Westport, 1985.

Petillon, Chantal. *La population de Roubaix : Industrialisation, démographie et société 1750-1880*. Villeneuve d'Ascq, 2006.

Philogène, Gina. « Social Representations of Alterity in the United States » dans : Moloney Gail et Walker Iain (dir.). *Social Representations and Identity : Content, Process, and Power*. New York, 2007, 31-42.

Pierrard, Pierre. *La vie ouvrière à Lille sous le Second Empire*. Lille, 1965.

Pierrard, Pierre. *Les diocèses de Cambrai et Lille*. Paris, 1978.

Piette, Valérie. « Les servantes belges à Paris » dans : Anne Morelli (dir.). *Les émigrants belges*. Bruxelles, 1998, 79-100.

Pillen, Luc et Pollet, Jules. *175 jaar klein-seminarie te Roeselare*. Roulers, 1982.

Pinon, Pierre. *Paris, biographie d'une capitale*. Paris, 1999.

Plinval de Guillebon, Régine. *Faïence et porcelaine de Paris XVIIIème-XIXème siècles*. Dijon, 1995.

Poisson, Véronique. « Les grandes étapes de 100 ans d'histoire entre la Chine et la France ». *Hommes et Migrations*, (2005) 1254, 6-17.

Ponchelet, Danièle. *Ouvriers nomades et patrons briards : les grandes exploitations dans le Brie 1848-1938*. Lille, 1998.

Ponty, Janine. « Une intégration difficile : les Polonais en France dans le premier 20ème siècle ». *Vingtième Siècle. Revue d'histoire*, (1985) 7, 51-58.

Ponty, Janine. *Polonais méconnus. Histoire des travailleurs immigrés en France dans l'entre-deux-guerres*. Paris, 1988.

Ponty, Janine. *Les Polonais du Nord ou la mémoire des corons*. Paris, 1995.

Ponty, Janine. *L'immigration dans les textes. France 1789-2002*. Paris, 2003.

Ponty, Janine. « La Mission catholique polonaise en France du XIXe au XXIe siècle ». *Cahiers de la Méditerranée*, 78 (2009), 75-85. <https://journals.openedition.org/cdlm/4676>.

Pooley, Timothy. *Language, Dialect and Identity in Lille*. New York, 2004, 2 vol.

Pooley, Timothy. « The Linguistic Assimilation of Flemish Immigrants in Lille (1800-1914) ». *Journal of French Language Studies*, 16 (2006) 2, 207-233.

Popelier, Jean-Pierre. *L'Immigration oubliée. L'histoire des Belges en France*. Lille, 2003.

Porter, Brian. « The Catholic Nation : Religion, Identity, and the Narratives of Polish History ». *The Slavic and East European Journal*, 45 (2001) 2, 289-299.

Portes, Alejandro et DeWind, Josh. « A Cross-Atlantic Dialogue : The Progress of Research and Theory in the Study of International Migration ». *International Migration Review*, 38 (2004) 3, 828-851.

Poulain, Michel et Foulon, Michel. « L'immigration flamande en Wallonie. Évaluation à l'aide d'un indicateur anthroponomique ». *Revue belge d'histoire contemporaine*, 12 (1981) 1-2, 205-244.

Poulain, Michel et autres. « Flemish Immigration in Wallonia and in France : Patronyms as data ». *The History of Family*, 2000, 227-241.

Poutignat, Philippe et Streiff-Fenart, Jocelyne. *Théories de l'ethnicité*. Paris, 2008 (1995).

Prager, Jean-Claude et Thisse, Jacques-François. *Économie géographique du développement*. Paris, 2010.

Pressat, Roland. « La population agricole en France : structure actuelle et prévisions jusqu'en 1966 ». *Population*, 12 (1957) 1, 17-35.

Quairiaux, Yves. « Les Flamands dans la culture populaire wallonne » dans : Idesbald Goddeeris et Roeland Hermans (dir.). *Migrants flamands en Wallonie*. Bruxelles, 2012, 122-139.

Quellier, Florent. « Le jardinage, une signature du bon prêtre tridentin » dans : Florent Quellier et Georges Provost (dir.). *Du ciel à la terre. Clergé et agriculture XVI*^e^*-XIX*^e^ siècle. Rennes, 2008, 27-39.

Quellier, Florent et Provost, Georges (dir.). *Du ciel à la terre. Clergé et agriculture, XVI*^e^*-XIX*^e^ siècle. Rennes, 2008.

Rainhorn, Judith. *Paris, New-York : des migrants italiens, années 1880 – années 1930*. Paris, 2005.

Rainhorn, Judith. « "Petites Italies", le mot et la chose » dans : Judith Rainhorn (dir.). *Petites Italies dans l'Europe du Nord-Ouest*. Valenciennes, 2005, 6-18.

Rainhorn, Judith. *Histoire et mémoire des immigrations dans le Nord-Pas-de-Calais, XIX*^e^*-XX*^e^ *siècles*. Lille, 2007.

Raison-Jourde, Françoise. *La colonie auvergnate de Paris au XIXe siècle*. Paris, 1976.

Ratcliffe, Barrie M. « Popular Classes and Cohabitation in Mid-Nineteenth-Century Paris ». *Journal of Family History*, 21 (1996) 3, 316-350.

Rea, Andrea et Tripier, Maryse. *Sociologie de l'immigration*. Paris, 2003.

Reardon, Judy A. *Belgian Workers in Roubaix, France, in the 19th Century*. Ann Arbor, 1982.

Rémond, René. *Religion et société en Europe. La sécularisation aux XIX*^e^ *et XX*^e^ *siècles (1789-2000)*. Paris, 2001 (1998).

Ricœur, Paul. *Histoire et vérité*. Paris, 1955.

Ricœur, Paul. *La mémoire, l'histoire, l'oubli*. Paris, 2000.

Ringoot, Sonia. *En quête de terre. Des Belges en Normandie*. Bayeux, 2013.

Robb, Graham. *De ontdekking van Frankrijk*. Amsterdam, 2008.

Rodenbach, Georges. *Bruges-la-morte*. Arles, 1994 (1892).

Ronse, Edmond. *L'émigration saisonnière belge en France*. Gand, 1913.

Ronse, Edmond. *Handboek van den Belgische Vluchteling in Frankrijk*. Paris, 1915.

Rosental, Paul-André. « Décomposition spatiale d'une migration internationale : les Belges dans le Nord de la France au XIXe siècle ». Version de l'auteur.

Rosental, Paul-André. « Scomposizione spaziale di una migrazione internationale : l'integrazione dei belgi del nord della Francia nel XIX secolo ». *Memoria e Ricerca*, 8 (1996), 33-56.

Rosental, Paul-André. *Les sentiers invisibles : espaces, familles et migrations dans la France du 19e siècle*. Paris, 1999.

Rossignol, Georges. *Un pays de célibataires et de fils uniques*. Paris, 1917.

Rowntree, Benjamin Seebohm. *Land and Labour : Lessons from Belgium*. Londres, 1910.

Roy, Jean. « Les missionnaires agricoles du Québec, 1894-1920 » dans : Florent Quellier et Georges Provost (dir.). *Du ciel à la terre. Clergé et agriculture XVI*^e^*-XIX*^e^ siècle. Rennes, 2008, 311-321.

Rygiel, Philippe. *Destins immigrés. Cher 1920-1980 : Trajectoires d'immigrés d'Europe*. Besancon, 2001.

Rygiel, Philippe. « Indésirables et migrants désirés. Notes sur les pratiques de sélection des migrants dans quelques grands pays d'immigration (1850-1939) » dans : Philippe Rygiel (dir.). *Le Bon grain et l'ivraie. La sélection des migrants en Occident, 1880-1939*. La Courneuve, 2006 (2004), 21-34.

Saerens, Lieven. « Jules Lammens (1822-1908) » dans : *ODIS – Database Intermediary Structures Flanders*. <www.odis.be>. Consultée le 28 août 2011.

Sahlins, Peter. *Frontières et identités nationales. La France et l'Espagne dans les Pyrénées depuis le XVII*^e^ *siècle*. Paris, 1989.

Sauvy, Alfred. « Évolution de la population agricole en France depuis 1900 ». *Population*, 18 (1963) 3, 573-574.

Sauvy, Alfred. *Histoire économique de la France entre les deux guerres*. Paris, 1965.

Savart, Claude. « Mélanges. Deux siècles d'enseignement épiscopal. Les lettres pastorales des archevêques de Paris 1802-1966 ». *Revue d'histoire de l'Église de France*, 86 (2000) 216, 119-184.

Scheffer, Paul. *Het land van aankomst*. Amsterdam, 2007.

Schepens, Luc. *Van vlaskutser tot Franschman. Bijdrage tot de geschiedenis van de Westvlaamse plattelandsbevolking in de negentiende eeuw*. Bruges, 1973.

Schirmacher, Käthe. *La spécialisation du travail par nationalité à Paris*. Paris, 1908.

Schor, Ralph. *L'opinion française et les étrangers en France, 1919-1939*. Paris, 1985.

Schrover, Marlou. « Living Together, Working Together : Concentrations amongst German Immigrants in the Netherlands in the Nineteenth Century ». *Continuity and Change*, 18 (2003) 2, 263-285.

Schwarz, Leonard. « London 1700-1840 » dans : Peter Clark (dir.). *Cambridge Urban History of Britain*. Vol. 2 : *1540-1840*. Cambridge, 2000, 641-672.

Segers, Yves et Van Molle, Leen (dir.). *Leven van het land : boeren in België 1750-2000*. Louvain, 2004.

Sévillia, Jean. *Quand les catholiques étaient hors la loi*. Paris, 2005.

Sevrin, Ernest. *Les missions religieuses en France sous la restauration, 1815-1830*. Paris, 1959.

Simon, Aloïs. « Louis Joseph Delebecque » dans : *Biographie nationale*. Vol. 30. Bruxelles, 1958, 323-327.

Simon, Aloïs. *Réunions des évêques de Belgique 1830-1867 : procès-verbaux*. Louvain, 1960.

Sloterdijk, Peter. *Sferen*. Amsterdam, 2003.

Société d'économie sociale. « Séance du 10 mars 1913 : les transformations agraires de la Russie. Rapport de Gabriel Ardant ». *La Réforme sociale*, 1913, 676-678.

Société de Saint-Vincent de Paul, Assemblée générale des conférences des diocèses de Cambrai et d'Arras, tenue à Lille le dimanche 29 octobre 1893. Lille, 1893.

Sorrel, Christian. *La république contre les congrégations. Histoire d'une passion française 1899-1904*. Paris, 2003.

Statistique générale de la France. Résultats statistiques du recensement général de la population 1921. Paris, 1923-.

Stengers, Jean. *Émigration et immigration en Belgique au XIXe et au XXe siècles*. Bruxelles, 1978.

Stracke, Désiderius. *Arm Vlaanderen*. Anvers, 1914.

Streuvels, Stijn. *De oogst* dans : Stijn Streuvels. *Volledig werk*. Vol. 1. Bruges, 1971, 425-497.

Strikwerda, Carl. « Regionalism and Internationalism : The Working Class Movement in the Nord and the Belgian Connection, 1871-1914 » dans : John Sweets (dir.). *Proceedings of the Western Society for French History*, 12 (1984), 221-230.

Strikwerda, Carl. « France and the Belgian Immigration of the Nineteenth Century » dans : Camille Guerin-Gonzales et Carl Strikwerda (dir.). *The Politics of Immigrant Workers*. New York, 1993, 101-131.

Strobbe Johan. *200 jaar dichters, denkers en durvers. Het klein-seminarie van Roeselare : biografie van een college*. Roulers, 2007.

Taguieff, Pierre-André. « Face à l'immigration : mixophobie, xénophobie ou sélection. Un débat français dans l'entre-deux-guerres ». *Vingtième siècle. Revue d'histoire*, (1995) 47, 103-131.

Taguieff, Pierre-André (dir.). *L'antisémitisme de plume 1940-1944*. Paris, 1999.

Taleb, Nassim Nicholas. *The black Swan : The Impact of the Highly Improbable*. Londres, 2007.

Talmy, Robert. *Le syndicalisme chrétien en France (1871-1930)*. Paris, 1966.

Témime, Émile. *Marseille transit : les passagers de Belsunce*. Paris, 1995.

Témime, Émile. *France, terre d'immigration*. Paris, 1999.

Témime, Émile et Costa-Lascoux, Jacqueline. *Les Algériens en France*. Paris, 1985.

Terrier, Didier. *Les deux âges de la proto-industrie : les tisserands du Cambrésis et du Saint-Quentinois, 1730-1880*. Paris, 1996.

Terrier, Didier. « Le grand remue-ménage : la mobilité géographique des populations ouvrières de la vallée de la Lys au milieu du XIXe siècle ». *Revue du Nord*, (1997) 320-321, 549-578.

Teulières, Laure. *Immigrés d'Italie et paysans de France*. Toulouse, 2003.

Teulières, Laure. « Rural Dimensions at Stake : The Case of Italian Immigrants in Southwestern France » dans : Leo Lucassen, David Feldman et Jochen Oltmer (dir.). *Paths of Integration : Immigrants in Western Europe*. Amsterdam, 2006, 63-76.

Theys, Juliaan. *Een analyse van de West-vlaamse grensarbeid in Noord-Frankrijk*. Bruges, 1969.

Thiesse, Anne-Marie. *Écrire la France : le mouvement littéraire régionaliste de langue française entre la Belle Époque et la Libération*. Paris, 1991.

Thiesse, Anne-Marie. *Ils apprenaient la France : l'exaltation des régions dans le discours patriotique*. Paris, 1997.

Thiesse, Anne-Marie. *La création des identités nationales : Europe XVIIIe-XXe siècle*. Paris, 1999.

Thiriet, Damien. « Jour de fête : les fêtes paroissiales dans les corons de l'entre-deux-guerres » dans : Jean-François Eck et Didier Terrier (dir.). *Aux marges de la mine. Représentations, stratégies, comportements autour du charbon en Nord-Pas-de-Calais, XVIIIe-XXe siècles*. Valenciennes, 2007, 131-164.

Thoen, Erik. « A "Commercial Survival Economy" in Evolution : The Flemish Countryside and the Transition to Capitalism (Middle Ages - 19th Century) » dans : Peter Hoppenbrouwers et Jan Luiten van Zanden (dir.). *Peasants into Farmers ? The Transformation of Rural Economy and Society in the Low Countries in Light of the Brenner Debate*. Turnhout, 2001, 102-157.

Thomas, William I. et Znaniecki, Florian. *The Polish Peasant in Europe and America*. Boston, 1918.

Thuysbaert, Prosper. *Het land van Waes. Bijdrage tot de geschiedenis der landelijke bevolking in de XIXe eeuw*. Courtrai, 1913.

Todd, Emmanuel et le Bras, Hervé. *L'invention de la France : atlas anthropologique et politique*. Paris, 2012.

Tollebeek, Jo. « Historical Representation and the Nation-State in Romantic Belgium (1830-1850) ». *Journal of the History of Ideas*, 59 (1998) 2, 329-353.

Tollebeek, Jo et Verschaffel, Tom. « Group Portraits with National Heroes : The Pantheon as an Historical Genre in Nineteenth-Century Belgium ». *National Identities*, 6 (2004), 91-106.

Trollope, Frances. *Paris and the Parisians in 1835*. Londres, 1836.

Van Acker, Lucien. « Westvlamingen op kunstambacht in Parijs in de vorige eeuw » dans : Jan Albert Van Houtte. *Album Antoon Viaene*. Bruges, 1970, 311-319.

Van Acker, Yves. *Vlaamse boerenkolonies in Frankrijk : ter oplossing van het beslissend vraagstuk der Vlaamse levensruimte*. Bruxelles, 1941.

Van Berlo, Emmanuel. *L'Ordre des Frères-Mineurs en Belgique depuis son rétablissement (1833-1908)*. Malines, 1908.

Van Caloen, Louis. « Notice sur l'Archiconfrérie de Saint-François-Xavier pour la conversion des pécheurs » dans : *Assemblée générale des catholiques de Belgique. Première session à Malines 18-22 août 186*. Tome 2. Bruxelles, 1864, 349-351.

Vanden Borre, Saartje. « Union et Fraternité. Verenigingen van Belgische migranten in Roubaix in de tweede helft van de negentiende eeuw ». *Revue belge d'histoire contemporaine*, 39 (2009) 3-4, 369-404.

Vanden Borre, Saartje. *Vreemden op vertrouwd terrein. Het sociaal-culturele leven en de integratie van Belgische migranten in het Noorden van Frankrijk (1850-1914)*. Thèse de doctorat, KU Leuven. Louvain, 2012.

Vanden Borre, Saartje ; Declercq, Elien et Kusters, Walter. « Les Belges reconnaissants. De houding van Belgische migranten tegenover het Franse nationaliteitsdebat in de tweede helft van de negentiende eeuw ». *Tijdschrift voor sociale en economische geschiedenis*, 8 (2011) 1, 29-52.

Vanden Borre, Saartje ; Kusters, Walter et Declercq, Elien. « Une comparaison avec l'émigration vers le Nord de la France » dans : Idesbald Goddeeris et Roeland Hermans (dir.). *Migrants flamands en Wallonie (1850-2000)*. Bruxelles, 2012, 203-221.

Vanden Borre, Saartje et Verschaffel, Tom. « Between or Without Nations ? Multiple Identifications among Belgian Migrants in Lille, Northern France, 1850-1900 » dans : Maarten Van Ginderachter et Marnix Beyen (dir.). *Nationhood from Below : Europe in the Long Nineteenth Century*. Basingstoke, 2012, 193-213.

Vandenbroeke, Chris. « Migraties tussen Vlaanderen en Noord-Frankrijk in de negentiende en twintigste eeuw ». *De Franse Nederlanden / Les Pays-Bas Français*, (1993) 18, 157-168.

Vandenbussche, Robert. « L'abbé Jules Lemire » dans : Robert Vandenbussche et Philippe Marchand (dir.). *Les Églises et l'État. D'une séparation à l'autre 1789-1905*. Lille, 2006, 33-35.

Van de Perre, Machteld. *Redt en helpt u zelven en elkander of hoe de daensistische beweging de sociale problemen bestreed*. Gand, 1997.

Van de Putte, André. « Nationalisme en naties ». *Tijdschrift voor filosofie*, 1 (1993), 13-74.

Van der Herten, Bart ; Oris, Michel et Roegiers, Jan (dir.). *Nijver België : het industriële landschap omstreeks 1850*. Deurne, 1995.

Van der Meersch, Maxence. *Quand les sirènes se taisent*. Paris, 1933.

Van der Meersch, Maxence. *Pêcheurs d'hommes*. Paris, 1940.

Van der Wee, Herman. « The Western European Woollen Industries, 1500-1750 » dans : David Jenkins (dir.). *The Cambridge History of Western Textiles*. Cambridge, 2003, 397-697.

Van Dijck, Maarten. *De wetenschap van de wetgever : de klassieke politieke economie van het Belgische landbouwbeleid, 1830-1884*. Louvain, 2008.

Van Dijck, Maarten et Suenens, Kristien. « La Belgique charitable : Charity by Catholic Congregations in Rural West Flanders, 1830-1880 » dans : Igna Brandes et Katrin Marx-Jaskulski (dir.). *Armenfürsorge und Wohltätigkeit. Ländliche Gesellschaften in Europa, 1850-1930. Poor Relief and Charity. Rural Societies in Europe, 1850-1930*. Frankfurt am Main, 2008, 153-185.

Van Ginderachter, Maarten et Beyen, Marnix (dir.). *Nationhood from Below : Europe in the Long Nineteenth Century*. New York, 2012.

Van Goethem, Herman. « De 19de eeuw, overgang van oud naar nieuw » dans : Herman Van Goethem (dir.). *Antwerpen en de jezuïeten, 1562-2002*. Anvers, 2002, 71-162.

Van Goethem, Herman. *De monarchie en 'het einde van België' : een communautaire geschiedenis van Leopold I tot Albert II*. Tielt, 2008.

Vanhaute, Eric. « Chacun est propriétaire ou espère le devenir. Het grondbezit in Vlaanderen, begin 19de - begin 20ste eeuw ». *Revue belge d'histoire contemporaine*, 26 (1996) 1-2, 105-131.

Vanhaute, Eric. « 'So Worthy an Example to Ireland'. The Subsistence and Industrial Crisis of 1845-1850 in Flanders » dans : Cormac O'Grada, Richard Paping et Eric Vanhaute (dir.). *When the Patato Failed : Causes and Effects of the 'Last' European Subsistence Crisis, 1845-1850*. Turnhout, 2007, 123-148.

Vanhaute, Eric ; Paping, Richard et Ó Gráda, Cormac. « The European Subsistence Crisis of 1845-1850 in Flanders » dans : Cormac Ó Gráda, Richard Paping et Eric Vanhaute (dir.). *When the Patato Failed : Causes and Effects of the 'Last' European Subsistence Crisis, 1845-1850*. Turnhout, 2007, 15-42.

Vanhaute, Eric et Van Molle, Leen. « Het einde van de overlevingslandbouw, 1750-1880 » dans : Yves Segers et Leen Van Molle (dir.). *Leven van het land : boeren in België 1750-2000*. Louvain, 2004, 13-47.

Van Isacker, Karel. *Het Daensisme: de teleurgang van een onafhankelijke, christelijke arbeidersbeweging in Vlaanderen, 1893-1914*. Anvers, 1959.

Van Kalken, Frans. « Charles Ghislain Vilain XIIII » dans : *Biographie nationale*. Vol. 26. Bruxelles, 1936-1939, 729-736.

Vanlangenhove, Fernand. « Beyens, Eugène » dans : *Biographie nationale*. Vol 34. Bruxelles, 1968, 71-79.

Van Molle, Leen. « Voorstellingen van de agrarische samenleving in België rond 1900 ». *Bijdragen tot de geschiedenis*, 66 (1983), 131-150.

Van Molle, *Katholieken en landbouw. Landbouwpolitiek in België 1884-1914*. Louvain, 1989.

Van Molle, Leen. *Ieder voor Allen. De Belgische Boerenbond 1890-1900*. Louvain, 1990.

Van Molle, Leen. « "Le sol, c'est la patrie". Boeren in de Belgische natiestaat, 1890-1921 » dans : Els Witte (dir.). *Natie en Democratie - Nation et Démocratie 1890-1921*. Bruxelles, 2007, 171-184.

Van Molle, Leen. « A State for the Peasants or the Peasants for the State? The Two Faces of Belgian Agricultural Society, 1830-1914 » dans : Nadine Vivier (dir.). *The State and Rural Societies : Policy and Education in Europe 1750-2000*. Turnhout, 2008, 159-176.

Van Velthoven, Harry. *De Daensistische beweging : achtergrond en profiel*. Bruxelles, 1992.

Van Zanten, David. *Building Paris : Architectural Institutions and the Transformation of the French Capital*. Cambridge, 1994.

Velaers, Jan. *Albert I. Koning in tijden van oorlog en crisis (1909-1934)*. Tielt, 2009.

Verbruggen, Koen et Vandeweyer, Luc. « La vie associative flamande en Wallonie » dans : Idesbald Goddeeris et Roeland Hermans (dir.). *Migrants flamands en Wallonie (1850-2000)*. Bruxelles, 2012, 171-199.

Verhoyen, Michel. *Les frontaliers dans l'industrie textile du Nord de la France*. Mouscron, 1949.

Verriest, Frans. « De houding van minister Joris Helleputte tegenover de Vlaamse problematiek tijdens de Eerste Wereldoorlog » dans : *De Vlaamse beweging tijdens de Eerste Wereldoorlog. Mededelingen van het colloquium ingericht te Leuven op 15 & 16 november 1974*. Louvain, 1974, 162-168.

Verschaffel, Tom et De Bont, Raf (dir.). *Het verderf van Parijs*. Louvain, 2004.

Verschaffel, Tom et Vanden Borre, Saartje. « A Few Painters, a Few Heroes and Many Factory Workers : In Search of the Historical Culture of Belgian Immigrants in Northern France, 1850-1914 » dans : Hugh Dunthorne et Michael Wintle (dir.). *The Historical Imagination in Nineteenth-Century Britain and the Low Countries*. Leiden, 2013, 199-218.

Verstraete, Pieter-Jan. « Poppe, Leo » dans : *Nieuwe Encyclopedie van de Vlaamse Beweging*. Vol. 2. Tielt, 1998, 2499-2500.

Verthé, Arthur. *Vlaanderen in de wereld*. Bruxelles, 1974.

Veyne, Paul. *Foucault. Sa pensée, sa personne*. Paris, 2008.

Viaene, Vincent. *Belgium and the Holy See from Gregory XVI to Pius IX (1831-1859) : Catholic Revival, Society and Politics in 19th Century Europe*. Louvain, 2001.

Viaene, Vincent. « L'épanouissement d'une Église 'libre' (1830-1883) » dans : *L'archidiocèse de Malines-Bruxelles. 450 ans d'histoire*. Vol. 2 : *1802-2009*. Anvers, 2009, 34-99.

Vienne, Frédéric. « Les effets de la loi de séparation sur la création des paroisses. L'exemple du territoire du diocèse de Lille » dans : Robert Vandenbussche et Philippe Marchand (dir.). *Les Églises et l'État. D'une séparation à l'autre 1789-1905*. Lille, 2006, 55-60.

Vienne, Frédéric. « Renaissance du culte et projet d'une "église monumentale" » dans : Frédéric Vienne (dir.). *Notre-Dame de la Treille. Du rêve à la réalité. Histoire de la cathédrale de Lille*. Lille, 2008, 45-59.

Vienne, Frédéric. « De la fin de l'Ancien Régime aux débuts du diocèse de Lille (1789-1928) » dans : Frédéric Vienne (dir.). *Histoire du diocèse de Lille et de son territoire, du Moyen Âge à nos jours*. Strasbourg, 2012, 176-293.

Vienne, Frédéric (dir.). *Histoire du diocèse de Lille et de son territoire, du Moyen Âge à nos jours*. Strasbourg, 2012.

Viette, Vincent. *Histoire des Français venus d'ailleurs. De 1850 à nos jours*. Paris, 1995.

Vinois, Thierry. *La petite histoire de Vergnies de l'an 1200 à 1900 : Vergnies, territoire français, l'enclave de Barbençon*. Mariembourg, 2006.

Visker, Rudi. *Vreemd gaan en vreemd blijven. Filosofie van de multiculturaliteit*. Nijmegen, 2005.

Vos, Louis. « De nationale identiteit in België : een historisch overzicht » dans : Raymond Detrez et Jan Blommaert (dir.). *Nationalisme. Kritische opstellen*. Berchem, 1994, 120-150.

Vrielinck, Sven. *De territoriale indeling van België (1795-1963)*. Louvain, 2000.

Wagenaar, Michiel. *Stedebouw en burgerlijke vrijheid. De contrasterende carrières van zes Europese hoofdsteden*. Bussum, 1998.

Waldinger, Roger et Fitzgerald, David. « Transnationalism in Question ». *American Journal of Sociology*, 109 (2004) 5, 1177-1195.

Weber, Eugen. *Peasants into Frenchmen : The Modernisation of Rural France, 1870-1914*. Londres, 1979.

Weber, Eugen. *My France : Politics, Culture, Myth*. Cambridge Mass., 1991.

Weil, Patrick. « Georges Mauco, expert en immigration : ethnoracisme pratique et antisémitisme fielleux » dans : Pierre-André Taguieff (dir.). *L'antisémitisme de plume 1940-1944*. Paris, 1999, 267-276.

Weil, Patrick. *Qu'est-ce qu'un Français ? Histoire de la nationalité française depuis la Révolution*. Paris, 2002.

Wils, Lode. *De oorsprong van de kristen-democratie : het aandeel van de Vlaams-democratische stroming*. Anvers, 1963.

Wils, Lode. *Het Daensisme: de opstand van het Zuidvlaamse platteland*. Louvain, 1969.

Wils, Lode. *Van de Belgische naar de Vlaamse natie. Een geschiedenis van de Vlaamse Beweging*. Louvain, 2009.

Wilson, Thomas M. et Donnan, Hastings. *Border Identities : Nation and State at International Frontiers*. Cambridge, 1998.

Wilson, Thomas M. et Donnan, Hastings. « Nation, State and Identity at International Borders » dans : Thomas M. Wilson et Hastings Donnan. *Border Identities : Nation and State at International Frontiers*. Cambridge, 1998, 1-30.

Wimmer, Andreas et Glick Schiller, Nina. « Methodological Nationalism and Beyond : Nation-State Building, Migration and the Social Sciences ». *Global Networks*, 2 (2002) 4, 301-334.

Wimmer, Andreas et Glick Schiller, Nina. « Methodological Nationalism, the Social Sciences, and the Study of Migration ». *International Migration Review*, 37 (2003) 3, 576-610.

Winter, Anne. *Migrants and Urban Change : Newcomers to Antwerp 1760-1860*. Londres, 2009.

Witte, Els e.a. (dir.). *Nouvelle histoire de la Belgique, 1830-1905*. Bruxelles, 2005.

Witte, Els (dir.). *Natie en Democratie, 1890-1921 : acta van het interuniversitair colloquium (Brussel, 8-9 juni 2006) - Nation et démocratie, 1890-1921 : actes du colloque interuniversitaire, Bruxelles, 8-9 juin 2006*. Bruxelles, 2007.

Witte, Els et Van Velthoven, Harry. *Taal en politiek. De Belgische casus in een historisch perspectief*. Bruxelles, 1998.

Witte, Els et Van Velthoven, Harry. *Strijden om taal* : de Belgische *taalkwestie in historisch perspectief*. Kapellen, 2010.

Woestenborghs, Bert. *Vlaamse arbeiders in den vreemde*. Louvain, 1993.

Woestenborghs, Bert. « Vlaamse seizoen-arbeiders in Noord-Frankrijk ». *De Franse Nederlanden - Les Pays-Bas Français*, (1999) 24, 97-113.

Wouters, Wilfried. « Broeders en Baronnen. Het ontstaan van de Sint-Lucasscholen » dans : Jan De Maeyer (dir.). *De Sint-Lucasscholen en de neogotiek*. Louvain, 1988, 157-217.

Wynants, Paul. « De la restauration à la rénovation. Les religieuses contemplatives en Belgique (1801-1983) » dans : André Neuberg (dir.). *Filles du silence. Moniales en Belgique et Luxembourg du Moyen Âge à nos jours*. Bastogne, 1998, 59-107.

Yon, Jean-Claude. *Le Second-Empire : politique, société, culture*. Paris, 2004.

Zolberg, Aristide. « La révolution des départs » dans : Nancy L. Green et François Weil (dir.). *Citoyenneté et émigration. Les politiques du départ*. Paris, 2006, 37-64.

INDEX

Index des personnes

Index des toponymes

COLOPHON

RÉDACTION FINALE
Luc Vints

RÉVISION RÉDACTIONELLE
Lieve Claes

MISE EN PAGE
Alexis Vermeylen

TRADUCTION
Anne-Laure Vignaux

KADOC
Documentation and Research Centre for Religion, Culture and Society
Vlamingenstraat 39
B - 3000 Leuven
www.kadoc.kuleuven.be

Leuven University Press
Minderbroedersstraat 4
B - 3000 Leuven
www.lup.be